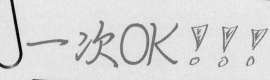

一次OK！！！

社會工作管理

陳思緯◎編著

考試相關資訊 ＋ 9大章節

2024
最新試題

必勝！

 考用出版股份有限公司

目錄 Contents

應考須知

考試名稱	類科	應考資格
專門職業及技術人員高等考試（續）	社會工作師（續）	一、公立或立案之私立專科以上學校或經教育部承認之國外專科以上學校社會工作科、系、組、所畢業，領有畢業證書者。 二、公立或立案之私立專科以上學校或經教育部承認之國外專科以上學校相當科、系、組、所畢業，領有畢業證書，曾修習社會工作（概論）或社會工作（福利）理論、人類行為（發展）與社會環境、社會個案工作、社會團體工作、社區組織與（社區）發展或社區工作、社會（工作）研究方法或社會及行為研究法或社會調查與研究、社會福利概論或社會福利通論、社會福利行政（與立法）或社會工作管理、社會政策與（社會）立法、社會工作（福利）實習或實地工作、社會工作方法或臨床社會工作或醫療社會工作、高等社會工作或高等社會個案工作或高等社會團體工作或高等社會社區工作或進階社會工作或進階社會個案工作或進階社會團體工作或進階社會社區工作、社會工作督導、非營利組織（經營）管理或社會服務機構（行政）管理或方案規劃與評

考試名稱	類科	應考資格
專門職業及技術人員高等考試（續）	社會工作師（續）	估、社會政策分析或比較社會政策、家庭政策或家庭（福利）服務或家庭社會工作、社會福利（服務）或兒童福利（服務）或青少年福利（服務）或老人福利（服務）或身心障礙者福利（服務）或婦女福利（服務）等學科至少7科，合計20學分以上，每學科至多採計3學分，其中須包括社會工作（福利）實習或實地工作，有證明文件者。 三、中華民國90年7月31日前，經公立或立案之私立專科以上學校或經教育部承認之國外專科以上學校社會政策與社會工作、青少年兒童福利、兒童福利、社會學、社會教育、社會福利、醫學社會學等科、系、組、所畢業，領有畢業證書者。 四、中華民國89年12月31日前，具有國內公立或立案之私立或經教育部承認之國外大學或獨立學院以上非社會工作相關學系畢業，有國內社會工作實務經驗2年以上，並領有中央主管機關審查合格之證明文件者。 五、中華民國95年7月31日前，具有國內已設立10年以上之宗教大學或獨立學院之社會工作相關科系畢業，有國內社會工作實務經驗2年以上，並領有中央主管機關審查合格之證明文件者。

考試名稱	類科	應考資格
專門職業及技術人員 高等考試 （續）	社會工作師 （續）	自中華民國102年1月1日起，中華民國國民具有下列資格之一者，得應本考試： 一、公立或立案之私立專科以上學校或經教育部承認之國外專科以上學校社會工作相當科、系、組、所、學位學程畢業，曾修習社會工作（福利）實習或實地工作，領有畢業證書者。所稱社會工作相當科、系、組、所、學位學程係指開設之必修課程包括下列五領域各課程，每一學科至多採計3學分，合計15學科45學分以上，且經考選部審議通過並公告者： （一）社會工作概論領域課程2學科：包括 　　1.社會工作概論。 　　2.社會福利概論或社會工作倫理。 （二）社會工作直接服務方法領域課程3學科，包括 　　1.社會個案工作。 　　2.社會團體工作。 　　3.社區工作或社區組織與（社區）發展。 （三）人類行為與社會環境領域課程4學科，包括 　　1.人類行為與社會環境。 　　2.社會學。 　　3.心理學。 　　4.社會心理學。

考試名稱	類科	應考資格
專門職業及技術人員 高等考試 （續）	社會工作師	（四）社會政策立法與行政管理領域課程4學科，包括 　1. 社會政策與社會立法。 　2. 社會福利行政。 　3. 方案設計與評估。 　4. 社會工作管理或非營利組織管理。 （五）社會工作研究法領域課程2學科，包括 　1. 社會工作研究法或社會研究法。 　2. 社會統計。 二、公立或立案之私立專科以上學校或經教育部承認之國外專科以上學校社會工作相關科、系、組、所、學位學程畢業，曾修習社會工作（福利）實習或實地工作，領有畢業證書，且其修習之課程符合前款規定之五領域課程，有證明文件者。 三、前二項實習或實地工作認定標準由考選部另定之。 　具有第一項各款資格之一者，限於中華民國105年12月31日以前，得應本考試。 ※102年以後畢業者，實習以課堂外實習為限，應至少實習二次且合計400小時以上。

二、考試科目

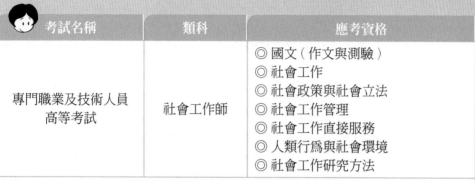

考試名稱	類科	應考資格
專門職業及技術人員 高等考試	社會工作師	◎ 國文（作文與測驗） ◎ 社會工作 ◎ 社會政策與社會立法 ◎ 社會工作管理 ◎ 社會工作直接服務 ◎ 人類行為與社會環境 ◎ 社會工作研究方法

備註：
科目前端有「※」符號者，係全部採測驗式試題。
科目前端有「◎」符號者，係採申論式及測驗式之混合式試題。

三、考試日期

考試名稱	類科	預定辦理日期
專門職業及技術人員 高等考試	社會工作師	每年舉辦 1 次，並視需要增辦 1 次 第 1 次：約於每年 1~2 月舉辦。 第 2 次：約於每年 7~8 月舉辦。

備註：正確考試日期以考選部公告為準。

四、錄取率

專技社會工作師

年度	應考人數	到考人數	及格人數	及格率 （及格人數／到考人數）
106 年第一次	2,398	1,840	143	7.8%
106 年第二次	3,384	2,340	497	21.2%
107 年第一次	2,367	1,660	606	36.5%
107 年第二次	3,606	2,817	486	17.3%

年度	應考人數	到考人數	及格人數	及格率 （及格人數／到考人數）
108 年第一次	2,632	1,997	535	26.8%
108 年第二次	3,546	2,730	451	16.5%
109 年第一次	2,794	2,085	260	12.5%
109 年第二次	4,262	3,191	790	24.8%
110 年第一次	2,891	2,068	282	13.6%
110 年第二次	4,402	2,848	557	19.6%
111 年第一次	2,742	1,759	530	30.1%
111 年第二次	4,337	3,059	399	13.0%
112 年第一次	2,956	2,050	703	34.3%
112 年第二次	4,191	2,978	702	23.6%
113 年第一次	3,344	2,368	355	15.0%

五、命題大綱

專門職業及技術人員高等考試 社會工作師考試
「社會工作管理」科目命題大綱

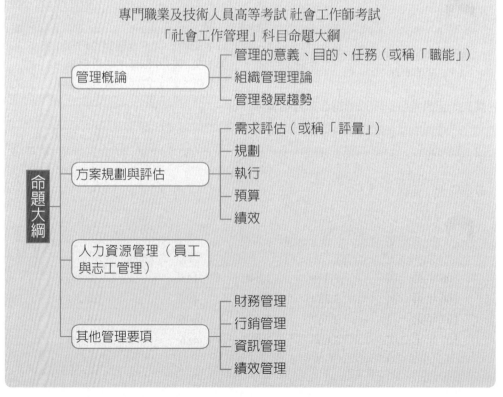

命題大綱
- 管理概論
  - 管理的意義、目的、任務（或稱「職能」）
  - 組織管理理論
  - 管理發展趨勢
- 方案規劃與評估
  - 需求評估（或稱「評量」）
  - 規劃
  - 執行
  - 預算
  - 績效
- 人力資源管理（員工與志工管理）
- 其他管理要項
  - 財務管理
  - 行銷管理
  - 資訊管理
  - 績效管理

備註：表列各應試科目命題大綱爲考試命題範圍之例示，惟實際試題並不完全以此
　　　爲限，仍可命擬相關之綜合性試題。

資料來源：考試院考選部網站（http://wwwc.moex.gov.tw）

六、準備要領

　　社會工作系考生在學校修習課程時，除了「社會工作管理」這門學科有接觸到
管理理論外，較少有機會接觸到「管理學」、「行政學」等學科。因此，許多考生
在準備「社會工作管理」這門考科，總覺得艱澀難懂，因在社工學科訓練中，總是
實務工作多於管理，因而對本考科心存畏懼。

　　「社會工作管理」雖涉及不同的管理科學，但其結構性相當清楚，歷屆的考題
並無特別刁鑽的考題，重點在於考試用書的選擇必須有完整的系統架構，且應從「社
工人的思考模式」及「參加考試的角度」來整理，本書編者身爲社工人，深知考生
在準備考試時面臨的問題，因而特別編纂本書，仔細研讀本書，在本考科將可建立
堅實的考場應試能力。

　　另爲使考生熟悉申論題論述與應答技巧，以及測驗題的解析，建議考生參考編
者針對另著：陳思緯，《社會工作管理搶分題庫》。請務必一併紮實的研讀，將使
「社會工作管理」靈活運用功力大幅精進，申論題分析與論述架構完整，測驗題選
答能力大增，榮登「社會工作師」金榜。

給讀者的期勉

　　　　　今日的努力，將是明日勝利的果實！

　　　　　祝您 金榜題名！

　　　　　　　　　　　　　　編者　陳思緯　敬上

　　雖然，在校時上社會工作管理課程時，老師總是說：「社會工作管理很重要，你們要認真學。」老師特別告訴我們，很重要的原因有二個；一個是以後大家畢業到實務界去工作，一定要具有管理的技能，才能使你們在工作上不會一直做白工，以致於看不到成效；其次，很重要的原因是，因為這科是專技社工師的指定考科，一定要認真學習，才能順利考上專技社工師的證照。

　　言猶在耳，但在校時總是過於享受青春的校園生活，在校老師的話猶如馬耳東風，沒有聽到心坎裡，所以呢？畢業後考了三次的專技社工師，還是與上榜結不上緣分，也只能徒呼負負。當然，在這三次準備專技社工師考試的過程中，我也不是沒有認真準備，但偏偏就是在校時老師教的社會工作管理學科內容沒學整套，一招半式難闖江湖，再加我在坊間挑選社會工作管理考科的考試用書時，教材選用不佳，導致無法有系統且完整的準備，使得我的社會工作管理考科目成績，其實不太好看，名落孫山，除了實力不是很堅強外，挑選考試用書錯誤更是把我推向落榜深淵的佛地魔。

　　或許，就是會有貴人來相助，使得我的專技社工師考試上榜之路曙光乍現。其實，因緣是這樣發生的～我有一天讀書讀得有點悶，想說出去走走，調整一下自己的心情，順道去台北車站附近辦點事，碰巧走到重南的書店街，想說隨便逛逛吧，也許因為有考試任務在身，所以潛意識的走到專技社工師考書的區域，東瞄瞄，西瞄瞄，無意間看到這本由陳思緯老師所編寫的《社會工作管理》考試書（咦！奇怪，半年前我來書局怎沒在架上看到，難道當時架上沒書了嗎？），隨手抽下來看了一下，五分鐘內我就決定買了這本書，而我在第四次的專技社工師考試中，社會工作管理這科成績大幅躍進，對我的上榜功不可沒。也許，你會問我為何五分鐘內就買了這本書，有何驚人發現？我想大聲的告訴各位社工夥伴，這本書就是系統架構清楚、資料內容完整，讀完以後絕對不會昏頭轉向，考場實力絕對大提升的一本書。我真心的與大家分享我的上榜心得，並誠摯地將這本書推薦給正在準備專技考試的社工夥伴們，你一定不可錯過。

專技社會工作師考試上榜生　陳○瑜

本書使用說明

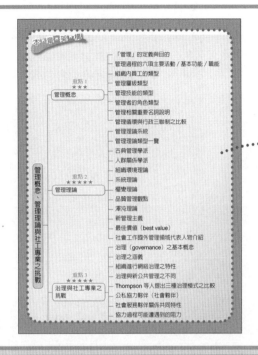

1. 本章架構

考生可以先了解本章概略的內容。

2. 關鍵焦點

提出本章最關鍵的考點，考生可以特別針對這個部分加強閱讀。

3. 榜首導讀

點出本章最關鍵的考點，考生可藉由前輩的提醒事項直接切入！

4. 命題趨勢

提出本章占各年度的考題數，考生可以依命題趨勢分配閱讀時間。

5. 閱讀完成日

可記錄唸完本章的時間，再複習時以供參考。

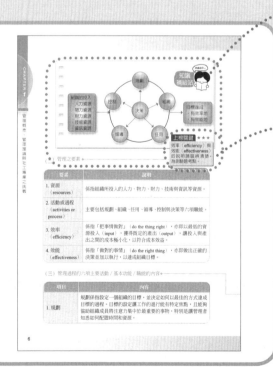

6. 知識補給站

針對內容較艱深的部分做例子補充或說明，考生一目了然。

7. 上榜關鍵

針對內文延伸出的重要觀念，或是老師提醒考生應該注意的地方，增進實力。

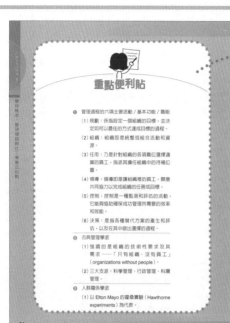

重點便利貼

❶ 管理過程的六項主要活動／基本功能／職能
  (1) 規劃：係指設定一個組織的目標，並決定如何以最佳的方式達成目標的過程。
  (2) 組織：組織即是統整或組合活動和資源。
  (3) 任用：乃是針對組織的各項職位選擇適當的員工，指派其擔任組織中的待補位置。
  (4) 領導：領導即是讓組織裡的員工，願意共同協力以完成組織的任務或目標。
  (5) 控制：控制是一種監視和評估的活動，它能夠協助確保成功管理所需要的效率和效能。
  (6) 決策：是指各種替代方案的產生和評估，以及在其中做出選擇的過程。
❷ 古典管理學派
  (1) 強調的是組織的技術性要求及其需求──「只有組織、沒有員工」（organizations without people）。
  (2) 三大支派：科學管理、行政管理、科層管理。
❸ 人群關係學派
  (1) 以 Elton Mayo 的霍桑實驗（Hawthorne experiments）為代表。

94

8. 重點便利貼
讀完本章，供考生最後再次瀏覽本章重點。

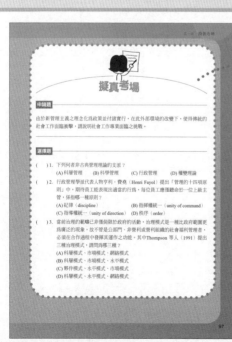

擬真考場

申論題

由於新管理主義之理念化為政策並付諸實行，在此外部環境的改變下，使得傳統的社會工作面臨衝擊，請說明社會工作專業面臨之挑戰。

選擇題

(　) 1. 下列何者非古典管理理論的支派？
　(A) 科層管理　(B) 科學管理　(C) 行政管理　(D) 權變理論

(　) 2. 行政管理學派代表人物亨利・費堯（Henri Fayol）提出「管理的十四項原則」中，期待員工能表現出適當的行為，每位員工應傾聽命於一位上級主管，係指哪一種原則？
　(A) 紀律（discipline）　　　(B) 指揮權統一（unity of command）
　(C) 指導權統一（unity of direction）　(D) 秩序（order）

(　) 3. 當前治理的範疇已非僅侷限於政府的活動，治理模式是一種比政府範圍更為廣泛的現象，故不管是公部門、非營利或營利組織的社會福利管理者，必須在合作過程中發揮其運作之功能。其中Thompson 等人（1991）提出三種治理模式，請問為哪三種？
　(A) 科層模式、市場模式、網絡模式
　(B) 科層模式、市場模式、水平模式
　(C) 夥伴模式、水平模式、市場模式
　(D) 科層模式、水平模式、網絡模式

97

9. 擬真考場
章末附上相關試題，難題提供解析，加強記憶力。

100 日讀書計畫

執行天數	範圍內容	重要性	時數	完成日期
第 1 天	第 1 章重點 1	★★★	1	
第 3-10 天	第 1 章重點 2	★★★★★	8	
第 11-18 天	第 1 章重點 3	★★★★★	2	
第 19-23 天	第 2 章重點 1	★★★	6	
第 24-28 天	第 2 章重點 2	★★★★	4	
第 29-30 天	第 3 章重點 1	★★	2	
第 31-33 天	第 3 章重點 2	★★★	1	
第 34-39 天	第 4 章重點 1	★★★	8	
第 40-47 天	第 4 章重點 2	★★★★	8	
第 48-55 天	第 5 章重點 1	★★★★★	8	
第 56-57 天	第 5 章重點 2	★★★	2	
第 58-63 天	第 6 章重點 1	★★★★	6	
第 64-68 天	第 6 章重點 2	★★★★	5	
第 69-73 天	第 7 章重點 1	★★★★	3	
第 67-75 天	第 7 章重點 2	★★★	1.5	
第 76-80 天	第 8 章重點 1	★★★	4	
第 81-84 天	第 8 章重點 2	★★★	4	
第 85-92 天	第 9 章重點 1	★★★★★	8	
第 93-97 天	第 9 章重點 2	★★★★	8	
第 98-100 天	歷屆試題	★★★★★	12	

歷屆試題分析

※ 專技社會工作師考試

考試年度 / 章節	110		111				112				113		出題數合計				總計	
	2申	2測	1申	1測	2申	2測	1申	1測	2申	2測	1申	1測	申論題	占申論題總出數比率	測驗題	占測驗題總出數比率	總出題數	占總題數比率
第1章：管理概念 管理理論 社會工作之挑戰	8		4		8		6	1	4		6		1	8%	36	15%	37	15%
第2章：社會工作管理與規劃	1	3	1	2	6		6		2		7		3	25%	25	10%	28	11%
第3章：社會工作組織	1		2		1		1		3		2		0	0%	10	4%	10	4%
第4章：社會工作領導激勵決策	6	1	5		2	1	5	1	6		5		3	25%	29	12%	32	13%
第5章：社會工作人力資源管理與督導	3		4		6		3		3		3		0	0%	22	9%	22	9%
第6章：社會工作績效與品質管理	4	1	5		2		4		3	1	2		2	17%	20	8%	22	9%

考試年度 / 章節	107 2申	107 2測	108 1申	108 1測	108 2申	108 2測	109 1申	109 1測	109 2申	109 2測	110 1申	110 1測	申論題	占申論題總出題數比率	測驗題	占測驗題總出題數比率	總出題數	占總出題數比率
第7章：社會工作財務與契約管理	1	3		3		1		1		2		2	1	8%	12	5%	13	5%
第8章：社會工作團隊、網絡、行銷、資訊、變革、風險管理		4		7		7		8		11	1	7	1	8%	44	18%	45	18%
第9章：社會工作方案設計與評估		8		9		7	1	6		6		6	1	8%	42	18%	43	17%
合計	2	40	2	40	2	40	2	40	2	40	2	40	12	100%	240	100%	252	100%

社會工作管理

第一章

CHAPTER 1

管理概念、管理理論與社工專業之挑戰

榜·首·導·讀

- 管理過程包括規劃、組織、任用、領導、控制、決策等六項主要活動，本考科的各章內容，即是依此六項活動分別展開說明，了解六項主要活動過程非常重要。
- 管理者技能的類型，必須了解技能的類型及其內容，以及了解不同層級人員所運用的技能類型，均為申論題及測驗題的重要考點。
- 古典管理學派核心概念為「只有組織、沒有員工」；人群關係觀點核心觀點強調的是心理和社會的現象，以及對人的需求之考量——「只有員工、沒有組織」，兩者不同，請區辨清楚。
- 新公共管理、最佳價值、治理、社會夥伴關係等，必須有正確的觀念及有申論的能力，均是金榜考點，請考生基本觀念務必紮實。

關·鍵·焦·點

- 管理名詞相當多元化，請了解相關內涵，將可增加在測驗題型的得分率。
- 社會工作管理領域的代表人物，其重要的管理觀念及事蹟，務必仔細研讀，為測驗題重要考點。

命·題·趨·勢

年度	110年		111年				112年				113年	
考試	2申	2測	1申	1測	2申	2測	1申	1測	2申	2測	1申	1測
題數		8		4		8		6	1	4		6

重點 1
★★★

管理概念

- 「管理」的定義與目的
- 管理過程的六項主要活動／基本功能／職能
- 組織內員工的類型
- 管理層級類型
- 管理技能的類型
- 管理者的角色類型
- 管理相關重要名詞說明
- 管理循環與行政三聯制之比較

重點 2
★★★★★

管理理論

- 管理理論系統
- 管理理論類型一覽
- 古典管理學派
- 人群關係學派
- 組織環境理論
- 系統理論
- 權變理論
- 品質管理觀點
- 渾沌理論
- 新管理主義
- 最佳價值（best value）
- 社會工作國外管理領域代表人物介紹

重點 3
★★★★★

治理與社工專業之挑戰

- 治理（governance）之基本概念
- 治理之涵義
- 組織進行網絡治理之特性
- 治理與新公共管理之不同
- Thompson 等人提出三種治理模式之比較
- 公私協力夥伴（社會夥伴）
- 社會服務夥伴關係共同特性
- 協力過程可能遭遇到的阻力
- 形成有效夥伴關係的步驟
- 建構成功夥伴關係須考量的區塊

管理概念、管理理論與社工專業之挑戰

- 有效夥伴關係需考量的要素
- 公、私部門夥伴關係的推動可能遭遇到之問題或挑戰
- 推動公、私部門夥伴關係遭遇的問題或挑戰之克服之道
- 夥伴關係運作的成效評量
- 社會夥伴關係的優缺點
- 社會工作專業之挑戰
- 社會工作專業勝任能力

重點 1 管理概念

一、「管理」的定義與目的

項目	說明
管理的定義	係指透過一系列的活動或過程，善用組織資源，以有效率與效能的方式達成組織的任務或目標。換言之，管理乃是組織為使其成員能有效地建構一個協調與和諧的工作環境，並藉以達成組織任務或目標所從事之各種活動的過程。
管理之目的	1. 如期完成工作，完成任務。 2. 符合質量的標準化、統一化。 3. 達成組織目標。 4. 降低成本。 5. 達成預期效果，滿足被服務者欲望。

二、管理過程的六項主要活動／基本功能／職能

（一）管理過程

1. **定義**：管理係指透過與他人共同有效能與有效率地完成工作的過程，這種過程主要包括六項活動：規劃、組織、任用、領導、控制與決策🔹。

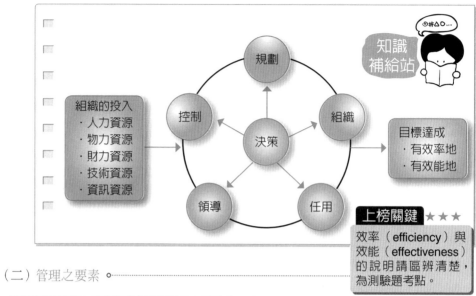

（二）管理之要素

要素	說明
1. 資源（resources）	係指組織所投入的人力、物力、財力、技術與資訊等資源。
2. 活動或過程（activities or process）	主要包括規劃、組織、任用、領導、控制與決策等六項職能。
3. 效率（efficiency）	係指「把事情做對」（do the thing right），亦即以最低的資源投入（input），獲得既定的產出（output），讓投入與產出之間的成本極小化，以符合成本效益。
4. 效能（effectiveness）	係指「做對的事情」（do the right thing），亦即做出正確的決策並加以執行，以達成組織目標。

（三）管理過程的六項主要活動／基本功能／職能的內容

項目	內容
1. 規劃	規劃係指設定一個組織的目標，並決定如何以最佳的方式達成目標的過程。目標的設定讓工作的進行能有特定焦點，且能夠協助組織成員將注意力集中於最重要的事物，特別是讓管理者知悉如何配置時間和資源。

項目	內容
2. 組織	一旦管理者設定好目標，並發展出一套可行的計畫後，下一項管理功能即是組織執行該項計畫所必要的人員和其他資源，包括決定要完成什麼工作、誰來從事該項工作、這些工作要如何被組合、誰要向誰負責，以及要在哪裡做決定等。簡言之，組織即是統整或組合活動和資源。
3. 任用	任用為人力資源管理的重要一環，乃是針對組織的各項職位選擇適當的員工，指派其擔任組織中的待補位置。程序包括工作人力的需求確認，以及現有工作人力的盤點、人才招募、遴選、安置、薪酬、升遷、訓練等相關事項。
4. 領導	領導是管理的基本功能之一，有人認為領導是所有管理活動中最重要且最具挑戰性的。任何一個組織皆是由人所組成的，管理者的工作之一即是要能夠指導和統整這些人，執行這項活動即是管理中的領導要素。當管理者激勵員工、指導他人活動、選擇有效的溝通管道或解決員工之間的衝突時，他就是在領導。換言之，領導即是讓組織裡的員工，願意共同協力以完成組織的任務或目標。
5. 控制	1. 基本概念 （1）控制係指在目標已設定、計畫已形成、結構配置已確定，以及人員已雇用、訓練和激勵後，有些事可能會出差錯，為確保這些事能夠順利進行，管理者必須能夠監測組織的績效，實際績效要與原先設定的目標作比較，若有嚴重偏離，則管理者有責任將組織導回軌道上。這種監測、比較和導正的方法，即是控制的過程。換言之，控制即是一種監測和評估的活動，它能夠協助確保成功管理所需要的效率和效能。控制可概略區分為對人的控制與對事的控制。對人的部分，即為人力資源管理的一環；對事的控制即為方案、績效和品質管理等。

榜首提點

管理過程的六項主要活動，是社會工作管理的最重要基礎概念；本考科的各章內容，即是依此六項活動分別展開說明。因此，了解六項主要活動過程，可使考生在準備本考科時，了解社會工作管理考科的全貌，避免落入「見樹不見林」的迷失；另字字珠璣，測驗題是必勝考點，請務必仔細研讀。

項目	內容
5. 控制	（2）控制意指監督行動以確保組織可依規劃而行，同時修正重大差異，以促使組織目標能被有效達成。它可以協助組織去建立一套回饋系統，藉由偵查（detect）、比較（compare）和改進（improve）的程序，分析實際的績效與標準的差距，以便將外界狀況和組織的績效成果反映給組織知曉，讓組織採取必要的修正行動，使組織有所成長與改善。因此，控制乃是一種積極的作為，希望防患未然，在困難或問題發生前就能發揮出引導及匡正的作用，而非事後控制，避免發生亡羊補牢的遺憾。 2. 控制的特色 控制的特色乃是其可以用來衡量實際績效，並將實際績效與衡量之判準加以比較後，針對比較的結果去採取修正的行動，它是一個不斷循環和修正的過程。 3. 控制的三個步驟 （1）衡量實際績效：績效的衡量乃是依據目標採取可量化的操作性指標。例如：要了解募款餐會的績效如何？便可以將募款餐會之實際所得與預期達到的募款金額做一比較，例如：預期的募款金額目標為 300 萬元，但實際的募款餐會扣掉相關支出後，實得金額為 250 萬元，便知道只達到 83.3%（250 ／ 300 ＝ 0.83）的募款目標。當然其中可能也隱藏著一些較難轉化成量化數字的指標，例如：機構的品牌形象或是社會聲望等。對於社會服務機構而言，如何設計有效的績效指標，使機構能以最有效率的方式來達成組織目標，是很重要的管理功課。 （2）比較：比較的步驟乃是設定一個可以接受的誤差範圍，在此誤差範圍內所得到的結果是管理者或機構可以容忍的。一般而言，我們可以容忍的誤差值約為 3% 或 5%。誤差值的大小與估計值的準確性有密切的相關，由於估計值不可能完全準確，所以誤差的情形多會存在，因此如何設計出精確的判準指標及在誤差發生時去做進一步的分析與研判，便是管理者的重要責任了。

上榜關鍵 ★★★★
逐字逐句讀懂，測驗題考點。

上榜關鍵 ★★★
測驗題基礎觀念考點。

上榜關鍵 ★★★★
控制的三個步驟，要點要熟記，次序勿混淆。

項目	內容
5. 控制	（3）修正行動：如上所述，若誤差結果是在管理者或機構可以容忍的範圍，我們可以不採取修正的行動，反之，管理者或負責的人員便要採取修正行動。首先，須分析誤差的產生是來自可預期或不可預期的突發事件，若為無法控制的外力因素，我們便須記取教訓及加強風險管理的訓練，若為可控制的干擾因素，我們就必須採取改善實際績效或是修正目標的行動。 4. 控制的方式 　控制依其執行的時間點，可以分為事前控制、事中控制和事後控制，說明如下： （1）事前控制：又稱前向控制（forward control）。係指在工作開始之前，所展開的控制程序。這是一種最理想的狀態，在實際工作展開前，便進行控制的機制，透過估量、比較和修正行動的步驟，來防患未然。但是，因為工作尚未開展，很難採取實際的考核，所以多數管理者會被迫採取事中與事後的控制方式。在人群服務組織中，通常如欲推行一個重要方案，且此方案的性質是很複雜的，可能須投入很多資源（例如：人力、物力、財力）或是牽涉到的範疇甚廣（例如：衛政、社政、警政等），有時候便會先採取「實驗性方案」的性質，挑選部分縣市、部分人口群先行試做，針對試做結果進行評估後，才進行後續的推廣工作，如此，方不至於落到勞民傷財的窘境。 （2）事中控制：又稱同步控制（concurrent control）。係指和工作同步進行的控制程序。即在工作進行的同時，便採取控制的行動，如此一來，工作者可以在問題尚未擴大之前，便及時採取行動來處理問題，所以，又稱作即時控制。進行的方式，多是依照既定的標準作業流程來執行修正行動，對於可容許的誤差範圍大小，則視工作的性質而定。在人群服務組織中，督導的職責通常是監督服務工作的進行，如此便發揮了同步控制的功能，在發現問題的同時，方能提供建議以利採取修正的行動，促使服務輸送更形順暢。

上榜關鍵 ★★
請區辨清楚，測驗題考點。

項目	內容
5. 控制	（3）事後控制：又稱回饋控制（feedback control）。係指在工作結束之後才進行的控制程序。透過此回饋機制，管理者可以檢視工作完成後的成效，作為下一個工作或計畫的規劃參考，並且掌握住問題可能造成的損失狀況，不致發生重蹈覆轍的情形。從管理程序來看，透過回饋控制的程序，可以讓員工了解自己的工作成效，作為獎勵與懲罰的基礎，改善工作效率，同時它也是一個持續不斷的循環過程，可以連結整個管理循環成為組織永續經營的基礎。不過，它是在工作完成後才進行的控制程序，所以時效上可能緩不濟急，能做的只有亡羊補牢而已，管理者便需藉由縮短回饋期間的方式來彌補上述的缺點。
6. 決策	決策可說是管理功能的核心，是指各種替代方案的產生和評估，以及在其中做出選擇的過程。

三、組織內員工的類型

員工類型	說明
作業員工 （operatives）	係指直接負責某項工作或任務，且無監督他人工作的責任，例如：社福機構中，直接負責實務工作的社會工作者。
管理者 （managers）	1. 管理者的定義：管理者指須在組織中指導他人的活動的人。 2. 管理者類型 （1）線上管理者通常被稱為督導（supervisor）或團隊領導（team leader），其主要責任是指導作業員工日常的活動。例如：社福機構的督導直接督導社工的實務工作。 （2）中階管理者是介於線上管理者（督導）和高階管理者之間的位置，其主要的責任在於管理其他管理者（也可能包括某些作業員工），以及負責將高層所設定的目標，轉化為較低階的管理者能夠執行的細項。在組織裡，中階管理者的頭銜可能是部門或機構主任（department head）、方案領導者（project leader）、單位主管（unit chief）、區域經理（district manager）或分支經理（division manager）。

員工類型	說明
管理者 （managers）	（3）高階管理者（top manager）：組織的最高層或接近高層者須負責對組織的方向做決策，以及確立影響所有組織員工的政策，高階管理者的頭銜如副總裁、總裁、總經理、執行長或董（理）事長。

四、管理層級類型

層級	說明
1. 高階管理者	通常決定組織的方向和制定機構政策，主要責任在於規劃機構整體發展方向，協調整合各部門之努力成果，最常見的職稱如執行長、理事長。
2. 中階管理者	規劃暨執行專業性的工作，將高層的決策轉為基層管理者能執行的細項，職稱如處長、主任。
3. 基層管理者	多是直接指導部屬，協助其從事實際工作，像是督導或團隊領導者。
4. 部屬	多指基層工作者或作業人員，直接負責執行某項工作或任務，職稱如作業員、第一線工作人員。

表：組織員工層級、職稱與工作內容分類

員工層級	職稱	工作任務或內容
高階管理者	董（理）事長、總裁、總監、會長、總經理、執行長、秘書長	組織代表者 規劃組織長期方向／目標／策略 提供組織全面指導 領導與監督中階管理者
中階管理者	經理、協理、主任、處長、局長	將高階管理者擬定的目標／策略轉化為具體可行的方案 協調組織各項分工事宜 促進團隊合作與解決衝突 領導與監督基層管理者

員工層級	職稱	工作任務或內容
基層管理者	課長、科長、組長、督導	執行中階管理者擬定的方案 確保績效能達到所訂定的目標 領導與監督基層／作業員工 直接負責某項工作或任務
作業／基層員工	科員、組員、社工員	提供技術支援及激勵員工士氣 完成上級所交代的工作 適時反應第一線所發生的問題

五、管理技能的類型

技能類型	說明
1. 概念性技能（conceptual skill）	1. 係指分析和診斷情境的心智能力，亦即理解抽象或一般概念，並將之應用於特定情境的能力。具有概念性技能的管理者會了解整個組織的複雜度，包括每一個單位對達成組織目的之貢獻，最成功的組織精通於倡導或展開各階層人員的概念性技能，鼓勵以組織較大格局的目的看待其工作。 2. 概念性技能對高階管理者尤為重要，因其必須要持續地將焦點清楚地置於組織的「大面向」，這有助於促進管理者作出較佳的決定。一般而言，概念性技能的重要性，往往隨著組織內層級之降低而遞減。
2. 技術性技能（technical skill）	1. 是指使用特殊的知識、方法和技術以完成工作之能力。這種能力對線上管理者（督導）而言是相當重要的，其必須將此技能運用於訓練新員工及監督日常的工作活動，若有必要改正時，具有技術性的管理者（督導），要有能力作出指導。 2. 隨著管理階層的提高，技術性技巧的重要性通常是逐漸遞減的，高階管理者較少涉入技術性的操作問題和活動。因而，許多高階管理者對技術性技巧使用是間接的，但這並非表示高階管理者無須具備任何技術性技能，高階管理者如曾是這方面的專家，對其管理活動具有加分作用。

榜首提點

管理者技能的類型，必須要從二個層面準備，首先，必須了解技能的類型及其內容；其次，必須了解不同層級人員所運用的技能類型，均為申論題及測驗題的重要考點。

技能類型	說明
3. 人群關係技能（human skill）	1. 管理作為一種藝術，其所要求的主要是人際方面的技能。人群關係技能是指了解、激勵以及與他人相處的能力。 2. 對各管理階層而言，人群技巧是同等重要的，且各階層管理者需要的人群技巧活動包括溝通、領導和激勵。例如：一個機構管理者必須要能與其部屬及顧客維持良好關係；高階主管要能與機構內較低階的管理者及外界利害關係人（如捐款者）溝通，發揮影響力。
4. 政治性技能（political skill）	政治性技能關係到管理者促進自身地位、建立權力基礎及建立正確聯結的能力。組織本身即是員工爭取資源的政治競技場，具有良好政治性技能之管理者，能為其團體取得較佳的資源，同時也可能獲得較佳的評價及較多升遷的機會。

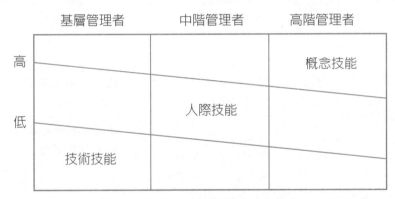

圖：組織中的管理技能

六、管理者的角色類型

角色種類		角色說明	典型行為
1. 人際關係角色	（1）形象人物／形式上的領導	組織象徵性的代表，執行一些法律上或形式上的例行任務。	代表組織簽署法律文件、主持儀式、接待訪客或來賓。

角色種類		角色說明	典型行為
1. 人際關係角色	（2）領導者	激勵部屬、負責用人、訓練指導部屬提升績效。	與部屬溝通、分配任務、實施獎懲、激勵員工士氣。
	（3）聯絡人	和外界建立及維持人際關係網絡，以獲得資源或協助。	參與外界社團、社群，例如：與媒體保持聯繫。
2. 資訊處理者角色	（1）監控者	監視組織內外部發生的各種事情，蒐集相關的資訊，建立對組織的全面了解。	閱讀期刊雜誌及各種報告，維持人脈關係。
	（2）傳播者	將資訊轉達給需要知道或負責處理的人。	正式或非正式溝通方式，例如：開會、私下溝通、發備忘錄或正式信函。
	（3）發言人	將組織的政策、作為與結果向外界發布，對外代表組織。	開記者會、發布新聞稿、主持股東記者會、產品發表會。
3. 決策者角色	（1）創業家	在組織中尋求機會、落實創意並發動變革，領導專案，促進改變。	在品質提升和新產品開發上有新構想、抓住市場脈動，發展創新方案。
	（2）危機處理者	組織面臨重大麻煩，負責提出解決方案與修正行動計畫，以確保組織正常運作和發揮最大的應變力。	了解現況、掌握問題、提出解決方法。例如：處理顧客抱怨、員工損失、災害救援。
	（3）資源分配者	負責組織中各類資源的分配，制定或核可組織中的重要決策，決定誰有權處理及運作資源。	排定工作日程、執行授權、核定預算。
	（4）談判者	代表組織出面談判。	與工會及各種利益團體進行談判及協商。

七、管理相關重要名詞說明。

名詞項目	說明
急就章管理（management by improvisation）	或稱為「即席管理」，是指管理者在遇到無法事先預料的緊急情況時，由其本人的機智，因時、因事、因地制宜，採行立即的權宜措施。急就章管理是強調管理的問題，常依一定的原理原則或方法處理，對於無事前計畫的緊急問題，有賴管理者的直覺當機立斷。
例外管理（management by exception）	是指主管人員授權部屬，在權責範圍內，處理日常發生的例行工作，主管人員自己則著重於處理偶發或例外情況的問題。換言之，例外管理強調主管人員應將精力集中於「例外事件」，而非浪費精力於繁多的日常「例行工作事件」。
管理風格（tone of management）	是指管理者的管理方式會影響到組織團體的士氣。其管理風格類型可分為「操縱式」、「鼓勵式」、「精打細算式」等。
管理才能（management competencies）	係指能夠有效執行管理的一套知識、技能和態度。管理者所應具備的管理才能隨其職位高低而異。
藍海策略（Blue Ocean Strategy）	1. 歐洲管理學院學人金偉呈（W. Chan Kim）與默伯尼（Renee Mauborgne）二人著有「藍海策略」，主張超越競爭與價值創新，藍海策略的擬定可從六個途徑著手：包括（1）改造市場疆界；（2）專注於大局而非數字；（3）超越現有的需求；（4）策略次序要正確；（5）克服重要的組織障礙；（6）將執行納入策略。 2. 例如：Google 公司以關鍵字創造使用者需求，以搜尋引擎生產虛擬產品，組織全世界知識的格局，策略行動由個人到團體井然有序，克服著作權爭議目前的作法（as is）與未來的作法（to be）之中間障礙，資訊檢索服務力行創新與實用，價值與成本的密切配合，所以 Google 公司創造顧客新的需求，並透過成本控制，追求持續領先，Googleplex 所認定的新價值曲線（New Value Curve），使該公司開放沒有競爭的新市場，而接近藍海型企業的基本原則。

上榜關鍵 ★★★

管理名詞相當多元化，請了解相關內涵，將可增加在測驗題型的得分率。

名詞項目	說明
紅海策略 （Red Ocean Strategy）	1. 相對於「藍海策略」的是紅海策略（Red Ocean Strategy），其以競爭為核心。 2. 例如：Google 接管 Blogger 的派拉實驗室、收購美國線上的股權、併購 YouTube，此透過上下游整併，以求降低成本、擴張版圖，以價格競爭為本位的經營導向，終會形成廝殺慘烈的紅色海洋；雅虎（Yahoo）與微軟（Microsoft）與相關利害關係人（Stakeholder）群起與 Google 對抗。
長尾理論	1. 「長尾理論」係由美國連線（Wired）雜誌總編輯克里斯·安德生（Chris Anderson）所提，長尾理論示意圖形，係以人口（Popularity）作為縱軸，產品（Products）為橫軸，依此區分為大頭（Head）與長尾巴（Long Tail），該理論提醒世人應逆向思考（Counter-Thinking），事件的重心不應專注於前 20% 的大頭，而反倒要注意 80% 的長尾巴。 2. 依安德生所指長尾的三股主要力量次序是： （1）生產大眾化：新生產者加入，使品項增加到數千、數萬、數十萬種。 （2）配銷大眾化：整合者建置容易買賣的交易平臺，透過交易從中獲利。 （3）連結供需：運用篩選器經個人部落格或其他推薦方式，促成長尾現象。 3. 依據三股主要力量的實作，長尾沿著人口代表營收的縱軸，及代表品項的產品為橫軸而構成一條頭高尾細類似 L 型的曲線，該長尾力量就儼然形成，新世代人人善於表達自我，同儕生產（Peer Production）就能出現更多產品拉長了尾巴，同時網路平臺建置使庫存及配銷成本降低，讓長尾變厚，另外透過客製化的風格篩選或評鑑，以吸引顧客消費，樹立品牌形象。

名詞項目	說明
長尾理論	4. 整體而言，長尾理論是往昔「80／20法則」的再修正，就文化產品為例，以前文獻檢索迎合大眾使用市場，認定80%資料的取用，係來自排行前20%的書刊，但自網路或數位化思想的蓬勃興起，製造、配銷、交易的成本大幅降低，網路平臺注意個人化消費，將多樣產品整合成一個大市場，以滿足大庭廣眾所需，全球化經濟體系的產生。 5. 長尾現象的六項特色： （1）長尾猶如一條長長的尾巴，提醒企業經營者應注意小眾市場的個人化需求。 （2）物極必反，數位產品問世，產銷成本降低，讓原本不重要的80%產品引發利基。 （3）產銷一體、快樂無比，消費者業餘轉化為新生產者，形成新興的產銷合一者（Prosumer）。 （4）數位產品適用長尾理論，實體產品（Tangible Products）整合良好亦可適用。 （5）依附庸理論（Dependency Theory），發展中國家與未發展國家廣大人口群極富商機，潛在市場大。 （6）長尾現象源起於文化產品，服務業與製造業於全球化趨勢，亦可一體適用之。
策略靈活度	「策略靈活度」是在賽局轉換時，察覺，並抓到機會。企業往往陷入「行動慣性」（active inertia），就像後輪卡在車痕裡的司機一樣，苦於行動慣性的管理者用力催油門，並且生氣地轉著組織的輪子，卻不能把自己從車痕中挖出來，反而陷得更深。組織陷入行動慣性，是因為歷史的承諾，如過去的策略框架、流程、價值等，使得組織在面對環境變化時，仍舊以相同的方式因應，導致組織走向敗亡。

八、管理循環與行政三聯制之比較

（一）管理循環的定義

管理循環（management cycle）是指組織團體主管人員若想有效進行管理工作，就必須透過「計畫、組織、任用、指導（領導）、控制、決策」等管理功能（職能）或程序，依序進行，首尾相連，循環運作不已，形成完整的循環作用，故稱為「管理循環」。

上榜關鍵 ★★★

管理循環亦即管理過程六項活動的循環過程。

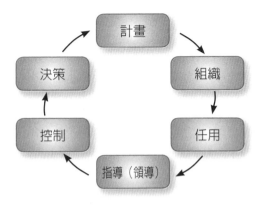

（二）行政三聯制的定義

　　行政三聯制是計畫、執行、考核三種工作過程連貫的體制。

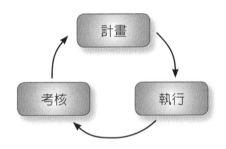

（三）管理循環與行政三聯制的異同比較

相同點	相異點
1. 意義相同：管理循環的「計畫」與行政三聯制的「計畫」同義，管理循環的「組織、任用、指導」與行政三聯制的「執行」內容類似，管理循環的「控制」與行政三聯制的「考核」同義。	1. 範圍不同：行政三聯制的發展歷程是以行政管理為對象，而管理循環則適用於一切管理事務。 2. 步驟不同：管理循環在計畫之前是重視決策工作，而行政三聯制的決策，通常是由行政命令規定之。
2. 作用相同：二者均以計畫為首要工作，再循序進行其他活動，循環運作不已。	

（四）管理與行政異同之比較 知

相異點	相同點
1. 管理基礎不同：管理理論多來自企業管理知識，並未特別強調效率之量化價值；行政都來自反對行為科學之價值中立，強調傳統政治學之公平、正義等規範價值。 2. 強調重點不同：管理強調行政之管理面向，偏重管理者之實際知識及策略；行政則強調行政之政治面向及規範色彩。 3. 意識型態不同：管理強調市場導向，主張政府減少干預，顯現右派思想；行政強調政府積極照顧弱勢者，顯現左派思想。	1. 均具有實務精神：管理強調行政學者之研究議題應限於與社會息息相關者；行政乃起源與提升效能及滿足民眾需求之壓力。 2. 兩者均具有顧客導向之精神。 3. 兩者均反對僵固的科層組織體系，且都強調授權及活化工作者之能力。

■ Warham 將「行政」視為是指導（direction）、管理（management）和督導（supervision）三要素的一種概括性過程。在這脈絡裡，若「行政」指的是整個過程，則其要素可區分為三種不同層級：(1) 最上層的是指導功能，涉及長期的規劃和目標；(2) 中間層級的管理功能在於讓體系持續受到關注；(3) 最底層之團隊領導的督導功能，在於監督管理層次所提出的政策指示和資源的運用，以確保績效達到所訂的標準。

知識補給站

練功坊

★ 請說明何謂概念性技能（conceptual skill）、技術性技能（technical skill）。

解析

（一）概念性技能（conceptual skill）：係指分析和診斷情境的心智能力，亦即理解抽象或一般概念，並將之應用於特定情境的能力。具有概念性技能的管理者會了解者整個組織的複雜度，包括每一個單位對達成組織目的之貢獻，最成功的組織精通於倡導或展開各階層人員的概念性技能，鼓勵以組織較大格局的目的看待其工作。概念性技能對高階管理者尤為重要，因其必須要持續地將焦點清楚地置於組織的「大面向」，這有助於促進管理者作出較佳的決定。一般而言，概念性技能的重要性，往往隨著組織內層級之降低而遞減。

（二）技術性技能（technical skill）：是指使用特殊的知識、方法和技術已完成工作之能力。這種能力對線上管理者（督導）而言是相當重要的，其必須將此技能運用於訓練新員工及監督日常的工作活動，若有必要改正時，具有技術性的管理者（督導），要有能力作出指導。隨著管理階層的提高，技術性技巧的重要性通常是逐漸遞減的，高階管理者較少涉入技術性的操作問題和活動。因而，許多高階管理者對技術性技巧使用是間接的，但這並非表示高階管理者無須具備任何技術性技能，高階管理者如曾是這方面的專家，對其管理活動具有加分作用。

★（　）一個社政部門的主管非常懂得如何獲得權力、建立權力及運用權力去影響他人，因此他可以幫助社政部門從多方面獲得比別的局處較佳的資源，來造福弱勢民眾，我們說這位主管具有良好的那一種管理技能：
（A）技術技能　　　　　　　　（B）人際技能
（C）概念技能　　　　　　　　（D）政治技能

解析

D。政治性技能關係到管理者促進自身地位、建立權力基礎及建立正確連結的能力。組織本身即是員工爭取資源的政治競技場，具有良好政治性技能之管理者，能為其團體取得較佳的資源，同時也可能獲得較佳的評價及較多升遷機會。題意所述屬之。

★（　）非營利組織的管理者，要能夠監督及評估其組織內部員工及各部門的績效，並確認他們是否達成組織的目標，並能適時採取必要行動來維持或改善員工及部門績效的管理功能稱為：
（A）控制　　　　　　　　　　（B）規劃
（C）決策　　　　　　　　　　（D）領導

解析

A。控制係指在目標已設定、計畫已形成、結構配置已確定，以及人員已雇用、訓練和激勵後，有些事可能會出差錯，為確保這些事能夠順利進行，管理者必須能夠監測組織的績效，實際績效要與原先設定的目標作比較，若有嚴重偏離，則管理者有責任將組織導回軌道上。這種監測、比較和導正的方法，即是控制的過程。換言之，控制即是一種監測和評估的活動，它能夠協助確保成功管理所需要的效率和效能。控制可概略區分為對人的控制與對事的控制，對人的部分，即為人力資源管理的一環；對事的控制即為方案、績效和品質管理等。題意所述屬之。

重點2 管理理論

一、管理理論系統

（一）系統類型 ○……………………………………

上榜關鍵 ★★★★★
各系統請詳讀，測驗題
考點細微。

> **1. 理性系統（rational system）**
>
> ・自1900年代起，是「理性系統（rational system）模式」，又可以稱為「科學管理學派（scientific management approach）」。
> ・核心主張：（1）確立目標；（2）正式化；（3）階層化；（4）法制化。

> **2. 自然系統（natural system）**
>
> ・自1930年代起，「自然系統」模式興起，也可以稱為「人際關係學派（human relation approach）」。
> ・核心主張：（1）重視員工心理需求；（2）角色衝突；（3）分析員工關係；（4）組織氣氛。

> **3. 開放系統（open system）**
>
> ・自1950年代起，「開放系統（open system）」模式盛行，「情境理論學派（contingency approach）廣受重視。
> ・核心主張：情境、權變、策略目標與彈性應變。

（二）系統原則

　　無論是理性系統、自然系統、開放系統，都是某種系統。系統理論的基本原則包括如下：

　　1.循環性（circularity）：是系統理論的前提，各種現象不是單向的、因果的、直線的、而是雙向的、交互影響的。組織就好像身體，各器官、系統之間相互影響。例如：一個人生病了，無法單純歸因於某一個因素；同樣的，組織系統的問題也不是單一原因，不能簡單歸納為「就是因為誰，所以有這個問題。」

2. 資訊（information）：系統裡成員互動時必然有種資訊在其中。資訊是「造成差異」的來源，在組織裡非常重要。

3. 知識論（epistemology）：需要以客觀的立場去探究。探究的重點有二：「為何會有這些事情或現象？」及「對這些事情或現象的了解有多少？」例如：管理者必須常省思，社工組織這麼多，有多少能回應社會需求？你的機構組織有何特色？能否有明確的定位？

（三）非均衡系統

1. 理性、自然與開放系統都主張有某種均衡的架構使系統在架構中運作。非均衡系統則不認同，反而認為系統本身就是混亂而無規則的，因為環境中充滿未知的變數，生活中充滿未知的事件，因此「混沌」是常態。

2. 非均衡系統的核心是「混沌理論」，理論的重點包括：1.強調耗散結構。2.蝴蝶效應——強調細緻與隨機事件。3.奇特力量很重要。4.回饋機制。提醒對於現象的預測，應採取保留的態度，必須以一種兼具質性思考與量化分析的方法，探討動態系統中無法用單一原因來解釋的數據關係，強調要用整體、連續的數據來解釋及預測行為，這即是「混沌理論」。

二、管理理論類型一覽

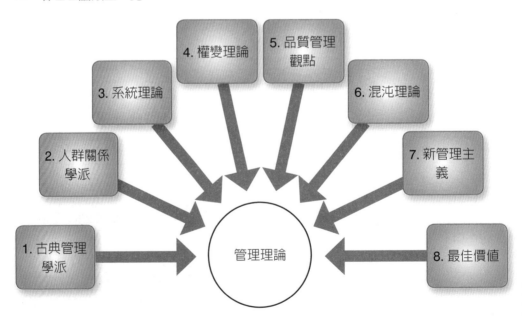

三、古典管理學派

（一）內涵

　　古典管理觀點（classical approach to management）為管理學科最早設定的理論基礎，該觀點的倡導者是依組織目的和正式結構來思考組織，他們將焦點置於工作的規劃、組織的技術要求、管理原則，以及理性和邏輯行為的假設。古典管理觀點強調的是組織的技術性要求及其需求——「只有組織、沒有員工」（organizations without people）。

（二）支派派別

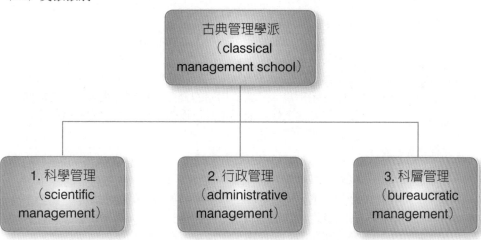

　　1.科學管理（scientific management）

項目	說明
代表人物	科學管理學派的創始者及首要代表人物，是被公認為「科學管理之父」的泰勒（Taylor）。
主要概念	1. 科學管理深信：要提升工人的產量須仰仗獎勵的方法，例如：增產獎金、論件或單位計酬等。這些方法將可提供工人們財務上的誘因，而願意投入更多的時間和努力以增進生產。顯然，其基本假設是將人視為一種「經濟人」（economic man）。 2. 由於工人、經理和雇主可能因效率和產量的提升而獲益，科學管理提倡者認為，組織的衝突應可因而降至最低。若組織仍有衝突存在，可能只是因為缺乏科學知識和管理專家。這種邏輯思考模式在於泰勒對人的基本假設為：任何一位具有理性及經濟動機的工人，皆會想要以更多的生產來增加組織的利潤及個人收入。

項目	說明
主要原則 （泰勒的科學 管理的原則）	泰勒欲藉由提出一些改善生產效率的明確指南，以引起工人和管理者之間的心理革命，其 1911 年出版的鉅著《科學管理的原則》（Principle of Scientific Management），即引進提升組織每位員工效率之四項原則： 1. 動作科學化原則：即對每一個人在其工作時的每一個動作要素，發展出一套科學標準，以取代傳統的經驗法則。 2. 工人選用科學原則：應以科學方法選用工人，然後施以訓練、教導及培育，以取代過去由工人自己選擇工作與自我訓練的方式。 3. 誠心合作及和諧原則：即員工之間必須誠心誠意互相合作，以確保所有的工作可以依所發展出的科學原則來完成。 4. 工作與責任公平分擔原則：對於任何工作，管理者與工人的工作分配相當，且擔負相同的責任。管理者應承擔其更能勝任的整體性工作，而不是像以往幾乎由工人承擔所有的工作和較大部分的責任。
評論	1. 泰勒的發現是受到其後所謂霍桑效應（Hawthorne effect）的影響。其他對科學管理的批評，則著重於它對人的基本假設，視工人為可替換的零件更甚於個人的論點，是一種對工人的貶損；其未能將人格的因素充分納入考量，且工人在科學管理所創的組織中，對自身工作環境的控制相當有限。 2. 泰勒同時也被控訴，因個人日復一日做例行性的動作，可能造成長期身心傷害且缺乏敏感度。這種模式的矛盾在於短期的績效測量是成功的。例如：每年的營利或次單位的生產力（subunit productivity），但對長期成果的影響卻不是正面的。

2.行政管理

項目	說明
代表人物	創始者為法國的礦業實業家亨利‧費堯（Henri Fayol）。
主要概念	行政管理學派（Administratvie Management School）興起是基於大型組織管理的需要，科學管理處理的是個別員工的工作，行政管理則將焦點置於管理整個組織。

榜首提點
科學管理學派創始者為泰勒，其所提出的科學管理原則及評論，請務必具有清楚概念，為金榜考點。

項目	說明
主要原則 （費堯的十四 項管理原則）	相對於泰勒關注工廠層次的管理及科學方法的運用，費堯將其關注焦點置於所有管理者的行動，且從個人經驗發展論述。費堯的十四項管理原則說明如下： 1. 分工（division of work）：基於效率的考量，勞動的分工或專門化是必要的；分工可以專門化，專門化可以因熟能生巧而提高工作效率，進而增加產出。 2. 職權和職責（authority and responsibility）：職權和職責是相關的，即有了職責目標之後，必須有對等之職權；反之，有了職權必須負有達成某特定目標的職責。權責應是對等的，否則便難以達到目標。 3. 紀律（discipline）：紀律是指對組織內各種協議的尊重，為一切事業的基礎，對不遵守紀律之員工應予懲戒。若一個組織缺乏紀律，對組織目標的達成將造成相當負面的影響。紀律有無作用，端視領導人如何運用而定。 4. 指揮權統一（unity of command）：期待員工能夠表現出適當的行為，每位員工應僅聽命於一位上級主管。 5. 指導權統一（unity of direction）：持相同目標之組織活動的每一個團體，皆應由一位使用一個計畫的管理者負責指導，以協調相關作業，朝同一目標而努力。 6. 個人利益小於團體利益（subordination of individual interests to the common good）：任何一位員工或員工團體的個別利益，不可超越組織整體利益，身為管理者更應以身作則，指導員工遵行。 7. 薪酬（remuneration）：員工的薪酬和給付方法應公平，且能夠讓勞僱雙方盡可能獲得最大的滿足。 8. 集權化（centralization）：組織「決策權」之集中或分散的程度，應視組織大小、組織層級數及員工的工作性質做適度調整，以期組織能達到最佳整體產出的程度。 9. 指揮鏈（scalar chain）：任何一個組織體皆須具備由最高到最低階層的鏈鎖關係，這種鏈鎖應是明確的，以利於命令下達及意見溝通，故亦稱為骨幹原則（skeleton principle）。「指揮鏈」原則，除了指明上下垂直之骨幹現象外，也指出水平單位間之協調的「跳板」（gangplank）原則，以利快速溝通，並提高工作效率。

榜首提點

行政管理學派創始者為費堯，其所提出的 14 項管理原則及評論，請細心準備；在申論題曾有命題紀錄，另在測驗題為金榜考點。

項目	說明
主要原則 （費堯的十四 項管理原則）	10. 秩序（order）：一個組織內的任何事物及人員皆有其應有之位置，不可混淆。換言之，即遵守「事（人）有所屬、各司其職」的格言。 11. 公平（equity）：管理者應該要親切且公平地對待員工，決策時要能夠具有共識，且讓員工覺得公平而願意欣然接受。 12. 穩定的人事（stability of tenure of personnel）：頻繁的員工流動率是沒有效率，且須付出代價的，管理者應該要能提出常態的人事計畫，並確保遇缺時有適當的更替人員。 13. 主動（initiative）：鼓勵員工具備協助組織達成目標的主動性，並允許員工發展自己的計畫和自己執行的創新性，以激起他們對組織的承諾，故費堯（Fayol）期勉管理者要犧牲個人的虛榮心，讓員工有主動與創新的機會。 14. 團隊精神（esprit de corps）：此即「團結就是力量」的原則，鼓勵員工與管理者分享組織的和諧與團結，以達成組織目標。
評論	1. 費堯的十四項管理原則被批評者視為過於僵化，真實世界中的管理者不見得會照著做。在某些情境下，若要遵守某一原則，便可能要犧牲另一原則；而在動態的經營環境中，如果必須遵循一定的原則或次序，也將因過於僵化而難以因應詭譎多變的環境，進而失去機動性。 2. 此外，過度強調原則可能會使得管理者忽略某些非常重要的情境變項，特別是受到管理活動所影響者之個人獨特性，以及管理者的個人特質。

3. 科層管理

項目	說明
代表人物	德國社會學家韋伯（Max Weber）。
主要概念	1. 「科層組織／官僚組織」（bureaucracy）由韋伯首先提出，意指追求高度效率的大型組織；科層組織是一種正式組織，是一種大而複雜、有合作體系的組織。大型的正式組織是科層組織的架構，也是組織內一部分人的一切活動，均由另一部分人為之所訂定系統的計畫，以達成某種特殊的目的。科層組織的設立旨在提供一個結構，可以協調許多人的活動，使得組織能達成目標。

項目	說明
主要概念	2.「科層組織」的定義，是指將職務與工作量分成更小的單位，組織權力和責任也有明顯的界線，亦根據技術與專業資格來僱用和考評人員，並規定成員履行職務的責任，然後依據組織規章獎懲來晉升，亦制度化薪資和退職金，保證成員在組織中的安全，並過一個科層組織生涯。 3. 科層組織對韋伯來說，就是一種理性化的過程，韋伯也將科層組織視為是一個「理想類型」來研究。科層制是在明確的規則和步驟指導下運轉的等級威權結構，在歷史的過程中，科層組織總是不斷地取代不太正式的組織形式，取代個人專斷與主觀的統治，也可以說是以制度取代人治。 4. 韋伯基於理性決策的分析觀點，認為科層管理是一種理想的組織形式，他強調組織的運作若建立在專門技術（專家規則）與規則（正式規則）之行政重要性，將可讓組織創造出更高的效率。
科層組織的特性	1. Weinbach 提出 （1）垂直組織層級：科層體制的職權結構是一個倒立之金字塔，最頂端為職權最大的老闆，職權隨著較低的層級而遞減，組織中每個人的行為皆受到他人的監督。 （2）明確的職權準則：明確制定法規制度，規定每個人的職權範圍和行動準則。若尚未有其他正式的準則存在時，一個科層組織將會使用如程序手冊、工作描述及決策的規則，以支配和控制成員的行為。 （3）依技術能力決定升遷和報酬：「做好您的工作，您將獲得報酬」，換言之，個人在組織階層的提升或報酬的增加，是依個人對組織的貢獻而定。 （4）正式、固定的溝通管道：在溝通或其他的活動上，組織成員須嚴格地遵守指揮鏈。 （5）全時工作者的保障：做好自己本份的工作，工作將可獲得保障。 （6）分工：組織內的每位成員皆有其特定且明確的工作，他們皆詳知其工作細節。 （7）檔案的建立：組織的活動皆有明確的文字記載，這些紀錄將被保存且建檔，以供日後決策的參考。

榜首提點

科層管理學派創始者為韋伯，其所提出的科層組織的特性，為金榜考點，請細心準備其內容及優缺點。

項目	說明
科層組織的 特性	2. 學者宋鎮照提出 （1）以規則為依據，樹立規章制度的權威性：在科層制中，職員間活動與關係都由明確的規則所管理，依據組織規則，每位職員都了解別人對他的要求，以及如何實現這些要求。各種規則可以使複雜的科層制井然有序，並在可以預期的情況下，有效運行。 （2）體制層級化：組織的層級是由職務或職位所組織而成的，而非由人員所組成。每一職務都具有特殊的任務、職責、特權與薪資等級。權威視職務而定，而非視擔任該職務的人而定。因此，科層組織主管的權威都是被清楚定義與限制的。層級的結構通常是呈現金字塔型，成員都努力往金字塔上層移動，他的階級與權威也隨之增加；且擔任某一職務的人，不但必須對直屬上司負責，也必須對部下的行動負責。 （3）用人唯才的原則：在科層制裡，職位的授予是根據能力與專長資格，例如：經由考試、學位、技術檢定或其他標準，並按工作性質與時間來計酬，只要個人稱職、敬業，就應該能保障其工作機會。其實，科層制的職務，都是由技術純熟、有專長、有能力的適當人員來占有，而這些人員也會將其在組織的工作職務視為是個人的一項「事業」（career）。 （4）專職與分工的建立：每個成員負有特定的任務與工作，即是專業化（specialization）。專業化法則為完成複雜工作之最有效方式，其依分工原則把工作分成更小的部分，並讓某一些人專精於某一部分。專職的建立也因而必須以專業資格來甄選及任用成員，而被僱用的人員被期待承擔確切的責任，既不能多也不能少，亦即，每一位成員都負有特定的任務與專職，而各部門都是相當專門的，負責人必須有專門的訓練與知識，才能有效地操作其組織。 （5）有明確升遷辦法：在科層組織裡，一定有其升遷辦法，依據個人工作績效表現和資歷的年限，給予獎勵或加薪，升遷辦法若不明確，將引起成員的勾心鬥角，不尋正當管道來爭取；同時，將降低成員對組織的向心力，也不會將在組織裡的工作當做是自己的職業。

項目	說明
科層組織的特性	（6）建立文件檔案：在科層組織裡，所有的行政方針、決策以及規則皆應有文字記錄而且都必須建立文件檔案。因為有效的行政必須依賴統一的規則，有了文字記錄，對條文的解釋方能有根據，不致造成日後意見分歧或模糊的紛爭，同時，科層組織會議記錄與備忘錄繁多，必須建檔以備查用。 （7）非私人性：科層組織裡，一方面在人事與資源必須按照組織之需要而分發遣配，他人不可霸占，公為私用、假公濟私。其次，公私事務區分清楚、明確，公司辦公地點應與執行者或負責人的住宅分開，以減少不必要的私務干擾。最後，組織成員的辦事精神與原則是無人情化的，對事不對人。 3. Margaret L.Anderson 提出 （1）高度的分工與專業化：此標準的主要概念，體現在專業人員的重要性。科層組織為各種位置與職務，雇用專業人員，且這些專業人員須對特定職責負責。每個位置的工作職稱與內容，都被清楚定義社會學家佩羅指出，許多現代科層組織都具有層級化的權威結構與精細的分工。 （2）權威層級：在科層組織中，各個位置是以層級的原則被安排，每個位置都被更高的一層位置所監督。層級，可用組織結構圖（organizational chart）來表示，即每個位置與其上、下，或者平行關係之一系列權威的金字塔形圖表。這種一系列的權威，可被稱為「命令鏈」（chain of command）。所呈現的，不只是擁有權力的某個人，更呈現上下從屬的相互負責關係，並且可以看出某個職位所轄屬的所有職位。 （3）成文的法規：科層組織中所有活動，都由一套精細的規則與程序所控制。這些規則從最理想的假設出發而制定，用以處理幾乎所有可能發生的狀況與問題，包括招募、解雇、薪資結構、病假與缺席之支薪，以及組織的日常運作等。

項目	說明
科層組織的特性	（4）非個人關係（理想的）：科層組織中所進行的社會互動，被假定是根據工具性（instrumental）標準而互動的，如組織規則便是；而非基於情意需求（expressive needs），如彼此吸引、欣賞或厭惡等。這是企圖客觀地將個人偏好原則所可能造成的問題（如只因喜歡某人而將他升職，只因不喜歡某人而將他解雇）降至最低。當然，社會學家已指出，科層組織具有另一面，即那些雖使科層組織正常運作，然經常涉入人際私人友誼與社會連結的非正式社會互動。人們在組織中常見的，員工彼此支持即為典型例子。 （5）職階：科層組織中各個位置的人選，理論上應該透過特定標準來加以選擇，如教育程度、經歷，與標準化測驗等。因而在組織中的升級，便可成為個人職業生涯的長遠規劃。某些組織，例如：某些大學還存在一種終身職位的政策，保障某些員工在組織中可以一直做到退休為止。 （6）效率：科層組織是為了整合為數可觀之工作人員，及其所參與之各種專業活動而設計，以便追求共同的組織目標。理論上，所有專業活動皆為了達到最高效率而設計。整個系統的設計，目的在於使社會情感關係與互動，維持最低程度，並將工具性互動維持最高程度。
科層組織的優／缺點	1. 科層組織的優點（Stewart 提出） （1）規格化（specifications）：強調工作重於擔任該項工作的個人，這將使得工作具有延續性，不會因為目前的工作者離職而受到影響。 （2）層級化（hierarchy of authority）：管理者和員工（被管理者）有很明確的區分，各管理階層皆有明確的職權層級。 （3）規則化（system of rules）：規則體系旨在提供組織有效率且非私人性的運作，儘管有些規則可能會隨著時間而改變或修正，但這個體系一般是很穩定的。 （4）非個人化（impersonality）：權力的配置和職權的運作不應該是專權的，必須要能符合所訂的規則體系。

項目	說明
科層組織的優／缺點	2. 科層組織的缺點／限制性 （1）缺乏彈性：在工作描述上，若對每一工作均詳細規定，便可能缺乏彈性，特別是在人群服務的組織，案主的問題或需求可能甚為複雜，亦可能因個人的處境而有很大差異。 （2）降低效率：建立檔案的目的是要提升效率，但卻可能為保存紀錄，而使得許多人力花在一些不必要的文字工作上，反而降低效率。例如：在資訊科技發展的時代，有時透過 E-mail 即可有效地傳遞訊息，但因缺乏紀錄而不符科層管理的原則。 （3）浪費人才：儘管依才能升遷是一種激勵的措施，然而，不同的工作可能需要不同的知識技巧、動機和能力。一個好的直接服務社工員，並不必然會是位好的督導或行政者；一個好的規劃者也並不必然是社區組織的管理者。因此，這項原則有時可能會將一位在某項職位上表現出色的工作者，調升到一個不適合他（她）的位置，反而造成人才的浪費。 （4）缺乏創造力：在穩定性方面，科層管理相對上較適合於一個穩固和安定的環境，然而，因它鼓勵員工順從，可能導致組織因缺乏創造力而陷於僵化。組織中某一人員企圖尋覓新的且較佳的做事方式，也難免會與組織的權力結構相違，甚至可能因而求去。在一個從事因應變遷社會所產生問題之人群服務組織裡，科層管理的這種特性，似乎與強調彈性工作的特性不符。 （5）製造冷漠：在工作安全上，工作安定可提升員工的工作績效，但也可能造成一些對工作缺乏動機或奉獻精神者的冷漠與驕矜自滿，特別是工作情境或報酬的限制，可能會令一些較具市場性格和創造力的員工不願久留。 （6）增加負荷：在組織的成長上，組織會為了因應某些額外工作而成立臨時專案小組，但卻可能因成員提出一些額外的工作或議題討論，而不斷地以會議來證明其長久存在的必要性，而導致成立易、解散難的局面，進而加以制度化。這將使得組織、人事甚或方案趨於擴大且缺乏效率，甚至最終造成組織不堪負荷而瓦解。

項目	說明
科層組織的優／缺點	（7）本末倒置：在目標的倒置上，科層組織對文書、檔案及員工績效的目標考核之強調，可能會使得原先設計可快速且更有效率地達到目標的手段，反而成為目標本身，這種目標——手段倒置的特殊型態即所謂的「本末倒置」（means-end displacement），這在組織中是經常發生的。
科層組織在社會工作實務運作的限制性	（1）科層組織難以因應多變的社會與個人環境：社會工作所面臨或必須因應的是多變的政治、經濟和社會之巨視環境，以及個案特殊需求的微視環境。 （2）科層組織易使社會工作陷入科層／專業主義 知 的窠臼：自主性和裁量權為專業的要件之一，然而，科層體制之下的詳盡規則，使得社會工作者依專業所做的判斷，並不必然見容於組織所設定的既定規則，這種「科層」與「專業」的兩難，將可能使社工員陷入「街頭官僚」（street-level bureaucrats） 知 的處境，難以展現其專業的自主性和裁量權。 （3）僵化的觀點難以回應潛在競逐的利害關係人：利害關係人對社會工作的期待和訴求是多元的，甚至是相互衝突的，僵化的科層組織實不易做彈性的回應。 （4）科層組織有礙專業團隊或網絡的運作：科層僵化的正式規則，若未能因應環境所需而做調整，將不利於專業團隊或網路的運作，進而因無法達成社會的期待而衝擊到組織的責信。

專業主義（professionalism）是一套與社會行為相關之任務取向的行為（task-oriented behaviours），包括：高層次的專門技術，監督每項工作管理的自主性和裁量權，對任務的承諾和自由，認同同儕以及一套倫理和維持標準的方法。

知識補給站

街頭官僚

在科層——專業主義主導下的社會服務，社工員被視為是一種「街頭官僚」（street-level bureaucrats），他們使用其裁量權作為防衛，以管理難以抗拒的工作負荷。社工實務的研究發現，專業裁量大部分被用來防衛而非倡導專業的理想，或彈性地回應人們個別的需求。街頭官僚的行為直接地以其工作更具有預測性與可控制性之需求作為引導，因而，不同於賦予專業裁量之彈性和個別化的理想，街頭官僚採用刻板印象將案主類別化，以簡化其管理和回應的方式，這使得引導社工員的並非是專業原則和方法，而是「實務為基礎的意識型態」（practice-based ideologies），這不僅讓他們能夠掌控其工作，也使他們能夠因應在時間與資源皆有限的情況下所遭遇的困境。

（三）對古典管理學派的整體評述

優點	缺點
1. 泰勒、費堯、韋伯及其他古典管理學派的理論家，視管理者為一位擁有做好正確決策之必要知識的理性人，管理者確認各種可行的替代方案並推測其結果。而後，基於之前所確認的優先次序來做決策並採取行動。 2. 此外，科層化之正式和層級的模式如普遍存在於社會福利組織，也有其可取之處。	1. 皆忽略了團體規範加諸於個人行為的力量。 2. 人與人之間有個別差異，特別是在動機方面。 3. 人類的非理性面，可能會使得他（她）所做的事，不見得符合其最佳利益。 4. 存在於非正式組織的權力結構，在一個看似一致的組織圖裡，卻可能很少是相似的。 5. 古典管理學派視管理者為一位實用主義者，然而卻忽略了人類行為的複雜性，在訊息有限且未能充分掌握各種影響因素的情況下，其所能做出之可供選擇的替代方案必然有限，這種被譏為有限理性（bounded rationality）的決策方式，將難以確保所做的決策是最佳的。

四、人群關係學派

項目	說明
代表人物	以 Elton Mayo 的霍桑實驗（Hawthorne experiments）為代表，針對古典管理學派缺乏人性面的考量提出質疑。
主要概念	1. 人群關係觀點強調的則是心理和社會的現象，以及對人的需求之考量——「只有員工、沒有組織」（people without organizations）。 2. 不同於古典管理學派之強調正式組織及其結構的重要性，1930 年代經濟大蕭條（the Great Depression）時期，很多關注轉移至工作上的社會因素及組織中的員工行為，亦即人群關係。泰勒假設人如果有工作效率，則他便會快樂；但人群關係學派（human relationship school）則假設人若是快樂，則其工作便會有效率。霍桑實驗（Hawthorne experiments）認為，當員工知道自己被觀察，以及團隊工作的生產力受到監督及比較的結果。這種被稱為霍桑效應（Hawthorne effect）。
評論	1. 優點 人群關係學派對人性動機複雜性的重視，顯然已超越古典管理學派對非人性面的論述，該學派特別強調產量、工作態度及各種工作上的行為，是受到社會因素的決定——即團體標準所影響，這些主張讓管理者可從另一個角度來理解組織的工作環境。因此，現代管理理論承認員工在組織中的地位，他們不僅是生產的機器或工具，更是組織最大的資產。然而，我們並不認為人群關係學派必定優於古典學派，甚或取代古典學派，而是該學派適度修正、補充了古典學派的觀點，且進一步充實了管理理論的內涵及適用性。 2. 缺點 人群關係學派也有其限制，首先，無論是心理變項或行為變項皆很難衡量。其次，人群關係學派的論點皆基於某種特定的假設，此種假設在某一特定的情況下，對於某些人也許適合，但在不同情境、對不同的人，可能就不適用，這種差異也造成了人群關係理論應用的限制。

榜首提點

人群關係核心觀點強調的是心理和社會的現象，以及對人的需求之考量——「只有員工、沒有組織」；與古典管理觀點的核心概念為「只有組織、沒有員工」不同，請考生區辨清楚。另請了解「霍桑效應」係屬於人群關係學派的觀點。

五、組織環境理論

　　人群關係學派對人性動機複雜性的重視，已適度修正並補充古典學派僅重視組織面的限制，這種對心理面與社會面的考量，更加充實了管理理論的內涵。然而，該學派也被認為因過度強調人性行為對於組織管理的重要性，卻忽略了經濟、科技或政治因素對組織目的及任務的可能影響。1960 年代的研究者開始注意到外部環境對組織的影響，尤其是組織外部環境會影響管理者去取得和利用資源的能力，因而，一種強調管理者應重視組織與外部環境關係的「組織環境理論」隨之發展而出，其中尤以系統理論（system theory）與權變理論（contingency theory）最具代表性。

六、系統理論

項目	說明
上榜關鍵 ★ 系統理論強調整合次體系的觀點。 主要概念	1. 古典學派強調組織的技術性要求與其需求（有組織、沒員工），人群關係學派強調的則是心理和社會面向，以及對人群需求的思考（有員工、沒組織）。系統觀點重視的則是調和前述兩種觀點，以及正式和非正式研究者的論點，其焦點擺在整個工作組織、結構和行為的互動關係，以及組織內的各種變項。系統觀點鼓勵管理者應視組織為一個整體及更大環境脈絡中的一環，其理念即是一個組織任何一部分的活動，皆會影響到其他部分。因而，系統理論提出了一個整合和全面性的組織功能觀點。 2. 所謂系統，即指一套互有關聯和互賴的部分項目，共同構成一整體項目，以求達成一定目標和執行一定計畫。系統可區分為兩個基本型態：封閉的和開放的。說明如下： （1）封閉系統（closed systems）：係指系統既不受到環境的影響，也不與它發生關聯；泰勒對人和組織所持的機械觀點，本質上即是一種封閉系統的觀點。 （2）開放系統（open systems）：是指一種動態的體系，與環境互有關聯並對之產生反應。當我們將組織視為一個系統，即所謂的開放系統；亦即我們接受組織是持續不斷地與其環境互有影響的。一個開放的系統模式往往具有四種特性： 　A. 一個系統是由許多互有關聯的次體系所構成； 　B. 組織是開放且動態的； 　C. 組織力求均衡； 　D. 它具有多重的目的、目標和任務，其中有些是相互衝突的。

項目	說明
評論	1. 優點 在系統觀念中的管理者，其所要經營的並非只是傳統的內部系統，而是必須將重心置於其所管理的次系統 🈯，要如何與其所處之較大、整體、甚至外部世界的系統產生連結之「介面」（interface）的經營，亦即所謂的界限管理（boundary management）。這種系統的觀點，對個案管理或照顧管理的實務尤其重要，主要是因為這種實務模式需要組織之內、外部系統的交互作用，為其服務輸送創造較佳的環境。因而，系統理論鼓勵管理者以一種動態的意識思考「投入」與「產出」之間的關係，以及內部與外部環境的互動。 2. 缺點 批評者認為，該觀點仍然僅是一種欲捕獲複雜的真實世界之矯揉造作的企圖，且儘管使用有機的（organic）語言，但該觀點卻沒有考慮到人的情緒，且存有偽科學（pseudoscientific）的跡象。系統分析雖然提供一種抽象的描述，但從未鋪設可供行動或行為的策略或導引。系統觀點也刻意表現出政治上的中立，很少談到組織內權力交互作用所產生影響，特別是很少將種族主義、性別主義和壓迫的要素等納入組織的運作。

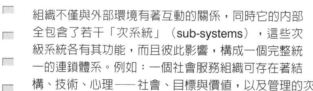

組織不僅與外部環境有著互動的關係，同時它的內部全包含了若干「次系統」（sub-systems），這些次級系統各有其功能，而且彼此影響，構成一個完整統一的連鎖體系。例如：一個社會服務組織可存在著結構、技術、心理——社會、目標與價值，以及管理的次系統。管理者必須要切記，儘管組織的次系統各自可能具有相當高的自主性，但不應輕忽次系統彼此之間的相互依賴性，綜效（synergy）的觀點即告訴我們，組織各單位（次系統）一起協力合作，其產生的效益要高於各自為政。

七、權變理論

項目	說明
主要概念	1. 相對於古典觀點和人群觀點偏重於組織或員工，權變觀點（contingency approach）重新關注將結構視爲對組織績效具有顯著影響的重要性。它被視爲是系統觀點的延伸，強調組織結構形式與管理系統之可替代性的可能方式，沒有任何一種形式是最適當的情況。權宜方法須視工作的性質及其所處的環境特性而定。最適當的結構和管理系統須視每個特定組織的情境而定。權變觀點意味著組織理論不應該試圖去提出一種最佳的結構或管理組織的方式，而是應該提出影響管理決策之情境和脈絡因素的觀察。 2. 權變理論（contingency theory）的基本觀念在於，管理並沒有普遍的法則或單純的原則，正確的管理技巧應視其所處的環境而定。 3. 基本上，權變管理是各項管理理論的統合，它告訴管理者，每一個組織皆是獨一無二的，並沒有一種適用於所有情境之「最佳方式」（one best way）或正確的決定，不同的情境要有不同的決定和管理行爲。管理者的工作在於促進組織次體系（例如：環境或人際關係）的功能及交互關係，並確保對組織生存有助益的組織環境彼此之間的關係。權變管理會在某一種情境下主張採用科學管理，而在另一種情勢之下則主採用行爲管理，其所採行的理論或方法之基礎，則爲各特定情境之特徵，因此又可稱爲情境管理（situational management）。 4. 權變管理對於問題的處理方式，主要是先分析問題，其次爲逐一列明問題出現時的各種相關情境，再依其所處情境研擬可行的行動方案。這項理論主要在提醒組織管理者，沒有一套放諸四海皆準的管理體系，唯有綜合了解各種理論，審愼明辨情境，才能採取適當行動，使組織有效運作。

榜首提點

權變觀點強調沒有一項管理理論是可以放諸四海皆準，必須視各種情況而進行管理，亦即「權變」。

上榜關鍵 ★★

次序分辨清楚。

八、品質管理觀點（Quality Management）

項目	說明
主要概念	1. 品質管理觀點強調藉由提供高品質的商品與服務，讓顧客滿意；而顧客導向是品質管理的重要內涵，包括組織再造、簡化服務流程、改變組織文化與服務態度、工作人員和組織的績效評估等等，都強調讓顧客有能力與管道可以參與，而且組織所有的措施都以改善與顧客的關係為重點。 2. 這種價值對非營利組織也影響很大，許多組織開始以顧客需求的滿足作為服務的重要基礎，直接與顧客互動，蒐集顧客的資訊，再依據資訊改善服務流程與服務內容。顧客導向的服務理念，落實於非營利組織，一方面要求顧客滿意度提高，另一方面要求調整內部的各種機制，以確保服務的品質。

> **榜首提點**
> 品質管理是強調以客為尊的管理觀點。

九、渾沌理論（Chaos Model）

項目	說明
主要概念	1. 渾沌理論將組織比擬成一個複雜的適應系統，其藉由交互作用而與周遭環境一同成長；採用系統理論的管理觀點，強調秩序性、理性、穩定與開放系統等概念，深受物理科學決定性和機率性的思維所影響，認定世界沿著前因後果的軌道演進。渾沌理論的基本假設是：「任何複雜的系統均有普遍行為」，渾沌理論研究的是自然界中有關不規則、不連續和不穩定現象的探討；強調亂中有序，致力於尋找隱藏在混亂中的秩序。 2. 複雜系統各層次間的相互作用呈現非線性，所引起的動力回饋不斷改變系統過程的初始條件，從而使人無法預測「最終狀態」。而這種非週期性和不可預測性之間的關係密切，社會組織系統也是在這種自我調整的原則下生成、維繫和演進。對於管理者而言，要把組織看成一個相互緊密連結的系統，而且人是有可能改變的，只要在適當的時間找到適當的切入點，就可以運用既有的力量來達到最大的效果；重點在於不斷觀察，抓準時機，然後勇於出手。

十、新管理主義

（一）新管理主義的興起

1. 1970 年代中期之前，科層／專業主義的福利服務模式被視為是一種政治上的共識，然而，福利國家危機卻伴隨著對經濟、政治和社會上的批評，在經濟上，公共選擇理論視公部門在福利服務的供給上是浪費和無效率的；在社會上，舊式體制的父權主義和奶媽國家，造成了一種破壞自立的依賴文化；在政治上，科層——專業的權力被視為是為自身的利益，它阻礙並威脅政治和文化的變遷。這種從經濟、社會和政治提出全面性的批判，事實上也即是一種對過去政府在福利服務扮演積極性角色的重新思考，進而帶動傳統科層——專業主義之福利服務輸送模式的反省，一股強調削弱政府角色的「管理」理念，便在這股趨勢下逐漸的成長與茁壯。

2. 1980 年代早期，許多的公共服務仍是由「知道什麼對服務使用者是最好的」之專業員工（professional workers）所主導；管理者（managers）被視為是企業的、自由市場的需求所驅使的，專業者則被視為是技術專家，且關心的是服務使用者的需求；甚至當專業者（如醫師、教師和社工師）擔任管理職位時，往往也持守著其專業的核心價值，這種管理權力的基礎使得他們易於抗拒變革。許多公共服務的組織是由一些專業團體參與其中的複雜專業科層，這些團體對其所執行的實務有相對較為自主的歷史傳統，且往往給予他們比其他利害關係團體更有權力的位置。這種專業與科層結合的公共服務運作模式，在 1970 年代後期開始遭遇到新管理主義（new managerialism）的嚴厲挑戰。

3. 公共部門引進新管理主義或新公共管理（new public management），即是一種對專業權力挑戰。1990 年代之前，公共部門管理的新模式已出現於多數先進國家，這種新模式以多種不同的名詞出現，包括：管理主義、新公共管理或企業型政府（entrepreneurial government）、後科層典範（Post-BureaucraticParadigm）。儘管名稱上有所不同，本質上，其所描述的現象是一致的。

> **上榜關鍵** ★★
> 新管理主義的同義詞，請區辨清楚。

4. 新管理主義不同於傳統的行政科層理想，科層——專業主義（bureau-professionalism）知 提出應用專家權力以追求「公共利益」（public good），因而，有關特定項目的需求和干預有其實質的知識形式。相對地，新管理主義在公部門的發展是因為它具有某些出現於私部門的特性，包括對「結果」、「績效」以及「成果」的關注，它給予人員、資源和方案的管理

較高的優先性，以相對於行政之於活動、程序和規範。此外，新管理主義的知識也被視為是一種「普遍主義的」（universalist），它適用於所有組織，而非僅是特定的組織，它呈現出一種超越服務或部門間的理性行為。

知識
補給站

科層——專業主義與新管理主義的比較

科層——專業主義	新管理主義
規則限制的	創新的
內部取向的	外部取向的
強調依從	強調績效
冷酷的	動態的
專業主義	**管理主義**
父權作風的	顧客為主
神秘支配的	透明的
標準取向	結果取向
自我管制的	市場考驗的
政治人物	**管理者**
武斷的	務實的
干預的	使能的
不穩定的	策略的

（二）新管理主義概念架構

```
            ┌─────────────────┐
            │   新管理主義      │
            │   概念架構        │
            └─────────────────┘
```

1. 一種意識型態	2. 一種計算的架構	3. 一系列重複的討論
它強調在達成組織和社會的目標上，要能以擴張管理權來追求較大的效率。	它整理有關組織目標，以及達成目標之方法的知識，特別是關於效率的內部計算法（輸入與產出），以及在市場關係的領域內之競爭位置的外部計算法。	它詳述如何管理，以及要管理什麼之不同（甚至分歧）的概念（全面品質管理、卓越、人力資源管理以及商業過程的再造等）。

（三）新公共管理的運作模式的意涵與特性

1. 新公共管理的意涵

（1）受到新管理主義的影響，1980年代的歐美福利國家，開始掀起福利服務市場化改革，市場（market）或準市場 知（quasi market）已成為當代福利服務輸送研究的一項重要議題。更發展一系列公私部門的合作，使得公私部門彼此間的界線趨於模糊。亦即著重管理、績效評鑑及效率，而非政策，並將公共科層轉為處理一種基於使用者付費的機構，且運用準市場（quasi-markets）和契約外包（contracting out）以扶植競爭，並透過預算刪減以及一種強調輸出標的、限定項目契約、財務誘因及經營自由的管理型態。

（2）新公共管理，這套新體系強調效率、競爭、市場、物符所值（value for money）、消費主義和消費者照顧等福

榜首提點

新公共管理的重要核心概念，必須有正確的觀念及有申論的能力；具備新公共管理觀念，才具有繼續研讀治理、公私協力（公私夥伴／社會夥伴）議題的基礎能力。

利輸送用詞。新管理主義並不僅是吹捧較佳管理的價值,同時也代表一種意識型態,所有實務的方法,其範圍是配合管理而非專業的結構和實務。例如:案主(client)的專業用語被顧客(customer)所取代,照顧管理(care management)與個案管理(case management)並用,甚至取而代之。公共服務之新管理主義的興起,顯然與將市場原理引進公共部門的經營有密切的關係,然而公共管理並非意味著民營化,它是公共部門內的改革,民營化則是將一些功能由公共部門分離出來。

(3)新管理主義抱持著一種相互承諾的合作文化,以跨越組織的價值和任務,它的任務是要去創造一種同質和共享的文化,讓所有工作者負有追求共同目標的義務。新管理主義相當強調放棄傳統附著的作法,而尋求結合文化管理(目標和意義的創造)與績效管理,以彌補動機的差距;它強調減少督導的控制以促進整合,以及由順從(compliance)轉向承諾(commitment),其目標是要去創造一個開明的組織,其成員皆負有達成共同目標的責任及追求目標組織的雄心。

(4)新管理主義並非僅是吹捧較佳管理的價值,它同時也代表著一種意識型態,所有實務的方法,其範圍是配合管理而非專業的結構和實務。因而,新管理主義的興起以及被運用於實務,在相當程度上是基於欲矯治傳統科層——專業主義所引發的負面效應。因為

上榜關鍵 ★★★★

這部分對於新管理主義的綜合性觀點的陳述,可作為論述的結論使用,請善加運用。

在科層——專業體制裡,它是一種規範的權力之領域,它將管理者培育為組織中的直接代理者,此乃因為管理者可「作對事情」(do the right thing):他們是知道有關組織效率和績效者。新管理主義的合法性則係源自於協調和控制社會福利之其他方法有明顯失靈的現象,管理的性質則是與舊式體制的問題及組織權力的支配方式相對的:科層、專業主義和政治的代表。

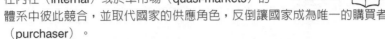

■　準市場（quasi-market）

1. 準市場（quasi-market）是一種介於政府控制及自由市場競爭之間的機制，由眾多獨立的財貨供應者在內在（internal）或於準市場（quasi-markets）的體系中彼此競合，並取代國家的供應角色，反倒讓國家成為唯一的購買者（purchaser）。

2. 因此，準市場可以視為是一種制度安排（institutional arrangement），介於許多經濟單位間（economic units），採取合作及（或）競爭的機制選擇，而形成足以影響到法律內涵及財產權的一種轉變，也就是說它是介於「官僚體制」與「私有組織」兩種主體間的重疊與交互合作地帶。其本質並非要求政府放棄公權力，而是定位在將非屬政府本質職能以外之公共事務委外經營的機制，舉例來說國家安全秩序、法規提案及制訂、經濟獨占事業或其他明顯不宜委託之事務等，都是政府本質上不得委外之公權力事項，所以在委外事項上，仍得仔細評估。

3. 就準市場機制的意涵而言，舉凡健康醫療服務、國民住宅、教育、環境保育、公共運輸或其他公共服務等，均宜縮減公共財政支出，擴大私有組織的公共參與，由國家機關創造制度誘因，引入市場競爭機制，提供公共服務，讓國家及公民以交互合作方式，共創最佳效率的公共服務。

2. 新公共管理的運作模式的主要特性　上榜關鍵 ★★★★

主要特性請詳讀，詳細了解每項特色的文字說明，並要具有能在測驗題選出正確或錯誤答案之實力；且為申論題考點。

（1）跳脫傳統公共行政的科層模式，引進企業管理的模式。

（2）明確指出績效的標準和測量，並提供誘因與績效連結的契約網絡。

（3）強調買方與賣方分離之準契約和準市場的服務供給模式。

（4）強調公共服務之去集體化和分散化，並提升公共服務供給者之間的競爭。

（5）強調服務使用者對服務供給的選擇權與發言權。

（6）重視資源配置的紀律和節約。

（7）降低政治決策對公共服務管理的直接干預。

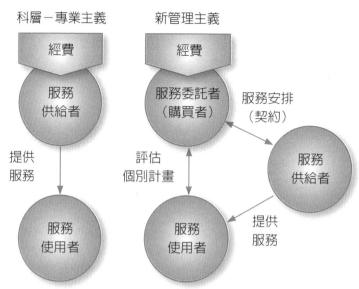

CHAPTER 1

管理概念、管理理論與社工專業之挑戰

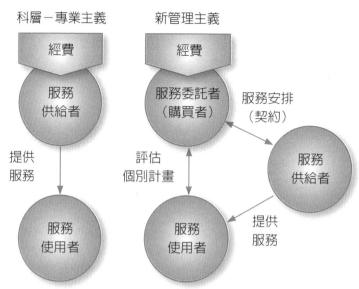

圖：新管理主義下，社會服務輸送模式的變革

表：顧客選擇與守門者之比較

顧客選擇（customer choice）	守門者（garekeeping）
需求取向	預算取向
預算彈性	預算無彈性／嚴格控制成本
量身訂做的服務	盡可能經濟且有效率地增大服務供給量
基於個人的選擇，可以自由地購買服務	限制服務的選擇和購買，以確保納稅人的錢能做最佳的運用
個人可影響服務的內容	標準化服務

（四）新管理主義的 3Es

1. 經濟（economy）

・意味著確保機構的資產及所購買的服務，在符合特定的質與量之前提下，能以最低的成本生產或維持。

2. 效率（efficiency）

・係指以能夠符合規定條件之最低層次的資源，提供特定服務的數量和品質。

3. 效能（effectiveness）

・係指提供正確的服務，使得機構的政策和目標能被實現。

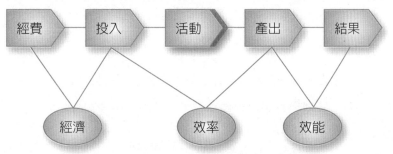

圖：經濟、效率、效能與生產過程的關係

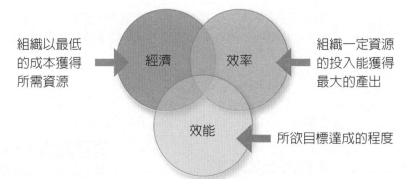

組織以最低的成本獲得所需資源

組織一定資源的投入能獲得最大的產出

所欲目標達成的程度

圖：經濟、效率、效能關係圖

榜首提點

首先，新管理主義的 **3Es** 包括哪幾項，必須要清楚；其次，各項的內容，務必清楚，均為測驗題考點。

（五）新公共管理累積效應影響管理者的趨勢

項目	說明
1. 競爭	社會上有種信念視社會服務提供者（例如：公部門、商業組織以及志願組織）之間的競爭，會帶來更節省、更有效率及更有效果的服務。這些服務組織的管理者，必須將他們的服務定位在以市場為主及有競爭力的服務架構上，而其他管理者則扮演需要服務的消費者。
2. 委外契約	經由委外契約的推動，可以將購買者及提供者的角色明確做區分。契約的履行，在於確保採購管理者擁有要求供應者的權力，提供契約上在品質、數量及價格的特定標準。供應商的管理者，則必須依照合約履行。
3. 消費主義	管理者必須把注意力放在服務使用者的意見回饋上，並盡可能讓這些使用者了解他們所選擇的服務；而且管理者必須了解工作人員要用什麼態度將這些服務傳遞給顧客。
4. 績效指標	管理者漸漸地被強迫專注於評量標準，並且預先設立成果標準，以及監督其社會服務績效，無論這些是否成為契約中的一環，或是對政府及其他基金贊助者更廣泛的責信的一部分。
5. 更多的工作	管理者為了達到較高的工作效率，必須在有限的人力資源之下，給予更多的工作。同樣地，不論是在公部門或是私人企業，「在有限的人力資源下，達到較高的工作效率」，是現在職場上精簡的口號。
6. 增加詳細的檢查	電腦資訊技術系統涵蓋著詳細的社會服務任務和規範，並且當任務完成時電腦系統會主動檢查，管理者會事先在程式內設定一系列名單，來讓電腦程式優先處理。
7. 守門員及配給	管理者所要發揮的功能愈來愈多，也需要負責更多的工作。因此，管理者希望其他工作人員能將自己視為守門員及資源的小型管理者，小心地控管並達到資源平均分配的服務。

（六）新管理主義對當代社會服務的影響

新管理主義影響當代社會服務的四個面向：

> **上榜關鍵** ★★★
> 四個面向，把內容確實了解，請留意測驗題出題。

新管理主義的倡導者開始對專業主義採取嚴厲的挑戰，他們認為專業者在資源的使用上是浪費的，他們應受制於管理和市場的原理，且呼籲更多的使用者參與和權力。1990 年代，市場力量已進入了社會服務專業領域，且公然要求他們

要「更精簡」、「更識時務」和「更有效率」。這些主張反映在當代社會服務的四個面向：

1. 朝向購買者和供給者的分離，以及民間、志願和社區部門的興起，轉變了服務的輸送。
2. 當國家成為規範者而非提供者，菁英專業者遭到攻擊，且被宣稱一種商業的管理觀點將會更有效率。同時，自由市場關於營利、生產效率、成本效益、物符所值的想法，取代了傳統服務的觀念，且不斷將壓力加諸於專業者身上，要他們展現出價值。
3. 因專業者和管理者之間界線的模糊，專業內的團結已進一步遭到侵蝕。
4. 隨著使用者權益獲得重視，以及使用者團體的擴張，消費者被鼓勵要停止做為服務之被動接受者，而應對其需求有發言權。

（七）新管理主義對社會工作的衝擊意涵

1. 在新管理主義潮流的影響下，有些重要趨勢已對管理者產生重要的影響，如競爭、契約化、消費主義、績效指標、監測、守門人和資源配置等，社會工作專業在勞動市場上已面臨相當大的挑戰，許多社工員也感覺得出自己的專業正處於前所未有的威脅。
2. 新管理主義企圖將專業人員的價值和文化，由利他的照顧轉向理性化的照顧管理，以盡力讓專業服務更師法企業（business like），這種轉型已藉由引進多種的管理技術，以增加專業的生產和效率，以便能圖利於組織甚於案主；市場機制、購買者和供給者的分離以及消費主義，被用於抑制專業的自主，因而，專業人員必須順應標的，按照購買者的要求行事，屈服於預算，忍受消費主義，以及在許多方面必須向線上管理（line management）負責，而非資深的專業同事。
3. 這種管理優於專業的新策略，使得福利國家的某些領域，皆尋求放棄所謂的「階層控制」（control by hierarchies）改由「契約控制」（control by contract））。在一種購買者和供給者角色分離的「準市場」（Quasi-market）。運作下，契約的使用使得以往著重於守門者角色的傳統服務輸送，轉往著重於使用者的需求導向發展。專業者在福利服務輸送所扮演之主導性角色，也因而受到效率、消費主義以及顧客導向新典範的挑戰。詳盡的標準和程序，讓社會服務消費者可向提供者施壓，以提升其服務品質；不同機構的服務輸送，也受到績效指標的監督，進而提供消費者做選擇，這些發展可被視為是一種消費者的充權。

上榜關鍵 ★★★★
重要的改變為購買者與供給角色分離的準市場概念；另請思考台灣準市場的發展現況。

（八）新管理主義對專業主義的挑戰

在新管理主義的趨勢下，以社會照顧為例，專業者已遭遇到多方面的挑戰，說明如下：

1. 傳統專業角色的界線受到變遷的照顧脈絡所挑戰

   特別是專業者被迫必須擔任管理者——管理照顧、管理團隊、管理預算。基於這些方式，專業者可被視為正處於一種再專業化（re-professionalising）的過程。

2. 專業角色權威受到技術組合（skill mix）之稀釋作用的挑戰

   在專業服務的組織裡，後福特的工作組織模式意味著引進「技術組合」的模式，以較廉價的勞力或次資格（less-qualified）助手，取代較高資格的員工（專業者）。一種類似外圍（outworking）的制度正被發展著，而以往由專家所擔負的照護過程，已被分類為可依據例行之協議或程序執行的要素。

3. 專業責信受到新社會政策的挑戰

   要求使用契約或績效測量的新改革，已彰顯出意圖減少專業的技巧以及增強管理的控制。專業的自我規範（self-regulation）似乎正被一套專業法定規範（status-regulation）的模式所取代。

4. 專業決策受到新式充權的大眾所挑戰

   充權為當代福利服務輸送的重要策略，它在於讓接受服務者有更多的選擇、發言權和決定權，以培養和授予為其本身爭取權益的權力。因而，服務使用者作為一個個體或集體的成員，其意見漸被重視。這種發展趨勢也使得傳統專業者的決策模式，面臨到相當的挑戰。

（九）新管理主義對社會工作的影響

1. 個案是一位顧客，非服務消費者：個案的身分不再是一位弱勢且需要協助的「服務消費者」（service consumer），而是被鼓勵去界定服務品質之買單（納稅）的顧客（customer）。

2. 管理者是組織中最重要的人，而非前線的員工：效率和效能的改善可藉由任命有效率及有效能的管理者來達成，員工僅在執行管理者的想法、計畫和決定，更大的效率可藉由裁員或契約委外來降低成本。

3. 員工是受僱者，而非專業者：專業自主並不受重視，專業的前線員工不再被視為專家，他們只是組織裡的雇員，專業員工被期待要負起更多管理工作，例如：規劃、編列預算、績效評鑑和管理預算。

4. 管理知識是主流，而非專業知識：有效率的管理者將產生好的結果，管理技術已成為行動的指導原則，管理者相信人群服務的服務品質和績效，可透過

管理技能而獲得改善。

5. 視市場爲環境，而非社會或社區：管理主義視社會爲一種競逐利益的市場，而不是一個具有共同目標的社區。在市場裡，供給、需求及價格是重要的因素，而非支持、尊嚴與平和，市場價值是決策的最終標準，社區的精神和社會的價值遭到擱置，取而代之的商業原則——利潤極大化。

6. 效率是判準，而非效能：效率（產出與投入比率）成爲測量組織和員工績效的判準，這也許可解釋何以管理者並不會明顯地關注服務效能（目標的達成），管理主義雖然強調品質，但品質往往被視同爲標準。管理者傾向以計算數字替代判斷、以測量替代思考，且價格重於原因。

7. 現金和契約爲關係的基礎，而非照顧和關懷：在管理主義的支配下，關係是一種法定、有時限性及任務取向之明確列舉的責任，亦即一種義務和短期性的關係，公共網絡被商業市場陌生人之間的契約關係所取代，互信已隨著管理主義之風潮而消逝。

8. 品質等同於標準化和文件化：品質與績效皆爲管理主義所強調與重視的，但依據一套標準界定的品質很難適用於社會服務，這使得過程中難免會忽略難以被量化的要素，品質等同於書面文件，人群服務的專業工作者也就被要求投入文書工作，其投入時間甚於直接服務。

上榜關鍵 ★★★

請務必明瞭 CCT 的基本概念，才能分析現行福利服務的現況與可能面臨的困境。

十一、最佳價值（best value）

（一）最佳價值的興起

1. 在新管理主義的理念主導下，公共服務的去國家化、商業化、契約外包及去規制化等策略隨之而出。其中，契約外包是許多公共服務採用的主要方法，它係指法令所規範的公共服務項目，依法必須付諸競標，公共服務的提供也隨即進入所謂的強制性競標（compulsory competitive tendering，CCT）時代。CCT 要求政府的公共服務要能思考其所負責之服務標準和成本，並增進服務提供者的選擇。在 CCT 的法令規範下，有些原本由政府直接提供或支持的服務，改以競標方式向民間部門購買，這種作法是期望能夠節制服務成本、提升服務效率、減少行政科層及重視服務使用者的偏好。

2. 實施多年的 CCT 儘管有助於服務效率的提升，也有助於降低服務成本，但競爭是否真能降低實際服務支出的成本卻不得而知。此外，服務品質因其內涵的變異性與複雜性甚高，有關 CCT 與服務品質之間關係的實證研究甚少，競爭對品質的提升到底有多少助益，也很難有確切定論。顯然，CCT 所欲達到之效率提升及成本節制，並無法獲得實證的支持；但昂貴的交易成

本及對員工士氣的負面衝擊卻是事實，再加上繁瑣且缺乏彈性的規範、競標者不足、短期的契約、偏遠地方不存在競爭市場等現象，也多少影響到服務品質。此外，CCT 缺乏社會民眾參與地方民主的決策過程，強調市場責信的現象也已傷害到地方政府廣泛的社區基礎。這些現象被視為是準市場失靈（quasi-market failure），讓公共服務的運作進入另一波新的變革——最佳價值。

3.契約化服務所衍生出的困境，被視為是一種準市場失靈（quasi-market failure）的現象，特別是強制性競標（Compulsory Competitive Tendering，CCT）的實施（類似台灣的政府採購法），不僅引發政府部門員工對 CCT 的反彈，連志願部門也出現不滿的聲浪，他們期待與政府的關係是較長期的伙伴關係，而非對抗關係。這使得以契約委外為主的服務輸送模式，進入到另一波的新變革——最佳價值。

（二）最佳價值的定義、特色與實踐內涵

1.最佳價值的定義

（1）最佳價值體制在公共服務並不是全新的領域，基本上，它係跨足於新公共管理（New Public Management，NPM）與社區和地方治理（Community and Local Governance，CLG）的產物，該體制除重視社區的參與外，其運作強調無縫隙服務（seamless services）及合作的政府（joined-up government），並將主要焦點置於以夥伴關係為規劃、委託、甚至輸送公共服務的自然方式，以及以信任為基礎的關係契約而非對抗式契約。

> **榜首提點**
>
> 最佳價值的概念，強調新公共管理與社區和地方治理之結合，正確觀念的建立非常重要；從新管理主義到最佳價值，均是金榜考點，請考生基本觀念務必紮實。

（2）最佳價值意指在合理的價格下有更佳的服務品質，以及給予地方居民更多的決定權。亦即，最佳價值被界定為符合明確標準（含價格和品質）的義務，期望能以可用之最具經濟、效率和效能的方法提供服務。這使得最佳價值體制被視為是植根於一種策略性規劃的理性模式，又因這種模式特別偏重績效管理和外部監測，最佳價值也被視為是之前新公共管理運動的餘波。

2.最佳價值的特色

（1）它改良 NPM（新公共管理）內的契約文化：取市場和內部供給之間的平衡，惟必須要能展現出競爭。

> **榜首提點**
>
> 為測驗題的金榜考點，主要是考生並不容易區辨各選項之描述何者正確或錯誤，請細心研讀。

（2）以夥伴的關係契約取代 CCT 之競爭和對抗式的契約。

（3）將公民視為服務使用者和納稅人，以讓他們能多面向的接觸公共服務。

（4）找尋授予使用者能力和社區共同參與服務產出的方式。

（5）嚴格要求績效改善，其所根據的是中央的規定及地方社區共同設定的目標。

（6）以使用者共同參與服務產出及委託的夥伴關係取代 NPM 下嚴格的個案和簽約者（client-contractor）分離的現象。

3. 最佳價值的體制及實踐內涵

（1）最佳價值不僅要能持續追求服務的經濟、效率與效能，也要能夠不斷提升服務品質。

（2）最佳價值要善用競爭機制，但卻不受強制性契約外包的束縛。

（3）最佳價值要求的不僅要關注社區居民的感受，更要社區居民積極地參與。

（4）最佳價值要的不是利害關係人之間的抗衡，而是統整與合作。

（5）最佳價值強調的不是守成，而是不斷學習與創新。

（6）最佳價值的學習不僅是內部學習，更要求與外部組織的比較和學習。

（7）最佳價值要的不僅是消極接受績效結果，對績效不佳者更要積極追蹤或直接介入。

（三）最佳價值運用於地方治理

1. 最佳價值理念運用於地方社區服務，即地方政府的官員和員工有責任與義務傾聽地方居民的聲音，並善用自己的優勢，發展超越傳統疆界的新服務輸送方式，來為社區居民提供優質的服務。最佳價值的理念在操作上是由許多要素所構成。例如：徵詢服務使用者的意見、績效指標的使用、執行檢視及公布績效計畫等。

2. 最佳價值並非是一項完全否決過去的新策略，而是一項結合過去的優點，再加上引進企業經營模式，並配合現代民主理念實踐的創舉。最佳價值是 NPM（新公共管理）與 CLG（地方治理）的融合，這種融合讓最佳價值超越 CCT（強制性競標）的競爭，並取社區治理的精髓。

上榜關鍵 ★★★

研讀最佳價值理念運用於地方社區服務的實務案例，可建立考生的實務案例說明能力。

（四）最佳價值對社會工作策略運用的影響（5Cs）

1. 最佳價值是繼強制性競標之後的一項公共服務改革，這套體制也被英國學者 Boyne 等人譽為是公部門的全面品質管理（total quality management, TQM）。相較之下，CCT（強制性競標）以一種委託人──代理人理論（principals-agent theory）為依據，案主和簽約者之間的交易關係特性包括：詳盡的契約說明書和高度監測的正式程序，一次購買或短期市場的交易關係，強調政府和外部立契約者之間的零和關係等，這種特性顯然對社會工作實務有很大的束縛。

2. 最佳價值強調的是關係契約，其主要特性包括：立約者雙方是建立在長期的社會交換、互信、互賴、特定夥伴的承諾、利他主義和合作解決問題的基礎上；可讓地方政府有機會去思考特定服務之契約的適當性，同時也提供可替代之契約包裹及不同契約關係形式的範圍；以監測和績效來對照詳細的規範，以及對支出與成本的嚴格監督；要求對原則做承諾，包括：熱誠、彈性和創造。這些特性顯然可導正前述 CCT 的一些限制。

3. 儘管最佳價值在實際運作上仍存在諸多限制，但其所倡導之標竿計畫（beacon scheme）、檢視績效的 4Cs、統合（co-operation）、全面性績效評估（comprehensive performance assessment, CPA）之授予星等（star ratings）以表彰整體績效等，這些措施或可提供社會工作在追求充權、績效與責信之策略運用的參考，特別是 4Cs 再加上「合作」的第五個 C，成為 5Cs，這對社會工作實務的運作更深具意義，這 5Cs 包括：

上榜關鍵 ★ ★ ★

結合思考台灣目前許多的社會福利方案均採 CCT 方案的現況。

榜首提點

5Cs 包括哪幾項，務必完全了解，另請特別留意第五個 C 為「統合」，均為測驗題金榜考點。

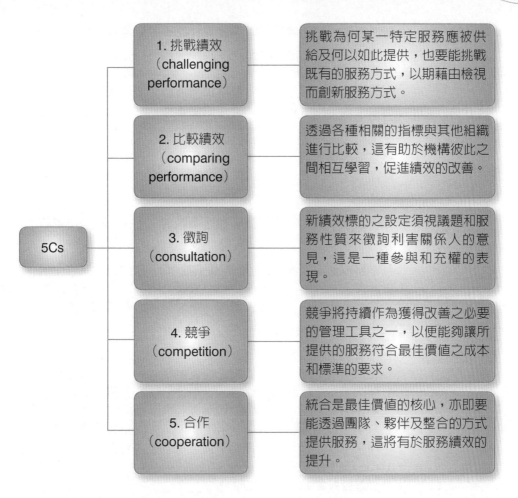

1. 挑戰績效（challenging performance）: 挑戰為何某一特定服務應被供給及何以如此提供，也要能挑戰既有的服務方式，以期藉由檢視而創新服務方式。

2. 比較績效（comparing performance）: 透過各種相關的指標與其他組織進行比較，這有助於機構彼此之間相互學習，促進績效的改善。

3. 徵詢（consultation）: 新績效標的之設定須視議題和服務性質來徵詢利害關係人的意見，這是一種參與和充權的表現。

4. 競爭（competition）: 競爭將持續作為獲得改善之必要的管理工具之一，以便能夠讓所提供的服務符合最佳價值之成本和標準的要求。

5. 合作（cooperation）: 統合是最佳價值的核心，亦即要能透過團隊、夥伴及整合的方式提供服務，這將有於服務績效的提升。

（五）強制性競標、最佳價值架構與最有利標三者之差異簡表

上榜關鍵 ★★
測驗題考點。

表：強制性競標、最佳價值架構與最有利標三者之差異簡表

類別／性質	強制性競標	最佳價值架構	最有利標
決標方式	以價格為唯一參考標準，最低價者得標。	品質標準為參考標準，最佳價值者得標。	價格僅為參考項目之一，最適價者得標。
所欲尋求的廠商	尋求最經濟價值之廠商。	尋求能提供最佳品質或價值之廠商。	尋求功能性、條件好，最有利之廠商。
市場之準備	完全競爭市場。	不完全競爭市場或完全競爭市場。	不完全競爭市場或完全競爭市場。
評審標準	以價格或商業條款做評選。	以服務品質、成本、責信、效能、政府標準、達成標的等。	以技術、品質、功能、商業條款或價格做綜合評選。
採取之程序	1. 同質性工程或勞務採購。 2. 強調競爭性且強制性。 3. 無須上級機關核准。 4. 不一定要組採購評選委員會。 5. 訂底價。	1. 無論同質性或異質性工程或勞務採購。 2. 強調競爭性，但非強制性。 3. 僅競爭仍可能不足。 4. 透明化。	1. 須有異質性工程或勞務採購。 2. 強調競爭性，但非強制性。 3. 須組採購評選委員會。 4. 不訂底價。
部會干預情形	無須上級機關核准。	中央部會之干預權與中央部會之最後決定權。	僅須經上級機關核准。
產生之問題	1. 惡性低價競爭。 2. 較不易圖利特定廠商。 3. 難以直接掌控並缺乏彈性。 4. 增加經常性費用，也有剝削的風險。	1. 是否易圖利特定廠商，值得考量。 2. 凡採購均須訂標準，但標準不易訂定。 3. 規範仍極為模糊。	1. 品質或有利標準難定。 2. 易圖利特定廠商。 3. 可能易以直接掌控並具彈性。

類別／性質	強制性競標	最佳價值架構	最有利標
增加之優點	1. 減低成本,加強財務掌控。 2. 減少管理負擔。 3. 清楚之服務標準。 4. 增進競爭風氣。	1. 強調責信與效益。 2. 仍重視廠商間之競爭。 3. 大多訂有各項服務標準可遵循及評鑑。 4. 重視達成與大眾之資訊傳播。	1. 可依財政預算多寡取得最適水準之服務品質。 2. 未訂有各項服務標準可遵循及評鑑。

引自:黃松林等著,《社會工作方案設計與管理》,華都。

（六）最佳價值面臨的兩難與挑戰

上榜關鍵 ★★★
申論題的考點,主題要先詳記,再詳讀內文,務必融會貫通。

1. 控制 vs. 自主

在最佳價值體制下,期待的是中央與地方必須要有共同的標的,且兩者在政策的執行上必須要共同合作。然而,這並不意味著中央與地方之間的關係是平等的,為讓地方政府的服務輸送確實能在成本和品質上獲得改善,中央政府透過績效監測做嚴密的監控,但卻也鼓勵地方政府要能夠因地制宜地挑戰與創新。這種被謔稱為一種不尋常的「由上而下」(top-down)的概念與「由下而上」(bottom-up)的實現之雞尾酒式的組合,其結果即衍生出中央控制與地方自主之間的矛盾與緊張關係。然而,若沒有這些檢視、審核和督察的過程,又要如何能知道地方政府是否已獲得所期待之最佳價值。如何在中央控制與地方自主之間取得平衡點,將是最佳價值體制的一項重大挑戰。

2. 規制 vs. 參與

利害關係人與社區居民的參與是「由下而上」的另一層意涵,也是一種政治與管理上的「授能」,能否真正達到「由下而上」與「授能」的關鍵在於過程的參與。在最佳價值的實踐上,4Cs 中的「徵詢」即是一種邀集利害關係人參與的實質作為,也是 4Cs 實踐上被認為相對上較為有成效的一環,儘管絕大多數地方政府對社區和利害關係人的參與有正向的承諾與表現,但在實質過程卻仍有參與不足或被邊緣化的現象。如何激發利害關係人(特別是社區居民)參與的意願與提升其參與能力,將是最佳價值追求「消費者為基礎」的績效改善能否紮根的關鍵議題。惟最佳價值逐漸增加的規範和機械式的體制,卻有違其追求可讓更多地方之利害關係人參與的主張。如何避免因過多

規制而影響到社區居民參與的意願,以及如何激發並提升其參與能力,也是最佳價值體制在回應使用者及公共責信上的一大挑戰。

3. 創新 vs. 保守

最佳價值體制一方面要求地方政府能符合中央所設定的基本指標,一方面也期待地方能發展出反映地方需求的標的;一方面鼓勵地方要能挑戰可能的服務替代方式,一方面也期待服務的品質與績效能不斷地改善。儘管最佳價值強調的是一種理性模式的運作,品質上也已有較佳的表現,但任何創新或任何挑戰皆是有其風險性的,若制度缺乏支持積極進取的機制,官僚惰性、組織僵化的情形將無法避免,在主要以「成果」作為績效標準,再加上「絕不容忍」失敗的狀況下,皆難免會阻礙地方服務輸送的創新發展。最佳價值體制欲跳脫競爭是唯一的選擇,並鼓勵創新發展新服務輸送方式,但卻因不容許失敗而降低組織挑戰創新的動力,如何處理創新與保守之間的兩難,將是最佳價值能否真正超越強制競標的重大挑戰。

4. 成本 vs. 品質

最佳價值一方面期待能降低成本,但卻也期待能改善服務品質。儘管成本與品質並不必然是衝突的,但品質的取得往往是需要有一定的成本。例如:為確保服務品質所設置的新督察體系,確已增加地方政府許多額外的負擔和成本,研究也指出,絕大多數地方政府官員表示督察所付出的成本要高於其所獲得的利益。儘管最佳價值體制對服務品質的改善已有正面的效益,但成本與品質之間所存在之難以釐清的關係,已複雜化欲兼顧成本與品質的困難度。顯然,要如何在品質與成本之間的兩難尋出平衡點,對最佳價值體制將是一項兩難的挑戰。

5. 承諾 vs. 抗衡

組織成員對目標須有充分的了解、支持和承諾,這是最佳價值能否成功的要件,然而,在最佳價值的執行上,卻可能遭遇到一些個人與組織層次上的問題。在個人層次上,最佳價值為追求效率與降低成本,可能出現裁員、以資淺員工取代資深員工、對員工更多的控制、或更加的外包服務等不利於員工利益的現象;這些可能威脅到員工個人權益,進而引發反彈而不利於服務品質的改善。因而,如何獲得員工的承諾並減少可能的反抗,已成為最佳價值體制運作上所必須面對的難題。

6. 激勵 vs. 挫敗

最佳價值將重心置於成果取向,除嚴密的審核與督察外,也將地方政府的表現公諸社會,這雖有助於地方政府的管理和政治課責,但卻也可能衍生出激勵與挫敗的兩難;亦即,有些先天條件較為不足的地區,或因資源的缺乏,

或因問題的複雜度較高，或因組織人力的不足，可能迫使他們將工作重點置於「最為緊迫的事務」，較難以顧及最佳價值體制所期待之前瞻性、策略性以及創新的面向，其結果可能是被評為表現不佳，進而讓員工士氣受挫或員工高度流動，一種可能招致墮落的惡性循環將隨之而現。如何輔導挫敗的單位將其負面情緒、領導、體系和文化，激發為積極學習的態度、承諾與作為，這也是最佳價值體制所應面對的挑戰。

7. 躍進 vs. 漸進

中央政府期待最佳價值體制能為地方政府帶來躍進式改變，這種期待反映在過程中新的策略或創制不斷地被提出，然而，一再推出的變革卻讓許多實務工作者變得不知所措；再加上有些具長期執政優勢的地方政府，對接受現代化的挑戰顯得意興闌珊。最佳價值體制要期待地方政府組織文化的改變，期待獲得員工的支持與承諾，期待能有統整性的合作，期待社區居民的參與……等等，然而，無論是組織文化、個人態度的改變、內外部團隊的合作、居民的授能或地方政府的承諾，這些皆需要時間予以養成的，也須要中央和地方政府皆能夠抱持著新的學習方式，因而，最佳價值實施之初較不可能為公共服務帶來立即性的改善。

十二、社會工作國外管理領域代表人物介紹

人物	重要事蹟
芙麗特 （續）	1. 管理理論之母：芙麗特（Mary Parker Follett）。 2. 1868 年芙麗特出生於美國，她熱衷於理論探討，擅長使用跨科學的研究方法來關注問題；與一般學院派的學者不同的是，她對社會上的現實問題同樣抱有強烈的興趣，是一位學以致用、知行合一的學者，被尊稱她為「管理學的先知」。也有人把她與泰勒相提並論，宣稱這位傑出的女性應當與「科學管理之父」並列，可稱為「管理理論之母」。 3. 對管理的主要論述 （1）1920 年所發表的《新國家》（The New State），是政治學的名著。1924 年出版了企業哲學的代表作《創造性的經驗》，開闢了管理思想的新領域。1941 年所出版的《動

榜首提點

社會工作管理領域的代表人物，其重要的管理觀念及事蹟，務必仔細研讀，為測驗題重要考點。

人物	重要事蹟
芙麗特	態管理——芙麗特演講集》以及 1949 年所出版的《自由與協作》，她著重行為的心理因素和集體工作時的情感反應，是注意行政心理因素的少數先驅，她的論點可歸納如下： A. 額外價值論：團體生活讓人產生強烈情感，進而影響到個人行動，人在團體中的思想和行動與個人獨處時不同：團體具有的「額外價值」（plus value）的生命，才是人類行動的真正基礎。 B. 團體中的衝突、調和：團體中成員的意見相左或利益衝突是必然的現象，應該予以重視。解決衝突的方法需要透過整合，以找出能滿足全體的解決之道，妥協乃至調和。 C. 協調是管理的核心，做好協調應遵守 4 個原則：a. 直接交涉原則：協調應該由有關的人直接接觸。b. 早期原則：協調應在剛開始就做好。c. 互惠原則：在環境中，各方面都得調整自己來適應別人，協調應以互惠作基礎。d. 連續原則：協調是種持續性的過程。 （2）她認為在各團體中的最後權威絕非掌握在最高主管手上，每個人在各自工作範圍內都有特定的職責、職權，團體中真正的權力是許多小權力的總合；主管所謂「最後的決定」（final decision），實際上只是決策過程的最後一刻，權威、領導、監督都該建立在客觀的事實上，如此一來，權力大小的意識、管轄部屬的意味也將自然消失，剩下的是真正的合作精神；因此，應該以「職能合作」的精神作基礎，才可讓每個成員對行政管理都有機會貢獻。
杜拉克	1. 管理大師杜拉克（Peter Ferdinand Drucker）早在 1965 年即預言：「知識將取代土地、勞動、資本與機器設備，成為最重要的生產因素」；杜拉克又認為：「21 世紀的組織最有價值的資產是組織內知識工作者和他們的生產力」。其後，美國麻省理工學院史龍管理學院羅梭（Lester Thurow）教授在其所著《知識經濟時代》中指出，知識經濟時代如何形成財富的金字塔，而成為知識管理 🔵 的重要代表人物。 2. 杜拉克對管理論述的核心理念 （1）管理應將一切事物化繁為簡。生產過多的商品、僱用多餘的員工和錯誤的投資都不適宜。

1. 「知識管理」是指組織中建構一個知識系統，讓組織中的資訊與知識可以透過獲取、創造、分享、整合、記錄、存取、更新等過程，達到不斷創新及累積，建構組織的智慧資本，將有助於企業在面對市場的快速變遷時，做出正確的決策。

知識
補給站

2. 知識可以區分為外顯知識（explicit knowledge）與內隱知識（tacit knowledge）兩種：
   （1）外顯知識：係指可以用語言或文字直接表達出來，很容易以書面資料的形式交流和共用的。例如：客戶的資料、公司內部的操作手冊、維修手冊及訓練手冊等。
   （2）內隱知識：係指無法用語言或文字直接表達出來的知識，是存在於員工個人腦海裡的主觀見解、直覺或預感，若員工不說出，別人便無從獲知。例如：要如何讓顧客滿意、如何讓顧客購買，及如何維修機器等一些小「訣竅」。

人物	重要事蹟
杜拉克	（2）政府無法、也沒有意願提供人民需要或想要的創新服務。 （3）企業和政府都有一種人類的自然傾向：即無視於明顯不適用的事實，對昨日的成功念念不忘。 （4）顧客導向、重視員工。組織的主要責任是提供顧客商品或服務。獲利並不是任何組織的目標，但卻是永續經營的必要條件。各組織對職員和社會都有責任。 3. 管理大師杜拉克（Peter Ferdinand Drucker），詳細說明了如何「從使命到表現」，方法之一是善用行銷。在行銷策略方面，應該： （1）做好市場區隔，研究不同顧客群的價值觀、需求和消費方式。 （2）運用「STP」——區隔（segmenting）、鎖定（targeting）、定位（positioning）。了解本身的能力，將資源集中本身專長，提供服務給特定的人口群。 （3）對產品分化（differentiation），合理分配人力和資金，設計「以顧客為中心」的行銷計畫。 （4）任何組織都要注意本身的優勢與績效表現、專注外界的需求與機會，持續確認自己的信念，並且具體落實。

人物	重要事蹟
野中郁次郎 （Ikujiro Nonaka）	1. 野中郁次郎（Ikujiro Nonaka）提出外顯知識與內隱知識相互轉換的 SECI 模型 ◀知。 2. SECI 模型 （1）S 即社會化（socialization）：係指將內隱知識轉換為內隱知識（tacit to tacit），這必須針對共同主題展開談話和討論，藉由共同經驗來產生新的內隱知識。例如：藉由溝通協力展開的「訣竅」。 （2）E 即外化（externalization）：係指將內隱知識轉化為外顯知識（tacit to explicit），亦即把內隱知識表達出來成為顯性知識的過程。例如：新進人員透過觀察資深同事的工作方式，學習資深同事的經驗和技巧，並將知識和技巧融合書寫成書面形式的資料。 （3）C 即融合（combination）：係指將外顯知識轉換為外顯知識（explicit to explicit），亦即外顯知識轉化成更複雜、更系統化的外顯知識之過程。例如：從許多不同來源蒐集外顯知識，經過整理和學習後產生新的知識，並集結成書面形式。 （4）I 即內化（internalization）：係指將外顯知識轉換成內隱知識（explicit to tacit），亦即把外顯知識吸收、消化

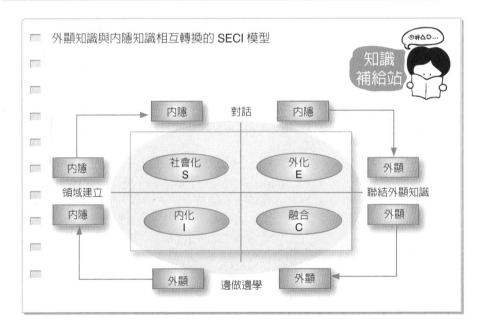

外顯知識與內隱知識相互轉換的 SECI 模型

知識補給站

人物	重要事蹟
野中郁次郎 （Ikujiro Nonaka）	後，產生內隱知識。例如：透過閱讀公司內部大量文件、檔案、手冊、會議紀錄來豐富自己的知識，再經過思考、改良、創新後，成為一種新的內隱知識。 （4）I 即內化（internalization）：係指將外顯知識轉換成內隱知識（explicit to tacit），亦即把外顯知識吸收、消化後，產生內隱知識。例如：透過閱讀公司內部大量文件、檔案、手冊、會議紀錄來豐富自己的知識，再經過思考、改良、創新後，成為一種新的內隱知識。 3. 知識管理及知識的相互轉換等理念對社會服務組織的意義。 （1）減低組織出現危機的風險：在現今社會，社會服務組織隨時有機會面對危機，領導者需懂得識別和掌握組織擁有的核心競爭力，才能減低因危機出現而使組織受損的風險。在大部分組織中，能幫助組織面對危機的知識，都應存於組織員工中，換句話說，員工是關鍵知識（Critical Knowledge）的持有者。知識管理可以透過識別、尋找、汲取個人及組織員工群體已知的知識，將組織或員工所掌握的經驗記錄並儲存，以減少這些知識的流失，從而有助組織的持續發展及生存。這些所積累的項目管理知識，及專業知識和技能的經驗記錄，對組織及組織員工均有裨益。針對不同面向對危機的知識累積，能使組織預防危機的出現，減低組織所面對的風險。例如：可經由過非正式和正式的社會化過程，促進員工的創造力及改善組織整體效率。社會化是野中郁次郎所提出的 SECI 模型的重要組成部分。這些隱性知識的增長，不單是屬於個人的隱性知識，也是屬於組織的整體知識，這些隱性知識對個別員工及組織識別危機出現的前兆十分有用，能夠防止危機的出現，並及早構思應變策略。萬一危機出現，個別員工及組織也能適時作出合宜的反應。 （2）改進組織的效率和效能：當今社會服務組織面臨更高的責信要求。知識管理可以透過在整個組織內部的經驗傳遞和分享來提高組織效率，以避免不必要的重複，從而降低成本。知識管理可以幫助組織更有效地幫助他們選

上榜關鍵 ★★★

申論題有深度的考點。

人物	重要事蹟
野中郁次郎（Ikujiro Nonaka）	擇和執行最適當的流程，並作出最佳的決策。知識管理可以幫助組織避免重複過去的錯誤，預見潛在的問題，並減少修改計畫的需要，促進服務提供的效率。 （3）加快組織的服務創新過程：知識管理不僅可提高效率，更可以影響過程創新，使得服務增值。組織如果重視創新知識及知識創造的過程，並塑造對知識創造有利的整體環境，以及發展具策略性的知識觀點，及制定知識願景，消除知識障礙，建立組織價值觀和信任，催化和協調知識創造，對組織而言，知識管理對組織將具有長期經營成功的關鍵驅動力。組織透過有意識地推行知識管理以創造知識，可讓組織能在激烈的競爭環境中生存。
麥納馬拉	1. 數字管理：麥納馬拉（Robert S.McNamara）。 2. 麥納馬拉把福特汽車所推動的理性決策模式應用於國防策略的軍備採購上，更採用蘭德公司所發展出來的「預算制定系統」（planning programming and budgeting system, PPBS），將數字管理徹底引進政府體系。 3. 麥納馬拉一貫的目標是對這種資源的分配做嚴謹的系統分析，以提升效率與效能。在這個系統下，預算制定的流程著重於最後成果相關的計畫，管理者之處理需要以系統分析。系統分析法主要是由經濟學家和受過計量方法訓練出來的分析師所發展出來的，一方面能提升當前作業的效率，另一方面又能規劃未來，藉著提供相關部門各種分析、假設和計算的資料，達到資訊透明化之目的。
戴明	1. 品質管理：戴明（William Edwards Deming）。 2. 戴明最早提出 PDCA 循環的概念，所以 PDCA 又稱為「戴明環」。 3. PDCA： （1）P（plan）：計畫，包括方針和目標的確定，以及活動計畫的制定。 （2）D（do）：執行，具體運作以實現計畫中的內容。 （3）C（check）：檢查，分析執行計畫的結果，確定哪些對了、哪些錯了，明確效果，找出問題。 （4）A（action）：行動（或處理），對檢查的結果進行處理，對成功的經驗加以肯定，並予以標準化或制定作業指導

人物	重要事蹟
戴明	書，便於以後工作時遵循，並總結失敗的教訓，以免再次出現。對於沒有解決的問題，應交給下一個 PDCA 循環去解決。
科特勒	1. 行銷管理：科特勒（Philip Kotler）。 2. 科特勒被譽為「現代行銷學之父」，科特勒的中心思想就是企業與各種組織必須積極地創造並滋養市場。「優秀的企業滿足需求；傑出的企業創造市場」是他的名言。行銷包含市場安排、市場調查及客戶關係管理等。
波特	1. 策略管理：波特（Michael E. Porter） 2. 波特（Michael E. Porter）是當代經營策略大師，以研究「競爭策略」聞名於世。 3. 五力分析由麥可・波特於 1980 年提出，是分析某一產業結構與競爭對手工具。利用產業內外供應者、購買者、潛在進入者、替代者，以及同業競爭者等五種競爭動力，來描述個別的產業情況，並分析每一競爭動力的根本來源後，發掘某個組織的強弱點，有助於該組織在產業內重新定位，並察覺產業變動下，所將帶來的機會與威脅。 4. 影響產業競爭的五項競爭力量 （1）新加入者的威脅：企業被迫做出一些有競爭力的回應，因此不可避免的要損耗掉一些資源，而降低了利潤。 （2）替代性產品或勞務的威脅：如果市場上有可以替代企業的產品或服務，那麼組織的產品或服務的價格就會受到限制。 （3）購買者的議價力量：如果客戶有議價的優勢，他們絕不會猶豫，造成企業獲利能力受影響。 （4）供應商的議價能力：如果供應商企業具有優勢，他們便會提高價格，對企業的獲利能力產生不利影響。 （5）現有廠商的競爭強度：競爭導致企業在行銷、研究與開發或降價方面做更多的努力，也將影響利潤。
賈伯斯	1. 創新管理：賈伯斯（Steve Jobs）。 2. 賈伯斯的十戒律： （1）追求完美：賈伯斯非常注重細節。例如：在 iPad 推出前一晚仍要求員工加班，因為賈伯斯不滿耳機的替換插頭。 （2）請教專家：賈伯斯總是尊重各領域的頂尖人材。例如：賈伯斯離開蘋果創立 NeXT 公司時，請貝聿銘設計商標。

人物	重要事蹟
賈伯斯	（3）冷酷無情：當賈伯斯意識到 PDA 手機的風潮不再，立刻停止低價版的 Mac 版 PDA。 （4）拒絕焦點團體：許多企業用焦點團體做測試，但賈伯斯不信。賈伯斯有一名言：「人們並不知道自己要什麼，直到你秀給他們看。」所以他扮演「一人焦點團體」，把原型品帶回家，並親自測試產品長達數個月之久。 （5）不停研究：設計蘋果早期的宣傳品時，他研究新力（Sony）的文宣字型、版面編排和紙張磅數。在設計第一台麥金塔電腦的外殼時，他亦曾到公司停車場研究德國和義大利車身。 （6）簡單化：「不斷簡化」是賈伯斯的設計理念之一，他曾下令 iPad 設計團隊拿掉原型機上的全部按鈕，甚至連開關鍵都不要，最後開發出觸控式選單。 （7）保密防諜：蘋果內部每個人的所知都僅限於職責內需知的部分，高度保密讓賈伯斯能夠盡情發展出驚天動地的商品，而不致走漏消息。 （8）短小精悍：早期麥金塔電腦的團隊是 100 人，不多也不少；如果增聘 1 人，表示有人要被炒魷魚。賈伯斯自認只記得住 100 個人的名字。也維持著組織核心人力的規模，而不是大力擴張。 （9）恩重於威：賈伯斯固然令人生畏，但他的領袖魅力卻是最有力的激勵因素。他的熱情讓早期的麥金塔團隊連續 3 年每週工作 90 小時，設計出讓世人驚嘆的作品。但賈伯斯對團隊成員的獎賞，令無數人羨慕。 （10）從原型就做到完美：他對原型品的要求極高，無論硬體、軟體或零售店各方面。建築師與設計師曾花了 1 年時間在蘋果總部附近的祕密倉庫內蓋了一間零售樣品屋，賈伯斯看過後不滿意下令拆除，一切重新開始。 3. 賈伯斯的名言：「求知若飢，虛心若愚」（stay hungry, stay foolish）
麥可·韓默	1. 組織再造：麥可·韓默（Michael Hammer）. 2. 韓默強調重塑組織文化，強調團隊合作、員工責任感與顧客的重要性。麥可·韓默以完整的工作表幫助人們學習與檢視流程改造的狀況，他提醒：「成熟，無法一步登天；能力，不會理所當然。所以可先試著在某個單位徹底推動，進而能激勵整個組織。」此一模式稱爲：「流程與成熟度模式（process and enterprise maturity model, PEMM）。

人物	重要事蹟
彼得‧聖吉	1. 學習型組織 ⑳：彼得‧聖吉（P.M. Senge） 2. 彼得‧聖吉所著《第五項修練》中更明確指出：組織唯一持久的競爭優勢，來自比競爭對手學得更快、更好的能力。學習型組織正是人們從工作中獲得生命意義、實現共同願景和獲取競爭優勢的關鍵。彼得‧聖吉因此被譽為是領導全球「學習革命」的先趨，他所談的「第五項修練」的核心，就是系統思考。 3. 彼得‧聖吉強調企業應建立學習性組織之重要意涵，係因組織在面臨劇烈的外在環境變化時，應力求扁平化、精簡、彈性、持續學習，及不斷的自我組織再造，以維持競爭力。相較於傳統組織以「效率」為核心架構的想法，學習型組織的核心概念即是「解決問題」，組織的每位員工都致力於找出問題和解決問題，讓組織能夠不斷地嘗試錯誤、改善問題，並提高自我的能力。彼得‧聖吉認為組織成員要透過五項修練來觀察並掌握環境的變化，以開創新局。

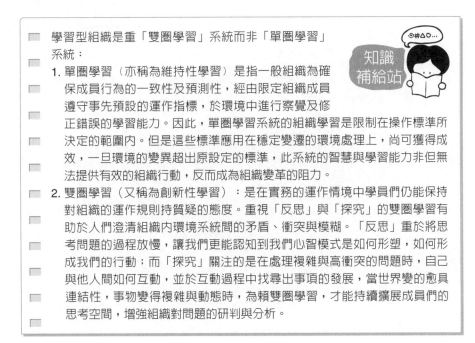

學習型組織是重「雙圈學習」系統而非「單圈學習」系統：

1. 單圈學習（亦稱為維持性學習）是指一般組織為確保成員行為的一致性及預測性，經由限定組織成員遵守事先預設的運作指標，於環境中進行察覺及修正錯誤的學習能力。因此，單圈學習系統的組織學習是限制在操作標準所決定的範圍內。但是這些標準應用在穩定變遷的環境處理上，尚可獲得成效，一旦環境的變異超出原設定的標準，此系統的智慧與學習能力非但無法提供有效的組織行動，反而成為組織變革的阻力。

2. 雙圈學習（又稱為創新性學習）：是在實務的運作情境中學員們仍能保持對組織的運作規則持質疑的態度。重視「反思」與「探究」的雙圈學習有助於人們澄清組織內環境系統間的矛盾、衝突與模糊。「反思」重於將思考問題的過程放慢，讓我們更能認知到我們心智模式是如何形塑，如何形成我們的行動；而「探究」關注的是在處理複雜和高衝突的問題時，自己與他人間如何互動，並於互動過程中找尋出事項的發展，當世界變的愈具連結性，事物變得複雜與動態時，為賴雙圈學習，才能持續擴展成員們的思考空間，增強組織對問題的研判與分析。

知識補給站

人物	重要事蹟
彼得・聖吉	4. 五項修練 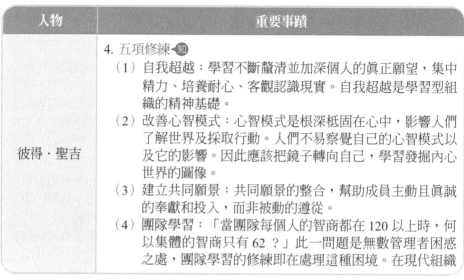 知 （1）自我超越：學習不斷釐清並加深個人的真正願望，集中精力、培養耐心、客觀認識現實。自我超越是學習型組織的精神基礎。 （2）改善心智模式：心智模式是根深柢固在心中，影響人們了解世界及採取行動。人們不易察覺自己的心智模式以及它的影響。因此應該把鏡子轉向自己，學習發掘內心世界的圖像。 （3）建立共同願景：共同願景的整合，幫助成員主動且真誠的奉獻和投入，而非被動的遵從。 （4）團隊學習：「當團隊每個人的智商都在 120 以上時，何以集體的智商只有 62 ？」此一問題是無數管理者困惑之處，團隊學習的修練即在處理這種困境。在現代組織

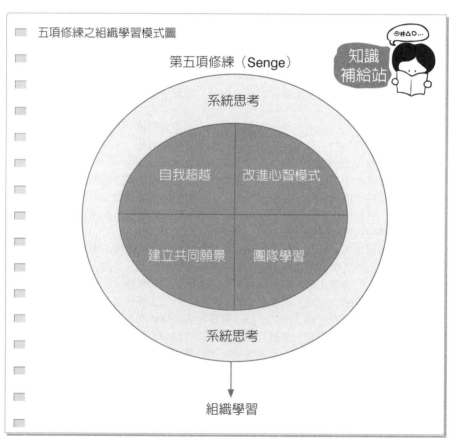

五項修練之組織學習模式圖

知識補給站

第五項修練（Senge）

系統思考

自我超越　改進心智模式

建立共同願景　團隊學習

系統思考

組織學習

人物	重要事蹟
彼得‧聖吉	中，學習的基本單位是團隊，而非個人；團隊能夠學習，組織也就能夠學習。 （5）系統思考：第五項修練是學習型組織的核心。一切事件都息息相關，且每次運行的模式相同、每個環節都相互影響，且這些影響通常是隱匿而不易察覺的。組織和人類其他活動都是一種「系統」，身為群體中的一小部分，唯有明白系統思考的架構及知識體系，才可幫助我們認清變化型態，了解如何有效掌握變化、開創新局。
查德‧坦那‧帕斯卡爾和安東尼‧阿索斯	1. 7S 架構：坦那‧帕斯卡爾（Richard T. Pascale）和安東尼‧阿索斯（Anthony Athos）提出 7S 的主要目的，是將推動企業組織結構運轉的手段儘量呈現。內容的字首英文均為 S： （1）策略（strategy）：策略指導組織分配現有資源，經過一段時間達到特定目標的計畫或行動方向。 （2）結構（structure）：即組織圖狀況，主要是職能或權力分配。 （3）制度（system）：乃規定報告和日常工作方式。例如：會議形式。 （4）人員（staff）指組織內重要人員類型「履歷方面」的描述（例如：工程師、社工督導、社工員）。 （5）風格（style）：指主要負責的管理者為實現組織目標所進行的行動特點，亦指組織的文化風格。 （6）才能（skill）：主要人員或整個組織的特殊才能。 （7）願景、崇高使命（shared vision）：指的是組織灌輸給成員的重要思想內容或指導方法。

練功坊

★ 科層體制有其優缺點，試說明科層體制之缺點為何？

解析

茲將科層組織的缺點，說明如下：

（一）缺乏彈性：在工作描述上，若對每一工作均詳細規定，便可能缺乏彈性，特別是在人群服務的組織，案主的問題或需求可能甚為複雜，亦可能因個人的處境而有很大差異。

（二）降低效率：建立檔案之目的是要提升效率，但卻可能為保存紀錄，而使得許多人力花在一些不必要的文字工作上，反而降低效率。例如：在資訊科技發展的時代，有時透過 E-mail 即可有效地傳遞訊息，但因缺乏紀錄而不符科層管理的原則。

（三）浪費人才：儘管依才能升遷是一種激勵的措施，然而，不同的工作可能需要不同的知識技巧、動機和能力。一個好的直接服務社工，並不必然會是位好的督導或行政者；一個好的規劃者也並不必然是社區組織的管理者。因此，這項原則有時可能會將一位在某項職位上表現出色的工作者，調升到一個不適合他（她）的位置，反而造成人才的浪費。

（四）缺乏創造力：在穩定性方面，科層管理相對上較適合於一個穩固和安定的環境，然而，因它鼓勵員工順從，可能導致組織因缺乏創造力而陷於僵化。組織中某一人員企圖尋覓新的且較佳的做事方式，也難免會與組織的權力結構相違，甚至可能因而求去。在一個從事因應變遷社會所產生問題之人群服務組織裡，科層管理的這種特性，似乎與強調彈性工作的特性不符。

（五）製造冷漠：在工作安全上，工作安定可提升員工的工作績效，但也可能造成一些對工作缺乏動機或奉獻精神者的冷漠與驕矜自滿，特別是工作情境或報酬的限制，可能會令一些較具市場性格和創造力的員工不願久留。

（六）增加負荷：在組織的成長上，組織會為了因應某些額外工作而成立臨時專案小組，但卻可能因成員提出一些額外的工作或議題討論，而不斷地以會議來證明其長久存在的必要性，而導致成立易、解散難的局面，進而加以制度化。這將使得組織、人事甚或方案趨於擴大且缺乏效率，甚至最終造成組織不堪負荷而瓦解。

（七）本末倒置：在目標的倒置上，科層組織對文書、檔案及員工績效的目標考核之強調，可能會使得原先設計可快速且更有效率地達到目標的手段，反而成為目標本身，這種目標──手段倒置的特殊型態即所謂的「本末倒置」（means-end displacement），這在組織中是經常發生的。

★ (　) 科學管理學派的創始者泰勒在其 1911 年出版的《科學管理的原則》述及提升組織每位員工效率之四項原則，下列四項答案何者不正確？
　　(A) 動作科學化原則　　　　　　(B) 工人選用科學原則
　　(C) 工作資格認定原則　　　　　(D) 誠心合作及和諧原則

解析

(C)。泰勒的科學管理的四項原則：動作科學化原則、工人選用科學原則、誠心合作及和諧原則、工作與責任公平分擔原則。

★ (　) 對於「新管理主義」（New managerialism）之敘述，下列何者為正確？
　　(A) 此概念創始 1990 年代之英國　　(B) 著重經濟、效率、效能
　　(C) 著重管理、績效評鑑、效率　　(D) 只重結果，不重專業

解析

(B)。新管理主義的 3Es：經濟（economy）、效率（efficiency）、效能（effectiveness）。

重點 **3** 治理與社工專業之挑戰

一、治理（governance）之基本概念

（一）治理是各種公私部門中的個人與機構，用以處理其共同事務的一種方式；它是使相互衝突或不同利益的各造得以溝通調和，並且採取聯合行動的一種持續性過程，它包括了具有強制權力的正式機構與規章制度，以及非正式的各種關係或安排。而這種治理機制均以參與民眾或機構的同意及共識爲前提，同時也是在符合各造利益下所設置。

（二）治理所重視的是一種跨越公、私部門限制，結合政府與民間力量之平行權力網絡關係，或其他跨越不同層級政府及功能領域之間的互動協調機制，其間之參與主體仍是政府、市場與其他民間組織。因此，治理可以視爲促進政府、市場與其他民間組織合作協力的平台，促使參與者發揮一加一大於二的效果。

榜首提點

治理的基本概念，務必完全清楚，爲重要考點。

（三）治理特別重視國家與公民社會的合作，或者是公私部門的「夥伴協力關係」；換句話說，治理的最大特徵即是「合作協調」與「權力分散」。從權力關係觀察，國家與主要社會團體之間是「夥伴關係」，不但能夠參與決策，兩者的互動關係亦屬於雙向水平互動，而非傳統的「由上而下」或「由下而上」，亦即，治理的權力運作是一種上下互動的模式，彼此透過信任、合作、夥伴協力關係共同完成一項任務。

（四）治理強調的是政府應該與私部門或志願部門等夥伴進行政策與執行的協商，以及由社區居民共同決定社區事務的方向，透過鄰里間的合作，以使社區成員能相互關懷與共享，是一種公私協力的夥伴關係。

二、治理之涵義

榜首提點

在有關治理的申論題型論述時，闡明治理的定義是首重要務；另在測驗題爲有難度之考點，請詳加準備。

（一）治理爲最小規模的國家

這種治理的運用乃重新界定公共介入的範圍與方式，並且運用市場與準市場傳遞公共服務。國家的規模應藉

由民營化與縮減文官而縮小，但仍應隨著國家生產總值的比例維持公共支出，並藉由管制以取代國營來解決公共問題。

（二）治理為統合性質的治理

　　這種治理的運用乃指指揮與控制組織的系統。政府的角色並非要像公司一般集中精神於企業經營，而是重在執行企業公司（business corporations）賴以指揮與控制的方法；而這樣的觀點已經被引進到公部門，希望藉此能更有效率地提升公部門的治理；發展這樣的強迫性競爭治理，創造各個企業單位的內部市場，並引薦更具商業風格的管理，以產生不同的文化與氣候，使有別於傳統的公共服務思潮，及厭惡服務與開放的價值。事實上，現在公共服務遭受重大的變遷，更加需要特殊的處理與照顧，以確保健全的統合政府的設立與運行。

（三）治理為新公共管理（new public management）

　　1.新公共管理含有兩個意涵，也就是包括管理主義與新制度經濟，管理主義是將私部門的管理方法引介到公部門，強調專業管理、績效的標準與測量，結果取向管理，成本價值及顧客導向；新制度經濟是將市場競爭的誘因引介到公共服務的提供，強調官僚組織的解構，藉由外包與準市場提高競爭及顧客的選擇。一九九八年之前管理主義是英國的主流，但一九九八年之後新制度經濟變成支配的主流。

　　2.新公共管理與治理概念的關聯性的建立，在於領航（steering）是公共管理分析的中心，而治理一詞原本源自古希臘語中的領航。Osborne and Gaebler 即將政策制定視為領航，服務遞送視為划槳。領航是制度階層，划槳是操作的階層，應該市場化，官僚組織是破壞划槳的工具，因此，他們提出企業型政府（entrepreneurial government）的概念，強調競爭、市場、顧客及結果。在他們的觀點之下，公部門的轉型有兩個趨勢，包括了「小規模的政府」（less government），以及「較多的治理」（more governance），換言之，少扮演划槳角色，多扮演領航角色。

（四）治理為善治（good governance）

　　近年來世界各國政府無不努力改革，以趨向善治，依據世界銀行（World Bank）的定義，治理乃運用政治權力去管理一個國家的事務，所謂善治包括有效率的文官、獨立的司法制度與立法架構，來確保民營化的推動；負責任的執行公共預算；向立法機關負責的獨立審計；尊重法律；多元化的制度結構以及新聞自由；Leftwich 認為善治包括治理的系統、政治與行政三面向，治理的系統比政府含意寬廣，包括內部與外部政治、經濟權力的分配；政治乃合法權威的運用；行政乃效率、開放、負責、審計的公共服務。而且，為了達成公共服務的效率，世界銀行鼓勵競爭與市場；私有化公營事業；消除冗員以改革文官體制；引進預算制度；行政分權化；以及大刀

闊斧的運用非政府組織。總而言之，善治與新公共管理相連結，以促進自由民主。

（五）治理爲社會操縱的系統（Governance as Socio-Cybernetic System）

1. Kooiman 認爲政策的產出並不是中央政府行動的結果。中央政府通過法律，法律通過之後隨之與地方政府、志願性團體、私部門互動而產生政策的結果。Kooiman 認爲政府的過程與治理是有分別的，政府的過程是目標取向的介入，治理是社會、政治與行政的整個互動結果。

2. 此種治理的運用，乃認爲單一中心行動者的統治論點有所限制。在不同的政策領域之中，有很多不同的行動者，而這些不同的行動者彼此相互依賴，分享共同的目標。公部門、私部門、志願性團體的界限變得相當模糊。而治理就是透過社會與政治互動過程所產生的結果。因此，Kooiman 認爲統治（governing）是一種目標導向的介入（goal-directed interventions），治理（governance）是社會、政治、行政的行動者彼此相互依賴與互動的結果。社會、政治的治理趨向新的互動模式上，不同於國家或市場，在這樣的互動中，政治和傳統科層體系的統治與社會的自我組織（social self-organization）是互補關係的，責任和參與是分散在公、私部門的行動者。因此，中央政府不是至高無上的，政治系統漸漸分化，於是我們將生活在「無中心的社會」（the centreless society），或在一個多元中心的國家（polycentric state）之中。在這樣的無中心的社會中，政府的任務在促進社會、政治的互動，鼓勵各種不同的安排來處理問題，分配服務。這樣新的互動型態的包括：自我的與共同的管制（self-and co- regulation）、公私夥伴關係（public-private partnerships）、共同合作的管理（co-operative management）、聯合事業投資（joint entrepreneurial ventures）等型態。

（六）治理爲自我組織的網絡

1. Rhodes 認爲政府的系統並不限於國會與中央政府，而且應該包括公、私部門參與的地方治理（local governance）。治理的運用其實超越政府的運用，包括了政府與私部門、志願性團體在提供服務過程中的互動，地方政府轉變爲包括公、私部門複雜組織的地方治理體系，公共服務之傳遞跨越政府與私人部門以及志願性組織的界限，府際連結爲政策執行的特色。Rhodes 以網絡描述參與政策執行的互相依賴者，他認爲英國政府創造機構（agencies），繞過地方政府，運用特殊目的的團體傳遞公共服務，並且鼓勵公私夥伴關係，網絡漸漸成爲英國的重要政府結構，網絡可稱爲第三部門的政府結構。Rhodes 認爲，既然 Metcalfe 與 Richard 界定公共管理爲「使事務透過其他的組織完成」，他們並批判英國的改革太集中於內部的管理，則治理就是管理網絡。

2.網絡管理並非公共部門所特有，將公共管理界定爲使事務透過其他的組織完成，也不是反對市場與準市場的運用。網絡是一個廣義的社會協調的型態，換言之，治理是爲了協調與分配資源，如同市場或官僚組織一般的建立機制及統治結構。而且，府際連結的管理，與私部門的管理同等重要。Powell 認爲網絡是一種特殊的協調經濟活動，如果價格競爭是市場和科層體系行政管理的中心，那麼網絡的中心將是信任與合作。Larson 研究企業型背景的網絡結構，他的結論爲「網絡的治理型態彰顯深受好評、信任、互惠與相互調整」，所以，Rhodes 認爲網絡不是市場與科層體系的混血，而是一個重要的治理模式。更重要的是，這種治理的用法表示網絡乃自我組織的，自我組織的最簡單意義，就是說網絡是自主性的（autonomous）、自我統治的（self-governing）。Stoker 將治理描述爲一套制度，其行動者不只是來自政府部門；成員間的界限和責任是相當模糊的；而且成員間形成一種權力依賴的關係。而這樣的互動關係，則產生了具有自主性的並且自我治理（self-governance）的網絡。亦即，政府不能只是使用命令作爲治理的手段，它必須使用新的工具和技巧來處理領航和引導的工作。

> **榜首提點** 💡
> 測驗題重要考點，逐句逐字詳加研讀。

三、組織進行網絡治理之特性

（一）組織間的相互依賴關係：治理的概念較政府廣闊，因爲它包括了非政府（non-state）的行動者。改變了政府與私部門、志願性團體間的邊界，使得政府與私部門、志願性團體間的邊界易變而不明確。

（二）網絡的成員不斷的互動：因爲需要交換資源，協商共同的目標，因而網絡的成員持續的互動。

（三）博戲／賽局的（game-like）的互動：參與者所信任與受約束的遊戲規則是由網絡參與者共同協商而同意的。

（四）具有相當程度不受政府干涉的自主性：政府在這樣的自我組織的網絡之中，將不再擁有特權和支配性的地位，但它可以非直接地和不完全地引導網絡。

四、治理與新公共管理之不同

（一）治理與新公共管理兩者基本概念之說明

1.政策網路理論認爲網絡的公共管理可以避免參與者利益不透明化、無效率的政策失敗問題。雖然，新公共管理是複雜網絡的治理，新公共管理與政策網絡治理的情境都是由許多參與者組成。例如：中央政府、州（省）政府、地

方政府、政治與社會的團體、壓力與利益團體、社會組織、私人與企業組織等，都是一種外在的政府領航形式，但並不是所有的治理都是公共管理。因為公共管理強調公共行動者影響政策過程；但政策網絡的管理不是嚴格的行政控制，治理不限於公共行動者，這種網絡管理，是許多共同參與治理者網絡所導向的社會過程，它並不是新公共管理。

2. 新公共管理的觀點取自企業行政，是在處理公部門的微體經濟問題。新公共管理採用私有化與外包方法，引進市場競爭機制與顧客服務理念，改革公共服務的傳遞，重新界定國家的界線與責任，但是新公共管理將公民定位在所謂「顧客」的角度；治理重視市場機制，但仍相對肯定政府與行政官僚的重要性，認為在政府在政策網絡中，固然不能扮演一個操控角色，但在網絡互動的過程中，提供網絡參與者集體行動的平台，承擔協調責任與資源主要提供者，具有支配性影響力的關鍵地位。同時，網絡的治理必須處理公部門的外在功能與其合法性的問題，這是政治競賽的問題；此外，政策網路的途徑也正視治理議題的制度系統，政策網路理論認為網絡是一種參與者穩定的互賴關係，所以網絡的治理必須重視協調的制度安排，才能解決總體政治的問題。

（二）治理與新公共管理之不同之處

1. 新公共管理為目標（objectives）所困惑，因為新公共管理對於人群決策制定執著於管制的、或及時維繫的關係。其實，網絡管理的關係才是重要的。例如：維持地方政府社會服務部門與提供居家照護之私人部門關係的外交技巧，遠比嚴密監督特定外包標的重要得多，保持信任應凌駕於其他的考慮。

2. 新公共管理重視結果（results），然而，在一個府際網絡裡，沒有一個參與者獨自負責一個結果的；對於期望的結果，或是如何測量，可能沒有一致的意見；而中央政府也絕不會推動其偏好的方案。這是多頭馬車的問題，有很多人致力於問題的解決，但沒有一個努力被一致認同；既然，沒有一個人可以在事後被課責，當然沒有人需要事先負責。這種管理風格與治理結構不同，新公共管理固然適合直線官僚，卻未必適合管理府際網絡。

3. 新公共管理核心的競爭與領航互相衝突，例如：英國的訓練與企業會議（Training and Enterprise Councils: TECs）被認為是補救工業訓練缺失的市場解決，實際上，TECs 為網絡協調多元利害關係人的節點，若干利害關係人互動的層次是低度的，導致網絡不穩定，並缺乏發展均衡諮商必要的信任，市場與競爭的語言，僅為領航的混合體。

表：Kickert 提出新公共管理與政策網絡治理不同之處

項目	新公共管理	政策網絡治理
問題	成本與效能	相互依賴
主要的取向	府際	府際
關心的焦點	行政控制	促進協調
公—私面向	企業型	特殊的治理模式

五、Thompson 等人提出三種治理模式之比較

項目	科層模式	市場模式	網絡模式
治理結構的特色	科層化組織，由下而上的權威結構，對服務對象施予管制。	實施分權的公共組織，保留機構內的控制權。	合作協力的結構，共享決策權及共同治理。
政策達成的機制	透過現在的政府組織規劃執行。	創造誘因與結構，運用民間組織與非營利組織分擔執行。	建立公部門、非營利與民間組織的聯合機制。
運用途徑的模式	良好治理。	最小限度國家、公司治理、新政治經濟。	網絡治理、社會操縱系統、國際間的相互依賴。
運用途徑的工具	傳統政府權威、政策工具、制度分析。	理性選擇、制度分析。	自理與網絡領控、網絡與政策社群、新馬克思主義與批判理論。

榜首提點

請考生務必熟記 Thompson 提出的治理模式包括哪三種，為測驗題考點；其次，再進行細緻的比較研讀。

六、公私協力夥伴（社會夥伴）

（一）夥伴關係之意涵

1. 不同於科層市場，夥伴關係被視爲是一種準網絡（quasi-network）或組織的中介形式，它是維繫網絡運作不可或缺的要件。夥伴關係並沒有一致的定義，夥伴關係至少是兩個或兩個以上的機構，他們認爲有某些共同的利害關係或相互依賴性，且彼此之間也需要一定程度的信任、平等或互惠，而不是一種單純的主從或附屬關係，或是一種純粹市場型態的契約。

2. 英國審計委員會從整個體系的運作，將夥伴關係界定爲：

（1）服務是以服務使用者的需求而組織的。

（2）服務認知到它們是相互依賴的，且系統一部分的行動可能會在他處引發「漣漪效應」。

（3）機構發展共同的願景、目標、行動、資源和風險。

（4）使用者感受到的服務是無縫隙的。

（二）公私協力夥伴（社會夥伴）之內涵

1. 傳統上以市場或層級二分法來區分公部門與私部門的社會機制似乎過於簡化，相反地，必須尋求兩者間最適合的治理網絡關係，以「合作與參與」代替「競爭與控制」，此種關係即是公私協力夥伴所構聯的政府附加價值而建立的角色。

2. 公私協力夥伴 Public-private partnership（社會夥伴 social artnership），是結合公私部門所提供的生產項目，協力生產公共服務。在國內「公私協力」的概念界定與「公私夥伴」經常交替使用，係指除了

政府之外，公民或「第三部門」參與公共財貨和服務之提供或輸送的重要方式。而所謂的「公」，也就是公部門，即指政府或公務員；「私」即是「私部門」，即指公民或「第三部門」，如人民、服務對象、社區組織、非營利團體等，而公私協力即公部門與私部門可以形成一種特殊的互動關係，在共同合作與分享資源的信任基礎下結合，以提供政府部門的服務。

3. M.Stephenson 認爲公部門與第三部門夥伴關係的定義，即公部門與第三部門間一種互動的相互合作過程。

4. Kettner & Martin 認爲社會服務民營化系統的本質是競爭或是合作將影響社會服務的運作，亦會影響政府與受委託單位間的關係。因此發展出政府與受委託單位的兩種模式；一爲夥伴關係，另一爲市場關係。夥伴關係模式（the partnership model）強調政府與受委託單位經由平等且互惠的長期「合作關

係」，促進社會福利系統的最大產能，並在委託過程中以協商、交涉等方式增進服務系統的穩定與維持。相對地，市場關係模式（the market model）則主張政府在追求效率與效能的目標下，鼓勵受委託單位間經由「準市場機制」的彼此競爭，以降低服務成本及提高服務產出，並立基於委託價格選擇委託對象。

5. 社會夥伴關係指的是政府與第三部門共同負擔財源與供給，但並非各自獨立。典型的做法是由政府提供財源，而第三部門提供福利服務。當第三部門僅扮演政府行政的代理者，本身缺乏裁量權和政府協商的能力，稱之為「合作的買賣關係模式」；政府與第三部門在服務的決策與管理過程中均有相當的影響力，稱之為「合作的夥伴關係模式」。

（三）社會服務領域須推動公、私部門夥伴關係之理由。
英國審計委員會提出一些何以要發展夥伴關係的理由，說明如下：
1. 提供協調性的服務。
2. 處理棘手或相互關聯的議題。
3. 降低組織分化的衝擊，以及減少任何因分化而可能產生的負面誘因。
4. 試圖取得或獲得新資源。

> **上榜關鍵** ★★★
> 測驗題考點。

5. 符合法令的要求。

> **上榜關鍵** ★★★
> 測驗題考點。

七、社會服務夥伴關係共同特性

（一）綜效或增值：夥伴關係可獲得個別機構難以獲得的好處，且因權力或資源的結合而產生綜效（synergy）。

（二）志願性的結合：夥伴關係的組成往往是一種基於一種志願而非強制性的結合，成員之間的非正式關係高於正式關係。

（三）互賴、互信與互惠：夥伴關係的組成份子必須要認知到彼此之間有一定程度的相互依賴，彼此之間的互動必須建立在信任且互蒙其利的基礎之上。

（四）共同的願景與目標：夥伴關係的結合至少有其共同欲達成的願景或目標，這亦是夥伴關係維繫的動力。

（五）持久性的關係：儘管夥伴關係較偏向志願的結合性性質，然而，成員之間的關係普遍上並非一次性或短暫的關係，它們可能維持一段時間之持續性的關係。

（六）無縫隙之整合性的服務：夥伴關係的形成動機在於欲提供服務使用者無縫隙之整合性的服務，但這目標並不容易達成。

八、協力過程可能遭遇到的阻力

（一）協力受到一、兩個主要機構所主導，但他們卻很少真正對協力工作有興趣，特別是分享權力和影響力的意識，或開放管道給影響力較小、資源較貧乏的夥伴來貢獻其策略。

（二）未準備就緒的夥伴急於聚集在一起，以便在名譽上讓夥伴關係更為榮耀，進而能夠獲得特定的方案贊助。

（三）鄰里中的邊緣團體遭到排除，由於他們在夥伴關係形成開始時即遭到忽略。

（四）過度誇耀協力強度，但事實上決策是由少數強有力的利害關係人所把持。

（五）太多的時間花在成立夥伴關係的過程，如長時間的會議、無止境的諮詢選民團體，以致於少有具體成就的感覺。

> **上榜關鍵** ★
> 測驗題考點。

（六）夥伴關係太急躁（試圖短時間內獲得太多），卻沒有充分的關心到決策是如何做成的，以及誰有影響力。

九、形成有效夥伴關係的步驟

（一）藉由探究問題的組合，決定需要一個跨組織的體系。

（二）在環境中出現什麼樣棘手的問題是不能夠由一個組織或另一個組織來解決。

（三）發展協力的動機：看得出的好處能夠促使更高度的熱情。

（四）確認關心問題的成員，且願意參與協力的過程。

（五）協力計畫：哪一種跨組織的實體應被設置，以及它的願景和行動策略會是什麼？

（六）建立夥伴關係：組織願景和行動成為一個結構，包括領導、溝通、政策和決策程序和執行。

（七）依據成果、夥伴之間的互動品質，以及使用者和實務工作者的滿意度，來評估跨組織的實體。

十、建構成功夥伴關係須考量的區塊

（一）以一種服務使用者生活該如何的觀點，發展並接受共同的願景和原則。

（二）接受特定政策的改變，夥伴關係是設計來達成的。

（三）準備探討新的服務選擇，不要受到現行服務或提供者的束縛。

（四）清楚夥伴關係分內或分外的服務或活動。

（五）依據所負的責任以及委託、購買和提供之間的關係，釐清組織的角色。

（六）確認共同的資源，以及對尚未解決之歷史性的不一致暫時擱置一旁。

（七）確認有效的領導，包括高層對夥伴關係標的承諾。

（八）提供充分夥伴關係發展的能力，而不是一個微小或邊際化每個人的角色。

（九）發展和支持好的個人關係，開創機會和誘因給主要參與者去培育這些關係，以便能夠促進彼此的互信。

十一、有效夥伴關係需考量的要素

（一）領域共識：有關每一個機構的角色和貢獻範圍的接受程度。

（二）意識上的共識：有關夥伴關係所面臨之任務性質的共識度。

（三）正向評估：夥伴彼此之間有正向看法的程度。

（四）工作協調：個別夥伴準備配合工作模式的程度。

（五）方案要件的履行：夥伴關係目標與機構個別目標之間的相容度。

（六）一個高度社會重要性之明確領域的維繫：來自那些受到影響者對夥伴關係目標支持的程度。

（七）資源流動的維繫：有足夠的資金提供夥伴關係達成目標的程度。

（八）組織典範的防衛：夥伴視他們是為夥伴關係而非為其所代表之選民而工作的程度。

十二、公、私部門夥伴關係的推動可能遭遇到之問題或挑戰

> **榜首提點**
> 申論題考點，
> 要點請詳記。

（一）口號過於空泛：夥伴關係已被型塑成解決問題的萬靈丹，然而，夥伴關係中的利害關係人或因缺乏以真誠合作為基礎，或因缺乏明確性，抑或因無法從夥伴關係運作中感受到它的重要性或必要性，致使「夥伴關係」成為一種「無所不包」（catch-all）的概念，且易流為空泛的言詞或口號。

（二）組織承諾不足：組織加入夥伴關係的動機往往是多元的，有的是為了組織自身利益、存活、商業考量，以及獲取或交換資源，有的是為了回應政策或政治利益等，在缺乏共同的歷史或文化作基礎的前提下，皆可能造成組織對夥伴關係的承諾度不足，進而增加了運作的阻力。

（三）組織的不信任或衝突：夥伴關係的運作必須關注到不同資源的移轉性問題，如何在整體夥伴關係中達到利益與激勵的平衡是一大挑戰；此外，夥伴關係的運作需要有資源、人力或經費的搭配，若資源不足或配置不當，可能導致組織間的不信任，甚至出現衝突。

（四）運作成本增加：夥伴關係的運作可能出現「未蒙其利」、「先受其害」的困境，例如：因組織文化的不同而增加溝通、協調的時間成本，抑或因組織潛在的衝突、風險或領導權的爭執，而耗損組織服務的能量或成本。

（五）自主、創新與選擇性的降低：在夥伴關係的運作過程中，志願部門可能因爲接受政府部門的經費運作，而受其目標與規範的約制，進而降低組織（尤其是非營利組織）的自主性創新。甚至民間部門的多樣化服務，也可能因夥伴關係強調目標的一致性，而降低民衆的選擇權。

（六）成效設定不易：夥伴關係運作可能因其具體目標或成效指標設定不易，導致因難以聚焦而造成了夥伴關係即是目的，讓原本設定的成效反而被忽略。亦即人們在一起工作後，唯一的收穫就是彼此之間好像有夥伴關係，但卻缺乏實質、具體的成效。

十三、推動公、私部門夥伴關係遭遇的問題或挑戰之克服之道

榜首提點

申論題考點，
要點請詳記。

（一）事實上，夥伴關係是一項「知易行難」的社會工程，研究顯示，夥伴關係在理論與實務之間還是存有相當的落差，甚至在參與實際運作後，反而出現負面的印象。然而，這並不表示我們應該放棄夥伴關係，而是需要進一步對夥伴關係中面臨的阻力或障礙做適切的修正。除了需要對夥伴關係有較明確的定義，以及夥伴成員能確實了解其具體目標外，Murphy 亦指出，夥伴關係並非自然形成的，而是必須經過訓練、理解及不斷的練習後，才能落實到實務並發揮功效。

（二）此外，組織彼此之間除須共同發展夥伴關係的願景和目標外，亦須確實負起自身的責任和角色，並以信任、承諾與眞誠的合作做爲運作的基礎。管理者亦須記住，發展夥伴關係需要時間、現實感與目標，好高鶩遠不僅無法達成目標，反而可能出現負面的印象。

十四、夥伴關係運作的成效評量

上榜關鍵 ★★★★

請以申論題形式準備。

（一）共同承諾的目的和目標：亦即所有夥伴關係的成員對他們自己母團隊和組織的目標是清楚的；對夥伴關係的目標是清楚的；相信夥伴關係的目標是有價值的；自願加入夥伴關係。

（二）相互依賴的結果：亦即所有夥伴關係的成員相信他們自己母團隊、組織和夥伴關係的目標是相互依賴的；創新對這些目標的達成是必要的；所有不同夥伴帶進夥伴關係的技巧和經驗是成功所不可或缺的要件。

（三）角色的明確，亦即所有夥伴關係的成員了解他們自己本身和夥伴關係內彼此的角色；確信權力和地位關係是一致認同和可描述的；建設性地工作以解決可能由地位和角色所引發的衝突。

（四）文化的調適：亦即所有夥伴關係的成員了解母團隊的文化或組織文化之間的差異；為協力工作而花時間去發展有效的過程；定期檢視工作上和人際上的關係。

（五）聚焦於品質和創新：亦即所有夥伴關係的成員展現出對著重於夥伴關係之目標的品質之關切；鼓勵對於工作實務積極的挑戰以及定期做建設性的討論；從錯誤或過失中分享學習；在工作實務上提供創新的實質支援。

（六）真誠的合作：亦即所有夥伴關係的成員界定有效夥伴關係運作的基本要件；設計整合性的政策和操作實務；提供夥伴關係之所有層級有關夥伴關係運作的相關訓練；確保存在著有效溝通過程，且能夠被有效的管理。

（七）跨專業間的信任和尊重：亦即有關夥伴關係內之其他專業團隊，所有的個人了解每一個團體的專業角色；了解傳統上每一個團體所採取之不同的工作方式；使用正向的語言來描述其他人的角色和貢獻；提供來自所有專業團體之同事建設性的回饋。

十五、社會夥伴關係的優缺點

優點	缺點
1. 服務方案較為多元、創新、彈性，也較易受民眾信賴，故可以彌補公部門服務之不足。 2. 利用志願部門的服務據點資源，可有效將服務效能與服務空間極大化。 3. 借重志願部門之專精化服務，提升服務責信。 4. 志願部門獲得政府之穩定的財源，可利機構發展。	1. 加重的社會行政人員的契約管理責任，除了仍須承擔職位所賦予的任務外，更須對契約所引進的關係網絡進行協調，行政人員是否有足夠的時間和專業能力，則有待商榷。 2. 難以清楚釐清彼此之間的責任與績效期待。 3. 容易出現獨占、利益衝突、政府規避、組織責信之情形。 4. 政府機構過度依賴志願部門，恐會降低其在服務方針和策略上的協議。

優點	缺點
5. 減少政府人力員額，縮減政府人力支出。 6. 較可提供案主多元化、可近性、可及性的服務。 7. 減少案主對科層官僚的不良印象，提升服務滿意度。	5. 志願部門因財源來自於政府，產生財源依賴效益，致使機構喪失自主性與利他主義使命。 6. 志願部門因政府科層組織層層節制，造成行政管理的複雜和負擔。 7. 易有政府與機構之對服務作為之衝突，致對服務輸送產生影響。

十六、社會工作專業之挑戰

（一）社會工作專業面臨的挑戰之意涵

1. 1990 年代初期，新公共管理（new public management）或新管理主義（new managerialism）之理念化為政策並付諸執行時，為福利服務工作職場的分化帶來新的組合。政府、家庭、市場和志願／慈善單位在福利服務供給上的關係，從補充性的關係轉移至替代性的供給者，特別是公共服務之契約委外的服務模式，其強調責信（accountability）和物符所值（value for money），導致政府和志願組織之間的財務關係本質，出現了從支持轉移至規範和控制，亦即，從補助的形式轉變為正式的契約關係。這種新管理主義所引發之福利分工的變化，不僅衝擊到不同部門間的關係，也影響到福利服務專業者的地位。

2. 管理主義者的意識型態不僅給予福利服務供給制度改革的活力，同時也重新分配專業的機會；對於許多專業層級較低的團體，這也許意味著其專業方案的空間已被窄化，甚至視其為可能淪為「專業國家之終結」的新政策。此乃因為福利政策已經受到市場邏輯所迷惑，福利服務的供給變得更加混合，也變得更加分化，在這個新的福利體制和脈絡裡，政治領導的目標在於彈性及工作的強化，職業文化和專業發展所關心的，卻易於被視為是組織有效運作的一種障礙。這些曾經與許多專業方案結合的制度情境已面臨重構，福利服務市場化限制公部門專業者易被邊緣化，或是附屬性的人力資源之傳統「老式專業主義」（old professionalism）。

3. 專業主義與管理主義常被視為是相對立的概念，當新管理主義從理念被轉化到實務層次，隨著契約委外經營的模式進入社會服務領域，也讓此領域工作

的專業者感到矛盾與兩難，到底要以扮演維護個案權益的專業者為重，抑或確保機構生存的管理者為要。儘管台灣福利服務供給並沒有經歷過福利國家的階段，福利專業者也未曾進入到「民主專業主義」的境域。因此，社會工作專業應共同思考如何調整策略以因應面臨的挑戰。

(二) 社會工作脈絡與本質的轉變 知

1. 最佳價值的出現，更使得社會服務強烈地被期待要能以品質和績效展現責信。為此，以社會工作的才能為主要的教育和訓練，便在此趨勢中發展出。Adams 指出，以才能為基礎之觀點的採用，與新管理主義的成長有直接關聯。社工員與弱勢團體之間的關係，其角色漸被一種新的方式所取代，強調的是市場的或準市場活動的角色。在此脈絡下，「有能力去完成職場上所要求之工作到達某種標準」的「才能」（competence）已成為社會工作的新焦點。將「才能」的概念運用於社會工作上，所謂社會工作才能（social work competence）係指社工員能力或才幹的表現在於工作上可看得到的成就，而非僅是取得學術或專業的成就，社工員是否具有才能有賴其專業的表現，及將學術上所獲得的「知識」（knowledge）運用於實務。

2. 換言之，「社會工作才能」強調社工員能實踐其所習得的知識、價值和技能，且其結果要能展現出服務績效及對社會的責信。因而，傳統社會工作所強調的專業主義，已難以符合當前其所處之環境脈絡的需求，社會工作必須在傳統的專業外，開創對績效、統整與責信負責的社會工作才能。

知識補給站

表：社會工作脈絡與本質的轉變

年代 項目	1970's-80's	1990's（1990）
社會工作過程	社會工作是助人的技巧。社會工作是普遍主義的。社會工作是案主中心的。	社會工作是管理實務的。社會工作是選擇性的。社會工作是消費者導向的。

年代 項目	1970's-80's	1990's（1990）
社會服務 組織	整合的社會服務部門。 主要供給者。 規範自己的服務。	照護混合經濟。 轉變成為購買者。 監督／規範混合經濟。
組織原則	大量供給。 機構為基礎的服務。 在地方政府內。 對公民權的普遍支持。	個別化的照護包裹。 社區為基礎的服務。 在地方的混合經濟。 消費者充權。
福利的 角色	公共福利服務的供給。 發展社區服務權。	照護混合經濟的使能。 發展對自己／家庭和社區 的責任。
服務輸送	政府。 家庭為補充者。 志願／私人部門（極小 化）。	市場和準市場。 家庭和服務供給的中心。 志願／私人部門（極大 化）。

（三）社會工作專業的重構：專業與管理的融洽

1.當台灣社會工作已邁向專業化之際，新管理主義與最佳價值理念的實踐，確實已讓台灣社工專業化面臨嚴峻的挑戰。當外在環境似乎隱藏著一股去專業化的現實壓力時，我們要倡導的專業並非是頑固地強調傳統的專業主義，而是應該試圖建構一套將管理相關知能納入社會工作之專業重構（professional reconstruction），以培養出兼具管理知能的社會工作專業者。

2.為因應整個外部環境對社會工作專業可能造成的影響，特別是不再讓好不容易建立起來的社會工作專業重返「老式的專業主義」，台灣社會工作的「專業教育」應該突破傳統的領域，將社會工作管理視為培訓專業社工所不可或缺的學科，特別是有關社會工作的品質、績效、團隊與網絡、契約、行銷、財務等的管理，且這門學科所應含括的也不應僅是概論性的，而是要能延伸至更廣泛的內容。

（四）社會工作專業之挑戰 ○‥‥‥‥‥‥‥‥‥‥‥‥‥‥‥‥‥‥‥‥‥‥‥‥‥‥‥‥‥

面臨之挑戰	內容
1. 社工專業面臨需求多元和問題複雜化的挑戰	1. 隨著個人、家庭與社會問題的趨於複雜和多元，傳統消極被動式的社工處遇模式，已逐漸地被改變中，為讓服務的提供是有效、可行及可被接受的，一種社區為觀點的社會工作，已逐漸躍升成為社會工作的新模式，而資源網絡的建立及專業團隊的運作，可以說是現代社會工作因應需求多元化與問題複雜化的必要條件。 2. 就台灣現況而言，資源網絡的建構已屬不易，再加上福利資源的不足，更讓網絡建構在實務面可能流於形式。此外，網絡的運作有賴於專業團隊的默契，但在各個專業主義掛帥的現實環境下，使得社會工作之滿足多元需求的「單一窗口」，僅是社工本身的單一窗口，這已使得所謂顧客導向的服務面臨嚴峻的考驗，也使得許多個案問題在沒有被適當解決的狀況下無疾而終。如何因應案主需求多元化和問題複雜化的趨勢，並逐步採取社區觀點的社會工作模式，以網絡建構為案主提供較為積極和預防式的服務，可說是社工專業在實務上所應接受的考驗。
2. 社工專業面臨效率、績效和責信之訴求的挑戰	1. 當台灣的社會工作正朝向專業之路邁進時，一股管理主義的風潮也吹進台灣社會福利的領域，在資源有限的前提下，除了要能夠展現出使用者導向的服務外，也要能展現出高品質與高效率的績效。然而，傳統的社會工作教育訓練，在某種程度上，專業以外的管理往往是不被重視的，這也使得原本就不易被測量出績效的社會工作，更加難以被具體展現出，進而使得強調「效率」、「績效」和「責信」的管理訴求所進行的各式各樣評鑑，似乎是社工專業實務上的惡夢。 2. 績效的追求是任何行業皆須關注的，然而，在資源不足的現象下追求績效，將可能導致犧牲案主權益及社工專業的自主性，來成就管理主義的訴求。社會福利體系如何在資源相對不足的困境下展現出具體的績效，將是社工專業能否受到肯定的重大考驗。

榜首提點 💡

社會工作專業之挑戰，為必備的申論題金榜考點，請有完整論述的能力；相呼應而來的議題為社會工作專業體系未來的發展／回應方向，請併同準備。

面臨之挑戰	內容
3. 社會工作面臨人力不足與高度流動率的挑戰	1. 福利服務爲勞力密集的行業，但長久以來社工人力不足是普遍的現象。進些年來社會福利相關立法，除新法爲社會工作帶來新工作外，舊有的法令更是賦予社工人員新範圍與新職責。但隨著工作量的擴增，社工人力並未能隨其成長，甚至縣市政府在「政府再造工程」精簡人力時，社工員也列爲精簡對象，其已嚴重趨於不足的社工人力，面臨沉重的工作負荷，進而可能造成流動率上升，這不僅直接衝擊到福利業務的推展，也不利於服務的品質，特別是社政部門專業社工人力不足，在面對日益複雜的家庭問題，難以發揮積極的預防，僅能補救式的解決短期問題。 2. 此外，因公部門的人力大多以約聘進用，許多有社工師證照符合轉任到正式公務人員資格者，反而從專業需求最爲迫切的第一線工作場域，轉到第二線的行政工作；抑或也有地方以人力精簡爲由刪除，漠視他們的職位及工作權益的相關保障，導致有紛紛出走的打算，這對長期人力的培訓及專業制度的建立有不良的影響。有現代的服務工作皆涉及到其他專業或單位的配合，但當社工很賣力在做，卻在別的單位碰到很多釘子，許多單位對社工的支援不夠，社政人員失去熱誠，使得社工人力大量流失。教育、衛生單位和社會福利整合有其困難，相關單位不願意配合，減弱社會工作人員服務的熱誠。這些現象也對案主的權益保障及社工專業的發揮，有其重要的影響。
4. 社工專業受到自身能力侷限的挑戰	隨著民眾福利意識的提升，加上需求的趨於多元，再加上社會對服務品質的要求，社會工作者再強調專業的同時，自身是否眞的已裝備自己，且有能力滿足個案或顧客的需求，是一項值得省思問題。無論是眞的無力解決個案問題，抑或社工自身能力的侷限，不管原因爲何，在強調結果導向的年代裡，這對社工專業已造成某種程度的衝擊。

面臨之挑戰	內容
5. 社會工作師法通過後的新問題與新挑戰	社會工作師法的實施，對於社會工作專業的發展帶來新希望，但也衍生出新的問題或新挑戰，社工員忙於準備考試以取得轉任公職的機會，以及已取得證照之社工師汲汲於找尋轉任公職的機會，或許突顯出某種程度上，已忽略了對案主專業品質的承諾，且轉任後的新環境對社工師也不盡然是友善的。例如：行政知能的相對不足，及可能因非出身於正規公務人員考試系統的相對歧視，這些皆可能對社工專業的形象有負面的影響。此外，社工師考試也可能使得原本就保守的社工專業形象更向學術體制靠攏或趨於同質化，或因進入官僚體系而逐漸喪失專業的自主性。

（五）社會工作專業體系未來的發展／回應方向

未來的發展／回應方向	內容
1. 透過在職訓練，強化社工專業知能	為因應鉅視面的社會變遷所衍生出的新問題，社會工作實務必須經常充實新的知識與技能，以讓自己的工作方法能與時俱進，而非僅停留在傳統的社會工作方法。例如：當前社工師必須要能了解並從事網絡的建構，並將充權、正常化和社會角色激發等觀點運用於實務，以致力於社會排除現象的解決和預防，進而達成社會融合積極性目標。
2. 確保社工專業人力的穩定性，以提升其士氣	社會工作專業人力的缺乏是一個明顯的事實，但在面對政府人力精簡之際，奢談增加社工人力有其實質上的困難。但若未能有一套解決方法，對社工員及社會大眾也是不負責任的，全國社會福利會議的相關討論裡，許多與會倡議者除主張應給予遍及全國基層的村里幹事社會工作知能相關訓練外，若能以漸進的方式，讓社區社工員取代村里幹事，將可使我國的社會工作紮根基層。惟餘近、中期的實務運作上，在不增加員額的情況下，若能採取一位社工員和一位村里幹事共同負責兩村里的基層工作，待正式評估後再做正式的決定，所引起的阻力可能較小，可行性也較高。

榜首提點

這是命題委員相當偏好的出題形式，請紮實準備，請與社會工作專業之挑戰併同研讀。

未來的發展／回應方向	內容
3. 增進社工管理知能，以增進服務的效率、績效與責信	社工專業的實踐不能自外於資源，特別是在需求高漲與資源相對不足的時代裡，社工人員除對案主和方案負責外，也必須要能對寶貴的資源負責。因而，傳統的社會工作較缺乏社會工作專業對管理的訓練，社工不能避免對資源有效使用的訴求，也必須要能展現出對專業、機構和案主的責信。為此，加強社工人員管理知能的訓練，實為提升效率、績效和責信必要的工作。
4. 建構社工員之跨專業的合作機制	以個案／照顧管理的方法為遭遇多重問題或需求的案主解決問題，這是社工普遍所認知的事實，但個案／照顧管理必須建立在網絡的基礎上，其目的是要以跨專業／機構的團隊合作方式，為案主提供包裹式的服務。然而，若未能建構專業／機構間合作的機制，將導致社工員的巧婦難為無米之炊的窘境。為此，若缺乏跨專業的合作機制，家暴防治、性侵害防治、老人長期照顧、兒童及少年保護等，皆將難以獲致妥適的解決。
5. 社工學術界與實務界夥伴關係的建立	社工是一項甚為著重經驗的行業，且必須要能針對現行的措施檢討反省，以研議出新的方向與新作法。為此，社工的學術界與實務界應積極建立起夥伴關係，以追求某種程度的社工實務學術化，以及社工學術實務化，藉由彼此的交流以提升社工族群彼此的知能，進而有益於社工學術與實務的成長，亦可避免可能引發的社工實務向學術體制靠攏或趨於同質性的疑慮，其最終受益將是整的社工專業體制，以及需要協助的社會大眾。
6. 落實新修訂之社會工作師法的規範	社會工作師法的施行對社會工作專業地位的提升，有不可抹滅的功能。然而，隨著國內整體環境的變遷，以及社會工作學術與實務環境的轉變，社會工作的法制化和專業化的理想，仍有諸多問題尚待克服。社工師法經過多次的修正，產生了一些新的規範，並大幅改善原有社工師法之被詬病之處。例如：專業證照的終身性（一試定終身）、缺乏高風險領域的保障（如家庭暴力、兒童虐待、性侵害等）。為確保服務對象的權益，及為提升社會工作的專業地位，所有社會工作專業的利害關係人，應共同致力於落實社會工作師法的相關規範。

十七、社會工作專業勝任能力

（一）專業勝任能力的意義

1. 以教育觀點而言，能力可簡單地分為「基本能力」與「專業勝任能力」。所謂「基本能力」是指「非專屬於某一特定職位或工作領域，而可以廣泛地移轉或運用於其他行業，在實際工作與生活上所需的能力」。而「專業勝任能力」（Profession cpmpetence）又稱專業知能，包含的專業知識、專業技能及專業態度三要素。「專業勝任能力」是指一個有資格從事或適合從事特定工作或擔任某一角色，或指個人在專業生涯中成功地完成與處理每項工作所需要的技術、行為、知識與價值。

2. 此外，專業能力會隨時代而有所變化，專業勝任能力有其時代性意義。Stanto 則更近一步指出，專業勝任能力是發生在事實與技巧的結合，同時也發生在情景的了解。

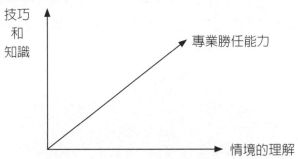

圖：能力、技巧、知識與情境的關係

（二）社會工作專業勝任能力

1. 社會工作專業勝任能力的緣起

　（1）隨著福利國家危機的不斷擴展，導致社會工作專業的發展受到直接的打擊，然而也正因為福利預算的大幅縮減，迫使社會服務單位需證明其服務成效，進而突顯出社會工作效率不彰的問題。在此發展脈絡下，社會工作同業提出「社會工作專業勝任能力」來對抗社會大眾與政府的不信任態度，並企圖從「以專業勝任能力為基礎」的訓練方式下，培育出符合標準且具實務工作能力的新生代社會工作者。

　（2）1989 年英國中央社會工作教育和訓練局第 30 號報告書指出：所有新的社會工作訓練方案文憑都需經由夥伴關係來規劃執行；而此一夥伴關係的成員包括從事社會工作訓練的學術單位，及可提供服務文憑的公立及志願服務單位。爾後，社會工作界開始強調社會工作專業勝任能力。

O'Hagan 更直接指出：「社會工作訓練是由『專業勝任能力』引導、由『專業勝任能力』支配、並不斷地追尋『專業勝任能力』」。無庸置疑地，「專業勝任能力」的概念對英國社會工作專業教育和訓練產生了革命性影響。

（3）美國社會工作界則從通才或專才的爭辯中，提出「綜融性社會工作實務」（generalist social work practice）的工作途徑，並強調綜融性社會工作者需要具備的才能包括 A. 有能力評估判斷案主的問題與需求；B. 具備各方法和技術以協助案主解決其問題。這種主張與英國強調「專業勝任能力」概念在理念上不謀而合，皆強調社會工作是由一套完整的價值（value）、知識（knowledge）與技巧（skill）所組成。

（三）社會工作專業能力的三大支柱

> 上榜關鍵 ★★★
> 基本觀念，相當重要，切勿疏漏。

1.所謂的「社會工作專業勝任能力」，是指：社會工作者的能力或才幹達到工作場所所要求的標準，社會工作者之「專業勝任能力」即奠基在其專業表現和成就上，也就是說，要有能力將學術上所獲得的「價值」、「知識」和「技巧」運用於實務工作上。

圖：社會工作實務工作與社會工作專業三要素的關係

2.英國將核心的專業勝任能力範定在 6 項社會工作任務中，包括（1）溝通和融入；（2）促進和使能；（3）預估與計畫；（4）介入與提供服務；（5）在組織內工作；（6）發展專勝任能力。

3.社會工作實務的內涵應有理論依據地建立在「知識」、「價值」和「技巧」的運用上；也就是說，唯有立基在「價值」之上，並藉由「知識」的批判性分析，與具反省後所形成的介入「技巧」之實務工作，才是具有專業勝任能力的實務工作。因此，「社會工作專業勝任能力」的概念異於以往社工界所援用的「社會工作知能」理念，強調的是實務專業能力的表現或雇用條件中被期待的標準。也就是說，社工人員的工作表現必須達到所要求的標準，有其可明確的陳述、可具體展現並可達成的目標，而其用於完成特定工作的所

有技巧，應可被分類為可確認的要素，且可為觀察者所認知，以便能作為其成就的評估。

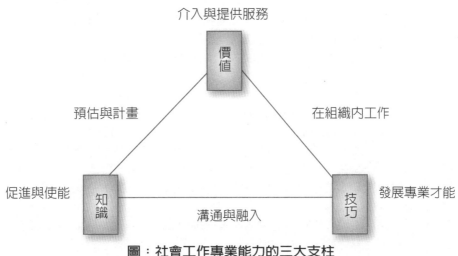

介入與提供服務

價值

預估與計畫　　　　　　　　　　　　在組織內工作

促進與使能　知識　　　溝通與融入　　　技巧　發展專業才能

圖：社會工作專業能力的三大支柱

4. 社會工作實務是由價值、知識與技巧等三要素交織而成。並從三者的交介面推演出針對不同案主群體或社會問題的多樣化服務模式與途徑，亦即「社會工作專業勝任能力」須在實務中獲得驗證，以贏取政府或社會大眾的信心與信賴。

練功坊

★ 請說明公、私部門夥伴關係的推動可能遭遇到的問題或挑戰。

解析

公、私部門夥伴關係的推動可能遭遇到的問題或挑戰，說明如下：

（一）口號過於空泛：夥伴關係已被型塑成解決問題的萬靈丹，然而，夥伴關係中的利害關係人或因缺乏以真誠合作為基礎，或因缺乏明確性，抑或因無法從夥伴關係運作中感受到它的重要性或必要性，致使「夥伴關係」成為一種「無所不包」（catvh-all）的概念，且易流為空泛的言詞或口號。

（二）組織承諾不足：組織加入夥伴關係的動機往往是多元的，有的是為了組織自身利益、存活、商業考量，以及獲取或交換資源，有的是為了回應政策或政治利益等，在缺乏共同的歷史或文化作基礎的前提下，皆可能造成組織對夥伴關係的承諾度不足，進而增加了運作的阻力。

(三) 組織的不信任或衝突：夥伴關係的運作必須關注到不同資源的移轉性問題，如何在整體夥伴關係中達到利益與激勵的平衡是一大挑戰；此外，夥伴關係的運作需要有資源、人力或經費的搭配，若資源不足或配置不當，可能導致組織間的不信任，甚至出現衝突。

(四) 運作成本增加：夥伴關係的運作可能出現「未蒙其利」、「先受其害」的困境。例如：因組織文化的不同而增加溝通、協調的時間成本，抑或因組織潛在的衝突、風險或領導權的爭執，而耗損組織服務的能量或成本。

(五) 自主、創新與選擇性的降低：在夥伴關係的運作過程中，志願部門可能因為接受政府部門的經費運作，而受其目標與規範的約制，進而降低組織（尤其是非營利組織）的自主性創新。甚至民間部門的多樣化服務，也可能因夥伴關係強調目標的一致性，而降低民眾的選擇權。

(六) 成效設定不易：夥伴關係運作可能因其具體目標或成效指標設定不易，導致因難以聚焦而造成了夥伴關係即是目的，讓原本設定的成效反而被忽略。亦即人們在一起工作後，唯一的收穫就是彼此之間好像有夥伴關係，但卻缺乏實質、具體的成效。

★ ( ) 社會服務領域的夥伴關係仍有些值得強調的共同特性，下列敘述何者正確？
(A) 逐步市場化的結合
(B) 競爭與互惠併存
(C) 片斷性服務
(D) 綜效或增值

解析

(D)。社會服務夥伴關係之共同特性：

(一) 綜效或增值：夥伴關係可獲得個別機構難以獲得的好處，且因權力或資源的結合而產生綜效（synergy）。選項 (D) 正確。

(二) 志願性的結合：夥伴關係的組成往往是一種基於一種志願而非強制性的結合，成員之間的非正式關係高於正式關係。選項 (A) 應為志願性的結合，而非逐步市場化的結合。

(三) 互賴、互信與互惠：夥伴關係的組成份子必須要認知到彼此之間有一定程度的相互依賴，彼此之間的互動必須建立在信任且互蒙其利的基礎之上。選項 (B) 應為互賴、互信與互惠，而非競爭與互惠併存。

(四) 共同的願景與目標：夥伴關係的結合至少有其共同欲達成的願景或目標，這亦是夥伴關係維繫的動力。

(五) 持久性的關係：儘管夥伴關係較偏向自願的結合性性質，然而，成員之間的關係普遍並非一次性或短暫的關係，它們可能維持一段時間之持續性的關係。

(六) 無縫隙之整合性的服務：夥伴關係的形成動機在於欲提供服務使用者無縫隙之整合性的服務，但這目標並不容易達成。選項 (C) 應為無縫隙之整合性的服務，而非片斷性服務。

★（　）一般而言，組織進行網絡治理的概念具有幾項特點，下列敘述何者較
　　　　為正確？
　　　　(A) 組織之間的獨立與自主
　　　　(B) 由於需要相互交換資源與協商共同的目標，網絡成員之間的互動持
　　　　　　續進行
　　　　(C) 以競爭為基礎之賽局的（game-like）互動關係
　　　　(D) 自主式的網絡不須對國家負責，但國家仍要居於主權的立場以直接
　　　　　　引導網絡

解析

(B)。組織進行網絡治理概念之特性：

（一）組織間的相互依賴關係：治理的概念較政府廣闊，因為它包括了非政府
　　　（non-state）的行動者。改變了政府與私部門、自願性團體間的邊界，使
　　　得政府與私部門、自願性團體間的邊界易變而不明確。選項 (A) 應為組織
　　　之間相互依賴關係，而非獨立與自主。

（二）網絡的成員不斷的互動：因為需要交換資源，協商共同的目標，因而網絡
　　　的成員持續的互動。選項 (B) 正確。選項 (C) 應為協商共同的目標，而非
　　　以競爭為基礎。

（三）博戲／賽局的（game-like）互動：參與者所信任與受約束的遊戲規則是由
　　　網絡參與者共同協商而同意的。

（四）具有相當程度不受政府干涉的自主性：政府在這樣的自我組織的網絡之中，
　　　將不再擁有特權和支配性的地位，但它可以非直接地和不完全地引導網
　　　絡。選項 (D) 國家應為非直接地和不完全地引導網絡，而非仍要居於主權
　　　的立場以直接引導網絡。

重點便利貼

❶ 管理過程的六項主要活動／基本功能／職能

(1) 規劃：係指設定一個組織的目標，並決定如何以最佳的方式達成目標的過程。

(2) 組織：組織即是統整或組合活動和資源。

(3) 任用：乃是針對組織的各項職位選擇適當的員工，指派其擔任組織中的待補位置。

(4) 領導：領導即是讓組織裡的員工，願意共同協力以完成組織的任務或目標。

(5) 控制：控制是一種監測和評估的活動，它能夠協助確保成功管理所需要的效率和效能。

(6) 決策：是指各種替代方案的產生和評估，以及在其中做出選擇的過程。

❷ 古典管理學派

(1) 強調的是組織的技術性要求及其需求 ——「只有組織、沒有員工」（organizations without people）。

(2) 三大支派：科學管理、行政管理、科層管理。

❸ 人群關係學派

(1) 以 Elton Mayo 的霍桑實驗（Hawthorne experiments）為代表。

(2)強調的則是心理和社會的現象，以及對人的需求之考量——「只有員工、沒有組織」。

❹ 系統理論：視組織為一個整體及更大環境脈絡中的一環，一個組織任何一部分的活動，皆會影響到其他部分。

❺ 權變理論：並沒有普遍的法則或單純的原則，正確的管理技巧應視其所處的環境而定。

❻ 品質管理觀點：強調藉由提供高品質的商品與服務，讓顧客滿意，是顧客導向的。

❼ 渾沌理論：任何複雜的系統均有普遍行為，致力於尋找隱藏在混亂中的秩序。

❽ 新管理主義

(1)強調效率、競爭、市場、物符所值（value for money）、消費主義和消費者照顧等福利輸送用詞。

(2)抱持著一種相互承諾的合作文化，以跨越組織的價值和任務，它的任務是要去創造一種同質和共享的文化，讓所有工作者負有追求共同目標的義務。

(3)強調放棄傳統附著的作法，而尋求結合文化管理（目標和意義的創造）與績效管理，以彌補動機的差距；它強調減少督導的控制以促進整合，以及由順從（compliance）轉向承諾（commitment），其目標是要去創造一個開明的組織，其成員皆負有達成共同目標的責任及追求目標組織的雄心。

❾ 最佳價值

最佳價值的特色

(1)它改良 NPM（新公共管理）內的契約

文化，取市場和內部供給之間的平衡，惟必須要能展現出競爭。

（2）以夥伴的關係契約取代 CCT 之競爭和對抗式的契約。

（3）將公民視為服務使用者和納稅人，以讓他們能多面向的接觸公共服務。

（4）找尋授予使用者能力和社區共同參與服務產出的方式。

（5）嚴格要求績效改善，其所根據的是中央的規定及地方社區共同設定的目標。

（6）以使用者共同參與服務產出及委託的夥伴關係取代 NPM 下嚴格的個案和簽約者（client-contractor）分離的現象。

擬真考場

申論題

由於新管理主義之理念化爲政策並付諸實行，在此外部環境的改變下，使得傳統的社會工作面臨衝擊，請說明社會工作專業面臨之挑戰。

選擇題

(　) 1. 下列何者非古典管理理論的支派？
(A) 科層管理　　(B) 科學管理　　(C) 行政管理　　(D) 權變理論

(　) 2. 行政管理學派代表人物亨利‧費堯（Henri Fayol）提出「管理的十四項原則」中，期待員工能表現出適當的行爲，每位員工應僅聽命於一位上級主管，係指哪一種原則？
(A) 紀律（discipline）　　　　　　(B) 指揮權統一（unity of command）
(C) 指導權統一（unity of direction）　(D) 秩序（order）

(　) 3. 當前治理的範疇已非僅侷限於政府的活動，治理模式是一種比政府範圍更爲廣泛的現象，故不管是公部門、非營利或營利組織的社會福利管理者，必須在合作過程中發揮其運作之功能。其中Thompson 等人（1991）提出三種治理模式，請問爲哪三種？
(A) 科層模式、市場模式、網絡模式
(B) 科層模式、市場模式、水平模式
(C) 夥伴模式、水平模式、市場模式
(D) 科層模式、水平模式、網絡模式

解析

申論題：

茲將新管理主義付諸實行，社會工作專業面臨之挑戰，說明如下：

(一) 社工專業面臨需求多元和問題複雜化的挑戰：隨著個人、家庭與社會問題的趨於複雜和多元，傳統消極被動式的社工處遇模式，已逐漸地被改變中，為讓服務的提供是有效、可行及可被接受的，一種社區為觀點的社會工作，已逐漸躍升成為社會工作的新模式，而資源網絡的建立及專業團隊的運作，可以說是現代社會工作因應需求多元化與問題複雜化的必要條件。就台灣現況而言，資源網絡的建構已屬不易，再加上福利資源的不足，更讓網絡建構在實務面可能流於形式。此外，網絡的運作有賴於專業團隊的默契，但在各個專業主義掛帥的現實環境下，使得社會工作之滿足多元需求的「單一窗口」，僅是社工本身的單一窗口，這已使得所謂顧客導向的服務面臨嚴峻的考驗，也使得許多個案問題在沒有被適當解決的狀況下無疾而終。如何因應案主需求多元化和問題複雜化的趨勢，並逐步採取社區觀點的社會工作模式，以網絡建構為案主提供較為積極和預防式的服務，可說是社工專業在實務上所應接受的考驗。

(二) 社工專業面臨效率、績效和責信之訴求的挑戰：當台灣的社會工作正朝向專業之路邁進時，一股管理主義的風潮也吹進台灣社會福利的領域，在資源有限的前提下，除了要能夠展現出使用者導向的服務外，也要能展現出高品質與高效率的績效。然而，傳統的社會工作教育訓練，在某種程度上，專業以外的管理往往是不被重視的，這也使得原本就不易被測量出績效的社會工作，更加難以被具體展現出，進而使得強調「效率」、「績效」和「責信」的管理訴求所進行的各式各樣評鑑，似乎是社工專業實務上的惡夢。績效的追求是任何行業皆須關注的，然而，在資源不足的現象下追求績效，將可能導致犧牲案主權益及社工專業的自主性，來成就管理主義的訴求。社會福利體系如何在資源相對不足的困境下展現出具體的績效，將是社工專業能否受到肯定的重大考驗。

(三) 社會工作面臨人力不足與高度流動率的挑戰：福利服務為勞力密集的行業，但長久以來社工人力不足是普遍的現象。近些年來社會福利相關立法，除新法為社會工作帶來新工作外，舊有的法令更是賦予社工人員新範圍與新職責。但隨著工作量的擴增，社工人力並未能隨其成長，甚至縣市政府在「政府再造工程」精簡人力時，社工員也列為精簡對象，其已嚴重趨於不足的社工人力，面臨沉重的工作負荷，進而可能造成流動率上升，這不僅直

接衝擊到福利業務的推展，也不利於服務的品質，特別是社政部門專業社工人力不足，在面對日益複雜的家庭問題，難以發揮積極的預防，僅能補救式的解決短期問題。此外，因公部門的人力大多以約聘進用，許多有社工師證照符合轉任到正式公務人員資格者，反而從專業需求最為迫切的第一線工作場域，轉到第二線的行政工作；抑或也有地方以人力精簡為由刪除，漠視他們的職位及工作權益的相關保障，導致有紛紛出走的打算，這對長期人力的培訓及專業制度的建立有不良的影響。有現代的服務工作皆涉及到其他專業或單位的配合，但當社工員很賣力在做，卻在別的單位碰到很多釘子，許多單位對社工的支援不夠，社政人員失去熱誠，使得社工人力大量流失。教育、衛生單位和社會福利整合有其困難，相關單位不願意配合，減弱社會工作人員服務的熱誠。這些現象也對案主的權益保障及社工專業的發揮，有其重要的影響。

（四）社工專業受到自身能力侷限的挑戰：隨著民眾福利意識的提升，加上需求的趨於多元，再加上社會對服務品質的要求，社會工作者再強調專業的同時，自身是否真的已裝備自己，且有能力滿足個案或顧客的需求，是一項值得省思問題。無論是真的無力解決個案問題，抑或社工自身能力的侷限，不管原因為何，在強調結果導向的年代裡，這對社工專業已造成某種程度的衝擊。

（五）社會工作師法通過後的新問題與新挑戰：社會工作師法的實施，對於社會工作專業的發展帶來新希望，但也衍生出新的問題或新挑戰，社工員忙於準備考試以取得轉任公職的機會，以及已取得證照之社工師汲汲於找尋轉任公職的機會，或許突顯出某種程度上，已忽略了對案主專業品質的承諾，且轉任後的新環境對社工師也不盡然是友善的。例如：行政知能的相對不足，及可能因非出身於正規公務人員考試系統的相對歧視，這些皆可能對社工專業的形象有負面的影響。此外，社工師考試也可能使得原本就保守的社工專業形象更向學術體制靠攏或趨於同質化，或因進入官僚體系而逐漸喪失專業的自主性。

選擇題：

1. D 古典管理觀點（classical approach to management）為管理學科最早設定的理論基礎，該觀點的倡導者是依組織目的和正式結構來思考組

織,他們將焦點置於工作的規劃、組織的技術要求、管理原則,以及理性和邏輯行為的假設。古典觀點強調的是組織的技術性要求及其需求——「只有組織、沒有員工」(organizations without people)。古典管理學派(classical management school)是當代管理理論的先驅,該學派最具代表的支派包括科學管理(scientific management)、行政管理(administrative management)及科層管理(bureaucratic management)。選項 (D) 非屬之。

2. B 指導權統一(unity of direction):持相同目標之組織活動的每一個團體,皆應由一位使用一個計畫的管理者負責指導,以協調相關作業,朝同一目標而努力。

3. A Thompson 等人提出三種治理模式之比較

項目	科層模式	市場模式	網絡模式
治理結構的特色	科層化組織,由下而上的權威結構,對服務對象施予管制。	實施分權的公共組織,保留機構內的控制權。	合作協力的結構,共享決策權及共同治理。
政策達成的機制	透過現在的政府組織規劃執行。	創造誘因與結構,運用民間組織與非營利組織分擔執行。	建立公部門、非營利與民間組織的聯合機制。
運用途徑的模式	良好治理。	最小限度國家、公司治理、新政治經濟。	網絡治理、社會操縱系統、國際間的相互依賴。
運用途徑的工具	傳統政府權威、政策工具、制度分析。	理性選擇、制度分析。	自理與網絡領控、網絡與政策社群、新馬克思主義與批判理論。

Note.

CHAPTER 2
社會工作管理與規劃

榜·首·導·讀

- 社會工作管理的必要性，是金榜考點，務必完整的以申論題形式準備。
- 社會工作管理倫理的兩難內容務必清楚，並請思考在社工實務上，考生曾經面臨哪些兩難；併同準備社會工作倫理優先原則順序，作為管理上的抉擇依據。
- 請將危機管理的仔細研讀，然後思考實務的應用。
- 災難管理四個階段的內容必須清楚，論述時按過程逐階段分析，將使論述更為完整且有架構。
- SWOT 的各項要義及實務分析案例能力，務必紮實準備，請練習繪出策略管理步驟流程圖及以實例應用 SWOT 進行分析。

關·鍵·焦·點

- 社會工作管理與企業管理的特質相異處、社會工作管理與其他科學，均是測驗題的考點，出題細瑣，務必用心詳讀。
- 個案管理流程圖請有完整的概念，並練習繪製流程圖，請預為準備一個案例備用。

命·題·趨·勢

年度	110年		111年				112年				113年	
考試	2申	2測	1申	1測	2申	2測	1申	1測	2申	2測	1申	1測
題數	1	3		1	2	6	6		2		7	

本·章·架·構

```
                                        ┌─ 社會工作管理意涵、特質與基本原則
                                        ├─ 社會工作管理與其他科學
                         重點 1          ├─ 社會工作管理的必要性（理由）
                         ★★★            ├─ 社會工作管理才能
                    ┌──────────────┐    ├─ 社會工作管理倫理
                    │ 社會工作管理、衝 │    ├─ 社會工作管理之五種責任類型
                    │ 突、危機、災難、 │────┤
                    │ 個案管理       │    ├─ 衝突管理
                    └──────────────┘    ├─ 危機管理
     社                                 ├─ 災難管理
     會                                 └─ 個案管理
     工
     作                                  ┌─ 社會工作規劃的意義與重要性
     管                                  ├─ 規劃的層次與類型
     理                   重點 2          ├─ 與其他規劃之比較
     與                   ★★★★          │
     規              ┌──────────────┐    ├─ 規劃的 SMART 原則
     劃              │ 社會工作規劃    │────┤
                    └──────────────┘    ├─ 理性規劃的七個步驟
                                        ├─ 策略管理步驟
                                        └─ 規劃的障礙與因應方式
```

重點 1 社會工作管理、衝突、危機、災難、個案管理

一、社會工作管理意涵、特質與基本原則

（一）社會工作管理的意涵

社會工作管理可說是一種社會工作方法與過程，旨在將管理的知識運用於人群服務組織或機構，透過規劃、組織、領導、任用、控制與決策等職能，有效整合社會服務組織之各項人力與物力資源，並選擇最有效的方式，以協助並增進機構的社工人員充分發揮專業知能，進而達成服務人群或案主的最終目的或目標。

（二）企業管理與社會工作管理

1. 在科層／專業主義的脈絡裡，公部門運作下的社會服務，主要還是偏向科層管理模式。然而，隨著新管理主義的興起，近似商業化與市場化的「準市場」模式，已逐漸取代傳統的供給模式。準市場（quasi-market）之所以是市場，乃是因為它們以較具競爭、獨立的服務，取代政府部門的直接供給；之所以稱為「準」（quasi），乃是因為它在許多面向並不同於傳統市場。在供給面向，它與傳統市場一樣，服務供給者之間存在著競爭，不同的是，這些組織並不必然是為了獲得最大的利益；在需求面向，顧客的購買權並不是現金方式，而是以限定購買特定服務的預算方式，同時顧客的願望往往不是直接表達，而是由第三者代理之。

2. 儘管社會服務本質上與營利企業有很大的差異，然而，「準市場」的出現，相當程度意味著它將企業的管理原理原則，導入社會服務的輸送，進而衝擊到社會工作管理。但企業管理的基本相關概念應用於社會工作管理，對社會工作者仍有相當的意義，例如：透過企業管理知識之學習，可以協助社會工作管理者獲得必要的管理策略與技巧，應用於管理實務上。

上榜關鍵 ★★
社會工作管理的意涵，是基本必備的概念。

（三）企業管理基本概念應用於社工管理之意義 。

應用於社工管理之意義	說明
1. 維繫焦點目標	社工管理之目標往往是多重且相互衝突的，但在任何情況下，有效的管理者在專注於多方面的目標時，必須將焦點維繫於使命的實踐。亦即，將組織的使命視同為企業部門的老闆。
2. 解決複雜事務	如同企業界需要顧及政府的規則、消費者、供給者、媒體等，社會服務組織除關注個案外，也須注意到多面向的利害關係人等。亦即，要能夠關注到多面向的利害關係人，且能協助他們解決複雜的問題。
3. 主動積極	如同企業會隨著環境調整其策略，社會服務組織也要能依環境的改變，主動積極調整策略或作為，以維繫其效益及使命。亦即，監測環境，並主動調整組織結構進行變革。
4. 了解適當的管理層次	基層管理者要著重監督臨床工作者的工作狀況；中階管理者則須著重於調和組織各部門的責任及分工；高階管理者須試圖與大環境接觸，包括：社區、政府、基金組織及規範性的單位。亦即，管理者應有所分工，依層級執行所賦予的任務。
5. 與員工一同工作	如同企業界般，社會服務機構須透過員工訓練和發展、人性和關懷的督導、懇請員工提供意見、減少規則的引入，以及提供經濟上的報酬，以提升組織的效能。亦即，要能夠強調以團隊方式運作，以達成組織的成效。
6. 了解效率──效能的關聯	一個有效率的組織，會以極少數的資源達成其目標；一個有效能的組織，則會致力於使用於目標的實現；一個管理者要能有效率，也要有效能。亦即，要能注意到效率與效能兩者之間的關係。
7. 知道管理的絕對底線	沒有任何一個組織的管理是與財務無關的，組織內真正決策者，同時也是財務的決定者，社會服務方案不可能自外於財務資源的取得、管理及監督。亦即，對任何管理者而言，有必要了解金錢（財務）管理即是管理的絕對底線。

上榜關鍵 ★★★
請以申論題為主，測驗題為輔的方式準備。

應用於社工管理之意義	說明
8. 贊助與參與管理訓練	訓練的項目從人群關係、領導到技術的教授，不僅是企業部門如此，在社會工作機構也獲得廣泛的重視。例如：持有專業證照會要求以繼續訓練爲必要條件。亦即，重視管理者和員工的訓練是組織的重要投資。
9. 謹記基本要求	一些企業對員工會有基本要求，例如：儀表、衣著、電話技巧等，這些對社會工作機構也有其必要。亦即，要能夠重視對員工的基本要求。

（四）社會工作管理的特質（與企業管理的特質相異處）。

1. 社會工作管理以「人的價值」爲基礎

   社會工作的存在是基於肯定人的重要性爲前提。因而，做爲社會工作方法之一的社會工作管理，其運作基礎乃是建立在對「人的價值」之肯定，即社工管理是要協助工作者有效發揮其專業來服務案主，最終目的是爲了促進人或案主的福利。

2. 社會工作管理不易突顯「剩餘」

   企業管理是要以經濟的方式促進服務輸送，其功能在於剩餘的創造，即透過有效率的經營，使組織的產出高於投入，且這種剩餘是很容易被理解或計算的。然而，社會服務異於非社會服務的特性，往往使得其服務績效難以測量，而不易突顯其所創造的「剩餘」，甚至可能被誤認社會工作的介入是一種昂貴、沒有效率的行業。

3. 社會工作之「預防」與「治療」的成效易混淆

   許多預防性的社會工作措施，讓一些潛在的問題可被「弭禍於無形」，如家庭服務方案之避免家庭暴力或兒童虐待，但因其「無形」而難以彰顯績效；而一些「治療」或「復健」的有形補救性服務，卻反而可能被歸因於預防性社會工作經營不足所致。

上榜關鍵 ★★★

測驗題考點，請詳讀了解各項意涵。

（五）社會工作管理的十項基本原則。

基本原則	原則說明
1. 社會工作價值原則	專業的價值是促進服務和提供需求者使用的基礎，社會工作管理者應重視社會工作服務人群的基本價值，特別是促進社會之公平與正義的價值。
2. 使命與目的原則	公、私部門的社會服務機構皆有其機構使命及服務目的，機構的存在與運作是為了實現其使命與目的。為此，社會工作管理要能以機構的使命和目的作為指南。
3. 社區和個案需求原則	社區和社區內個人的需求，往往是社會機構和方案提供的存在基礎，特別是在強調需求導向（need-led）與使用者導向（user-led）的服務趨勢下，社會工作管理需要以社區與個案需求為前提。
4. 接納原則	管理者與員工的信任與合作，是組織達成目標的先決條件，社會工作的管理者與員工，應相互接納對方的個人特質與工作職責。
5. 夥伴關係原則	隨著個人和社會問題趨勢於多元和複雜性，專業團隊和資源網絡的運作是現代社會工作所不可或缺的，社會工作管理者應致力於創造團隊與網路成員彼此間的夥伴關係。
6. 溝通與協調原則	團隊與網絡的運作必須要透過溝通與協調，始可能促進利害關係人對服務整體目標的了解，進而願意以合作的方式，實踐服務人群的目標。因此，社會工作管理要重視的不僅是機構內部整體的原則，也需要透過溝通與協調來促進專業與網絡彼此之間的整合。
7. 彈性與成長原則	以科層體系運作為主的社會工作，務必要重視彈性，並接受外部環境的挑戰，以促進員工和組織的成長。
8. 參與和授權原則	社會工作之所以被視為街頭科層，主要係因其專業表現往往受制於既定的規則，結果即造成專業自主權和裁量權的降低。為降低社會工作在實務工作時可能的無力感，參與決策和充分授權是管理上應盡量遵循的原則。

上榜關鍵 ★★★

如在申論題出題，屬於記憶題型，考題無變化，請詳讀以免失分；另為測驗題的考題，考生對基本原則與原則說明之對照請務必清楚。

基本原則	原則說明
9. 品質與績效原則	「品質」與「績效」已是當代社會服務的重要議題，品質與績效是社會工作機構與管理者所必須面對的挑戰。
10. 專業與責信原則	社工管理要能儘量協助社工處理規則、資源與專業的兩難，進而提升機構與社工專業的責信。

（六）社會工作管理者應有的認知 •••••••••••••••••••••••

上榜關鍵 ★★★★

申論題的潛力考點，請作最完整的準備。

1. 組織的管理是每個人的工作

在一個現代化且成功的組織中，管理不應該只是高階管理者的職責，也應該讓員工參與各層級的管理決策，它將可為組織帶來許多正向的效果。Levy 指出，不管是從事直接服務或間接服務，管理是每位社工員的職責。若臨床社工員缺乏參與管理的理念，或高階管理者未能賦予參與機構決策的機會，各種問題便可能隨之產生，特別是當遭遇問題時，即可能將責任推給少數高階管理者，甚至讓某些人成為代罪羔羊，這將衝擊到組織成員之間的合作關係，對組織的發展產生負面影響。然而，這並非意味著所有成員皆須付出相同的時間參與管理，而是參與程度的多寡，須視組織的情境和任務結構而定，且主管必須要為決策負起最後責任。

2. 管理和服務是相互影響的

管理和社會工作實務是不可或缺的，管理良窳與否將影響到服務輸送效力。例如：中階主管對督導的方式會影響到工作滿意度，督導的滿意度將影響臨床社工的服務態度，接著再影響個案接受服務的品質。研究顯示。社工員自覺權力的高低，將影響其服務的情緒效力；若組織的高階管理決策較富彈性，則員工對案主的彈性和容忍度也將隨之提高。此外，專業價值和管理有時難免會有矛盾之處，例如：當面臨到服務的品質與成本兩難時，若實務管理工作者認為自己是社工員，也是管理者，自然較不會認為自己是在一套不同的價值基礎上運作，對服務的提供將可做出更理性的安排。因而，管理與服務是息息相關的。

3. 好的管理須兼具概念性、技術性與人群關係的技巧

社工管理者所從事的工作，往往牽涉到非常複雜的技術與動態的人性過程，因而需要有多方面的相關技巧以從事其工作。為適切地執行本身的角色，一位好的社工管理者必須要兼顧概念性、技術性與人群關係的技巧，儘管這並非意味著任何一位管理者皆須精通三種技巧，但隨著社會工作機構的擴大

化、多元化和複雜化，在工作層面上，即便是有分工的特性，但在一個強調團隊而非個別工作的時代，各層級的管理人員與員工，皆被期待或鼓勵要以組織較寬廣的脈絡來看待其工作。因而，如何熟稔概念性技巧，並將之應用於特定情境的能力，不再只是高層管理者應具備的技巧，也是管理層級或員工應具備的。但這並不表示對所有層級皆同等重要，而是若組織皆能有基本的概念性技巧，將有助於組織的垂直溝通。

4. 最佳的直接服務者不必然是成功的管理者

將表現卓著的一流社工員拔擢為督導或更高階的管理者是否必然的？事實上，這可能是好的抉擇，也可能不是。首先，將表現卓著者從第一線工作抽離，組織將流失一位最佳的直接服務者；第二，一位成功的直接服務者，不必然是一位成功的督導；一位成功的督導，也不保證在較高層級上也是成功的。過去，最成功的督導或中階管理者被升遷至組織中較高的職位，若機構主管出缺時，最佳的那位會被拔擢為機構主管，這種情形可能會順利地運作，也可能會出現科層組織中不樂見的「彼得原理」，亦即，在某個位置表現卓著者，將漸被升遷至一個他無法有效發揮功能的位置，且會停留在這個位置，這不僅造成組織浪費人才，甚至不利於組織的發展。

二、社會工作管理與其他科學

上榜關鍵 ★★★★
社會工作管理與其他科學是測驗題的考點，出題細瑣，務必用心詳讀。

（一）與社會工作管理相關的科學

（二）管理科學與社會工作管理之關係

管理科學	社會工作管理
管理科學是講求管理程序，包括計畫、組織、任用、領導、控制及系統方法，重視決策程序。	社會工作管理是強調政策、目標、功能的決定與說明，以及工作進行的程序。
管理科學是強調組織功能，包括人事、財務、生產、研究發展、策劃及執行。	社會工作管理是強調員工選擇與訓練，員工工作的指導與督導（察），以及工作計畫的發展、人員與工作的組織及調整。
管理科學是重視科學方法與技術。	社會工作管理是重視紀錄、會計及專業相關活動的科學管理，以及工作設計標準化，評價考核科學化等。
管理科學是強調建立數學模式，並以電腦為計算工具。	社會工作管理是強調社會工作資訊化，建立服務網絡等。

（三）科學管理與社會工作管理之關係

科學管理	社會工作管理
科學管理是強調員工的選擇與訓練。	社會工作管理也強調專業人員的選擇與非專業人員、志願工作人員的甄選與職前、在職的訓練，以提升員工素質及工作品質。
科學管理重視發揮人力、物力、財力的最高最大效果。	社會工作管理是重視社區資源的結合運用與保持，以及工作計畫、員工與工作之組織與調整、工作進行程序、紀錄與會計、工作活動的科學管理，以提高服務品質與工作效率。
科學管理提倡建立時間、動作標準化的標準制度。	社會工作管理是提倡工作設計標準化、評價考核科學化、公平化的制度。

科學管理	社會工作管理
科學管理強調人員、金錢、方法、機器、物料、市場、士氣的整合。	社會工作管理是強調人員適才適所、分工合作，財務管理減少浪費，以能滿足被服務者之適切專業方法，使用電腦等資訊工具，運用各種社會資源，視社會需求為市場導向，凝聚共識團隊精神來完成達到服務機構目標。
科學管理具有權責分明、簡化工作方法、專業分工、減低成本等四大特質。	社會工作管理亦有分層負責、資源化網絡簡便方法、專業與非專業及志工之分工合作、成本管理、使用者付費原則等特質。

（四）行為科學與社會工作管理之關係

行為科學類別		社會工作管理
人類學	1. 人類學是重視種族、民族的差異問題，找出解決種族歧視問題。	社會工作管理的關係是重視社會問題，如貧窮、老人、身障、婦孺、犯罪等問題，而以人道主義、社會正義、社會公平、社會秩序與安定的觀點立場去救助、輔導，使這些弱勢不幸族群自立更生。
	2. 人類學是強調文化的重要性，而尋求提升文化素質的途徑。	社會工作管理是重視貧窮文化的循環，努力去協助其脫離貧窮文化，促進國民安和樂利生活。
	3. 人類學重視風俗習慣與宗教信仰的問題。	社會工作管理是積極改變不良社會風俗習慣與迷信，鼓吹節儉、戒毒、戒酒、戒賭，以社會工作營造良好社區倫理精神、物質建設環境，消除不良宗教信仰，遏止藉宗教之名行騙財騙色之實的行為，促進社會安定。

行為科學類別		社會工作管理
社會學	1. 社會學是研究人類社會起源、發展、社會變遷，尤其社會衝突的社會問題。	社會工作管理是重視社會變遷所帶來的社會問題，如鄉村與都市的文化失調之社會問題，而努力去解決或預防這些社會問題的發生與再生。
	2. 社會學是研究社會現象、制度、社會行動、社會關係以及社會團體等問題。	社會工作管理是防治不良社會現象，如犯罪、衝突、娼妓制度、不正常的社會暴動，及黑金擾亂社會秩序以及暴力團體等社會問題。
	3. 社會學是強調普遍性社會紀律、社會原理與原則。	社會工作管理是強調社會公理、公平、正義，對有限的社會資源作合理公平的分配為原則，積極結合各種社會資源去完成救助社會弱勢不幸國民，達到促進其自立的公平正義信念。
心理學	1. 心理學是重視臨床心理治療	社會工作管理也重視個案工作的臨床服務。
	2. 心理學是重視心理輔導與諮商	社會工作管理也重視案主的心理輔導與諮商。
	3. 心理學是強調學習的心理	社會工作管理是強調學校社會工作之課堂與心理並之的輔導。
	4. 心理學是重視工業心理（勞工心理）之輔導	社會工作管理也重視工廠管理與勞工心理輔導以及勞工福利。
	5. 心理學是提倡建築物等之工程心理研究	社會工作管理是重視機構管理、物質管理之技術與方法。
	6. 心理學重視消費者心理之研究	社會工作管理是重視大眾心理、集體行為、社會運動等輔導。

三、社會工作管理的必要性（理由）

（一）社會工作管理必要性（理由）的分析架構

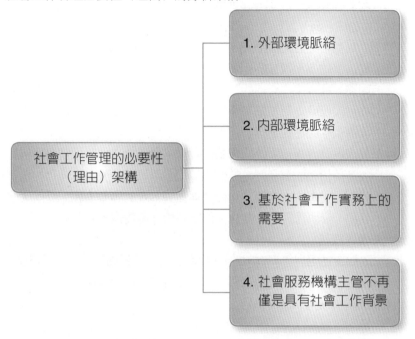

社會工作管理的必要性（理由）架構

1. 外部環境脈絡

2. 內部環境脈絡

3. 基於社會工作實務上的需要

4. 社會服務機構主管不再僅是具有社會工作背景

（二）社會工作管理的必要性（理由）說明

1. 外部環境脈絡

（1）為因應經費緊縮對福利機構造成的壓力：面臨福利經費緊縮及捐款者對效率的重視，如何有效率地經營有限資源，以彰顯服務的績效，以及如何善用各種機會來增加機構收入與擴大服務方案和顧客，已被視為是機構管理階層與經理人的兩大挑戰。

（2）為緩和福利需求與滿足間的鴻溝問題：由於期望提升、預算削減及競爭增加，人群服務需要好的管理。因應之道在於必須藉由對工作加以妥適經營，同時也須注意到組織內部的管理過程，以維繫並強化組織目標的實現。

> **榜首提點**
> 社會工作管理的必要性，是金榜考點，務必完整的以申論題形式準備。

（3）為因應福利民營化所帶來的競爭：營利或非營利組織，想要在有限的資源下追求高品質的服務，往往會任命可善用市場才能以吸引更多捐款的經理人，以追求或達成所謂的三 Es ——經濟（economy）、效率（effieiency）與效能（effectiveness）。這些目標的達成須藉由績效評估，以具體展現出機構的責信，進而強化在稀少資源之市場的競爭力。然而，這種商業價值的行動取向，可能會加深專業工作者與管理者之間的嫌隙。社會工作管理的強調與運用，將有助於化解彼此認知上的差距，亦可因應社會服務趨勢所帶來的衝擊，或在準市場的競爭過程中，爭取機構生存的必要資源。

（4）為因應社會變遷對社工專業的挑戰：當社會工作專業遭遇到新管理主義與最佳價值的挑戰時，外部環境似乎隱藏著一股去專業化的現實壓力，我們要倡導的專業並非是頑固地強調傳統的專業主義，反而應該試圖去建構一套將管理納入社會工作體系的專業重構。

2. 內部環境脈絡

（1）為妥善運用與管理有限的資源：社會工作的推動往往是透過組織來進行，惟組織在有限的人力和財力下，能否適切地加以運用，在處理案主需要與解決社區問題時，是否充分發揮其「效率」與「效能」，這都有賴組織的管理。

（2）為緩和社會服務機構所面臨的內、外在壓力：社會服務機構現正面臨內、外在壓力。在內在壓力方面，員工的高流失率、士氣低落、欠缺成就感和工作沒有意義，都是機構管理者所面臨的挑戰。社會服務機構也面對著各種外在壓力，這些壓力的主要來源包括：

A. 社會服務機構必須向公眾、政府有關部門或捐助者，證明其所提供的服務，是在「效率」與「效能」之下被充分且適當地運用，以減少社區問題或更大程度地滿足案主或社區的需要。要達到此種理想，則有賴管理功能的發揮。

B. 隨著社會問題增加且日趨複雜化，為能有效解決問題，擔任機構行政管理者，不僅要能掌握系統的研究分析及最新的專業知識，還要具有管理專才，始能應付各種問題和新挑戰。

3. 基於社會工作實務上的需要

在直接實務的過程中若缺乏替代的生涯途徑，則經常會等到已被派任管理職位，才感覺到忽略了應有的準備或訓練。因而，為了協助那些已在或將轉移至第一線的管理職位者，獲得管理相關的知識、技巧與價值，以勝任管理職務，社會工作管理的教育或訓練是必要的。

4.社會服務機構主管不再僅是具有社會工作背景者

傳統上，頂尖的臨床工作者會浮出檯面成為機構主管。然而，愈來愈多稱職的社會機構主管是社會工作管理者，而非具有社會工作背景的管理者，其背景往往是來自於企業界或公共行政界。研究指出，社會工作專業在人群服務管理已失去其地盤，主要原因是社工人員對公共福利行政不感興趣，以及社會工作教育缺乏管理相關的訓練，特別是高層管理技巧。反之，許多機構的行政主管和督導，卻在社會工作學院接受與職位相關的特殊訓練。在美國，若想成為機構的行政主管或經理，會相當強調須主修管理。社會工作機構的管理職位不再僅提供給社工員，為了公平起見，大多數的工作人員主張，接受社會工作管理訓練的學生，最好能取得勝任這些職位的資格。管理者應該擁有相當的管理知識、態度和實務能力，以便展開和提供適當的社會服務。

四、社會工作管理才能

（一）社會工作管理者的基本任務

> **1. 規劃和發展方案**
>
> ・社會工作管理的籌劃和擴大服務範圍的工作計畫。

> **2. 獲得各種資源和支持與資源管理**
>
> ・盡力爭取更多的人力、物力、財力的各種資源，和受人肯定重視與支助，並作好資源控制等管理。

> **3. 組織決策與運作**
>
> ・依各種客觀條件與方案及預期結果，作出最好選擇，所以，要作好社會工作服務機構的各種完善之組織安排設計，以及營運操盤，促使業務正常順利推行，提升機構功能。

> **4. 創新發展與促進社會工作人員的工作能力**
>
> ・領導組織所有員工努力創作發明，以更新、更好、更有效率的工作方法，促進員工維持或更強的工作能力，提高社會工作效率。

5. 評估與修正組織機構方案

· 訂定各種理想評估制度，評量或修正機構工作方案，促進工作順利，增進機構利潤與工作效益，減少機構工作風險與損失。

6. 督導、考核組織機構

· 建立理想督導、考核制度，而嚴格徹底督導考核，以了解組織內的工作績效與缺失，以供機構之改進。

7. 作好公共關係，促進內外社會關係和諧

· 對內能促使員工和睦，提高工作士氣，促進工作效率；對外尊重社區居民需要與意見，作好公共關係回饋社會，取信於民，使居民肯定與支持，減少阻力，增加助力。

8. 其他

· 如授權、聯繫、溝通、財務管理、激勵。

（二）社會工作主要管理項目

管理項目	說明
人事管理（Personnel Management）	是社會工作組織中專業人員、半專業人員、志願工作人員的人力支配與運用的管理。其工作領域包括人事政策、法規、人力招募、篩選、安置、成員教育與發展、工作表現考核、升遷、福利、保健醫療、權利保障以及問題處理等。
財務管理（Financial Management）	社會福利組織中的財務管理是指對錢財和其他資源的規劃和控制，以達成組織的目標。為提升工作效率與服務品質，所以財務的運用與管理是越來越重要。

管理項目	說明
資訊管理（Management Information Systems, MISs）	透過這種方法獲得、分析、運用、傳播資訊，以增進組織有效率的目標。所以資訊管理是一個系統，由資訊的彙集、輸入、處理到輸出，如轉介、追蹤，可以使各種被服務群的需要更有效的緊密與連結。資訊系統的運用，包括機構和被服務者的服務情形。在間接服務中，可借重資訊系統的管理來彙集資料，以形成較佳的社會政策、社會計畫，並作為倡導辯護時的主要依據。
目標管理（Management by Objectives, MBO）	1. 是一種行政程序，社會工作組織中的成員可藉此程序對於組織該達到何種結果、組織對達到該結果需運用哪些資源，以及達成的期限等有所共識。 2. 目標管理應考慮到組織的預算、績效標準、人力等因素，所以其目標可參考「SMART 原則」來決定，即：（1）S：specific，特殊特定；（2）M：measurable，可測量的；（3）A：attainable，可達成的；（4）R：realistic，實際的；（5）T：time-limited/trackable，時限性的／可追蹤的。
時間管理（Time Management）	是指運用時間管理概念來增進組織及組織成員的工作效率而言。社會工作者在其組織中工作，如能有效管理時間，配合目標管理來妥為規劃，即可免去種種壓力，而能有效的發揮其個人時間的效用，並達成組織和專業的目標。
全面品質管理（Total Quality Management, TQM）	1. 「品質管制」較著重在服務品質的監管，以確保符合要求的品質；「品質保證」是指管理體系能確保所輸送的服務是高品質的。而「全面品質管理」（TQM）則包括一系列的策略，如承諾持續改善服務品質、改變組織文化以及強調每個人對實際績效的貢獻。TQM 是一種由機構所採行的全面性顧客導向型系統，用於改善產品與服務的品質，是組織全面動員上下階層所有人員持續不斷的進行改善，以追求顧客滿意。 2. TQM 不僅是一種管理，而且也是一種全面追求品質改善的領導。TQM 是一種管理哲學，其包含下列五個要素： （1）品質（quality）：視為是組織最主要的目標。 （2）顧客（customers）：定義品質，是以顧客為導向。

榜首提點
TQM 為測驗題的金榜考點。

榜首提點
SMART 原則的五項要義，是測驗題的金榜考點。

管理項目	說明
全面品質管理（Total Quality Management, TQM）	（3）變異（variation）：過程中必須能理解與減少變異。 （4）變遷（change）：是持續不斷的，並且其出現的是一種團隊工作的結果。 （5）承諾（commitment）：是最高主管的承諾。 3. TQM 是一種動員組織內所有員工，在一種強調顧客導向、顧客第一的前提下，使得組織的產品或服務，朝向「零缺點」的目標去努力的一種理念。
參與管理（Participatory Management）	承諾員工可加入組織策略執行之決定，其為現在公私部門組織管理的重要議題。參與管理之所以受到社會服務機構重視，主要是起因於基層員工對組織的政策不清、指揮結構不明、政策手冊不實用、績效指標模糊及文書工作的要求等，而導致員工的士氣低落，為解決這種組織目標與個人目標之間的隔閡所導致的負面現象，參與管理不失為一促進個人目標與組織目標共識的良法。
衝突管理（Conflict Management）	因為許多衝突是需要主管積極介入處理，作為一位主管，若無法儘快解決衝突降到最低，將會影響部屬對其主管的信心，甚至影響到主管的領導權威。
非營利組織管理（Non-Profit Organization Management）	是一個非利益分配主，以自己治理（self-governing）且有組織的民間志願性團體。
照顧管理（Caring Management）	照顧管理的工作，不僅是在社區要確保個別案件、案主或個人的照顧，而且還要包括各種資源的提供活動與服務，是一整套的社會服務，使個人能繼續在社區中生活的一切必要服務與管理。雖然其工作性質與個案很相似，但是其工作範圍較大，較具積極性。

上榜關鍵 ★★★

屬於記憶型申論題的考題出題形式。

（三）管理者應具備的知識

1. 管理者必須了解機構的目的、政策、服務和資源。
2. 管理者必須具備人類行為動態的基本知識。
3. 管理者必須對社區資源有全面性的了解，特別是與其機構相關的資源。
4. 管理者必須了解機構所使用的社會工作方法。

5.管理者必須具備管理的原則、過程和技巧之知識。

6.管理者必須熟悉社會工作相關的專業組織。

7.管理者要能通曉組織理論方面之知識。

8.管理者要能熟悉評估過程和技巧之知識。

> **上榜關鍵** ★★
> 屬於記憶型申論題的考題出題形式。

（四）社會管理者應具備的態度或行動

1.管理者應尊重並接納每位員工皆為獨立個體，包括員工的優點和限制。

2.管理者應能關懷和信賴員工，以強化員工對組織的歸屬感，並散發追求成就的熱誠。

3.管理者應提供可協助員工充分發揮其才能的物理環境和情緒氣氛。

4.管理者應能夠傾聽員工的心聲，並適時給予鼓勵和支持。

5.管理者應具備開放的胸襟，並善於接納新觀念和事實。

6.管理者應認知到，組織的利益要凌駕員工和管理者自身的利益。

7.管理者應在適當的時機表彰員工的成就，以激動員工士氣。

8.管理者應創造員工參與決策和員工授權的機制，藉以充權並造就員工。

（五）社工管理者應具備的技巧或能力

社工管理者應具備的技巧或能力	說明
1. 社會和公共政策議題	管理者必須要能掌握影響機構之當代社會公共政策議題。
2. 公關與行銷	讓機構的服務能獲得利害關係人的肯定與支持，包括政府、理（監）事會、服務使用者（顧客）、民眾或捐款者。
3. 治理	提升組織的願景和使命，持守組織的價值、資產和目的，以及對利害關係人負責。
4. 規劃	管理者應精通規劃的相關步驟，並事先對可能的方案做縝密的思考和規劃。
5. 組織	好的管理者應在組織成員的協助下，透過組織能力的養成，以便能夠做適切的權責安排，提升機構的效率和效能。
6. 領導	包括權力的獲得和運用，以及管理外部的關係與網絡。

> **上榜關鍵** ★★★
> 屬於記憶型申論題的考題出題形式。

社工管理者應具備的技巧或能力	說明
7. 人力資源管理	包括組織員工的任用、培訓、激勵與維繫及員工發展。
8. 方案評估和管理	包括對方案的需求、品質、效率與效能的評估與管理。
9. 決策	管理者須了解決策的步驟，匯集有助於決策之相關訊息，區辨替代方案的優劣勢，並據以做出最佳的選擇。
10. 財務管理	包括預算的擬定、募款與相關的會計作業。
11. 溝通	包括機構內部的水平與垂直溝通，以及與機構外的專業團隊或網絡的溝通。
12. 維持個人的均衡	管理者要能夠追求工作、休息、娛樂與精神上的豐富生活，以維持身心的健康，讓自己在面臨挫折和問題時，有較佳的因應能力。

五、社會工作管理倫理

（一）社會工作管理所面臨的倫理議題（或兩難）之四種情境。

> 倫理兩難
> 1. 「倫理兩難」是指一種情境，立基於某特定專業基本價值之上的專業義務與責任彼此相衝突，而社工員必須要決定與其專業義務與責任相關的價值當中，哪些是比較重要的。
> 2. 社會工作者面對專業與機構的雙重規範，需要同時對機構與個案負責，當兩者不一致時，社會工作者就會陷入「倫理兩難」之境。

榜首提點

社會工作管理倫理的兩難內容務必清楚，並請思考在社工實務上，考生曾經面臨哪些兩難；併同準備社會工作倫理優先原則順序，作為管理上的抉擇依據。

1. 管理者對員工在提供個人、家庭或團體之服務工作上監督的兩難

   （1）這種狀況特別容易發生在提供直接服務的機構或組織。例如：家庭服務機構、社區心理衛生中心、兒童福利方案、社區行動方案等。

   （2）這些情境可能遭遇的兩難包括：A.隱密性的問題：如為保障第三者或為依照法令、規範行事，可能在未徵得個案同意下，透露隱密性訊息。B. 界線問題：如接受個案邀請參加生命歷程之重要事件，例如：受邀參加婚禮、宗教儀式、接受個案禮物、和以前的個案建立友誼關係等。C. 專業父權主義：如限制那些從事自我毀滅、高危險性行為或活動的個案，介入個案的自我決定權等。

2. 管理者在方案設計、行政政策、組織設計、管理決定和方案發展上的兩難

   （1）依契約、政策、法規行事：如傷害或侵犯個案權利或專業標準的政策和法規，歧視婦女或身心障礙者的人事政策。

   （2）方案設計和目標：如決定案主資格之指標選擇，是否要減少對高成本之多重問題個案的服務，是否要維持重要但沒有利潤的服務。

   （3）稀少和有限資源的配置：要如何公平且公正地發展配置資源的準則和程序，資源配置是否要以需要為基礎。

   （4）詐欺或不誠實的實務：如侵佔機構資金、誇大方案績效或個案訊息以獲得更多的補助、用虛假或不正確的廣告行銷機構方案或吸引個案等。

   （5）人事議題：如剝削或騷擾員工、執行公正的績效評估、員工的雇用和解聘等。

3. 管理者與機構員工和同事之間關係的兩難

   若管理者得知組織的醜聞，或員工或同事從事違反倫理的行為，則必須面臨採取適當措施的決定，如是否要知會董（理）事長，或通知媒體有關組織的犯行，以及是否要將同事或員工違反倫理的行為，告知長官、專業團體或核發執照的單位。

4. 管理者與外部組織或團隊之間的兩難

   契約化社會服務、團隊與網絡的運作，皆是當前社會工作的主流趨勢，在契約化的服務模式下，社會服務組織之間可能存在著競爭與合作的關係，團隊與網絡的運作也必須秉持著夥伴關係。但若真的面臨到競爭，要如何兼顧合作與夥伴；當跨專業的團隊遇到不同的主張，不同團隊要如何在保有專業自主性的前提下與其他部門合作。這些涉及到部門間或專業間的互動，可能會讓管理者陷入夥伴與競逐的兩難中。

（二）社會工作倫理優先原則順序（Lowenberg 和 Dolgoff 提出）

原則順序	原則內容
原則一：保護生命原則	保護個案生命是最基本，也是最重要的原則，排列位置在其他倫理原則之上。在考量案主生命原則優先下，違反其他倫理原則的行為是可以被接受的。
原則二：差別平等原則	這是公平與不公平的原則。簡言之，就是有同等權力的人應該受到同樣的對待或責任，至於處於權力之間不均等的人，應該受到不同的對待。
原則三：自主自由原則	尊重案主的自主、獨立與自由。當然，自主並不意味著可以奪取自己的生命，自由不表示可以傷害別人或放棄自己的責任。
原則四：最小傷害原則	當我們不能選擇最大利益時，倫理困境上考慮的是最小傷害。
原則五：生活品質原則	維護和增進案主與社區的生活品質為重要倫理守則；亦即以維護案主生活的幸福，或提升社區的公共利益和環境品質是重要的。當然，不能因為要維持案主的生活品質而造成案主傷害。
原則六：隱私守密原則	社工員要保守案主吐露一切事情的秘密，這是獲取案主信任最重要的行為。但保密原則不是最優先的，如果發現案主要自殺或傷害他人等，則不應該為案主保密。
原則七：真誠原則	誠實並非是絕對的義務。如果誠實會帶給案主生命威脅，影響案主自決，甚至破壞生活品質時，則真誠不具有優先性。例如：案主的先生詢問社工員是否知道案主過去有無從娼行為，則真誠原則的優先性就必須在保密原則之後。

（三）倫理 知 相關名詞

倫理管理	倫理管理（ethic management）要求管理者在管理過程中，主動考慮社會公認的倫理道德規範，使經營理念、管理制度、策略、決策，以及各項管理工作都能符合倫理道德要求。管理者應處理好與所屬組織與員工、案主、競爭者、政府、社會等關係，建立並維持合理的秩序；對組織來說，要考慮個人對組織、專業團體、社會群體的責任。

全面倫理管理	全面倫理管理 知（total ethical management）又稱「全面品德管理」，意思是將傳統倫理道德融入組織的經營管理，建立以倫理爲本位的文化，遵守倫理準則，讓組織能永續經營。
行政倫理	行政倫理是指管理者在執行工作的過程中，所應有的價值、行爲規範、義務及其完成的方法。最重要的是行政組織倫理，是與組織制度相聯繫的倫理原則和行爲規範。

倫理的項目與內容

項目	內容
個人	個人對組織與社會的責任。
組織	組織必須檢查流程與政策，明文規定道德紀律。
專業團體	以專業團體的章程或道德標準作爲準則方針。例如：社工的專業倫理。
社會群體	留意法律、典範、習慣、傳統文化等所賦予的合法性，多做符合道德的行爲。
國際	考慮不同族群的法律、風俗文化及宗教信仰等。

全面倫理管理的主要原則
1. 倫理 x 光：組織的所有活動與管理能夠通過倫理 x 光檢驗，使問題無所遁形。
2. 潛移默化：各項管理活動和營運流程都符合高倫理標準，所有人員都能高度參與、分享成果，並使倫理成爲組織的文化的一環。
3. 推己及人：將組織好的觀念推廣出去，形成良善的社會風氣。

六、社會工作管理之五種責任類型

（一）責任類型

　　管理實務所遭遇之倫理兩難，往往起因於其所持的價值與職務之間的衝突。就社會服務而言，這種價值包括三種主要的核心概念：榮譽、仁慈和正義。若將這些價值與專業職務加以連結，可進一步區分為五種責任類型：

責任類型	類型內容
1. 對自己負責	包括真誠的舉止，追求知識與個人的成長，以公平和正當的方式維護自己的利益。
2. 對專業發展和才能負責	為自己行動的結果負責，發展和維繫個人的才能，與其他專業建立合作的關係，認知自己的需求和期待，並負責地以專業角色的表現予以應對。
3. 對個案和重要他人負責	為案主系統與其利害關係人之長期福祉而服務，誠實、負責且公開的表現，建立彼此協議之公平契約。
4. 對專業負責	對其他實務工作者和專家之專業發展有所貢獻，促進專業知識和技巧的分享，以及與其他專業協力合作。
5. 對社會負責	對自己為個案系統或較大系統所做的推薦結果負責，要了解多元種族和多元文化的差異及意涵，以及促進正義和給予他人福祉。

（二）責任類型的應用

　　1.五種責任類型或可做為面臨倫理兩難時，因應策略的指導原則。此外，為了避免因倫理上的墮落、疏忽或錯誤而引發申訴或訴訟，有關倫理的風險管理已被視為相當重要的一環。這種風險管理主要是透過法律概念的教育，管理者要能熟悉有關義務、處置不當、疏忽、照顧標準、不當行為、不法行為、不履行義務、作為和不作為、風險假設、代理義務、共同義務、嚴格的義務等概念。

　　2.亦即，管理者應該要能夠熟悉潛在的倫理過失、倫理的決定，以及倫理的錯誤處置之可能風險，特別是管理者與員工（如聘雇與解雇決定、性騷擾、績效評估、員工督導）和案主（如隱密性、界線、服務終止）之間的關係，以及道德和財政上的挑戰。管理者應該要能熟悉可避免引發倫理問題和兩難之實務策略，並將倫理的責任視為其專業使命的核心，進而做必要的內、外部控制。

七、衝突管理

上榜關鍵 ★★
測驗題細微考點。

（一）衝突的意涵

1.衝突（conflict）係指兩個（含）以上相關聯的主體，因互動行為導致不和的
狀態。衝突之所以發生，可能是利害關係人對若干議題的認知、意見、需求、
利益不同，或是基本道德觀、宗教信仰不同所致。衝突的共同特點有三項，
包括對立性（opposition）、稀有性（scarcity）和阻撓性（blockage）。意即，
衝突假設至少有兩方的人員在興趣和目標上有顯著的不協調，例如：金錢、
工作、地位、權力等資源稀少的情況下，稀有性就會鼓勵阻撓性的行為，涉
入的雙方便會因此形成對立的局面，當其中一方阻撓另一方達成目標時，便
可能導致衝突。

2.儘管衝突是組織或團隊難以避免的，但衝突不見得對組織皆是負面的影響，
若衝突能夠被妥善處理，它將可促進組織目標的達成，而成為一種建設性的
正向衝突或功能性衝突；反之，若因衝突未能被妥善處理，將可能對組織目
標的達成造成負面影響，而成為破壞性的負向衝突或反功能衝突。

3.亦即，衝突管理之目的在於確保組織的運作順暢，維持組織成員的向心力，
以提升組織的績效。衝突管理是提供有系統地解決，並預防個人或單位間不
愉快與不和諧關係的方法與策略。簡言之，衝突管理的是透過適當的手法，
以解決組織內人與人、部門與部門之間浮現的各種矛盾，消弭衝突帶來的負
面破壞性影響，並將衝突引導至正面建設性的方向，進而提高組織在決策上
的品質。

（二）衝突的觀點

衝突的觀點	說明
1. 衝突的傳統觀點（traditional view of conflict）	傳統的觀點指出，衝突必須要被避免，即意味著它是組織的一項問題，管理者的責任是要設法消除團體中可能造成衝突的原因，並在衝突出現時即時予以化解。
2. 衝突的人際關係觀點（human relations view of conflict）	人際關係觀點主張，衝突是任何一個組織的一種自然且難以避免的結果，它並不必然是負面的，有時它對團體績效會有正面的助益。因而，管理者可學著接受衝突，並將衝突合理化。

上榜關鍵 ★★★
建立對衝突可能產生的情形及運用的核心看法，可
適時引用，以增加考生解決衝突問題的論述能力。

衝突的觀點	說明
3. 衝突的互動觀點 （interactive view of conflict）	互動觀點認為，衝突對一個團體不僅有正面的助益，且一個團體若要有效地執行工作，衝突是絕對必要的；因為一個沒有衝突的團體，可能是冷漠、疏離的，對於改變與創新的需求無所回應。因而，互動觀點認為管理者不但要接受衝突，甚至要鼓吹適度的衝突，以保持團體的自省能力和改進動力。

（三）衝突類型 ●···

榜首提點

測驗題考點。

1.引自王明鳳等編著《社會工作管理》

衝突類型	說明
1. 事實衝突	不同決策者（通常是專家）雖參考相同的資訊（屬性），卻對同一目標作出有顯著性的推論或判斷。此種衝突只要經過充分坦承溝通，依據事實加以判斷，便可避免一些不必要的衝突。可採用德爾菲法（Delphi method）來處理。
2. 價值衝突	不同決策者之間（通常是利害關係人），因各自價值觀體系的歧異，而對相同的決策參考變數（目標）賦予不同的主觀看法，最後對決策標的作出顯著對立的判斷結果。換言之，決策者在二套相近的價值觀間，面臨到如何解決專業責任與義務衝突時的抉擇兩難，故此價值衝突又可稱作倫理兩難，須依據專業倫理守則進行價值判斷工作。
3. 認知衝突	係指相互對立的決策者，對同一事件，在參考相同的決策參考變數（相同資訊）下，作出顯著差異的推論或判斷（政策主張）。在判斷分析過程可藉由專家作事實判斷，把事實衝突控制在最低程度，此外，決策過程中若能致力於創造出具有接納、包容、鼓勵的情境，使成員能公開坦率的表達交換意見，也能建立成員間的合作關係，完成團隊目標。
4. 利益衝突	係指相互對立的決策者，因爭取共同珍視的資源、利益所引發的衝突。決策者對實際分配資源與期望得到的最終結果（標的）若有顯著差異，則易產生利益衝突。一旦人們對特定事件有了利益衝突的疑慮時，部門主管應設法了解其屬於何種類型衝突，以確定衝突是否存在及決定適當的處理方式。

衝突類型	說明
5. 人際衝突	係指把個體判斷整合為群體判斷過程中所引發的衝突。即決策者在群體決策中，試圖爭取與自身相關的決策重要性或事件影響力所導致的人際衝突。人際衝突除事實衝突、價值衝突及利益衝突外，社會文化、決策者的意識型態等影響亦不容忽視。

2.引自曾華源等主編《社會工作管理》

（1）個人與人際衝突

個人衝突指個體對目標或認知的衝突採取方案時，會有互斥結果，包括：

衝突類型	說明
1. 雙趨衝突（approach-approach conflict）	指兩種或兩種以上目標同時為個體所吸引，而個體只能選擇其中一種目標時所產生的內心衝突。例如：一隻驢子站在兩堆乾草中，不知道該先吃哪一堆草，徘徊考慮很久，結果因而餓死。這是一種趨近型衝突，即所謂「魚與熊掌無法兼得」式的衝突。領導者面對兩個具有吸引力的方案不知如何取捨，但只要領導者向其中一個目標跨出一步，衝突就解決了。
2. 雙避衝突（avoidance-avoidance conflict）	指領導者必須在兩個不想要的目標間做抉擇；調整較不好職務工作和資遣離職之間，會極力尋求避免這兩個負向目標方法。這種衝突中，假如某人移向一種選擇，負向排斥力就會增強而使他被推向另一種選擇；例如：某員工移向選擇不想的工作調動選擇，但是負向排斥力就會增強而使他被推向另一種選擇，亦即乾脆離職算了；但當他趨近另一種選擇離職時，後者的負向力又會增強感覺與其失業，不如得過且過，衝突的解決成兩害中取其輕。
3. 趨避衝突（approach-avoidance conflict）	趨避衝突又稱正負衝突，是心理衝突的一種，指同一目標對於個體而言同時具有趨近和逃避的心態。這一目標可以滿足人的某些需求，但同時又會構成某些威脅，既有吸引力又有排斥力，使人陷入進退兩難的心理困境。例如：出國旅行本是對人很有吸引力的活動，但人們常常害怕耗費時間、精力和錢財而不願意去。

衝突類型	說明
4. 多重趨避衝突（multiple approach-avoidance conflict）	多重趨避衝突又稱雙趨避衝突、雙重正負衝突，是指面對兩種或兩種以上目標，每個目標都既具有吸引力，又具有排斥力，而產生的衝突。如果幾個目標的吸引力和排斥力相異性大，還比較容易解決衝突；如果幾種目標的吸引力和排斥力比較接近，則解決衝突就相對困難，需要較長時間的考慮得失、權衡利弊。衝突解決之道是停留原地，等待實際環境改變至趨近傾向明顯大於逃避傾向時。假如某人就業時有兩家公司可供選擇，而這兩家公司又利弊相當，就有可能舉棋不定而陷入這種衝突中。
5. 人際間衝突（interpersonal conflict）	人際間衝突指角色期望對象和角色期望的發出者之間的溝通等行為問題，包括兩種衝突：A. 在某些實質性問題上的不相容之利益；B. 包含負向情緒，如不信任、恐懼、拒絕和憤怒等不相容之行為。雖然兩類衝突通常互相作用，混雜在一起，但處理兩類衝突的方法卻有很大不同。處理前者，必須著重問題的解決，如採取合作與談判的方式，有利於增進衝突雙方的利益；而對待後者，則強調修正衝突雙方的觀點和正向關係的培養。

（2）團體或組織間衝突

A. 團體或組織間的衝突有三種類型，分別是任務、關係及程序衝突：

a. 任務衝突（task conflict）與工作內容及目標有關。

b. 關係衝突（relation conflict）是指團體或組織間成員在人際關係上的衝突。

c. 程序衝突（process conflict）則是與如何完成工作有關。

B. 關係衝突多屬負向，摩擦與人際間敵意經常存在關係衝突中，間接阻礙了組織任務的完成。低度程序衝突以及低—中任務衝突並非不好，低度程序衝突具有建設性；低—中任務衝突則對組織績效有正面影響。

（四）衝突解決模式的步驟

1. 找出問題的根源
・解決衝突，首要之務在於找出造成衝突的根源。且以具體的事實替代抽象的描述，試著從別人的觀點來了解衝突，避免過度的主觀詮釋。

2. 檢驗可能的解決方案
・檢視可能解決問題的方式，試著釐清可能的解決方案，並從中尋得最佳解決方式，期待能達到雙贏目標。

4. 驗證方案
・評估這些解決的方式，驗證可行性，分辨方案的實施效果如何？能否解決衝突。

3. 測試和解決
・試試這些方式的可行性，預先在腦海中將方案之利弊得失檢討一番，如果方案無法解決問題，就應放棄，並嘗試其他方案，讓每一個方案都有同等的選擇機會。

5. 接受或拒絕方案
・若決定接受某一個方案，就表示它將可能變成日後處理問題的模式。反之，就必須重新檢測方案或重新尋找衝突的根源。

6. 仲裁
・若衝突紛爭到最後階段，仍無法順利解決，就必須訴諸於正式仲裁程序，以決定該接受或拒絕方案。

（五）衝突的原因與因應策略

1.引自黃源協著《社會工作管理》

衝突的原因	因應策略
1. 價值和原則的差異：特別是新管理主義與專業主義之間的矛盾，可能在社會服務機構引發管理者與專業者之間的衝突。	價值和原則的差異是最難解決的衝突，例如：專業人員與管理人員對服務案主資源之運用價值和原則的歧見，可能成為衝突的導因。其解決方式除了尊重彼此之間的差異與立場外，最重要的就是要明確的溝通。
2. 認知或理解上的差異：不同的人對某套行動的認知或理解上的差異，是導致衝突的一個非常普遍的現象。	在認知或理解上的差異，首先必須就衝突雙方對情境的實際認知進行溝通，可透過坦率和公開的交換彼此立場，即可令雙方以更寬廣的方式看待原先的立場。其次，也可嘗試進一步地呈現證據或運用行銷技術，以影響對方情境的認知。當然，對方也可能會想要以同樣方式促使你改變原先的立場。
3. 對結果期待的不同：不同的人對何謂最佳的行動，卻可能因意見不一而發生衝突。	若是對結果的期待不同，一個較為有用的策略，即是雙方花時間運用腦力激盪，以尋找替代方式，將衝突轉變為探討各種可能結果之替代方式選擇。
4. 不願意協商或妥協：有時候，管理者必須要處理某些人因某些理由而不願意協商或改變立場而產生的衝突。	在不願意協商或妥協方面，若主管發現某位員工拒絕溝通，且不可理喻時，其解決的最後手段即是運用主管的權力。然而，必須注意的是，這種以強硬的方式拒絕協商或妥協，也可能是以這種方式想要取得某方面利益的交換；這時要考慮的即是他到底需要什麼，以及可應其要求的有多少。

2.引自曾華源等主編《社會工作管理》

（1）Thomas 提出「滿足別人的合作程度」和「滿足自己的主張程度」兩向度的五種衝突解決策略模式。

上榜關鍵 ★★
測驗題考點。

衝突解決策略模式	說明
1. 競爭	當事者只求自己利益和需求滿足，只有輸贏沒有和局。
2. 合作	處理者使用兩全其美的雙贏策略，考慮雙方最有利的解決問題方式。
3. 妥協	經由溝通、談判、折衷、平衡彼此不同意見，讓彼此雖不滿意但可接受共識。
4. 逃避	當事人採取駝鳥心態，退縮或壓抑。
5. 順應	當事人犧牲自己成就他人，忍讓、順應他人需求。

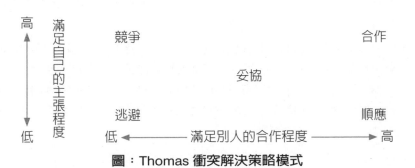

圖：Thomas 衝突解決策略模式

（2）衝突因應策略

衝突類型	衝突因應策略
1. 人際間衝突	可採調離幾位參與者，以理性態度由當事人直接說服或自行處理。以協議或談判方式解決，經由第三者的介入、對質以化解潛在衝突。
2. 團體或組織間衝突	使用權威命令，並將想法與衝突雙方溝通；相互交換成員，了解對方立場及困難；改變組織結構的變數；改變組織設計，減少部門依互性，重新設計、輪調工作。此外，衝突因資源稀少而起，因此需擴充必要資源、增進人際關係訓練，甚至重新設定目標。

（六）管理者在衝突管理上應有的作為

　　1.要讓問題的各面向能被公開的討論，且確信能提供解決的方法。

　　2.避免偏袒團體或團隊中較有權力或地位較高的成員。

　　3.提供解決問題的指引，特別是當問題解決出現膠著狀態時。

　　4.與自己的主管針對問題與可能的解決方法進行討論。

　　5.對所有相關人員做明確的說明，使得他們對同樣的訊息有共同理解。

　　6.傾聽對問題及其情境所提出的說明，切忌預設立場。

（七）決定解決問題的方法應注意事項

　　1.解決問題的方法必須是要依據對情境的討論，且必須要建立在提供最佳訊息的基礎上。

　　2.決定必須要明確清晰，以便讓每個人能了解將來的行動過程。

　　3.在提出解決方法時，主管必須要仔細考慮到任何行動過程的長期影響；在很多情境裡，好的解決方法可能在短時間內會使問題更加惡化。

　　4.決定的理由必須要能對所有相關人士做明確的說明，以增進原先反對者的接受度。

　　5.避免令「輸方」（losers）有羞辱的感覺，保留對方的面子對個人的地位是很重要的，同時也可減少團體或團隊的分化。

　　6.致力於確保與團體的一般實務具有一致性，讓員工在一般皆一致的架構內，對決定具有可預測性，進而易於接受或許是自己不喜歡的決定。

　　7.持續地檢視情境，若假定事情可快速被解決或忘記，將是一件危險的事，因而，應能夠再藉由討論、會面或督導的方式，檢討解決方法是否可行，以及事情是否已獲得實際的改善。

八、危機管理

（一）危機

　　1.危機的意義。

　　危機係指組織內、外因素所引起的一種對組織生存具有立即且嚴重威脅的情境或事件。詳言之，危機是倉促爆發所造成的一種情境或事件威脅到組織或決策單位之價值或目標，且在情況急遽轉變之前，可供反應的時間相當有限。

> **上榜關鍵** ★★
> 基本定義要懂，申論題、測驗題考點。

2.危機的特性 •••••••••••••••••••••••

上榜關鍵 ★★
測驗題考點。

特性	內容
1. 不確定性	係指危機出現的時機、地點與受害情況,都難以事前預測與確定,於是易於出現預測不準確的現象,故難以精確地做出正確的決策。
2. 威脅性	係指危機的發生若不妥善處理,將嚴重威脅組織的基本價值或目標,甚至造成民眾生命、財產的損失,組織名譽、信用的傷害或形象、公信力的破壞,甚至導致組織的解體。
3. 緊迫性	決策者必須在極短的時間內,以有限的資訊或資源為基礎,做出正確的處理決定,否則事態擴大,損害愈深。
4. 衝突性	係指危機一旦發生,將衝擊到組織平時所信奉的價值與目標、作業流程或行政作為等,以至於政府機關或公共組織之間的救難手段、處理意見與偏好順序,經常產生嚴重衝突或難以整合,因而容易延誤化解危機的最佳時機。
5. 複雜性	係指引發危機的因素太多,彼此交互影響,經常難以釐清,特別是處理危機過程中,往往有太多的參與者,導致資訊負荷、資訊重複或謠言過多,而難以澄清或掌握,進而造成聯繫協調上的困難。
6. 雙面效果性	係指危機隱含著「危險」與「機會」,亦即,危機雖可能對組織造成嚴重的威脅,但若是能在極短時間內做出妥適的危機決定,並採取適當且有效行動,不僅可舒緩危機的威脅,甚至可以化危險為轉機。

(二)危機管理 •••••••••••••••••••••••

1.危機管理的意義
危機管理(crisis management)係指為避免或降低危機對組織之傷害,而對危機情境維持一種持續性、動態性之監控與管理過程。

2.危機管理的目的
危機管理的目的,主要是要在第一時間點發揮緊急救難的功能,同時也要穩定住局面,避免災情擴大,儘速恢復原狀或原來功能,

榜首提點 💡
請考生將危機管理的意義、目的、過程仔細研讀,然後思考在實務案例上的應用;危機處理的實施策略,包括上、中、下策,已於108年首次以測驗題命題,請詳加準備;危機管理的過程之內容說明,必須要詳讀,例如:危機預防階段,在於「意識危機、防範未然」,其餘各階段為何,必須詳加準備,並具有區辨實力,為測驗題細微考點。

經過檢討改進後能發揮防止再發生的效果。成功的危機管理也會提升民眾與媒體對政府或組織的信任，好的危機管理能力，將可成為組織的競爭優勢。

3. 危機處理的實施策略

在危機管理的實施策略上，因危機本質上就有相當高的複雜度與不確定性，處理危機所用的手法或策略就必須針對危機的狀態與條件，靈活的交互運用。危機處理的上策是「順應時勢、主動求變」，中策是「逐步改造、緩慢應變」，下策是「一意孤行、抗拒變局」。

4. 危機管理的過程／操作過程／階段

過程／階段	內容
1. 危機預防階段	本階段主要在於「意識危機、防範未然」。意識危機為危機預防的首要條件，組織每位成員皆應該要有危機意識，且組織要能建立危機預防機制，並時時監測危機情境，一旦發生危機時，立刻啟動已建立的應變機制。
2. 危機處理階段	本階段主要在於「控制處理、轉危為安」。危機發生時應把握「妥適處理，臨危不亂」的原則，快速處置以避免危機蔓延，並迅速化解危機。
3. 危機復原階段	本階段主要在於「避免後遺、全面顧及」。危機暫告一段落後，應側重於該以何種手段挽救損失、制定與施行回復的措施與方案，並防止危機的再發。此外，也要能從處理過程中學習並吸取處理危機的經驗。

5. 危機反應策略與風險

（1）意涵

A. 危機反應策略是組織在危機發生時，用來減低危機傷害、修復或重整組織形象、進而影響利益關係人對危機責任詮釋的種種行為反應。Coombs 歸納簡化，整理出七種危機反應策略類型，這些策略之目的都是在修正大眾對於組織因為危機所形成的負面形象，從極端防衛抵制到完全認錯接納，猶如一個線性的光譜（spectrum）。

B. 不論採取何種危機管理策略，一定要審慎評估情境與風險，集思廣益後，才能行動或溝通；如此，不但能使組織安然度過危機，更能將危機化為轉機，建立起組織日後的形象與威望。

（2）危機反應七種策略。

危機反應策略	說明
1.攻擊指控者（Attack the accuser）	這是最強勢的回應策略。組織與指控者對峙，甚至用暴力或法律訴訟的方式予以反擊。採取此策略，若證據不足或不確實時，風險性最高，特別是指控者有計畫設陷的情境，會造成組織形象很大的傷害。
2.否認（Denial）	又稱危機不存在策略，對外解釋危機根本不存在。採取此策略，在組織內部不團結或有把柄握在對方手上時，風險性最高，特別是在外界有預設立場情境時，會造成組織形象很大傷害。
3.藉口（Excuse）	提出某些理由說辭以減少組織為危機所負擔的責任。例如：否認組織故意做出引發危機的事，或組織對危機的發生無能為力。這種「棄車保帥」方式，可能造成組織成員很大的傷害。
4.合理化（Justification）	說服社會大眾危機不如想像中的嚴重，例如：否認損害的嚴重性，或聲稱危機事件是遭有心人士刻意曲解。這種「部分誠實」方式，會造成組織形象局部的傷害。
5.迎合（Ingratiation）	將組織與正面評價之事物連結，提醒大眾組織過去的優良記錄，以獲得其認同。迎合策略也包括超脫策略的運用，也就是將危機放在更大的範疇或抽象情境，使社會大眾的注意力從單一事件拉到更大格局或更高超的目標。這種「轉移注意力」方式，短期內對組織形象傷害小，但長期來看仍然是賠上組織形象的大傷害。
6.修正行動（Corrective action）	修補危機所帶來的損害，並保證不再使危機重複發生。這種「聞過則改」方式，對組織形象傷害較小。
7.完全道歉（Full apology）	公開道歉，承認組織應該為危機的發生負責，並且承諾提供各種補償，希望獲得社會大眾的諒解。這種「勇於負責」方式，短期內對組織形象傷害大，但長期來看是維持組織優良誠信形象的最好方法。

上榜關鍵 ★★
請以測驗題形式準備。

九、災難管理

（一）災難管理對社會工作的意涵

1. 當災變發生，可能受創的人口群並非僅侷限於社會上的弱勢家庭或弱勢者，一般的家庭或居民皆可能受到重創，地方的政府部門或民間組織，也可能因災變而喪失其原有的功能，這使得一些原本是家庭、社區或地方的支持力量頓然消失，甚至成為需要他人協助的「災民」。

2. 災難事件肯定是社會福利的議題，因為在災難事件中損害最嚴重、影響最長久的災民往往是貧窮的人與弱勢群體，對社會工作而言，災難事件牽涉到社會工作者專業的使命和承諾，需要社會工作者積極的參與。

3. 在早期西方社會工作發展中，社會工作對於災難的介入主要集中在物資救援和緊急救難上，後來逐步發展到對被影響的個人、家庭和社區，以及對有特別需求的群體提供服務。現今，社會工作內部已達成一個共識，社會工作的角色不應只是物質救援和服務提供，其介入災害的角色是多元的。Dominelli 即指出，社會工作者的角色包括：促進者（facilitator）、協調者（coordinator）、社區動員者（community mobilizer）、磋商者（negotiator）、經紀人（broker）及教育者（educator）。

4. 在災變中的社會工作人員，若能有效地透過災難管理的作為，靈活彈性地運用社會工作員的各種角色，將可在災難的各個階段中，適時地善用政府及社會資源，提供給災民符合其需求的相關服務。

（二）災難管理四個階段

　　以下四個階段環環相扣，相互影響，前階段做得好，後階段就省力；前一個災難管理得好，後一個階段就較好管理。

榜首提點 💡

災難管理四個階段的內容必須清楚，論述時按過程逐階段分析，將使論述更為完整且有架構。

上榜關鍵 ★★

逐字逐句讀懂，注意觀念細節的區辨，測驗題考點。

1. 災難預防期
・指災難發生前的防範措施，如災難性質的分析、災難風險分析、預警系統的建構、災難管理政策與規劃、防災教育、防災措施等。既然災難難免，只好靠預防，以減輕災難的損害。此一階段又稱為「減災」準備。

2. 災難整備期
・指預測災難可能發生，而先建立起因應災難的各種準備，例如：緊急災難應變的任務小組組成、因應災變的作業計畫與行動措施、防災與救災人員的組訓與演練，救災資源與器材的充實與管理。

4. 災難復原階段
・指災後修復與重建，通常先讓受災地區人民生活回復到平常的狀態，再進一步重建與發展。復原工作包括危險建物的清除、基礎工程建設的恢復，災民損害的救濟、災後創傷壓力的減輕，家庭與社區生活機能的重建、住宅安置或重建等。

3. 災難應變期
・包括災難預警、救災資源的動員、災難現場指揮系統的建立、緊急救難行動的執行，包括財物、人員、設施的搶救，並減少二度傷害。這是真正進入災難救援階段了。

（三）社會工作的災難管理過程與理論之應用

　　1. 災難前的準備
　　　指參與災難預防與整備工作。可運用理論：社會資源管理與資源盤點、社會網絡建構
　　（1）社會資源管理與資源盤點
　　　運用於災難預防、整備期，先進行資源盤點以了解既存或潛在的資源，並掌握這些資源的運用狀況。由四大面向進行檢視，即服務目標群、服務提供者、服務提供內容、服務容量。包括災難任務編組、物資盤點與儲備、規劃緊急安置場所、建立緊急人力物力動員機制、防災救災人員訓練與演習。

榜首提點
考生必須具有災難管理各階段搭配社會工作理論運用之實力，才能在論述上顯示出獨具的卓越實力。

（2）社會網絡建構

運用於災難預防、整備期，包括建構服務資源連結機制、跨單位合作機制。就如社福單位平時有一套服務弱勢人口（例如：獨居老人、身心障礙者）的機制，這些弱勢人口群網絡單位可能是社區、居服員、志工、鄰里，平時即將這些網絡建制完備，在災害發生時，就可以啓動這個機制，由網絡單位自動將標的人口群送至安全的安置場所，才不至於平時歸平時，災害發生時再創一些人去做這件事。

2. 災難應變期

指參與救災人員的緊急救援動員，針對災民及救災人員進行的悲傷輔導、壓力管理、緊急安置等緊急服務。可運用理論：危機干預模式。

3. 災難復原與重建

（1）災難復原：指因緊急救災人員已離開災難現場，進入復原階段。社會工作的災難救援進入過渡服務，或短期安置，或中繼工作，包括住宅、就業、就學、社會救助、家庭重建、創傷後壓力症候群的處理。

（2）災後重建：屬長期的心理暨社區生活重建的時期，亦即提供穩定服務。所以，一套中長期的災後重建計畫是必要的，包括長期住宅安置、財務處理、就業、社區重建、心理復健、家庭重建、失依者的長期照顧等。

（3）災難復原與重建可運用理論：增強權能、優勢觀點、生態系統、任務中心模式、社會網絡介入。

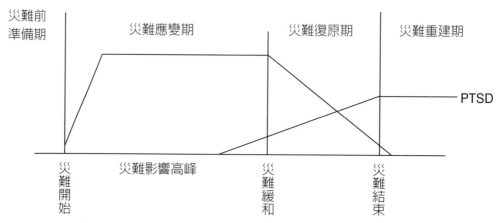

圖：社會工作的災難管理過程

十、個案管理

1. Challis 曾以個案經理介入服務輸送程度的深淺，將個案管理區分為行政（administrative）──完全（complete）個案管理。
2. Summers 則以涉入程度的深淺，進一步將個案管理區分為三個層次：行政（administrative）、資源協調（resorce coordination）及密集（intensive）的個案管理。說明如下：

個案管理的服務模式 （涉入程度的深淺）	說明
1. 行政 （administrative） 的個案管理	僅適用於少量需要協助之功能較佳的案主，大部分時間個案是能夠自主，且有能力安排自己的事，只是有時候需要換處方、緊急掛號或新服務，才需要有限的服務。這些案主經過初次的轉介後，只需要少量的服務或追蹤。因個案經理的涉入程度較低，且不一定要固定的個案經理，因而，行政模式的個案管理之個案負荷數可以較多些。
2. 資源協調 （resorce coordination） 的個案管理	適用於那些對自己的處遇和計畫之處理有些困難的案主，他們往往需要更多的協助來因應長期的困難，這類案主往往較可能需要給予住宅、藥物或治療上的服務和協助，儘管負荷可能會較重，但若能給予好的協助，案主再住院或發生其他危險的可能性較低，也不會對自己或他人帶來危險。此一模式，個案經理的涉入程度較深，且需要協調其他資源為案主服務。
3. 密集 （intensive） 的個案管理	類似 Challis 的完全（complete）個案管理模式，案主因隨時可能有入院或急診的風險，且對案主或他人也可能存在著較高的危險性，故需要相當多的監管和協助，以使他們留在社區或不會使其問題更加惡化的環境。為提供案主較為密集的照顧，個案經理可負荷的個案數相對要少些。

上榜關鍵 ★★★
測驗題考點。

練功坊

★ 須要社會工作管理有諸多的必要性，請說明外部環境脈絡架構面向之理由。

解析

　　茲將社會工作面臨外部環境脈絡需要社會工作管理有諸多的必要性，說明如下：

（一）為因應經費緊縮對福利機構造成的壓力：面臨福利經費緊縮及捐款者對效率的重視，如何有效地經營有限資源，以彰顯服務的績效，以及如何善用各種機會來增加機構收入與擴大服務方案和顧客，已被視為是機構管理階層與經理人的兩大挑戰。

（二）為緩和福利需求與滿足間的鴻溝問題：由於期望提升、預算削減及競爭增加，人群服務需要好的管理。因應之道在於必須藉由對工作加以妥適經營，同時也須注意到組織內部的管理過程，以維繫並強化組織目標的實現。

（三）為因應福利民營化所帶來的競爭：營利或非營利組織，想要在有限的資源下追求高品質的服務，往往會任命可善用市場才能以吸引更多捐款的經理人，以追求或達成所謂的三 Es ——經濟（economy）、效率（effieiency）與效能（effectiveness）。這些目標的達成須藉由績效評估，以具體展現出機構的責信，進而強化在稀少資源之市場的競爭力。然而，這種商業價值的行動取向，可能會加深專業工作者與管理者之間的嫌隙。社會工作管理的強調與運用，將有助於化解彼此認知上的差距，亦可因應社會服務趨勢所帶來的衝擊，或在準市場的競爭過程中，爭取機構生存的必要資源。

（四）為因應社會變遷對社工專業的挑戰：當社會工作專業遭遇到新管理主義與最佳價值的挑戰時，外部環境似乎隱藏著一股去專業化的現實壓力，我們要倡導的專業並非是頑固地強調傳統的專業主義，反而應該試圖去建構一套將管理納入社會工作體系的專業機構。

★ （　） 管理者不但要接受衝突，甚至要鼓勵適度的衝突，以保持團體的自省能力和改進動力，這是何種衝突觀點的主張？
　　(A) 衝突的傳統觀點　　　　　　(B) 衝突的人際關係觀點
　　(C) 衝突的互動觀點　　　　　　(D) 衝突的交換觀點

解析

(C)。互動觀點認為，衝突對一個團體不僅有正面的助益，且一個團體若要有效地執行工作，衝突是絕對必要的；因為一個沒有衝突的團體，可能是冷漠、疏離的，對於改變與創新的需求無所回應。因而，互動觀點認為管理者不但要接受衝突，甚至要鼓吹適度的衝突，以保持團體的自省能力和改進動力。

★ ( ) 社會工作管理在近二十年的發展，逐漸借用企業管理的理念與方法，然而在本質上仍有不同之處。下列對於社會工作管理異於企業管理的特質之敘述，何者是較貼切的？

(A) 社會工作管理以「案量」為基礎

(B) 社會工作管理講求「愛心」或「付出」

(C) 社會工作之「服務」或「治療」成效容易混淆

(D) 社會服務管理的服務績效評估是為向政府有所交代

解 析

(C)。企業管理的知識應用到社會工作領域上，對社會工作管理有其幫助性，但社會工作所服務的對象為案主，其在前來社會服務機構求助後，社會工作者進行相關處遇時，在服務成效上，常常無法清楚分辨所提供之處遇為「服務」或「治療」，因其彼此之間相互關聯，有時為一體兩面，故兩者成效容易混淆。

重點 2 社會工作規劃

一、社會工作規劃的意義與重要性

> **上榜關鍵** ★★★
> 規劃與計畫的不同之處，是必備的基本概念。

（一）社會工作規劃的意義

1. 規劃是一種分析與選擇的過程，它係針對未來所要完成的工作，配合其對未來環境的評估分析來設定工作目標，並擬訂與擇定用來達成目標的可能方案。

> **上榜關鍵** ★★★
> 規劃的基本意涵，必須清楚申論題考點。

2. 規劃（planning）與計畫（plan）之意涵不同，規劃為一種事前分析與選擇程序，其對象為某種未來行動；而計畫則是其所選擇做為實際行動依循的方案。因而，計畫是被設計用來將我們由目前所處的情境，帶到所期待之未來情境。好的計畫必須要有良好的規劃活動，因此，就管理者的立場而言，對規劃程序的重視會甚於其產物──計畫。

（二）規劃的重要性（目的）

> **上榜關鍵** ★★★★
> 申論題的基礎考點。

1. 規劃讓員工有方向感，以增進成功的機會

   規劃提供方向與目標，組織若有適切的規劃，員工在知道組織未來的發展方向與目標下，較易與他人配合，且會以團隊運作方式來追求組織目標的實現。反之。若組織缺乏規劃，各部門之間的權責不清，且缺乏明確的工作指引，彼此的工作便可能出現重疊或衝突的現象，這將使得組織因缺乏效率而降低成功的機會。社會服務機構的人力和物力資源往往是較為有限的，若機構的運作或服務方向皆能夠經過審慎的規劃，將會讓執行過程更具效率，進而增進服務績效或方案成功的機會。

2. 規劃可增進管理者適應環境的變遷

   規劃可使管理者預測並覺察未來環境可能的變遷，及其可能對組織帶來的衝擊，進而預先發展出適當的因應對策，以降低組織可能遭遇的風險。一個組織若不從事規劃，所注意到的很可能僅是例行性的事務，而忽略環境改變可能帶來的衝擊，進而嚴重削弱組織及管理者因應變遷的能力。社會工作所面對的環境經常是充滿不確定和多變的，尤其是政治、經濟和政府政策的變異。作為一位社會工作管理者，必須要有規劃的能力來因應環境的變遷，以

降低因環境的不確定性。因而，規劃不僅可藉由挑戰現狀以激勵服務的發展，也具有風險管理的功能。

3. 規劃可使組織成員重視組織整體目標

規劃讓組織各部門成員皆可以組織的目標為前提，深切的了解自己在組織中的價值和意義，並讓員工能夠信任組織，對組織有信心，進而激發員工的士氣與團隊合作的精神，以將工作焦點置於組織目標。反之，若缺乏規劃或規劃不當，可能會摧毀成員之間的信任、信心及團隊士氣，進而因缺乏統整或各行其是，而造成浪費與工作重複之無效率現象，甚至造成因相互矛盾或衝突，而阻礙了組織目標的達成。

（三）規劃有助於組織其他功能的發揮

規劃是管理功能之首，若無良好的規劃為基礎，其他功能將難以發揮功效。規劃與控制的關聯尤為緊密，若無規劃提供績效評估的標準，控制將失去依據。Field即指出，規劃可提供績效管理一個基礎，也可協助其他管理的過程。例如：預算管理和員工發展。然而，規劃並不是在啟動或控制後停止，規劃是一種持續的過程，若執行偏離了規劃所設定之目標或方向，便須適時提出修正或再規劃，有效的規劃將可作為績效評估或責信的依據。

> **榜首提點**
> 測驗題重要考點，請加強區辨實力。

二、規劃的層次與類型

（一）以層次分類（由規劃之最高層次到最低層次）

使命（mission）
整體目的（goals）
具體目標（objectvies）
策略（strategies）
政策（policies）
規則（rules）
程序（procedures）
方案（programs）及預算（budgets）

層次	規劃的類型	說明
1	使命 （missions）	使命係指對「機構存在的理由為何」之回答，一個社會服務組織對其使命的陳述，往往充滿理想主義與利他主義的色彩。組織的使命是「促進老人身心健康」或「營造健全的家庭」，諸如這類使命皆深具廣泛性和彈性，不必常因環境的變異而修改。不同於願景（vision）期許和鼓勵他們去從事宏偉和無私的行動，而只是要釐清並持續聚焦於組織所要做的事。
2	整體目的 （goals）	整體目的係指一個組織對其成員活動所要（或應該）達成的結果之說明，比使命更明確些。例如：組織的整體目標在於「提供老人日間照顧方案」或「增加對弱勢族群的照顧」，組織任何一項的管理職能或活動以整體目標為標的。若因成功達成目標而須進入另一階段的目標，稱之為目標承續（goal succession）；若是因政策改變或經費的刪減或取消，也可能出現較不願意見到的目標放棄。
3	具體目標 （objectives）	具體目標係指將整體目標轉換成可觀察與可測量的實體，這種目標的操作化可使我們監督和評估整體目標的達成程度。例如：在年底之前將達到增加 25% 的老人日間照顧人數。目標管理（management by objective, MBO）即是組織內整合所有人活動之一種方法。
4	策略 （strategies）	策略係指一個組織所採取之全面、廣泛的工作重點，亦即組織如何選取最好的方法來達成組織使命。
5	政策 （policies）	政策係用於導引或疏通思想、決策和行為的概括性說明或協定，它係由各層級的管理者所決定的，或是工作團體基於民主程序及「多數決」原則而定。
6	規則 （rules）	規則係行動所必須遵守之法則，也是最簡單的一種計畫，它具體地指出應該採取或禁止的行為，且以要求或命令的方式規範自由裁量權和判斷的使用。規則詳細說明某種情境下必要的決定和行動，違反者可能會受到某種制裁或懲罰。例如：公共救助部門會有須經常訪視案家的規定，兒童保護部門也會有一些對兒童虐待事件進行調查的相關規定。

層次	規劃的類型	說明
7	程序 （procedures）	程序是依據政策建立的一套步驟，用以推展未來行動的計畫，亦即程序透過先後次序的計畫，以期能藉由逐步的方式來獲得最佳結果。例如：社區照顧中之照顧管理的實施，從評估到結案，往往有可依循的步驟。
8	方案 （programs） 及預算 （budgets）	方案是為執行一項計畫所提出的特定行動，它是一項完整的計畫，綜合了目標、政策、程序、規則、任務分派、工作步驟、使用資源，以及各種為推動某項行動所應有的其他要素，這些組合皆用於支持及促進組織目標的達成。 預算是最常見的一種計畫，以貨幣單位來呈現未來的活動。當我們在擬定機構未來的支出時，即已在預想達成組織整體或具體目標所需之各項活動的財務資源，當我們在配置有限的資源時，同時也正在限制各項活動的範圍。

（二）以類型分類

> **榜首提點**
> 申論題、測驗題的金榜考點，強化各類型之完整論述實力。

　　1. 策略性規劃（策略行動計畫）

　　　（1）策略性規劃（strategic planning）係組織全面性、長期性的計畫，其主要目的在於實現組織目標。策略行動計畫（strategic action plans 所著重的，就是要將組織各個功能（例如：行銷、財務、人力資源等）及單位的各種行動整合起來，以使這些行動能夠支援整個組織的策略。

　　　（2）一般而言，高階管理層級者必須負責策略行動的擬定，且有效的策略行動必須具備以下幾項要件：

　　　　A. 前瞻性（proactivity）：係指對未來採取長期觀點的程度，以及將組織引領到正確方向的程度。

　　　　B. 相符性（congruency）：係指符合組織特性、外部環境的程度。

　　　　C. 綜效性（synergy）：係指整個組織各個次單位，以更能達成組織目標的程度。

　　2. 戰術性規劃（戰術行動計畫）

　　　（1）戰術性規劃（tactical planning）係針對策略行動計畫的某些特定部分，明定必須執行什麼活動，何時必須完成什麼活動，以及各單位或部門所需要的資源。其所擬定的戰術行動計畫（tactical action plans）主要考量

的是如何完成事情，而不是決定做什麼，因而，計畫是否有效的評估標準，係根據其對於達成組織之策略性目標的貢獻程度。

（2）戰術性規劃一般是由高階與中階管理層級者參與，所規劃的時程比策略性計畫短（約為 1-2 年）。

（3）戰術行動計畫兩個重要項目：

A. 分工（division of labor）：即透過將工作職責指派給工作者，管理者可以確信工作者能否勝任單位、部門計畫的實踐，進而支援策略行動計畫的實現。

B. 預算（budgeting）：即透過控制及分配資金，預算可以提供組織策略方向的相關訊息，澄清每個計畫書對策略目標的貢獻，以及創造一個監督機制，以檢視計畫書所說明對戰略目標的貢獻是否真的實現。

3. 作業性規劃（作業行動計畫）

（1）作業性規劃（operational planning）係針對某一特定作業，明定其資源、方法、時間表、品質管理等議題的計畫。其所擬定的作業行動計畫（operational action plans）主要著重於如何實踐戰術行動計畫，達成作業目標。

（2）作業性規劃通常是由中階和基層管理者所擬定，所規劃的時程比戰術行動計畫還短（≦ 1 年），涵蓋的範圍狹窄，且只處理較少的活動。

（3）作業行動計畫兩種基本類型：

A. 單一用途計畫（single-use plan）：係用於未來不太可能再發生的情境之一種行動方針，最常見的形式為方案（program）與專案（ptoject）。

B. 準則計畫（standing plan）：係用於未來一段時間內發生的活動之一種行動方針，常見的準則計畫類型包括政策（policy）、標準作業程序書（standard operating procedure,SOP）及規則與規定（rule and regulation）等三種類型。

（4）典型的作業性計畫包括輸入（資源）、轉換（過程）、產出（產品或服務）、控制與回饋，控制可確認輸入因素與產出的品質、數量能夠在某種特定的參數內（符合所設定的成本），以及成本不會超過預算；回饋（feedback）會從產出流向轉換、輸入因素，讓組織可利用回饋機會學習，進而讓產品或服務做到持續的改善。

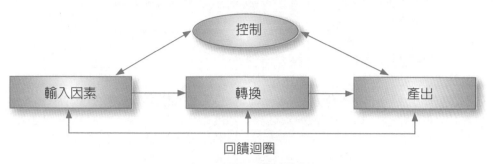

圖：典型作業系統圖
（引自：黃源協，《社會工作管理》，雙葉。）

4.權變性規劃（權變性行動計畫）

（1）權變性規劃（contingency planning）係指若某種欲進行的行動計畫遭
到意外干擾或執行不順利時，其所擬定的權變行動計畫（contingency
action plans）之不同行動方案可逕行取代之。隨著組織所面臨的經營環
境趨於複雜且不確定，很少管理者能夠精準地預測未來的環境變化，因
此，權變性規劃對大多數的組織而言，愈來愈重要。

（2）不同於組織其他計畫，權變性規劃有四個行動切入點（action point）：

A. 行動切入點 1：為擬定組織的基本計畫，包括策略性、戰術性及作業
性計畫等。在擬定這些計畫的過程中，管理者通常會考量到不同的情
境事件，且要將各種不同的情境納入考量，並對每一項行動方案提出
反思：「但要是……該怎麼辦？」。

B. 行動切入點 2：計畫已經被選擇且付諸執行，最重要的情境事件亦被
確定，只有在那些最有可能發生或影響會對組織產生最大衝擊的事
件，才被運用於權變規則的過程中。

C. 行動切入點 3：組織確立指標或信號，並藉以顯示某一情境事件是否
會發生，若發生則必須執行權變行動計畫。

D. 行動切入點 4：主要是順利執行原來的計畫或權變性計畫。

上榜關鍵 ★★
108 年首次於測驗題命
題，請考生將各行動切
入點的順序及內容詳讀。

| 行動切入點1：擬定計畫，並考慮情境事件 | 行動切入點2：執行計畫，並正式確認情境事件 | 行動切入點3：確定情境事件的指標，並就每個可能的情境事件擬定權變計畫 | 行動切入點4：順利完成原始計畫或權變計畫 |

持續的規劃過程

監視情境事件指標，並在必要時執行權變計畫

圖：權變規劃切入點圖

（引自：黃源協，《社會工作管理》，雙葉。）

三、與其他規劃之比較

上榜關鍵 ★★★
以測驗題方式準備。

（一）策略性與作業性規劃之比較

表：策略性規劃與作業性（操作性）規劃之比較表

策略性規劃	作業性（操作性）規劃
根本性的、大方向的	實踐導向
長期規劃層次	短期規劃層次（<1 年）
未來導向	功能性及現況導向

上榜關鍵 ★★★
以測驗題方式準備。

（二）策略性規劃與長期規劃之比較

表：策略性規劃與長期規劃之比較

策略性規劃	長期規劃
視未來是不可預期的	視未來是可預期的
視規劃為一種持續性的過程	視規劃為一種週期性的過程
期待新趨勢、新的變化和新的驚奇。	假設目前的趨勢會持續下去

策略性規劃	長期規劃
對於未來，考慮一連串的可能性，並強調評估現階段組織環境後所制定的策略。	假設最有可能的未來景況，強調回顧推算，列出每年為達成目標所應該完成的事項。
問的是：「我們應該是什麼行業？我們現在做的是該做的事嗎？」	問的是：「我們是什麼行業？」

（三）策略性與傳統規劃之比較

上榜關鍵　★★★
以測驗題方式準備。

策略性規劃	傳統規劃
強調動態性與變遷性取向（動態）	強調穩定取向（靜態）
採取使命信念	採取傳統信念
以未來的願景作為現在決策的藍圖	以現在的基礎作為未來的決策藍圖
積極地因應情境變化	被動地反應情境變化
面對不確定的外在環境也可採取行動	面對不確定的外在環境便無法行動
聚焦於外在環境	聚焦於內在環境
強調創新性與創造性	依賴不斷的嘗試與檢測
是一種連續性、持續性的過程	是一種階段性的過程
對時間的要求是彈性及全程性的	對時間的要求是僵硬的
強調選擇性與品質	強調事實與數量
可進行資源配置	無法分配資源
效能（effectiveness）取向	效率（efficiency）取向

四、規劃的 SMART 原則

（一）規劃的 SMART 原則架構

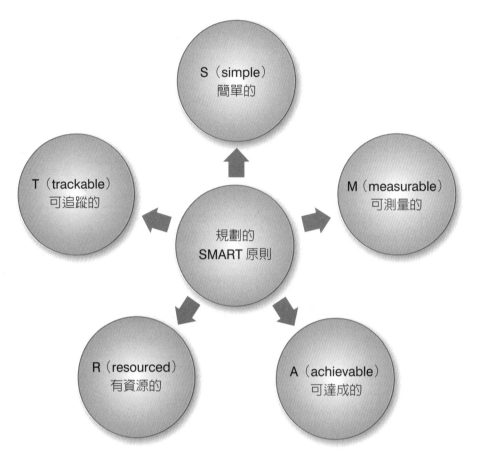

（二）規劃的 SMART 原則說明

1.S（simple）簡單的：目標必須是以自己和員工所能理解的詞語來表達，除了主管必須清楚計畫所要傳遞的目標爲何，對於專業術語也必須要說明清楚，方能建立起主管和員工的溝通平台，不致形成溝通障礙，妨礙到工作的進行。

2.M（measurable）可測量的：必須知道目標達成的時間點及測量方式，一般可用質性或量化研究方式來進行。

3.A（achievable）可達成的：目標必須是可行的、可達成的，一定要考量現實情境與可用的資源多寡，必要時與相關人士、機構進行協商，最終目標是希望達成多贏的局面。

4.R（resourced）有資源的：要完成計畫首要的資源便是人力，特別是機構內部的員工，當然相關的物力資源也是不可或缺的。

上榜關鍵 ★★★

請思考舉一個實例運用 SMART 原則進行規劃。

5. T（time-limited/trackable）時限性的／可追蹤的：目標要達成時有時需要一段時間，也有可能在執行過程中會面臨到一些突發的事件，故管理者必須去監控、檢視和評估目標、追蹤目標，以掌握執行的實際績效與規劃之目標績效間的差距，必要時改變目標的優先順序，以增加目標實現的機會。

五、理性規劃的七個步驟

（一）理性規劃的七個步驟流程圖（Skidmore 提出）

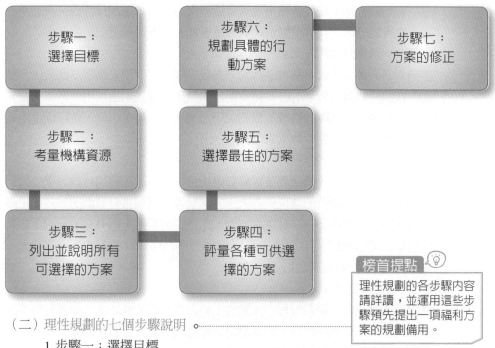

步驟一：
選擇目標

步驟六：
規劃具體的行動方案

步驟七：
方案的修正

步驟二：
考量機構資源

步驟五：
選擇最佳的方案

步驟三：
列出並說明所有可選擇的方案

步驟四：
評量各種可供選擇的方案

> **榜首提點**
> 理性規劃的各步驟內容請詳讀，並運用這些步驟預先提出一項福利方案的規劃備用。

（二）理性規劃的七個步驟說明

1. 步驟一：選擇目標

（1）目標即是目的或標的，它關係到機構的目的和政策，其形式有二：一是整體或長期的目標；另一是特定或短期的目標。前者關係機構存在的目的或使命，例如：兒童安置機構的目標是協助將不幸兒童安置在一個溫暖及可接受輔導的地方。後者係指機構目前或立即性的目標，是特定具體、簡單和可達成的；大部分的目標皆是短期的，這種目標對社會工作機構的日常行政特別重要。

（2）目標管理的目標可分為兩種：策略目標和操作目標。前者在於發展新理念及長期的規劃，並激發創造和創新；後者則是傾向具體和可測量的目標。

2. 步驟二：考量機構資源

考慮機構可用的資源，包括經濟、物質與人力資源。將標的與可用設備、預算和經費以及社區對服務的支持加以連結也是必要的。

3. 步驟三：列出並說明所有可選擇的方案

考慮各種可行方案，並仔細地描述和評估，以選取最佳且最可行的方案。在此步驟，創意扮演著重要的角色，團體的自由討論或個人之間的會談，或許有些可行且意想不到的新理念，這些理念將可增加有效可供選擇的方案。

4. 步驟四：評量各種可供選擇的方案

應依確切的指標，或從各種角度對可能方案的可能結果加以評估，特別是應將未來可能的環境或經濟變遷納入考慮要素，以提供最後決策的參考。

5. 步驟五：選擇最佳的方案

經過謹慎評估並比較各種可選擇的方案後，緊接著即是要選擇一個最佳的方案，以期能以最有效率的方式獲致期望的結果。在規劃過程中，方案的優先次序排列是一項重要的挑戰，優先次序可使我們依輕重緩急，循序漸進地朝向目標前進，這有助於效率的提升。

6. 步驟六：規劃具體的行動方案

當工作方案決定後，緊接著是要擬訂達成目標之具體明確的行動方案。擬訂時間表對所規劃藍圖的實現與有效的方案執行，是相當有幫助的。其中，最被廣泛運用於規劃和工作計畫的技術，應是企業管理先驅 H.L. Gantt 於 1910 年所提出的甘特圖（Gantt chart），該圖分為兩個面向，上方列出時間表，左下方則標明活動的項目。

7. 步驟七：方案的修正

為因應突發現象，規劃過程中，彈性是絕對必要的。基本上，除非有些事實改變而發展出較佳的程序，否則應遵守原先的規劃。但若付諸實行後，發現改變可以為機構帶來有利的資源或結果，一位稱職的主管會當機立斷地更改計畫。因而，彈性對方案的執行是必要的。

六、策略管理步驟

（一）策略管理

1. 策略性規劃和策略的執行與評估，構成了策略管理。策略管理（strategic management）是一種持續不斷的過程，它必須定期地檢討、改進和更新，以確保組織能與時俱進。

2. 策略管理與策略規劃的不同之處，在於策略規劃強調「做出最適度的策略決定（making optimal strategy decisions）」，而策略管理則強調「產生策略上的結果（producing strategic results）」「策略管理」比起「策略規劃」較為廣泛，策略規劃僅提出一個計畫，並將計畫與組織中其他部門整合起來。所以，策略管理意即長期且完整有效的規劃，以達成組織目的的流程。

3. Bozeman & Straussman 提出四個面向來說明策略管理的意義：

（1）關注長期趨勢。

（2）將目的與目標整合成一貫的層級體系。

（3）必須重視組織全體的策略規劃。

（4）強調外部觀點，亦即不僅適應環境，而且要預期與影響環境的變遷。

（二）策略管理步驟流程圖

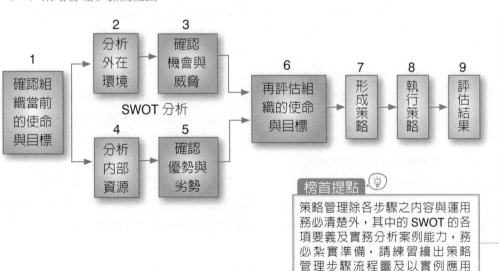

榜首提點

策略管理除各步驟之內容與運用務必清楚外，其中的 SWOT 的各項要義及實務分析案例能力，務必紮實準備，請練習繪出策略管理步驟流程圖及以實例應用 SWOT 進行分析。

（三）策略管理步驟說明

1. 步驟一：確認組織當前的使命與目標

組織的使命宣言（mission statement）要求管理者要謹慎地確認其產品和服務的範圍，並須將組織的主要理念傳遞給讀者，並顯示這個組織有能力表明其關注的焦點和目的。而願景（vision）宣言呈現的則是一幅成功的藍圖。

2. 步驟二：檢視外在環境

（1）每一個組織的管理皆必須要分析其所處的環境，亦即，這些組織必須要分析其外部重要利害關係人的意見、需求和態度，包括案主、贊助者、決策者、規範者、夥伴和社區領袖。PEST 為外部環境分析常用的技術，一個組織必須謹慎地檢視其所處環境中影響組織目前及未來的正負面因素，包括：政治（political）、經濟（economic）、社會（social）與技術（technological）等環境，藉以確認其所面對的競爭是什麼？未決法案對組織可能的影響是什麼？顧客想要的是什麼？藉由分析這些外部環境，管理者便可處於一個較佳的位置，使其所定的策略能夠與所處的環境有最佳的搭配。

（2）這個步驟可藉由環境掃瞄（environmental scanning）和競爭性情報（competitive intelligence）來協助完成。環境掃瞄係指檢閱大量的資訊以發現趨勢，並創造一套情節以預期和詮釋其環境的變遷。競爭性情報是環境掃瞄快速成長的領域之一，它找尋有關競爭者的基本訊息：他們是誰？他們做的是什麼？他們所做的對我們將會有什麼影響？這些情報將有助於預測競爭者的行動，使我們不是被動地對競爭者的行動做回應。

3. 步驟三：確認機會與威脅

分析和了解組織所處的環境後，接著即是要評估環境給予組織可利用的機會（opporurnities）及可能的威脅（threats）。簡單的說，機會是正向的外部環境因素，威脅則是負向的。

4. 步驟四：分析內部資源

在分析並確認外部環境之後，接著即是要檢視並評估組織的內部資源。組織的員工具備哪些技術和能力？組織的現金流量為何？組織是否正在開發新服務或新產品？顧客（個案）對組織的意象及服務品質的感受為何？

5. 步驟五：確認優勢與劣勢

組織的優勢（trengths）中若有可決定組織競爭優勢之獨特技能或資源，即為組織的核心能力（core competency）。例如：組織內有高素質的社工專業人力，且員工士氣高昂。反之，若組織缺乏某方面的資源或某些措施不佳，

即是組織的劣勢（weaknesses）。

6. 步驟六：再評估組織的使命與目標

　　在分析組織的外部環境並確認其機會和威脅，以及分析組織內部資源及確認其優、劣勢後，接著即是要綜合內、外部分析的結果，評估組織的機會，這種綜合性的考量稱為 SWOT 分析 。SWOT 分析係指綜合考量組織的優勢（strengths）、劣勢（weaknesses）、機會（opportunities）及威脅（threats），以確認組織可利用的策略活動範圍。

SWOT 分析

Strengths（優勢）
· 讓企業能比同業更具競爭力的因素，是企業在執行或資源上所具備優於對手的獨特利益。

Weaknesses（劣勢）
· 組織相較於競爭者而言，不擅長或欠缺的能力或資源。

SWOT 分析

Opportunities（機會）
· 任何組織環境中有利於現況或未來展望的因素。

Threats（威脅）
· 任何組織環境中不利於現況或未來情勢、可能傷害或威脅其競爭能力的因素。

7. 步驟七：形成策略

（1）SO—進攻策略：利用存在的外在機會，配合組織的優勢，積極創造利基，亦即「進攻策略」，將優勢與機會達到最大化效果。因而，

上榜關鍵 ★★
請區辨畫底線各種策略的內容，測驗題細微考點。

組織可試圖選擇成長策略，透過直接擴張、發展新產品 / 服務、改善品質、合併或各種組合方式，來達到其成長的目標。

（2）ST—補強策略：組織雖擁有優勢條件，但卻受限於外在環境的威脅，

使其優勢難以發揮。此時可採取「補強策略」，利用本身的有利條件來排除外在環境的衝擊或障礙，甚至將威脅轉變為機會。

（3）WO—轉型策略：組織應充分把握外在的機會，以轉變或降低組織的劣勢型態，此策略即為「轉型策略」；亦即，利用外部機會來改善本身的劣勢。

（4）WT—防禦策略：組織一方面處於弱勢條件，一方面又遇到若干不利其發展的威脅，此時便應該採取「防禦策略」，也就是先維持現況之穩定策略，或減少經營規模，不使情勢繼續惡化，以將外部威脅與內部劣勢降至最低。

8.步驟八：執行策略

經策略性規劃所形成的策略，若未能妥適地付諸執行，是不可能會成功的。一個成功的策略，必須要有高階管理的領導，高階主管必須能激發組織的中階和低階主管執行該計畫之動力與士氣。

9.步驟九：評估結果

策略性規劃往往會隨著環境變化而持續不斷地進行，當前一階段的策略付諸執行後，為增加策略成功的機會，過程中要不斷地進行必要的監督，且其結果也要經由仔細的評估，以做為另一階段之策略規劃參考。

七、規劃的障礙與因應方式

上榜關鍵 ★
測驗題考點。

（一）規劃能力不足

管理者的規劃能力受個人過去之訓練與經驗的影響甚大，惟因規劃是針對未來的活動先預作安排，沒有人能保證規劃的方案必定成功。社會工作機構的人員流動率高，要培養一位規劃高手並不容易。因而，規劃能力不足，實為規劃作業較難克服的障礙之一。為提升機構成員的規劃能力，除盡量減少機構員工的流動率外，亦可透過在職訓練來彌補。

（二）規劃程序不當

有些管理者很少接觸規劃程序，甚至對程序全然不了解，特別是新手，因此常有規劃程序不當的現象，此為規劃的障礙之一。此一障礙可經由加強訓練著手，或針對相關規劃案進行檢討，以減少不必要的重蹈覆轍。此外，若計畫是從組織高層強制而下，或是以一種閉門造車的方式運作，將造成計畫難以被接受，甚或遭到抗拒，這種障礙可藉由參與管理的方式予以排除。

（三）管理者對規劃缺乏決心與承諾

規劃關係到機構未來的發展，但有時因管理者並無進行規劃的決心或承諾，或

缺乏遠見，凡事僅依眼前的情況做判斷，此乃規劃的阻力或障礙之一。社會工作者所要處理的事務，可能會隨著案主的狀況或社會各方面的變遷來調整策略或方法。因而，如何透過規劃以掌控未來，有賴管理者對規劃的投入及承諾。為激勵管理者對規劃的重視與決心，可藉由各種機會讓管理者接近經由規劃而成功的方案，進而激發其對規劃的興趣，並願意嘗試以規劃來達成組織目標。

（四）資訊使用不當

最新與正確完整的資訊，是有效規劃所不可或缺的，特別是在瞬息萬變的時代裡。若管理者使用不當的資訊，將可能嚴重影響到規劃的結果，此亦為規劃過程中經常遭遇到的障礙。社會服務或社會工作在國內正蓬勃發展，且普受社會重視與關注，正確掌握各種相關訊息，例如：相關法令的制定或修改、福利人口群的需求、可用的人力、物力、財力資源等，對福利方案的規劃及其成敗將有關鍵性的影響。

（五）僅重視可控制的變項

規劃過程所涉及到的變項經緯萬端，許多變項並非規劃者可全然掌控的，然而，這些變項中卻可能存在著許多關鍵性的因子，有些管理者僅注意到某些可控制範圍內的事項，或有意選擇一些有利的變項，而忽略了外在或不利的因素，這種近似鴕鳥心態的作為是規劃過程中的障礙，且潛存著相當大的風險。在社會工作的領域裡，影響規劃的環境變項相當多，為避免可能的危機，規劃過程應將各個階段對未來可能產生的影響，以及未來情勢對組織目標的影響納入考量。此外，所涵蓋的時間愈長，則所做的規劃應更具彈性，以因應一些較難以掌控的變項。

（六）重視近程而忽略遠程目標

若依時間區分，規劃所針對的目標可分為近程、中程和遠程目標，最終目的在於實現組織的使命。然而，缺乏前瞻性的管理者，往往將其眼光侷限於短期問題的解決，而忽略了長期利益，此為理想的規劃所可能碰到的阻力。社會服務機構工作所面對的問題，往往是複雜度較高的，若侷限於眼前問題的解決，而忽略長期目標，其成效勢必大打折扣。為避免這種阻力或障礙，機構對於管理者或其員工的績效考核，實不能僅以其目前的績效為基礎，而應重視能否妥善的設計未來。

（七）重視局部而忽略整體

機構整體目標的達成需要各部門之間的配合，然而，因專業或部門主義作祟，可能使得機構的規劃欠缺整體觀念，此為規劃過程中經常碰到的問題。政府部門或一些較大型的社會服務機構，其存在往往有其使命或目的，然而，因礙於協調；認知或溝通的不足，使得機構內的許多計畫呈現出片斷、零散及欠缺整合的情況，甚至機構間的工作有重複或相互矛盾、衝突的現象。為避免這些問題，規劃過程須強調以達成整體目標為基本方針，且涉及到相關部門的事項，亦能經由溝通、協調達成一致的行動，機構管理者對此問題的重視與解決是責無旁貸的。

練功坊

★ 「規劃」為社會工作的重要職能之一，請說明規劃的重要性。

解析

茲說明規劃的重要性如下：

（一）規劃讓員工有方向感，以增進成功的機會：規劃提供方向與目標，組織若有適切的規劃，員工在知道組織未來的發展方向與目標下，較易與他人配合，且會以團隊運作方式來追求組織目標的實現。反之，若組織缺乏規劃，各部門之間的權責不清，且缺乏明確的工作指引，彼此的工作便可能出現重疊或衝突的現象，這將使得組織因缺乏效率而降低成功的機會。社會服務機構的人力和物力資源往往是較為有限的，若機構的運作或服務方向皆能夠經過審慎的規劃，將會讓執行過程更具效率，進而增進服務績效或方案成功的機會。

（二）規劃可增進管理者適應環境的變遷：規劃可使管理者預測並覺察未來環境可能的變遷，及其可能對組織帶來的衝擊，進而預先發展出適當的因應對策，以降低組織可能遭遇的風險。一個組織若不從事規劃，所注意到的很可能僅是例行性的事務，而忽略環境改變可能帶來的衝擊，進而嚴重削弱組織及管理者因應變遷的能力。社會工作所面對的環境經常是充滿不確定和多變的，尤其是政治、經濟和政府政策的變異。作為一位社會工作管理者，必須要有規劃的能力來因應環境的變遷，以降低因環境的不確定性。因而，規劃不僅可藉由挑戰現狀以激勵服務的發展，也具有風險管理的功能。

（三）規劃可使組織成員重視組織整體目標：規劃讓組織各部門成員皆可以組織的目標為前提，深切的了解自己在組織中的價值和意義，並讓員工能夠信任組織，對組織有信心，進而激發員工的士氣與團隊合作的精神，以將工作焦點置於組織目標。反之，若缺乏規劃或規劃不當，可能會摧毀成員之間的信任、信心及團隊士氣，進而因缺乏統整或各行其是，而造成浪費與工作重複之無效率現象，甚至造成因相互矛盾或衝突，而阻礙了組織目標的達成。

（四）規劃有助於組織其他功能的發揮：規劃是管理功能之首，若無良好的規劃為基礎，其他功能將難以發揮功效。規劃與控制的關聯尤為緊密，若無規劃提供績效評估的標準，控制將失去依據。Field 即指出，規劃可提供績效管理一個基礎，也可協助其他管理的過程。例如：預算管理和員工發展。然而，規劃並不是在啟動或控制後停止，規劃是一種持續的過程，若執行偏離了規劃所設定之目標或方向，便須適時提出修正或再規劃，有效的規劃將可作為績效評估或責信的依據。

★（ ） 相較於一般的長期規劃，下列對於策略性規劃的敘述何者是正確的？

(A) 策略性規劃視未來是可預期的

(B) 策略性規劃假設目前的趨勢會持續下去

(C) 策略性規劃視規劃爲一種持續性的過程

(D) 策略性規劃問的是：「我們是什麼行業？」

解析

(C)。

策略性規劃	長期規劃
視未來是不可預期的	視未來是可預期的
視規劃爲一種持續性的過程	視規劃爲一種週期性的過程
期待新趨勢、新的變化和新的驚奇。	假設目前的趨勢會持續下去
對於未來，考慮一連串的可能性，並強調評估現階段組織環境後所制定的策略。	假設最有可能的未來景況，強調回顧推算，列出每年爲達成目標所應該完成的事項。
問的是：「我們應該是什麼行業？我們現在做的是該做的是嗎？」	問的是：「我們是什麼行業？」

★（ ） 社會工作組織可運用目標管理的程序，對達到該結果需哪些資源以及達成的期限等有所共識，而目標管理可參考 SMART 原則來決定，其中 M 的意義是：

(A) 可標記的 　　　　　　(B) 可測量的

(C) 可行銷性 　　　　　　(D) 具激勵性

解析

(B)。規劃的 SMART 原則：

（一）S（simple）簡單的：目標必須是以自己和員工所能理解的詞語來表達，除了主管必須清楚計畫所要傳遞的目標爲何，對於專業術語也必須要說明清楚，方能建立起主管和員工的溝通平台，而不致形成溝通障礙，妨礙到工作的進行。

（二）M（measurable）可測量的：必須知道目標達成的時間點及測量方式，一般可用質性或量化研究方式來進行。

（三）A（achievable）可達成的：目標必須是可行的、可達成的，一定要考量現實情境與可用的資源多寡，必要時與相關人士、機構進行協商，最終目標是希望達成多贏的局面。

（四）R（resourced）有資源的：要完成計畫首要的資源便是人力，特別是機構內部的員工，當然相關的物力資源也是不可或缺的。

（五）T（time-limited/trackable）時限性的／可追蹤的：要達成目標有時需要一段時間，也有可能在執行過程中會面臨到一些突發的事件，故管理者必須去監控、檢視和評估目標、追蹤目標，以掌握執行的實際績效與規劃之目標績效間的差距，必要時改變目標的優先順序，以增加目標實現的機會。

重點便利貼

❶ 社會工作管理：旨在將管理的知識運用於人群服務組織或機構，透過規劃、組織、領導、任用、控制與決策等職能，有效整合社會服務組織之各項人力與物力資源，並選擇最有效的方式，以協助並增進機構的社工人員充分發揮專業知能，進而達成服務人群或案主的最終目的或目標。

❷ SMART 原則：（1）S：simple，簡單的；（2）M：measurable，可測量的；（3）A：achievable，可達成的；（4）R：resourced，有資源的；（5）T：time-limited/trackable，時限制的。

❸ 「全面品質管理」（TQM）：是一種由機構所採行的全面性顧客導向型系統，用於改善產品與服務的品質，是組織全面動員上下階層所有人員持續不斷的進行改善，以追求顧客滿意。

❹ 衝突解決模式的步驟：1. 找出問題的根源→ 2. 檢驗可能的解決方案→ 3. 測試和解決→ 4. 驗證方案→ 5. 接受或拒絕方案→ 6. 仲裁。

❺ 危機管理：是一些如何處理危機並減少危機傷害的原則要素或行動策略。

❻ 危機管理四項基本要素：（1）預防；（2）準備；（3）實施；（4）學習。

❼ 組織危機管理的步驟：(1)危機醞釀期→(2)
危機爆發期→(3)危機處理期→(4)危機擴
散期→(5)危機後遺症期。

❽ 災難管理四個階段：(1)災難預防期→(2)
災難整備期→(3)災難應變期→(4)災難復
原階段。

擬眞考場

請說明理性規劃的步驟。

( ) 1. 有關策略性規劃與作業性規劃之比較，下列敘述何者錯誤？
(A) 策略性規劃具有實踐導向
(B) 策略性規劃具有長期規劃層次
(C) 作業性規劃具功能性及現況導向
(D) 作業性規劃期間通常不超過 1 年

( ) 2. 根據國際災害研究的發現及災害服務組織的經驗總結，災難管理週期可分為災難預防期、災難整備期、災難應變期與災難重建期。下列哪一項是災難應變期最重要的工作？
(A) 實施防災教育　　　　　　(B) 組成災難應變小組
(C) 組訓救災人員　　　　　　(D) 動員救災資源

解析

申論題：

理性規劃包括下列七個步驟，說明如下：

（一）步驟一：選擇目標：目標即是目的地或標的，它關係到機構的目的和政策，其形式有二：一是整體或長期的目標；另一是特定或短期的目標。前者關係機構存在的目的或使命，例如：兒童安置機構的目標是協助將不幸兒童安置在一個溫暖及可接受輔導的地方。後者係指機構目前或立即性的目標，是特定具體、簡單和可達成的；大部分的目標皆是短期的，這種目標對社會工作機構的日常行政特別重要。目標管理的目標可分為兩種：策略目標和操作目標。前者在於發展新理念及長期的規劃，並激發創造和創新；後者則是傾向具體和可測量的目標。

（二）步驟二：考量機構資源：考慮機構可用的資源，包括經濟、物質與人力資源。將標的與可用設備、預算和經費以及社區對服務的支持加以連結也是必要的。

（三）步驟三：列出並說明所有可選擇的方案：考慮各種可行方案，並仔細地描述和評估，以選取最佳且最可行的方案。在此步驟，創意扮演著重要的角色，團體的自由討論或個人之間的會談，也許或有些可行且意想不到的新理念，這些理念將可增加有效可供選擇的方案。

（四）步驟四：評量各種可供選擇的方案：應依確切的指標，或從各種角度對可能方案的可能結果加以評估，特別是應將未來可能的環境或經濟變遷納入考慮要素，以提供最後決策的參考。

（五）步驟五：選擇最佳的方案：經過謹慎評估並比較各種可選擇的方案後，緊接著即是要選擇一個最佳的方案，以期能以最有效率的方式獲致期望的結果。在規劃過程中，方案的優先次序排列是一項重要的挑戰，優先次序可使我們依輕重緩急，循序漸進地朝向目標前進，這有助於效率的提升。

（六）步驟六：規劃具體的行動方案：當工作方案決定後，緊接著是要擬訂達成目標之具體明確的行動方案。擬訂時間表對所規劃藍圖的實現與有效的方案執行，是相當有幫助的。其中，最被廣泛運用於規劃和工作計畫的技術，應是企業管理先驅 H.L. Gantt 於 1910 年所提出的甘特圖（Gantt chart），該圖分為兩個面向，上方列出時間表，左下方則標明活動的項目。

（七）步驟七：方案的修正：為因應突發現象，規劃過程中，彈性是絕對必要的。基本上，除非有些事實改變而發展出較佳的程序，否則應遵守原先的規劃。但若付諸實行後，發現改變可以為機構帶來有利的資源或結果，一位稱職

的主管會當機立斷地更改計畫。因而，彈性對方案的執行是必要的。

選擇題：

1. A 策略性規劃與作業性（操作性）規劃之比較表：

策略性規劃	作業性（操作性）規劃
根本性的、大方向的。	實踐導向。選項 (A) 有誤。
長期規劃層次。選項 (B) 屬之。	短期規劃層次（<1 年）。選項 (D) 屬之。
未來導向。	功能性及現況導向。選項 (C) 屬之。

2. D 1. 災難預防期：指災難發生前的防範措施，如災難性質的分析、災難風險分析、預警系統的建構、災難管理政策與規劃、防災教育、防災措施等。既然災難難免，只好靠預防，以減輕災難的損害。此一階段又稱為「減災」準備。

   2. 災難整備期：指預測災難可能發生，而先建立起因應災難的各種準備，如緊急災難應變的任務小組組成，因應災變的作業計畫與行動措施，防災與救災人員的組訓與演練，救災資源與器材的充實與管理。

   3. 災難應變期：指災難預警、救災資源的動員、災難現場指揮系統的建立、緊急救難行動的執行，包括財物、人員、設施的搶救，並減少二度傷害。這是真正進入災難救援階段了。題意所述屬之。

   4. 災難復原 / 重建階段：指災後修復與重建，通常先讓受災地區人民生活回復到平常的狀態，再進一步求重建與發展。復原工作包括危險建物的清除、基礎工程建設的恢復，災民損害的救濟、災後創傷壓力的減輕，家庭與社區生活機能的重建，住宅安置或重建等。

社會工作組織

- 社會企業是基本的定義、類型，務必詳讀務必清楚，並請具有申論實力。

- 控制幅度的定義請建立清楚觀念，為測驗題常見考點。
- 機械型結構與有機型結構兩種結構不同，內涵請清楚了解，為測驗題常見考點。
- 社會服務機構的部門劃分，除內容必須清楚外，相關的舉例並請熟記，為重要的測驗考點。
- 溝通的運作程序七項要素，請就運作程序的順序，並應清楚其內容要義。
- 政府與非營利組織的關係類型，請深層思考台灣非營利組織與政府的關係主要為何種情形。

年度	110年		111年				112年				113年	
考試	2申	2測	1申	1測	2申	2測	1申	1測	2申	2測	1申	1測
題數		1		2		1		1		3		2

重點 1
★★
社會工作組織

- 組織的意涵與性質
- 組織構成之三項要素
- 組織結構的類型
- 組織型態與職權
- 組織環境與組織能力
- 社會服務機構的部門劃分
- 組織授權與協調
- 組織溝通

社會工作組織

重點 2
★★★
非營利組織與社會企業

- 非營利組織的定義與特徵／特色
- 非營利組織的類型與經費來源
- 非營利組織與營利組織的公共關係比較
- 組織識別系統
- 非營利組織的運作與董事會
- 社會企業之定義
- 社會企業的概念闡述學派
- 社會企業之類型

重點 1 社會工作組織 ✖✖

一、組織的意涵與性質

（一）組織的定義

　　組織（organization）係指一群人為追求某些共同的目的而集結在一起，並建立起適合達成目的之最佳的結構和過程。

（二）組織的特性

特性	說明
1. 具有輸入與輸出重複循環的本質	對社會福利事業來說，組織是一種多元結構與運作過程所形成的開放性社會系統，是將所取得的外界各種資源轉化為服務和物質，提供給所需要的對象，以達到社會價值分配的權威角色。
2. 影響個體、團體及組織成員的組織行為	組織對個體、團體以及組織成員行為有極大影響。
3. 權威階層與指揮權統一	組織為一垂直分化出不同職權層級與權責，以協助上層管理者控制組織成員的行為。
4. 正式化指標	組織內訂定各種規章、計畫與工作目標等，而這些是否完整與組織內領導、溝通、協調等之良窳，是反映組織正式化的指標。
5. 部門劃分	部門劃分是分工合作的需要，組織會依單位的能力，如人力、設備等的條件，分配給各單位適當的各種工作活動，並指派適當的管理人員監督管理，使各單位部門獨立，以促進組織運作順利。
6. 權力分配	組織分化產生許多不同職位與職權、責任，而權力分配即可反映職權、責任分散或集中的程度。

上榜關鍵 ★★
基本觀念題，請詳讀。

特性	說明
7. 督導幅度	1. 督導幅度也稱為「管理幅度」或「掌握律」，是指主管能有效指導、管理或督導部屬的人數與掌握的權威職權之幅度而言。 2. 影響控制幅度的因素很多，不易推估「最佳的控制幅度」，但若控制幅度太寬可能會導致督導者與成員溝通上的困難，若太嚴則會抑制員工工作動機。所以管理者必須講究掌握最理想的督導、管理幅度。

二、組織構成之三項要素 ○......

上榜關鍵 ★★
三項要素係基本考點，為記憶型考題，亦為測驗題考點。

```
組織構成之三項要素 ── 1. 組織結構
                    ── 2. 組織設計（組織化過程）
                    ── 3. 組織文化
```

上榜關鍵 ★★★
三個構面的說明請區分清楚，測驗題考點。

（一）組織結構

1. 組織結構（organizational structure）係指任務及報告關係的正式系統，用於掌控、協調及激勵員工，使員工透過合作、共事的方式來達成組織的目標。

2. 組織結構三個構面

構面	說明
1. 複雜性 （complexity）	係指組織分化的情形，可分為水平分化與垂直分化。水平分化指組織最基層單位的多寡，垂直分化則指組織垂直層級的數目。水平單位愈多，表示組織分工愈精密，專業分工愈細緻，故又稱之為工作專業化（work specialization），其所需的溝通愈多；垂直層級越多，組織中的溝通管道就愈複雜，成員的聯繫和活動的舉辦協調就愈困難。

構面	說明
2. 正式化 （formalization）	係指組織仰賴規則和程序以指導其成員行為的程度。一個組織的規則或規範愈多，則組織的正式化程度愈高，這表示對作業與員工行為的規範愈多，組織的成員愈趨一致，給員工的作業彈性和自由裁量權也愈少。
3. 集權化 （centralization）	係指決策權之所在。有些組織的決策權是高度集中於較高的管理階層，其對問題的處境是由上級長官決定如何做，也有組織會將其決策授權至低階的管理階層。

（二）組織設計（組織化過程）

1. 組織設計（organizational design）或組織化過程係指一個組織結構的發展或改變，它是一種組織職位劃分和權責分配的動態過程，目的在建立組織各部門和成員之間的關係，進而讓組織達成目標。組織設計可能隨著組織結構的複雜性、正式化及集中化程度而有不同類型。

2. 一個好的組織設計，能夠使管理者有效率且有效能地達成組織目標；一個好的結構意味著：管理者必須決定如何能夠讓組織的垂直面和水平活動有較好的聯繫和成效。

（三）組織文化

組織文化（organizational culture）係指一套非正式的價值觀、規範及信念，可控制組織內的個人與群體之間的互動關係，也可控制組織內個人和群體與組織外的個人（如顧客或供應商）間的互動關係。因此，組織也能藉由鼓勵其所支持的價值和規範，以影響其成員的行為。

三、組織結構的類型

上榜關鍵 ★★
分工、部門化系水平結構的分類面向。

（一）水平結構與垂直結構

結構類型	說明
1. 水平結構 （horizontal structure）	1. 水平結構，係指一個組織內某一特定層級，以各種不同的方式向兩旁涵蓋不同的工作人員。 2. 組織水平結構的基礎包括兩個面向：分工、部門化。

結構類型	說明
1. 水平結構（horizontal structure）	（1）分工：係指將整個工作分為幾個不同的步驟，每個步驟由不同的人負責，個人僅是執行整體活動中的某一特定部分。組織分工將可有效率地善用員工所具備的技術與能力。 （2）部門化：係指較具規模的組織將其工作以分門別類的方式，把個人分派到不同單位或部門以利於監督、協調與管理，進而促進組織目標完成的過程。
2. 垂直結構（vertical structure）	1. 垂直結構（vertical structure），係指由上而下或由下而上的階層體系，這種垂直組織之重要面向，包括： （1）指揮鏈 　　指揮鏈（chain of command）係指從組織的最高層級到最低層級的職權線。職權（authority）是一種合法化的權力（power），係指在某一管理職位者發號施令權及對其命令被遵守的預期。 （2）控制幅度。 　　A. 控制幅度（span of control）係指一位主管能有效率與有效能的督導部屬的人數。儘管督導部屬的人數並沒有一個具體的理想數據，有的學者較偏好較小的幅度（不超過六位），以維持較緊密的控制。 　　B. 其他影響控制幅度大小的因素，包括屬下工作的類似性、工作的複雜度、標準化程序的程度、組織管理資訊系統的複雜度、組織文化的力量及主管的偏好類型等。 （3）集權化與分權化 知 　　A. 最高階的管理者負責做所有的決策，較低階的管理者和員工的任務僅在於執行高層的決策；但在另一極端，有的組織將決策下放至最基層之負責行動的管理者。前者稱為集權化（centralization），後者為分權化（decentralization）。集權化係指決策集中在組織上層的程度，反之，則為分權化。

上榜關鍵 ★★★★

控制幅度的定義請建立清楚觀念，為測驗題常見考點。

結構類型	說明
2. 垂直結構（vertical structure）	B. 對絕大多數的社會服務機構而言，組織本身往往是非營利性質，且強調的是專業服務，在面臨決策的集權化或分權化時，特別是在新管理主義盛行的年代裡，可能會面臨兩難的情境。若組織偏重專業員工的分權化決策方式，則可能會出現因專業考量而疏忽機構資源運用的效率問題；但若採取集權化的決策方式，則可能會因上層管理者基於資源或經濟的考量，而輕忽專業倫理或價值的重要性，甚至衝擊到專業服務的品質。為解決這些可能的兩難困境，以充權（empowerment）途徑來強化低階管理者或員工的決策能力，在社會工作實務受到相當大的重視。

知識補給站

集權化與分權化的優勢

集權化的優勢	分權化的優勢
易以組織整體執行共同的政策	讓決策更接近工作的作業層級
可使決策與組織目標一致	可彈性回應地方／基層的環境和需求
預防下級單位太過獨立自主	可以減輕高階管理者的負擔
易於協調和管理控制	更趨於扁平化和彈性結構的發展
促進規模經濟和降低行政成本	可有效提供所期待之服務措施的支持性服務（如行政）
更加善用專門化，包括設施和設備	提供訓練的機會和管理的發展
促進決策的速度	激勵員工的動機和士氣

（二）機械型結構與有機型結構

結構類型	說明
1. 機械型結構（mechanistic structure）	1. 機械型結構（mechanistic structure）的特徵在於組織層級多、決策集權化、資訊獨占之由上而下的垂直溝通，以及低層級者恪遵高層命令。機械式結構亦大量使用標準化，且以規則和標準作業程序掌控成員的活動，成員的分工、任務及角色甚為明確，個人的升遷緩慢、穩定。 2. 因此，成員擁有極少的自主性，組織可能會發展出強調謹慎、服從上級、謹守本分和尊重傳統等重要的工具價值（instrumental value），這類價值會產生一種較為固定與有些僵化的文化——以有益於組織達成目標的可預測性和穩定性，來做為其期望的終極價值（ultimate value）。機械型結構強調穩定與可預期也使得組織易於陷入缺乏創新的保守情境。
2. 有機型結構（organic structure）	1. 有機型結構（organic structure）的特徵在於傾向扁平式、決策分權化及水平溝通，這些特性加速其決策過程。有機型結構的組織分工較模糊，賦予員工較多的自由，期待以彈性取代標準化作業，並透過資訊分享與相互協調的溝通與合作方式，以促進功能間的整合；同時，它也鼓勵發展出具創造力、冒險、挑戰既有傳統等工具價值，這些價值正是處於不確定環境的組織所期待並鼓勵的價值觀，因為它們不僅可快速回應和適應不斷變動的情境，也可鼓勵員工追求高績效及發展支持的工作態度。 2. 有機型結構也會形成強調個人適任、專業及創新能力的非正式規範與價值觀，個人地位決定於創造性領導的能力，而非其在層級中正式職位的高低。這些特性將有助於新想法的分享和彙集，亦可即時組成任務小組和跨功能團隊，俾能在不確定的環境中做出有效的決策。有機型結構強調彈性、創造力、冒險及挑戰等價值，將可能讓組織的創新更加蓬勃發展。知

上榜關鍵 ★★★★
兩種結構不同，內涵請清楚了解，為測驗題常見考點。

機械型結構與有機型結構之比較

機械型結構	有機型結構
高塔式結構、高度正式化、集權化（高層決策）。	扁平式結構、低度正式化、分權化（授權與分權）。
明確指揮鏈、由上而下之垂直溝通、資訊如同權力。	橫向的水平溝通、資訊是分享的。
明確的任務、角色與分工，階層功能間主要的整合機制。	寬鬆的任務、角色與分工，任務小組或團隊功能間的主要整合機制。
強調標準化作業（詳細的規定和標準作業流程）。	強調彈性、協調與互相調整作業。
員工自主性低，強調服從與尊重傳統。	員工自主性高，強調創造力和冒險。
重視組織的可預期性和穩定性，不鼓勵創新。	重視組織接受環境的挑戰，鼓勵接受挑戰與創新。
正式職位決定個人地位，升遷緩慢。	強調個人適任、專業及創新能力。
僵固且不易因應環境的巨大變動。	彈性且易因應環境的變動。

上榜關鍵 ★★★

（三）新型的組織結構設計 ⋯⋯⋯⋯⋯⋯⋯⋯⋯⋯⋯⋯⋯⋯⋯ 測驗題細微考點，請詳讀。

組織結構	說明
團隊結構（team-based structure）	係指「以小型且高度專注的團隊解決所有大型專案」的組織結構；亦即，整個組織是由許多推動業務的工作群或團隊所組成。一個組織如果採取團隊結構方式，組織的決策權交給直接負責該項決策的團隊，將可以讓組織內的資訊溝通跨越不同單位與層級，亦可以打破部門間的藩籬，進而促進不同功能別的知識和技能發揮綜效，提高組織的彈性。

組織結構	說明
虛擬組織 （virtual organization）	係指組織透過外包的方式，將原本組織內的活動轉而由外部的組織或廠商來負責，只保有核心的功能，並大幅減少其他的組織活動。組織虛擬化的結果即是組織與組織之間形成了一種網絡關係或網狀組織，各個相關的組織間存在著相互依存的關係。
無疆界組織 （boundaryless organization）	無疆界組織有兩種意涵，一種係指虛擬組織打破了實體組織既存的界限，僅在必要的時候將外界資源納入組織，以擴充自己的實力，而本身則保有最大的彈性，以因應環境的變化；另一種係指有效能的組織必須竭力消除各種存在於組織內的邊界，或是存在於組織與外在環境（如顧客）之間的邊界，以降低因邊界而阻礙有效的溝通協調，這種觀念也被人稱為技術型組織（technology-based organization）或簡稱為 T 型組織。

四、組織型態與職權

上榜關鍵 ★★★
主要考點以測驗題為主。

組織型態	職權	優／缺點
1. 直線式	組織由上而下分為若干層級，各層級中每一單位地位相等，權責相符；層級間只有直線且垂直的關係，其管理權力並不包括授權，因為自己工作職位和與其相關的其他職位，均有權去作一些決定和從事特定的活動。	1. 優點：有助責任歸屬及提升決策時效。 2. 缺點：降低工作效率與彈性，剝奪屬下成長、負責、自主機會，浪費人才。
2. 直線幕僚式	組織階層之間存在著垂直與水平的關係，而且幕僚的人員（專家）均有責任來協助直線部門的管理者。幕僚職權是主管可選擇用於授權的授予，使得職員與主管間形成「顧問的」（advisory）關係，所以，其職權所做只是「建議」而不是「決定」，主管還是應該自負成敗的責任，尤其是決策失敗時，更不應譴責下屬。	1. 優點：可利用幕僚的專業知識，使問題處理更具客觀與專業，有助於理性決策，同時直線管理者為減輕技術專業問題之負荷，因而增加其管理幅度。 2. 缺點：若被過度或不智使用，其結果即難以預料，直屬主管權威會減弱，直線式督導將會遭到破壞。

組織型態	職權	優／缺點
3. 功能職權式	在直線幕僚式組織結構中，某幕僚部門在特定工作範圍內，可直接對其他管理者下達命令時，此種組織即為功能職權式組織結構，所以，此結構其所獲得的授權要大於幕僚職權。不過接受功能職權的幕僚會給予相當大的權力，但往往有時間的限制。	1. 優點：有效率且適當，從頭到尾觀察一項任務，而且能因其成功而獲得「功勞」，它不強調正式組織層級，對工作感覺自然而有意義，並不會阻礙同僚關係的形成，不像直線式職權保守，而與功能職權「我們必須要有領導與隨從，我們也可以隨時彼此相互學習」的態度與社會工作價值一致；此外，基層人員可得到上級多方面的不同專家指導，而提升工作效率，與發揮專業分工合作的效果。 2. 缺點：若運用於不適當的情境或過度頻繁使用，對直屬督導者會產生不安全感或威脅，而減低其管理能力，此外，若主管定期將被僱者由直屬督導轉移，可能會質疑其督導是否有督導他們之必要（技能），甚而違背了「指導權統一」的管理原則，使受僱者感到困擾。
4. 正式組織	正式組織是一個規劃或必要的結構，組織內包括主管、幕僚、督導和實務工作者，正式組織是依組織程序及為特定目標或需要經過正式程序所成立的團體。	1. 優點：員工的行為會趨於一致，具有可預測性。 2. 缺點：組織缺乏彈性，顯得呆板僵化。

組織型態	職權	優／缺點
5. 非正式組織	非正式組織是指團體的個人與個人之間所出現的非正式互動,包括個人依據其性格和需要,而非依據任何正式章程所形成的團體而言,所以,非正式組織是不需要手續而成立的一種自然結合的團體。	1. 優點 （1）滿足成員從正式組織所無法獲得滿足的需要,提高其士氣及對組織的向心力。 （2）提供情緒發洩管道,促進成員身心健康。 （3）對正式組織產生制衡作用,使其作為不致產生偏差。 （4）提供角色交換機會,促進成員關係的和諧。 （5）增強正式組織的應變適應能力。 2. 缺點 （1）造成成員角色衝突,降低工作效率。 （2）易散播謠言,破壞正式組織的凝聚力。 （3）互相掩護徇私,腐蝕正式組織運作的合理性。 （4）抵制正式組織的革新,降低應變適應能力。 （5）抹殺成員的創造力,減少其對正式組織的貢獻。

五、組織環境與組織能力

（一）組織環境的定義

組織環境（organizational environment）係指環繞在某一組織周圍的一組影響力,其各自具有潛在的影響力,能夠左右組織運作的方式與取得資源的方法。

（二）組織環境的分類

1.組織環境可分為內部環境與外部環境,內部環境係指諸如組成份子、規則程序、組織氣候（文化）及員工互動關係等;外部環境又可區分為一般環境和

特定或任務環境。說明如下：

（1）一般環境（general environment）：係指由那些足以型塑組織特定／任務環境，以及影響所有組織在特定環境中獲取資源能力的各種影響力，例如：經濟、科技、政治、環境、人口、文化和社會等影響力。

（2）特定或任務環境（specific/task environment）：係指由組織外部利害關係團體，各自具有影響力所組合而成的環境，能夠直接影響組織獲取所需資源的能力。組織的特定／任務環境包含四個主要的部分：A. 顧客（包括分配者和使用者）；B. 原料、勞工、資本、設備與工作場域的提供者；C. 市場及資源的競爭者；D. 管制團體，包括政府機構、工會和跨組織的協會。

2. 社會服務組織必須注意的重要關鍵因素

（1）為了維持組織的穩定，一個組織必須關注影響案主和顧客的議題，包括正確的評估需求變化和服務效能。

（2）必須與提供財務資源、人員、空間和其他資源者建立工作關係，以確保未來的需求可以滿足。

（3）必須察覺競爭者的活動和工作，這通常是指那些服務同樣族群和提供相同服務的機構，競爭通常包括爭取個案及補助（或契約）。

（4）必須與認證單位、政府管理部門和其他特定組織建立並維持良好的工作關係。

（三）組織能力的定義

1. 組織能力之所以受到的學術界與實務界的重視，主要的原因是組織所面臨環境快速的變遷。假如：產業內的組織在策略性資源方面具有異質性且無法在組織間自由移動，則此資源即為持久性的競爭優勢來源，而組織能力即屬此類資源。

2. 組織能力定義：有助於組織發展、選擇及執行策略的企業專屬資源與能力，包括所有鑲嵌在組織結構、技術、程序及人際關係中的資產、知識、技能與能力。

請思考對某一個社會福利機構進行四大構面的分析，以備申論題之用。

（四）組織能力的四大構面

1. 管理能力
- 包括策略領導者透過組織提出溝通願景及員工充權，以使其理解願景的獨特能力；同時，亦包括制定有利於組織——環境關係之獨特能力。

2. 投入能力
- 包括實體資源、組織資本資源、人力資源、知識、技能，以及運用轉換程序來創造與傳送顧客認為有價值的產品與服務之能力。持久性競爭優勢是建立在組織運用現有資源存量的能力上。

組織能力四大構面

3. 轉換能力
- 是指有效將投入轉換成產出的組織能力，包括創新與創業精神、組織文化及組織學習。

4. 產出能力
- 包括所有以知識為基礎的無形之策略性資產，例如：企業聲譽或形象、產品或服務品質，以及顧客忠誠等。

六、社會服務機構的部門劃分

部門劃分方式	說明
1. 依「方案」分部化	1. 依方案分部化是社會服務最常見的組織結構之一，方案係指有關特殊群體和問題的服務，例如：未婚懷孕方案、高風險家庭方案、早期療育方案或收養方案等。 2. 當針對特定形式的問題或案主群而需要專門知識和技巧時，依方案分部化是最常見的方式。這種劃分方式可以使得員工專精於特定的處遇，且更易於掌握針對方案人口群可以運用的社會資源。

上榜關鍵 ★★★★

社會服務機構的部門劃分，除內容必須清楚外，相關的舉例並請熟記，為重要的測驗考點。

部門劃分方式	說明
2. 依功能（企業）」分部化	1. 依功能分（企業）部化適用於任何類型的組織，也是最常被採用的一種方式，特別是較小型的組織。功能分部化將相同或類似的工作項目予以集結，並組織員工，例如：生產部、行銷部、財務部或人力資源部等。 2. 對社會工作管理者而言，若以功能做為部門劃分的基礎，將有助於其任務的執行，也有助於專業技術的實踐和督導。然而，功能分部化的組織也可能出現部門主義（departmentalism）的現象，亦即各部門可能會過度固守自身領域，或專注於單位內的成就，這將可能危及組織整體目標的達成。
3. 依「過程」分部化	1. 依過程分部化是以生產或顧客服務流程為基礎的劃分方式，其工作活動是順著生產或顧客服務的流程而自然進行。對社會服務機構而言，當特殊的技巧或知能在協助過程中是依據時間先後安排時，較可能會選取這種方式。以兒童保護之流程為例，可能包括從通報、接案與篩選、處遇與治療、追蹤輔導等過程；其部門劃分方式即可能包括：通報組、接案組與篩選組、處遇與治療組及追蹤輔導組。 2. 以過程來分化部門也常用於過程需要大量專業及技術知識和技巧的相關服務。這種模式的優點在於，每一個助人過程的階段皆有各自的專家；其缺點則是案主會在不同階段轉換工作人員，並因而失去與工作人員關係的延續性，這對強調要能與案主建立信任關係將可能會是一大挑戰。
4. 依「顧客/案主」分部化	1. 依顧客/案主分部化是以具有共同需求或問題之特定或獨特的顧客/案主為基礎的劃分方式；亦即，部門內的所有員工皆服務某類特定的顧客/案主，其目的在於透過專家提供最佳服務，以滿足其需求或解決其問題。例如：一個家庭暴力防治機構的社會工作者，也許會被以最初診斷或案主問題的形成而劃分為幾個不同的負責部門，有的部門是負責兒童個案，有的則是負責處理婦女或男性個案。 2. 優點：是一種區分工作和維持管理的明確方式，能夠為顧客/案主提供專業化的服務，同時也可讓顧客/案主免除接觸兩種或兩種以上專業者的麻煩。 3. 缺點：並非可完全適用於任何情境。例如：家暴問題也經常存在著藥物濫用、單親問題、婚姻困難及其他許多問題，而如果純以簡化的方式予以分類，似有爭議。

部門劃分方式	說明
5. 依「產品／服務」分部化	1. 依產品／服務分部化在市場係指以生產線做爲劃分部門的基礎，在社會工作則係以提供的服務。所謂「專精領域」，例如：一個家庭服務機構可能會將其服務劃分爲通報轉介組、個別治療組、團體諮商組及家庭諮商組等部門。 2. 優點：員工負責的工作範圍相對較小，故可熟練與其服務相關的知識和技巧，進而提供更有效的服務。 3. 限制 （1）工作窄化不利不同專業的分享。 （2）不易爲案主提供完整性的服務。 （3）員工易於覺得工作單調與沉悶。 （4）易因部門負荷不均而影響組織效率。
6. 依「地區」分部化	1. 依地區分部化是以如北區、中區、南區之地理區域做爲劃分部門的基礎。這類結構普遍爲大型的社會福利機構所採用，以便能將其縮小至易於經營的次單位。 2. 優點：可以回應地方需求的服務、有助於提升服務效率、有助於經營地方關係、增進服務的可近性及較易於確認工作的成效（地區模式可讓各負責區主管的職權相當明確，進而對服務的成果負責）。 3. 缺點：地理範圍不易界定、員工工作負荷失衡（不同區域的負荷量不同）、不利於員工士氣（被指派到較不受歡迎的特定服務地區）、可能發生有違案主權益的情事（案主距離鄰近服務中心較近，但非該轄區而須遠赴較遠的服務中心），以及不利專業服務（問題須需求多元，有時員工難以爲不同問題之廣泛案主提供多方面的服務）。

七、組織授權與協調

（一）組織授權

1. 組織授權的定義。

上榜關鍵 ★★

授權在組織的運用，可以達到分層負責的功能，亦可提升組織內人員的參與感與效率。

授權（delegation）係指組織的上層主管適當地將職權移轉給部屬，有效授權就是要把工作分派給最適當的人去執行，同時給予充分的自由，讓他能夠以最有效且最具生產力的方式去執行。

2. 授權的目的（重要性）

（1）授權組織成員執行所賦予的任務，管理者將有更多的時間和精力專注於組織的策略。

（2）決策盡可能下放至較低的層級，將可因執行者同時也是決策的參與者，而激勵團隊及員工的士氣。

（3）授權可讓員工因感覺受到獲得重用和信賴，而強化其自我肯定與價值。

（4）授權讓員工有更多的學習機會、經驗與成長，有助於組織提升專業管理的技術效率。

（二）組織協調

1. 組織協調的定義

協調（co-ordination）係指將組織中各部門活動化為一致性行動的過程。透過協調將有助於團隊精神的發揮，以及順利執行各部門的活動，進而達成組織共同目標。

2. 組織協調之目的（功能）

（1）組織內各部門能密切配合、分工合作，以如期達成工作目標。

（2）各部門及員工能步調一致，避免工作重複，以增進組織的效率。

（3）各部門及員工能將個別的努力轉化為集體合作的行動。

（4）減少人力、物力、財力和時間的浪費，提高工作的品質。

3. 社會工作機構協調之主要類型

社會工作機構往往需要與組織內、外的相關機構或專業協力合作，以共同為案主提供完整服務，這種被稱之為「合作實務」（collaborative practice）之專業間、多專業或機構間的關係。社會工作機構的協調主要類型：

（1）機構內的協調：係指對機構內每位工作人員的職掌有明確的決定，並應確立責任與職權的限度。

（2）機構間的協調：係指不同機構之間為達成服務案主之目的，彼此間所做的協調。

4. 協調的方式

（1）非正式的協調：係指組織內一些志願性、非正式、未加規劃的協調。

（2）正式的協調：係指以組織所制訂之標準作業程序、規則等為基礎所做的協調方式。

（3）個人協調：即當組織內個人對一些政策或規劃有不同意見或衝突時，即可進行個人協調。

（4）群體協調：幕僚群的設立，除了規劃、控制的功能外，亦有協調的功能。

上榜關鍵 ★★

請思考跨專業合作、個案管理等運用組織協調的方式，以及如何達成組織合作的成效。

八、組織溝通

（一）溝通的定義

　　溝通（communication）是一種意義的傳遞和了解，它係指透過各種管道，以傳遞消息、事實、觀念、感覺和態度，以達成共同了解的活動。

（二）溝通的運作程序

　　1.溝通的運作程序流程圖

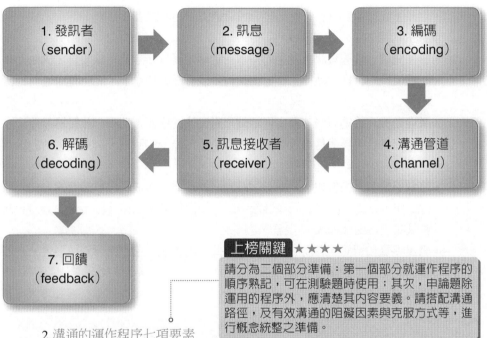

上榜關鍵 ★★★★

請分為二個部分準備：第一個部分就運作程序的順序熟記，可在測驗題時使用；其次，申論題除運用的程序外，應清楚其內容要義。請搭配溝通路徑，及有效溝通的阻礙因素與克服方式等，進行概念統整之準備。

　　2.溝通的運作程序七項要素

　　（1）發訊者（sender）：即溝通的發動者或原動力，具有需要、欲望、資訊或目的要傳送於他人，使他人知悉或要求其採取一定的工作或行為。

　　（2）訊息（message）：訊息指意見溝通上所使用的媒介或物體，這是發送者和接收者皆可感覺和了解的東西，可以是文字、語言、姿勢和符號等。同一訊息對不同的人可能有不同的意義和解釋，因此，訊息的使用應力求明白、確實、具體、易知、易懂，以避免分歧和誤解。

　　（3）編碼（encoding）：即將發訊者所希望與對方共享的訊息，納入一種可以傳送的形式中。換言之，發訊者必須把心中的「意思」製成語言、文字或其他符碼，才能把意思傳遞出去。

　　（4）溝通管道（channel）：即訊息傳遞者與收訊者兩者間的一個媒介體，由此媒介傳達訊息。簡言之，溝通管道乃是用於傳送消息的途徑，例如：

面對面的談話或打電話等。

(5) 訊息接收者（receiver）：意見溝通必須有接收者，而溝通必須使接受者產生預期的反應或行動，方為有效。收訊者和發訊者一樣，在接受溝通訊息時，也受其個人需求與動機的干擾，因此，溝通必須能對發訊者的觀點和思路具有敏感性，了解發訊者的問題與需要。

(6) 解碼（decoding）：解碼的方式，一般為傾聽和閱讀。

(7) 回饋（feedback）：即收訊者在接收訊息、解碼及認知和理解後，再記述或譯述為訊息，進而經溝通管道回報給發訊者。

(三) 溝通的功能

1. 提供知識，掌握資訊：溝通的基本功能即是提供知識給組織成員，讓他們在了解組織的目標、執行工作方法和可接受行為的標準下，能夠有效地執行工作。

2. 激發動機，接納想法：藉由了解員工對工作的價值和期望，並接納其想法，以及提供員工參與目標設定，並適時給予工作上的回饋，這些皆有助於提升組織成員的士氣，進而展現出高度績效。

3. 控制協調個人的努力：組織必須控制成員行為，讓成員以可接受的方式來執行工作，以避免出現人們在群體中工作反而比獨自工作時付出較少努力的社會賦閒（social loafing）現象。

4. 表達感覺和情緒：有助於組織成員彼此間的了解，這不僅可避免誤會，亦可能因此而相互合作、達成目標。

(四) 溝通路徑

溝通路徑	說明
1. 正式與非正式溝通	正式溝通係指組織結構圖中，各單位依正式的指揮鏈所進行的溝通，且溝通的內容是與工作有關的；非正式溝通係指不在組織層級所範定的路徑進行溝通。
2. 向下、向上與橫向溝通	向下溝通係指管理者向下傳遞命令或指示，用於通知、指導、協調和評估員工；向上溝通則為下級向上級報告工作進度、問題或困難，可讓管理者了解員工的工作狀態；橫向溝通係指組織同級單位之間的溝通。

溝通路徑	說明
3. 口語與非口語溝通	口語溝通係指以面對面或電話為工具進行口頭傳遞與交換，溝通效率高，但準確性稍弱；非口語溝通包含書面文件、電子郵件及身體語言，溝通效率差，但精確度較佳。
4. 鏈狀、輪狀與網狀溝通	1. 鏈狀（chain network）係指依正式指揮鏈（向上與向下）之一條線形式的溝通，其溝通速度較慢，容易扭曲資訊，而且任何一點的中斷皆可能造成整個體系無法傳遞訊息。 2. 輪狀（wheel network）係指由一位被認可及精練的管理者與工作團隊之間的溝通，管理者扮演樞紐的角色，分別向多名部屬傳遞訊息，管理者容易掌握情況，訊息精準度較高，但如果無法併行作業，速度也會受到限制。 3. 網狀（all-challnel network）係指一個團隊中的所有成員皆可自由地溝通，所有的人皆可向其他任何人傳遞訊息，成員的滿足度高，但易形成混亂。

鏈狀　　　　輪狀　　　　網狀

	鏈狀	輪狀	網狀
速度	適中	快速	快速
準確性	高	高	適中
管理者的因應	適中	強	弱
員工的滿意度	適中	低	高

上榜關鍵 ★★
測驗題考點，請區辨其中的內涵。

（五）有效溝通的阻礙因素與克服方式

上榜關鍵 ★★
測驗題考點，請詳讀。

阻礙因素	克服方式
1. 過濾（filtering）：即謹慎的操弄訊息，以使較能受接收者喜愛。例如：若一位經理告訴老闆他所要聽的，這位經理即是在過濾訊息。組織內愈多垂直層級，愈可能提供更多的機會；若一個組織的報酬愈強調這種型態的表現，經理愈可能有投其所好的溝通動機。 2. 選擇性的感覺（selective perception）：即收訊者在溝通的過程中，依其需求、動機、經驗、背景及其他個人特質做選擇性的觀察和傾聽；且在解碼時，收訊者也將其興趣和預期投入溝通裡。亦即，收訊者所看到的並非是事實，而是在詮釋其所看到的，並讓它成真。 3. 情感（emotions）：即當訊息被接收時，收訊者的感覺將會影響對訊息的詮釋。我們經常因為自己的快樂或沮喪，而對相同的訊息賦予不同的意義，特別是在極端的快樂或沮喪時，最可能阻礙有效的溝通。 4. 語言（language）：年齡、教育和文化背景是影響人們對語言使用和界定的三個變項。此外，組織中水平或垂直的分化或地理區域，也可能因彼此的溝通語言或專業用詞而造成溝通阻礙。 5. 國家文化（national culture）：國情或國家文化的差異也可能會影響人際間溝通的傾向。例如：強調個人主義或集體主義的國家，其溝通時的態度或方式，會對雙方的溝通造成阻礙。	1. 回饋的使用（use feedback）：許多溝通的問題可直接歸因於誤解或不正確，若管理者能在溝通進行時，以回饋的方式確定所接收的訊息，將使得問題較易於獲得澄清。例如：發訊者可以問收訊者：「你是否了解我所說的意思？」以此要求收訊者回饋，且回答的內容不僅止於「是」或「否」，應更為具體明確。 2. 簡化用語（simplify language）：溝通的運語可能會是障礙，管理者所選擇使用的語言應是簡潔且易於明白的，這將有助於有效溝通的進行。 3. 認真傾聽（listen activity）：即能傾聽所有的訊息與意涵，避免做過早的判斷或詮釋，基本上，傾聽有四項基本要求：專注、同理心、接納與完整性。 4. 控制情緒（constrain emotion）：情感的過度投入可能會嚴重扭曲意義的傳遞，特別是極端的情緒更可能會引起對資訊解讀的偏頗，若遇到這種情形，則應中斷溝通，待情緒鎮定後再進一步溝通。 5. 小心非語言的誘因（watch nonverbal cues）：即應隨時注意到非語言的誘因，以確保所傳遞或接收的訊息是所想的。

阻礙因素	克服方式
6. 非語言的誘因（nonverbal cues）：雙方互動時，語言與非語言的動作往往是一致的；然而，當表裡不一致時，會使收訊者感到混淆，而對訊息的明確性造成不良影響。 7. 其他：溝通所處的環境、干擾、過度負荷、未經查證的假設、偏見、刻板印象、個人過去的經驗及轉述等，皆可能會阻礙社會工作的溝通。	

 練功坊

★ 目前臺灣有一些大型的社會服務機構會依地區設置辦公處所，試分析此種依地區分部化（departmentalization by geographic area）的組織設計，其優、缺點為何？

解析

依地區分部化是以如北區、中區、南區之地理區域做為劃分部門的基礎。這類結構普遍為大型的社會福利機構所採用，以便能將其縮小至易於經營的次單位。機構依地區分部化組織設計之優、缺點，說明如下：

（一）優點：可以回應地方需求的服務、有助於提升服務效率、有助於經營地方關係、增進服務的可近性及較易於確認工作的成效（地區模式可讓各負責區主管的職權相當明確，進而對服務的成果負責）。

（二）缺點：地理範圍不易界定、員工工作負荷失衡（不同區域的負荷量不同）、不利於員工士氣（被指派到較不受歡迎的特定服務地區）、可能發生有違案主權益的情事（案主距離鄰近服務中心較近，但非該轄區而須遠赴較遠的服務中心），以及不利專業服務（問題須需求多元，有時員工難以為不同問題之廣泛案主提供多方面的服務）。

★ (　　) 在探討非營利組織內部結構時，如果注意到該組織依賴組織規章與程序，如操作手冊、作業程序等來規範社工員的程度，這是注意到組織哪一方面的狀況？

(A) 正式化（formalization）　　　　(B) 複雜化（complexity）

(C) 集權化（centralization）　　　　(D) 部門化（departmentalization）

解 析

(A)。正式化（formalization）係指組織仰賴規則和程序以指導其成員行為的程度。一個組織的規則或規範愈多，則組織的正式化程度愈高，這表示對作業與員工行為的規範愈多，組織的成員愈趨一致，給員工的作業彈性和自由裁量權也愈少。

★ ( ) 對於有機型結構（organic structure）的組織之敘述，下列何者是正確的？
(A) 明確的任務、角色與分工
(B) 強調標準化作業
(C) 強調個人適任、專業及創新能力
(D) 重視組織的可預測性和穩定性

解 析

(C)。有機型結構（organic structure）的特徵在於傾向扁平式、決策分權化及水平溝通，這些特性加速其決策過程。有機型結構也會形成強調個人適任、專業及創新能力的非正式規範與價值觀，個人地位決定於創造性領導的能力，而非其在科層中正式職位的高低。

重點 2 非營利組織與 社會企業 ✦✦✦

一、非營利組織的定義與特徵／特色

（一）非營利組織的定義

1. 非營利組織（nonprofit organization），是人群服務組織的一種，此名詞源於美國國內稅法（the Internal Revenue Service，簡稱 IRs）的法條。對於那些為公共利益而工作的團體給予免稅的鼓勵，這些團體統稱為非營利組織。台灣的學者在討論非營利組織時，一般是以 IRS 的法規所列的宗教、慈善機構及社會福利機構為主。

2. 非營利組織（non-profit organization），簡單來說，是指不以營利為目的所組織而成的機構，包括非營利部門、慈善部門（charitable sector）、志願部門（voluntary sector）、非政府組織（non-governmental organizations, NGOs）、社區部門（associational sector）、經濟社會連合會（economic social company）、獨立部門（independent sector）、免稅部門（tax-exempt sector）、第三部門（third party）等。

3. 依據社會工作辭典的界定，非營利組織的建立是為實現一些特定的社會目的，而不是為了金錢報酬。在學術上這個名詞包含政府部門，但一般而言，是用來指私人、志願性的社會機構和營利的獨占性機構。它們的財源收入有各種來源，包括直接從案主、第三部門、公共捐款、慈善捐款、政府補助和免稅而來。

（二）非營利組織的特徵

（引自：陳智政，《非營利組織管理》，華都。）

1. 具有公共服務的使命 知；非營利組織具有服務社會的重要使命，組織的成立是為了積極促進大眾的福利，或實現一些特定的社會目的。尤其是非營利組織的贊助者，都希望他們的捐贈可以影響社會或造福特定對象。

上榜關鍵 ★★★
非營利組織的特徵、特色（功能）等是重要的考點；惟請先對非營利組織的定義有清楚的概念。

上榜關鍵 ★
請熟悉非營利組織的相關同義字。

> 1. 使命（mission）宣言和願景（vision）宣言：是宣示組織的企圖、希望及期待，也就是要告訴人家我們是什麼樣的組織、成立的目的、做些什麼及服務對象為何。
>
> 2. 使命宣言應該包括：
>   （1）宗旨：描述組織所欲達成的最終成果。
>   （2）任務：描述為達成這項宗旨所運用的主要方法（方案、行動、服務等）。
>   （3）價值觀：組織成員共享的信念或指導原則。
>
> 3. 使命宣言是組織的工作藍圖，而願景則是在回答使命達成後會是什麼樣子，是成功後的具體圖像。

知識
補給站

2. 不以營利為目的：非營利組織存在的重點在於服務，不是獲取經濟上的利益。即使愈來愈多的非營利組織開辦一些營利的事業體，但不論非營利組織是否從事營利行為，都必須面對社會的期許。非營利組織中的營利行為仍必須是公共服務的一環，不是以追求組織的利潤為目標，產生的盈餘更不能分配給財源的提供者或員工，任何團體或個人對於盈餘都沒有請求分配權。所以，公共財產處置的責任大於個人事業風險的承擔，就成為其與企業最大的差別所在。

3. 強調自主性的結合：組織運用「使命」結合志同道合的人一同發展組織的政策，並在許多部分依賴認同組織使命的志願人員來共同執行；尤其是財務也常靠自主性的捐贈，而不是靠販賣服務或商品所得。

（三）非營利組織的特色、功能

（引自：王明鳳、黃誌坤，《社會工作管理》，華都。）

1. 正式的結構：它是合法的組織，具有某種程度的制度化。由於它並非臨時或非正式民眾的結合體，故要得到政府所制定法律的合法承認，方具有法人團體的資格，才可以用組織之名訂定契約和保管財務。

2. 私人的組織：必須是民間性質的組織，以便與政府機構有所區隔，雖然它不屬於政府部門，但可接受政府的資源及管理。

3. 非利益分配：組織本身可以生產利潤，但必須將組織的利潤運用在機構宗旨限定的任務或機構的工作上，而不是分配給組織會員，即不以賺取個人利益為目的，乃在於追求公共利益、社會公益。

4. 自主性的管理：非營利組織要能夠自我管理或自我治理，即有一套內部治理程序，不受外力干涉和外界影響。

5. 志願性的組成：組織人員乃是志願性參與，大量運用志工，像是董監事們在某種程度也算是志工的一種。

6. 公共利益的屬性：非營利組織所提供的服務應具有公共利益的性質，並以服務大眾為職志，它的運作不是靠「利潤動機」的驅使，乃是靠「使命」的凝聚力和引導。

7. 稅賦優惠：組織不用繳稅或在法律上享有稅賦的優惠，捐助者或贊助者的捐款可納入免稅或減稅的優惠範圍。

（四）非營利組織與社會工作的關係

　　非營利組織又稱為第三部門，是相對於偏重公領域的政府部門或政府組織，和偏重於私領域的市場部門或企業組織。第三部門兼具有雙重性質，一方面它代表公共福祉與社會正義的追求，因為它不是以市場利益為導向，而以社會公益為目標，所以可以彌補政府失靈後所造成的困擾；另一方面，它又可以減低政府部門科層體制的弊病，而以較靈活且彈性的組織形式，針對某些事件或議題進行深入地探索、掌握效率的工作原則。因此，非營利組織的終極目的乃在於追求目標群眾的利益，希望能影響目標群眾的行為來造福社會，謀求整體社會公益。

二、非營利組織的類型與經費來源

（一）非營利組織的類型

1. Denhardt 將非營利組織依事業目的之不同，分為公益類組織與互益類組織。公益類組織是以提供公共服務為目的之非營利組織，包括：慈善事業、教育文化機構、科技研究組織、私立基金會、社會福利機構、宗教團體、政治團體等七種；互益類組織則是提供會員間互益目的之非營利組織，包括社交俱樂部、消費合作社、工會、商會與職業團體。可見，非營利組織的性質除了傳統的慈善救濟功能外，多數已朝向多元化的發展方式。

2. 根據我國的所得稅法，則將非營利組織界定為：各種教育、文化、公益、慈善機關或團體，合於民法總則公益社團及財團之組織。社團組織係以人之集合為特點，財團組織則以財產之集合為特點。所以，一般在台灣提到非營利組織，主要可分為社團法人和財團法人兩種類型：

（1）社團法人：因人而聚集而成的法人團體稱為「社團法人」。例如：協會（社會服務及慈善團體）、學會（學術文化團體）等，最高權力來源為會員大會，由會員大會選出理監事若干名後組成理事會及監事會，再分別選出理事長及常務監事，作為日常會務的主要管理及監督等工作。理事長為間接選舉後的最高領導人，理事長連選得連任一次，每次任期最多不可超過4年。下設各級工作人員。

（2）財團法人：因財物的聚集而設立組織的團體，稱爲「財團法人」，也就是一般的基金會。財團法人因爲財物而聚集，所以重點在財物的管理（因爲不一定是錢，也可以是土地等有價且可孳息的財貨），因此成立之初便須訂定捐贈辦法，設董事會，並且內置董事長、董事與監事若干人，執行財物的管理，董事會爲日常政策性決定的單位，下設一位執行長執行行政事務。董事會爲最高權力來源，董事長及董事皆可連選連任，下設各級工作人員。

（二）非營利組織的經費來源

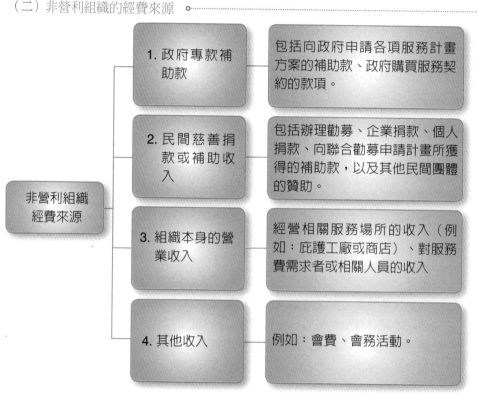

非營利組織經費來源

1. 政府專款補助款 ── 包括向政府申請各項服務計畫方案的補助款、政府購買服務契約的款項。

2. 民間慈善捐款或補助收入 ── 包括辦理勸募、企業捐款、個人捐款、向聯合勸募申請計畫所獲得的補助款，以及其他民間團體的贊助。

3. 組織本身的營業收入 ── 經營相關服務場所的收入（例如：庇護工廠或商店）、對服務費需求者或相關人員的收入

4. 其他收入 ── 例如：會費、會務活動。

上榜關鍵 ★★★
非營利組織的財源類型，在台灣的非營利組織的財源以何種爲主，請建立基本概念。

三、非營利組織與營利組織的公共關係比較

項目	非營利組織公共關係	企業公共關係
公共關係目標	打開知名度、擴大影響、爭取支持、推廣觀念為目標。	以建立、包裝企業形象為目標。
社會資源	拓展社會資源	鞏固社會資源
公共關係運作	公共關係運作的經費有限，依據少花錢、多辦事、辦好事的原則，積少成多，逐步累積成某種聲勢。	有較多的財力、人力編制，專司公共關係活動的運作。
與目標對象間的關係	與公眾之間的聯繫較為鬆散，缺乏相對固定的利益關係。	顧客導向下，與顧客關係較為密切，維持聯繫的利益較為明顯。
扮演角色	募款者、活動籌辦者，	捐款者、贊助者
政治公共關係	政治遊說目標以公眾利益為主。	政治遊說目標以企業利益為主。
組織編制	只有少部分組織設置公共關係部門或專人，部分非營利組織都是由領導階層擔負公共關係的職責。	大部分均設有公共關係部門。

四、組織識別系統

> **榜首提點**
> 請細心研讀，在測驗題的考點相當細微。

1. 企業識別系統（Corporate Identity System, CIS）
  （1）公共關係基本上包含人際關係的發展、危機處理，以及提升組織形象等三大面向。因此，公共關係也需致力於企業界常用的企業識別系統（Corporate Identity System, CIS）的建立，思索如何將抽象的組織形象予以具體化與深度化。換言之，公共關係人員透過 CIS 的運用，讓機構／組織在眾多競爭對手與社會組織中標新立異、脫穎而出。
  （2）企業識別：是藉由一些統一的、連貫的活動及視覺設計，將組織的文化與理念表達出來，以塑造出組織獨特的個性與風格。只是企業識別不等於組織形象，企業識別是組織具體形象的標誌。

（3）在英文中，「CI」是縮寫，可以分別代表「Corporate Image」，翻譯爲「企業形象」（在非營利組織稱爲「組織形象」）或者是「Corporate Identity」，翻譯爲「企業識別」（在非營利組織稱爲「組織識別」）。這兩個概念都是公關與廣告最常用的概念，「組織形象」還被當作公共關係的「核心概念」。

（4）組織形象：指的是公眾對組織的總體評價，是組織的表現與特徵在大眾心目中的反映。大眾是形象的評定者，包括：組織的總體特徵與風格；知名度與聲譽；組織形象定位等。

（5）組織識別：是組織、企業將其理念、行爲、視覺形象及一切可感受形象實行的統一化、標準化與規範化的科學管理體系。主要包括：理念識別系統（MIS）、行爲識別系統（BIS）、視覺識別系統（VIS）等要素。兩者可區分爲：一個是「大眾怎麼看」，一個是「自己怎麼做」，角度明顯不同。「企業識別」是基礎，經過「企業傳播」就成爲「企業形象」。

2. 企業識別系統應包含理念識別、行爲識別及視覺識別三者整合而成：

項目	說明
1. 理念識別（Mind Identity; MI）	是指組織的經營理念、精神、使命等，其組織長久經營的宗旨，是整個 CIS 的精神所在，MI 的建立可以凝聚組織內部的向心力。透過組織的經營理念及做法，進行一致性的整合，向大眾及員工傳遞獨特的組織特點，它包括了經營使命、經營理念、經營宗旨、組織目標、組織定位、組織精神、組織格言、管理觀念、人才觀念、創新觀念、工作觀念、服務觀念、人生觀念、價值觀念、品牌定位等。
2. 行爲識別（Behavior Identity; BI）	是指內部的組織、管理制度、員工行爲、服務態度、抱怨處理及外部的一切表現；是組織理念的行爲化，透過組織理念的規劃下，員工對內、對外的各種行爲，以及組織的各種服務活動，傳達組織的經營特色。它包括員工教育、員工培訓、規章制度、品質管制、行爲規範、公關活動、公益活動、品牌推廣等。

項目	說明
3. 視覺識別（Visual Identity; VI）	是指組織的名字、標誌、標準用色、員工制服、包裝，甚至包括建築物景觀和辦公室的設計等，可以讓人一眼就辨識出該組織與別的組織之區隔。它包括了基礎要素和應用要素兩大部分。基礎要素是指：組織名稱、對外常用的名稱、標誌、標準字、標準色、標語組合等；應用要素則是指：辦公用品、公關用品、環境展示、招牌、制服、交通工具、廣告展示等。現在又興起「環境識別系統（EIS）」概念，其實是把 VI 更為擴大，在內部環境部分強調門面、設施與設備、安全設施的設計等等的視覺感受，外部環境則包括：環境藝術設計、建築外觀、廣告、組織環境風格與社區風格的融合程度等。

五、非營利組織的運作與董事會

> **上榜關鍵** ★★★
> 此為測驗題考點。

（一）非營利組織的運作—— CORPS 意涵

司徒達賢對於非營利組織的走向與發展提出一個概念性的架構——「CORPS」做為管理上基本操作程序。所謂「CORPS」意指「結合人力資源（participants）、財力資源（resources），經由某一些有組織的活動（operations），創造某些有價值的服務（services），以服務社會中的某些人（clients）。」如果一個機構在使命上，明顯缺乏願景，在服務對象的界定上將會產生惡性循環，因為缺乏明確的使命指引，便無法成功的建立機構社會形象與競爭優勢地位。

（二）非營利組織董事會的功能與代表性（角色）

就如同一般營利事業組織的董事會一樣，非營利組織的董事會是組織的中樞及最高決策機構，各種重要事項的決定與責任都必須由董事會來承擔。換句話說，董事會可說是影響非營利組織能否達成使命願景的關鍵。

1. 非營利組織董事會的功能

> **上榜關鍵** ★★★
> 在測驗的考點上，較偏細節，請用心準備。

（1）決定組織的任務與目的：董事會的一個重要功能就是要清楚界定組織賴以維繫的核心任務、組織要成就的主要目標，以及訂定運作的程序，並定時檢討組織的規程及方案的內容是否與組織的基本目標相同。

（2）方案發展：董事會參與組織的年度方案設計，決定長程計畫的基本走向，並督導方案的發展和執行。

（3）預算與財務監督：董事會審核與批准預算，以及執行適當的財務管制措施，例如：監督會計與審計作業的流程。

（4）募款：董事會的成員或直接捐助經費給組織，或致力於尋找財源，不然就是爲組織建立良好的社會資源網絡，使組織有充裕的經費來辦活動。

（5）甄選與解聘行政主管：組織領導品質的好壞繫於能否選任優秀的行政主管，如執行長或總幹事，並且應定期評鑑行政主管的工作績效，以了解其長處和弱點，作爲續聘與否的依據。

（6）與社區溝通聯繫的橋樑：董事會須代表組織與外界建立良好的溝通管道，盡力提高組織的公眾形象，並爲組織宣揚及辯護。

2. 非營利組織董事會的角色（代表性）規範

Wolf 認爲非營利組織宜聘請下列人士加入董事會：在社會上素有清望的仕紳、組織設計專家、財務會計專家、擅於募款的人士（商、政、基金會代表）、人事管理專家、律師、公共關係專家，以及與組織核心業務有關的專業人士，以提升組織的專業聲望、募款能力與組織責信，以藉由董事會成員自身擁有的社會資本進一步爲組織吸納更多的資源。

（三）董事的職責

當我們決定要選出哪些人擔任基金會的董事之前，應先了解董事會個別成員有哪些職責需要遵守。再來挑選適當的人選。Dreezn 與 Korza 認爲董事會的責任包括：財政、法律、募款、出席，以及義務服務等。

1. 財政、法律：所謂財政是指董事有責任了解組織的資金流向，確保組織的財務健全，避免因不當的操作而損害服務對象的權益，以及捐款者對於基金會所託付的任務與信任。因此，董事會也要確保組織的運作不會觸法，包括對於刑法與民法中對各種行爲的規範，以及組織在相關的稅法方面是否合於規範運作。

2. 募款：董事會成員有一項相當重要的使命，就是幫助基金進行募款工作。所謂募款工作可分爲董事自行捐款及勸募兩大類。董事自行捐款可能是明文規範，指出董事應該每年捐多少金額給組織，以維持董事的資格，也可以說捐款就是董事的義務，有點類似營利組織中的投資金額爭取董事席位的方式。不過，非營利組織中的董事「投資」所獲得的收益絕對不是金錢的回報。而在勸募方面，有些組織會希望董事每年能協助募到多少金額的款項，也有組織要求董事們親自參與募款的工作，須募到多少款項並未限制，這部分端賴不同的財團法人組織的情形而定。

3. 出席、義務服務：付出時間、精力參與董事會的運作，並未參與組織的服務，其實也像是董事會對於組織的捐贈，只不過這回捐出的不只是金錢而是自己。擔任基金會董事都是無給職（但部分組織會編列車馬費、餐費等補貼的費用），因此董事的職責就像是志工，必須自願出席董事會議，或在某些

委員會與工作小組上貢獻所長。這些也都是董事們常被期待能落實的職責。

（四）非營利組織董事會在購買服務契約的過程的角色類型

　　新管理主義的興起，提倡小而美的政府，認為政府不再是唯一的福利供給者，民間的營利與非營利組織也可以負擔起部分的責任。這種潮流最常見的情形就是政府透過購買式服務，以公辦民營的方式融入民間力量與效能，肩負起社會福利提供者的角色。在這樣的過程中，董事會在購買服務契約的過程中具有四種角色類型：

1. 促成者：在政府購買服務契約的過程中，董事會可以發揮促成者的角色，參與方案申請書的準備過程，提供實質上與形式上的意見給行政人員，以充實申請書的內容；董事可私下或公開會見政府機構人員，溝通雙方的需求，並尋求政府人員對該組織申請方案的支持；審查與批准和政府訂定的服務契約，此項功能有可能是詳細探究合約條款，也有可能是如橡皮圖章般批准了事。

2. 政治倡議者：這個角色的發揮，可以維繫與擴張已獲得的資源和利益，且適用於續約或終止合約的時機。董事會可個別私下或公開地尋求民意代表對續約的支持，或由董事會以組織的名義公開活動，尋求服務對象的支持，向政府機關施予續約的壓力。

3. 緩衝者：政府購買服務契約過程中對非營利組織的影響，最常被詬病的就是組織自主性受到破壞。因為契約內的標準化過程，往往會減少組織針對服務對象需求的回應功能。董事會在此擔任政府與組織間的緩衝，在彈性的灰色範圍內進行溝通或談判，必要時則協助行政部門開發其他替代政府經費的財源，減少對政府的依賴關係與受到的影響。

4. 價值的維護者：政府透過購買服務契約，形成公私（非營利）部門的夥伴關係，卻也可能造成彼此之間的價值衝突。在價值維護者的角色，董事會可能的任務包括協助行政部門評估委託方案與組織本身的宗旨是否相符；設定組織本身組織發展的長短程目標，和執行的先後順序；優先滿足組織所服務的社區與案主的需求；隨時宣示與提醒行政部門組織創始時所珍惜的價值與使命。

（五）台灣地區社會福利基金會董事會的功能

　　依據學者調查，在台灣的實務經驗中，不論是全國性、地方性的社會福利基金會，或是企業捐助型的地方社會福利基金會中，董事會最常發揮的六項功能依序是：「審核年度業務方案」、「審核與批准預算與決算」、「決定長程計畫」、「審核組織的章程」、「督導組織執行方案」與「明定組織的任務」。儘管組織的規模與背景不同，台灣目前社會福利基金會的董事會已經發揮的功能，整體上而言是大同小異的。

六、社會企業之定義

（一）社會企業（Social Enterprise）的概念在歐美雖然發展已久，但尚未有統一的定義，一般泛指企業或非營利組織透過商業手段，以達成特定社會服務之目的。根據經濟合作暨開發組織（OECD）的定義：「社會企業係指任何可以產生公共利益的私人活動，具有企業精神策略，以達成特定經濟或社會目標，而非以利潤極大化為主要追求，且有助於解決社會排除及失業問題的組織。」換言之，社會企業雖具有企業外貌，然因具有公益本質，故就組織型態而言，社會企業乃被視為企業與社會部門間的混合組織。對此，國內學者有類似的看法，認為相較於傳統營利組織與非營利組織的二分法方式，社會企業具有跨部門的雙重特質，既有非營利組織公益使命的屬性，又有營利組織以本身的財貨和服務賺取組織運作資源之特性知，尤其是後者的商業性活動，被視為是判別該組織是否為社會企業的重要指標。

知識補給站

社會企業光譜

		純慈善性質 ←——————————→ 純商業性質		
動機、方法、目標		1. 訴諸善心 2. 使命導向 3. 社會價值	1. 二者兼具 2. 使命與市場導向並重 3. 社會與經濟價值並重	1. 訴諸個人利益 2. 市場導向 3. 經濟價值
主要利害關係人	受益人	免付費	補助價格，或服務對象部分或全額免費	依市場收費
	資金	捐款與補助	資金成本低於市價，或捐款與成本比照市場的行情兼具	市場價格的資金

		純慈善性質 ←————————————→ 純商業性質		
主要利害關係人	員工薪資	志工	低於市場行情的工資，同時有志工與支全薪的員工	依市場價格行情給薪
	供應商	捐贈物品	特殊折扣或物品捐贈與全額捐贈都有	依市場收費

（二）詳言之，社會企業是致力於「社會財」（social goods），並以獲取利潤追求永續經營的組織，其經費來源除了有非營利組織的傳統經費來源外，還包括商業的營利收入（從政府部門撥款者與私人營利部門的消費者獲得經費）以及商業的活動。在台灣，社會企業的相關概念尚在建構中，一般常與非營利組織的企業化或事業化混合使用。非營利組織的企業化或事業化僅能視為社會企業的一種類型，社會企業的經營主體不一定是非營利組織，也可以是企業，重要的是，無論何者皆須以企業或商業手法來完成公益或社會性目的。

（三）另「社會企業聯盟」（The Social Enterprise Alliance）對社會企業的界定為：非營利組織藉由從事任何賺取所得的事業或採取營收策略，以便獲得經費所得來支持實踐其公益慈善的宗旨，謂之為社會企業。

上榜關鍵 ★★★
相關的闡述學派請一併完整準備，做好基本功。

七、社會企業的概念闡述學派

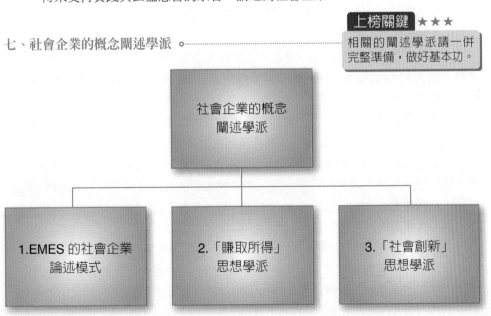

社會企業的概念闡述學派

1.EMES 的社會企業論述模式　　2.「賺取所得」思想學派　　3.「社會創新」思想學派

（一）EMES 的社會企業論述模式

    1. EMES 始於歐洲委員會「社會經濟研究指標」（Targeted Socio-Economic Research, TSER）方案，並於 1996 年成立「歐洲社會企業」（EMES）網絡。EMES 主要採取兩個評量指標，包含企業面（entrepreneurial side）及社會面向（social dimensions），EMES 認為社會企業乃是合作社（co-operatives）與非營利組織（non-profit organizations）的交叉點（crossroad），其中合作社包含勞動者合作社（workers' co-ops）及使用者合作社（users'co-ops），而非營利組織包含生產型非營利組織（production oriented NPOs）及倡議型非營利組織（advocacy oriented NPOs）。

    2. EMES 的論述模式強調在社會企業的「經濟和創業精神面向」（economic and entrepreneurial dimensions）有三個準則，分別是：（1）在生產財貨和銷售服務上是一種持續性的活動；（2）需承擔顯著的經濟風險；（3）需聘有最低數量的有薪給付員工。至於社會企業的社會面向（social dimensions）則有兩個準則：分別是：（1）組織具有一個有益於社區的明確目標；（2）是由一群公民倡議發起的組織。EMES 的社會企業「治理的特殊性」（specificity of the governance），分別是：（1）組織的高度自主性；（2）決策權的分配基於持股的多寡；（3）民主參與的本質，亦即受活動影響的行動者都有參與的權利；（4）有限度的利潤分配。歸納言之，EMES 的觀點強調社會企業的社會價值宗旨（social mission）、所生產的產品和服務與社會價值宗旨的關聯性、需承受一定的經濟風險、組織的多樣利益關係人的治理結構，以及多元的社會創新觀念與措施的擴散管道。

（二）「賺取所得」思想學派

    「賺取所得」思想學派是一種商業性質的非營利組織，著重於 NPO 賺取所得的策略，強調 NPO 透過商業活動或類似手段的運用來支持、實踐其營運宗旨。Kerlin 對此闡釋為 NPO 從事與組織宗旨相關的商業活動，以賺取產品與服務營收的所得支持組織的社會公益活動與方案，例如：庇護性質的商業活動來支持身心障礙者就業與所得提升。Boschee 與 MeClurg 認為詮釋社會企業時不可忽視一項重要元素，即社會企業要能夠產生賺取的所得，但不同於傳統的營利性企業組織，其衡量組織成功或失敗的標準往往是獲利的多寡，反之，社會企業衡量成功或失敗則有兩條底線，一是「財務收益」（financial returns），另一是「社會收益」。

（三）「社會創新」思想學派

    「社會創新」思想學派強調的是「社會企業家」的重要性，Dees 強調，非營利社會企業組織是變遷的代理人（change makers），其運作模式具有提高財務的穩定性、提高服務品質、提供工作機會給弱勢族群，以及促進組織的專業化等優點。

Dees, Emerson & Economy 甚至指出，成功的社會企業家需展現之行爲模式與精神，包括：1.持續推動能夠創造與維繫某項社會價值的使命；2.盡最大努力尋找新的機會，以實踐該使命；3. 過程中要不斷地創新、適應與學習；4. 要勇於行動，勿被目前所能夠掌握的資源所限制；5. 要對服務的案主群與顧客，以及所導致的結果體現高度的責信感。

八、社會企業之類型
（官有垣老師提出）

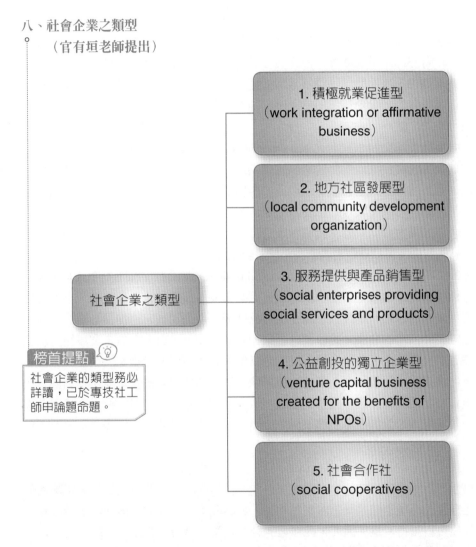

社會企業之類型

1. 積極就業促進型
（work integration or affirmative business）

2. 地方社區發展型
（local community development organization）

3. 服務提供與產品銷售型
（social enterprises providing social services and products）

4. 公益創投的獨立企業型
（venture capital business created for the benefits of NPOs）

5. 社會合作社
（social cooperatives）

榜首提點
社會企業的類型務必詳讀，已於專技社工師申論題命題。

（一）積極就業促進型（work integration or affirmative business）
此類型的社會企業積極關切被社會排除的弱勢團體，特別是身心障礙者，希望藉由提供工作機會，將這些長期失業與弱勢者整合入勞動市場。在台灣這類型的社

會企業相當普遍，多由身心障礙者領域的非營利組織所經營，透過設立工作坊或庇護工場以提供職業訓練或就業機會，如喜憨兒的烘焙屋與餐廳、陽光洗車中心等。雖然這類組織在社會企業的經營上已具備商業取向，但仍相當程度的依賴政府的直接或間接支援。

（二）地方社區發展型（local community development organization）

此類型的社會企業是由社區草根性非營利組織經營。目地是希望改變過去政府回應社區發展問題係採取由上到下的經費注入模式，卻未能發揮很好的效果，所以試圖由底層社區著手，鼓勵社區居民參與各項事務。這類型的組織有些是自行設立社會企業，有些則是扮演觸媒、催化與資源整合角色，藉由與地方居民或外來的專業人力共同努力，來協助居民發展當地的產業與服務。換言之，這類由社區草根性非營利組織成立的社會企業，由於了解當地社區狀況，因而有能力動員居民一起規劃與執行產業計畫。

（三）服務提供與產品銷售型（social enterprises providing social services and products）

這類型的社會企業是指非營利組織提供付費服務，或是販售組織所生產或代售的產品。但不論何者，這些服務或產品均與組織本身的使命有密切關聯。以販售產品而言，非營利組織所販售的主要產品通常與組織的使命或提供服務有關，如陽光基金會販售的壓力衣、荒野保護協會販售自然生態卡等。一方面除可增加組織的營收外，另一方面還可以藉由這些產品來推廣組織形象。

（四）公益創投的獨立企業型（venture capital business created for the benefits of NPOs）

這類型的社會企業是指由一家或數家企業組織，甚至是非營利組織，投資設立具有發展潛力的公司。創投公司除了出資協助成立新公司外，也提供必要的管理支援，並監督新公司的發展。此種社會企業如有營運獲利，出資者與企業以雙方約定的回饋金、利潤分配、公積金等貨幣或非貨幣方式回饋出資者指定的公益性社團。因此，嚴格來說，此種社會企業是一種營利公司，其營運目標就是要產生利潤，使之能重新分配給一家或數家非營利組織。值得注意的是，此類型的社會企業與前述一般非營利組織附設的庇護工場不同，企業本身並不屬於非營利組織的一部分，對社會使命的影響是間接的。

（五）社會合作社（social cooperatives）

以合作社形式成立的社會企業由來已久。合作社的主要特性在於強調組織內部的利益關係人透過組織共同追求集體利益，利益關係人被鼓勵積極參與組織事務，進而從中可以獲得利益。因此，此類型的社會企業之發展，對於利益關係人的權益有頗大的影響。在台灣較顯著的案例是「主婦聯盟消費合作社」。

相關法規說明

項次	法規名稱	說明
1	人民團體法	請至「全國法規資料庫」下載（http://law.moj.gov.tw/）

編者說明：為免相關法規修法更迭頻繁，致所研讀之法規過時，影響應考成績，請考生於研讀本章時下載相關法規同步研讀。

練功坊

★ 近年來社會企業（Social Enterprise）議題的討論頗為熱烈，請說明何謂社會企業？

解析

社會企業之定義：

(一) 社會企業的概念在歐美雖然發展已久，但尚未有統一的定義，一般泛指企業或非營利組織透過商業手段，以達成特定社會服務之目的。根據經濟合作暨開發組織（OECD）的定義：「社會企業係指任何可以產生公共利益的私人活動，具有企業精神策略，以達成特定經濟或社會目標，而非以利潤極大化為主要追求，且有助於解決社會排除及失業問題的組織。」換言之，社會企業雖具有企業外貌，然因具有公益本質，故就組織型態而言，社會企業乃被視為企業與社會部門間的混合組織。對此，國內學者有類似的看法，認為相較於傳統營利組織與非營利組織的二分法方式，社會企業具有跨部門的雙重特質，既有非營利組織公益使命的屬性，又有營利組織以本身的財貨和服務賺取組織運作資源之特性，尤其是後者的商業性活動，被視為是判別該組織是否為社會企業的重要指標。

(二) 詳言之，社會企業是致力於「社會財」（social goods），並以獲取利潤追求永續經營的組織，其經費來源除了有非營利組織的傳統經費來源外，還包括商業的營利收入（從政府部門撥款者與私人營利部門的消費者獲得經費）以及商業的活動。在台灣，社會企業的相關概念尚在建構中，一般常與非營利組織的企業化或事業化混合使用。非營利組織的企業化或事業化僅能視為社會企業的一種類型，社會企業的經營主體部不一定是非營利組織，也可以是企業，重要的是，無論何者皆須以企業或商業手法來完成公益或社會性目的。

(三) 另「社會企業聯盟」（The Social Enterprise Alliance）對社會企業的界定為：非營利組織藉由從事任何賺取所得的事業或採取營收策略，以便獲得經費所得來支持實踐其公益慈善的宗旨，謂之為社會企業

★ ( ) 某一財團法人社會福利基金會聘用專職工作人員約 100 人，而大部分的專職員工是社會工作員。請問下列哪項工作不是該基金會董（監）事的主要職責？

(A) 修改捐助章程　　　　　　(B) 審查年度預算

(C) 維繫基金會的使命　　　　(D) 督導社會工作實務

解析

(D)。非營利組織董事會的功能／職責

（一）決定組織的任務與目的：董事會的一個重要功能就是要清楚界定組織賴以維繫的核心任務、組織要成就的主要目標，以及訂定運作的程序，並定時檢討組織的規程及方案的內容是否與組織的基本目標相同。選項 (A)、(C) 屬之。

（二）方案發展：董事會參與組織的年度方案設計，決定長程計畫的基本走向，並督導方案的發展和執行。

（三）預算與財務監督：董事會審核與批准預算，以及執行適當的財務管制措施，譬如監督會計與審計作業的流程。選項 (B) 屬之。

（四）募款：董事會的成員或直接捐助經費給組織，或致力於尋找財源，不然就是為組織建立良好的社會資源網絡，使組織有充裕的經費來辦活動。

（五）甄選與解聘行政主管：組織領導品質的好壞繫於能否選任優秀的行政主管，如執行長或總幹事，並且應定期評鑑行政主管的工作績效，以了解其長處和弱點，作為續聘與否的依據。

（六）與社區溝通聯繫的橋樑：董事會須代表組織與外界建立良好的溝通管道，盡力提高組織的公眾形象，並為組織宣揚及辯護。

★ ( ) 司徒達賢撰寫《非營利組織的經營管理》，提出一套簡易的管理邏輯思考，稱之為 CORPS 模式，各英文字母所代表的意義為下列何者？

(A) Client, Operation, Resources, Purpose, Service

(B) Client, Operation, Resources, Process, Service

(C) Client, Operation, Resources, Participant, Service

(D) Client, Operation, Resources, Promotion, Service

解析

(C)。司徒達賢對於非營利組織的走向與發展提出一個概念性的架構——「CORPS」做為管理上基本操作程序。所謂「CORPS」意指「結合人力資源（participants）、財力資源（resources），經由某一些有組織的活動（operations），創造某些有價值的服務（services），以服務社會中的某些人（clients）。」如果一個機構在使命上，明顯缺乏願景，在服務對象的界定上將會產生惡性循環，因為缺乏明確的使命指引，便無法成功的建立機構社會形象與競爭優勢地位。

重點便利貼

❶ 社會服務機構的部門劃分

(1) 依「方案」分部化：當針對特定形式的問題或案主群而需要專門知識和技巧時，依方案分部化是最常見的方式。例如：未婚懷孕方案、高風險家庭方案、早期療育方案或收養方案等。

(2) 依「功能（企業）」分部化：是將相同或類似的工作項目予以集結，並組織員工，例如：生產部、行銷部、財務部或人力資源部等。

(3) 依「過程」分部化：是以生產或顧客服務流程為基礎的劃分方式，其工作活動是順著生產或顧客服務的流程而自然進行。例如：通報組、接案組與篩選組、處遇與治療組及追蹤輔導組。

(4) 依「顧客／案主」分部化：是以具有共同需求或問題之特定或獨特的顧客／案主為基礎的劃分方式。例如：一個家庭暴力防治機構的社工員，也許會被以最初診斷或案主問題的形成而劃分為幾個不同的負責部門，有的部門是負責兒童個案，有的則是負責處理婦女或男性個案。

(5) 依「產品／服務」分部化：是以生產線做為劃分部門的基礎，在社會工作則係

以提供的服務。例如：一個家庭服務機構可能會將其服務劃分為通報轉介組、個別治療組、團體諮商組及家庭諮商組等部門。

(6) 依「地區」分部化：以地理區域做為劃分部門的基礎。例如：北區、中區、南區。

❷ 非營利組織的特徵：(1) 具有公共服務的使命；(2) 不以營利為目的；(3) 自主性的結合。

❸ 非營利組織的特色、功能：(1) 正式的結構；(2) 私人的組織；(3) 非利益分配；(4) 自主性的管理；(5) 志願性的組成；(6) 公共利益的屬性；(7) 稅賦優惠。

❹ 非營利組織董事會的功能：(1) 決定組織的任務與目的；(2) 方案發展；(3) 預算與財務監督；(4) 募款；(5) 甄選與解聘行政主管；(6) 與社區溝通聯繫的橋樑。

❺ 社會企業：「社會企業聯盟」（The Social Enterprise Alliance）對社會企業的界定為：非營利組織藉由從事任何賺取所得的事業或採取營收策略，以便獲得經費所得來支持實踐其公益慈善的宗旨。

❻ 社會企業的概念闡述學派：(1) EMES 的社會企業論述模式；(2)「賺取所得」思想學派；(3)「社會創新」思想學派。

擬真考場

有學者將組織結構分類為機械型結構（mechanistic structure）與有機型結構（organicstructure），你認為在變動、高度不確定的環境下運作的社會服務機構，何種類型的組織設計較為合適？為什麼？試說明之。

選擇題

(　) 1. 通常社會工作人員到機構或組織服務時，常會遭遇一套非正式的價值觀規範及信念，而其是可控制組織內的個人與群體之間的互動關係，也可控制組織內個人和群體與組織外的個人間的互動關係，請問這是何種現象？
(A) 組織文化　　　(B) 組織環境　　　(C) 組織結構　　　(D) 組織生態

(　) 2. 某類型的人群服務機構，其組織是依據特定領域的專門知識決定結構，例如：營業部門負責臨床服務，人力資源部門負責員工發展，這是採取何種部門化（departmentalization）的設計？
(A) 按方案部門化（departmentalization by program）
(B) 按市場部門化（departmentalization by market）
(C) 按功能部門化（departmentalization by function）
(D) 按消費者／案主部門化（departmentalization by consumer/client）

解析

申論題：

（一）有機型結構（organic structure）的特徵在於傾向扁平式、決策分權化及水平溝通，這些特性加速其決策過程。有機型結構的組織分工較模糊，賦予員工較多的自由，期待以彈性取代標準化作業，並透過資訊分享與相互協調的溝通與合作方式，以促進功能間的整合；同時，它也鼓勵發展出具創造力、冒險、挑戰既有傳統等工具價值，這些價值正是處於不確定環境的組織所期待並鼓勵的價值觀，因為它們不僅可快速回應和適應不斷變動的情境，也可鼓勵員工追求高績效及發展支持的工作態度。

（二）有機型結構也會形成強調個人適任、專業及創新能力的非正式規範與價值觀，個人地位決定於創造性領導的能力，而非其在科層中正式職位的高低。這些特性將有助於新想法的分享和彙集，亦可即時組成任務小組和跨功能團隊，俾能在不確定的環境中做出有效的決策。有機型結構強調彈性、創造力、冒險及挑戰等價值，將可能讓組織的創新更加蓬勃發展。

（三）綜合結論：以上述對於機械型結構與有機型結構之分析得知，有機型結構能在不確定的環境中做出有效的決策，因其具有彈性、創造力、冒險及挑戰等價值，將可能讓組織的創新更加蓬勃發展，故面對社會問題多元化及外界對社會工作責信之要求，在變動、高度不確定的環境下，運作社會服務機構組織設計的類型，以有機型結構為佳。

選擇題：

1. A 組織文化（organizational culture）係指一套非正式的價值觀、規範及信念，可控制組織內的個人與群體之間的互動關係，也可控制組織內個人和群體與組織外的個人（如顧客或供應商）間的互動關係。因此，組織也能藉由鼓勵其所支持的價值和規範，來影響其成員的行為。

2. C 功能分部化／部門化係將相同或類似的工作項目予以集結，並組織員工，例如：生產部、行銷部、財務部或人力資源等部等。

Note.

第四章

CHAPTER 4

社會工作領導、激勵、決策

- 領導的權力來源，其內容務必清楚，為金榜考點。
- Fiedler 的權變模式為經典必備，請詳記。
- 轉換型領導為新一代的領導理論，強調團隊與參與管理的領導策略，即是充權觀點運用於社會工作領導的展現。
- 參與管理是承諾員工能參與重大決定的策略，是非常重要的觀念。
- Maslow（馬斯洛）的五層次需求層次模型、馬格理柯（McGregor）的 X 理論與 Y 理論（Theory X and Theory Y）、威廉大內 William Oichi 的 Z 理論，均是重要考點。
- 雙因子理論的各項因素為金榜考點，請詳讀。
- 社會工作機構面臨高壓力及高流失率等內外環境壓力，因此請詳加準備社會工作的激勵方法，此為金榜考點。

- House 的路徑——目標理論的核心概念為「著重在部屬的人格特徵與工作場所的環境特徵等情境因素」。
- 理性決策的實施步驟為申論題必備的考點；垃圾桶決策模式，為解釋名詞及測驗題型常見考點。
- 卡內基決策模式請以申論題方式準備，並確實將觀念釐清。
- 團體決策技術的各名詞，多為測驗題型之重要考點。

年度	110年		111年				112年				113年	
考試	2申	2測	1申	1測	2申	2測	1申	1測	2申	2測	1申	1測
題數	6	1	5		2	1	5	1	6		5	

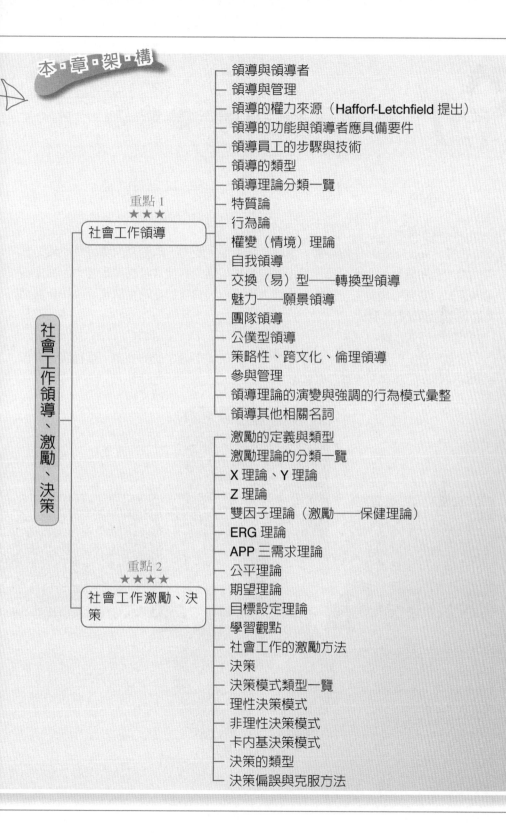

本·章·架·構

```
                                    ─ 領導與領導者
                                    ─ 領導與管理
                                    ─ 領導的權力來源（Hafforf-Letchfield 提出）
                                    ─ 領導的功能與領導者應具備要件
                                    ─ 領導員工的步驟與技術
                                    ─ 領導的類型
                                    ─ 領導理論分類一覽
                    重點 1           ─ 特質論
                    ★★★            ─ 行為論
            社會工作領導 ─┤         ─ 權變（情境）理論
                                    ─ 自我領導
                                    ─ 交換（易）型──轉換型領導
                                    ─ 魅力──願景領導
                                    ─ 團隊領導
                                    ─ 公僕型領導
                                    ─ 策略性、跨文化、倫理領導
                                    ─ 參與管理
                                    ─ 領導理論的演變與強調的行為模式彙整
                                    ─ 領導其他相關名詞

社會工作領導、激勵、決策

                                    ─ 激勵的定義與類型
                                    ─ 激勵理論的分類一覽
                                    ─ X 理論、Y 理論
                                    ─ Z 理論
                                    ─ 雙因子理論（激勵──保健理論）
                                    ─ ERG 理論
                                    ─ APP 三需求理論
                                    ─ 公平理論
                    重點 2           ─ 期望理論
                    ★★★★          ─ 目標設定理論
            社會工作激勵、決 ─┤     ─ 學習觀點
            策                      ─ 社會工作的激勵方法
                                    ─ 決策
                                    ─ 決策模式類型一覽
                                    ─ 理性決策模式
                                    ─ 非理性決策模式
                                    ─ 卡內基決策模式
                                    ─ 決策的類型
                                    ─ 決策偏誤與克服方法
```

重點 1 社會工作領導 ✿✿✿

一、領導與領導者

（一）領導的意涵

　　領導（leadership）係指影響、激發及賦予他人能力，以促進組織成員能致力於組織的效能和成就。亦即，領導是指對群體或組織的其他成員發揮影響力，亦即藉由溝通以影響且形成員工行為的一種能力與過程，其目的在藉由引起他人符合其期待的思考、感覺與行動。

（二）領導的三要素

　　領導本質上即是領導者、被領導者與工作環境三者之間的互動，這種關係會影響到領導效能的發揮。領導三要素如下：

```
2. 被領導者
・被領導者係指組織
  內的員工，一個人
  有可能是領導者，
  也可能是被領導
  者。
```

```
1. 領導者
・領導者係能影響群
  體或組織中的其他
  成員，以協助群體
  或組織達成目標的
  個人。
```

```
3. 組織情境
・所謂情境可能包括
  如職位結構、工作
  團體、問題性質和
  時間壓力等。
```

領導
三要素

二、領導與管理

（一）領導與管理的區別

領導（leadership）	管理（management）
領導是關係到誘發、因應和協助適應變遷，其所關注的是不穩定情境下之組織的未來方向。	管理主要係指規劃、組織、協調、領導和控制他人的行為，其所關注的是維持組織運作之整體議題。

（二）領導（者）與管理（者）之區別

領導／領導者	管理／管理者
關注不穩定情境之組織的未來（如：誘發、因應和協助適應變遷）、發展願景、創造改變、建立方針。	關注穩定環境下之組織運作的維繫（如規劃、編列預算），分配資源以達成必要的目標。
領導者不一定是管理者，領導的工作是無法授權，需要領導者自己執行的。	管理者應該都是領導者，領導為管理的一部分。
領導是被任命或由團體中自然浮現，領導者對他人的影響可超越正式職權所賦予的範圍。	管理者是組織經過合法程序（推選、僱用、派職）加以任命，其影響力是基於附著在其職位上的正式職權。
激勵與鼓舞士氣（鼓勵員工克服組織內、外部障礙，以追求卓越）。	控制與解決問題（監控成果與計畫進度，找出偏差，並設法解決）
領導僅較著重於「作對的事情」（對的判斷、創新與挑戰）。	管理者兼重「把事情作對」（效率）與「作對的事情」。

三、領導的權力來源（Hafforf-Letchfield 提出）

權力來源	說明
1. 法定權（legitimate power）	即由組織層級所賦予的權力，此權力是由擔當組織所賦予的某項職位者所擁有的；法定權力即是職權（authority）。

權力來源	說明
2. 獎賞權（reward power）	即擁有給予或拒絕給予某些獎賞的權力，領導者擁有的獎賞包括加薪、獎金、晉升、嘉獎、認同及有利工作的指派等。若領導者所掌握的獎賞數目愈多，員工覺得獎賞越重要，則領導者的影響力將更大。
3. 懲罰權／強制權（coercive power）	即領導者可以使用懲罰或剝奪部屬權力的方式，來懲罰部屬的行為，這種帶有強制性的權力，是一種強迫別人服從的權力。例如：口頭或書面懲戒、調職、解雇或減薪。若領導者對其部屬握有較大的懲罰權時，其影響力將會增加。
4. 專家權（expert power）	即領導者因擁有讓員工尊敬和信任的特殊能力、技能或專業知識，而影響員工並讓員工服從的權力。亦即，專家係來自於個人具有專家的權威性。
5. 參考權（referent power）	即奠基於認同、仿效、忠誠或愛戴；亦即，領導者具有某些有形或無形的吸引特質，員工或追隨者可能因佩服或尊重這些特質而受其影響。
6. 訊息或守門人權（information/gatekeeper power）	即擁有的資訊愈多、愈重要，且擁有此資訊的人愈少，則具有此項資訊的個人權愈大；抑或因能夠接近組織較有權力者，而掌握更多影響他人的機會或訊息。

四、領導的功能與領導者應具備要件

（一）領導的功能

　　1. 領導團體達成工作目標：無論是一個團體或一個機構，甚至是一個國家，領袖的首要功能就是要達成工作目標。

　　2. 發揮團隊精神，促進組織內部的協調合作：行政機關或團體內部各單位本位主義太重，彼此不合作、不團結，甚至對首長的命令陽奉陰違，以上是多數行政機關的通病。能幹的領導者會隨時獲得訊息，化解摩擦或衝突；鼓勵單位間的合作互助。

3. 關懷並照顧團體成員或部屬，以便獲得適度的滿足：領導者應隨時照顧部屬，獲得物質生活及精神生活方面的適度滿足。員工遭遇意外、災難、疾病，領導者應親自去慰問，有喜慶應去致賀。領導者能做到這些，必定會得到員工忠誠的擁護及敬仰。

4. 適應社會變遷維持組織的發展：領導者帶領一個機構或團體，應該訂定發展計畫，如何提高效益、降低成本、維持高度士氣，使組織永續發展。

（二）有效能的領導者應具備要件

1. 展現承諾：展現出對組織基本價值的承諾，例如：尊重個人、信任、熱忱、創新和滿足社區的需求。

2. 開創願景：確立組織未來方向，建立明確目標，並能夠引發員工的熱忱。

3. 追求卓越：提出可達成之目標，並鼓舞團隊追求卓越及達成高度績效。

4. 提升知能：習得並提升組織運作相關的知識與技巧，並善於分析相關的資料和訊息，以持續改善組織的效率和效能，並提升服務品質。

5. 給予激勵：察覺並善用每個人的潛能和卓越特性，並適時給予回應、鼓舞與激勵，以增進組織的士氣。

6. 重視團隊：提供有助於團隊工作的情境（如提供參與、授權與營造合作關係等），展現對團隊個別成員的信任、尊重與重視，藉以鼓舞團隊，以確保目標的達成。

7. 善於溝通：善用人際技巧，以直接的方式進行溝通，不要過於武斷，要能傾聽服務使用者的聲音，並適切予以回應。

8. 勇於挑戰：以開放的胸襟吸收並接納新觀念，學習企業精神，勇於接受挫折的挑戰，並能由挫折與失敗中吸取經驗。

五、領導員工的步驟與技術

（一）取得部屬的信任及合作

1. 領導者為取得部屬的信任與合作，必須讓部屬了解該機構的工作方向和目標。

2. 在工作推行中，可能有少數員工不滿意或不合作，領導者必須與其溝通、調適，化解其敵對或疑慮，使工作能順利進行。

3. 工作進行中，可能受內外在因素的影響，不得不修改原定計畫與目標。屆時領導者必須向部屬說明為何要改變、改變的內容以及如何做。領導者能夠大公無私，賞罰分明，自己負責任、守紀律，必定會獲得部屬的信任及合作。

（二）使用權威

　　領導者由於其職位所賦予的合法權力應該適當的行使。倘若不行使，就成爲放任，機構成爲很散漫，各單位各自爲政，到時候就很難整頓。權力的行使倘若過度，則領導者成爲獨裁時會激起部屬的反感。領導者使用權威的目的是指揮部屬如何辦理業務達成工作目標，其次是對於懶散且不盡責的部屬予以合理的懲戒。

（三）分層授權、引導與溝通

　　1.作爲一個機構的首長不可大權獨攬，亦不可事必躬親，必須了解部屬的才能分派適當的工作，以便能分層負責。尤其是中層幹部應多加訓練及鼓勵，因爲他們亦帶領少數員工，必須進行雙向溝通。

　　2.領導者應該有較強的溝通能力，他一定要學會傾聽，充分了解部屬之意圖後，才表示意見。領導者對部屬的工作不了解亦可定期主動找他們會談，聽取其對業務發展的意見，並對他們表示支持、導引、鼓勵，以激發士氣、監督業務的進程。

（四）訓練並督導部屬遵守紀律

　　1.各機關對於員工的出勤、請假、工作考核等都訂定一些規則要員工遵守。此外新員工到職前，應舉行職前訓練，告知機構的規則、領導者對部屬的期許、機構對員工的福利，以及獎懲、升遷等事宜。當機構要舉辦新的業務，或者要灌輸員工們新知或新技術時，要舉辦在職訓練或短期講習。

　　2.領導者督導部屬態度應公正，應該秉持一致性，尤其是批示部屬的獎懲案件，應該格外慎重，以避免造成怨恨或敵對。

（五）發揮團隊精神

　　1.機構或團體欲達成此目標，必須在一種互惠、諮商，及互相妥協中完成。領導方式以採用民主自律、員工參與方式重於專斷式的領導方式。

　　2.成員方面宜互相支持，儘量克制自我中心，避免過分爲自身利益的惡性競爭行爲（同事間的妒嫉）。

　　3.領導者應注意做到：

　　（1）制定員工自我訓練暨諮詢服務方案。

　　（2）注意員工的工作負荷量在其能力能負擔的範圍內。

　　（3）對每一位員工均應受到同等尊重、公平待遇及公正之賞罰制度。

　　（4）促成團隊間良好的工作關係，以合作模式重於競爭模式。

六、領導的類型

領導的類型		說明
依領導者的注重事項區分	1. 以工作（業務）為中心的領導	領導者注重的焦點為其所屬主管機構或單位的業務發展及工作效率，為了拼業績，偏向於獨裁的領導。自己訂定重要的決策、嚴格督導部屬要遵守機構的規範，並如期完成任務。對於如何適度的滿足員工的需求、舉辦活動提高士氣比較不關心。
	2. 以員工（部屬）為中心的領導	領導者與部屬的關係良好，並適度滿足其需求。這一類亦稱為民主的領導。領導者信任部屬、鼓勵部屬參與決策的過程，工作方面讓部屬自由發展潛能以便獲得工作方面的滿足感。
依領導者帶領員工的方式區分	1. 獨裁的領導	領導者認為其員工好逸惡勞，必須嚴加督導及管制，這理論的特徵包括：（1）以領導者為中心、權力為基礎、任務為焦點；（2）嚴格監督部屬，並以個人對部屬的好惡獎懲；（3）大權獨攬，自己訂定決策，部屬無參與機會。
	2. 民主的領導	領導者信任部屬，認為他們願意勤勞工作，只要加以鼓勵，他們就會發展潛能、努力工作。此類型的特徵：（1）領導者以部屬為中心、上下關係發展良好；（2）以人格感召、學識、經驗為基礎領導部屬；（3）對屬下之督導寬嚴適中，並以部屬工作表現定獎懲；（4）鼓勵部屬參與決策。
	3. 放任的領導	領導者著重無為而治的理念，自己處於被動的地位，對屬下的領導極少，最好能少管事，一切由部屬處理，任由部屬自由發展。此類型的特徵：（1）以部屬為中心，任其自由發展；（2）領導者放棄決策權，由部屬訂定決策；（3）領導者與部屬關係疏遠。

上榜關鍵 ★★

思考如成為一位領導者時，所欲採取的領導類型為何，及主要之理由。

七、領導理論分類一覽

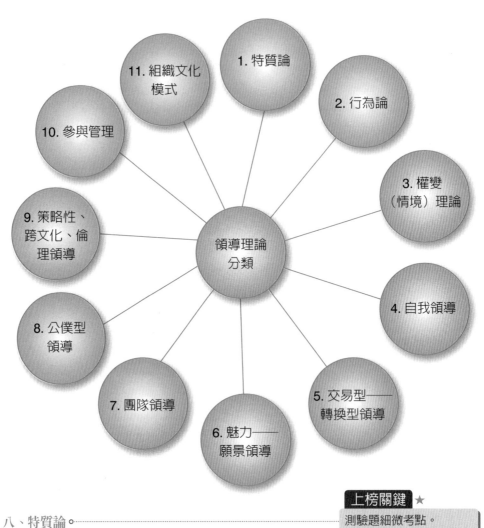

八、特質論

項目	說明
主要概念	特質論係從領導者個人性格的觀點,分析具有何種性格者才能成爲一位優秀的領導者。

上榜關鍵 ★
特質論核心概念為領導者的個人特質,為測驗題考點。

項目	說明
與領導有關的七項重要的特質	1. 驅力：領導者會展現出較大的努力，其追求成就的欲望相對上是較高的，他們具有較大的企圖心與較多精力，且不屈不撓地堅持其行動，並展現創造力。 2. 領導的欲望：領導者會有影響及領導他人的強烈欲望，且會表現出負責任的意願。 3. 誠實與正直：領導者會誠實、真誠並言行一致地對待追隨者，並建立彼此之間的信賴關係。 4. 自信：領導者會表現出較大的自信心，讓追隨者對其目標和決定的正確性更加信服。 5. 智能（intelligence）：領導者具有充分蒐集、分析和詮釋大量訊息的智能；且具有洞察力、解決問題和做出正確決定的才智。 6. 工作相關的知識：有效能的領導者對機構的事務和工作相關技術，具有較豐富的知識。豐富且高深的知識令領導者能做出見識廣博的決定，以及了解所做決定的影響。 7. 外向性格者：領導者是精力充沛和充滿活力的人，他們是善於交際及斷然處事的，很少沉默或退縮。

九、行為論

（一）行為論型態分類

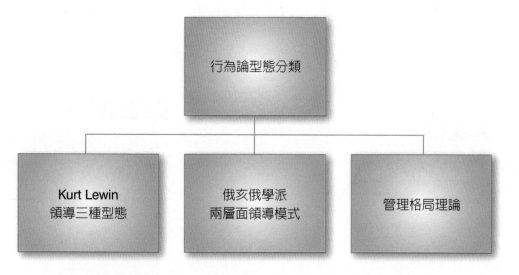

行為論型態分類

Kurt Lewin
領導三種型態

俄亥俄學派
兩層面領導模式

管理格局理論

（二）Kurt Lewin 的領導三種型態

行為論型態	說明
Kurt Lewin 的領導三種型態	1. 專斷式領導：即領導者傾向於集權、指引式工作方法、單方面決定及限制部屬參與。 2. 民主式領導：即領導者傾向於強調員工的參與決策、授權、鼓勵參與工作方法和目標的決定，以及將回饋做為訓練員工的機會。 3. 放任式領導：即領導人給予團體完全的決策自由，且以自己認為最適當的方式完成工作。一位放任式領導者的行為，其表現可能包括提供必要的設備或回答問題。

（三）俄亥俄學派的兩層面領導模式

行為論型態	說明
俄亥俄學派的兩層面領導模式（two-dimensional leadership models）知	兩層面領導模式分為「體制層面」和「體恤層面」： 1. 體制層面：係指一位領導人在追求其目標達成時，對其本身及員工角色的界定與建構，包括組織工作、工作關係和目標。一位高體制傾向的主管會指派員工做某些特定工作，以期能維持員工明確的績效標準及強調如期完成。 2. 體恤層面：係指領導者與部屬之間的工作關係是互信的，且領導者尊重部屬的想法和感覺。一位高體恤面的領導者是友善且可近的，且對所有的員工皆一視同仁，他會關心部屬的福祉、地位及滿足感。研究顯示，高體制可能產生較多的牢騷、怠工戰術、流動率及較低的滿足感；較高的體恤則會對主管人員的績效有影響。

上榜關鍵 ★★

首先要明了 Kurt Lewin 的領導的三種型態，再了解其內容備用。

上榜關鍵 ★★★

請對兩層面領導模式的「體制層面」和「體恤層面」內容了解清楚，並思考如果您為領導者，會採用哪一種模式及原因為何。

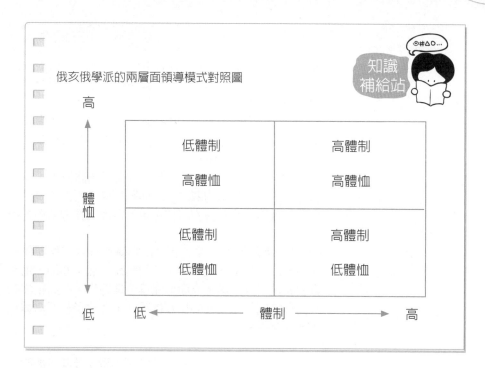

俄亥俄學派的兩層面領導模式對照圖

| | 低體制 高體恤 | 高體制 高體恤 |
| | 低體制 低體恤 | 高體制 低體恤 |

（四）管理格局理論

行為論型態	說明
管理格局理論（managerial grid）	1. Blake 與 Mouton 於 1964 年提出雙面向的領導理論觀點：管理格局。此觀點認為，一位領導者帶領部屬，可能朝向兩個極端方向：員工導向（people-oriented）與生產導向（production-oriented）。 （1）員工導向的領導者強調並重視員工的需求滿足，及重視人群關係。 （2）生產導向的領導者強調生產效能，對員工之需求滿足較不重視。然而，這兩種極端的領導者實際上並不存在，任何領導者的領導型態可能介於其間。 2. 管理格局模式類型 （1）1-1 型的不良管理：領導者極少致力於完成工作；既不強調生產，也不重視員工的需求，生產效率極低，員工情緒不佳。

上榜關鍵 ★★★

了解管理格局模式的各類型所代表的意義，俾利在測驗題型之用。

行為論型態	說明
管理格局理論（managerial grid）〔知〕	（2）9-1 型的工作管理：領導者著重於工作效率，但很少關心員工的發展和士氣；即只強調生產效率，但對員工的需求滿足並不在意。 （3）5-5 型的中庸型管理：領導者維持充分的工作效率和滿足的工作士氣；亦即令達成工作的要求與維持員工士氣於中等的水準，並保持均衡。 （4）1-9 型的鄉村俱樂部：領導者相當支持和體恤員工，但卻忽略對工作效率的關注；亦即關切員工的需求滿足，營造一種愉快且友善的組織氣氛，但卻不強調效率的提高。 （5）9-9 型的團隊管理：領導者藉由聯繫和整合工作關係的活動，以提升工作效率和員工的高昂士氣；亦即，生產方面和員工需求滿足方面均能達合理地步，由於組織的共同利害關係而發展的相互依賴性，導致了相互信賴和尊敬的關係。 3. 評論 管理格局有助於確認某一特定主管的領導型態及其可能的作為，這即是它最初的效用。但它並未著重於主管如何能發展為一種特定的型態，或一個無效力的型態如何被改善。此理論似乎不說明何種領導型態是最好或差，而是認為須視情境而定。

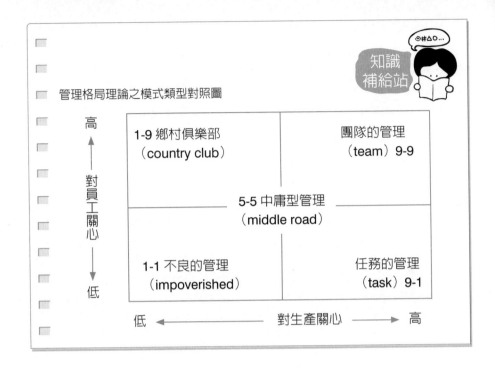

知識
補給站

管理格局理論之模式類型對照圖

高

對
員
工
關
心

低

1-9 鄉村俱樂部 （country club）	團隊的管理 （team）9-9
5-5 中庸型管理 （middle road）	
1-1 不良的管理 （impoverished）	任務的管理 （task）9-1

低 ← 對生產關心 → 高

十、權變（情境）理論

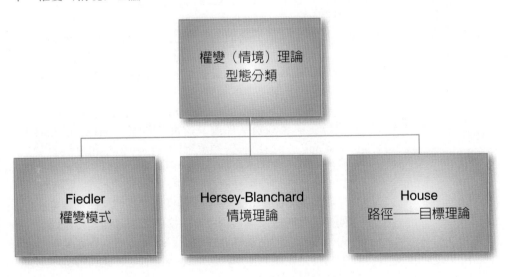

權變（情境）理論
型態分類

Fiedler
權變模式

Hersey-Blanchard
情境理論

House
路徑——目標理論

（一）Fiedler 的權變模式。

權變（情境）理論型態	說明
Fiedler 的權變模式	1. 第一個全面式領導權變模式是由 Fiedler 所發展，他主張有效的團體績效端視領導者與其部屬的互動型態，以及所處情境與領導者影響力的適切配合。該模式的前提在於認爲，任何領導型態可能都是最有效的，然其是否眞正有效端視情境而異。 2. Fiedler 提出個人基本的領導型態，是一個關乎領導能否成功的重要因素；他進一步指出，個人的領導型態若不是任務取向（task-oriented），便是關係取向（relationship-related）。如爲強調工作完成與績效結果爲任務導向領導，若強調維持良好的人際關係的則爲關係取向領導。Fiedler 認爲一個領導者的領導行爲本質上是相當固定且不易改變的。Fiedler 利用需求（need）的觀點來解釋領導者行爲，他指出在領導過程中，一位領導者心中存在著兩種需求：一是與他人維持良好人際關係的需求，一是達成工作績效的需求。但兩需求強烈度不一，若第一種需求較強，就會使領導者成爲「關係導向」的領導者，若第一種需求較爲強烈，就成爲「工作導向」的領導者。 3. Fiedler 發展出「最不喜歡的工作伙伴」（least-preferred co-worker, LPC）量表，LPC 該量表是由一套 16 項的兩極化的形容詞所組成的八尺度評量標準，依據回答者對 LPC 量表的反應即可判定其基本的領導風格。 4. 影響領導者效能的情境因素的三種變數（Fiedler 提出）。 （1）領導者與／成員（部屬）之間的關係（leader-member relations）：指部屬對領導者的信心、忠心和尊敬與愛戴的程度。亦即指組織員工對領導者的信任、支持及忠誠度。此乃情境中最重要的因素。 （2）任務結構（task structure）：指部屬工作的例行性程度，或指任務明確或重複的程度，抑或需要部屬發揮創造力的程度。亦即指領導者對組織目標及任務的界定是否具體可行，組織的標準作業流程是否清楚。此爲情境中第二個重要的因素。

權變（情境）理論型態	說明
	（3）職位的權力（position power）：指領導者具有正式獎懲權力的程度。例如：雇用、解聘、紀律、升遷及加薪等。亦即指領導者職位所賦予的權力大小，或領導者能使部屬服從指揮的程度，換言之，領導者所處的位置對成員能產生的影響力為何。此一因素在情境中的重要性最低。 5. 情境變數對情境評估的八種可能情境 （1）Fiedler 將領導者與成員（部屬）之間的關係（leader-member relations）、任務結構（task structure）、職位的權力（position power）等三種數交織而成的情境，分為高度控制、中度控制、低度控制。
Fiedler 的權變模式	

<table>
<tr><td>關係導向</td><td colspan="8"></td></tr>
<tr><td>工作導向</td><td colspan="8"></td></tr>
<tr><td>領導者與成員之關係</td><td>好</td><td>好</td><td>好</td><td>好</td><td>差</td><td>差</td><td>差</td><td>差</td></tr>
<tr><td>任務結構</td><td>高</td><td>高</td><td>低</td><td>低</td><td>高</td><td>高</td><td>低</td><td>低</td></tr>
<tr><td>領導者職位權力</td><td>強</td><td>弱</td><td>強</td><td>弱</td><td>強</td><td>弱</td><td>強</td><td>弱</td></tr>
<tr><td>情境有利數序</td><td>I</td><td>II</td><td>III</td><td>IV</td><td>V</td><td>VI</td><td>VII</td><td>VIII</td></tr>
<tr><td>情境有利程度</td><td colspan="3">非常有利</td><td colspan="3">中度有利</td><td colspan="2">非常不利</td></tr>
</table>

權變（情境）理論型態	說明
Fiedler 的權變模式	（2）領導者處於高度控制（非常有利）及低度控制（非常不利）情境時，採「工作導向」的領導方式最有效；領導者處於中度控制情境時，採「關係導向」的領導形式最有效。

上榜關鍵 ★★

測驗題考點。

（二）Hersey-Blanchard 的情境理論

權變（情境）理論型態	說明
Hersey-Blanchard 的情境理論	1. Paul Hersey 和 Ken Blanchard 的情境理論將焦點置於被領導者，亦即什麼樣的領導型態較有效，須視被領導者的成熟度（maturity）而定。所謂成熟度乃是指個人對自己行為負責的能力與意願，成熟度包含兩個構面：工作成熟度和心理成熟度： （1）工作成熟度（job maturity）指一個人的知識和技術水準，部屬執行工作任務的知識、能力、經驗愈強，其工作成熟度愈高。 （2）心理成熟度（psychological maturity）則指一個人的工作意願和動機，部屬的心理成熟度愈高，愈不需要外力的督導和鼓勵，而是自動自發的。 2. 部屬成熟度的四個等級 （1）低成熟度（M1）：個人既無能力，又無意願為工作負責，且不能勝任工作，也缺乏信心。 （2）中度成熟（M2）：個人能力不足，但卻願意從事所交付的任務，雖有動機但卻缺乏適當的技能。 （3）中度成熟（M3）：個人有能力，但缺乏意願去執行所交付的任務。 （4）高度成熟（M4）：個人有能力，且也有意願執行所交付的任務。

榜首提點 💡

在準備情境理論時，務必請熟記 Hersey-Blanchard 的情境理論四種領導風格，並思考你所帶領的部屬成熟度。例如：非常自動自發完成工作，或是交代一項做一項，是屬於哪一種領導風格，這是實務案例題的出題方式。

權變（情境）理論型態	說明
Hersey-Blanchard 的情境理論	3. 情境理論四種領導風格 ⟨知⟩ （1）告知式（高工作——低關係、M1 成熟度）：由領導者界定角色與職責，並告知員工做什麼（what）、如何做（how）、何時做（when）及在哪裡做（where），其所強調的是指導性行為，部屬需要明確且具體的指引。 （2）推銷式（高工作——高關係、M2 成熟度）：領導者提供指導性行為和支持性行為。部屬需要高工作和高關係的行為。 （3）參與式（低工作——高關係、M3 成熟度）：領導者與被領導者共同做決定，而領導者主要的角色是促進和溝通。激勵成為核心議題，支持性而非指導性的參與式風格最能解決問題。 （4）授權式（低工作——低關係、M4 成熟度）；領導者少給予指導和支持。領導者無須做太多事情，因為部屬有能力也有意願負擔工作責任。

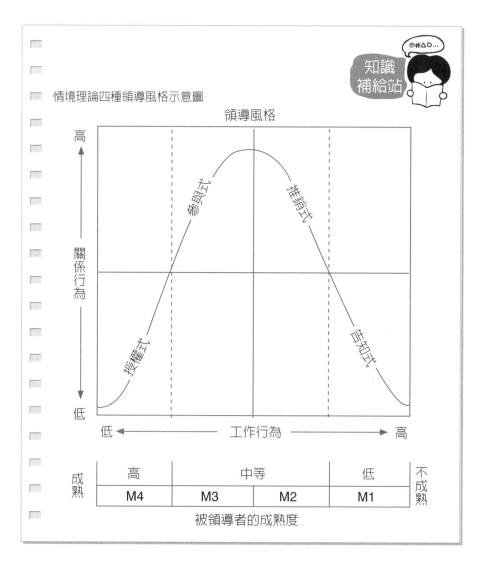

情境理論四種領導風格示意圖

（三）House 的路徑——目標理論

權變（情境）理論型態	說明
House 的路徑——目標理論 知	1. 「路徑——目標」理論認為，領導者的主要工作在於協助其部屬達成其目標，並提供必要的指導和支持，以確保個人目標與團體或組織的整體目標一致的。亦即，該理論的信念為：有效能的領導者能夠確認路徑，以幫助部屬能夠從其所在的位置去達成工作目標。

權變（情境）理論型態	說明
House 的路徑——目標理論	2. 領導行為的分類（House 提出） （1）指導型領導（directive leader）：指部屬知道他們被期望的價值為何，並給予指引與方針及安排工作進度等。 （2）支持型領導（supportive leader）：係指友善的、容易親近的、展現對部屬福祉的關心，以及公平對待每位成員。 （3）參與型領導（participative leader）：係指決策前要求部屬提供意見，允許部屬參與決策制定過程等。 （4）成就取向型領導（achievement-oriented leader）：係指設定挑戰性的目標，期望部屬能達到高績效的水準，鼓勵部屬，並對部屬的能力表示信心。 3. 路徑——目標理論認為適當的領導風格乃須視情境因素而定，該理論著重在部屬的人格特徵與工作場所的環境特徵等情境因素。環境特徵係指部屬所不能掌控的外在因素（任務結構、正式職權體系與工作群體）。 4. 當任務為高度結構化時，所執行工作偏向例行性，這時採取指導型領導風格，可能較任務結構低時的成效低；當正式化程度高時，部屬所願意接受的指導型行為越低。 5. 當工作群體提供員工社會性支持與高度工作滿意時，則支持型的領導行為越不重要；反之，若工作群體無法提供社會性的支持與工作滿意度時，員工會轉而要求領導者提供這些支持。 6. 重要的人格特徵包括部屬對其控制傾向、經驗和本身能力的知覺。如果部屬認為自己能力不足，則可能較偏好指導型的領導風格，若認為自己能力較佳者，則可能不喜歡指導型的領導風格；內控取向的部屬可能較偏好參與型領導風格，外控傾向者則可能偏向指導型的領導風格。

上榜關鍵 ★★★

House 的路徑——目標理論的核心概念為「著重在部屬的人格特徵與工作場所的環境特徵等情境因素」。

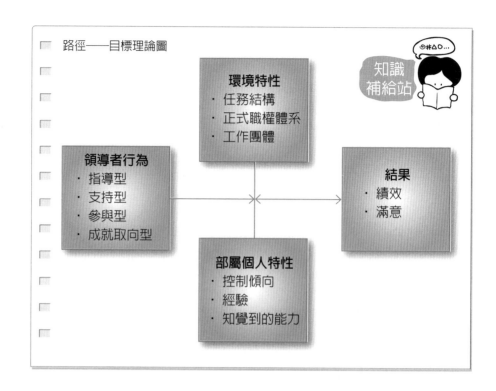

十一、自我領導

（一）自我領導（self-leadership）強調部屬自己負起責任來訂定配合組織目標工作的
優先順序，管理者扮演促成者角色，並設法提升部屬的自我領導能力，並鼓
勵他們發展自制力。這種與 Breshears and Volker 在社會工作實務領域稱之爲
促成領導（facilitative leadership）的模式相仿，某種程度上，該模式相當強調
以優勢爲基礎的領導（strengths-based leadership），它不同於以管理者爲核心
的傳統式領導，自我領導具有分權的特性，通常組織以兩種機制來帶領部屬：

1. 充權（empowerment）是將個人行爲的控制權從主管轉移到部屬，主管向部
屬提供技術、工具、資源與資訊，以使得職權與責任能夠充分地授予部屬。

2. 角色楷模（role modeling）：係指管理者身體力行成爲部屬模仿的對象，若
部屬能夠看到並了解適當行爲正面結果（例如：加薪、升遷與公開表揚）的
正面關係，則角色楷模會更有效。

上榜關鍵 ★★

基礎觀念，建立清晰概
念；另自我領導通常以充
權、角色楷模等兩種機
制來帶領部屬，要點請
熟記。

（二）傳統與自我領導行為特性之比較

向度	傳統式領導	自我領導
組織	決定了部屬的工作。	鼓勵部屬積極主動與創新。
支配性	限定了部屬與團體的自主性。	鼓勵部屬自制。
生產	設定工作績效的目標。	鼓勵部屬自訂目標。
肯定	表達對行為接受與否。	鼓勵部屬自我檢視與批評。
整合	提供群體凝聚力及減少群體衝突。	鼓勵部屬自我訓練。
溝通	與團體成員進行資訊的提供、尋找與交換。	身體力行成為角色楷模；促成能夠孕育與支持自我領導之組織文化的發展。

十二、交換（易）型——轉換型領導

（一）交換（易）型——轉換型領導型態分類

（二）交換（易）型領導者與轉換型領導之說明 知

交換（易）型 ——轉換型 領導型態	說明	評論
交換（易）型 領導者	1. 這類型的領導是社會交換（或交易）理論的應用，以酬賞來激發並獎勵績效，以斥責來懲罰錯誤和不良表現，以期能激發追隨者的動機。 2. 換言之，交換（易）型領導偏向傳統的領導方式，藉由澄清部署的角色和對工作績效的要求，來引導部屬努力的方向，並激勵部屬追隨。交換（易）型理論可以解釋成交易互惠，這是最常見的領導行為模式。	若管理者在員工達到目標而予以酬賞，對員工有正面影響；反之，若管理者的督導是著重於員工的錯誤，延誤之消極處理方式，將可能引發員工的反彈。且因此型著重於目標的達成，以及現有的政策與程序，因此往往會忽略對創造力和創新的酬賞。
轉換型領導	1. 轉換型領導，亦稱為第五代領導理論。轉換型領導除展現領導者對追隨者的關心之外，更以發展體恤面的方式來影響追隨者。亦即經由知識啟發、灌輸使命感、激勵學習經驗及鼓勵創新的思考方式來領導部屬，以便讓部屬在工作上有所成長。 2. 轉換型領導的特性 （1）轉換型領導者讓部屬感受到自身任務的重要性，以及表現良好的重要性。	1. 交換（易）型和轉換型領導在事情的處理上並非截然相對的，轉換型領導是建立在交換（易）型領導之上，例如：交換（易）型會以高薪來獎勵高度績效，但轉換型更為深入，它不僅誘發追隨者支持他們的願景，以群體和組織的利益為優先，更讓追隨者認為自己有責任協助解決問題。 2. 隨著充權觀點運用於社會服務組織的發展，轉換型領導的主張已在管理實務中獲得重視，且被視為與

榜首提點

轉換型領導為新一代的領導理論，強調團隊與參與管理的領導策略，即是充權觀點運用於社會工作領導的展現。

交換（易）型 ——轉換型 領導型態	說明	評論
轉換型領導	（2）轉換型領導者讓部屬感受到他們也有個人成長、發展和成就的需求。 （3）轉換型領導能激發部屬為了組織利益，而不只是為了自身的收獲或利益而努力。	全面品質管理有很大的關聯。它被視為是一種促進合作、分享權力、參與決策，以及重視過程和結果的團隊建立觀點，試圖去鼓勵追隨者成為具有主動及創意的自我領導者（self-leaders）。這些強調團隊與參與管理的領導策略，即是充權觀點運用於社會工作領導的展現。

知識補給站

交換（易）型領導者與轉換型領導之比較

交換（易）型領導	轉換型領導
偏傳統領導、體制／任務領導方式。	偏自我領導、體恤／關係及魅力／願景領導方式。
重視目標的達成及現有的政策與程序。	憑著個人魅力／願景激發部屬的努力，以達成組織／團體的目標。
權變報酬，以及酬賞獎勵績效，以斥責懲罰未達標準者。	經由知識啟發、灌輸使命感、激勵學習、鼓勵創新思考，以帶領部屬個人成長。
可能引起員工的反彈，且忽略對員工創造力與創新的酬賞。	員工有較高的生產力、滿意度和忠誠度，易獲得員工的信任。
個人利益置於組織利益之上（個人利益為優先）	組織利益置於個人利益之上（組織利益為優先）

上榜關鍵 ★★★
「4ls」請記清楚，測驗題考點。

（三）轉換型的領導具有的「4ls」的作爲 ●

1. 個別的關懷（Individualized consideration）：領導者將每位員工視爲獨特的，給予個別的照顧和關心，並支持鼓勵他們發展各自的潛能。

2. 知識的啓發（Intellectual stimulation）：領導者會鼓勵員工挑戰現況，激發他們以創新的方式來解決問題，並探索新方法和新觀點，讓員工受到知識上的啓迪。

3. 鼓舞的動機（Inspirational motivation）：領導者會展現出強烈的熱忱，建立員工對組織目標的信心與自信，並強化員工對組織使命和願景的意識。

4. 理想化的影響（Idealized influence）：領導者會開創並提供願景，致力於達成期待的目標，並注入意義和價值，以體現領導的魅力。

十三、魅力──願景領導

（一）魅力──願景領導型態分類

魅力──願景領導型態分類

1. 魅力領導（charismatic leadership）　　2. 願景領導（visionary leadership）

（二）魅力──願景領導比較

魅力──願景領導型態	說明
魅力領導（charismatic leadership）	1. 魅力領導（charismatic leadership）認爲魅力是領導者的個人特質，魅力（charisma）係指可誘使他人支持及接受的一種人際吸引力之形式。 2. 魅力領導者應具備的三項要素（Griffin 提出） （1）魅力領導者能遠眺未來，設定高度期待目標，及塑造符合那些期望目標的一致性行爲。

魅力——願景 領導型態	說明
魅力領導 （charismatic leadership）	（2）魅力領導者必須經由個人以身作則、個人自信及一些成功典範的展示以激勵部屬。 （3）魅力領導者藉由支持部屬，與部屬站在同一立場，及對部屬顯示出信任以使部屬具有才能。
願景領導 （visionary leadership）	1. 願景（vision）是一種對組織未來期望狀態的描述，擁有清楚且吸引人的意象，它提供創新的見解，以脫離傳統的方式來改善現況。 2. 願景領導者該具備的三項技能（Robbins 和 Coulte 提出） （1）向他人解釋和傳達願景的能力：即領導者必須要將實現願景所須的行動與目標，透過口語溝通和書面文字，清楚地傳達給追隨者。 （2）透過身體力行來表達願景：即必須以行動來持續地傳達並強化願景，以博取追隨者的信服與尊敬。 （3）能夠把願景延伸並應用於不同的環境中：即讓願景在不同的環境脈絡下皆能適用，而成為組織的理想與目標。

十四、團隊領導

團隊領導 （team leadership）	說明
主要概念	團隊工作已逐漸成為許多現代組織共同的運作模式，為處理日趨複雜的個案或家庭問題，社會服務以團隊運作的方式來解決個案、家庭或社區問題，也日漸獲得重視，領導者在帶領團隊成員的角色也就更趨重要。Hardina 等即指出，團隊可被建立以回應贊助者對服務需要整合的訴求。
團隊領導者的領導角色	1. 團隊領導者的優先事項 （1）管理團隊的外部界線。 （2）促進團隊的過程。 2. 團隊領導者的領導角色 （1）聯絡者：包括上層管理、其他組織的工作團隊、顧客或供應者。團隊領導者對外代表其團隊，以獲取所需的資源、釐清他人對團隊的期待、蒐集外部訊息，並與團隊成員分享訊息。

團隊領導 （team leadership）	說明
團隊領導者的 領導角色	（2）麻煩解決者：透過會議來解決團隊的問題或所需要的協助，其所要解決的往往不是技術或操作的問題，因團隊成員往往是這方面的專業者，其所要解決的可能是洞察問題、協助團隊討論問題，以及獲得解決問題所需的資源。 （3）衝突管理者：即協助確認問題，例如：衝突的來源、誰涉入其中、可能的解決方法及各種方法的優缺點等。藉由這些方式以減少團隊內部的衝突。 （4）指導者：釐清期待和角色，教導、提供支援，以及從事為維持團隊員工之高工作績效所必須的協助。

十五、公僕型領導

公僕型領導 （servant leadership	說明
主要概念	1. 公僕型領導強調的是員工在組織中的角色，公僕型領導者知覺到自己的角色是員工的「侍從」（servant）。 2. 公僕領導者是為組織和所雇用或服務的員工之利益而工作，該模式強調個人和組織的發展，領導者沒有最終的權威，權力是與員工分享的。公僕領導的特性在於強調領導者與組織其他成員的互動，包括傾聽、同理、排解糾紛、覺察與說服等特性。
限制	儘管公僕型領導看似與社會工作的價值和倫理相符合，但若真的要在社會服務組織執行並不容易。例如：經費來源、政府規範、一般社會大眾對於組織之責信要求，以及領導者須處罰績效不彰或行為不當之員工的要求，這些皆使得一位有效能的領導者，必須要致力去發現鼓舞組織願景與員工行為的方式。Smith 等人即認為，公僕模式的主要限制在於它是著重於維繫組織的穩定和現況，這使得組織不易回應外部環境的變化或培養創新的氣氛。

十六、策略性、跨文化、倫理領導

（一）策略性領導

策略性領導（strategic leadership）係指了解組織與其環境的複雜性，帶領組織進行改變，以便在組織及環境之間達到與維持優越的合作能力。

（二）跨文化領導

跨文化領導係指隨著組織之勞動力變得愈來愈多樣化，因此跨文化因素在組織中扮演一個愈來愈重要的角色；文化才能（cultural competence）在社會服務組織的管理受到重視，即為這種趨勢的反映。

（三）倫理領導

倫理領導（ethical leadership）係指隨著社會對高階管理者的信任已開始動搖，高標準的倫理行為已被視為有效領導的前提；為避免組織可能發生的醜聞，高階管理者被呼籲要對自己的行為維持高倫理標準，確實表現出倫理行為，並以相同的標準約束組織中的其他人。

十七、參與管理

> **榜首提點**
> 參與管理是承諾員工能參與重大決定的策略，是非常重要的觀念。

（一）參與管理的意涵

參與管理（participatory management）是承諾員工能夠參與組織重大決定的策略。參與的意義在於工作人員是承擔解決問題的角色，對相關的政策和行動做出決定、協助評估問題和改善方案，以及發展組織內部之間的關係。有許多種參與形式，包括小組會議與個案討論，可特別設立團隊和委員會以鼓勵並促進組織間在種種議題上的互動。員工也可參與組織所設定並定期舉辦的各式訓練活動，如品管圈、工作的重新規劃、工作場所的分析及其他診斷活動。

（二）參與階梯理論

1. Arnstein 提出八階段的參與階梯，在階梯的最底層，稱之為「操縱」，員工在所參與的委員會裡，其功能只能執行早已做出的決定。

2. 階梯中的第三、第四和第五則為通知、諮詢和安撫，Arnstein 稱之為「象徵性參與」，其內容由單向告知、徵詢意見但不一定會被採納、到安撫，即領導者接受參與者無關緊要的喜好，如此的策略或許可以營造許多的幻覺，但往往造成挫敗與疏離。

3. 真正的參與型態出現在較高的參與階梯，透過夥伴關係、授權，以及公民主導來達成。雖然在人群服務組織裡的領導者必須保留最終控制權，但可將決策授權，並有效地運用夥伴關係模式。領導者諮詢員工或個案的想法，明確

地告知最終的決定權為何，定期並誠實地向參與者報告所達成的決策，此舉通常可留住參與者的善意。

8 公民主導 7 授權 6 夥伴關係	公民權力
5 安撫 4 諮詢 3 通知	象徵性
2 治療 1 操縱	非參與行為

圖：參與階梯理論

（三）參與管理的優缺點

優點	缺點／限制
透過參與，能加強員工的滿意度，並降低員工的倦怠感及流動率。另外，由於某些社會工作面臨高度的壓力，而有些組織品質降低之情形，此時透過參與可建立組織價值和目標的共識，增加工作的成就感和滿意度，這兩者都是讓員工擁有高昂士氣的基本原則。	1. 參與並不適用於所有情況，也不是每次奏效；科層組織可能會使參與者在某些機構中面臨到挑戰。 2. 並非所有管理者都具有必備的技能和知識來執行相關的策略。培訓和諮詢以及其他方面的支援，可能都有需要。 3. 所有參與員工都需要管理者的信任與支持，他們的參與將對工作成效有所影響。同時，在一開始時必須先澄清參與的限制以及管理者的後續責任。 4. 參與策略並不適合短期計畫（適合長期）。 5. 在缺乏參與或無人承諾亦無人負責實施之下，很難做出決策。因此，以中庸的角度來強調要達成效率，「參與模式」往往會加強其計畫的實施和成功的服務成果。

上榜關鍵 ★★

參與管理之優缺點條列說明必須熟記；另請內化為準備的一部分，在分析管理的相關論述中，可當作素材適時運用。

十八、組織文化模式（**Organizational culture**）。

　　是一種激勵組織內成員表現某種行動的社會力量。它界定了組織成員的行為模式，包含了正式與非正式的溝通，是一種專屬於組織內的價值觀，領導者必須塑造這樣的組織文化氛圍。

十九、領導理論的演變與強調的行為模式彙整。

（一）領導行為理論的演變

名稱	時期	主題
特質論	1940 年代以前	領導能力是天生
行為論	1940 年代到 1960 年代	領導效能與領導行為的關聯性
情境論	1960 年代到 1980 年代早期	有效領導取決情境向度影響
新領導理論	1980 年代至今	具有願景的領導者

（二）領導理論的行為模式

領導理論派別	強調的行為模式	代表人物
1. 特質論	領導者的過人特質，如：能力、成就、責任、參與、情境	R. M. Stogdill（1974）
2. 行為論	民主式、權威式、放任式	K. Likert（1967）
	任務取向、關係取向	R. Likert（1967）
	體制層面、體恤層面	The Ohio State Studies（1940）
3. 情境論		
途徑－目標理論	指示性、支持性、參與性、成就性	Robert J House（1971）
情境領導理論	告知型、推銷型、參與型、授權型	P. Hersey & K. H. Blanchard（1977）
權變理論	工作取向、關係取向	F. E. Fielder（1976）

領導理論派別	強調的行為模式	代表人物
4. 新領導理論		
交易領導	酬賞激發績效、懲罰不良表現	Hollander（1978）
轉型領導	微觀稱為人際互動影響。鉅觀以權力改變組織，強調組織結構及文化	Yukl（1994）
魅力領導	激勵、激發共鳴、英雄崇拜、人際影響	Weber（1974）

二十、領導其他相關名詞

項目	說明
身處長期激流中（permanent whitewater）	Vaill 曾使用「身處長期激流中」的比喻，來形容現今組織的領導經常面臨動盪且迅速變化的環境，機會往往混雜著危險。Vaill 所定義的「身處長期激流中」是指一個持續無秩序又充滿意外、新穎、非結構性事件的過程，因為疏忽或誤解而付出極高代價，迫使領導者不得不學習。任何熟知面臨這類事件的社會照護與社會工作服務的領導者。例如：兒童與老人保護、醫療保健、精神醫療及弱勢者充權等社會服務，肯定能夠同意 Vaill 做此隱喻的適切性。

上榜關鍵 ★★★
「身處長期激流中」名詞乍看之下，不易了解，請詳加準備，測驗題考點。

練功坊

★（　）組織的領導者重視充權（empowerment）與個別化關懷，讓員工感受到
自身任務的重要與個人成長，且能激發員工為組織利益而非私人利益
而努力，這是採取何種領導理論觀點？
(A) 特質理論（trait theory）
(B) 行為理論（behavior theory）
(C) 轉換型領導理論（transformational leadership theory）
(D) 交易型領導理論（transactional leadership theory）

解析

(C)。轉換型領導，亦稱為第五代領導理論。轉換型領導除展現領導者對追隨者的
關心之外，更以發展體恤面的方式來影響追隨者，亦即經由知識啟發、灌輸使命
感、激勵學習經驗及鼓勵創新的思考方式來領導部屬，以便讓部屬在工作上有所
成長。

★（　）主張什麼樣的領導型態較為有效，須視被領導者的成熟度而定的領導
理論稱為：
(A) 行為論　　　　　　　　　　(B) 特質論
(C) 管理格局理論　　　　　　　(D) 情境理論

解析

(D)。Hersey-Blanchard 的情境理論將焦點置於被領導者，亦即什麼樣的領導型
態較有效，須視被領導者的成熟度（maturity）而定，所謂成熟度乃是指個人對
自己行為負責的能力與意願，成熟度包含兩個構面：工作成熟度和心理成熟度。

★（　）社會福利機構的主管或督導者因擁有良好的特殊能力、專業技術與知
識，而受到機構員工或社會工作者的信任而願意接受其領導或督導的
權力來源稱為：
(A) 強制權力　　　　　　　　　(B) 法定權力
(C) 獎賞權力　　　　　　　　　(D) 專家權力

解析

(D)。領導的基礎在於其所發生的影響力，來源主要包括：
（一）法定權力（legitimate power）：法定權力即是職權（authority），所有的
　　　管理者對其部屬皆有法定。

（二）獎賞權力（reward power）：即擁有給予或拒絕給予某些報償的權力。

（三）強制權力（coercive power）：是一種藉由生理、情緒或物質等方面的威脅，強迫他人屈從的權力。

（四）專家權力（expert power）：由於個人的特殊能力、技能或專業知識，而受到員工信任且願意接受其指導而產生的權力。題意所述屬之。

（五）訊息或守門人權力（information/gatekeeper power）：即擁有的資訊愈多、愈重要，且擁有此資訊的人愈少，則具有此項資訊的個人權力愈大；抑或因能夠接近組織裡較有權者，而掌握更多影響他人的機會或訊息。

（六）參考權力（referent power）：奠基於認同、仿效、忠誠或愛戴；亦即領導者具有某些有形或無形的吸引特質，員工或追隨者可能因佩服或尊重這些特質而受其影響。

重點 2 社會工作激勵、決策

一、激勵的定義與類型

（一）激勵的定義

George 和 Jones 將激勵定義為：決定一個人在組織中的行為取向、努力程度及面對困難時堅持程度之心理力量。此定義包含三項基本要素：

1. 行為取向：係指一個人會選擇表現出哪些行為？將員工實際所表現的行為，歸因於他們潛在可能表現的行為。
2. 努力程度：係指一個人表現出選擇行為時的努力程度為何？對組織而言，光是激勵員工表現出被期望的行為是不夠的，組織還必須激勵員工努力表現出這些行為。
3. 堅持程度：係指一個人面臨挫折、障礙、阻撓時，繼續成功執行所選擇之行為的努力程度為何？

（二）激勵的類型

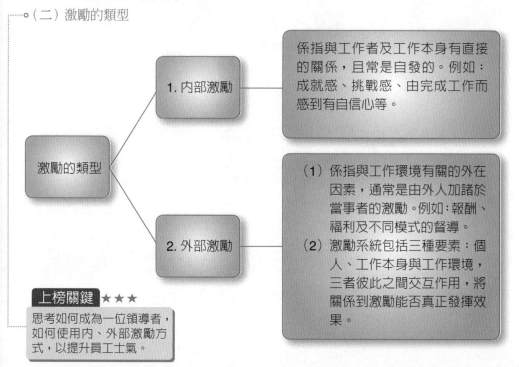

激勵的類型

1. 內部激勵 — 係指與工作者及工作本身有直接的關係，且常是自發的。例如：成就感、挑戰感、由完成工作而感到有自信心等。

2. 外部激勵 —
（1）係指與工作環境有關的外在因素，通常是由外人加諸於當事者的激勵。例如：報酬、福利及不同模式的督導。
（2）激勵系統包括三種要素：個人、工作本身與工作環境，三者彼此之間交互作用，將關係到激勵能否真正發揮效果。

上榜關鍵 ★★★
思考如何成為一位領導者，如何使用內、外部激勵方式，以提升員工士氣。

二、激勵理論的分類一覽

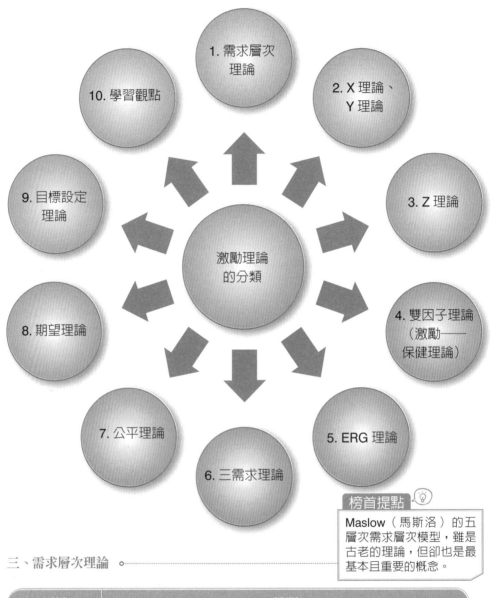

三、需求層次理論

Maslow（馬斯洛）的五層次需求層次模型，雖是古老的理論，但卻也是最基本且重要的概念。

項目	說明
主要代表人物	心理學家 Abraham Maslow（馬斯洛）。

項目	說明
理論內涵 （五層次需求 層次模型）	1. 生理的需求（physiological needs）：即食物、飲水、居住、性的滿足以及其他生理上的需求。 2. 安全的需求（safety needs）：即免於身體和情感受到傷害之安全需求，且必須確保生理上的需求持續獲得滿足。 3. 歸屬的需求（social needs）：即親情、歸屬感、接納和友誼的需求。 4. 尊重的需求（esteem needs）：包括內在的自尊，如自信、自主、成就；以及外在的自尊，如地位、認同、受關注等。 5. 自我實現的需求（self-actualization needs）：即成長、期待達成自我潛能的發揮及自我實現、自我發展與創造等。

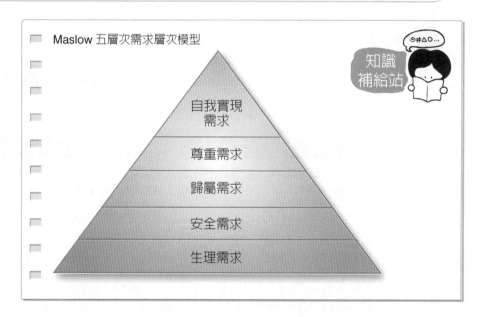

Maslow 五層次需求層次模型

自我實現
需求

尊重需求

歸屬需求

安全需求

生理需求

知識
補給站

四、X 理論、Y 理論

項目	說明
主要代表人物	馬格理柯（McGregor）。

榜首提點

馬格理柯（McGregor）的 X 理論與 Y 理論（Theory X and Theory Y），是兩種不同的理論觀點，請了解其內涵並比較其差異；並請思考何種員工適用 X 或 Y 理論，須具有在申論題應用之實力；另亦在測驗題經常被命題。

項目	說明
理論內涵	1. 對人性提出兩種不同的觀點：X 理論與 Y 理論（Theory X and Theory Y）。基本上，X 理論是負面的，它假定人很少有雄心大志，不喜歡工作，逃避責任，而需要緊密地督促其工作；Y 理論則是正面的，它假定人會自我指導與約束，接受責任，且將工作視爲如休息或遊戲般自然。 2. McGregor 支持以 Y 理論的假設來對待員工，他認爲員工會採取 X 理論或 Y 理論的行爲模式，端視管理者所持的態度而定。如果管理者以嚴密的控制、威脅與懲罰來管理員工，員工自然回報以消極、被動的態度，而展現出 X 理論的行爲模式：如果管理者願意讓員工參與決策，負責具挑戰性的工作，並且讓員工自我督促與管理，則員工會回報以高度的工作熱忱與績效。

知識
補給站

X 理論與 Y 理論的假設比較

X 理論	Y 理論
員工天生不喜歡工作，且會盡可能地逃避工作。	員工視工作爲一種自然的事情，就如同休息或遊戲般。
管理者必須對部屬嚴密控制，並以強迫、威脅、處罰等方法，使他們達成組織的目標。	若員工對目標有所承諾，他們將會自我指導和自我約束，以達成組織的目標，毋須強迫、威脅和處罰。
一般人會盡可能的逃避責任，且喜歡正式的指導。	一般人學習承擔責任，甚至會主動要求負擔職責。
大多數員工所追求是經濟上的安全感，很少有其他的企圖。	員工具有高度的意念和創造力，以解除組織所面臨的問題。

項目	X 理論	Y 理論
人性假設	人性本惡（負向的）	人性本善（正向的）
工作態度	不喜歡工作	樂於工作

項目	X 理論	Y 理論
工作動機	經濟報酬	追求成就感
責任心	盡可能逃避責任	學習承擔責任
解決問題	被動	積極主動
管理方式	嚴密監控	自我管理
理論取向	重視組織（組織＞員工）	重視員工（組織＜員工）

五、Z 理論

項目	說明
主要代表人物	威廉大內 William Oichi 知
理論內涵	1.「Z」理論之意義是「密切配合工作的組織與人員」。本理論是強調組織適當型式，應隨著工作的性質與有關人員的特殊需要來決定。主要係來自於日式的管理，較強調員工參與，重視產品品質與服務，特別是「終身僱用制度」，減少了員工的流動率，提升員工對組織的向心力。 2. 重要原則 （1）人類有許多不同的需要與動機加入工作組織，但主要需要是實現其勝任感。 （2）勝任感人人均有，依個人的不同方法來滿足。 （3）當工作性質與組織型態適合妥當時，其勝任感是最容易滿足。 （4）當一個目標達成時，勝任感可繼續被激勵，並引起連鎖作用，創新的目標又會產生。 3. Z 理論主要說明個人與企業、個人與工作之間的關係。主要內容包括： （1）暢通的管理體制：管理體制應保證下情充分上達，多讓員工參與決策並及時反饋信息；特別是在制訂重大決策時，應鼓勵第一線的員工提出建議，再由上級集中判斷。

項目	說明
理論內涵	（2）基層管理者應享有相當權力：基層管理者對基層問題要有充分的處理權，有能力協調員工們的見解，發揮大家的積極性，以制訂出集體可執行的建議方案。 （3）中層管理者必須承上啓下，向上報告有關情況，並提出自己的建議。 （4）組織要長期僱用員工，並根據基層的意見及時改進。 （5）管理者要關心同仁的福利，設法讓員工心情愉快，上下關係融洽。 （6）管理者不能只關心生產，還必須設法讓同仁們感覺工作不枯燥、不單調。 （7）重視員工的訓練，多方面培養員工的實際能力。 （8）考核員工的表現不能偏頗，應當全面評量員工各方面的表現，作爲晉級的依據。 4. 由於「Z」理論是強調組織的適當形式與個人的特殊需要以及應變策略，即採用類似 X 理論的工作組織系統管理與類似 Y 理論的合作激勵系統管理，運用應變的策略包括： （1）培養組織協調人員。 （2）一方面培養技術人員，另一方面又重視創新與新的管理哲學。 （3）促進員工對上級及組織的信任，建立組織與員工的親密關係等。 5. 社會工作管理強調肯定個人的成就與組織目標的完成及整體團隊關係等的應變策略，具體而言，社會工作管理是整合 X、Y、Z 等理論之大成的一種新的管理方法。

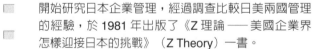

1. 威廉‧大內（William Ouchi）是位日裔美籍管理學家，1967 年獲得美國史丹佛大學的企業管理碩士，1972 於芝加哥大學獲企業管理博士學位。從 1973 年開始研究日本企業管理，經過調查比較日美兩國管理的經驗，於 1981 年出版了《Z 理論——美國企業界怎樣迎接日本的挑戰》（Z Theory）一書。

知識補給站

2. 威廉大內 William Oichi 在對 Z 理論的研究過程中，選擇了日、美兩國的一些典型企業進行研究，這些企業都在雙方設有子公司或工廠。在組織模式的每個重要方面，日本與美國都是對立的。大內的研究表明，日本企業的經營管理方式一般較美國企業的效率更高，因此提出，美國的企業應該結合本國的特點，向日本企業學習管理方式，形成自己的管理方式。他把這種管理方式歸結為 Z 型管理方式，並對這種方式進行了理論上的概括，稱為 Z 理論。

日本公司	美國公司
終身雇用	短期雇用
緩慢的考核和升遷	快速的考核和升遷
非專業化的生涯路徑	專業化的生涯路徑
內隱的控制機制	外顯的控制機制
集體決策	個人決策
集體負責	個人負責
整體考量	局部考量

六、雙因子理論（激勵──保健理論）

（一）主要代表人物

心理學家赫芝伯格（Frederick Herzberg）在 1966 年提出激勵與保健（Motivator and Hygienes）雙因子理論。

（二）理論內涵

1. 他將馬斯洛的需求層級分成兩組，一組是較低層的需求（生理、安全、社會），另一組是較高層的需求（尊重、自我實現），並認為較高層的需求最有激勵作用；而加薪或較好之工作環境，並無激勵作用，因較低層的需求已很快地得到滿足，並且一旦這些需求得到滿足，則以更多的錢或更好的工作環境來激勵，將是一種永無止境的過程。正確的激勵方式是調整其工作內容，使人們在工作中得到成就感（Achievement）與認同感（Recoganization）。

2. 研究結果顯示，工作「滿意」都與「工作內容」有關，這些因素為激勵因子（motivation factor），激勵因子使員工滿意其工作。工作「不滿意」多發生在與工作相關的「情境」因素上，這些因素為保健因子（hygiene factor），

它可以防止員工不滿意。

3. 根據其研究，Herzberg 深信，能滿足較低層需求的因素（稱為保健因子）不同於能滿足較高層需求的因子（稱為激勵因子）。如果保健因子（如薪資，較佳之工作條件）不夠的時候，員工會不滿足；但更重要的是，增加更多這些保健因素是非常不好的激勵方式，因為較低層需求很快會得到滿足。並且一旦得到滿足之後，除非以鉅額增加的方式，否則不會有激勵作用。另一方面，工作內容或激勵因子（如獲得成就感、認同感、職責與更多挑戰機會）有激勵員工的作用。它們之所以能夠激勵員工，是因它們能夠滿足成就感和尊重等較高需求。故根據其說法，激勵員工最好的方式是在工作中提供更有成就感之機會。為了應用其理論，Herzberg 建議一種「工作豐富化」（Job Enrichment）的方法；亦即在工作中添增各種獲得成就感機會等激勵因子，以促使工作更有趣，更有挑戰性。

4. 雙因子理論對管理者的啟示即是，一方面，提供了保健因子才能消除員工的不滿足，但尚無法激勵其達到較高水準的成就，因此，還需要有賞識、挑戰和個人成長機會等強力激勵因子，始可能促進高度滿足感與績效表現。管理者的角色即是要消除讓人不滿意的條件，亦即提供保健因子以滿足基本需求，然後再運用激勵因子來滿足高層次需求，並驅使員工達到更高成就和滿意境界。

5. 因素說明

（1）保健因素／維持因素（maintenance factors）

保健因素亦稱為維持因素，是指某些因素在工作中未出現時，會造成員工的不滿；但它們的出現也不會引發強烈的工作動機。亦即保健因素只能維持合理的工作水準，維繫工作動機於最低標準而已。然而，這些因素之所以具有激勵作用，乃是若它們不存在，則可能引發不滿。其效果恰如生理衛生之於人體健康的作用一樣，故又稱為健康因素或衛生因素（hygienic factors）。亦即。當某些因素沒有出現或不理想時，會造成員工「不滿足（Dissatisfaction）」，但這些因素的出現，則被視為理所當然「沒有不滿足（No dissatisfaction）」。Herzberg 認為這些因素與工作外在的因素（Extrinsic motivators）有關，如工作安全、薪資、內部人際關係（與上司、同事及部屬的關係）、公司的政策及管理方式、工作條件及主管的監督等，他稱這些因素為保健。Herzberg 列舉的保健因素，有公司的政策與行政、技術監督、個人關係、薪資、工作安全、個人生活、工作情境和地位等是。這些因素基本上都是以工作為中心，是屬於較低層級的需求。

> **榜首提點**
> 雙因子理論的各項因素為金榜考點，請詳讀。

（2）激勵因素／滿足因素（motivational factors）

激勵因素亦稱為滿足因素，是指某些因素會引發高度的工作動機和滿足感；但如果這些因素不存在，也不能證明會引發高度的不滿。由於這些因素對工作的滿足具有積極性的效果，故又稱之為滿足因素（satisfiers）。當與工作有關的內在因素（Intrinsic motivators），例如：升遷、被肯定、成就感、工作有趣、具挑戰性或重要、責任感等存在時，Herzberg 認為員工就會具有高度滿足感的「滿足」（Satisfaction）；當這些因素不存在時，他認為也不會引起員工的不滿，只是「沒有滿足（No satisfaction）」。這些因素包括成就、承認、升遷、賞識、工作本身、個人發展的可能性以及責任等均屬之。這些因素在需求層級論中，是屬於高層級的需求，基本上是以人員為中心的。激勵因素與保健因素之間的差異，乃類似於心理學家所謂的內在與外在激勵。內在的激勵來自於工作本身與自己的成就感，且在執行工作時發生，而工作本身即具有報酬性；外在激勵乃為一種外在報酬，其發生於工作後或離開工作場所後，其很少提供作為滿足感，如薪資報酬即為一種外在激勵。惟激勵因素與保健因素有時是難以劃分的，如職位安全對白領人員屬於保健因素，但卻被藍領工人視為激勵因素。且一般人多把滿足的原因歸於自己的成就；而把不滿的原因歸於公司政策或主管的阻礙，而不歸於自己的缺陷。

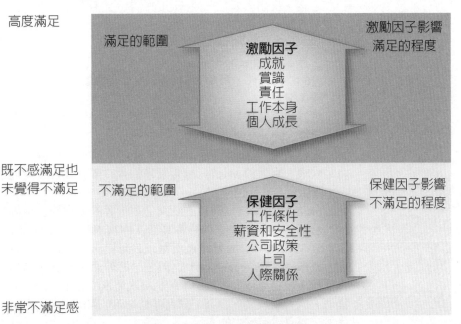

圖：Herzberg 的雙因子理論

表：Herzberg 的激勵和環境因素

動機因素／內在於工作 （激勵員工努力工作）	環境因素／外在於工作 （減低不滿意的程度）
成就感 認同 工作本身 責任感 提升 成長	機構政策和管理 管理監督方式 工作條件 與管理者、屬下、同僚間的人際關係 薪資 地位 工作保障 個人生活

引自：Peter M.Kettner 著，孫建忠等譯之《追求卓越——人群服務組織管理》

七、ERG 理論

上榜關鍵 ★★★

請思考 ERG 理論的三種需求與 Maslow 的需求層次的差異。

項目	說明
主要代表人物	Clayton Alderfer。
理論內涵	1. 根據實證研究的結果，針對 Maslow 的需求層次理論加以修訂整合後，提出人類有三種核心的需求：生存需求、關係需求及成長需求，稱之為 ERG 理論。 2. ERG 理論的三種需求。 （1）生存需求（needs of existence）：即人類為維持生存所需的物質條件，相當於 Maslow 的生理與安全需求。 （2）關係需求（needs of relatedness）：即想要與他人建立並維持人際關係的欲望，相當於 Maslow 的社會需求與自尊需求的外在部分。 （3）成長需求（needs of growth）：即個人追求自我發展的欲望，相對於 Maslow 尊重需求的內在部分及自我實現需求。 3. Maslow 的需求層次，僵硬的認為必須低等的需求層次獲得一定程度的滿足後，才會往較高層次的需求前進。Alderfer 則認為個人可同時擁有好幾項需求，且提出「挫折——退化」（frustration-regression）之說法，即若滿足高層次的需求受挫，則會導致退化以追求較低層次需求的滿足。例如：因個人的背景或文化因素，個人可能先滿足關係需求，再回過頭來尋覓生存需求的滿足。

八、三需求理論

項目	說明
主要代表人物	David McClelland。
理論內涵	David McClelland 提出一個需求驅動的激勵理論——三需求理論（three needs theory），即在工作情境中有三種主要的動機和需求： 1. 成就需求（need for achievement）：追求超越的驅力，在某種標準下追求成就感，力求成功。成就需求為三需求理論的重點，某些人追求成功的欲望特別強，他們所追求的是個人的成就感，而非成功帶來的報酬。 2. 權力需求（need for power）：權力需求係指影響和控制別人使其順從的欲望，高權力需求的人喜歡發號施令、喜歡別人服從、喜歡競爭性且階級分明的場合，而且重視取得影響力和地位，更甚追求良好的工作績效。 3. 親和需求（need for affiliation）：與他人建立友善和親密的關係之欲望。親和需求係指希望被人喜歡和接受，高親和的需求者可能較偏好有高度社會互動的工作，喜歡追求友誼和合作融洽的感覺，不喜歡競爭，致力於維持良好的人際關係。

九、公平理論

項目	說明
主要代表人物	Stacey Adams。
理論內涵	1. 根據公平理論（equity theory）的觀點，員工會比較他們在工作情境中的投入（input）與結果（outcome）之間的關係。 2. 再經過計算投入與結果比率（inputs-outcomes ratio），並比較所得的「淨值」後，若員工覺得該淨值與其他員工所獲得的是相等的，便會有公平的感覺；反之，如覺得報酬過多或報酬不足，即有不公平的感覺。不公平的出現會有「認知失調」的感覺，員工便會試圖去調整，以減輕或消除緊張和認知不公平的情緒。

上榜關鍵 ★★

請詳細研讀激勵理論三需求理論的內容，並請勿與 ERG 理論的三種需求混淆。

十、期望理論

項目	說明
主要代表人物	Victor Vroom。
理論內涵	1. Victor Vroom 的期望理論（expectancy theory）認為，一個人之所以採取某一特定行為（例如：努力工作），是基於期望獲得某種特定的報酬，以及該項結果對個人的吸引力。換言之，期望理論之變項關係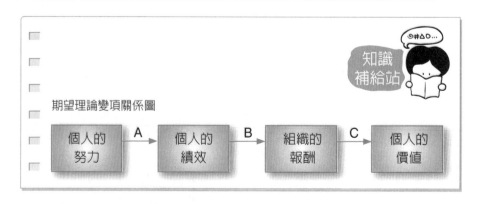共有三項關係存在： （1）期望或努力──績效的連結 (A)：即努力與努力結果（工作績效）的關聯性。換言之，個體對他所付出的努力，是否可使績效達到某種特定水準的相信程度。 （2）媒介或績效──報酬的連結 (B)：即一個人認為做到某特定的程度，即是導致獲得某所欲結果的媒介。換言之，個體對其績效達到特定水準時，能否得到期望報償的相信程度。例如：員工認為自己的工作效率會導致晉升。 （3）取價或報酬的吸引力 (C)：表示工作上所欲獲得的潛在性結果或報酬對個人的價值或重要性，它反映出一個人對報酬結果的欲望強度與吸引力。簡言之，即報酬結果如薪資、晉升和賞識等，這些報酬對每個人的價值或重要性。 2. 期望理論所要表達的重點在於，個人的努力須要有機會達成組織對個人的績效要求，且達成績效要求後可以得到適當的報償，同時這些報償是個人所追求的，或者至少對個人是有價值的。只有這些條件都存在，而且個人能夠感覺到它們之間的關聯性，個人才會努力於組織所交付的任務。

期望理論變項關係圖

個人的努力 —A→ 個人的績效 —B→ 組織的報酬 —C→ 個人的價值

知識補給站

十一、目標設定理論

項目	說明
主要代表人物	Edwin Locke and Gary Latham。
理論內涵	1. 目標設定理論（goal-setting theory）強調妥適設定目標將有助於激勵，且可增進期待和促進自我功效感。因此，管理者在激勵員工時，先要為員工設定一個適當且可被接受的目標，該目標除了是可達成的之外，還要具備一定程度的挑戰性和困難度，始能有效激勵員工。 2. 依據目標設定理論，目標設定程序有四項主要元素（Tschirhart and Bielefeld 提出）： （1）目標具明確性：目標必須具體且明確，若模糊不清，員工將無所適從。 （2）目標具挑戰性：目標要有一定程度的挑戰性，具難度的目標要比簡單的目標更具有激勵作用。 （3）目標的可接受性：目標為員工所接受，始能全力以赴地去達成目標；讓員工參與目標設定，是增加接受度與使命感的最佳方法。 （4）適時回饋：員工在追求目標過程中，管理者須依據員工的進度與目標達成狀況，適時給予獎勵和回饋，同時也要鼓勵員工針對目標達成狀況自我檢視。

十二、學習觀點

項目	說明
主要代表人物	Burrhus Skinner。
理論內涵	1. 學習（learning）是指藉由經驗，使一個人行為改變的過程。依據 Burrhus Skinner 的研究，人們的行為會受到正向和負向增強的影響，若管理者使用獎勵方式鼓勵員工，會讓員工感到滿意（正向經驗），員工就會呈現這種滿意的行為；反之，若管理者採取懲罰的方式處置員工表現不佳或負向行為時，會讓員工感覺不佳（負向經驗），員工就會避免該行為的發生。

項目	說明
理論內涵	2. 學習觀點中的增強理論（reinforcement theory），其重點即在於透過立即性報償或處罰的適當應用，來改變或調整員工的行為。 3. 四種可增強或削弱員工行為的方式： （1）正向增強（positive reinforcement theory）：即當員工出現組織期望的行為或有好的表現，管理者給予員工渴望的報償，員工即會重複該行為，正向的強化如：加薪、晉升與獎勵。 （2）負向增強（negative reinforcement theory）：即迴避（avoidance），當員工出現組織期望的行為或好的表現時，管理者可以消除員工不渴望的報償，這種做法可使員工重複組織所期望的行為。例如：當員工達到組織目標時，管理者可以「解除」處罰，如：責罵、減薪、降級。 （3）懲罰（punishment）：即當員工出現組織不期待的行為時（如：偷懶、違反紀律、工作表現不佳等），管理者「給予」員工不渴望的報償（負面懲罰），使員工減少負向的行為。 （4）消除（extinction）：即當員工出現組織「不期望」的行為時，管理者可以消除員工渴望的報償（正面獎勵），使員工減少組織不期望的行為。

上榜關鍵 ★★★★
申論題考點；各項方式的意涵請區辨清楚，測驗題考點。

十三、社會工作的激勵方法

社會工作機構面臨內外環境壓力，特別是員工的高流失率、士氣低落、欠缺成就感和工作沒有意義，對於組織的經驗傳承與服務品質已經造成影響。因此，領導者適時提供激勵，對服務使用者的維護及組織目標的達成，有相當大的影響。激勵的方法，說明如下：

（一）認知員工個別的差異
　　1. 組織的員工有其異質性，且有其各自不同的目標，同時，每個人的態度、人格及一些重要的個人變項也可能不同。管理者須兼顧這些差異，並盡量依個人的特質分派工作。

榜首提點
社會工作機構面臨高壓力及高流失率等內外環境壓力，因此請詳加準備社會工作的激勵方法，此為金榜考點。

2. 機構管理者要設法改善員工的工作特性（如自主性、完整性、重要性、回饋性、合作性及友誼性），以滿足員工的高層次需求並提高其工作動機。

（二）可達成目標的運用

1. 機構主管應能確保員工有特定且具挑戰性的目標完成，且要能夠適時地對其所做的努力做回饋。

2. 主管必須要能確信員工有能力達成設定的目標，且要讓他們感覺到績效評估的過程是有效且可信的。

（三）提供員工參與決策的機會

1. 為了改善員工的士氣、促進機構上下間的溝通，及提高員工對工作之滿足感，機構管理者應提供員工參與機構決策的機會，並允許員工對本身的福利、機構的發展取向及服務推行方式等有發言權。

2. 機構主管亦可將員工組織組成以成果為導向的工作小組，推行各項工作計畫，並讓小組負責檢視其服務提供之品質、員工的工作安排、問題解決方案，以培養員工的自主性，並激發員工各方面潛能的開發。

（四）增進員工對工作的興趣，並開發其潛能

員工長期在工作崗位上做同樣的工作，可能會感到枯索乏味，故機構管理者應考慮定期將員工在近似的工作職位上調動，藉以減輕乏味的程度，亦可藉此評量員工的潛能，方便機構未來人力需求的規劃，並可達員工的自我實現。

（五）協助員工生涯的發展

管理者應協助員工制訂其「生涯發展」（career development）方案，使其有機會自我評估其技能、潛力和事業前程，使其為達成個人事業目標及機構目標，而擬定按部就班之計畫。

（六）建立完善獎賞制度

一個理想的獎賞制度，應能依個人投入的程序而調整。研究顯示，若社工員覺得其所獲得的報酬、福利和升遷機會是公平的，其工作滿足和對組織的承諾會較高，進而降低其離職意願。

（七）不可忽略金錢的獎勵

機構若能適時地為表現績優的員工加薪或給予獎金，其對員工士氣激勵之重要性，絕不亞於前述的幾項要素。

十四、決策

（一）決策的定義

決策（decision-making）乃是針對問題，為達成某種特定的目標，就各種可能的

替代方案中，做出最佳判斷及抉擇之合理的過程。

（二）決策的重要性

1.組織中的每個人皆是決策者，但決策對位居主管位置者尤為重要。事實上，管理本身即是一種決策及執行的過程，管理的幾項重要功能皆離不開決策，規劃、組織、領導與控制皆需要決策。

2.對機構而言，決策所影響的不僅限於所採取的方案或策略，也關係到組織員工的士氣，這些對機構總體目標的達成皆有關鍵的影響。社會工作決策所造成的影響，不僅止於機構本身，也可能影響到個案、照顧者、家庭、團體或社區。

十五、決策模式類型一覽

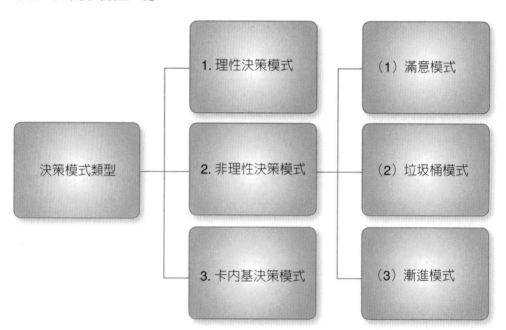

十六、理性決策模式

（一）理性決策模式的內涵

1.理性決策（rational policy-making）為社會服務組織之決策的主流觀點，這種決策的思考方式反映出組織和管理的現代和科學觀點，特別是受到新古典經濟學的影響。該學派假設人會以一種理性、合乎邏輯及線性的方式行動，選擇低成本高報酬的方案。福利國家的重組和管理主義之興起，更加強化這

種理性決策的觀點。

2. 傳統的理性決策模式，強調決策的過程，包括：界定問題、蒐集訊息、產生並選擇方案、執行決策及監督並評估決策；當代的觀點則是倡議以實證爲基礎的實務（evidence-based practice），特別是社會工作強調將研究所獲得的知識運用於決策上。因而，理性的決策雖欲從各種可能的替代方案中選擇一個最佳的方案，但決策前後仍有許多須完成或待完成的程序，故決策是一種全面性的過程，而非僅僅是方案選擇的行動。

3. 理性決策適用於較複雜問題的解決，對社會工作而言，它強調必須奠基於以實證爲基礎之相關研究知識，並以客觀和科學的方法進行分析研究。理性決策強調「程序理性」，即決策過程包含蒐集決策相關的資訊，並須依賴對這些資訊的分析後始能做選擇。然而，在「有限理性」的侷限下，可能使得理性決策難以完全符合理性。

（二）理性決策實施步驟流程圖

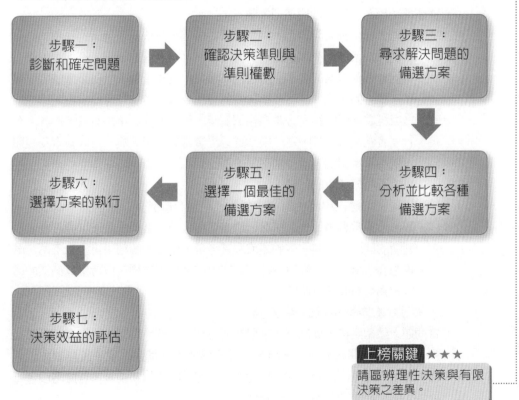

步驟一：
診斷和確定問題

→

步驟二：
確認決策準則與
準則權數

→

步驟三：
尋求解決問題的
備選方案

↓

步驟六：
選擇方案的執行

←

步驟五：
選擇一個最佳的
備選方案

←

步驟四：
分析並比較各種
備選方案

↓

步驟七：
決策效益的評估

上榜關鍵 ★★★
請區辨理性決策與有限決策之差異。

（三）理性決策的實施步驟說明

1. 步驟一：診斷和確定問題

（1）決策過程始於對問題的思考，所謂問題即是現實情況與理想之間的落差，且這種落差已超出可容忍的範圍，並對組織或個人造成相當程度的壓力，而有必要採取行動予以解決。

（2）診斷和確定問題對爾後所提的各種解決方案有重要的影響，做為一位決策者，必須在決策前小心地研究問題，抓住問題的核心，特別是對潛在且具威脅性的問題進行精確的診斷分析。在強調以實證為基礎的決策，若能夠充分掌握各種與決策相關議題之研究結果或所累積的知識，將可為理性決策奠定更佳的基礎。此外，一項有效的決策是建立在對環境限制的認知和理解上，因此，決策者在真正了解問題後，也要能掌握問題解決的可能限制（如資源和權力），始可進行決策的下一個步驟。

2. 步驟二：確認決策準則與準則權數

（1）管理者一旦確認問題後，接著必須要能確認解決問題所須的決策準則。所謂「決策準則」係指在選擇方案時所必須考慮的因素。例如：提供一項社會服務方案的成本、可近性、頻率、受益人數等。決策準則的認定和決策者的知識、經驗及所擁有的資訊有關，若管理者能具備相關的知識與經驗，且能夠充分掌握相關資訊，對後續的決策將有重要影響。若管理者在某方面較不足，則須透過更豐富的資訊蒐集，或向有實務經驗者或專家多請益，以彌補可能的不足；否則，若忽略了重要的準則，便可能不利於決策的結果。

（2）處理決策過程中可能引發的兩難，決策者應該對各項決策準則賦予權數，若權數愈高，代表該準則愈重要。當然，權數的賦予可能涉及主觀判斷的問題，不同的價值觀或現實考量，所給予的結果可能會不同。社會服務組織的管理者須隨時牢記組織的宗旨與目標，並考量以個案的權益做為最高的指導原則。

3. 步驟三：尋求解決問題的備選方案

當問題大致確定後，就應開始構思有何方法可以解決問題，決策者應盡可能列出各種解決問題的方法，但在此階段應僅列出備選方案，尚無須加以評估，因為要產生解決問題的各種途徑需要充分的想像和創新，若此階段進行評估，便可能會抑制個人的創新性。

4. 步驟四：分析並比較各種備選方案

一旦各種可能的方案被確認後，決策者必須對各方案做詳細的分析。每一種

方案皆有其優缺點，在做最後決策之前，應能對每一個可能方案予以比較，且決策者也應該要有心理準備，即任何好的決策都可能有其固有限制。

5. 步驟五：選擇一個最佳的備選方案

經過上述分析後，接著即是選擇一個解決問題或達成目標的最佳方案。有效的管理即是在理性與非理性之間取得平衡，亦即要獲得盡可能是最佳的解決方法，而非力求完美，決定止於當一個適當且可被接受的方式被發現時。因而，決策者所要選取的方案，應該是一個經過權衡輕重後之「令人滿意」的決定，而這個方案並不見得是一個可以完全解決問題的方案。

6. 步驟六：選擇方案的執行

方案執行過程中也可能會出現一些意料之外的突發或臨時狀況，決策者或執行者需要能夠彈性地予以面對，或對決策加以修正或調整。方案的執行關係到決策是否能夠成功，它往往需要組織成員的配合或參與，若相關成員能夠在決策的過程中即被邀請參與，將可能促使他們更熱心執行和支持其所參與的決策。

7. 步驟七：決策效益的評估

決策過程的最後步驟即是要在執行過程中或一段時間之後，檢視並評估決策是否解決了當初所面臨的問題，或達到當初所設定的目標；換言之，即所選取的方案是否達到所欲的結果。

（四）理性決策的限制

理性決策的限制	說明
1. 資訊成本高與環境的不確定性	管理者若要做出好的決策，必須要以充分的訊息做後盾，然而，資訊蒐集可能需要付出昂貴的代價，將使得這個模式有關的資訊成本過度偏高；且由於組織所處的環境原本即有不確定性（風險），因此，無法得知所有可供選擇的解決方案有哪些，及其結果為何。
2. 管理者能力與時間有限	管理者的知識、能力和時間皆是有限的，況且即便有能力處理決策所須的訊息，但是否有足夠的時間做深度分析也不無疑問。理性模式忽視了管理者的知識、能力和時間可能對決策造成的限制。
3. 管理者的偏好和價值觀不一	理性模式假設管理者的偏好和價值觀是相同的，且會對組織最重要的目標具有共識；然而，參與決策管理者的職務不同，再加上本位主義作祟，可能導致他們支持的決策是利於自身勝過組織或他人。理性模式對個人偏好和價值觀之共識性的假設，在實務上是不切實際的。

（五）理性決策的過程面臨的危險和陷阱

理性決策的過程 面臨的危險和陷阱	說明
1. 拖延	讓時間解決一切或許會是一種簡易的處理方式。
2. 過度簡化	在解決問題或做決策時，有時會有「大而化之」的傾向。
3. 非理性行為	決策可能並非是建立在客觀和公平的基礎上，複雜度、感覺及個人之間的差異可能會導致偏離適當的決定。
4. 因錯誤而喪志	參與機構決策的員工，當錯誤已造成，管理者要有接納的雅量，並儘快地予以矯正。一位好的主管會了解「人非聖賢、誰能無過」，而以寬容的心包容之。

十七、非理性決策模式

（一）非理性決策模式的意涵

非理性決策模式（non-rational decision making model）是針對複雜的、不確定性的情況所發展出來的決策模式。本模式假定，資訊蒐集困難及資訊處理能力不足，會讓管理者不易做出最適當的決策。

（二）非理性決策模式的類型

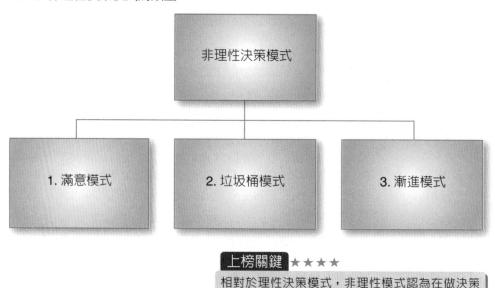

上榜關鍵 ★★★★

相對於理性決策模式，非理性模式認為在做決策時，並無法完整掌握各種資訊，故為非理性決策。

1. 滿意模式

（1）諾貝爾獎經濟學得主 Hebert Simon 認為，即使可獲得決策所需的所有訊息，許多管理者還是不能適當地吸收與評估這些資訊，這即是「有限理性」 知 的觀念

（2）滿意模式（satisficing model）係指因有限理性的限制，決策者傾向只追求到目前為止所確認的最佳選案，且能滿足某些特定情境的最低標準者。這主要是因為馬上尋找一個令人滿意之解決方案的效益，會超過延遲做決策的成本，或者繼續找尋更佳解決方案的成本。

有限理性

有限理性（bounded rationality）係指管理者雖有聰明才智，但其完全理性能力可能會因個人處理資訊的記憶、能力、時間壓力等限制，而經常忽略了某些重要訊息，致使決策者會利用直覺或決策規則迅速剔除某些可能方案。若再加上決策過程可能會因問題的複雜度高，組織目標之間的不一致或利益團體的影響，決策也必須做相當程度的妥協，最終所做出的決策並非是最適當的。

知識補給站

---

2. 垃圾桶模式

上榜關鍵 ★★★★

垃圾桶決策模式強調的是「決策過程倒轉」的過程，為解釋名詞及測驗題型常見考點。

（1）垃圾桶決策模式（garbage can model）視決策為一個非結構化的過程，該模式決策過程倒轉，對於問題的解決方式，並非如理性決策模式一般，從問題的診斷與確定到備選方案的提出，再到方案的選擇；而是管理者對於某一些問題有一些既定的、放在垃圾桶的解決方案。換言之，組織有一些解決方案或技術，而這些方案可以解決某些或某類問題。例如：如何降低服務成本？如何增進服務使用者的滿意度？或如何提升服務品質？既然擁有這些方案或技術，組織便會尋求方法去運用它們，所以管理者便會創造問題，或是為自己創造決策的機會。

（2）雖然垃圾桶模式有時候會產生令人滿意的結果，但有時也會使決策過程更加複雜，甚至出現不良的後果。當組織遭遇到自己所創造出來的問題時，也會企圖對已確認的問題尋求解決方案，惟組織中不同管理者或勢力的結盟，可能會為了競爭資源而彼此對抗，反而使決策的制定變得像垃圾桶般，問題、解決方案、個人不同的偏好及結盟全部混合在一起，而讓組織陷入混亂狀態，此時，方案的選擇將依賴結盟或管理者見機行

事，令決策變得更加不確定與不可預料，甚至出現矛盾的現象。

3.漸進模式

漸進模式（incrementalist model）也被視為一種非理性的模式。漸進模式認為管理者在選擇行動方案時，僅僅是依過去使用過的方案做稍微或漸漸的修正，以避免或減少犯錯的機會。過程中，組織的目標與行動方案可能會有所改變，但這樣的改變是非

常緩慢的，若錯誤出現，也可立即採取矯正措施。漸進模式之所以小心翼翼，主要是因管理者受限於資訊不足及缺乏遠見所致。

十八、卡內基決策模式

（一）卡內基模式之基本概念

理性層次固然有其理性層次不可磨滅的價值，然而，此一決策所處的現實環境脈絡，經常非常複雜且充滿不確定性，因此，決策結果常是有限理性的，這也使得理性決策者感到有所缺陷。為了更精確地描述決策的真實過程，學者們在決策理論中提出一些新的假設，稱之為卡內基模式（Carnegie model），本模式認為組織決策具有滿意的、有限理性及組織中的聯盟等效應。

（二）卡內基模式之主要論點

1.卡內基模式是一種滿意模式，也是一種有限理性的模式。為了嘗試說明組織如何避免資訊取得所需負擔的高額成本，本模式認為管理者只會追求滿意，以代替理性模式所必須針對問題找尋所有可能的解決方案。此外，如同諾貝爾經濟獎得主經濟學家 Herbert Simon 認為，即使可獲得資訊所需的所有訊息，許多管理者還是不能適當的吸收與評估這些資訊，這即是有限理性的觀念。

2.然而，有限理性並非意味著管理者的能力或積極性不足，而是大多數的決策是主觀的，並依賴管理者以往的經驗、知識、信念與直覺。管理者不大可能會對每一個可能的備選方案做完整的評估，而是以直覺到達滿意水準，確認出一些符合最低可接受的備選方案後，即停止找尋其他方案。換言之，卡內基模式是一種滿意模式（satisificing model），係指因有限理性的限制，決策者傾向只追求到目前所確認的最佳方案，且能滿足某些特定情境之解決方案的效益，會超過延遲做決策的成本，或者繼續找尋更佳解決方案的成本。

3.不同於理性模式之忽略管理者的偏好和價值觀潛在的差異，卡內基認為組織內的成員難免缺乏共識，甚至衍生衝突，因而，卡內基模式將組織視為不同

利益者的聯盟（coalition），決策是藉由不同部門及事業管理者之間的妥協、協議及談判所制定，任何解決方案的選擇，都必須被主導聯盟所認可，也就是那些具有權力去選擇方案，以及可運用資源去執行方案的管理者或利害關係團體。經過一段時間，當管理者的利益與偏好改變後，主導聯盟（dominant coalitions）的組成份子也會改變，決策亦隨之改變。卡內基模式認為組織決策並非是一個有客觀決策規則的理性程序，而是管理者們為追求個人利益與目標，所建立的一套主觀的規則與程序。

4. 綜合言之，相較於理性模式，卡內基模式認為決策是在資訊不完全且模糊，以及環境不確定的情境下所制定。本模式也認為，決策者會被有限理性所限制，並追求滿意的方案，而且他們會結盟去追求自己的利益。然而，這並不意味著卡內基模式的決策是不理性的，因為管理者為了達成他們期望的目標，儘管存在不確定性及對目標的意見會不一致，但他們仍會刻意地尋找最佳的解決方案。

知識補給站

「理性模式」與「卡內基模式」決策的差異

項目	理性模式	卡內基模式
管理者	管理者具備充分的知識和才智及充裕時間。	管理者的知識、才智和時間皆有限。
資訊取得	資訊是完全的。	資訊是有限的。
成本	成本低。	成本昂貴（例如：管理成本、資訊成本）。
價值觀	決策不受價值觀的約束。	決策受決策者的偏好和價值觀影響。
方案產生	產生所有可能的方案。	產生有限範圍的方案。
方案選擇	方案係由全體一致同意所選出。	方案是由組織中結盟間的相互妥協、協商或折衝方案所選出。
方案類型	最佳方案。	滿意方案。

十九、決策的類型

（一）依理性的程度分：直覺的、判斷的及問題解決的

1.直覺的決策（intuitive policy making）：係指情感勝於理性的決策，其所做的決策是依其所認為是對的或是最佳的，且與預感（hunches）或內心感覺（gut feeling）有關。

2.判斷的決策（judgmental policy making）：係指依據知識和經驗而來。

3.問題解決的決策（problem-solving policy making）：係指一種基於理性的研究及分析後所做的決策。

（二）依問題的性質分：程式的與非程式的決策

1.程式的決策（programmed decision）：係指運用於處理結構性問題的決策，是可用例行性方式處理的一種重複性決策，此乃由於其所欲處理的問題是明確、簡單且經常碰到的。

2.非程式的決策（non programmed decision）：係指用於處理非結構性問題的決策，它是較獨特且罕見的。

> **結構性問題與非結構性問題**
> 問題可被簡單區分為兩類：結構性問題（well-structured problem）係指問題本身是非常清晰的，各決策準則和結果之間的關係是有規則可循的。非結構性問題（ill-structured problem）係指問題是全新的或非慣例性的，且與問題相關的資訊是模糊且不完整的。

知識補給站

（三）依工作者本身的角色分：諮詢的、協商的、協助的與權威的

1.諮商式決策（consultative decision）：係指決策者就最佳的行動方向，徵詢他人的意見。

2.協商式決策（negotiative decision）：決策者的主要角色即是協調不同的意見，並提出一個全體均可折衷接受的決定。

3.協助式的決策（facilitative decision）：即並非本身要做決策，而是扮演協助他人做決定的角色。

4.權威式決策（authoritative decision）：有權威即意味著有做決定的權力，權威式的決策是不用透過諮詢，自己便可做決策。

（四）依參與決策人數的多寡分：個人決策與團體決策

  1.團體決策的優點

    （1）提供較完整的訊息。

    （2）產生較多的替代方案。

    （3）增加方案的接受性。

    （4）增加正當性。

    （5）提升組織士氣。

  2.團體決策之缺點（限制）

> **上榜關鍵** ★
> 對團體迷思要有基本的名詞概念。

    （1）較花費時間。

    （2）少數壟斷：團體的成員並非每人皆居於同等地位，他們在組織中的層級、對相關問題的知識和經驗、成員間的影響力、表達技巧等也不同，這使得少數人會運用其優勢支配團體中的其他人，而讓少數支配對最後決定有相當大的影響。

    （3）從眾壓力：團體中，社會順從的壓力可能導致所謂「團體迷思」或「團體盲從」（group thinking）的現象，而使得團體成員抑制其異議或不受歡迎的觀點，以取得表面上共識的假民主。

    （4）責任模糊：誰將為最後結果負責的問題。在團體決策中，成員之間的責任被淡化了。

  3.團體決策與個人決策優、缺點比較

> **上榜關鍵** ★
> 測驗題考點。

決策類型	優點	缺點
團體決策	1. 資訊完整。 2. 較多的替代方案（具創新性） 3. 決策的被接受度高。 4. 增加正當性。 5. 可提升組織士氣。	1. 費時（需要較多的協調、溝通）、缺乏效率。 2. 少數壟斷。 3. 從眾壓力（假民主）。 4. 責任模糊。
個人決策	1. 快速、省時。 2. 責任明確、易於保密。	1. 資訊較不完整。 2. 缺乏足夠的替代方案。 3. 可接受性低。 4. 正當性低。 5. 易有專制獨裁之嫌，不利於組織士氣的提升。

4.團體決策的技術。

「團體迷思」對決策的品質與責任有潛在的威脅，為避免這種現象的出現，在團體決策時一般所使用的方法或技術有四種：腦力激盪術、名義團體術、德爾菲法及電子會議。茲分述如下：

團體決策的技術	說明
1. 腦力激盪術	腦力激盪術（brainstorming）是一種避免群體求同之團體思考壓力以產生方案的技巧；它使用一種創意激發的程序，激勵參與成員思考更多創發性的解決方法。
2. 名義團體術	1. 在決策的過程中，名義團體術（nominal group technique, NGT）可使團體成員獨立思考，然後產生與選擇最佳的解決方案。這種方法的主要優點在於允許團體成員彼此聚集在一起，但並不限制或抑制個別的思考。 2. 步驟 （1）團體成員聚集在一起，了解所要解決的問題，但是在討論前，每位成員必須寫出他（她）對問題的看法。 （2）接著便由每位成員依序向團體報告對此問題的解決構想，每次僅提出一種想法，直到所有的想法皆被提出並記錄。在所有想法完成記錄前，不能有任何的討論。 （3）團體成員開始討論並評估所提出的構想。 （4）評估完後，團體成員以匿名方式將各種構想加以排序，並將每位成員所列的名次進行彙整，排列等級最高的構想，即是大家公認最佳解決方案。
3. 德爾菲技術法	1. 德爾菲技術法（Delphi technique）類似前述的名義團體法，但較為複雜和費時，參與的團體成員彼此無須碰面，其步驟如下： （1）步驟一：問題確定後，團體成員被要求對一系列精心設計的問卷，提出可能的解決方法。 （2）步驟二：每位團體成員獨立自主地完成首份問卷。 2. 德爾菲技術與名義團體術，皆能夠使團體成員免於受到他人不當干擾，但是這種方法相當費時，對緊急決策較不適用。此外，這種方法無法像腦力激盪或名義團體術可以經由面對面的熱烈討論，以激發出更多的替代方案。

上榜關鍵 ★★★★

團體決策技術是避免團體迷思的方法／技術，是申論題考點；另亦為測驗題型之重要考點。

團體決策的技術	說明
4. 電子會議	1. 電子會議（electric meeting）係指將名義團體法和複雜的電腦科技，加以融合而成的一種團體決策法。 2. 優點：匿名、誠實與快速。參與者可匿名按下他所要的回應，且很快地會將螢幕上的資料更新。成員在沒有壓力的情境下，誠實地反應個人的意見。 3. 缺點（潛在的缺失）：如打字速度較快的參與者，可能會使得那些擅辯但不擅打字者相形失色，而無法獲得其較佳的想法，且過程也缺乏面對面口語溝通可取得之豐富訊息。

十二、決策偏誤與克服方法

榜首提點

準備上以申論題為主，測驗題為輔；在測驗題上須能區辨各種決策偏誤之類型。

（一）決策偏誤產生之原因與結果

1. 在決策過程中，決策常會受到框架效應（framing effect）的影響而導致決策偏誤的現象，亦即，框架構成問題的骨架，它界定甚麼必須被決定，並初步訂定取捨標準，使你偏好某一選擇而被放棄其他選擇。

2. 框架代表一種認知捷徑（cognitive shortcut），讓人們可以在有限的時間與資源下快速做成決定。有了框架，可能產生兩種結果：

（1）框架盲點（frame blindness）：人們可能會針對錯誤的問題進行分析，以至於在未經深思熟慮下，忽略最佳的選擇方案或無法認清重要的目標。

（2）缺乏對框架的控制（lack of frame control）：人們可能會不當地受到他人提供的框架所左右，而無法採取一種以上的思考方式來界定問題。

（二）決策偏誤的類型與補救之方法

項目	說明
1. 定錨偏誤	1. 定錨偏誤（anchoring bias）係指一種傾向於鎖定在初始點的決策偏差。這種決策偏差是指決策者以最初的資訊為基準，給予它過高或過低的權重，即使接收到新的資訊，仍然堅持原先的基準點而做出過小的調整。例如：漸進模式的決策模式即可能掉入這種陷阱，很多組織預算的編列往往會不自覺地以去年的預算為基準，再做微幅的調整，卻可能忽略客觀環境已有大幅的變化。

項目	說明
1. 定錨偏誤	2. 為避免定錨可能造成的偏誤，在進行決策時，對於極鮮明的事件，切勿給予過高或過低的權重，並且同時間試著與較不極端或較不鮮明的事件進行對比。
2. 應證偏誤	1. 應證偏誤（confirmation bias）即選擇性知覺（selective perception），係指我們會尋找那些支持我們決策的資訊，而忽略那些與決策相牴觸的資訊；亦即，一旦我們做了某種決定或是心中早已有定見，將不再客觀地搜尋資訊，而是主觀找尋支持決定的資訊。 2. 為避免因不自覺的選擇資訊而造成誤判，決策時宜儘量從不同角度蒐集支持與牴觸決策的相關資訊，再進行比較分析；此外，亦可藉由「預見未來」的方式避免之，亦即，先假想在「預見未來」時看見自己決策失敗，然後找到為什麼會失敗之最有說服力的理由，這種練習可以幫助你意識到你所相信的東西，可能並沒有你想像的那麼有根據。
3. 現成偏誤	1. 現成偏誤（availability bias）係指我們傾向使用現有的資訊做為決策依據所導致的偏差。例如：當我們被問到台灣離婚率或貧窮率時，我們會以周遭認識的人來推估。這種以立即可獲得的資訊來判斷某一事件的機率，可使得決策者會不自覺的給予現有資訊過高或過低的權重。 2. 為避免現成偏誤造成的誤判，在計算某一事件的發生機率時，應考慮此事件過去實際發生的次數。
4. 代表偏誤	1. 代表偏誤（representative bias）係指當我們在預估某個情況發生的可能性時，會傾向拿已有或自己熟悉的前例來套用，而沒有去判斷該例子是否合適，或去找更適合的例子來使用所做出的決策偏誤。例如：我們可能將自己所看到之社區營造的成功案例，類推到未來台灣地區營造成功的機率。 2. 為避免代表偏誤可能造成的誤判，決策者須期勉自己涉獵更多的案例，且宜徵詢有不同經驗者的意見，甚至在不同經驗者尚未出現時，不輕易做出決定或判斷。

項目	說明
5. 承諾遞升偏誤	1. 承諾遞升偏誤（escalation of commitment bias）係指我們會傾向對之前所做的決策有高的承諾，即使收到決策的負面消息或決策出現問題時，仍不肯去進行修正，甚至更加認為自己的決定是正確的，反而錯誤地認為加碼投入額外的資源可以彌補先前的損失，造成愈陷愈深的困境，特別是當我們須對決策負責任時，更強化這些深具風險的信念。 2. 承諾遞升偏誤主要是因為人通常不願意承認或面對自己的錯誤，為克服可能掉入錯誤決策的泥沼，決策時應多徵詢他人的意見，冷靜分析各種資訊，以及設定損失上限。
6. 後見偏誤	1. 後見偏差（hindsight bias）係指決策者錯誤的相信自己曾經準確地預測某件事發生的機率，這種「其實我早知道這件事會發生」的錯覺，主要是因為人們通常不擅於清楚記得他過去對於事件的推估，反倒很習慣重新建構過去的記憶，因而造成我們對自己過度的信心，影響我們從過去經驗學習的能力，導致未來決策的偏差。 2. 為克服後見偏差的現象，決策者當碰到決策之負面結果時，應勇於接受事實，並將失敗的經驗視為案例與借鏡，深切檢討與反省，以避免重蹈覆轍。

過度自信偏誤

除了定錨偏誤、應證偏誤、現成偏誤、代表偏誤、承諾遞升偏誤、後見偏誤等偏差外，決策者亦可能因高估自己對問題、狀況或方案的了解或把握，而造成「過度自信偏誤」（overconfidence bias）。

 練功坊

★ 赫芝伯格（Frederick Herzberg）提出激勵與保健（Motivator and Hygienes）雙因子理論，請說明激勵與保健之意涵。

解析

(一) 保健因素

1. 所謂保健因素（maintenance factors），是指某些因素在工作中未出現時，會造成員工的不滿；但它們的出現也不會引發強烈的工作動機。亦即保健因素只能維持合理的工作水準，維繫工作動機於最低標準而已。然而，這些因素之所以具有激勵作用，乃是若它們不存在，則可能引發不滿。其效果恰如生理衛生之於人體健康的作用一樣，故又稱為健康因素或衛生因素（hygienic factors）。Herzberg 列舉的保健因素，有公司的政策與行政、技術監督、個人關係、薪資、工作安全、個人生活、工作情境和地位等是。這些因素基本上都是以工作為中心，是屬於較低層級的需求。

2. 維持因素（Maintenance factors）或稱之為保健因素（Hygine factors）。當某些因素沒有出現或不理想時，會造成員工「不滿足（Dissatisfaction）」，但這些因素的出現，則被視為理所當然「沒有不滿足（No dissatisfaction）」。Herzberg 認為這些因素與工作外在的因素（Extrinsic motivators）有關，如工作安全、薪資、內部人際關係（與上司、同事及部屬的關係）、公司的政策及管理方式、工作條件及主管的監督等，他稱這些因素為維持因素。

(二) 激勵因素

1. 所謂激勵因素（motivational factors），是指某些因素會引發高度的工作動機和滿足感；但如果這些因素不存在，也不能證明會引發高度的不滿。由於這些因素對工作的滿足具有積極性的效果，故又稱之為滿足因素（satisfiers）。這些因素包括成就、承認、升遷、賞識、工作本身、個人發展的可能性以及責任等均屬之。這些因素在需求層級論中，是屬於高層級的需求，基本上是以人員為中心的。

2. 激勵因素與保健因素之間的差異，乃類似於心理學家所謂的內在與外在激勵。內在的激勵來自於工作本身與自己的成就感，且在執行工作時發生，而工作本身即具有報酬性；外在激勵乃為一種外在報酬，其發生於工作後或離開工作場所後，其很少提供作為滿足感，如薪資報酬即為一種外在激勵。惟激勵因素與保健因素有時是難以劃分的，如職位安全對白領人員屬於保健因素，但卻被藍領工人視為激勵因素。且一般人多把滿足的原因歸於自己的成就；而把不滿的原因歸於公司政策或主管的阻礙，而不歸於自己的缺陷。

3. 激勵因素（Motivational factors）亦稱之為滿足因素（Satisfiers）。當與工作有關的內在因素（Instrinsic motivators）如升遷、被肯定、成就感、工作有趣、具挑戰性或重要、責任感等存在時，Herzberg 認為員工就會具有高度滿足感的「滿足」（Satisfaction）；當這些因素不存在時，他認為也不會引起員工的不滿足，只是「沒有滿足（No satisfaction）」。

★ (　) 假設人類都是不喜歡工作，若有可能他們就會儘量逃避，除非緊盯著，嚴格控制，並採用懲罰來控制他們，否則他們不會自動努力工作的管理理論稱為：
(A) Z 理論　　　　　　　　　(B) J 理論
(C) X 理論　　　　　　　　　(D) Y 理論

解析

(C)。馬格理柯（McGregor）對人性提出兩種不同的觀點：X 理論與 Y 理論（Theory X and Theory Y）。基本上，X 理論是負面的，它假定人很少有雄心大志，不喜歡工作，逃避責任，而需要緊密地督促其工作；Y 理論則是正面的，它假定人會自我指導與約束，接受責任，且將工作視為如休息或遊戲般自然。

★ (　) 組織決策依參與者人數的多寡，可分為個人的決策與團體的決策，下列何者是團體決策的缺點之一？
(A) 缺乏足夠的替代方案　　　(B) 正當性低
(C) 少數壟斷　　　　　　　　(D) 可接受性低

解析

(C)。團體決策之缺點（限制）：較花費時間；少數壟斷；從眾壓力；責任模糊。

重點便利貼

❶ 行為論

（1）Kurt Lewin 領導三種型態：專斷式領導、
民主式領導、放任式領導。

（2）俄亥俄學派兩層面領導模式：分為「體
制層面」和「體恤層面」。

（3）管理格局理論：此觀點認為，一位領導
者帶領部屬，可能朝向兩個極端方向：
員工導向與生產導向。

❷ 權變（情境）理論

（1）Fiedler 權變模式：主張有效的團體績效
端視領導者與其部屬的互動型態，以及
所處情境與領導者影響力的適切配合。

（2）Hersey-Blanchard 情境理論：將焦點置
於被領導者，亦即什麼樣的領導型態較
有效，須視被領導者的成熟度而定。

（3）House 路徑——目標理論：領導者的主
要工作在於協助其部屬達成其目標，並
提供必要的指導和支持，以確保個人目
標與團體或組織的整體目標一致的。

❸ 交換（易）型——轉換型領導

（1）交換（易）型領導：是社會交換（或交
易）理論的應用，以酬賞來激發並獎勵
績效，以斥責來懲罰錯誤和不良表現，
以期能激發追隨者的動機。

(2)轉換型領導：亦稱為第五代領導理論。
轉換型領導除展現領導者對追隨者的關
心之外，更以發展體恤面的方式來影響
追隨者，亦即經由知識啓發、灌輸使命
感、激勵學習經驗及鼓勵創新的思考方
式來領導部屬，以便讓部屬在工作上有
所成長。

❹ 魅力——願景領導

(1)魅力領導：認為魅力是領導者的個人特
質，魅力（charisma）係指可誘使他人
支持及接受的一種人際吸引力之形式。

(2)願景領導：願景是一種對組織未來期望
狀態的描述，擁有清楚且吸引人的意
象，它提供創新的見解，以脫離傳統的
方式來改善現況。

❺ X 理論、Y 理論：McGrego 對人性提出兩
種不同的觀點，分別為 X 理論與 Y 理論
（Theory X and Theory Y）。基本上，X 理
論是負面的，它假定人很少有雄心大志，不
喜歡工作，逃避責任，而需要緊密地督促其
工作；Y 理論則是正面的，它假定人會自我
指導與約束，接受責任，且將工作視為如休
息或遊戲般自然。

❻ Z 理論：William Oichi 提出 Z 理論。「 Z 」
理論之意義是「 密切配合工作的組織與人
員」。本理論是強調組織適當形式，應隨著
工作的性質與有關人員的特殊需要來決定。
主要係來自於日式的管理，較強調員工參
與，重視產品品質與服務，特別是「 終身
僱用制度」，減少了員工的流動率，提升員
工對組織的向心力。

❼ 雙因子理論（激勵 —— 保健理論）：

Herzberg 指出，保健因素是指某些因素在工作中未出現時，會造成員工的不滿；但它們的出現也不會引發強烈的工作動機；激勵因素，是指某些因素會引發高度的工作動機和滿足感；但如果這些因素不存在，也不能證明會引發高度的不滿。

⑧ ERG 理論：Alderfer 提出人類有三種核心的需求：生存需求、關係需求及成長需求，稱之為 ERG 理論。

⑨ 三需求理論：David McClelland 提出工作情境中有三種主要的動機和需求，包括成就需求、權力需求、親和需求。

⑩ 公平理論：Stacey Adams 指出，員工會比較他們在工作情境中的投入（input）與結果（outcome）之間的關係。再經過計算投入與結果比率（inputs-outcomes ratio），並比較所得的「淨值」後，若員工覺得該淨值與其他員工所獲得的是相等的，便會有公平的感覺。

⑪ 期望理論：Victor Vroom 認為，一個人之所以採取某一特定行為（例如：努力工作），是基於期望獲得某種特定的報酬，以及該項結果對個人的吸引力。期望理論之變項關係共有三項關係存在：(1) 期望或努力──績效的連結 (A)；(2) 媒介或績效──報酬的連結 (B)；取價或報酬的吸引力 (C)。

擬真考場

申論題

臺灣社會工作機構常面臨員工的高流失率，請說明可採用之社會工作激勵方法。

選擇題

(　) 1. Victor Vroom提出之期望理論（expectancy theory）認為，人們之所以會努力工作，乃是基於他認為努力工作可獲得某種具有吸引力的報酬。該理論之變項關係圖何者是正確的？
(A) 個人的努力→個人的需求→組織的報酬→個人的目標
(B) 個人的目標→個人的努力→組織的報酬→個人的績效
(C) 個人的目標→個人的努力→個人的績效→組織的報酬
(D) 個人的努力→個人的績效→組織的報酬→個人的目標

(　) 2. 下列對於各種決策模式的相關敘述，何者是正確的？
(A) 垃圾桶決策模式（garbage can model）視決策為一種理性且結構化的過程
(B) 滿意模式（satisficing model）是一種高度理性的決策模式
(C) 漸進模式（incrementalist model）被視為是一種理性的決策模式
(D) 非理性決策模式（non-rational decision making model）即是針對複雜的、不確定性情況所發展出來的決策模式

解析

申論題：

社會工作機構面臨內外環境壓力，特別是員工的高流失率、士氣低落、欠缺成就感和工作沒有意義，對於組織的經驗傳承與服務品質已經造成影響。因此，領導者適時提供激勵，對服務使用者的維護及組織目標的達成，有相當大的影響。激勵的方法，說明如下：

（一）認知員工個別的差異：組織的員工有其異質性，且有其各自不同的目標，同時，每個人的態度、人格及一些重要的個人變項也可能不同。管理者須兼顧這些差異，並盡量依個人的特質分派工作。機構管理者要設法改善員工的工作特性（如自主性、完整性、重要性、回饋性、合作性及友誼性），以滿足員工的高層次需求並提高其工作動機。

（二）可達成目標的運用：機構主管應能確保員工有特定且具挑戰性的目標完成，且要能夠適時地對其所做的努力做回饋。主管必須要能確信員工有能力達成設定的目標，且要讓他們感覺到績效評估的過程是有效且可信的。

（三）提供員工參與決策的機會：為了改善員工的士氣、促進機構上下間的溝通，及提高員工對工作之滿足感，機構管理者應提供員工參與機構決策的機會，並允許員工對本身的福利、機構的發展取向及服務推行方式等有發言權。機構主管亦可將員工組織為以成果為導向的工作小組，推行各項工作計畫，並讓小組負責檢視其服務提供之品質、員工的工作安排、問題解決方案，以培養員工的自主性，並激發員工各方面潛能的開發。

（四）增進員工對工作的興趣，並開發其潛能：員工長期在工作崗位上做同樣的工作，可能會感到枯索乏味，故機構管理者應考慮定期將員工在近似的工作職位上調動，藉以減輕乏味的程度，亦可藉此評量員工的潛能，方便機構未來人力需求的規劃，並可達員工的自我實現。

（五）協助員工生涯的發展：管理者應協助員工制訂其「生涯發展」（career development）方案，使其有機會自我評估其技能、潛力和事業前程，為達成個人事業目標及機構目標，而擬定按部就班之計畫。

（六）建立完善獎賞制度：一個理想的獎賞制度，應能依個人投入的程序而調整。研究顯示，若社工員覺得其所獲得的報酬、福利和升遷機會是公平的，其工作滿足和對組織的承諾會較高，進而降低其離職意願。

（七）不可忽略金錢的獎勵：機構若能適時地為表現績優的員工加薪或給予獎金，其對員工士氣激勵之重要性，絕不亞於前述的幾項要素。

選擇題：

1.　D　Victor Vroom 的期望理論（expectancy theory）認為，一個人之所以採取某一特定行為（例如：努力工作），是基於期望獲得某種特定的報酬，以及該項結果對個人的吸引力。期望理論所要表達的重點在於，個人的努力須要有機會達成組織對個人的績效要求，且達成績效要求後可以得到適當的報償，同時這些報償是個人所追求的，或者至少對個人是有價值的。只有這些條件都存在，而且個人能夠感覺到它們之間的關聯性，個人才會努力於組織所交付的任務。

2.　D　1. 垃圾桶決策模式（garbage can model）視決策為一個非結構化的過程，該模式決策過程倒轉，對於問題的解決方式，並非如理性決策模式一般，從問題的診斷與確定到備選方案的提出，再到方案的選擇；而是管理者對於某一些問題有一些既定的、放在垃圾桶的解決方案。選項 (A) 有誤。換言之，組織有一些解決方案或技術，而這些方案可以解決某些或某類問題，例如：如何降低服務成本？如何增進服務使用者的滿意度？或如何提升服務品質？既然擁有這些方案或技術，組織便會尋求方法去運用它們，所以管理者便會創造問題，或是為自己創造決策的機會。

　　　　2. 滿意模式（satisficing model）係指因有限理性的限制，決策者傾向只追求到目前為止所確認的最佳選案，且能滿足某些特定情境的最低標準者。選項 (B) 有誤。這主要是因為馬上尋找一個令人滿意之解決方案的效益，會超過延遲做決策的成本，或者繼續找尋更佳解決方案的成本。

　　　　3. 漸進模式（incrementalist model）也被視為一種非理性的模式。選項 (C) 有誤。漸進模式認為管理者在選擇行動方案時，僅僅是依過去使用過的方案做稍微或漸漸的修正，以避免或減少犯錯的機會。過程中，組織的目標與行動方案可能會有所改變，但這樣的改變是非常緩慢的，若錯誤出現，也可立即採取矯正措施。漸進模式之所以小心翼翼，主要是因此管理者受限於資訊不足及缺乏遠見所致。

第五章

CHAPTER 5
社會工作人力資源管理與督導

榜·首·導·讀

- 人力資源管理係指對這些人力的晉用、培訓、激勵和維持等活動，此為人力資源管理最核心的基礎概念，請將其基本內涵詳細研讀。
- 請思考員工晉用過程四項工作。
- 人力資源規劃的定義務必清楚，請思考人力資源該如何規劃與該如何進行。
- 請區辨員工發展與員工訓練之不同；培訓目的之四個層次，準備重點為了解其意涵，以利測驗題型之選答。
- 績效考核的潛在問題的各種名詞區辨，為金榜考點。
- 請思考設計一個志工招募的完整方案，以及所採用之志工招募的方式與理由。
- 督導的功能為經典必備；社會工作督導的方式常見於測驗題型。

關·鍵·焦·點

- 工作分析、工作脈絡、工作說明書、工作規範、工作評價等各專有名詞的定義請仔細準備。

命·題·趨·勢

年度	110年		111年				112年				113年	
考試	2申	2測	1申	1測	2申	2測	1申	1測	2申	2測	1申	1測
題數		3		4		6		3		3		3

本·章·架·構

<table>
<tr><td rowspan="2">社會工作人力資源管理與督導</td><td>重點 1
★★★★★
社會工作人力資源管理</td><td>人力資源管理
員工晉用
社工人力多元化的組成與運作
員工培訓（訓練與發展）
員工的績效考核
員工的報酬與維持
社會工作者的自我管理
人力資源相關名詞
志願服務人力管理</td></tr>
<tr><td>重點 2
★★★
社會工作督導</td><td>社會工作督導的意涵與重要性
督導的價值基礎
督導的種類與功能
督導的焦點與功能歸類表
社會工作督導的觀點
社會工作督導的方式
社會工作諮詢</td></tr>
</table>

社會工作人力資源管理

閱讀完成：

_____月_____日

一、人力資源管理

（一）人力資源管理

　　人力資源管理係指組織為了獲得、運用、發展及維繫員工，所規劃和執行的管理制度和作業流程。其目的乃在於協助組織增進人力資本，招募適任的員工，透過持續有效的教育訓練，以培養員工與時俱進的知識和技能，並強化員工向心力，充分發揮其潛能，以提供高品質的服務，進而達成組織的目標。對社會機構而言，人力資源管理係指對組織的行政人員、專業人員、半專業及志工人力的僱用培訓與發展、激勵與維繫等所進行的相關活動。

（二）人力資源管理的內涵

　　社會服務機構的人力主要是由行政人員、專業人員、半專業人員及志工所組成，對社會服務機構而言，人力資源管理係指對這些人力的晉用、培訓、激勵和維持等活動。內涵如下：

榜首提點

此為人力資源管理最核心的基礎概念，請將其基本內涵詳細研讀。

1. 晉用（staffing） · 即確信有合乎組織各層級短期或長期目標之可用員工的正式過程，其內容包括：工作分析、人力資源規劃、招募、甄選和員工指導等。	**2. 培訓與發展** 　**（training and development）** · 即協助員工習得新技能、改善技能，或改善在組織中表現的能力，以促進其發展，並將個人長期目標與組織需求結合的員工生涯發展。
人力資源管理的內涵	
3. 激勵（motivation） · 即促使員工努力追求組織目標的意願，其策略包括確認激勵方法恰當與否、工作再設計、降低員工的疏離感、提升工作滿足感、落實績效評估、回饋員工、連結報酬與績效及處理員工的抱怨等。	**4. 維持（maintenance）** · 即著重提供適宜的工作條件或環境，以維持或增進員工對組織的認同。具體的作法包括：提供有效的福利方案、建立安全暨健康的工作環境，以及確保適當溝通管道的順暢等。

（三）人力資源管理與人事管理的差異

　　人力資源管理（human resource management）與人事管理（personnel management）兩者經常被交互使用，但目前的發展趨勢為，以「人力資源管理」取代「人事管理」。兩者的差異說明如下：

上榜關鍵 ★★★
測驗題考點，請詳加區辨。

表：人力資源管理與人事管理的差異比較表

人事管理	人力資源管理
作業取向，強調人事管理本身功能的發揮。	策略取向，強調人力資源管理在組織整體經營中所應有的配合。
以組織為主，目的在使成員在組織中運作，達到組織的目標。	以成員為主，把組織成員當作資源加以管理、分析和設計，以發揮其潛能和專長。
重視控制，依規章管理行事。	強調彈性，側重變革管理和人性管理，依組織利益和員工需求而彈性處理。
由少數人負責員工招募。	側重由多人組成招募小組，甄選組織所需人才。
較輕忽員工個人生涯發展與升遷。	重視員工的生涯發展與偏重內部升遷。
勞資關係較為保守，對管理有強烈的自保及防禦行為。	重視員工的抱怨與不滿，並有溝通管道解決之。
屬於反應式的管理模式，著重目前問題的解決或交辦事項的執行。	屬於預警式的管理模式，著重防患未然，並協助組織健全體質，以確保長期目標之達成。
組織變革由上級指導，員工對任何改變易持抗拒心態。	強調「工作生活品質計畫」，員工主動參與各種工作的再設計。

二、員工晉用

（一）員工晉用的意義

員工晉用為人力資源管理主要功能之一，它係指確信有合乎組織各層級短期或長期目標之可用員工的正式過程，亦即組織透過招募與甄選程序引進所需人才。

（二）員工晉用過程四項工作

榜首提點

請思考某社會福利機構要進行員工晉用的過程，並舉一實例說明之。

1. 工作分析與設計	2. 人力資源規劃
員工晉用過程 四項工作	
3. 招募	4. 甄選。

上榜關鍵 ★★★★

各專有名詞的定義請仔細準備。包括
工作分析、工作脈絡、工作說明書、
工作規範、工作評價、工作聲明。

（三）工作分析與設計 ○

項目	說明
意涵	一個組織是由許多不同的職位所構成，每個職位皆有其所須擔任的工作。工作分析（job analysis）係指有系統地蒐集、分析與工作相關的資訊，並就「工作內容」（即活動與行為）、「工作脈絡」（job context）（即環境需求）及「工作條件」（即知識、技術或能力）予以清楚描述的途徑和過程。
工作分析的方法	1. 觀察法：係指直接到員工的工作崗位觀察員工的活動，或透過工人正在工作的影片來觀察，藉以了解該項工作的特性。這種方法主要是使用於較為例行性的工作，觀察者應受專業的觀察、記錄與資料整理的訓練，工作最好是易於觀察的，且觀察者可在合理的時間範圍內，確認該項工作的要件。 2. 訪談法：係指對於實際從事該工作的員工、其直屬上司或相關部門，就工作的內容、程序、方法，以及使用的工作知識與技巧，進行面對面的討論，以獲悉工作的真實情況。訪談法可以是約談個別的員工（個別訪談法），也可以同時與多位員工座談，或同時邀約員工及主管共同會談。題意所述屬之。 3. 日誌法：係指要求現職人員每日記載其工作活動，及每項活動所花費的時間，再針對一特性時段的日誌（可能是數星期）進行分析，以獲得該項工作的必要特性。 4. 問卷法：係指讓員工填寫問卷，問卷包含詳細工作項目之結構性問卷，員工需要一一指出是否有執行該項工作項目，以及每項工作需要花費的時間；問卷有時是開放性的問題，以及非例行性的工作，或工作中非例行性部分的資料。

項目	說明
工作說明書、工作規範、工作評價	經過工作分析產生「工作要件」的資訊後，其所期待衍生的是「工作說明書」、「工作規範」與「工作評價」。 1. 工作說明書（job description）：工作說明書係指描述擔任一職位者須執行的工作內容、執行方法及相關工作條件的書面文件。工作說明書的主要內容包括：職位名稱、工作項目、工作特性、工作環境及權責等項目。 2. 工作規範（job specification）：工作規範係指依據工作內容設定擔任某一職位的工作者應具備的資格或條件。依據工作分析所獲得的訊息，工作規範確認有效執行工作所須具備的知識、技能、教育、經驗、證明和能力。 3. 工作評價（job evaluation）：若一個組織有一平等的待遇方案，則對有類似需求的工作條件，如技術、教育和能力，應該被歸於類型相同待遇的類別。工作評價有助於組織中每一項工作之相對價值的明確化，因而，工作評價對薪資管理有其重要性。
工作聲明	1. 當職缺產生時，工作說明書與工作規範是發展（job announcement）最真價值的資源，由於公告的閱讀者都是潛在的人選，所以應對該工作儘可能詳細地說明。 2. 工作聲明中應包含下列重點： （1）職銜。 （2）職責、義務與基本功能。 （3）報告、督導與合作關係。 （4）資格。 （5）應徵條件。 （6）應徵期間。 （7）聯絡人的姓名與地址。 （8）說明此聲明之職位無歧視或限制，雇主遵循公平就業權利等相關法規。

（四）人力資源規劃

項目	說明
意涵	人力資源規劃（human resource planning）係指組織依據其內外在環境及員工的事業生涯發展，對未來長、短期人力資源的需求，做有系統且持續性的分析之過程。亦即，它是一種將適當的人在適當時機安排在適當的職位，以有效率且有效能地協助組織實現整體目標的過程。
規劃過程之步驟	1. 評估目前的人力資源：管理工作始於檢討目前的人力狀況，典型的作法即是進行人力資源盤點（human resource inventory），亦即針對組織的人力現況進行評估。 2. 評估未來人力資源的需求：未來人力資源的需求須視組織的目標和策略而定，人力需求即是一種對組織服務需求的結果。 3. 發展符合未來人力需求的方案：經過對目前及未來的人力進行盤點與評估後，管理者便能針對人力數量和類別可能的短缺或溢額進行預估，進而發展一項符合未來勞力供需的方案。

上榜關鍵 ★★
步驟順序記清楚。

（五）招募

1. 招募意涵及招募過程

項目	說明
意涵	招募（recruitment）：組織為因應人力之需求，設法吸引合格且有意願的求職者前來應徵的過程。換言之，它是一種填補組織空缺職位或因應服務擴充，而尋找潛在候選人的過程。
招募過程	1. 確立人力來源：人力來源可分為組織內與組織外；內部人力來源係指組織透過內部管道所獲得的人力來源，主要有：現職員工、離職或退職員工（此兩者亦可視為外部來源）、員工的親友以及過去徵才時留存的應徵者檔案等。外部人力來源主要有：毛遂自薦者、學校、同業、職業訓練機構、就業輔導機構、專業團體、職業工會或公會，以及就業資訊刊物等。 2. 選擇招募的方法及從事招募活動：招募方法可區分為內部與外部兩種，內部係指員工推薦或工作公告；外部則是指毛遂自薦者、網路宣傳、媒體廣告、校園招募、向政府就業輔導機構或職業訓練機構求才，以及人力仲介公司。

榜首提點

人力資源規劃的定義務必清楚，請思考人力資源該如何規劃與該如何進行。例如：你現在的職務負責兒少保護的業務的人力資源規劃，該如何進行。

2.員工招募方式及應徵者來源之優缺點比較。

來源	優點	缺點
1.內部招募	成本低；對員工士氣的激勵大；候選者對組織熟悉度高。	供給有限；可能無法增加受保障團體成員（如身心障礙者或原住民）的比例，新觀念的引進困難，改革時舊勢力的包袱大。
2.廣告（含網路）	散布廣，並可以針對特定團體。	產生許多不合資格的候選者。
3.員工推薦	由目前員工提供對組織的資訊。	可能無法增加員工的多樣性；可能造成人情上的壓力，而無法選出最適員工。
4.公共就業服務機構	免費或成本極低。	難以確保候選者的技能水準。
5.私人就業服務機構	接觸面廣；篩選仔細；通常有短期保證。	成本高。
6.學校的就業輔導	大量集中於一群候選人。	僅限初入門之職位。
7.員工商借與個別外包	滿足臨時需要，但通常適合比較獨特的長期專業。	除了對目前專案外，通常對組織的承諾度低。

（六）甄選

項目	說明
意涵	甄選（selection）即是組織就其所設之職位，蒐集並評估有關應徵者之各種資訊，以便做為聘僱決定的一種過程。甄選包括好幾個步驟，首先須對應徵者的背景資料做查證，然後舉辦測試，組織往往會依據用人的實際需求來舉辦測試，工作說明書和工作規範為決定測試項目和內容的主要依據。

上榜關鍵 ★★

請詳記招募的意義，並請對員工招募不同來源的優缺點進行比較，為測驗題考點；亦可在申論題時加以應用。

上榜關鍵 ★★

請詳記甄選的意義。

項目	說明
甄選方式	1. 最常用的測試方式爲紙筆測驗，亦有實作測驗，或有加入性向測驗。此外，相關證照（例如：社會工作師證照）也是重要參考。 2. 面談（interview）是最常使用的甄選方式。爲了增加員工的工作滿意度並降低流動率，面試者應盡力提供應徵者包括機構之正負面訊息的實際工作預覽（realistic job review）。例如：可能需要加班、升遷機會微小或工作時間不定等，以讓應徵者對機構有較符合實際的預期，避免後續的失望或挫折。

三、社工人力多元化的組成與運作

（一）人力多元化對組織競爭優勢的影響

影響	說明
1. 成本方面	當組織逐漸多元化後，整合與協調的成本隨之增加；能夠處理這些問題的組織往往能創造競爭優勢。
2. 資源取得方面	多元化可以帶來好的聲譽，進而在勞動市場中招募到多元而優秀的人才；當人才競爭激烈且勞動力組成改變時，彈性作法可創造優勢。
3. 行銷方面	對於行銷，不同文化的人員可帶來很多助益，並有較靈活的策略與作法；多元化有助於對不同人口群的了解。
4. 創造力方面	成員的多元化可避免管理方式一成不變，有助於提升組織創造力。
5. 問題解決方面	異質性的人力有助於從不同的角度思考問題，有助於解決特殊或非例行問題。
6. 系統彈性方面	成員組成多元，管理者必須尊重不同的文化，才不會讓組織淪於控制導向或一成不變。當環境變動時，也才可以保持彈性，有效因應。

（二）影響社工多元僱用的因素

因素	說明
1. 參與人員	聘用不同層級的人員（例如：執行長、督導、社工員）有不同的甄選者，招募正式、約聘、派遣、志工等人力也都有不同的考慮。督導對自己所帶領的人有多大的聘用權，也是問題。任何單一決定總是不好的，因此有些機構會成立遴選委員會，或是邀請同事一起做決定。
2. 可提供的報酬	聘用不是要證明某位員工的身價，表示他的學經歷值多少錢，而是要反應機構到底能夠負擔多少金錢給某個職缺。因此一定要考慮機構能否獨立支付「財源」？或是必須依賴外界的資源？或是有哪一項特定的契約可以支付給該員工？
3. 資格的要求和專業組織的標準	需考慮政府、社工專業人員協會、專門領域、聯合勸募等對人力的要求規定。近年來政府的許多措施都會規定社工的背景。
4. 工會的力量	考慮參與工會者的工作權益，不能忽視有資格和有工作經驗者。
5. 法律的規定	避免觸犯政府勞動僱用的條件，尤其要避免「歧視」，務必保證平等僱用。
6. 公開化的要求	必須公開招募，不能私下延聘，否則可能觸法。需要有公開和公平的遴選，不能排斥、歧視任何可能的申請者。

（三）社工僱用人力組合及需要注意的事項

比起企業或政府部門，社工組織裡是多元的，各種背景的人們在此提供各式各樣的服務，針對最常見的六方面人才的注意事項，進一步說明如下：

1. 專業人員：已接受正式密集的教育，具備特定的知識、價值和技巧，能執行高難度的工作，並且熟知專業倫理。管理專業人員時，需給予對方更大的空間；專業人員較為自主，不像其他人員需被嚴格督導。專業工作者比較沒有嚴格的工作規範，沒有一定的標準化行為，但必須多體諒專業社工人員角色緊張的狀態較多，尤其是兼辦管理工作者。

2. 即將成為專業人員：針對符合專業人員條件，但欠缺相關的學歷或證照，必須限制他們的工作內容；並且提供較多的督導。畢竟他們還不是專業人員，因此對他們的引導、訓練與社會化，機構要有額外的計畫，並且管理者也不宜貶低其身分。

3. 準專業人員：指的是只接受了部分、層級較低的專業訓練，亦即只接受短期、特定的訓練後即任用，適合負責特定且有限的任務。例如：個案助理，從事費時但不專業的工作。

4. 當地的非專業人員：社工的背景有時與其所服務的對象差距不小，為了縮小與案主群的距離，社工組織會僱用當地或某種特定背景，但尚未接受正式的教育和專業認證的非專業人員，通常他們只會在特定的情況中從事對某種背景案主的服務。好處是可以提供其他案主角色模範，並且獲得當地社群的認可，改善社區的形象；而機構也可透過此種僱用方式縮短與當地社區之間的距離。

5. 支援性人員：是指不提供直接服務，只是支援專業工作者的專職人員。擔任行政、佐理、重複、非專業性的工作。這些人力在社工組織從事翻譯信件、會計、總務等工作。這些人才為何願意不去企業，而在非營利機構擔任此種工作？主要是工作環境、自尊或對某種人口群的關心。

6. 志工：無酬地付出時間和服務。志工為何加入？可能是因為利他主義、打發時間、宗教信念……等各種因素，不論何種理由，都是人力，都需要管理。管理志工的態度特別要注意，太強硬，志工就可能走人；太軟弱，沒紀律。某些工作有趣，志工願意做；有些工作辛苦，志工未必願意提供服務。對社工組織而言，最大的好處是可以用有限的錢做很多的事，志工可以提供密集、深入、持續、費時的關懷；並且，聘用志工也可增進機構被社區接受的程度。但督導和交通等費用還是不可少。志工的角色也是多元的，但都需要職前訓練，以了解相關規定。對有意選擇志工制度的管理者來說，必須預先考慮相關問題，思考是否真的需要此種不確定性高的人力。

（四）多元人力類型之比較

1. 契約性人力

（1）興起原因

契約性人力基本上是「非典型僱用型態」的一種，興起原因除了產業結構與技術變革等整體性因素外，主要包括下列三項原因：

A. 勞動彈性化（人力資源彈性管理）：為適應市場環境變遷，聘僱單位採取勞動彈性管理來因應；包括契約彈性、工作時間彈性、報酬彈性、工作生涯期限彈性、工作彈性、工作地點彈性。主要目的在因應不同階段的人力需求差異，亦可降低勞動生產、人事成本，並限制員工編制人數。

B. 大環境與價值觀改變：雇主不願意、也無法提供全時受薪的長期工作，年輕一代的受僱者未必願意選擇固定的工作時間。契約性人力的運用

通常可節省成本，維持工作的推動。

C. 政府政策：減時減薪、創造臨時就業機會是政府在經濟不景氣時鼓勵企業採行的因應作法，政府本身也會用各種方式來聘僱人力。政府政策也鼓勵契約性人力的方案。

2. 派遣人力

（1）意義與類型

人力派遣也稱為派遣勞動（dispatched work），或是「臨時勞動」（temporary work）、「機構勞動」（agency work）、「租賃勞動」（leased work），美國稱為「臨時支援服務」（temporary help service），歐洲各國稱為「臨時性機構勞動」（temporary agency work, TAW），日本則稱為「人力派遣」。台灣的人力派遣觀念主要來自日本，從眾說紛云的說法可以了解，此一領域的多元動態尚未成熟，雖然在國內尚未立法，但已是逐漸普及的勞動方式。

（2）人力派遣的運作的重點 ○┈┈┈┈┈┈

上榜關鍵 ★★
請把「用人單位」與「派遣單位」區辨清楚，為測驗題考點。

A. 由派遣單位與用人單位（或稱「要派單位」）訂定派遣契約，約定由派遣單位僱用員工後派遣至用人單位。被派遣員工被派遣至要派單位的工作地點上班，執行工作任務，並在派遣單位的監督下工作。

B. 標準流程是「用人單位」向「派遣單位」提出人才需求；雙方依人才需求條件招募並篩選適合之「被派遣員工」。

C. 三方經由明確的契約訂立，各自執行任務。

（3）人力派遣的運作的僱用關係說明 ○┈┈┈┈┈

上榜關鍵 ★★★
測驗題考點，僱用之間的關係請務必區辨清楚。

A. 人力派遣中的關係比傳統的僱用複雜；傳統是聘用的組織與被聘用的人力之僱用關係，而派遣勞動則是一種臨時性的聘僱關係（contingent 或 temporary employment relationship）或稱為非傳統或非標準的聘僱關係（non-traditional 或 non-standard employment relationship）、非典型的聘僱關係（atypical employment relationship）、不安定的聘僱關係（precarious employment relationship）。不管如何描述這些聘僱關係，指的都是非長期受聘僱於某雇主、某企業或某組織的關係。

B. 在派遣機構、用人單位與派遣勞工的三角關係之間，派遣機構與用人單位係為「商務契約關係」，彼此約定勞務的提供與購買；派遣機構與派遣勞工之間為「僱用關係」；用人單位與派遣勞工之間則僅有提供勞務時的「指揮監督關係」。換言之，派遣機構僱用勞工

的目的是安排他們至用人單位提供勞務。三者形成雙重關係（dual relationship）：一方面是派遣機構合法僱用的，另一方面卻要在用人單位提供勞務，並接受用人單位的指揮與監督。

C. 「三方關係」與「多元效忠」是人力派遣中常見的現象，也使此種關係比較動態。派遣關係因為與傳統的僱用關係不同，此可能比較複雜；也可能因為關係較有彈性，而有個人的發展空間；對組織而言，因為不需要與員工長期維持緊密互動，因此也有較大的空間。「派遣勞動」另一項引起爭議的是派遣機構的角色與功能問題。派遣機構的角色與功能很難清楚釐清，由於派遣機構自勞工派遣過程中獲得報酬，往往被批評是將勞工視為商品來出售得利。

（五）不同人力制度之比較

　　1. 契約性人力制度之比較

種類	人力派遣制度	約僱制度	聘用制度
任用期限	皆以契約規定。		
薪資福利	按契約之規定。	依「行政院暨所屬機關約僱人員僱用辦法」之規定。	依「聘用人員聘用條例」之規定。
法令依據	在「勞動派遣法」通過前，適用「勞動基準法」。	依「行政院暨所屬機關約僱人員僱用辦法」之規定。	依「聘用人員聘用條例」、「聘用人員聘用條例施行細則」、「行政院暨所屬各機關聘用人員注意事項」規定。
學經歷限制	依工作要求，各有不同學經歷限制規定。		
是否必須具備專業技術	視工作性質而定。		
雇主	人力派遣單位。	真正雇主為政府，由機關首先代理。	真正雇主為政府，由機關首長代理。

種類	人力派遣制度	約僱制度	聘用制度
關係	派遣人員接受要派單位之工作指導、監督，但不與要派單位構成僱用關係；僱用關係發生在人力派遣單位與派遣人員之間。	與政府機關建立僱用關係，並接受其工作指導、監督、考核、任免。	與政府機關建立僱用關係，並接受其工作指導、監督、考核、任免。

2.正式員工與派遣員工之權益比較

構面	正式員工	派遣員工
關係		
雇主	任職單位之雇主。	派遣前是派遣單位；接受派遣後，除派遣單位外，尚包含要派單位。
指揮命令	任職單位。	要派單位。
管轄法規	勞基法。	尚無專法（僅有人力派遣草案）。
契約型態	長期契約。	短期契約。
薪資給付者	任職單位之雇主。	派遣單位。
工作時間	受法規保障。	工時不一致。
受訓練機會	配合企業需要正常安排。	以工作為主，訓練機會較少。
工作類型	所有工作。	大都為行政，基層與例行性工作。
福利	因企業不同而有差異。	以法定福利為主，福利較少。
工作穩定性	較穩定。	較不穩定。

四、員工培訓（訓練與發展）。

上榜關鍵 ★★★
員工培訓對機構及員工之功能，為申論題考點。

（一）員工培訓

    1.員工培訓之功能與目的

      （1）員工培訓對機構之功能與目的

功能與目的	說明
1. 提升機構服務品質	若機構能有計畫的培訓員工，以增進其工作相關的知識、能力、價值及態度，並將之運用於實務上，將有助於機構服務品質的提升。
2. 鞏固機構的聲譽與責信	若機構服務品質能不斷提升，員工培訓計畫能不斷地進行，將可提升員工的滿足感和自信心，進而增進工作效能與服務品質，對機構整體形象的維護與提升，以及機構的責信皆有其正面意義。
3. 提升服務的競爭力，並因應組織的變遷	服務品質的提升，再加上機構的形象受到肯定，將可吸引更多的服務對象，以提升機構在服務市場上的競爭力，或促進組織內、外環境變遷的適應力，進而促進機構的永續發展。
4. 吸納與儲備人才	機構推行有系統的員工培訓，必定能吸引外界菁英的人力加入，竭誠為機構服務。另一方面，機構又不斷提供機會，發展可用的人力資源，這種良性的循環必可培育出資深且優秀的人才，為機構做出重大的貢獻。
5. 幫助組織發掘並維繫人才	透過有計畫的培訓活動，將可從培訓過程中發現參與者的可訓練性，了解其潛能，一方面可能降低員工的流失率，另一方面機構可儲備足夠的人才，減少組織因人事變動可能產生的問題。例如：減少因員工流失浪費的人力資源，或重新招募或訓練須支出的成本。

（2）員工培訓對員工個人之功能與目的

功能與目的	說明
1. 增進（新進）員工的工作知能	現代社會各種知識與技能的發展極為迅速，組織員工若未能隨時汲取新知識或學習新技能，便可能會因本身的知識或技能無法與時俱進，而呈現出落伍或不適用的現象。例如：在社會工作領域內，因案主的問題日趨複雜，再加上整個服務供給脈絡的轉變，已使得照顧管理呈現出其重要性，但這些相對上較新的工作方法，若無法讓從事服務輸送的社會工作者及時習得，將可能與新推動的方案（例如：社區照顧）格格不入，導致無法達到方案所期待的目標。
2. 提高員工對工作的興趣和滿足感	當員工遭遇到個人經驗不足或績效不佳時，可能會對工作失去信心，並影響對工作的興趣和滿足感。若能讓員工從有計畫的培訓活動中獲得新的知能，並將之運用於實務工作上，將可增進他（她）們對工作之興趣和滿足感，並有效預防對工作的倦怠感或因知能不足所產生的壓力。
3. 增進對員工的工作品質與生涯發展機會	透過適當的訓練，可以讓員工因為知能的提升，而增進其個人工作生活的品質，且可以培養員工發揮潛能，為員工個人升遷或負更多的責任作準備，進而促進其個人事業生涯的發展，並朝個人生涯的目標前進。
4. 促進員工對組織的歸屬感	員工能從工作中獲得求知慾的滿足，不但可以豐富個人的知識和技能，也可以給予個人發展的機會，使其在態度上認同機構的方針和目標，增進對機構的歸屬感，進而讓組織能維繫寶貴的人才。

2. 員工培訓的規劃與培訓目的層次
　（1）員工培訓的規劃與評估的步驟

---

1. 評估訓練需求
・評估訓練需求是藉以確定員工之感覺性需求和組織需求的一種過程。培訓之需求係決定於員工個人現有的能力與完成預期工作所需能力之差距，或決定於其工作績效不足的程度。

2. 設定培訓目標
・培訓計畫一般都有特殊的訓練目標，做為培訓規劃及實踐上的指南。

4. 實施培訓計畫
・培訓計畫經核定確立後，即須依所擬定的計畫進行實際的訓練。

3. 擬定培訓計畫
・培訓方案的擬定端視需要達到的目標類別和所能運用的資源而定。

5. 評估培訓計畫的效能
・若要從事評估活動，必須先要釐清評估的對象、期望獲致之目的及評估的標準。

（2）培訓目的之四個層次。

層次項目	說明
1. 反應層次（reaction level）	主要在衡量學員對訓練課程的喜愛及滿意程度。包括對課程內容、上課時間安排、講師教學方式、口語表達技巧、授課教材、空間設備、行政服務等感覺；通常訓練課程結束後，以問卷的方式進行評估。
2. 學習層次（learning level）	主要在衡量學員透過訓練學得新知識與技能的程度，亦即學員是否有學習到受訓前所不知道的內容，且其了解程度及吸收程度為何。主要評估項目有懂得多少（知識）、會多少（技巧），而學習的發生與否，主要依據下列三點來決定：（1）學員學到了什麼知識？（2）學員發展或改善了什麼技術？（3）學員態度上有何轉變？
3. 行為層次（behavior level）	主要在衡量學員將訓練所學習到的知識與技能應用在工作上的程度，亦即評估受訓者的行為、能力、效率等是否有所改變，訓練是否得到轉移，因而使工作績效提高。此層次一般可藉由行為導向之績效評估量表或觀察法，於學員回到工作崗位後衡量之。
4. 結果／績效層次（result level）	主要在衡量學員行為上的改變對組織帶來的利益多寡，亦即學員參與訓練對組織經營績效有何正面的貢獻。例如：服務量的增加、品質改善、成本降低等。此一層次是最不容易評估的一個層次，一般是在訓練結束，學員回到工作崗位一段時間後進行評估。

榜首提點 💡

準備重點為了解其意涵，以利測驗題型之選答；並應用在實務案例中之分析實力。

（二）員工訓練

1. 員工訓練之意涵

（1）員工訓練（staff training）係指一種學習經驗，透過這項訓練以期待員工能有持續性的改變，以使其執行工作的能力獲得改善。這種學習經驗對員工和組織本身皆有其重要性，就員工的角度而言，它是一種為增進個人工作知識與技能，改變工作態度、觀念以提供工作績效的學習過程。

（2）就組織的角度而言，訓練是一種系統化的安排，其目的在於透過許多教學活動，使成員獲得工作所需的知識、技能、觀念與態度，以符合組織要求，達到組織的期望。訓練是一種社會化及標準化的過程，重點在於可採用現學現賣的知識與技巧。藉由訓練，組織的人力對於可預測及重複性的情境

可以用一種既定的方法來反應，所以當我們知道什麼是必須做的，且爲確保沒有人採超出常軌的方法來做，這時提供訓練是非常適當的。

2.職前訓練（新進員工訓練）

職前訓練（pre-service training）是指員工在正式就任或從事新職務前的訓練，這類的訓練即爲新進人員引導訓練（employee orientation）。引導訓練是提供組織相關資訊、願景、目標給新進人員，使其快速、有效融入組織，加快適應腳步，使他們順利完成工作。知

引導訓練之主要目的

主要目的	說明
1. 建立新人正確的工作態度	改變剛踏入職場者（尤其是學生）的態度、生活習慣與行爲模式，建立工作上所須具備的責任感、協調性與心理準備等。
2. 賦予該機構的組織文化和價值觀	新進人員除了必須具備社會工作者的意識和態度外，進入機構更要了解其組織文化、價值觀、規範、經營理念等。
3. 習得進入該組織所須的基本規範	想要歸屬於一個團體，與其共同生存與工作，就必須了解相關的管理制度或規範，例如：上班時間、薪酬、獎懲、請假手續等。
4. 習得執行該職務所需的基本知識或技能	在執行所擔任的職務內容時，員工必須了解文書表格填寫、事務機器的使用方法、工作的一般進行方法等。
5. 降低新進入職場所帶來的焦慮與不安	協助新人減輕初次接觸社會經驗的迷惘，以及對組織、工作現場的焦慮感，以加速對組織的適應。
6. 激發成爲組織員工的歸屬感	建立新進人員對組織的忠誠度，激發新進員工挑戰工作與自動自發的工作動機，進而達到新進人員與組織具有一體感。

3. 在職訓練 ●·····································

（1）職場內訓練：係在工作崗位為一面工作，一面接受訓練。

（2）職場外訓練：係指受訓者暫時或間斷性地離開工作崗位去接受訓練，有時也可能會是長期性及持續性的（如請長假至學校進修）。其訓練地點可以是在組織內（稱為內部訓練），例如：參與機構所舉辦的訓練課程或活動；也可以是到組織外（稱為外部訓練），例如：到外部補習或進修。職場外訓練亦可依訓練對象與內容不同而區分為以專業人員為對象的專業訓練，以及以督導或管理者為對象的管理訓練。

訓練層面	類型	說明
1. 職場內訓練	（1）工作輪調（job rotation）	1. 係指在一段時間內，個人在工作任務之間有計畫的移動，包括部門內輪調與跨部門輪調： （1）部門內輪調（within-function rotation）：係指在相同或類似職責層級中，且在相同的功能領域以及經營領域進行輪調。 （2）跨部門輪調（cross-function rotation）：係指在一段時間內，員工在組織中不同部門間工作的移動。 2. 工作輪調之目的在於擴展員工的技術基礎，讓他們接觸及了解組織各部門的運作，同時亦可為員工帶來新的刺激，給予更多學習成長的機會。
	（2）師徒制（mentoring/apprenticeship assignments）	亦稱為學習指派（understudy assignments），係指隨著經驗豐富的老手、教練或導師，透過教導、諮詢、分享、心理輔導及扮演角色楷模學習如何工作，讓新手在經驗豐富的資深員工支持與鼓勵下工作，以促進新進員工達到個人工作目標。
	（3）行為示範（behavior modeling）	通常用在基層工作，係指透過有經驗的同仁或直屬主管進行工作的教導與指示，使受訓者逐漸能夠獨立執行工作。訓練者先呈現工作的連續程序，並加以說明與解釋，受訓者可一邊聆聽，一邊從實務的操作經驗中觀察與模仿。

訓練層面	類型	說明
1. 職場內訓練	（4）教練法（coaching）	係指在有經驗的管理者教導與指引下，受訓者學習解決管理上的難題。其目標在於引導受訓者的認知行為，讓他們發展出自己的方法，以開發其潛能或矯正其錯誤；另外，亦可讓受訓者更易於適應工作，更善於處理不同的情境，以促進受訓者的進步與發展。
2. 職場外訓練	（1）講授法（lecture）	係指訓練人員透過口語表達的方式，讓受訓人員進行學習，這種學習是訓練人員單向將資訊傳達給學員。優點是成本低廉、耗時少，可獲得大量資訊知識、可支援行為示範與技術本位技巧等的訓練法。缺點是訓練偏單向、缺少參與感、回饋不足，以及不易與工作環境做有意義的連結。
	（2）個案研討（case study）	係指主持人給予學員對某組織問題的書面描述，學員則對此個案進行分析、診斷問題，並提出其心得與解決方向，與其他的受訓者進行討論。個案研討之目的是為了給予學員在有經驗主持人領導下，隨著個案的推演，對複雜情境進行問題分析與尋求解答的經驗。
	（3）角色扮演（role play）	係指受訓者設計一種情境，並在其中分派角色，並充分投入扮演的角色，以從角色扮演中體認不同問題的處理方法，或透過何種方式較易達成決策，縮短「了解」與「執行」之間的差距，讓學員能夠真正將吸收的訓練轉換成自己的經驗，以便確實轉移到實際的工作表現上。
	（4）體驗式學習（experiential larning）	係指一種主動學習，給予員工一種實際或模擬的經驗，讓他們有互動式學習的方式，以取代單向的教學，包括探索教育、戶外訓練、目的是讓學習者積極參與他們自己的學習，以期主動融入訓練過程中獲得更多的學習。

4. 數位學習

（1）數位學習（e-learning）係因資訊科技的發達，愈來愈多的組織逐漸將員工的學習從教室轉移到網際網路上，以進行數位學習。

（2）優點：可讓學員彈性安排學習時間，避免舟車往返，以及可依自己需求
彈性調整學習內容。

（3）缺點：在於缺少其他學習者的互動與討論、
學員需要一段時間熟悉與調整學習方式，以
及難以用傳統的測驗或考試進行評量。

榜首提點

請先區辨員工發展與員工訓練之不同；另詳加準備員工發展方法的各種名詞意涵。

（三）員工發展

1. 員工訓練是屬於現實取向的，其重點在於目前的工作，並希望增進個人特定
的技術和能力，以便能立即應用於目前工作的執行。

2. 員工發展（staff development）則側重於組織未來的工作取向，較著重於教
育而非訓練，藉由教育，員工發展的活動意欲灌輸員工正確的推理程序，亦
即增進其理解和詮釋知識的能力，並非僅是事實的傳授或特定技術的學習。
員工發展具有未來取向，若定位在員工發展，則是為了提高組織人力服務輸
送的能力而引進的新知識。相關方式說明如下：

訓練層面	類型	說明
1. 職場內的方法	（1）工作輪調	1. 工作輪調係使員工儘量接觸與擔任組織中不同的工作，以增進其知識、技術與能力。 2. 工作輪調可區分為水平的和垂直的，垂直輪調即為職位的調升，水平輪調則為同職位間的調動。 3. 工作輪調有助於員工對組織的了解，使其由專才變成通才，除了增加個人的經驗、新知外，亦可降低員工長久做同一種工作的枯燥感，並刺激員工的創意，同時具有提供上司對員工廣泛評估的機會。
	（2）副手位置	副手位置係將一位具有某方面潛能的員工，在組織不同的領域裡，派給一位熟練或成功的經理當副手，以讓他學習更廣泛的領導活動。
	（3）參與不同委員會	參與不同委員會係將員工派至不同委員會的發展方式，可以提供員工分享決策的機會，並透過學習及研究而成長。
2. 職場外的方法	（1）課程講授和研討	這是傳統的方法，可提供個人獲得知識，以及發展概念性和分析性能力的機會。
	（2）模擬法	包括個案研討、決策賽局及角色扮演。
	（3）專案實習	受訓者組成一個專案小組，奉派研究一個專案，一方面在研究過程中學習專業知識與人際關係技巧，一方面也可以增加對組織現況與問題的了解。

五、員工的績效考核

（一）績效考核的意涵

1. 績效（performance）是指員工的工作表現及對組織的貢獻；工作表現的考核是一種管理者給予員工的回饋，對績效予以考核即是所謂的績效考核（performance appraisal），為管理五大功能之一的控制（controlling）措施。

2. 績效評估是考核者（主管）依據員工在工作上的表現，參照其事前所訂定工作目標，去評估員工在某一段期間內的工作表現，並以之作為獎酬、升降調遷、調薪或訓練發展之參考，以激勵員工的工作士氣，改善員工本身的工作績效。

3. 員工的績效考核可能包括同儕考核（peer appraisal）、上級考核（upward appraisal）、自我考核（self-appraisal）及顧客或個案考核（customer or client appraisal）。

（二）績效考核的功能

1. 員工績效考核的功能分類

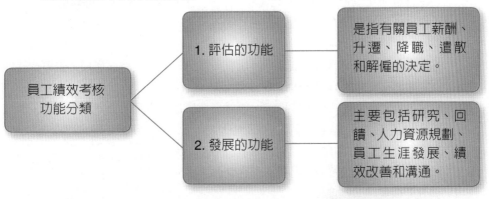

員工績效考核功能分類
- 1. 評估的功能 —— 是指有關員工薪酬、升遷、降職、遣散和解僱的決定。
- 2. 發展的功能 —— 主要包括研究、回饋、人力資源規劃、員工生涯發展、績效改善和溝通。

2. 員工績效考核的功能

（1）促進主管與部屬之間的溝通：績效考核可提供員工與主管之間的對話，促使員工與主管了解對方的目標和關注的重點，進而致力於實現彼此的期待。

（2）評估目標達成程度：績效考核通常是根據已建立的工作準則，去評估員工的工作目標獲致的程度，以期進一步激勵員工將工作績效維持或提升至較高的滿意水準，進而有助於組織宗旨或目標實現。

（3）協助員工改善績效：績效考核敦促主管定期檢討部屬的工作績效，發掘績效欠佳的原因，並督導部屬採取改正措施；員工亦可藉由對工作做反省、檢討與改進，以期能有優越表現。

（4）提供員工賞罰管理決策上的參考：正確而客觀的績效考核，可作爲上級從事職位升遷、解僱、調職、賞罰等管理決策的參考。

（5）協助人力資源規劃的進行：透過績效考核，可測出機構可用和潛在的人才，並評估機構現今所能提供的人力資源，以便管理者進行替代性的規劃。

（6）提供資訊以擬定員工訓練或發展方案內容：績效考核可協助組織識別出潛在優秀的員工或需要改善之處，以便機構人力資源者擬訂員工訓練或發展方案內容。

（7）拔擢優秀人才及培養領導幹部：從績效考核的過程中，可發掘並培育表現佳且深具潛力的優秀人才，以儲備機構未來重要的領導幹部。

（三）實施員工績效考核的條件

1. 機構應有完善的人力資源管理制度：績效考核是一連串人力資源管理中的一環，應與員工的聘僱、培訓、升遷、生涯發展、獎懲、報酬與福利相配合，若僅有績效考核，而無前述之措施予以配合，則績效考核便無實質意義。

2. 機構應有適當的意見溝通管道：爲避免因考評而引起無謂的爭議，機構主管在訂定考核制度之前後，應與員工有充分的溝通，使其了解該項制度之目的、內容、執行方式、員工的權利與義務，以及該項制度的意義，以增進員工對考核的接受度。

3. 考核者與員工對具體績效的期待應有共識：一個好的考核過程，督導或管理者與員工要能對具體績效的期待有共識。

4. 考核者應持公正和合理的態度：績效考核應以工作績效爲判準，避免主觀或其他組織政治、偏私、個人喜好等因素。

5. 機構應建立完善的培育制度：完善的培育制度可說是建立績效考核必要的配合條件之一。

> **榜首提點**
>
> 請將實施員工績效考核的條件詳加研讀，爲申論題及測驗題的金榜考點。

（四）績效考核與績效標準

爲能建立適切的績效指標，以作爲考核或衡量的參考依據，績效考核應能在限制的情境下，仍須建構一套有效（valid）、可靠（reliable）及實際可行（practical）的測量工具，以做爲績效衡量的標準。因此，一個績效考核系統所包括的主要部分是先制訂與員工績效有關的準則和標準，這些標準必須是要有效、可靠及實際可行的，然後才能有效地測量績效。說明如下：

1. 效度（validity）：係指測量工具能達到其眞正所欲測量的程度。

2. 可靠性（reliability）：係指一項對個人的測量，能在不同的時間、不同次的評估獲得一致性的結果。

3. 實際性（practicality）：即測量的工具首先要能爲管理者和員工所接受，其次要能易於理解、易於執行與解釋，且不用花費大量時間才能完成的。

（五）績效考核的方式

方式	說明
1. 特質取向法（trait approach）	偏重對人格特質與能力為衡量員工的績效之變項，如員工的工作潛能、工作態度、人際關係與工作能力等；常用的方法如評分量表法、排序法、強迫配分法等。
2. 行為取向法（behavioral approach）	係針對工作過程中員工的行為表現進行評估，包含員工「做了些甚麼」、「如何做的」，重點在過程而非結果，如團隊合作性高、負責、守時等；常用的方法如：關鍵事件法、行為觀察量表法等。
3. 結果取向法（result approach）	係以工作的成果產出作為評估的重點，內容著眼於「做出甚麼結果」或是否達到原先設定的目標；常用的方法如：結果取向法、目標管理法等。
4. 360 度回饋法／360 度考評法	1. 傳統的績效評估主要是由員工的直屬主管來考核，這種單向評估的方法較易受到主管主觀好惡的影響，而形成考核的偏誤。事實上，對某些工作而言，主管不見得能完整地觀察員工的行為。因此，愈來愈多的組織採用多元績效評估回饋機制，以「全方位的觀點」進行評估，亦即，由員工、上司、直接部屬、同仁，甚至顧客等，從各種角度來評估員工的績效表現，這即是著名的「360 度回饋法／考評法」（360 Degree Feedback/Appraisals）。 2. 「360 度回饋法／考評法」主要目的是欲藉由多元績效估回饋機制，以強化績效考核的客觀性與公平性。 3. 「360 度回饋法／考評法」常用的績效評估面向： （1）自我考核（self-appraisal）：讓員工針對自己的工作表現，評估自己的能力和潛能，並據以設定未來的目標。當員工在對自己做評估時，會比較降低自我防衛的行為，且更了解自己的不足與尚待發展之處。自我考核最常見的缺點是自我膨脹，當評估結果將成為行政處分的依據，員工更會誇大自己對於組織的貢獻；此外，社會心理學家也發現，當任務失敗時，人們傾向做外部歸因，但任務成功時，人們傾向認為這都是自己的功勞。

上榜關鍵 ★★★★

各種績效考核方式的出題，以測驗題型為主。申論題為輔，特別是優點與缺點的說明。

方式	說明
4.360 度回饋法／考評法	（2）同僚考核（peer-rating）：同僚之間長時間合作、相處，故同僚的評量有其參考價值。同僚評量可提升人際互動的頻率、促進互動與協調，特別是對於專業與技術性質的員工效果更好。因為同僚最有機會觀察員工日常工作狀況，且具備完成工作相關知識，並能帶入不同的評估觀點，這也使得同僚評估結果往往具有極佳的「效度」。同僚評估當然也有可能的缺點，例如：同事情誼（不論雙方友好或交惡），可能影響評等結果的公正性；另外，若評等結果將為行政處分的依據，且評等員工本身利害關係，則員工即無法自在決定評等結果。 （3）部屬考核（subordinates-appraisal）：係指一種「向上回饋」（upward feedback）的機制，部屬的回饋訊息可幫助主管改善本身的領導、溝通協調、組織企劃等能力，對於主管管理潛能的開發特別有價值。但缺點是，由於主管與部屬間有不平等的權力關係，部屬考核也有待考慮之處。部屬通常不願說自己長官的壞話，而他們也比較喜歡提供匿名資訊，但主管較能接受顯名的考核結果；其次，若評估表格要求部屬填寫自己的姓名，通常主管會得到較高的分數。此外，當部屬有權考核主管時，主管會變得特別注重員工滿意度。為了讓員工給自己較好的評價，有時主管寧願犧牲生產力。若評等結果將成為行政處分依據時，問題將更為嚴重。 （4）顧客考核（custoer appraisal）：係指由顧客或服務使用者給予回饋，儘管有時顧客評價的目的與組織的目標可能不太一致，但仍可作為員工晉升、獎酬或培訓等人力資源管理決策上的依據。顧客考核法的缺點則是花費驚人。傳統上，組織藉此調查每名員工績效的成本（包括印刷費、郵費、電話費及人工成本）甚高。 （5）主管考核（supervisor-appraisal）：係指由直屬主管對其部屬進行考核，這往往是組織中最常採用的方式，主管必須熟悉評估方式，且善用績效評估的結果，來指導部屬，並發展部屬潛能。主管通常擁有完成特定工作所需的知識，並有足夠機會觀察員工表現。換句話說，主管確實具備完成任務的基本資格。此外，由於員工表現將影響主管績效，因此主管也會願意提供有意義的績效回饋。再者，若主管能做到仔細觀察（指平日即能注意

方式	說明
4.360 度回饋法／考評法	員工的行為表現）與有效討論（指能於回饋時與員工討論問題所在），則員工常較能理解與認同考核結果，員工績效也因此能有明顯改善。不過，主管評估也有一些問題，其中最重要的是，某些類型的主管，常常無法直接觀察員工實際工作情況；業務經理與業務代表就是一例。理論上，業務經理不可能陪所有業務代表拜訪全數顧客，即使業務經理決定某幾天陪同訪問，他們看到的通常都是最好的一面。因此，主管仍無法確實了解員工平日工作表現。 （6）多主管、矩陣式考核（supervisor's）：跨部門合作或團隊運作是社會服務組織常見的，因員工可能會同時與很多主管一起共事，故在考核上亦可採用多主管、短陣式的評量方式，納入績效考核系統。
5. 重要事件技術	督導或主管平時記錄員工的工作表現，包含優異事蹟或缺失事件。俟年度考核時，此工作紀錄便是重要的考核依據。此法最大的特色是平時便有回饋、高度個別化、具備效度。但最大缺點便是耗時，且無法與其他員工比較。
6. 目標管理	組織在年初提供各項工作目標與預期績效，並說明評量方式。這些目標是員工與主管一起討論得到的，因此未來便以這些目標及活動做為績效考核的標準。本法最大的優勢在於個人目標與組織目標的結合。最大缺點是目標的擬定需花費較多的時間，需要耐心去設定。
7. 比較法	比較員工的績效表現，分為二種： 1. 簡單排序法：係請主管將待評員工按表現好壞逐一排列後，加以比較。 2. 強制分配法：將員工的績效得分依一定比例分配到不同的分數區間。例如：特優 5%、優良 25%、尚可 55%、待改進 10%、未達標準 5%。
8. 行為定錨量表法（behaviorally anchored rating scales, BARS）	1. 係藉由判定員工實際行為與量表中代表不同績效的行為間的契合度，決定員工績效表現的等級。BARS 首先為每一個職位識別出其重要的工作職責範圍，主管評價受考核的員工時會利用幾個等級，每一等級列名一個特別的工作職責及行為。主管將工作上的行為由最不理想的績效到最理想的表現，由下往上分為不同的等級，並給予不同的價值（往往以數字替代）。這種方法是一種基礎的績效考核辦法，其優點是集中考核受評員工有效的工作行為，而不像「目標管理」或「結果管理」考核法之僅集中於目標或結果本身的達成。

方式	說明
8. 行為定錨量表法（behaviorally anchored rating scales, BARS）	亦即，BARS 強調受評員工技能方面的控制，相信技能和方法對了，工作行為便沒有錯失，目標必然可以達成。 2. BARS 之優點主要有二 (1) 可作為「目標管理式」或「結果管理式」考核法之補強方法之一，主要係因為它留意到普遍性的員工行為，和強調受評員工工作所產生的成果制定某些績效因素；(2) 為員工提供實際及期望的行為描述（即行為準則），這些行為皆與構成有效的工作績效有關。因此，BARS 協助主管識別受評員工各項的工作責任，以及如何才能構成「優異績效」等做出說明。 3. BARS 之缺點主要是需要對受評者進行工作分析，界定重要的責任範圍，以及為各種不同程度的績效而明列行為準則，其過程往往是費力且費時的。

（六）績效考核的潛在問題

項目	說明
1. 初始效應（primacy effect）	係指當人們得到有關標的之第一手消息時，往往會對標的知覺造成重大影響，而導致知覺偏失。因此，若部屬在考評者心中留下良好的第一印象，其獲得的績效評估會比他所應得的來得好。
2. 月暈效應（halo effect）	係指對一個人的整體印象是基於某一單一特性。亦即「以偏概全」。
3. 尖角效應（horn effect）	係指考評者因某種特殊事件或概念，對受評人能力低估之偏失。例如：考評者為「完美主義者」，對於受評人的小瑕疵便無法忍受。
4. 刻板印象（stereotyping）	即對人的看法很容易憑我們對其所屬團體的印象而下判斷。
5. 自我相似效應（similar-to-me effect）	人們傾向喜歡和自己相似的人，故往往也會（通常是無意識地）產生較好的印象。

榜首提點

績效考核的潛在問題的各種名詞區辨，為金榜考點。

方式	說明
6. 盲點效應（blindness effect）	係指考評者很容易因自己的某些缺點，而在考核時對受評者類似的缺點不予理會，或故意予以忽視，而造成考核失眞的偏失。
7. 嚴格、寬鬆、中庸傾向	係指考評者的知覺傾向過度嚴格、過度寬鬆或趨於中庸心態。
8. 對比效應（contrast effect）	係指考評者很容易因爲將受評人與別人相比，而產生對此人過高或過低的評價。
9. 近期效應（recency effect）	對於剛發生的事則印象深刻。因此，考評者容易憑最近受評者的績效表現作爲判斷依據，而造成「以今日之功，而忽略其長久之過」或「以今日之過，而忽略其長久之功」的偏失。
10. 趨中傾向（central trendency）	係指有些主管不願得罪人，也有可能由於管理的員工過多，對部屬的表現好壞不是很清楚，因而給部屬的考評分數是可能都集中在某一固定範圍內變動（平均值）。

（七）避免（降低）績效考核偏失的方式（途徑）

1. 考績標準多元化：標準多元化旨在防止受評人因某種特殊考核標準而獲益，或因無法合乎某些特定的工作條件要求而受害。

2. 考績方式多元化：方式多元化係指利用其他考核方式，以消除直屬主管單獨考核可能產生的偏失。多元化方式如下

（1）受評人的自我考核（self appraisal）。

（2）部分成績由同僚考核（peer rating）。

（3）直屬主管考評後，再由更高階主管複評調整的複式考核（multiple rating）。

（4）各單位挑選合適人員組跨單位考核小組之交叉考核（cross rating）。

（5）直屬主管的考績以部屬考核（subordinate rating）方式加以評核。

六、員工的報酬與維持

（一）員工的報酬與維持意涵

1. 社會服務部門的社工員因工作環境的關係，正面臨高工作負荷、高壓力、高流動率、低報酬、低成就及低士氣的「三高三低」問題。這些問題的存在，

若未能妥善予以改善，必將影響社會工作的服務品質。研究發現，個人對報酬的期待是影響社工員離職或轉任的重要因素。

2. 組織的報酬最常用的區分方法為內在報酬與外在報酬。內在報酬係指滿足得自於工作本身，亦即工作本身為報酬的泉源，如以工作為榮、有成就感、有歸屬感；外在報酬係指晉升、金錢與福利。

（二）員工報酬

1. 報酬的定義

報酬係指基於員工的僱用所產生的所有形式之給付 知，組織給予員工的報酬可以分為兩部分：一是直接給付的薪資，包含基本薪資、各項津貼和獎金等；另一是非直接財務的給付，包括雇主給付的年金與保險、假期及其他服務性措施等。

薪酬制度設計之原則：

1. 薪酬內容應具多樣性：社會服務機構應採用不同形式的報酬，以滿足不同層級的激勵效果。

2. 薪酬制度應可提升組織效率及兼具公平性和適法性：「效率」是指所制定的新酬制度必須達成組織在策略性人力資源管理的目標；「公平性」要讓員工知道組織如何衡量目標達成的程度，且衡量方法要明確及一致性；「適法性」是指用於激勵員工的因素必須明確，特別是為員工設定的「績效目標」必須是明確和可衡量，如此才能有效區辨出員工的貢獻程度。

3. 薪酬制度應可提高員工對組織的承諾：「分配公平」指在相對標準下，員工對其所投入與所獲得結果的公平認知；「程序公平」係指包含績效評估結果的過程是否具有公平性，為獲致公平性，可透過管理階層與員工多做雙向溝通，讓員工充分了解整個績效評估機制的程序、內容及結果，同時可讓員工對不公平之處提出建議，以作為改善的依據。

4. 薪酬制度必須合乎法規：薪酬制度必須合乎法規（例如：最低工資、員工基本福利），還要符合組織內部的規定及願景。

5. 薪酬制度要維持及強化組織本身的社會形象：社會服務機構所設定的薪酬制度應儘量貼近市場水準，並要能具有競爭性，以維持和諧且彼此信任的勞雇關係。

2.基本薪資的計算方法（類型）

項目	說明
1. 職務分類給付法（job classification pay system）	即依照某些標準對組織的重要性區分等級。
2. 技術為基礎的給付法（skill-based system）	這種方法鼓勵員工透過在職訓練或內部、外部的訓練而獲得工作上所需的新技術；其限制在於若員工達到技術的頂端，將可能會發覺到已沒有更高的位置可升遷，甚至出現迫使這類員工離職之「專家流失」（brain drain）現象。
3. 依績效給付法（pay for performance）	即依員工績效調薪或獎勵。其優點在於可激勵員工的表現，識別具有成就取向的員工（achievement-oriented staff）。須注意的是，組織能否設計出一套令員工信服的績效評估制度，否則反而可能造成僚屬與員工之間的緊張關係。
4. 津貼、獎金或福利／間接報酬項目	除基本薪資外，給予津貼、獎金或福利／間接報酬項目。藉由對其成功績效做明確公開的肯定，將可強化員工是一位贏家的觀念，進而促進其自我價值的正面意識，並鼓勵其繼續維持高度的績效，這將創造出「組織」與「個人」雙贏的局面。

（三）員工維持與離職

　　社工員的高流動率是社會服務組織常面臨的問題，透過激勵或報酬，讓員工能對組織有更高的承諾，且願意留任為組織的宗旨和目標付出，這是組織人力資源管理的崇高任務。

　　1.員工離職的類型

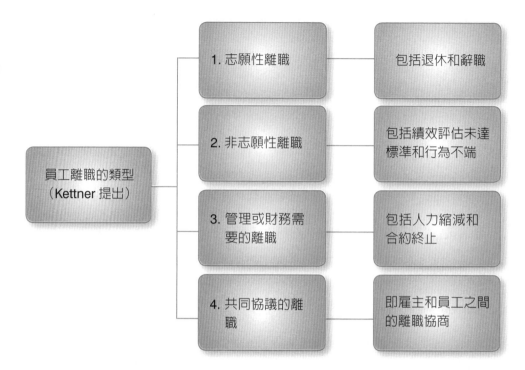

2.離職管理

（1）員工離職後，與機構的關係可能告一段落，但員工離職的原因與過程，若未能予以謹慎且妥善地處理，將可能對組織的形象或運作造成有形或無形的傷害；因而，離職管理（terminative management）可說是人力資源管理重要的一環。

（2）組織對員工離職時，應善盡對員工的義務，例如：告知並保障員工的權益、協助辦理離職程序等。尤其非自願性離職者，處理上應更為謹慎，且應提供員工說明或申訴的機會，處理過程應維持公平性。

（3）在契約化社會服務的環境下，終止合約的離職是許多機構經常遭遇的問題，組織對於特別合約員工的福利、權益及機構的責任，必須於政策中清楚說明，在合約開始之前，組織也有義務告知受僱者。至於員工和機構雙方皆同意聘僱關係應該在共同利益下結束的共同協議之離職，機構若能夠給予員工一段合理的找工作時間，甚至給予必要的協助，將有助於讓雙方在保持友好的關係下離職，這對機構和員工皆有正向意義。

上榜關鍵 ★★★
詳讀內文，為測驗題考點。

上榜關鍵 ★★★

留意測驗題的細微出題。

3. 懲處與終止關係的程序

懲處	終止關係
1. 懲處程序上包括口頭警告、口頭申誡、書面申誡、調動職務、終止關係會談、離職會談。 2. 管理者對於不合要求的行為應先予以口頭警告，希望組織人力留意改善。當口頭警告失效時，必須採取口頭申誡，指出其犯錯的地方，同時要作紀錄存案。如果口頭的申誡也無效時，便要發出書面的申誡，在上面明列犯錯經過、口頭警告及口頭申誡的內容和日期，以及下一步準備如何處理，並要求在一定期限內改善。 3. 書面的申誡最好請當事人簽署，並影印一份存查。無論作成任何形式的處分，都要做紀錄，列明犯錯之日期、時間、過錯內容及對工作之影響等，以供日後參考之用。 4. 最重要的是，制度建立後一定要確實執行，以免破壞制度的完整性。	終止關係如果是組織人力主動離開，通常產生的困擾較少；如果是對於組織人力的工作不滿意，比較難以執行。可是若根據一系列的努力去修正組織人力的缺失，而這些努力經過許多績效評鑑、口頭與書面的申誡及調職、重新安排工作等，甚至一段時間的觀察後難以符合某些明確的標準都失敗後，自然可以提出終止關係。

上榜關鍵 ★★★★

社會工作者的自我管理是新興的考點，於 110 年第一次專技社工師的測驗題中首次命題。例如：社會工作者需要具備自我管理的概念來因應忙碌且複雜的社會工作實務，若是「為了避免層出不窮之收爛攤子現象的發生」，社會工作者應具備哪項自我管理的技巧。既然題庫中已有此類的測驗題，勢必此主題的相關測驗題在題庫中會陸續出題，請考生細心研讀。

七、社會工作者的自我管理

（一）自我管理（self-management）的意涵

自我管理係指應用認知和行為的原理，透過「善用自己」作為管理工具，來影響他人做出更多符合自己所期待的行為，並盡量減少自己所不期待的行為。若將它置於社工的環境脈絡，係指社工從業者依循著認知與行為的原理，以自身作為管理工具，來增進職場上他人做出自己所期待行為，以及降低自己不期待的行為；其目的除讓社工專業價值與理念得以實現外，亦可增進自己的身心健康與生活福祉。

（二）自我管理具有的特性

1. 善用自己（use of self）：自我管理者要能夠確認自己脆弱的因素，包括：可能觸發某一特定問題的事情？若真的發生，有需要去處理焦慮和不安嗎？這種情境在自己生命經驗中曾發生過嗎？若要讓自己成為解決問題的最佳工

具，就必須要能思考並回答這些問題。其實，「善用自己」早已被認為是社會工作的一項重要的工具。

2. 自我權利（self-right）：自我管理者要能夠確認自己的權利有哪些？並將權利視為是一項重要的工具。例如：我們必須要仔細地檢視如何善用自己的時間和能量，珍惜並善用可掌握的寶貴資源，以避免讓自己深陷複雜且源源不斷的焦慮、不安與兩難之中。

3. 自我照顧（self-care）：作為社會工作團隊成員的個體，每個人都有責任去確認有沒有過度消耗自己或危害自己。沒有社會工作者就沒有社會工作，若無法確認自己的需求、情況或侷限，就可能因無法照顧自己而讓自己疲憊不堪，這對他人或案主也少有價值。

4. 自我承諾（self-commitment）：自我管理可能是一項令人卻步的挑戰，尤其是社工職涯早期的發展階段，因需要投入更多的時間和能量，來找尋自己的立足點及建立自己的信心、知識基礎和技巧；儘管如此，投入些必要的時間、能量和承諾去發展自我管理的技巧是必要的。短期內可能是要付出一些代價，長期而言，將可避免許多因為缺乏自我管理技巧，而導致服務過程、任務或成果變得更為不順或困難的事情。

5. 自我投資（self-investment）：自我投資係一種自發性的動機與行動，欲透過自我導向的學習方式，以提升個人的專業或管理職能，以因應更多元職涯發展上的需求。一般而言，在職涯的早期階段，約每三年就該有升遷機會，然而，許多社福機構升遷機會少，天花板偏低，若非有強烈的使命或提升技能的機會，否則就該選擇離職。為增廣及深化自己的職涯機會，應有自我投資的動機與行動，以為未來的職涯做準備；例如：利用閒暇時間進修或參與跨領域或跨專業的訓練。

（三）自我管理的技巧

1. 聆聽自己（listening-self）：聆聽係指社會工作者要有能力去聽取，並正確地理解服務使用者在不同情境或情緒下的陳述。社會工作者是一位從業的專業工作者，我們並不只是一位聽令於上位者的工作人員，很多時間，我們必須要審視局勢，仔細聆聽服務使用者的聲音後，就我們的專業知識採取最好的行動。同樣的邏輯也適用於善用自己，我們必須要聆聽自己的擔心、焦慮或情緒，並適時採取必要的舒緩措施，以避免自己情緒過度耗損。

2. 管理同理心與同情心（managing empathy and sympathy）：同理心係指我們必須站在他人的立場，去感受他人的感受，並適切地予以回應和關心，但我們不會受到那些情緒的影響——感受到他人的感受，並適切予以回應，但不必然會以任何直接的方式分享這些感受。同情心是與他人分享感受，並感受

到他人的悲傷，這是社會工作所無法承受的。因而，社工從業者要能夠善用同理心，避免因過度的同情心而讓自己陷入過度負荷或耗竭的困境。

3. 管理期望（managing expectation）：社會工作實務的利害關係人相當多元，案主、主管、政府、民意代表、捐款人、媒體等，每個人對社會工作者的期待並不一致，特別是有些期待是不務實或不適當的，若對期待沒有明確的了解，即可能會衍生出相當大的混淆和不確定性，進而為自己和一起工作的同事帶來負荷、焦慮和壓力，甚至衍生出需要付出更多代價的不確定性和信任問題，尤其是缺乏信任可能即須付出更多的代價。針對過度的期望，必須要能夠透過相關技巧來協商期望，例如：衝突管理、溝通與協調等技巧。

4. 管理界線（managing boundary）：社會工作常被認為是一種無所不包的工程，甚至出現被期望去收拾其他公共服務不能夠處理的事，為避免層出不窮之收爛攤子現象（collection mess phenomenon）的發生，社會工作者雖須謙卑予以面對，但也要清楚自己的侷限，不要對自己有過度不務實的期待，也必須要避免別人對自己有不務實的期待。為此，社會工作者清楚了解自己的角色和職責後，明確設定出什麼是我們能做的，或是不能做的底線與界線。

5. 管理壓力與時間（managing stress and time）：壓力是在人們認為重要的機會或威脅出現時，因擔心可能無法有效處理而產生的感受。社會工作是一門無法避免壓力的專業，許多的壓力與時間運用息息相關，我們必須要能務實，並認知到潛在的壓力是一直存在著，除了組織須營造友善的職場環境外，一位有效能的社會工作者也會設法管理好自己的壓力和時間，以避免因過度負荷或焦慮導致情緒耗竭，這對自己或案主都是不利的。

6. 管理工作量（managing workload）：「只有更忙，沒有最忙」是社工實務的常態，工作量分配是否會成為一個大問題，往往與職場的文化有關，有的職場是充滿支持性的，有的則是冷漠無情的，缺乏效能的主管會強壓工作量給員工，但強壓途徑反而可能讓事情變得更加複雜。無論是主管或員工，皆要能積極且正向態度來面對問題，透過工作量管理之優先次序原則來處理，也可善用「肯定技巧」，清楚並明確表達自己需要的是什麼，能夠的負荷有多少，以預防因高度工作負荷和壓力，而讓自己的情緒遭到勒索。

7. 區隔化（compartmentalization）：區隔化即是要能夠明確區辨家庭生活和工作生活的界線，不讓兩者相互干擾，以追求工作－生活平衡。人們有時在工作時會煩惱家庭的事，卻因為在工作，所以什麼事都不能做；反之，也可能在家，卻在煩惱工作上的事；解決方法即是若是在家，就好好解決家的問題，反之，若是在職場上，就好好解決工作上的問題。儘管這可能是一件「知易行難」的事，我們還是要認真地嘗試，讓它變成一種習慣。

八、人力資源相關名詞

項目	說明
人力資源策略（Human resource stratgy）	指的是策略性人力資源管理的部分。可定義為藉由連結人力資源管理與策略性目標，可改善組織績效與發展出具創新和彈性的組織文化，是一種具有計畫性的人力資源運用和活動的形式，可協助組織達成目標。
引導與訓練（Orientation and Training）	指的是職前引導、在職訓練。職前引導指的是提供新進員工關於組織的基本背景資料，使員工能順利執行工作；引導是組織對新進員工社會化過程的一部分。訓練指的是提供員工在執行工作時所需的技能，其著重的重點在於目前工作時所需要的技能。
職業生涯管理（Career planning and development）	職業生涯管理指的是組織內管理者的培育以及人員的職涯規劃。說明如下： 1. 組織內管理者的培育指的是藉由傳授知識、改變態度或加強技能來增進管理績效的意圖，管理培養的課程包括了公司內的課程以及專業課程。 2. 人員的職涯規劃指的是組織內人員的前程發展，其引導活動包含避免現實震撼、提供富挑戰性的初次職務、嚴格要求、提供定期性的工作輪調與工作路徑、提供前程規劃進修與前程規劃計畫書、提供教導諮詢的機會等。
績效評估（Performance appraisal）	指的是工作的績效評估。績效評估又稱績效考核，旨在對於每位員工的工作表現進行檢討，其結果一方面可作為釐定改進計畫的參考，另一方面可作為員工升遷或調薪的依據。常用的績效評估方法有：績效尺度考評法、比例分配考核法，以及目標管理等。
薪資計畫（Compensation）	指的是薪資結構的建立，也就是員工直接的財務性給付報酬建立的過程，員工的直接財務性給付又可分為兩種形式，一是基於時間的累積，如時薪、日薪、月薪或年薪等；另一種則是以績效為主，計件制即是一例。
獎勵福利（Bonus and Benefit）	包含了績效酬勞、財務獎勵、福利服務，以及員工安全與健康。獎勵福利主要指的是員工報償中間接所給付的部分。
勞動條件（Work conditions）	包含了工作時間、假期與休假、員工保險，以及退休與資遣，較屬於一些常規的規定，勞動條件常會隨著組織的不同而有所差異。

項目	說明
庸雇志願（employment at will） **上榜關鍵** ★★★ 測驗題考點。	「庸雇志願」是重新確立勞雇雙方在出具或不出具理由，預先通知或不通知對方的情況下，雙方擁有中止雇庸關係的權力。這意味著根據就業合約規定，可以在任何時候終止勞動契約，不需要任何理由，這種規定無疑是削弱了工作人員對該機構的承諾，甚至是參與的行為。尤其在全球化時期的管理模式，社會服務鼓勵私有化；約聘式就業和庸雇志願。這些管理模式破壞了參與管理模式的承諾並降低員工參加意願，如同機構與員工彼此之間的忠誠度皆相對的減弱。約聘式員工只在活動期間提供服務而支領薪資，因此不可能參與機構內的討論。
員工協助方案（Employee Assistance Programs,EAP）	1. 員工協助方案係源自於 1950 年代，機構雇主提供諮詢服務給員工，幫助他們解決一些問題，例如：如家庭問題、藥物或酒精濫用的員工福利服務，稱之為員工協助計畫。 2. 現在的員工協助方案（EAP）是指企業、機構為了照顧員工及提升工作績效，所提供的一種計畫性活動。通常企業內執行員工福利工作者為方案執行者，如：工業社會工作者、人資部門人員。通常由工業社會工作者來執行，則會運用社會工作的專業方法於工業體系或工業機構中，在社會工作員與相關專家的協助下，增進員工解決問題之能力、促進其工作適應、充實員工職業生涯的成就、改善工作環境，其目的在於提高生產力、促進勞動力穩定、強化員工福利、增進員工和雇主及工會的和諧互動。目前企業最常用使用內部或外部設置員工協助方案的模式。各國的員工協助方案均為工業社會下的產物，為的是減少工業社會對人們所造成的負面影響。因此，員工協助方案（EAP）可以說是在工作場所中為員工謀福利的一種具體實施方式。 3. 員工協助方案包括五大類：（1）心理諮商輔導類：新進人員工作與生活適應；（2）教育成長訓練類：員工進修、補習教育、技能訓練、生涯規劃等；（3）休閒育樂類：社團、康樂、聯誼等；（4）醫療保健類：設置醫務室、特約醫院、健康教育諮詢；（5）福利服務類：急難救助、托兒托老、救濟補助、投資理財等。

榜首提點

請了解員工協助方案的意涵、方案的類型，並請思考規劃一項員工協助方案。另亦為測驗題考點，請詳讀。

項目	說明
轉化學習	1. 對個人而言，學習經驗常是個具有意義的經驗。但如果長久以來所持的信念受到挑戰，個人可能感受到自己變得脆弱敏感或失去信心，這類深層的學習會導致基本觀念的改變，稱之為轉化學習。 2. 轉化學習改變的不僅在於個人的工作方式，它也可以改變人們的生活方式。當工作場所出現了重大的變化，而員工處於非預期且無法獲得他人支持的個人發展，在改變中經歷轉化學習時，可能在生活其他層面也受到傷害。領導者與管理者可藉由敏銳地覺察到員工為了使用不同的工作方式，而準備全心投入學習所可能受到的傷害，來處理此項危機。如果管理者提出清晰的重點與機會來討論什麼是必須學習的，員工則能接收到管理者的協助而減少傷害。當新的程序與實務有設計與發展的必要時，如果領導者與管理者意識到自己與其他員工也有很多需要學習之處，如此的方法也會有所幫助。

九、志願服務人力管理

（一）志工招募的方式

> **榜首提點**
> 請思考設計一個志工招募的完整方案，以及所採用之志工招募的方式與理由；另亦為測驗題考點。

招募方式	說明
1. 暖身招募（Warm body recruitment）	志工的工作若是人人都可以從事的特別適用。工作內容可能不需要特別技能，或者是任何人都能在短時間學會所需的技能。暖身招募最適合用於招募大量工作人員擔任短期的簡單工作時。可透過發送傳單、廣告單、傳播媒體發放招募志工訊息，運用社區資源，結合社區發展協會等。
2. 目標招募（Target recruitment）	以市場區隔的概念，因確定哪些人會想做這些工作，然後直接去找他們。
3. 結合暖身招募與目標招募	在設計暖身招募活動時，運用目標招募的技巧，迎合潛在志工的可能動機，藉此吸引為數眾多有興趣、又符合資格的志工。
4. 同心圓招募	這是一種懶人招募法，可以確保隨時都有志工組織。這種招募法的理論就是：那些跟我們或組織已經有關聯的人，就是最好的招募目標。

招募方式	說明
5.團體招募	此方法並不是適用於所有的組織，但也是一種可以參考的選擇。團體招募法必須用於封閉的系統，也就是成員具有高度認同感的團體，這些成員彼此之間有很強的連結，例如：學校、公司、教會、專業組織等。招募方法是在團體中創造出志工文化，讓成員相信擔任志工是該做的事，一旦成員接受擔任志工是這個團體認同的價值，就會尋求志工機會，實踐這項價值觀。

（二）志願服務人力需要專業管理的原因

1.工作方案越來越大與贊助或補助者之期待壓力：許多志工機構和工作方案越來越大，加上受到其契約贊助或補助者對其產出期待的壓力，使得機構對志工的管制趨於嚴厲，以確保他們不會怠忽契約，並期能增進機構的效率和效能，故須運用管理知識和技巧加以經營。

2.社會越來越關心志工所帶來的負面效果：因社會重視志工服務品質，迫使機構加強管制志工所提供的服務方案，因此，更加注意志工背景的面談和安置程序。志工機構覺知有責任仔細選擇、訓練與督導服務他人的志工。

3.志工奉獻時間和知能給機構時，自己變得更會盤算：志工傾向參與社區活動，但其投入志工服務時，必會衡量每個活動給其成本和效益，如是否有助其提升知能與拓展其人際關係等。所以，若對志工有一套完善管理和發展制度，即更能激勵志工服務意願，而且能給志工更好的專業化形象。

4.志工機構之管理者已變得更專業化：許多主管有公共行政、企業行政或非營利組織的管理等專業背景，這些經驗豐富者，會將其多年行政經驗，混合進入目前管理志工的策略上。

（三）適用於志工的管理模式 ○

> **上榜關鍵** ★★
>
> 在測驗的選項上，各管理模式的內涵區辨必須觀念清楚。

1.傳統模式（Traditional Model）

（1）傳統模式的特色包括非常嚴格的工作監督、控制下屬、將工作分類為簡單的任務以便容易學習、建立詳細的工作常規等。它相似於 McGregor 描述的「X 理論」，假設人天生不喜歡工作，人們不是自我激勵或自我導向的，且工作只是因為需要錢。有關工作績效方面，則強調明確定義工作期待的重要性，如此工作者可以有較好的準備來執行被期待的功能，以及接受明確的督導與回饋，績效評估也可以有更具體的標準參考。

（2）在組織內最盛行的工作設計管理哲學來自於傳統的模式，工作被設計成一種樣式，只允許實行例行性任務。當工作是表格完成或資料處理等事

務時，採工作設計的形式是恰當的，但是，當指派複雜的專業任務時，員工有專業的訓練卻只允許他執行例行性任務，最後將會出現衝突。傳統模式的科層制度其有許多不良的功能如 Merton 提出「習得的無能（learned incompetence）」這個名詞來描述員工的表現非常倚賴政策指南書來做決策，他們無法邏輯性或創造性地思考案主帶到組織的問題。Lipsky 使用「科層體制的剝奪權利（bureaucratic disentitlement）」來描述這種情況，在此情況下因為考量組織內部的需求，而不是服務需求，因此案主無法獲得他們應得的給付或服務。Hasenfeld 則提醒要避免發生目標替代（goal displacement），因為科層組織容易將焦點放在組織內的單位與次單位之運作，成為注重績效數字的結果，忽略了組織的使命與目標。這些都是運用此模式時，應該要注意的缺失。

2. 人群關係模式（Human Relations Model）

（1）人群關係模式的特色是強調，管理是要使每一個工作者感到他是有用的與重要的，而且給員工有發表意見及提出建議的機會與權利，並允許屬下在例行事務的執行上可以自己做主。另外，也強調人類動機的複雜性，尤其重視工作態度與工作行為如何被團體規範所影響，即社會性需求被看成重要的影響因素。它的假定是人們需要感覺自己是有用的與重要的，人們也有歸屬的需求，且這些需求在激勵人們工作時比金錢更重要。

（2）在人群關係模式下，比較關注員工的需求，並注意每個人因需求、背景、知識等的不同所形成的個別差異，因此要以符合人性的監督方式來促進工作人員的潛能。例如：可以強調團隊工作以滿足員工的歸屬感，但工作設計的基本方法還是將焦點集中在實現例行性的任務。

3. 人力資源模式（Human Resources Model）

（1）人力資源模式的特色是將焦點放在如何運用員工體內尚未使用的資源，管理者被期望創造一個環境讓所有成員可以貢獻他們最大極限的能力。所有的事情都鼓勵完全的參與，強調應用民主過程的參與可以提高士氣及生產力，且自我導向和自我控制是被支持與提倡的。它的假定是工作比賺錢更有意義，它是人們生活的重要部分，且人們都想要有助於組織整體的成功。另外，此模式假定當人們不被傳統或人群關係模式所限制、束縛時，人們是有創造力的、是有用的資源與有能力貢獻更多的。

（2）在人力資源模式之下的工作設計是更複雜的，在這種形式的組織中，員工因共同標的設定而融入在管理中，工作也在自我導向與自我控制的狀況下執行，而且為了追求專業成長與發展，所有的資料與訊息都可以與員工分享。這種形式的工作設計，雖然理想上是要讓經驗老道的員工接

受專業的教育，但某些職位可能不適用。例如：需要較多任務定義與督導的工作，而且參與團體決策的先決條件是參與者必須具備有助於決策的知識、經驗或專業技術，這在實際運用上是有困難的。

綜合結論：傳統模式強調監督、控制與工作績效，但有時無法滿足志工情感性的需求，而人力資源模式的工作設計則有些複雜，需要相關的知識、經驗或專業技術，這些不是每位志工管理者都具備的；至於人群關係模式的管理哲學，因為重視志工的價值與人類動機的混合性，強調讓每位志工覺得受到重視，允許志工在執行例行工作時可以自己做主，也把社會性需求看成重要的影響因素，要讓每位志工有歸屬感，並能藉由人性的管理過程協助他們滿足不同的需求。所以，人群關係模式與志工期待以情感、尊重來管理的理念比較契合。但如果採用人群關係管理模式，不能只是一味地強調關係、情感與激勵等人際和諧的問題，還是要講求工作的績效，並努力平衡組織與志工的利益。

（四）志工人力管理的實施原則

1.建立人事制度：對志工所遭遇的困難及問題，應找出其癥結，協助解決。

2.建立回饋制度：每位志工都有發表意見及提出建議的機會和權利。

3.調查志工的動機與需求：除了了解每位志工主要的動機之外，還要探討複雜、混合的動機。

4.鼓勵情感交流：加強上司與部屬、同伴之間的感情與認識，並增加認同感與向心力。

5.促進意見交流：減少誤解、降低衝突、增進人際關係。

6.人事動態分析：對於志工的離職原因及異動情形，確實加以調查、研究、分析。

7.重視訓練發展：辦理職前、在職、職外訓練，以提高志工的創造力及滿足自我成長的需求。

上榜關鍵 ★★
申論題基礎題型。

（五）志工人力運用計畫

1.志工運用計畫的組成要依照計畫的大小、結構、目的而定，應包含的內容包括以下重點：

（1）機構有完整的志工政策。

（2）規劃志工計畫單獨的預算。

（3）規劃志工訓練。

（4）說明志工的工作職掌。

（5）安排時間和志工相聚、討論。

（6）運用媒體招募志工。

（7）拓展機構觸角，使志工來源多元化。

（8）與潛在志工面談。

（9）對潛在志工清查犯罪紀錄，必要時安排健康檢查。

（10）對新進志工訂定適用期。

（11）與志工訂定書面協議。

（12）對志工說明訓練課程。

（13）定期評估所有志工。

（14）考慮由志工參與正式員工的評估。

（15）設計及執行志工投入時間的紀錄系統。

（16）舉行志工表揚活動。

（17）貼補志工的必要花費。

（18）為志工投保。

（19）安排離職志工面談。

（20）邀請有志工經驗者加入正式員工的甄選。

（21）邀請資深志工協助志工督導。

（22）發展志工管理的資訊管理系統。

2. 志工計畫也需要基本的人事資料，包括一般人事計畫必備的文件，如：報名表、工作說明書、合約、評估表格等。每位志工的資料都應該完整記錄並保存，主要內容包括：（1）自傳與聯絡資料；（2）職位和訓練紀錄；（3）貢獻的時間及完成的工作；（4）申報的花費及獲得的津貼；（5）與機構聯絡的時間等。志工所用的登記系統和檔案應該與員工類似，可以使用相似的表格。

（六）志工管理

1. 常見之志工問題與因應（改善）方式

上榜關鍵 ★★★
各項問題之管理方式請詳記，並具有論述能力。

常見之志工問題	因應（改善）方式
1. 志工服務狀況不穩定	包括常缺席、請假或遲到、早退等，是許多運用單位或機構常見的志工問題。此問題通常與志工本身有關，也常是志工流失前的警訊，因此，志工督導若發現志工的服務狀況開始不穩定時，則必須要透過正式或非正式的督導形式，以了解志工改變的原因。若志工仍有意願繼續服務時，志工督導則要考慮為其規劃彈性的服務計畫。

常見之志工問題	因應（改善）方式
2. 志工流失率高	此現象常發生在以青年或大學生為志工主要來源的運用單位或機構。因為大學生常因寒暑假時，須由就讀地區返回居住地區，因而導致服務中斷，或因新學期的排課問題而無法繼續服務而流失志工。但志工流失率高，也導致運用單位必須重新招募、訓練志工的步驟重新開始，服務對象也必須與新志工建立關係。因此若運用單位的志工流失有共同因素時，則必須修正未來的招募條件；或是調整服務工作的內容，並加強督導，以便能提升志工留任率。
3. 志工與機構內其他人員的人際問題	人際問題常是運用單位或機構最困擾，也最難解決的志工問題之一。上述前面兩個問題，或許可以從調整計畫等具體的事務來解決；但人際問題等心理因素的影響之大，可能會導致整個志工團隊信心的瓦解。因此，志工督導必須花費更多的心力，與志工建立良好的關係、營造感情、了解志工的狀況，避免影響志願服務方案的推動。
4. 志工不適任	志工不適任的處理，也是運用單位較難解決的問題之一。因為考量志工的志願性，常使得運用單位不想、不敢也不知道如何處理不適任的志工。如果是正式員工時，要將其開除是比較明確且容易的事情。但志工是自願前來服務，且奉獻許多閒暇的時間與精力，若只以其不適任的理由而將之開除，似乎過於無情。然而，若不處理此問題，卻也可能使服務對象和機構受到傷害。因此，單位或機構必須要審慎面對和處理志工不適任的問題，妥慎處理解聘事宜，而且最好要有明確的理由。

2. 志工衍生的問題管理與改進
    （1）志工忘了當初加入的純正動機，反而指揮行政人員。又認為自己是義務性，沒有領薪水，自視甚高。
    （2）志工有比較的心態，有的志工也擔任其他單位志工，以比較心態影響其他志工，暗示自己可以「隨時走人」。
    （3）志工出現優越感或排斥心理。有的志工因為在其他單位受過訓練，或在本單位長期服務，因而看不起新進志工，讓經驗不足的社會工作者或志工感到挫折。
    （4）志工幹部不願承擔責任，造成組織運作困擾。
    （5）志工工作表現不佳的主要原因是缺乏能力或缺乏動機。管理者應多分析志工的動機與能力，並了解志工狀況後做出不同處理策略。

 練功坊

★ 社會工作管理者進行員工之訓練，請問如何評估訓練的效果？

解析

　　若要從事訓練效果的評估，必先要釐清評估的對象、期望獲致之目的及評估的標準，評估訓練效果的四個準則如下：

　　（一）反應層次（reaction level）：主要在衡量學員對訓練課程的喜愛及滿意程度。包括對課程內容、上課時間安排、講師教學方式、口語表達技巧、授課教材、空間設備、行政服務等的感覺；通常訓練課程結束後，以問卷的方式進行評估。

　　（二）學習層次（learning level）：主要在衡量學員透過訓練學得新知識與技能的程度，亦即學員是否有學習到受訓前所不知道的內容，且其了解程度及吸收程度為何。主要評估項目有懂得多少（知識）、會多少（技巧），而學習的發生與否，主要依據下列三點來決定：A.學員學到了什麼知識？B.學員發展或改善了什麼技術？C.學員態度上有何轉變？

　　（三）行為層次（behavior level）：主要在衡量學員將訓練所學習到的知識與技能應用在工作上的程度，亦即評估受訓者的行為、能力、效率等是否有所改變，訓練是否得到轉移，因而使工作績效提高。此層次一般可藉由行為導向之績效評估量表或觀察法，於學員回到工作崗位後衡量之。

　　（四）結果／績效層次（result level）：結果層次主要在衡量學員行為上的改變對組織帶來的利益多寡，亦即學員參與訓練對組織經營績效有何正面的貢獻，例如：服務量的增加、品質改善、成本降低等。此一層次是最不容易評估的一個層次，一般是在訓練結束，學員回到工作崗位一段時間後進行評估。

★（　）有系統地蒐集、分析與工作相關的資訊，並就「工作內容」、「工作脈絡」及「工作條件」予以清楚描述的途徑和過程稱為：

　（A）工作分析　　　　　　　　　（B）工作規範
　（C）工作說明書　　　　　　　　（D）工作評價

解析

（A）。工作分析與設計是一個組織是由許多不同的職位所構成，每個職位皆有其所須擔任的工作。工作分析（job analysis）係指有系統地蒐集、分析與工作相關的資訊，並就「工作內容」（即活動與行為）、「工作脈絡」（job context）（即環境需求）及「工作條件」（即知識、技術或能力）予以清楚描述的途徑和過程。

★ ( ) 機構主管在對員工做績效考核時，考核者可能會根據某人的單一特性
或能力，來推論其整體表現之主觀偏失，這種「以偏概全」的現象稱為：
(A) 初始效應　　　　　　　　　　(B) 月暈效應
(C) 盲點效應　　　　　　　　　　(D) 對比效果

解析

(B)。初始效應係指當人們得到有關標的的第一手消息時，往往會對標的的知覺造成
重大影響，而導致知覺偏失。因此，若部屬在考評者心中留下良好的第一印象，
其獲得的績效評估會比他所應得的來得好；月暈效應係指對一個人的整體印象是
基於某一單一特性。亦即「以偏概全」，題意所述屬之；盲點效應係指考評者很
容易因自己的某些缺點，而在考核時對受評者類似的缺點不予理會，或故意予以
忽視，而造成考核失真的偏失；對比效果係指考評者很容易因為將受評人與別人
相比，而產生對此人過高或過低的評價。

重點 **2** 社會工作督導 ⬡⬡⬡

閱讀完成：

_____月_____日

一、社會工作督導的意涵與重要性

（一）社會工作督導的意涵

　　社會工作督導（social work supervision）是一種透過互動過程的專業訓練方法，它是由機構指定的資深工作者（督導者）對機構內的新進工作者或學生（受督導者），藉由個別或團體之定期或持續的互動方式，傳授專業服務的知識與技術，以增進被督導者的專業技巧。並充分發揮其所能，以確保機構政策的實踐，並提升案主服務的品質。◁知

☺#△○...

知識
補給站

督導的三項要素

督導要素	說明
督導者（supervisor）	督導者為被雇主賦予權力，以督導一個或多個受僱於機構的員工。一位督導者必須接受過充分的專業教育，以及有豐富的實務工作經驗，尤其對督導的知識和技術應有深入認識。此外，為了確保機構政策的實踐及服務品質的提升，督導也必須具有充分的社會責任感。
受督導者（supervisee）	受督導者（supervisee）是指機構或單位內的專業服務從業人員，他（她）們在指定的督導者定期持續的指導之下，透過個人、團體或家庭干預的方法，提供專業服務或治療工作，以協助案主克服生理、財務、心理功能上的問題。
督導者與受督導者之間的互動	督導者與受督導者之間的互動，最好是透過規律且定期之正式或非正式的會議來進行，以分享彼此的問題、關懷、觀察、思考、實務上替代性技術的選擇，Munson 稱這種過程為「督導中的認知調和」，這種認知調和將有助於建立互信的督導關係。

（二）督導在社會工作上的重要性

1. 就專業工作而言，社會工作者如果要經常提供適合問題需要的服務，除了要經常接受相關的知能訓練外，也要靠嚴謹的督導制度，始能勝任愉快。

2. 就工作性質而言，社區賦予社工員的自主性，往往受限於缺乏明確的目標，致使對工作目標模糊、過程不穩定、干預效果難以預測，以及可能面臨極高的失敗率，所以社工員需要有人進行有效的專業督導與支持。

3. 就機構而言，在一個複雜的組織中，不同單位或個人的工作必須充分的協調和整合，因而，有效的督導是不可或缺的。亦即，透過督導制度，將有助於工作順利完成，並維繫機構的品質管制。

4. 對受督導者而言，單單只是學校知識的教育，再加上短期的職前訓練，常不能滿足實務工作的需要，惟有透過定期、持續的督導過程，才能體會並學習有效運用專業的原理原則。

5. 對案主而言，來到社會工作機構求助，當然是希望得到最高品質的服務，然而社會工作的實務往往難以直接被觀察，為保障案主的權益，使其免於受到傷害，因而需要有社工的督導。事實上，督導已被視為是保障服務品質之最重要的因素。

二、督導的價值基礎

（一）有效督導的基礎是建立在五項基本的假設上，包括：1. 結構的（structure）；2. 規律的（regular）；3. 一致的（consistent）；4. 個案導向的（case-oriented）；5. 可評估的（evaluated）。

（二）Brown 和 Bourne 以社會工作督導在社區照顧運作為例，將督導的價值基礎歸納如下：

1. 督導關係須考量到機構所處的組織與社會的環境脈絡

   督導的關係不可能獨立於組織與社會脈絡之外，督導的品質受到許多因素影響，包括個別關係者（包含機構、督導、受督導者及個案）、合約、督導過程的形成和發展階段、各種督導功能之間的調和，以及督導的性質與其外部環境之間的關係。

2. 社會工作本質上是以團隊為基礎的活動，成員彼此之間有高度的依賴性

   標的群的問題與需求趨於多元且複雜，無論是機構間或專業間的關係，以網絡或團隊為基礎的運作模式，早已成為社會工作實務上的重要議題。這使得即便是一對一的個別督導，也可能牽涉到整體團隊或網絡的運作。此外，為讓整體資源能更有效的運作，傳統上以機構內部為焦點的督導模式，已難以

反映實務上的需求。團隊和網絡爲基礎的運作模式，對督導的方式和內涵有其重要的意涵。

3. 督導是一種以人爲中心的活動，強調督導關係、個人感受和員工發展應該是與任務執行、規範和控制的功能同等重要的

社會工作服務已逐漸趨於科層化和去個人化，這種趨勢也反映在督導關係中，若未能適時予以修正，將對社會工作實務與成果帶來負面影響。

4. 督導的內容和過程在於藉由充權服務使用者和工作者，以達到反壓迫和反歧視的目的

強調優質的督導過程是社會工作實務的重心，充權（empowerment）則是督導的重心。Stevenson 和 Parsloe 指出，「督導是訓練工作人員朝向充權的主要過程」，以及「要充權服務使用者，要先充權工作人員」。

5. 督導者與受督導者皆是成熟的人，他們會以主動積極的態度，採取自我指導的學習方式

爲增進受督導者在督導過程中能夠獲得的專業成長與發展，督導者應堅持受督導者要有主動學習的態度。身爲受督導者也應該表現相同的主動態度，例如：維持固定的督導時間、建立自己尋求協助的網絡，以及強調學習與求助是一種優點而非弱點；受督導者更要能夠掌握自我判斷、決策和行動的機會，而不是只依賴他人的定奪。

6. 規律定期的督導應是每位員工皆有權享有的一種資源

對每位員工而言，優質的督導是每位員工應有的權利，每個機構應能珍惜並將之視爲機構的優先政策，且要能夠提供充沛的資源和全面性的訓練方案。

三、督導的種類與功能

> **榜首提點**
> 督導的功能爲經典必備，考生切勿疏漏，並且要有運用到實務案例的能力。

（一）Hawkins 和 Shohet 提出的督導四種類型

1. 師徒式督導（tutorial supervision）：督導者被視爲是師傅的角色，提供教育訓練。

2. 訓練式督導（training supervision）：視受督導者爲學生或受訓者時的教育角色，督導者要負責其部分的實務工作。

3. 管理式督導（managerial supervision）：督導者是受督導者的主管，具有「主管和下屬」的關係。

4. 諮詢式督導（consultancy supervision）：督導者對受督導者及其工作沒有直接的責任，是純粹的諮詢角色。

（二）Kadushin 之三種督導的種類與功能

督導的種類	功能
1. 教育性功能	教育性功能側重於員工的專業發展，知識和概念性的模式提供社工員決策和行動的資源，若缺乏這些資源，可能會對社工員造成壓力。督導的部分角色即在評估社工員的知識需求，並協助提供必要的學習。藉由正式和非正式的訓練，督導要能確信員工對目前組織程序的了解，並讓員工能夠為變革作準備。督導也要能提供特殊的知識和技巧，以使得他們能不斷學習，以維持工作上的才能，進而協助員工理解並有效地處理機構和社會服務體系的複雜事務。
2. 行政性功能	行政督導是一種提供品質控制的功能，除了降低工作環境對員工產生的負面影響外，也是對工作上缺乏訓練和經驗的工作者，提供一種必要的行政支持或協助，並對工作者因人性的缺失、盲點及弱點等可能對工作造成的影響，進行必要的督導管理，以確保工作者所提供的服務符合機構的標準，所有的督導都有責任確保受督導者所提供的服務是適切的，且符合倫理標準。
3. 支持性功能	支持性功能提供心理和人際關係支持的一種反應方式，藉以提升工作者的士氣，並增進工作者的自尊、成就感及潛能發揮。

（三）Shulman 提出的督導的第四種功能：調解性功能

除 Kadushin 提出社會工作督導的種類（功能）包括教育性、支持性、行政性等三種類型外，社會工作督導的第四種功能為「調解性功能」。Shulman 認為儘管前述三種督導功能有助於描述一般督導的任務，並釐清督導者的責任，然而，它們並不是即適用於所有不同的情境，特別是涉及到個人和體系之間的互動。Shulman 從一種工作者和體系互動的觀點，認為督導的功能性角色或許可被稱之為「調解」，即調解工作者和體系之間的關係。

（四）史基摩的四種督導類型

史基摩提出目標督導（supervision of objective）、巡迴式督導（supervision on wheels）、調整式督導（adaptive supervision）、現場督導（live supervision）。目標督導是針對工作表現的目標，或是個人發展的目標而進行督導；巡迴式督導就是俗稱的「走動式督導」，也是一種選擇性的督導；調整式督導是依工作人員的程度而調整督導的重點，針對程度較高的工作人員，採用「反省法」（reflective mode），

督導者僅為共鳴板，反之，則採用「改變法」（proactive mode）；至於現場督導，是運用電話、介入會談等方式，將督導活動直接送到受督導者的現場，或在服務之後，隨即進行檢討。

四、督導的焦點與功能歸類表

督導的焦點	功能的歸類
提供規律且定期的時間、讓被督導者對其工作的內容與過程有反省的機會。	教育性。
在工作內發展理解力和技能。	教育性。
獲得與工作有關的訊息和其他的觀點。	教育性／支持性。
獲得內容與過程的回饋。	教育性／支持性。
對作為一個「人」和「工作者」的確認和支持。	支持性。
對作為一個「人」和「工作者」，不會讓他獨自地去擔負不必要的困難、問題和設計。	支持性。
有探究和表達個人因工作所引起之困擾、再刺激、移轉／反移轉的空間。	行政性／支持性。
較佳地規劃和使用他們個人和專業的資源。	行政性／支持性。
確保工作的品質。	行政性。
讓社工員與個案、同事或管理者之間的衝突能化解。	調解性。
社工員與組織體系之間衝突的協調。	行政性／調解性。

上榜關鍵 ★★★

請了解督導的焦點所對應的功能歸類，為測驗題考點。

五、社會工作督導的觀點

社會工作督導的觀點	說明
1. 傳統督導觀點（traditional approach to supervision）	1. 傳統觀點是一種問題取向的（problem focused），該觀點強調在日常的實務工作中，受督導者和督導者將其重心擺在實務問題的解決，督導者就受督導者所面對的問題，提供相關的意見和協助。 2. 儘管問題的解決是督導相當重要的一環，但其本質卻是一種被動的回應，相對上較為忽略受督導者長期的學習和專業發展。
2. 管理主義督導觀點（managerialist approach to supervision）	1. 管理主義觀點關注的是績效監督及極大化組織的利益，較少強調發展和支持性的角色。這種模式較常出現於社工員係由非社工相關專業背景的管理者所督導之情境。 2. 儘管管理對組織的績效是重要的一環，但過度採用管理的督導模式，將限制專業責信和責任的發展。
3. 發展督導觀點（developmental approach to supervision）	1. 相對於傳統的觀點，發展觀點強調的是受督導者解決問題能力的建立，而非僅靠督導者給予建議，該觀點認為督導之目的，在於要讓受督導者發展其自身的專業認同，並要能夠促進對其專業角色的信心。 2. 發展觀點視督導關係為一種親子關係（parent-child relationships）的反射，亦即，督導過程的目標是要能夠培育一位免於依賴督導者之獨立和專業社工員。發展觀點認為督導者必須視受督導者專業發展的階段，調整其督導的方式和風格；督導者的角色，是受督導者專業生涯發展過程中的支持者和激勵者。
4. 心理動力督導觀點（psychodynamic approach to supervision）	1. 心理動力觀點提供督導的情感和心理取向，以及無意識之情緒回應的探究，特別是關係到督導關係之內、外部的人際衝突。 2. 關係模式（relational model）是該觀點用於社會工作督導的分析，它並不將受督導者視為一位未成熟的人或初學者，而是將督導關係建立在督導者與受督導者的相互學習和成長，這就需要雙方能以開誠布公的態度來面對，並要勇於探討自己的脆弱感。

上榜關鍵 ★★★★
社會工作督導的觀點為測驗題點，請詳加區辨。

社會工作督導的觀點	說明
5. 優勢督導觀點（strength-based approach to supervision）	1. 優勢觀點拒絕接受人應該依其缺點、問題或限制做專業判斷的認定，而是應該鼓勵實務工作者與人們共同致力於找出過去的優勢來源，及其生活中的復原力，並將之運用於目前的情境。 2. 優勢觀點的督導主要強調社工員過去實務中的成功經驗，而不是其工作中的挫折或問題，督導不應是被動的或危機取向的（crisis-driven），而應該是主動積極且預先設定之規律性舉行，督導也應該著重於促進發展和品質的提升，從成功中學習是最為重要的。

六、社會工作督導的方式

（一）個別督導

> **榜首提點**
> 常見於測驗題型，請考生要具有分辨各種督導方式的內涵、優缺點之實力。

個別督導	說明
意義	個別督導是最為傳統的督導方式，係由一位督導者對一位受督導者以面對面的方式，每週（或隔週）定期舉行討論，每次約半小時至一小時。
優點	1. 督導者與受督導者能夠在不受任何干擾之下，決定及解決一議題。 2. 督導者有充分的時間可以討論受督導者的個案。 3. 督導者有機會仔細檢視受督導者的工作進展，並著重彼此之間的關係。 4. 個別的督導重複了個別諮商的本質，因而提供了有用的效法方式。 5. 督導者能確定他與受督導者的總個案量，有一定概觀的了解。 6. 有較高的隱密性。
缺點	1. 受督導者僅接收另外一個人的輸入，有時可能會有偏差之虞。 2. 督導者與受督導者緊密地分享彼此相同的觀點，而在不知不覺中發展成一套共謀的關係。 3. 受督導者沒有機會與其他受督導者做比較，特別是在相同的發展階段時。

（二）團體督導

團體督導	說明
意義	團體督導是由一個督導者和數位受督導者，以小組討論的方式，定期舉行討論會議。通常是每週、每兩週或每個月舉行一次，每次一至二小時。
優點	1. 對每一位督導的個案皆會有大量刺激和不同的觀點。 2. 受督導者有機會學習其他成員如何處理其本身的工作。 3. 受督導者有機會聽到和學習到其他成員在處理各種不同案主的工作經驗。 4. 各種不同的觀點，也許可用於矯正單一督導所可能產生的偏見和盲點。 5. 團體督導較為經濟。 6. 團體的形成，提供有利的機會去做角色扮演。
缺點	1. 每位受督導者的時間較不足，無法對細節加以討論。 2. 受督導者會有較多的機會去隱藏或忽視自己的問題。 3. 受督導者可能會有意無意的與他人競爭。 4. 對每位受督導者的個案皆有不同觀點，因而可能經驗到衝突的發生，或一些沒有用處的經驗。 5. 隱密性較低。

（三）同儕督導

同儕督導	說明
意義	同儕督導係指與具有相同需求、觀點或技術層次的個人或一群工作者，以個別互惠或團體討論的方式進行。參與互動的成員不必然是同一團隊或同一機構的人。有些經驗豐富的工作者會自己安排這類的會面，這類會面往往是同輩間一種力量和支持的來源。
優點	1. 督導過程中，專家的權威減至最低，沒有權威的現象。 2. 參與者可以在最方便的時間組織督導會議。 3. 不需要付費。 4. 參與者對彼此的發展階段和需求，會有高度的了解與支持。 5. 對非常有經驗的受督導者而言，同儕督導也許是選擇性的督導。

同儕督導	說明
缺點	1. 沒有人有最終的權利和義務。 2. 必要時，參與者彼此會避免和他人對抗。 3. 參與者也許會缺乏必要的經驗和技術。 4. 參與者也許會互相共謀，或缺乏提供情緒的抑制之結構和技巧。

（四）跨科際督導／團隊督導

跨科際督導	說明
意義	跨科際督導（interdisciplinary supervision）即是所謂的「團隊督導」，是一種最近日漸受到重視的督導方式。在一個強調服務整合的時代，提供同一案主服務的團隊成員，可能來自於不同的專業領域，甚或有不同的團隊為同一案主提供服務，這些現象特別是出現於醫療、心理衛生或家庭暴力防治之工作情境的跨科際個案管理團隊。不管是基於選擇或行政上的要求，這種督導往往是要由一個不同領域的人所組成的科際團隊來提供。
優點	跨科際督導是一種對傳統督導之符合邏輯的替代方式，特別是在某些工作情境下。
缺點	有可能減弱或破壞原有的權威關係，也可能造成專業彼此之間的衝突。
跨科技督導／團隊督導的進行必須注意的要項	為了減少可能對專業權威或成長之潛在威脅，並避免專業間可能的衝突，團隊督導的進行必須注意的要項包括： 1. 要能明確地決定團隊的範圍。 2. 好的團隊督導應能留意以「更多類似我們的人」填補空缺的危險，一個好的團隊應有某種程度的同質性，然而也需要一些異質性者，以平衡人格類型、年齡、性別和技能。 3. 除了督導團體的個人外，團隊要能夠被視為一個需要督導的實體，它大於個別的總和，有其自己的性格和內在的靈魂生命，因而必須要關注到某種形式的團隊發展。

上榜關鍵 ★★
申論題考點。

七、社會工作諮詢

（一）社會工作諮詢的意義

　　1.社會工作諮詢（social work consultation）是一種間接社會服務工作，係指一種專業人員間互動的過程，也是一種用於改善和擴展服務的技術，藉以探究案主的問題，並尋找滿足案主需求的最佳解決方法。

　　2.換言之，它是一種藉由在某一特殊領域具有專業才能的諮詢者（consultant），提供其專業的知識和技術，以協助或加強受諮詢者（consultee）在專業角色上的能力，以便能有效地執行其專業職責，協助解決案主的問題或滿足案主的需求。

（二）督導與諮詢的比較

　　1.督導的對象是專指從事工作活動的人，包括專業和非專業人員、有經驗和無經驗者；諮詢的對象很廣，除了社工者以外，尚有其他種類的專業人員，如衛生、教育與司法方面的人員。

　　2.諮詢一般也可以是個人或團體諮詢的方式，然涉及的問題較督導為廣。

　　3.諮詢者涉入組織的時間非常有限，且是問題取向的，而督導的涉入較長，且並不侷限於問題的解決。

　　4.兩者的終極目標都是在維繫案主權益、提高服務品質，而直接目標是促進工作人員的發展與改變。因此，諮詢是在促進受諮詢者體系的某些改變；督導是在促進受督導者自我的了解與專業成長。

　　5.諮詢者僅是居於一種給予意見或建議的位置，他（她）與受諮詢者之間的關係通常是自願和同等地位的；督導者與受督導者的關係則是義務性與強制性，且有上級下屬之分。

　　6.諮詢者對於工作結果沒有行政上的權威或責任，行動或結果上的責任由受諮詢者來擔負；督導者須負行政實施與督促的職責，行動或結果由督導者與受督導者一起負責。

　　7.諮詢內容較著重於個案問題、政策發展、方案計畫或行政問題，焦點較偏重案主或機構的問題。督導則著重於社會工作理論與原則實施的情形，工作者在提供服務時所發生的工作問題、個人性格和情緒上的問題，督導的重心是受督導者的問題及案主的問題。

上榜關鍵 ★★★

請先了解諮詢的意義，再建立有系統的觀念，才能加以區辨，測驗題考點易混淆，請留意。

 練功坊

★ 如何從督導的功能看督導者的角色？

解 析

茲引用 Kadushin 之區分方法，再加上晚近學者 Shulman 所提出的「調解」功能，從督導的功能看督導者的角色，說明如下：

（一）教育性功能：教育性功能側重於員工的專業發展，知識和概念性的模式提供社工員決策和行動的資源，若缺乏這些資源，可能會對社工員造成壓力。督導的部分角色即在評估社工員的知識需求，並協助提供必要的學習。藉由正式和非正式的訓練，督導要能確信員工對目前組織程序的了解，並讓員工能夠為變革作準備。督導也要能提供特殊的知識和技巧，以使得他們能不斷學習，以維持工作上的才能，進而協助員工理解並有效地處理機構和社會服務體系的複雜事務。

（二）行政性功能：行政督導是一種提供品質控制的功能，除了降低工作環境對員工產生的負面影響外，也是對工作上缺乏訓練和經驗的工作者，提供一種必要的行政支持或協助，並對工作者因人性的缺失、盲點及弱點等可能對工作造成的影響，進行必要的督導管理，以確保工作者所提供的服務符合機構的標準，所有的督導都有責任確保受督導者所提供的服務是適切的，且符合倫理標準。

（三）支持性功能：支持性功能提供心理和人際關係支持的一種反應方式，藉以提升工作者的士氣，並增進工作者的自尊、成就感及潛能發揮。

（四）調解性功能：儘管前述三種督導功能有助於描述一般督導的任務，並釐清督導者的責任，然而，它們並不是即適用於所有不同的情境，特別是涉及到個人和體系之間的互動。Shulman 從一種工作者和體系互動的觀點，認為督導的功能性角色或許可被稱之為「調解」，即調解工作者和體系之間的關係。

★（　）社會工作督導的方式中，下列哪一項是屬於團體督導的優點？

(A) 督導者與被督導者有較高隱密性

(B) 對每位被督導者之督導時間較充足

(C) 對每位被督導者可以充分的面對面討論

(D) 被督導者可學習用不同觀點處理案主或方案的經驗

解析

(D)。團體督導的優點：

（一）對每一位督導的個案皆會有大量刺激和不同的觀點。

（二）受督導者有機會學習其他成員如何處理其本身的工作。

（三）受督導者有機會聽到和學習到其他成員在處理各種不同案主的工作經驗。

（四）各種不同的觀點，也許可用於矯正單一督導所可能產生的偏見和盲點。

（五）團體督導較為經濟。

（六）團體的形成，提供有利的機會去做角色扮演。

★（　）下列對於優勢督導觀點（strength-based approach to supervision）的描述哪項不正確？

(A) 拒絕接受人應該依其缺點、問題或限制做專業判斷的認定

(B) 應該鼓勵實務工作者與人們共同致力於找出過去優勢來源及其生活中的復原力

(C) 優勢觀點的督導主要是以被動的或危機取向做工作基礎

(D) 督導應著重於促進專業發展和品質的提升並從成功中學習

解析

(C)。優勢觀點拒絕接受人應該依其缺點、問題或限制做專業判斷的認定，而是應該鼓勵實務工作者與人們共同致力於找出過去的優勢來源，及其生活中的復原力，並將之運用於目前的情境。優勢觀點的督導主要強調社工員過去實務中的成功經驗，而不是其工作中的挫折或問題，督導不應是被動的或危機取向的（crisis-driven），而應該是主動積極且預先設定之規律性舉行，督導也應該著重於促進發展和品質的提升，從成功中學習是最為重要的。

重點便利貼

❶ 人力資源管理：係指對人力的晉用、培訓、激勵和維持等活動。

❷ 人力資源管理的意涵（主要功能）

(1) 晉用：即確信有合乎組織各層級短期或長期目標之可用員工的正式過程，其內容包括：工作分析、人力資源規劃、招募、甄選和員工指導等。

(2) 培訓與發展：即協助員工習得新技能、改善技能，或改善在組織中表現的能力，以促進其發展，並將個人長期目標與組織需求結合的員工生涯發展。

(3) 激勵：即促使員工努力追求組織目標的意願，其策略包括確認激勵方法恰當與否、工作再設計、降低員工的疏離感、提升工作滿足感、落實績效評估、回饋員工、連結報酬與績效及處理員工的抱怨等。

(4) 維持：即著重提供適宜的工作條件或環境，以維持或增進員工對組織的認同。具體的作法包括：提供有效的福利方案、建立安全暨健康的工作環境，以及確保適當溝通管道的順暢等。

❸ 員工晉用過程四項工作：(1) 工作分析與設計；(2) 人力資源規劃；(3) 招募；(4) 甄選。

❹ 員工績效考核的功能：（1）促進主管與部屬之間的溝通；（2）評估目標達成程度；（3）協助員工改善績效；（4）提供員工賞罰管理決策上的參考；（5）協助人力資源規劃的進行；（6）提供資訊以擬定員工訓練或發展方案內容；（7）拔擢優秀人才及培養領導幹部。

❺ 實施員工績效考核的條件：（1）機構應有完善的人力資源管理制度；（2）機構應有適當的意見溝通管道；（3）考核者與員工對具體績效的期待應有共識；（4）考核者應持公正和合理的態度；（5）機構應建立完善的培育制度。

擬真考場

申論題

為因應工作環境變遷,機構員工必須接受培訓,以增強專業技能,請說明員工培訓對機構之功能與目的。

選擇題

(　　) 1. 「申請者為有效完成工作需具備之知識、技術與能力」,這個定義是指?
(A) 工作分析　　(B) 工作聲明　　(C) 工作說明　　(D) 工作規範

(　　) 2. 工作分析是人力資源管理的主要功能之一,採用「工作分析者選擇具有代表性的員工,針對工作的內容進行訪談,而此一方法比較能深入了解員工內心的想法。」此工作分析資訊蒐集方法稱為:
(A) 觀察法　　(B) 問卷調查法　　(C) 工作日記法　　(D) 訪談法

(　　) 3. 根據 Hawkins 和Shohet(1989)所建議的四種主要督導類型中,督導者視受督導者為學生,督導者在訓練過程中扮演教育角色,並須負責受督導部分實務工作的督導類型是:
(A) 諮詢式督導(consulting supervision)
(B) 管理式督導(managerial supervision)
(C) 訓練式督導(training supervision)
(D) 師徒式督導(tutorial supervision)

解析

申論題：

茲將員工培訓對機構之功能與目的說明如下：

（一）提升機構服務品質：若機構能有計畫的培訓員工，以增進其工作相關的知識、能力、價值及態度，並將之運用於實務上，將有助於機構服務品質的提升。

（二）鞏固機構的聲譽與責信：若機構服務品質能不斷提升，員工培訓計畫能不斷地進行，將可提升員工的滿足感和自信心，進而增進工作效能與服務品質，對機構整體形象的維護與提升，以及機構的責信皆有其正面意義。

（三）提升服務的競爭力，並因應組織的變遷：服務品質的提升，再加上機構的形象受到肯定，將可吸引更多的服務對象，以提升機構在服務市場上的競爭力，或促進組織內、外環境變遷的適應力，進而促進機構的永續發展。

（四）吸納與儲備人才：機構推行有系統的員工培訓，必定能吸引外界菁英的人力加入，竭誠為機構服務。另一方面，機構又不斷提供機會，發展可用的人力資源，這種良性的循環必可培育出資深且優秀的人才，為機構做出重大的貢獻。

（五）幫助組織發掘並維繫人才透過有計畫的培訓活動，將可從培訓過程中發現參與者的可訓練性，了解其潛能，一方面可能降低員工的流失率，另一方面機構可儲備足夠的人才，減少組織因人事變動可能產生的問題。例如：減少因員工流失浪費的人力資源，或重新招募或訓練須支出的成本。

選擇題：

1. D　工作規範（job specification）：工作規範係指依據工作內容設定擔任某一職位的工作者應具備的資格或條件。依據工作分析所獲得的訊息，工作規範確認有效執行工作所須具備的知識、技能、教育、經驗、證明和能力。

2. D　工作分析的方法：
    1. 觀察法：係指直接到員工的工作崗位觀察員工的活動，或透過員工正在工作的影片來觀察，藉以了解該項工作的特性。這種方法主要是使用於較為例行性的工作，觀察者應受專業的觀察、記錄與資料整理的訓練，工作最好是易於觀察的，且觀察者可在合理的時間範圍內，

確認該項工作的要件。

2. 訪談法：係指對於實際從事該工作的員工、其直屬上司或相關部門，就工作的內容、程序、方法，以及使用的工作知識與技巧，進行面對面的討論，以獲悉工作的真實情況。訪談法可以是約談個別的員工（個別訪談法），也可以同時與多位員工座談，或同時邀約員工及主管共同會談。題意所述屬之。

3. 日誌法：係指要求現職人員每日記載其工作活動，及每項活動所花費的時間，再針對一特性時段的日誌（可能是數星期）進行分析，以獲得該項工作的必要特性。

4. 問卷法：係指讓員工填寫問卷，問卷包含詳細工作項目之結構性問卷，員工需要一一指出是否有執行該項工作項目，以及每項工作需要花費的時間；問卷有時是開放性的問題，以及非例行性的工作，或工作中非例行性部分的資料。

3. Ⓒ Hawkins 和 Shohet 提出督導的四種類型：

1. 師徒式督導（tutorial supervision）：督導者被視為是師傅的角色，提供教育訓練。

2. 訓練式督導（training supervision）：視受督導者為學生或受訓者時的教育角色，督導者要負責其部分的實務工作。

3. 管理式督導（managerial supervision）：督導者是受督導者的主管，具有「主管和下屬」的關係。

4. 諮詢式督導（consultancy supervision）：督導者對受督導者及其工作沒有直接的責任，是純粹的諮詢角色。

第六章

CHAPTER 6
社會工作績效與
品質管理

榜·首·導·讀

- MBO 的具體意涵即管理者以工作「目標」來管理部屬，而不是以工作「手段」或「程序」來管理部屬，此為重要觀念。
- SMART 原則的內涵及運用，務必要詳讀，為金榜考點。
- 平衡計分卡的四個構面架構，務必完全清楚，並請預先申論題案例之準備。
- PDCA 為測驗題考點。
- 全面品質管理內涵，務必加強準備。

關·鍵·焦·點

- 司徒達賢老師提出以 CORPS 作為論述非營利組織績效之指標，為重要考點，請詳讀。
- 克服績效障礙的方法，包括處理工作負荷，預防（減少）員工的倦怠感的方法，以及時間管理，內容請詳讀，為申論的考點；另對工作輪調、工作擴大化、工作豐富化，務必須有清楚的觀念。
- 社會服務品質要素均必須詳讀，測驗題重要考點；社會服務的品質的設定原則（標準），為申論題考點。

命·題·趨·勢

年度	110年		111年				112年				113年	
考試	2申	2測	1申	1測	2申	2測	1申	1測	2申	2測	1申	1測
題數		4	1	5		2		4		3	1	2

本·章·架·構

社會工作績效與品質管理

重點 1
★★★★
社會工作績效管理

- 績效管理
- 績效管理系統的要素
- 衡量組織績效的指標
- 目標管理
- 參與管理
- 目標導向績效管理的步驟
- 關鍵績效指標
- 績效監測系統
- 克服績效障礙的方法
- 改善組織績效的新取向／積極思維方式
- 績效管理相關名詞
- 平衡計分卡

重點 2
★★★★
社會工作品質管理

- 品質管理的重要性
- 社會服務的品質觀點（Pfeffer 和 Coote 提出）
- 社會服務品質的特性與要素
- 社會服務品質的設定原則（標準）與管理
- 社會服務品質管理策略與品質要素對應表
- PDCA 管理循環
- 全面品質管理的意涵與策略
- 品質相關名詞
- 標竿學習

重點 1 社會工作績效管理

一、績效管理

上榜關鍵 ★★★
基礎的測驗題觀念題型。

（一）績效管理的意義

1. 績效管理（performance management）即為控制過程的主軸，其所涉及的範疇對社會服務目標的達成有絕對性影響。

2. 績效管理是一套提升或維繫績效的整合性管理活動，藉由這些活動評核員工的表現和監測組織部門或方案的進行，以促成組織目標的達成。

3. 績效評估不等於績效管理，評估績效不過是績效管理系統中的一環而已，若只是進行評估績效，而忽略其他部分的話，終將面臨失敗的命運。

4. 績效管理係指管理組織的員工和工作，以促進其效能和績效的一種過程。績效管理即是將組織的目標緊扣著組織的「人」與「事」，一方面將焦點置於個別管理者和員工的目標管理系統（MBO-type systems），一方面則將焦點置於方案和組織的績效監測系統（Performance Monitoring System）。**MBO**系統和績效監測代表績效管理兩種不同的途徑，在實務上通常是兩種途徑的要素合而成的「混合」系統。

（二）績效管理的五個主要目的

> **1. 策略性目的**
>
> ・績效管理結合組織的願景、使命、策略、目標與員工個人需求，激勵員工，最終達成組織與個人目標。

> **2. 行政性目的**
>
> ・透過有效的績效管理，組織可以區辨員工績效的良莠，並據以給予不同的獎酬，以創造組織之「公平合理」及「具激勵性」之工作氛圍，以留住組織內部優秀人才，甚至吸引外部優秀人才的加入。

榜首提點
測驗題與申論題考點。

3. 發展性目的

- 針對員工績效評核的結果加以探討和分析，找出影響個別員工績效的能力落差，並配合員工個人職涯發展的規劃，提供其未來所需的訓練和輔導。

4. 責信性目的

- 藉由對組織個人表現評核或方案成果追蹤，以確認組織整體的績效，以提升組織的績效，並展現組織對利害關係人的責信。

5. 決策性目的

- 藉由績效訊息的獲取，可習得社會、社區或方案的狀況，可使用訊息指導和控制資源的配置，以及可讓組織在未來的創新與發展上做出較佳的決策。

（三）績效管理的四項必要的認知和態度

績效管理的四項必要的認知和態度

1. 必須要承認和接受績效是需要改善的。

2. 必須要認知和接受有效的績效管理，不再僅是一種選擇，而且必須做（must-do），且必須完成（must-be-completed）的行動。

3. 必須要有真正的作為和堅定的承諾，而非一種斷斷續續（on-off）之應景或特定的方案。

4. 必須是一個沒有終點的旅程，是持續之漸進式的變革。

上榜關鍵 ★★
測驗題考點。

（四）績效管理體系的次系統分類圖

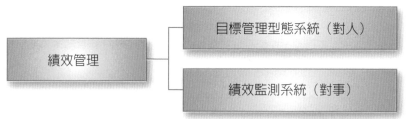

（五）目標系統管理與績效監測系統的主要特性。

上榜關鍵 ★★★★★
測驗題細微考點。

取向	目標管理系統	績效監測系統
管理架構	人力資源系統	策略管理、方案管理或作業管理
主要焦點	管理者和員工。	方案或組織部門。
標的取向	特定時間的方案。	進行中的方案、服務輸送或連續性的作業。
目標設定	管理者和部屬面對面協商。	通常是高層管理翻方面設定。
績效監測	輸出和立即成果（以及品質和生產力）。	強調成果（以及品質和顧客服務）。
測量變化	常隨目標改變而改變。	往往持續測量，少有改變。
執行方式	資料蒐集和監測由個別管理者執行，並由督導檢視。	資料蒐集和監測由員工執行，並由定期報告公布。

（六）績效管理對社會工作的重要意涵

1. 新管理主義興起後，對社會服務之經濟、效率與效能的要求，已使得社會工作實務面臨著嚴峻的挑戰。處於升高的需求（increased needs）和減少的資源（diminished resources）兩種競逐的侷限下，社會服務機構要符合其績效標的已變得更加困難，這些困難甚至已被政府賦予失靈組織（failing organizations）的觀念，亦即未能符合標的（failing to meet targets）。

上榜關鍵 ★★★
請思考為何社會工作必須要實施績效管理，可於論述時加以引用。

2.為化解這些鉅視環境對社會工作的挑戰，無論是社會工作的機構團體，抑或是社會工作的管理或實務工作者，皆應跳脫出僅停留在對本身專業的執著與強調，或是抱怨資源不足的現象，而要積極地面對與學習管理相關知能，並將習得的管理技巧用於實務工作上，以縮小福利供需之間的鴻溝。因而，社會工作的經營不應僅是維持現狀，而是要思考如何激發改變並鼓勵創新，讓陷於困頓中的社會工作實務能有效獲得改善與提升。社會福利機構／團體若要達到服務人群的目標，重要的關鍵之一在於管理者能否營造組織團隊的氣氛，並善用績效管理的機制，以讓有限資源充分發揮其效率與效能，進而降低資源不足所帶來的衝擊。

> **上榜關鍵** ★★★★
> 申論題的考點，屬於記憶型考點請考生詳記。

二、績效管理系統的要素

（一）績效管理系統

1.績效管理是認知到目標與現狀之間的差距，是一種變革的趨力。績效管理的過程包括四個步驟：建立標準、衡量績效、比較績效與標準，以及考量修正政策措施。過程中需要統整許多重要領域的相關活動的技巧和能力，包括員工、品質、標的與監測。若將這些變革的趨力、績效管理的過程所需搭配的相關活動要素予以結合，即構成績效管理系統的全貌。因此，趨力、績效管理及其相關活動中的員工、品質、標的及監測，可謂構成績效管理的主要要素。

2.績效管理系統

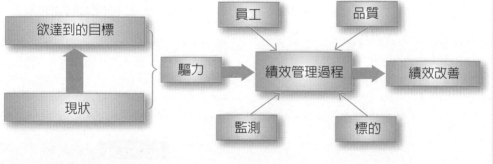

（二）績效管理的六項要素

要素項目	說明
1.驅力	當組織成員興起縮小現狀與目標之差距的念頭時，即是一股促進績效管理的驅力。

要素項目	說明
2. 績效管理過程	過程是整個績效管理的主軸，一般而言，這個過程主要包括建立標準、衡量績效、比較績效與標準，以及考量矯正措施。標準係依循組織的目標或目的而設定，它可作為與實際績效結果相比較的一種標的，標準若要能夠予以衡量，則須藉助於指標的建立（績效指標）。
3. 員工	員工是組織最珍貴的資產，也是績效管理能否成功的關鍵因素。組織對員工的管理方式，將是績效管理成敗的關鍵因素，他們對績效改善過程的參與，將是一種促進成功的潛在力量。
4. 品質	品質意指產品和服務必須要能夠被創造和設計，以回應顧客的需求。社會服務品質的構成包括有形的與無形的要素，做為一種助人專業的社會工作，要讓服務對象肯定所提供之服務品質，必須要先對社會服務品質的意涵有深度認知，且要能夠對品質的提升有高度承諾。
5. 監測	測量和監督必須是定期和有系統的，而非隨心所欲的。需要關注的是：（1）凝聚力；（2）適時性；（3）成本效益；（4）可信性；（5）可理解性。
6. 目標和標的	目標和標的是展現對未來的希望和期待的方式之一。目標和標的是有關的，包括：（1）目前正發生的事；（2）持續、進行中且日常的活動；以及（3）微幅的改變，但卻是一個環鏈或系列中的一環。這種逐步或漸進的觀點對績效管理的成效是非常重要的，才能具設定和運作，以邁向實際且可行的目標和標的。

三、衡量組織績效的指標

（一）非營利組織的績效衡量模式／運作的五大因素－CORPS（司徒達賢老師提出）

上榜關鍵 ★★★★

司徒達賢老師提出以 CORPS 作為論述非營利組織績效之指標，為重要考點，請詳讀。

1. Clients
・服務之對象

2. Operations
・創造價值之業務
運作,含規劃與
組織。

非營利組織的績
效衡量模式
(非營利組織運
作的五大因素)
CORPS

5. Services
・所創造或提供
之服務。

3. Resources
・財力與物力資源,
含資源提供者。

4. Particpiapnts
・參與者,含職工
及志工。

(二) 衡量組織績效的指標

1. 好的營利組織,其組織的使命要被服務對象所需求,要被整個社會所肯定。
這方面的指標稱爲「使命達成度與社會接受度」。

2. 應善用組織中或社會所交付給我們的資源,不應有浪費虛耗的情形。換句話
說,好的組織必須注意成本控制與運作效率,從這裡發展出來的績效指標稱
爲「效率」。

3. 成功的非營利組織,必須有充分的財力資源(R)與人力資源(P)之投入,
此方面稱的指標稱爲「投入程度」。

4. C、P、R 對組織的各項運作以及彼此之間,都感到滿意。這類指標稱爲「滿
意度」。

5. 爲了配合未來的發展，「CORPS」五者之間能維持一定的平衡水準，不致於造成發展瓶頸，也不會形成資源閒置。這種指標稱爲「平衡度」。
6. 對某一些非營利組織而言，還希望 C、P、R 三者之間有某種程度與形式轉換，使得他們之間可以相互交流，並且經由交流而對組織產生更高的凝聚力與向心力。這種指標稱爲「轉換度」。

四、目標管理

（一）目標管理的意涵與要素

項目	說明
目標管理的意涵	1. 目標管理（management by objective，MBO）爲管理學大師彼得度拉克（Peter F. Drucker）於 1955 年在其《管理實務》（The Practice of Management）著作中倡導的管理方法，他認爲一套系統性的目標設定和成果評估，將可改善組織的績效和員工的滿足感，故 MBO 欲藉由共同設定目標和評估來做績效評估。若目標管理能被妥善用於組織的管理，將可增加規劃過程的正確性，以及降低員工和組織目標彼此間的差距。 2. MBO 的具體意涵，即管理者以工作「目標」來管理部屬，而不是以工作「手段」或「程序」來管理部屬。目標管理是由管理者及其部屬共同設定明確的目標，且將這些目標的使用視爲激勵、評估與控制努力的主要基礎。
目標管理的要素	1. 目標明確化：應該將目標轉化爲可以衡量評估的有形指標。例如：在三天內可完成評估工作。 2. 參與決策：目標管理與傳統的目標設定最大的區別，在於目標的設定並不是由高階管理者片面設定後再指派，而是員工共同參與討論並建立共識後所共同決定的目標，經由參與，提高了員工對目標的認同，激勵達成目標的努力與決心。 3. 明確期限：每個目標應有一個明確的完成期限，以作爲督導和考核的依據。 4. 績效回饋：目標管理應設有回饋機制，以讓員工能夠隨時且持續地了解目標的達成程度，以作爲掌握進度與改善行動的參考。

榜首提點

目標管理的重點，是著重工作「目標」，而非來工作「手段」或「程序」。

(二) 目標管理的重要特性

1. 目標導向：目標是管理的核心，目標必須要明確才能作為管理標的，如果僅僅是「改善服務」、「提升品質」等敘述是不夠的，而應該透過目標設定的過程，將目標轉化為可以具體衡量評估的有形指標。例如：在接案三天後可完成評估工作。SMART 原則常用於衡量目標具體與否。

2. 參與導向：目標管理與傳統管理 **知** 的目標設定之間最大的區別，在於目標的設定並不是由高階管理者片面設定後再指派，而是員工共同參與討論，並建立共識後所共同決定的。經由參與可提高員工對目標的認同，並激勵達成目標的努力與決心。

3. 成果導向：目標管理本質上即是績效成果導向，因而，目標管理不僅重視前端的目標設定，同時也注重後端工作的成果；在目標的達成過程中，必須不斷地檢查目標的達成率，且應設有回饋機制，以讓員工能夠隨時且持續地了解目標的達成程度，以作為掌握進度與改善行動的參考。

4. 自我控制導向：目標管理成功的關鍵除了主管與部屬共同設定目標、確認績效評核內容、指標與獎懲基準外，主要是執行過程中員工可以自己進行監督與控制目標執行進度；亦即，目標管理強調員工個人的自我控制與自我管理，這不僅可以強化員工的自主性，無形中也相對減少監控員工的成本支出。

5. 策略導向：目標是以願景、價值與使命設定組織長期的總體目標（策略性目標），並將策略性目標切割成短期年度的目標；組織的年度目標再由上往下推展至底層的個別員工。從策略觀點觀之，目標管理力求組織目標與個人目標策略性地結合在一起。

6. 授權導向：目標管理強調員工對實現本身目標之全部過程的自我控制與自我管理，管理者應該適度地將目標達成的行動計畫決策權授權員工，給予執行工作計畫的彈性、資源、權責和支持。一方面使其能承擔達成個人目標的責任；另一方面，亦可讓員工於過程中有所學習與成長。

上榜關鍵 ★★
測驗題考點

目標管理與傳統績效管理的差異比較

項目	傳統管理	目標管理
理論取向	偏向 X 理論，認為員工好逸惡勞，唯有偏向嚴格管控才能達成目標。	偏向 Y 理論，認為員工生性喜好挑戰、勇於負責和自我實現。
目標設定	目標通常由主管設定。	目標是主管與員工共同討論後的結果。
過程焦點	強調目標達成的重要性，忽略過程中溝通、參與及支持的重要性。	強調目標設定的溝通與共識，以及目標達成過程中主管對部屬的支持、信任與授權。
管理方法	強調服從、權威、專注控制員工的方法。	強調員工自我控制、自我管理、主管給予員工適當授權。
管理類型	命令式管理。	參與式管理。
組織文化	僵化官僚文化，強調規則、程序和制度，易於產生內部衝突與不滿。	主張彈性、開放與自主文化，鼓勵團隊合作、互助分享，員工學習與發展。

（三）目標管理的步驟

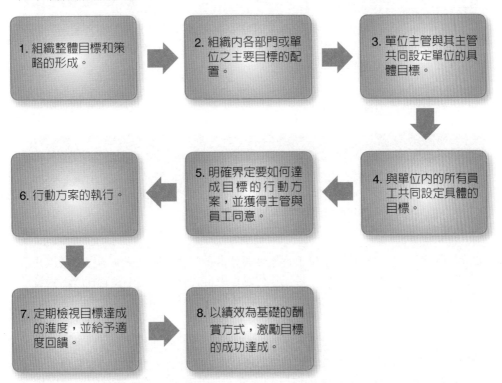

1. 組織整體目標和策略的形成。

2. 組織內各部門或單位之主要目標的配置。

3. 單位主管與其主管共同設定單位的具體目標。

4. 與單位內的所有員工共同設定具體的目標。

5. 明確界定要如何達成目標的行動方案，並獲得主管與員工同意。

6. 行動方案的執行。

7. 定期檢視目標達成的進度，並給予適度回饋。

8. 以績效為基礎的酬賞方式，激勵目標的成功達成。

（四）目標管理的功能
　　1.目標管理對組織的效益

效益	說明
1.目標管理可實現組織的願景和目標	目標管理循序漸進地透過各級主管和員工參與協商，建立起可實現、可執行和可挑戰的具體目標，進而讓組織的願景、使命和總目標付諸實現。
2.目標管理可展現組織的透明管理	目標管理明確界定部門、單位和個人的具體目標、責任、權利與義務，並建立起一套完善且透明的目標評核體系，除有利於建立員工與管理者之間的信任感外，亦讓員工的實際貢獻可得到較為客觀公平的評核。
3.目標管理可發揮組織的團隊合作	目標管理將組織、部門、單位和個人目標融為一體，不但形成單位之間互賴的利基情境，亦可避免本位主義，又可讓成員彼此相互尊重、分享與學習，進而發揮團隊合作的精神。

效益	說明
4. 目標管理可提升組織與個人價值	目標管理利用管理者適度授權和自我管理，不但提升組織的開放、信任與自主文化，亦可強化管理者的領導技能，並提高與激勵組織與員工的能力。

　　2. 目標管理對個人的效益

效益	說明
1. 目標管理可以提升員工的企圖心與創新能力	目標管理的參與和授權導向，不僅能激發員工的企圖心與潛能，亦可藉由自主管理，讓員工為了達到其所定的目標，更勇於自我積極來嘗試各種工作上的創新。
2. 目標管理可培養員工的主動、積極與責任感	目標管理讓員工實際參與計畫，並透過與主管溝通與協議以共同確認目標，且在執行過程中自我管控，這不僅有利於培養員工積極主動的精神，並願意承擔目標達成的責任。
3. 目標管理可提升員工的滿足感與自我效能	目標管理促使組織目標與個人目標緊密地結合，將可增強員工的工作與專業的滿足感與成就感；此外，員工在達成目標的過程中可以掌控自己的進度，且管理者亦給予適時的回饋與協助，將可激發員工的自信心與自我效能感。
4. 目標管理可促進員工的人際關係	目標管理能使組織中人與人之間的關係產生目標性的連結，透過分享與學習，互助合作及對組織的認同感，讓自己融於組織和諧的工作氛圍中，進而建構融洽的人際關係。

（五）目標管理的限制

限制	說明
1. 目標管理的基本假設不一定存在	目標管理基於 Y 理論之假設在運作，對於人們工作動機持著樂觀的想像。然而，人的本性可能同時兼具機會主義與自利的本性，若組織的監督機制設計不周，則目標管理所要追求的組織承諾、工作自覺與自我管理的組織氛圍恐難以形成和維持。

上榜關鍵 ★★★
申論題、測驗題的基礎考點，請詳加準備。

限制	說明
2. 質化或量化目標不易具體化	目標設定為目標管理的基礎,然而,許多社會服務之目標不易予以量化或具體化,更遑論質性目標的設定。企業界之生產製造容易計算投入與產出,然而,社會服務卻很難,個案的問題往往是多元且複雜的,服務必須同時考量到身心狀況、需求、環境、家庭資源等。另外,社會服務機構有其使命與價值,追求效率之目標,可能會引發偏離價值之疑慮。
3. 目標管理有時易陷入本位主義或形式主義	目標管理之目標設定有助於部門、單位或個人專注於達成目標的好處,然而,當他們投入許多的時間和資源時,難免會更專注於本身目標的達成與否,但卻可能會因為本位主義、專業主義或短視近利,而不利於整體目標的達成。此外,組織和個人目標的年度檢視和報告,亦可能讓員工花費許多時間在報告資料的準備,而忽略真正的工作。
4. 資源的不穩定致使目標不易實現	執行目標管理需要高成本,主要是因為組織的每個面向皆需要改變,且維持運作需要昂貴的支出,組織預算不穩定是社會服務機構常有的現象,這將可能讓所設定的目標必須經常修正或妥協,甚至放棄。
5. 獎懲不公削弱目標管理的效果	目標管理讓每個部門、單位和員工皆有其待達成的特定目標。然而,若組織內部資源管理和分配不公時,可能排擠某些部門、單位或個人的資源,而影響到其目標的達成。另外,當組織以目標達成與否作為獎懲主要的依據時,某些單位或個人難免會覺得不公平,而降低其努力達成目標之動力。

五、參與管理

項目	說明
參與管理意涵	1. 參與管理(participatory management)是承諾員工可加入組織策略執行之決定,員工透過加入策略規劃、全面品質改善計畫。組織使命和目的釐清、問題解決團隊及任務小組等,而對其工作具有決定權。 2. 讓員工參與影響他們本身的組織問題或決策,對其自尊和士氣的提升有很大的助益,進而對決策的理解與結果有正面效應。

項目	說明
對參與管理的批評	1. 管理者低估其員工的「冷漠地域」：若員工漠不關心，卻仍要強調其參與，則可能對決策沒有貢獻。因而，管理者不應單方面的強調「參與管理」，但卻忽略員工的「冷漠地域」所可能造成之負面影響。 2. 參與管理可能混淆管理者的角色：若參與管理被過度使用，則團體的決策可能會讓一位主管覺得自己像一位主席而非領導者。另外，對於一些必要但卻不受歡迎的決策，可能會因為太多的參與而使得決策受到貶損。 3. 參與管理也可能會創造出一種不穩定的情境，進而危及到士氣與產量：參與決策的增加，可能會使得員工更不易於預期管理者的行為，而失去了以往得知領袖在什麼情境下會作些什麼事的預期。

六、目標導向績效管理的步驟

上榜關鍵 ★★★
步驟為測驗題考點，請留意順序。

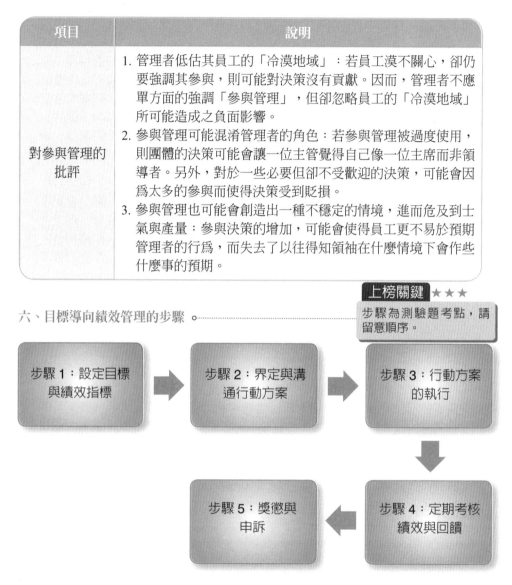

（一）步驟1：設定目標與績效指標

　　1.目標導向之績效管理的首要步驟，即是要設定與整個組織目標直接相關之整體目標（goals）和具體目標（objectives）。整體目標即一種抱負，係指對一般方向和意圖的說明，它在某特定期限內是廣泛的、無時間性的及與特定成就無關的。具體目標是一種期待，係對要何時和由誰達成結果的具體說明，是可被量化和（或）可觀察得到的成就，每個具體目標必須與整體目標和組織的宗旨有關。

2.具體目標應包括由誰執行（who）、採取何種行動（what）、什麼時間（when）、如何評估（how）、及在哪裡（where）。具體目標的設定是否適宜，可依 SMART 原則予以檢查：。

英文代碼	檢查項目	說明
S	簡單明確（Simple/Specific）	工作目標必須要簡明、扼要且易於了解，對那些較不熟悉你工作的領域者，必須要讓他們能迅速且易於閱讀目標，並了解工作的本質。
M	可測量的（Measurable）	目標要盡可能是可測量和量化的，對完成之工作所進行的檢查，應該要能對目標是否已完成做判斷。管理者和員工必須都要同意這種測量的方式。
A	可達成的（Attainable/Achievable）	儘管目標應該是要開展和挑戰員工的能力，但也必須是在可達成的範圍內，好高騖遠的目標可能會流於形式，甚而影響到員工的士氣。
R	務實與結果取向（Realistic/Result-oriented）	目標必須要針對問題與資源的情況做規劃，且著重在所欲的目標（即結果）是否能有效被達成。
T	時限性的／可追蹤的（Time-limited/Trackable）	目標必須是要有時限性和可追蹤的，管理者和員工必須要能夠監測目標的進度，以便能夠做過程中的修正。

3.建立績效評估的要素和標準

（1）規劃員工績效的基本要求，包括建立績效評估的要素和標準，也就是要能建立績效指標（performance indicator）與績效標準（performance standard）。績效指標是衡量服務能否達到經濟、效率和品質的重要工具；績效標準則是指所提供的服務之可被接受的最低層次，該層次需符合機構任務的執行，且要能夠由績效指標予以測量。

（2）在社會服務機構，較常被採用的績效指標有兩大類：

A.目標達成指標：即組織預先設定之目標做為績效衡量基礎，衡量結果代表預定目標之達成度。例如：每月舉辦活動次數達成率或全年服務人次達成率

B.SEA（service efforts and accomplishment）指標：即服務努力與成就指

榜首提點
SMART 原則的內涵及運用，務必要詳讀，為金榜考點。

上榜關鍵 ★
測驗題關鍵觀念。

標，可分為投入面的努力指標（投入之人工小時）、產出面的成就指標（如服務之人次）以及投入產出比率的效率指標（如每人工小時之服務人次）。

（二）步驟 2：界定與溝通行動方案

1.設計目標之流程

（1）蒐集組織的基本資料（例如：優點、缺點、機會與威脅）必須有一個全面性、整體性與正確性的認知。

（2）訪談組織各層級主管與基層員工，以了解組織目前存在的主要問題、發展瓶頸或改善需求，並確認組織現在與未來的策略目標與期望結果。

（3）對組織內部問題及其產生的背景因素進行分析，評估採用目標管理來解決問題或促進長期發展的可能性。

（4）肯定、正面地回應組織員工關心的問題，使他們能夠對目標管理的執行充滿期待和信心。

2.目標溝通之目的

（1）確定員工確實了解已確定的總目標與員工及其單位所承諾的目標。

（2）將組織之目標與所屬單位及個人要達成的目標所具備的職能要項做有效的連結。

（3）將單位與個人所承諾的目標轉化為具體行動計畫。

（4）為各項具體目標設定完成時間及評量方法和標準。

（三）步驟 3：行動方案的執行

1.經過界定與溝通的行動計畫並獲致共識後，即可讓行動方案付諸實行。在一個有效的組織裡，工作和任務是要被持續監測的。

2.監測（monitoring）係指員工或工作團體在達成目標的過程中，持續予以測量績效和提供回饋。監測績效的規則要求，包括依事先設定的績效要素和標準，執行過程的檢視。持續監測可檢查員工達成預先設定標準的程度為何，並對一些不務實或有問題的標準做修正。為確實監測行動方案的執行，可用目標管理執行計畫卡 🔄 來協助監測行動方案的狀況。

▢ 目標管理執行計畫卡

▢ 1.目標管理執行計畫卡是主管和員工雙方溝通協商的方式簽訂，原則上，是以量化的形式明確訂定員工及主管在員工年度工作計畫中的績效目標執行計畫（包含目標、行動計畫、達成日期、衡量指標），以利目標管理執行過程中的控制與檢討。

知識補給站

2.目標管理執行計畫卡形同正式書面約定，代表達成目標的意願與決心，由於該卡是證據文件，因此必須用嚴謹、肯定的文字，具體描述目標執行的整個過程。在確定工作目標後，就可以記錄在計畫卡上，以作為將來執行目標達成的自我日常管理、績效成果的檢定和評核的依據。

（四）步驟4：定期考核績效與回饋

1.考核績效

（1）在正式績效評估的脈絡裡，考核係指依照一位員工的績效計畫之要素和標準，評定員工的績效，並判定其等級，這種等級的核定關係到各種人事制度的措施，例如：加薪或服務項目的決定。

（2）績效考核的檢討即是一個正式總結員工績效的對話，在績效檢討裡應注意的事項包括：

A.與期望做比較，以檢視整個期程的績效結果。

B.確認成就與需要改善的地方。

C.檢討發展活動的結果。

D.討論影響工作績效（含正向與負向）的重要因素。

E.給予客觀的特定和整體績效之等級。

2.回饋

（1）回饋是一種表彰績效卓著，以及導正需要改善之行為的直接手段，回饋可協助個人將其行為集中於目標的達成。無論是正向或負向的定期回饋，對成功的績效管理體系均非常重要。

（2）回饋的功能

A.藉由表彰和強化正向行為，回饋能夠讓好的績效繼續保留。

B.藉由讓員工知道如何導正或改變達到成功的某些行為，回饋讓員工改善其績效。

C.回饋讓員工可成長和發展。

D.在檢視或更新目標上，回饋能讓員工調整其工作努力的方向，並將其焦點轉移到組織的優先次序和目標的改變。

（五）步驟5：獎懲與申訴

1.獎勵

（1）獎勵係指員工個人或做為團體的一員，因其績效或對機構宗旨有貢獻而獲得表彰。

（2）獎勵的方式可以是非正式的，如簡易予以口頭肯定或道謝；至於正式的表彰，則為規則所提供的各種獎勵，如獎金、放假或任何實質的報酬。

2.申訴

（1）申訴程序提供一個正式的機制給個別員工或團體，讓他們的關心和抱怨能夠引起雇主的注意，並設法予以解決。這個程序是處理工作上所引起之可能影響員工身心福祉，或他／她完成所期待之工作標準的能力。

（2）績效不佳的原因

A.個人不了解他所要做的是什麼？

B.個人並不具備完成績效或目標所具有的能力或經驗。

C.個人故意或不做。

（3）個人績效不佳的可能解決方法

A.確認個人對績效標準的了解：唯有對績效的標準具備共識，並對績效的期待和標準有真正的了解，始能做為個別員工執行上的指引。

B.個人目標與組織目標的結合：個人與組織的雙贏策略是維繫員工工作動機與士氣的重要方法，特別是在達成績效的過程中，將員工的成長與發展和組織目標產生連結，將是一股讓員工朝向組織總體目標的重要動力。

C.工作人員的激勵：組織目標或績效的達成往往需要一段期間，過程中，員工可能會遭遇到不同程度的挫折，若管理者能適時地透過正式與非正式的激勵，將可激勵並強化其達成績效目標的態度與行為。

七、關鍵績效指標

（一）關鍵績效指標（key performance inducators, KPI）又稱為績效指標、重要績效指標、績效評核指標，是衡量一個管理工具成效最重要的指標。KPI 是一項數據化管理的工具，必須是客觀、可衡量的績效指標。KPI 是將組織、員工、工作在某時期表現予以量化的指標，可協助優化組織表現並規劃願景。哈佛大學名師 Kaplan 就說：駕駛是一件複雜的事，但想像成飛機駕駛艙內的儀表，提供駕駛者所需要的資訊，即是 KPI 的概念。

（二）雖然 KPI 與 MBO 的精神都是要把目標加以量化，但兩者在精神上最大的差異就是：KPI 是比較具策略性的，所以通常 KPI 都是屬於組織的重大目標，而 MBO 則是比較偏向例行性或操作性。因此在績效

上榜關鍵 ★★★

先建立關鍵績效指標之觀念，再釐清 KPI 與 MBO 的差異。

管理上也會分幾個層次：像執行長可能不重視 MBO，但會強調 KPI；而執行長之下的主任，可能 KPI 占 50～80%，MBO 占 40～20%；督導因為工作屬於例行性，所以例行性工作會占他績效的 80%，KPI 可能只有占 20%；而像

一般工作人員，不會有 KPI，例行性的 MBO 則占 100%。

八、績效監測系統

（一）績效監測的意涵

1. 績效監測（performance measurement）係指組織為提供優質服務，所採取之
測量服務進展及改變狀況的過程。

2. 績效監測的目標

（1）檢視過去的績效，以回答過去做得如何，有哪些是需要改善的。

（2）將測量結果與報酬結構做連結，以鼓勵績效的改善。

（3）促進績效改善的動力，並且帶動變革。

（二）績效監測的功能

功能項目	說明
1. 透明 （transparency）	績效監測導致透明，這種透明本身即是一種價值，它意味著協議的目標是公開的。
2. 學習 （learning）	當一個組織能夠使用績效監測學習，這個組織便能夠更往前邁進；受惠於所造就的「透明」，一個組織可以學習到什麼是做得好的，以及有哪些是要改善的。
3. 評量 （appraising）	一個組織的績效可由組織的管理或第三者所做的績效基礎評量（performance-based appraisal）而給予。
4. 賞罰 （sanctions）	評量之後，績效表現好的會有正向獎勵，反之，會有負面的懲處；這種賞罰可能會以財物為之。
5. 預防 （prevention）	一個公共服務組織追求效能和效率的外部誘因甚為有限，若能夠讓其服務符合績效標的，即是一種創新的誘因，這種創新的誘因有助於預防組織陷入科層僵化。
6. 責信 （accountability）	1. 績效監測能夠因其透明公開而展現出機構的外部責信。 2. 社工者與其他助人專業一樣，必須確定服務的成果和其有效性。社會工作的評估是確保服務品質的必要措施，也是加強社會工作的責信（accountability）和服務品質的保證。所謂的責信，可以說是一種責任，是社會工作者負責達成對案主提出或同意的服務。
7. 品質 （quality）	績效監測的結果，有助於讓決策者知道政策的執行狀況，進而改善其政策和決策的品質。

（三）績效監測系統設計和執行的步驟 ○·······

步驟一：
獲得管理上的承諾：包括績效管理系統的設計、執行和利用的承諾。

步驟二：
建構系統發展過程：包括決定參與過程中各步驟的人——管理者、雇員、職員、分析者、顧問、案主或其他人，同時也要發展出一個每一個步驟的計畫時程表。

步驟三：
澄清目的和系統參數（變數）：必須在剛開始的時候就去澄清績效監測系統的目的，以便能夠設計出最大效益的績效監測系統。

步驟四：
確立所欲達成之成果和其他績效指標。

步驟五：
界定、評估和選擇指標。

步驟六：
發展資料蒐集程序：資料的蒐集必須關注到資料品質的保證。

步驟七：
詳加說明系統設計：包括確認報告頻率和管道、決定分析和報告格式、開發軟體申請、指定維護系統的責任。

步驟八：
執行試辦及（若必要的話）修正。

步驟九：
執行全面性系統。

步驟十：
適當地運用、評估和修正系統。

九、克服績效障礙的方法

（一）處理工作負荷的方法

1. 善用日誌管理：透過日誌管理（diary management）作為自我管理的方式，將可避免員工的倦怠感。

2. 時間加權的運用：調查全部可用的時間，並依工作或轉介之個案性質，在時間上予以加權，以避免工作負荷不均，但應避免以加權掩蓋資源不足的事實。

3. 優先次序的運用：若無法對可能到來的工作做控制，則可透過以優先次序為基礎的方式（priority-based system）加以安排。

4. 善用員工的優勢：善用每位員工在行動、回應及學習上的獨特性。

（二）預防（減少）員工的倦怠感的方法

1. 增加工作的多樣性和選擇性：藉由工作輪調（job rotation）來提高其工作的多樣性和選擇性。

2. 工作擴大化：工作擴大化（job enlargement）即是要扭轉工作變得愈來愈專門化、窄化和例行化的趨勢。但主管必須能確定員工有增加工作量的能力與意願，而不應讓工作擴大化成為持續增加工作負荷的委婉作法。

3. 工作豐富化：工作豐富化（job enrichment）藉由增進員工的認知、成就、成長及責任的機會，將可避免員工對工作的疏離，進而促使每位員工負起工作的使命。

4. 協助員工認識自己的限制：協助員工認識自己的限制，避免因個人內在性格與工作期待的落差，而造成因不切實際而引起的倦怠感。

5. 提供員工適當的督導：藉由督導來協助員工具備組織所需的知識和技能，以及給予工作上的回饋和情緒上的支持，將可減少短期與長期壓力源的影響，並提升員工獨立的功能。

6. 提供諮商或支持性團體：機構若能提供員工適時性的諮商或員工援助方案（employee assistance programs），將可滿足員工情感上的需求，進而減少工作的倦怠感。

> **上榜關鍵** ★★★★
>
> 克服績效障礙的方法，包括處理工作負荷，預防（減少）員工的倦怠感的方法，以及時間管理，內容請詳讀為申論的考點；另對工作輪調、工作擴大化、工作豐富化，務必須有清楚的觀念。

（三）時間管理

時間管理（time management）係指有效率與有效能地運用時間，以實現主要目標。有效率地使用時間，即意味著採取最單純、最容易或最快的方式，以便在目標達成的過程中，達到所欲的標準。而有效能地使用時間，則意味著從事該做的事。

1.時間管理注意事項

（1）明確的目標：決定自己要改變什麼？設定自己的目標，並自問：「我被僱用所要達成的是什麼？」

（2）仔細的規劃：知道自己目前是如何運用時間。規劃並決定每日（週）要做的事是什麼，且要嚴格要求自己或主管恪遵會議時間。

（3）優先次序和行動的界定：決定優先次序及每一活動對目標達成的重要性為何。

（4）有效且充分的授權：管理者應能夠檢視工作的性質，並視員工的能力充分授權，一方面避免事必躬親，另一方面亦能讓員工更具自主權。

（5）重視整體的時間：時間管理並不僅是管理自己的時間，也應考量到組織員工的時間，特別是管理者對於會議時間的安排與進行，應考量到是否會對其他員工造成阻礙。

2.80/20 原則。

義大利經濟學家 Vilfredo Pareto 所謂的「80/20 原則」，在時間管理上，即若所有的事情被依其價值排列，則將會有 80% 的價值是來自於 20% 的事情，而其餘的 20% 價值是來自於 80% 的事情。該原則意味著，十項要做的事情中，若完成兩件最重要的，則對自己或對組織將產生其所要追求的大多數（80%）價值。有效時間管理的重點，在於強調重要的 20%，以取代其他價值非常低的。換言之，在忙碌的生活裡，不要讓自己陷入低價值事務的泥沼中。

上榜關鍵 ★

以測驗題方式準備。

十、改善組織績效的新取向／積極思維方式

（一）問題解決中的問題

1. 對於組織的問題不是問「哪裡出錯了？什麼可以解決這個問題」，反而應該問「在這種狀況下，什麼會是有可能的？以及有誰在乎」。Weisbord 表示，新的方法就是需要不停的持續工作來解決問題，包括放棄把問題交給專家，而是需要一個可以解決所有問題技術的工作團隊，並且能立即執行全部的問題。相反地，新的方法意味著以朝向創造未來的方向努力，每個互相協助學習，融為一體，尋找一個有價值、有目的之目標，並執行自身能力可做得到的事。如果將問題焦點放在無法避免的阻礙上，而不是把注意力放在該系統的優勢，那麼將會鼓勵一種責備辱罵的文化，並創造一種只注意外表「看似好看」卻不實用的系統。

2. Bareet 再次強調問題解決的影響力，並指出：「雖然分析問題解決的運用促使我們今日享有許多先進的事物，但這種方法的學習是有所侷限的。因為我們時常用腦海中所創造出來的本位意識來解決問題」。Cooperrider 相信許多人習慣地注重問題的本身，而不是去思考其他解決問題的可能性，因而反而降低組織的能力；因為組織文化強調為何導致失敗，而不是如何達到成功。

（二）肯定式探尋 ○┄┄┄┄┄┄

1. 肯定式探尋（Appreciative Inquiry）係從優勢觀點取向含括至行動研究。此方法是由 Cooperrider 所發展出來的，它建立在假設組織是「可以擁抱的奇蹟，而不是有待解決的麻煩」。肯定式探尋是從社會建構、行動研究與優勢觀點取向延伸至組織發展。

2. 肯定式探尋一開始就假設組織現在或過去某件事是在運作良好的情況下發生，並以此方法邀請利益團體一起來回顧並探索其組織的風光年代，使用肯定式探尋的組織，與利益團體一起工作，可將所了解的重要事項或是特殊時刻轉換成圖片或影像，來表達所期待的組織未來，將此願景分享給予每個人，並互相協助以致落實達成。

3. 使用此法的倡導者相信，建立公認的優勢可創造出熱情和決心，並讓組織改革成為必然。這種肯定式探尋方法鼓勵了人們，讓組織和組織內工作的員工有不同的思考方式，並認知到標籤績效的影響力，以及認知到組織用什麼樣的態度來運用處遇以提高績效。重要的是，肯定式探尋認同組織內工作的複雜性，並將其複雜性列為須思考顧慮的一環，帶領著組織向前邁進。

> **上榜關鍵** ★
>
> 肯定式探詢的概念，請建立基本觀念備用。

十一、績效管理相關名詞

項目	說明
高績效工作實務	高績效工作實務就如同展現「工作場域學習的重要是增進工作績效和工作生活的途徑」。這些高績效的工作實務方式如：工作崗位輪調、以績效為主的給薪制度和能自我主導的工作團隊、360度的全面性評估以及個人職場的發展規劃。以上這些並非是新的實務方式，但不同的是「在某種程度上，這些實務早已合併，並延伸創造出一個不僅可以提供激發人格發展潛能發展的工作環境，且可提高組織生產力的工作環境」。
學習型組織	當前管理的主流已經認知到變革是不可避免的，而且組織需要對發展員工的專業知識和科技展現出開放的心態。對組織而言，當員工面臨困難時，才能靈活運用知識和技能並敏捷地回應外部需求，這意味著組織內的運作實務方法、系統和結構、文化和環境，以及組織權力的分配和使用上都是組織面臨的基礎挑戰。一個成功的公共組織將以客戶為主，並強調人的重要性而不是程序上的吹毛求疵；讓員工認同組織的任務，任務說明皆是明確的、可見的並可實現的，並讓員工參與管理方法，這些指標都對成功的公共組織有相當大的貢獻。

十二、平衡計分卡

（一）平衡計分卡的意涵

　　1.平衡計分卡（Balanced Scorecard, BSC）源自於1990年美國Norlan Norton Institute執行長David Norton與哈佛大學教授Robert Kaplan所共同主持的研究計畫，共邀集12家企業參與此項計畫。研究小組蒐集許多創新績效衡量系統的個案進行分析研究，並建構一套涵蓋「財務」、「顧客」、「內容流程」及「學習與成長」等四個構面的績效衡量系統，稱之為平衡計分卡。平衡計分卡是目前企業界所重視的績效管理工具，主要是將使命與策略具體行動化，以創造組織的競爭優勢，並將組織的使命和策略轉換成不標與績效量度，做為策略衡量與管理體系的架構。

2. 平衡計分卡是一套將策略指標化的策略管理工具，可將策略有效轉化爲行動，指引組織達成目標。其衡量指標涵蓋財務面與非財務面的具體資訊，不僅可讓組織成員了解組織的願景；同時也使管理者更容易追蹤策略的執行成果。近幾年來，平衡計分卡逐漸導入各類型組織並且已獲致相當之成效；從1990年代發展至今，平衡計分卡已不再是一種績效評估制度而已，甚至已成爲相當有用之策略性績效管理制度。

3. 平衡計分卡除兼顧財務、顧客、內容流程及學習與成長等四個構面的績效衡量系統外，其主要特色爲強調策略導向並透過可衡量的指標系統，來進行策略的執行與控管。此種將策略具體化的特質，除可使組織成員更清楚了解組織的願景與策略，並且亦可讓組織領導者更易掌握策略的執行成效。

4. Kaplan 與 Norton 亦指出，組織可透過平衡計分卡制度，釐訂組織發展策略並取得組織成員的共識，其次，採取必要的溝通方式，將組織部門與個人目標相連結，並配合組織長期目標及年度預算調整組織發展策略，再經由定期檢討與回饋進一步修正及確定組織發展策略。

5. 但實施平衡計分卡制度的另一關鍵問題爲充足資料的提供，如缺乏足夠精細、具相當品質的資料，以及缺乏標竿數據可供參考，則無法訂出客觀的評量指標，導致平衡計分卡無法發揮作用。

（二）平衡計分卡的四個構面架構

1. 財務構面 （financial dimension）	2. 顧客構面 （customer dimension）
平衡計分卡的 四個構面架構	
3. 內部流程構面 （process dimension）	4. 學習與成長構面 （learning and growth dimension）

上榜關鍵 ★★★
平衡計分卡的基本意涵，務必要清楚了解。

上榜關鍵 ★★★
「平衡計分卡」的四個構面架構，務必完全清楚；平衡計分卡的考題，著重在社會福利機構的實務案例運用，請預為申論題案例之準備。

（三）平衡計分卡的四個構面說明

    1.構面的應用

        平衡計分卡的內涵，可包括財務、顧客、內部流程及學習與成長等四個構面。平衡計分法的主要特色在於將組織策略落實在日常營運中，而衡量績效評估的重點則是從財務指標再增加顧客、內部流程、創新學習的指標，並將策略轉化為具體可行的行動方案。亦即，平衡計分卡將組織的任務與策略，加以具體行動化以創造企業競爭優勢，並以四個構面的連結將組織的任務和策略，轉換成策略性目標與策略性績效量度，協助組織將績效評估聚焦在策略議題上，並整合組織資源於策略重點有效執行，加速組織願景的實現。

    2.構面的說明

構面項目	說明
1.財務構面 （financial dimension）	1. 一個組織是否永續經營，財務健全是關鍵的因素之一，以往衡量組織的績效係著重在財務方面，在平衡計分卡中亦注重此方面，但它強調需要有其他三個層面作平衡的處理。 2. 本構面係指組織獲利能力及投資成本，其衡量指標包括營業收入、資本運用報酬率及附加價值等。社會福利機構中，財務大多依賴捐款、募款、政府標案、義賣，以及機構服務等項目收入。
2.顧客構面 （customer dimension）	1. 組織致力於滿足顧客的需求與欲望，這是達成財務目標的要務，因為顧客滿意是組織的獲利來源，公司應注重顧客的價值、滿意度、忠誠度，並讓顧客完全滿意。 2. 本構面指與組織往來之其他組織或個人，其衡量指標包括顧客滿意度、獲利比率及新顧客增加率等。在社會福利機構中，顧客代表的是服務的案主，其衡量指標包括個案滿意度、捐款者滿意度、評鑑結果滿意度。
3.內部流程構面 （process dimension）	1. 是指專注於改進服務品質，講求服務效率及提升解決案主問題的成功率、降低服務成本，以創新服務流程，建立從認識個案的需求到滿足個案需求這個完整的內部價值鏈。 2. 本構面衡量指標包括製造、行銷、售後服務、產品開發及創新等。社會福利機構衡量指標包括行政處理流程改進情形、創新方案設計、支援性服務滿意度等。

構面項目	說明
4. 學習與成長構面（learning and growth dimension）	員工不斷創新的學習與成長是公司無形的資產，有利於公司的進步與創新，以達成組織的願景或使命。衡量指標為組織對員工技術與資訊能力專業成長的投資。

（四）平衡計分卡付諸行動的策略性架構圖

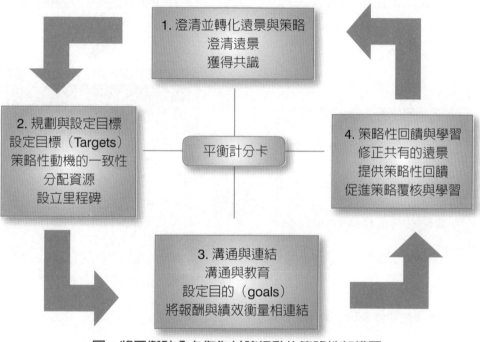

圖：將平衡計分卡作為付諸行動的策略性架構圖

（五）社會福利機構應用平衡計分卡

    1.社會福利機構應用平衡計分卡的步驟

1. 確認使命
· 本階段的任務為確認組織的使命（我們為何存在），核心價值（我們的信仰為何）及未來願景（我們想要變成什麼樣子）。

2. 進行組織的 SWOT 分析、訂定策略目標
· 進行組織的 SWOT 分析，來訂定四個構面的策略目標。

3. 設計績效衡量的指標
· 本階段在策略目標的指引下，設定四個層面的成果目標（落後指標）及驅動目標（領先指標），各指標的設定均不宜偏離使命及願景，且應考慮是否可以達成。因此，指標的選擇均應符合完整性、客觀性、可控制性、比較性，符合長期利益。

4. 研擬行動方案及預算
· 建立各構面領先指標之執行方案及所需預算，並整合各部門方案成為組織整體的管理方案。這些行動需要仔細評估其可行性及需要的預算。

    2.平衡計分卡於社會福利機構的實務範例

表：某財團法人老人安養機構實施平衡計分卡具體策略

構面	策略目標	衡量指標	行動方案	預算
財務	控制營運成本增加收入來源。	1. 營運成本降低比率。 2. 申請補助單位方案的達成率。	例如：依使命及願景，進行組織內部員工方案設計訓練，以增加員工向政府或其他單位申請方案的成功率，增加組織財源。	$XXXX

構面	策略目標	衡量指標	行動方案	預算
顧客	增進顧客滿意度。	1. 家屬與老人滿意度調查分數。 2. 家屬與老人對機構的抱怨次數。	例如：進行家屬與老人滿意度調查，並依調查結果執行改善行動，以提高滿意度。	$XXXX
內部流程	增進服務流程的效率。	1. 訂定 SOP 的比率。 2. 行政電腦化的比率。	例如：訂定機構內各項流程的 SOP，以增進服務的效率及維護服務對象的權益。	$XXXX
學習與成長	1. 提升員工專業能力。 2. 提升員工對組織的滿意度。	1. 員工在職進修時數。 2. 員工的獎勵與升遷比例。	例如：依員工的需要，補助或舉辦各項員工的在職訓練，以提高員工的專業能力。	$XXXX

（六）平衡計分卡應用成功的關鍵因素

成功的關鍵因素	失敗的關鍵因素
1. 高階主管帶頭推動：雖然平衡計分卡強調各部門全面性參與的重要性，但任何組織變革皆需要由高層經營者的領導，投入必要的資源，如人力、財力及設備等，才能有效的推動變革。許多推動平衡計分卡失敗的機構或無法推動的主要原因之一，便在於上位者支持度不夠或不了解平衡計分卡。因此，高階主管的承諾及帶動才有成功的可能。	1. 在策略目標方面 （1）組織策略目標模糊，衡量指標不易產生作用：策略目標應具體，衡量指標應具備可量化及可觀察，否則容易造成目標模糊、執行不易的情形。例如：在達到顧客層中，若僅設定為「增進服務對象的滿意度」，而無進一步的測量方式，將造成員工無所適從。

上榜關鍵 ★★★
申論題基礎考點，請詳加準備。

成功的關鍵因素	失敗的關鍵因素
2. 將策略轉化為執行措施：Kaplan 及 Norton 認為：「平衡計分卡是一種將策略轉換成行動的有利工具」。平衡計分卡把組織的使命和策略化為全方位的績效量度，作為策略衡量與管理體系的架構，並將四大構面依序展開為具有因果關係的策略目標，並進一步發展成為個別對應的衡量及指標，以及實現該策略目標之行動方案及所需預算。 3. 將策略方案列為成員日常生活工作的一部分：要將行動方案融入員工日常執行項目中。因此，行動方案的形成並不是一種由上而下的設計，而是透過與員工進行溝通，讓員工了解平衡計分卡可為機構帶來美好的願景，接著進一步了解員工的個人需求，進而結合組織的目標及個人的目標。因此。行動方案是一由下而上的方案。平衡計分卡透過四個層面把組織目標與個人目標連結，使個人有努力的方向。 4. 績效資訊要能即時回饋、不斷修正：平衡計分卡推動小組平時應蒐集各單位在財務、顧客、內部流程及創新學習的表現情形，將所蒐集的資料進行分析及判斷，了解各單位實施的困難及阻礙，再把結果提供給組織內的各單位及員工，作為修正行動方案的參考依據，如此便可確保四個績效構面指標能順利完成。	（2）很難將目標細分組織的基層人員：在設定目標時，應融合目標管理（MBO），讓每個員工皆有屬於自己的目標，作為員工努力的方向。因此，若組織無法設定每位員工的目標，將無法成功地達成組織所要求的績效。 （3）未根據願景和整體策略，設定個別衡量指標之目標：每個人所設定的目標應是根據組織的願景及策略而來，環環相扣，不能分開。 2. 在人員方面 （1）組織內部人員堅持傳統，不願改變；因改變工作流程，若有些人抗拒變革，將使績效管理形同虛設。 （2）高階主管不支持也不參與：若缺乏上層的支持，許多政策將遭遇阻礙，無法達到預期的效果。 3. 在觀念方面 （1）沒有遵循平衡計分卡的觀念：員工因為不了解平衡計分卡，而造成推展的困難。 （2）忽略平衡計分卡必須由各單位全面參與：平衡計分卡的實施需要組織全體投入，非某一部門的工作。

成功的關鍵因素	失敗的關鍵因素
5. 與組織的獎勵制度連結：社會福利機構在獎勵及升遷管道，受限於機構特性及法令規定，較缺乏彈性，考績制度不似企業可以完全落實。但在實施平衡計分卡時，社會福利機構應克服組織原有的限制，將指標的達成率與組織的獎勵制度連結，激勵的方式除了薪資的調整外，非財務的激勵也很重要，例如：表揚優秀員工、教育訓練、進修、晉升或調整不同職務等，讓員工的績效表現與獎勵制度結合在一起。	4. 在能力方面 （1）員工的訓練和資訊不足：平衡計分卡會設定每個員工行動方案及目標，若員工缺乏執行的能力，機構應加強員工訓練，否則難以達成目標。 （2）企業在學習型組織方面的發展不足：平衡計分卡重視員工的學習與成長，換言之，組織一定要成為學習型的組織，不斷地快速了解內外環境的變化，並靈活調整組織的策略。

（七）平衡計分卡與組織績效管理

1. Harte 認為「績效管理」（performance management）係指一套有系統的管理活動過程，用來建立組織與個人對目標以及如何達成該目標的共識，進而採行有效的員工管理方法，以提升目標達成的可能性。

2. 傳統的績效管理，在幫助組織在員工管理方面，確實獲得很多效益，例如：（1）評估什麼，就得到什麼結果；（2）告知員工，組織重視什麼；（3）讓員工知道組織鼓勵何種行為；（4）不再僅強調員工作哪些事，更強調要做到何種程度。但傳統的績效管理雖然立意甚佳，似乎仍有些盲點無法突破，例如：（1）傳統的績效管理，似乎與組織的策略和競爭優勢無關；（2）傳統的績效管理，似乎無法滿足顧客需求；（3）傳統的績效管理，似乎並未鼓勵員工學習與創新；（4）傳統的績效管理，似乎都重視短期績效，忽略組織的長期需要；（5）傳統的績效管理，似乎只報告上期的事，無法告知組織領導人下期要如何改善。

3. 平衡計分卡改變了傳統強調以財務指標來衡量企業的績效，進一步將財務、顧客、內部流程及學習與成長等四個構面，作為績效評估的指標。平衡計分卡將組織任務及策略轉化成完整的績效衡量指標，並提供一套策略性衡量指標及管理的架構；更重要的，平衡計分卡的特色在於「平衡」，即在長期與短期之間、財務與非財務指標之間、落後與領先衡量指標之間，及組織內部與外部績效構面之間取得一個平衡點，具體內容包括：
（1）短期指標與長期指標（學習與創新）的平衡。

（2）財務指標與非財務指標（顧客滿意、流程、學習與創新）的平衡。

（3）內部指標（內部流程、學習成長面）與外部指標（管理面、顧客面）的平衡。

（4）過去指標與未來指標（學習與創新）的平衡。

（5）落後指標與領先指標（顧客滿意、流程、學習與創新）的平衡：落後指標是指衡量過去努力成果的量度，領先指標則是驅動未來績效的量度。

（八）平衡計分卡應用於社會服務機構的適切性之疑慮

疑慮	說明
1. 社會服務之績效關鍵指標設立不易	績效關鍵指標是檢核目標達成及衡量績效的重要工具，然而，許多社會服務之個案問題及服務是多元且複雜的，設定績效關鍵指標將面臨一個問題：到底哪些是核心的指標？是成本、服務量，還是個案的需求考量，這是很難確定的。
2. 社會服務成本很難精確估算	每位社工員往往需要花很多時間協助個案自立（充權個案），這些都無法以服務量或服務時數來衡量，尤其是許多服務是架構在組織的核心價值上，不敷成本也得服務。
3. 社會服務機構很難界定目標客群	社會服務的利害關係人相當多元，除機構內部員工外，還包括接受服務之個案（對象）、捐助（贈）的社會大眾、補助與監督的政府組織，這些顧客群可能各有期待，不易以一套標準界定之。
4. 社會服務成本不易對應到效益分析	對企業而言，每一次的服務或交易，時間和成本投入與價值都有對應關係，然而，對社會服務而言，卻是不易比照的。例如：社工很難理解，為何要算他（她）的會談時間，接十分鐘電話算不算一次服務？個案會談六十分鐘，是算六次還是一次？
5. 社會服務使命大、服務沒底線	平衡計分卡需要龐大資訊系統投資，若沒有很強的數據支撐，走不遠；社會服務在其使命價值的召喚下，服務是沒有底線的，可以愈來愈廣愈深，然而，資源是不會沒有底線的，這使得機構不僅無法投資昂貴的資訊系統，且有限的人力亦難以負荷收集龐雜數據的工作。

 練功坊

★ 請說明社會福利機構如要運用平衡計分卡作爲策略管理工具，應包括哪幾項
構面？

解析
　　平衡計分卡是一套將策略指標化的策略管理工具，可將策略有效轉化爲行動，指
引組織達成目標。其衡量指標涵蓋財務面與非財務面的具體資訊，不僅可讓組織
成員了解組織的願景；同時也使管理者更容易追蹤策略的執行成果。平衡計分卡
包括四個構面：

(一) 財務構面（financial dimension）：一個組織是否永續經營，財務健全是
　　關鍵的因素之一，以往衡量組織的績效較著重在財務方面，在平衡計分卡
　　中亦注重此方面，但它強調需要有其他三個層面作平衡的處理。本構面係
　　指組織獲利能力及投資成本，其衡量指標包括營業收入、資本運用報酬率
　　及附加價值等。在社會福利機構的財務大多依賴捐款、募款、政府標案、
　　義賣，以及機構服務等項目收入。

(二) 顧客構面（customer dimension）：組織致力於滿足顧客的需求與欲望，
　　這是達成財務目標的要務，因爲顧客滿意是組織的獲利來源，公司應注重
　　顧客的價值、滿意度、忠誠度，並讓顧客完全滿意。本構面指與組織往來
　　之其他組織或個人，其衡量指標包括顧客滿意度、獲利比率及新顧客增加
　　率等。在社會福利機構中，顧客代表的是服務的案主，其衡量指標包括個
　　案滿意度、捐款者滿意度、評鑑結果滿意度。

(三) 內部流程構面（process dimension）：是指專注於改進服務品質，講求服
　　務效率及提升解決案主問題的成功率、降低服務成本，以創新服務流程，
　　建立從認識個案的需求到滿足個案需求這個完整的內部價值鏈。衡量指標
　　包括製造、行銷、售後服務、產品開發及創新等。社會福利機構衡量指標
　　包括行政處理流程改進情形、創新方案設計、支援性服務滿意度等。

(四) 學習與成長構面（learning and growth dimension）：員工不斷創新的學
　　與成長是公司無形的資產，有利於公司的進步與創新，以達成組織的願景
　　或使命。衡量指標爲組織對員工技術與資訊能力專業成長的投資。

★ (　　) 對於「績效管理」的敘述，下列何者是正確的？
　　(A) 控制（Controlling）是「績效管理」之最佳方法
　　(B) 「績效管理」係指對機構員工施以管理，以提高其服務效能之過程
　　(C) 「績效管理」對服務目標之達成與否沒有影響性作用
　　(D) 「績效評估」即是「績效管理」

解析 _____

(B)。績效管理係指管理組織的員工和工作，以促進其效能和績效的一種過程。績效管理即是將組織的目標緊扣著組織的「人」與「事」，一方面將焦點置於個別管理者和員工的目標管理系統（MBO-type systems），一方面則將焦點置於方案和組織的績效監測系統（Performance Monitoring System）。

★ (　　) 由彼得・杜拉克（Peter Drucker）所倡導，主張由管理者及其部屬共同設定明確的目標，並將此目標視為獎勵、評估與控制努力的主要基礎，以「目標」而非以「手段」或「程序」來管理部屬的管理方法稱為：
(A) 參與管理　　　　　　　　　　(B) 目標管理
(C) 走動管理　　　　　　　　　　(D) 時間管理

解析 _____

(B)。目標管理（management by objective，MBO）為管理學大師彼得度拉克（Peter F. Drucker）於 1955 年在其《管理實務》（The Practice of Management）著作中倡導的管理方法，他認為一套系統性的目標設定和成果評估，將可改善組織的績效和員工的滿足感，故 MBO 欲藉由共同設定目標和評估來做績效評估。若目標管理能被妥善用於組織的管理，將可增加規劃過程的正確性，以及降低員工和組織目標彼此間的差距。MBO 的具體意涵即管理者以工作「目標」來管理部屬，而不是以工作「手段」或「程序」來管理部屬。目標管理是由管理者及其部屬共同設定明確的目標，且將這些目標的使用視為激勵、評估與控制努力的主要基礎。

重點 2 社會工作品質管理 ★★★★

一、品質管理的重要性

（一）意識型態與政治因素

隨著公民權的倡導，民眾已被告知做為顧客應有的權利。社會服務的品質不只是一種技術或倫理上的追求而已，也離不開與福利和政治之間的連結。

（二）社會因素

在契約化社會服務市場機制引進後，「品質改善」已被用於做為增加公共服務消費者發聲和選擇的巧語。但社會對整合性服務的需求與重視，再加上競爭機制的存在，「品質」仍將會是服務使用者和供給者共同關注的焦點。

（三）專業發展因素

專業團體也已感受到持續和負責任的服務之承諾，是有益於其專業發展的。社會服務近年來已造就更多的專業活動，藉由討論每一種專業的目標和價值，以及共同對服務輸送和專業之間的溝通設定標準，將可促進專業關係的良性發展。

（四）組織發展因素

對品質的重視將會增加員工的工作滿足感，減少挫折，且會有較佳的回饋，這種組織氣氛營造將有助於服務品質的提升，同時也是組織長遠發展的基石。

二、社會服務的品質觀點 知（Pfeffer 和 Coote 提出）

品質的界定

品質不容易精準的界定，品質是：

（1）一種心理層面的感受狀態。

（2）並不易具體的陳述。

（3）以源於需求滿足為主。

（4）因不同時空及人事背景而有不適用。

（5）會是相同條件下可指出較佳情況的情形。

（6）而且不論在生產、製造過程都可能出現。

（7）認定上也並無絕對的必然標準。

知識補給站

上榜關鍵 ★★★

社會服務品質觀點之說明請建立區辦能力，測驗題考點。

社會服務品質觀點	說明
1. 傳統觀點（traditional approach）	將品質用於彰顯聲望和地位的優勢。
2. 科學或專案觀點（scientific or expert approach）	品質是符合專家所設定的標準。
3. 管理或卓越觀點（managerial or excellence approach）	品質是在追求市場的利益時，測量顧客的滿意度。
4. 消費主義觀點（consumerist approach）	品質即是充權顧客，讓顧客覺得更有權力。
5. 民主觀點（democratic approach） **上榜關鍵** ★ 測驗題考點。	1. 前面四種觀點雖有其不可磨滅的貢獻，但卻因疏忽了商業與福利之間的差異而顯得不足。他們了解民眾對福利服務有一種錯綜複雜的關係，即民眾既是顧客也是公民（citizen），因而提出一套現代福利體系的品質新觀點——民主觀點（democratic approach），本觀點擇取其他觀點的部分論述，如從科學和專家觀點引出「符合目的」（fitness for purpose），從管理和卓越觀點引出「回應性」（responsiveness），以及從消費主義觀點引出「充權」（empowerment）。 2. 民主觀點認為，現代福利體系的主要目的是「公平」（equity）——並非給每個人相同的，而是給每個人一個公平的生活機會，這種觀點引出兩個更進一步的目標：回應個別的需求以及讓民眾具有做為公民和顧客的權力。 3. 民主觀點的主張，要求使用者加入服務的形成、輸送和評估，以擺脫處於個人社會服務邊陲的那種相對無力感，公開（openness）、權利（right）、參與（participation）及選擇（choice）等，被視為是讓民眾變得更有權力的策略。此外，該觀點也要以員工參與以及管理與專業文化的改變，做為建構一個回應體系的策略。

三、社會服務品質的特性與要素

上榜關鍵 ★★★
請建立區辦能力，測驗題考點。

（一）商品與社會服務之品質特性差異比較 •

商品品質	社會服務品質
有形且可移動的。	無形、異質且易變動的。
產出和消費不同時發生（可分離性）。	產出和消費同時發生（不可分離）。
生產過程中消費者參與較少。	生產過程中服務使用者參與較積極。
品質可事先測量並獲得保證。	品質不易事先測量及獲得保證。
主要以一般社會大眾爲對象。	主要以社會上的弱勢族群爲對象。
以追求利潤爲目標。	以關懷弱勢者和公民爲目標。
品質創造滿足和需求後帶來利潤。	品質創造滿足和需求後，可能造成資源排擠。
涉入的利害關係人及其動機較爲單純。	涉入的利害關係人及其動機較爲複雜。

（二）社會服務領域常用的品質要素 •

品質要素	說明
1. 實體 / 有形資產（tangibles）	具備設備、設施、人員及公共器材等物理環境。
2. 安全性（security）	服務的提供是在一種能適切管理風險與危險，且安全無虞的環境中提供，包括保密性。
3. 可近性（accessability）	服務是易於被取得的，或提供服務的機構是易於接近的。
4. 夥伴 / 合作關係（partnership/collaboration）	不同服務提供部門能以共同合作方式提供整合性的服務，且提供者與服務使用者之間亦能建立良好的關係。

上榜關鍵 ★★★★
社會服務品質要素均必須詳讀，並要能運用至申論題；另亦爲測驗題重要考點。

品質要素	說明
5. 公開（openness）	提供充分的訊息以告知服務使用者、決策透明及易於感受到民眾觀念的改變。
6. 保證性（assurance）	工作人員對服務對象有禮貌，且能夠抱持著尊重和體貼的態度。
7. 才能／技術和知識（competence/skills and knowledge）	工作人員具備提供服務所需之必要的相關知識與技能。
8. 同理心（empathy）	工作人員展現對服務對象特定需求的了解，並提供個別而非刻板的關懷和服務。
9. 溝通（communication）	服務提供者以簡單易懂的語言告知使用者有關服務的相關資訊。
10. 參與（participation）	讓服務使用者能夠參與決策、監測和評估的過程。
11. 選擇（choice）	讓服務使用者對其所需求的服務有選擇的權利。
12. 可接受性／回應性（acceptability/responsiveness）	所提供的服務能夠彈性並適時回應個別使用者的需求和偏好。
13. 可靠性（reliability/trustworthiness）	能夠以可靠、一致和穩定的方式提供服務，並持守對服務的承諾。
14. 公平性（equity）	服務可提供給所有潛在的服務使用者，不管使用者是什麼樣的文化、種族或社會背景。
15. 效率（efficiency）	在可用的資源內盡可能提供有效率的服務，且服務要具備成本效益。
16. 持續性（continuity）	避免因更換照顧者或服務提供者，而影響到照顧者和服務使用者之間的信賴關係。

品質要素	說明
17. 效能 （effectiveness）	服務要能達到所欲的好處和成果。
18. 持久性 （durality）	服務方案的績效和結果不會很快就消失。

上榜關鍵 ★★★★

各構面的基本意涵必須有清楚的觀念，而且各構面所包括的要素必須具有區辨實力，屬申論題與測驗題考點。

（三）社會服務品質的構面（Hafford-Letchfield 提出）。

構面	說明
1. 結構面	1. 結構面指的是服務提供者的穩定性。例如：有關工作人員、財務資源、管理和結構等組織架構。結構要素可透過協助體系的規劃、設計和執行，而影響組織的績效，穩定的結構和組織可提供服務輸送之持續監測和評估的穩定基礎。 2. 可歸納為結構面的要素包括：實體資產、安全性、可近性、公開性、才能／技術和知識。
2. 過程面	1. 過程面是指實務工作者和服務使用者之間的互動，包括服務輸送過程之價值和倫理原則。過程面的要素對服務的設計、輸送和評估是重要的，且鑲嵌於組織的程序和實務中。 2. 可歸納為過程面的要素包括：同理心、溝通、參與、選擇、回應性、可靠性、持續性。
3. 結果面	1. 結果面是指由所提供的服務所衍生的改變或現象，包括社會、心理和生理表現或績效。 2. 可歸納為結果面的因素包括：公平性、持久性、效率與效能。

四、社會服務品質的設定原則（標準）與管理

上榜關鍵 ★★★★

記憶題型的申論題考點，請詳加準備。

（一）社會服務的品質的設定原則（標準）。

標準是促進服務品質提升的一項重要工具，這套工具能否真正有益於品質改善的實際運作，端視其設定是否能遵循一些原則，包括：

1. 可測量並能夠加以監測的：它必須能夠清楚地評量，並彰顯出某些事是否達到設定的目標。

2. 務實與可得之可用資源：若僅有標準卻無可用的資源，將只會降低動機和士氣。

3. 實際且重要的品質指標：標準的設定需要務實且切中服務使用者的經驗。

4. 能夠清楚且明白地表達：對於標準是否達成必須要明確表達，不可有含糊不清的說法。

5. 與服務的目標和價值一致：你的部門和組織必須要能夠展現出，你們有達成所陳述之目標的策略。

6. 與工作伙伴共同設定標準：若沒有工作伙伴的參與，員工也許會因標準而疏遠，使得標準無法達到激勵的效果。

（二）社會服務品質的管理策略

1. 社會服務品質管理策略架構

社會服務品質管理策略 知的擬定要考慮的不僅是組織文化和體系的建立，也需要考慮到如何讓利害關係人更積極的參與和承諾，同時也要能夠投資於員工，以營造可提高品質服務的高品質組織。

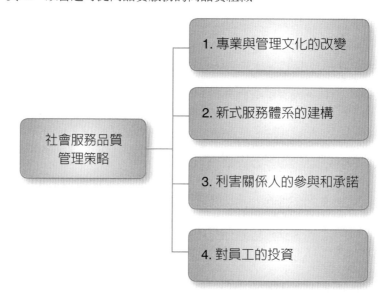

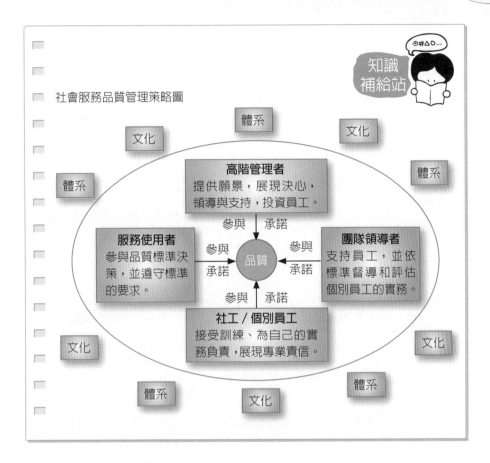

社會服務品質管理策略圖

2.社會服務品質管理策略說明

（1）專業與管理文化的改變

　　品質改善的關鍵乃在於組織要能夠型塑一套適宜的品質文化（quality culture）。Dunnachie 曾列舉出一般組織與品質服務組織之間的差異，若我們再加入品質民主觀點所強調之尊重服務使用者的選擇和決定權，這些品質組織的特性即是組織所須營造的「品質文化」，它一方面反映出服務品質民主觀點的理念訴求，另一方面也是實踐前述社會服務品質要素的具體作法。

上榜關鍵 ★★★

社會服務品質管理策略是從比較鉅觀的角度做說明，各要項請熟讀，屬於申論題型。

一般組織與品質服務組織的差異比較

一般組織	品質組織
供給者導向。	顧客／公民導向。
著重於發現問題。	著重於預防問題。
藉由減少資源以抑制成本。	以資源使用之優先次序的方式抑制成本。
重視數字。	重視人們（關係人）。
減少訓練支出。	提高訓練支出。
將抱怨視爲麻煩的事。	將抱怨視爲學習的機會。
在管理控制下敬畏科技。	選擇性的使用科技。
組織由制度經營，參與者處於被動地位。	組織由人們（關係人）共同參與經營。
視品質／服務效率爲個別的努力。	視品質／服務效率的改善爲組織集體的努力。

（2）新式服務體系的建構

    A.新式的服務體系必須建構在開放、回應、標準途徑及查核等次體系之上。開放與回應的次體系，乃在於確保讓服務使用者能夠加入服務的形成和輸送；標準途徑與查核次體系，則在於藉由查核和評估的運作，以確保服務使用者的期待能確實被重視、實現及持續獲得改善。

    B.次體系說明

        a.開放次體系：即組織與民眾之間的互動管道是暢通的，組織應能夠給予民眾身爲顧客和公民的權利，這種權利並不僅是一種服務後的申訴賠償權，也是能夠給予個人獲得適宜處遇的程序權力。這種次體系的建構可說是追求溝通、公開和參與品質的重要策略。

        b.回應次體系：建立在給予每個人公平生活機會的理念基礎上。由於

資源有限，為處理資源與需求的落差造成的不公平，品質卓越觀點所提倡之「期望的培養」或許是一條出路。意即，回應並非只是單向的過程，而可透過公布有關需求和資源的訊息，再與民眾協商資源要如何配置，這種協商必須建立在一個全國皆同意的目標架構下進行，並且也要試圖取得地方社區對目標要如何達成的協議。這種次體系建構有益於夥伴／合作關係、選擇、彈性／可接受性／偏好和需求等品質要素實現的重要策略。

　　c.標準次體系：即是指實務，進而促進品質保證的發展。組織須先發展一套標準途徑，以表達服務使用者的優先次序，平衡組織和個別員工的不同利益，並且能夠維持專業的完整性。標準途徑的運作是一種動態的過程，它能夠帶動創新和發展，並可成為管理變革上一項強力的整合設計。這種次體系的建構可說是確保品質要素之安全性、可近性、可靠性／一致性的重要策略。

　　d.查核次體系：即是透過監督或監測的運作，以確保社會服務的提供能夠符合所設定的標準，進而符合社會服務之目的——給予每一個人公平的生活機會。因此，為確保目的之達成，建構一套基於與民眾協商的規格標準，並完全考量到使用者需求和經驗的檢視方法之系統查核，實有其重要性。品質的追求將會持續成為現代化服務方案的核心，健全的查核體系是確保服務達成各種品質要素不可或缺的重要機制，包括有形資產、持續性與持久性等要素。

（3）利害關係人的參與和承諾

組織的成員皆是品質提升管理上的利害關係人，在顧客導向的服務輸送下，公民或使用者自然也是服務品質的重要利害關係人。這些利害關係人（含領導者／高階管理者、督導者、個別員工及服務使用者）在組織的管理和專業文化，及所建構之服務體系的影響和規範下，在追求服務品質時有其各自所應擔負的職責，說明如下：

A.領導者／高階管理者：員工是否能夠視品質為組織的核心，並承諾致力於品質的追求與改善，這需要高階領導者／管理者提供變革的願景。

B.團隊領導者：團隊領導者要能夠提供明確的期待和督導第一線員工，也要能夠依照所定的標準監測和評估員工，以確保社會服務的品質與效能的達成。

C.社工員／個別員工：社會服務專業團隊的第一線員工，在品質的追求上要為達到標準的實務負責，並視之為專業倫理與專業責信的展現。

D. 服務使用者：服務使用者在品質追求上的重要職責，乃在於參與標準的決策，並能夠確實遵守標準的要求。

（4）對員工的投資

A. 在品質追求的管理上，必須要有使員工驅使自己習得邁向新願景之主要「變遷標的」（change targets）的技巧，這對組織、服務及個人皆具有加值作用，若疏忽這些使能或充權的方法，將可能會出現發牢騷、高流動率、低效率、低產出和反管理的情緒。

B. 重視和發展員工是品質保證的一個重要面向，要將優良員工之流失率減至最低，需要有評估、報酬和訓練體系的支持。對於員工之有形和無形的投資，將影響到員工的士氣與能力，也是實現保證性／員工態度、才能／技術和知識及同理心等品質要素所不可或缺的管理策略。

五、社會服務品質管理策略與品質要素對應表

品質管理策略		品質要素
專業與管理文化的改變	→	夥伴／合作關係、公開性／訊息、溝通、參與、選擇、彈性／需求與偏好
新式服務體系的建構 ➤ 一個開放的次體系	→	溝通、公開和參與、充權
➤ 一個回應的次體系	→	夥伴／合作關係、選擇、彈性／可接受性／偏好和需求、公平
➤ 一套標準途徑的次體系	→	有形資產、安全性、可近性、可靠性／一致性
➤ 一套查核的次體系	→	有形資產、持續性與持久性、經濟、效率、效能、公平
利害關係人的參與和承諾	→	有形資產、夥伴／合作關係、保證性／員工態度、才能／技術和知識、參與、可靠性／一致性、持續性與持久性、充權。
員工的投資	→	保證性／員工態度、才能／技術和知識、同理心、充權

六、PDCA 管理循環

（一）PDCA 管理循環的意涵

1.主要代表人物

PDCA 管理循環是由美國統計學家戴明博士所提出來的，又稱為「戴明循環（Deming Cycle）」或「戴明輪（Deming Wheel」。最先它是被用在品管圈的活動，它反映了品質管理活動的規律。

2.意涵

P（Plan）表示計畫；D（Do）代表執行；C（Check）則是檢查；A（Action）即為處理。**PDCA** 管理循環是協助提高產品品質，改善企業經營管理的重要手法，亦是品質保證體系運轉的基本公式。由於 PDCA 管理循環在品管圈的應用成功，經過幾十年來的推展，**PDCA** 管理循環亦被廣泛的應用在各種的工作或計畫上。

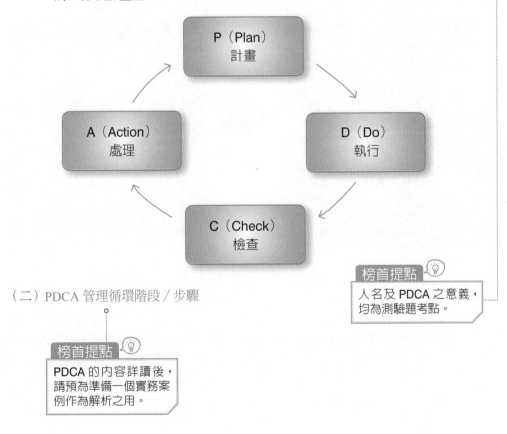

（二）PDCA 管理循環階段 / 步驟

榜首提點

PDCA 的內容詳讀後，請預為準備一個實務案例作為解析之用。

榜首提點

人名及 **PDCA** 之意義，均為測驗題考點。

Plan（計畫階段）
- 藉由市場調查、用戶訪問等，了解客戶對產品品質的要求，確定品質政策、品質目標和品質計畫等。它包括現狀調查、原因分析、確定要因和制定計畫等四個步驟。

Do（執行階段）
- 要具體實施前一階段所制定的工作內容。如根據品質標準進行產品設計、試製、試驗等，其中包括計畫執行前的人員培訓。執行階段只有一個步驟：執行工作計畫。

Action（處理階段）
- 乃是根據檢查結果，採取因應措施。為了使品質要求符合標準，維持良好的績效，需把成功的經驗盡可能納入規範，進行標準化，並設計下一個階段之 **PDCA** 管理循環。處理階段包括兩個步驟：品質維持方法和制定下一個工作的計畫。

Check（檢查階段）
- 主要是在計畫執行過程中或執行後，檢查執行情況，看是否符合計畫的預期結果。該階段也只有一個步驟：工作成果檢查。

七、全面品質管理的意涵與策略

（一）全面品質管理的意涵

1. 全面品質管理（total quality management, TQM）：TQM 是由組織所採取之全面性顧客導向型的系統，用於改善產品和服務的品質。它是組織從上到下全面動員，對組織的工作過程進行持續性改善，以追求顧客全面性的滿意。

2. TQM 是一種動員組織內所有的員工，在一種強調顧客導向的前提下，使得組織的產品或服務，朝向「零缺點」目標而努力的一種理念。知

傳統美國式哲學原理與全面品質管理哲學的比較分析表

傳統美國式哲學原理	全面品質管理哲學
組織有多重的競爭目標。	品質是組織最主要的目標。
財務主導組織。	顧客滿意度引導組織的方向。
管理者和專業人士決定何謂品質。	顧客決定何謂品質。
注重穩定，如果沒有壞，就別修理它。	注重持續的改善，不用心的組織會失敗。
改變是突發的，是在科層制度下成功抗爭後完成（經由對官僚科層奮鬥而來）	改變是持續的，是由團隊工作完成。
員工與部門相互競爭。	員工與部門相互合作。
決策是以「勇氣」為基礎，做總比沒做好。	決策是以資料和分析為基礎，不做比做錯好。
員工訓練是奢侈和高成本的。	員工訓練是必要的，並且是一種投資。
組織的溝通主要是由上往下。	組織的溝通注重上下垂直與水平的溝通。
鼓勵承約者以價格作為相互競爭。	與輸送服務和產品承約者發展長期關係。

（二）全面品質管理（TQM）的特性／內涵

TQM 的特性／內涵	說明
1. 以客為尊	顧客不僅是指組織外部之購買組織產品或服務者，也包括在組織內與你互動或服務他人的內部顧客。
2. 持續改善	品質的追求是永無止境的，員工必須持續不斷地改善績效、速度、產品和服務的功能。因而，TQM 是一種對未曾滿足的承諾，即「非常好」還不夠，品質要能不斷地被改善。
3. 證據導向	TQM 應用以證據為基礎的實務（evidence-based practice），透過精確測量，以確認問題之所在，並提出正確的處理模式。
4. 參與和充權	組織的每位員工，甚至是服務使用者，皆肩負品質提升之責，因而員工和潛在的顧客皆應有機會參與品質提升計畫，並集結成充權的團隊，以成為發掘和解決問題之媒介。
5. 學習文化	組織必須建立藉由有效的訊息分享和溝通，在團隊和服務領域內（例如：家暴防治、弱勢成人、社區發展等），建立起研究和發展之學習文化。

（三）全面品質管理的實務策略

1. 高層主管的領導與支持

高層主管的領導與支持是影響 TQM 成敗的重要因素之一，致力於建立一個鼓吹變革、創新、以工作為榮以及為服務對象之利益而不斷改善的環境，高層必須要能率先且積極地投入。

2. 策略性的規劃

願景和策略是 TQM 的核心項目，策略性規劃係指對組織整體長遠之未來方向的思考，其目的在於促使組織進行持續性的品質改善，形成組織日常運作的要務，並建立一個動態的、參與的規劃過程。

榜首提點

申論題考點，但考生必須清楚，此為針對「全面品質管理，TQM」的實務策略，而非一般的品質管理。

榜首提點

在準備全面品質管理的特性之前，必須詳讀全面品質管理的意涵；全面品質管理的實務策略是推動全面品質管理能否成功的重要因素，後段的相關策略內涵亦請仔細準備；並請就社會工作專業對品質管理的回應具有論述之能力。

3. 以客為尊的服務導向

（1）提供顧客高品質的服務為 TQM 的重心所在，在策略性規劃的過程裡，為了輸送高品質的福利服務，必須要確實掌握民眾的需求，同時供給部門也要能夠建立一個開放性管道，讓民眾易於獲取所需的資訊。供給部門要能平衡不同民眾間、不同民間團體可能相互衝突的需求，並將達成民眾期望與需求之各種策略，設定實施的優先次序。

（2）社會服務部門的「顧客」可區分為外在顧客（服務使用者、捐款者、贊助者）及內在顧客（組織內的員工）。在一個組織裡，每一個部門在將其產品或服務輸送給另一個部門時，均應抱持著「以客為尊」的態度去了解其內部顧客的需求，唯有透過這種供給者與內外在顧客的連結，才能持續不斷地追求服務品質的改善與提升，以達到「顧客百分之百的滿意」的組織目標。

4. 考評與分析

考評制度之運作，必須要使組織能系統化地了解民眾對其產品或服務的滿意程度，並且要以組織內部過程的改善做為考評重點，其直接目的即在於降低錯誤與浪費時間，並改進服務的成本與效能、精確性及提高服務品質，最終目的在於確保組織能確實掌握顧客的需求。

5. 訓練與獎賞

在 TQM 組織裡，教育、訓練、發展與獎勵措施皆為其重點工作，適當的獎勵措施可以提振工作人員的士氣和滿意度，進而促進組織變革為品質導向的組織。

6. 員工的授權與團隊工作

TQM 乃是建立在所有組織員工參與、授權和團隊工作的基礎上，這也是組織達成品質承諾的最重要因素。在高層主管的承諾和支持下，管理者必須確認員工能夠了解每個人對品質的責任，進而將每位員工的智慧、創意及活力，導引並投入於組織目標和品質的追求。例如：組織可透過品管圈（quality circles）的實施，讓一群員工定期開會以討論如何提升品質，包括尋找低品質問題的來源，並提出解決之道，這即是一種團隊運作的展現。

7. 品質保證

零缺點服務及持續品質改善為 TQM 的重要目標，在 TQM 的系統中，品質保證即是以工作過程之始為開端，從資源輸入階段即防止問題的產生，而不是如同傳統的品質控制時期，注重在錯誤發生後的控制與檢查。

（四）傳統管理模式與全面品質管理之比較圖（倒金字塔的控制）

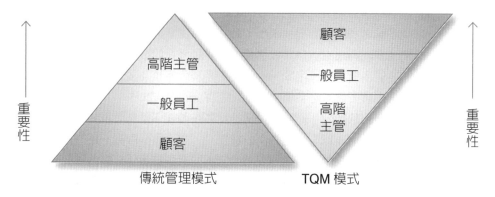

（五）社會工作發展趨勢與全面品質管理連結須重視的要件

1.著重使用（消費）者的價值主張以及使用（消費）者服務契約的發展。

2.著重服務速度和服務整合，以便消費者能減少任何「激烈爭論」，並以更少的時間取得服務。

3.強調減少重做或錯誤率，以便使用者能在較低的成本及時取得適當的服務。

4.強調在組織內避免白費力氣及減少無附加價值的措施。

5.著重使用者導向的績效測量和指標的發展。

6.著重過程的簡化，以減少對資訊的重複需求、資訊蒐集的用語問題，減少對服務取得之各種複雜的程序與要件。

7.著重於服務輸送的勞務。

8.著重於促進自主和自理的制度。

上榜關鍵 ★★★

申論題考點。

（六）社會工作專業對面對追求服務品質的訴求之回應

1.組織要能以營造「品質文化」為典範

傳統的非營利或公部門社會服務組織，對於品質的重視不若營利組織，這主要是因為尚未能建立起將服務使用者視為「公民」和「顧客」的觀念，再加上社會服務供給的利害關係人參與不足，致使服務品質未能與服務量同步成長。Stirk and Sanderson 指出，社會服務品質與其組織的願景、使命和價值息息相關，因而，當社會服務組織的品質文化至逐漸受到強調之際，組織的領導者與管理者應能夠承諾以 Dunnachie 所倡導之「品質文化」為典範，作為組織在追求品質上所奠定的基礎。

2.組織要能投入追求服務品質之必要資源

民眾對品質的訴求會隨著標準的提高而增加，然而，資源無法隨之增加，造成資源不足，這確實是無法滿足訴求的障礙因素之一。「巧婦難為無米之

炊」，品質的追求是需要代價的，組織高階管理者對品質的承諾，不應僅是口惠而已，必要資源的投入是不可或缺的。若資源一時無法到位，管理者應與員工，甚至是服務使用者商議，透過優先次序的配置，以讓服務品質能漸進地提升。

3. 組織要能設計出服務供給的品質標準

社會服務品質很難有具體明確的依循標準，然而，這並不表示我們就要輕忽對品質的關注，而是應該找尋出可獲得最多認同的品質標準。前述的各項品質要素，提供我們一套制定社會服務品質標準的參考。因為社會服務品質的測量較難有如市場產品之客觀標準，因而，在品質標準的設計上，一些與組織相關的團體能夠賦予某種角色，如個案、組織員工、董（理）事會、資金贊助者及專家學者，這不僅能夠讓服務的提供更趨近顧客需求，也可提供專業人員在品質追求上更明確的依循標準。

4. 充實社工專業，追求服務品質的相關知能

早期的社會工作教育著重的是社會工作知識、價值與技巧的訓練，對於管理相關知能的訓練相當欠缺或不足，這也使得許多已晉升至管理位階的社工專業者，其所從事的管理是一種以經驗或因應委託者期待的方式進行，難以在既定的模式中尋求突破。Bissell 即指出，拙劣領導與缺乏訓練是社會服務追求 TQM 的障礙因素。為因應社工專業人員在領導能力與管理知能上的不足，學校的養成教育、全國性的社會工作組織及政府部門單位，應能將提升服務品質相關知能，列為社工專業人才養成或繼續教育的學習範疇，這也是新近社工教育所呼籲，培養社工專業者具備「社會工作才能」（social work competence）的一環。

5. 組織要能設計出激勵員工追求品質的相關措施

儘管社會工作的專業地位已逐步建立，且獲得社會的認同，但工作負荷沈重、薪資偏低、職位欠缺保障、生涯發展受限等，皆嚴重衝擊到社工專業的士氣，進而造成相對較高的流動率，凡此皆不利於服務品質提升。為了激勵員工們的工作成效，以符合所設定的標準，領導者與管理者要能提供相關的誘因，例如：對於達到績效標準的員工給予績優獎金、進修機會、職位晉升等激勵措施。

八、品質相關名詞

品質管理	品質管理（quality management, QM）強調品質不僅是生產者或品管者的責任，而是所有員工都應該注意的。員工應該參加的 TQM 活動包括品質改善規劃、營造有品質的組織文化、辦理支援技巧講習、提供教育與再教育、設計能增強品質創意的組織系統、強化員工的成就感、促進組織溝通等。
品質管制	1. 品質管制（quality control, QC）是以科學方法為基礎，從頭到尾控制品質。 2. 品管管制三階段 （1）分析階段：將一個製程分解成許多片段。 （2）關鍵性階段：是指對各基本片段之間關係的了解與掌控。 （3）一般化階段：將這些相互關係應用到品質管理中。 3. 與 QC 有關的活動，例如：監督生產服務流程（製程）的能力，以強化穩定性；評量製程的績效，減少製程；將製程最佳化。
品質保證	1. 品質保證（quality assurance, QA）是採取確保產品或服務等品質的動作，這些動作與設計有密切關係。QC 往往被動地在品質發生問題後才檢測；但 QA 認為應該在設計階段就努力。 2. 與 QA 相關的活動包括故障模式與影響的分析、實驗設計、製程改進、組成及管理設計團隊、可靠性及耐用性的測試等。
流程再造	1. 流程再造（reengineering）背後的基本概念，在於組織需要找出關鍵流程，使其盡可能扁平化而有效率，並對次要的周邊流程，以及相關的人員加以調整。 2. 流程再造「並非自動化，也不是要抹殺過去的流程」；流程再造的定義為「對流程進行根本的重新思考與設計，期能在諸如成本、品質、服務與速率的關鍵績效指標上，達成大幅度的改善」。

榜首提點

本部分為測驗題金榜考點，請詳讀。

精實生產	1. 精實生產包括種種能協助組織降低成本之技巧（例如：及時生產和全面品質管理的綜合名詞）。 2. 精實生產奠基於三項簡單的原則，首先是及時生產，企業沒有理由在不一定有人會來購買的盲目預期下進行製造，生產必須和市場需求緊密連動；其次，品質責任由每個人共同負責，任何品質缺失必須在第一時間就儘快修正；第三是「價值流」（value stream）。在這個概念下，組織不是代表一連串不相干的產品和流程，而是一個具連續性、一致性的整體，供應商和顧客都包括其中。
供應鏈管理	1. 供應鏈管理（supply chain management, SCM）是透過實體物流與消費端的同步管理，以增進經濟價值的輸配工作，屬於策略性的後勤管理。供應鏈管理沿著客戶與供應商這條鏈結，從原材料到最終客戶，對於材料與設備、資訊、金融與人員的雙向流動管理，讓流程、人員與原材料的運用更有效率。 2. SCM 由麥可波特（Michael E. Porter）所提出，以規劃好的資訊系統技術，將原材料採購到銷售給最終用戶的全部企業活動，集成在一個無縫流程中。供應鏈管理的目標是對整個供應鏈（從供貨商、製造商、分銷商，到消費者）的各個環節進行綜合管理。例如：從採購、物料管理、生產、配送、營銷到消費者的整個供應鏈系統進行計畫、協調、操作、控制的各種活動和過程，將顧客所需的正確產品，在正確的狀態、按照正確的數量、正確的品質和正確的狀態送到正確的地點，並使總成本降低。
企業資源規劃	企業資源規劃（enterprise resource planning, ERP）是由美國嘉特納管理諮詢公司 Gartner Group Inc. 於 1990 年提出，迅速為各地企業所接受。企業資源計畫系統是指建立在資訊技術基礎上，以系統化的管理資訊為決策層及員工提供決策執行手段的管理平台，也是實施企業流程再造的重要工具之一。
電子資料交換	電子資料交換（electronic data interchange, EDI）：是一種跨組織、電腦對電腦、藉由標準格式來交換企業資訊的工具；不但促成供應鏈內各成員間建立關係，也提供供應鏈參與者的重要競爭優勢。採用 EDI 有助於加速組織內部資料處理的效率，因此 EDI 也被期望能促進對顧客的服務、提升競爭力，達成更有效率的效益。

作業管理	1. 作業管理（operation management, OM）採用現代品質管理觀念中的系統觀（system view），認爲產品的品質是許多變數互相運作的結果，包括設備、勞力、程序、規劃與管理。 2. 作業管理強調管理及轉換過程的持續改善，針對每一個環節都加以留意。不但在組織內部要多做製程的改進，也要注意組織外部的改進，也就是顧客及案主的回饋。以品質管理的 PDCA 循環爲例，計畫的重點是策略的陳述、行動是策略的執行、查核代表評估與管制、處置是整體策略的完成。
審核／稽核	1. 品質管理需結合審核，審核（audit，也稱稽核）是爲獲得評量證據並進行客觀的評價，以確定滿足審核準則所進行的，是有系統、獨立並形成文件的過程。 2. 主要形式 （1）內部審核：有時稱「第一方審核」，用於內部目的，由組織自己，或以組織的名義進行，可作爲組織自我合格聲明的基礎。 （2）外部審核：包括常說的「第二方審核」和「第三方審核」；其中，第二方審核由組織相關顧客或其他人員進行。 （3）第三方審核：由外部獨立的組織進行，這類組織提供符合要求的認證。
品管圈	1. 品管圈（quality control circle, QCC）通常由 10 位以內員工組成，定期開會討論品質相關的工作問題，共同檢討並找出解決問題的方法。 2. 品管圈團隊成員通常會挑戰各種假設及現行方法，仔細檢視各種資訊並尋求各種可能解決方法。品管區必須找到專家諮詢，並請求接受訓練；組織須編列一筆預算，好讓成員負責測試新的改善方法。品管圈需要一個經驗老到的領導人，作爲團隊的啓發引導者，但不是主導者。
國際標準組織（International Organization for Standardization, ISO）	1. 國際標準組織的標準強調「顧客爲重」、「過程導向」及「績效導向」的精神，鼓勵組織採用過程導向，即品管 PDCA 循環，來實現服務對象期望的服務，以達到顧客滿意之目的，並重視績效管理循環以提升組織的應變力及競爭力，以達組織永續經營之目的。推動這種標準化的績效管理過程，重點在符合 ISO 的精神。

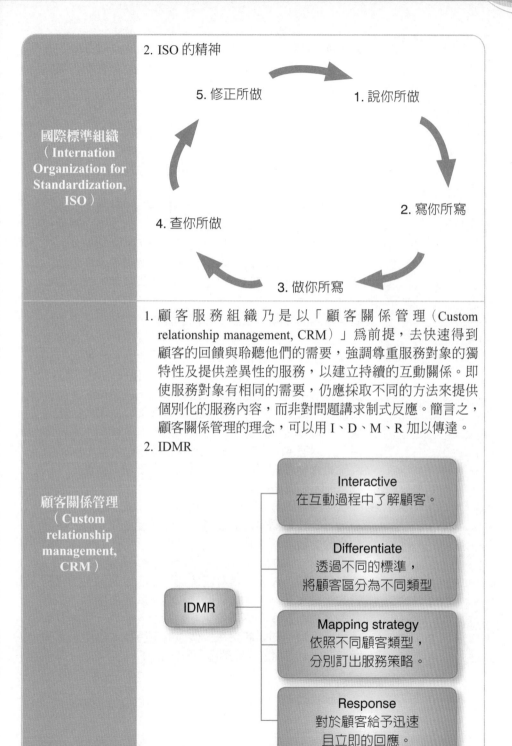

國際標準組織
（**Internation
Organization for
Standardization,
ISO**）

2. ISO 的精神

5. 修正所做　　　　1. 說你所做

2. 寫你所寫

4. 查你所做

3. 做你所寫

顧客關係管理
（**Custom
relationship
management,
CRM**）

1. 顧客服務組織乃是以「顧客關係管理（Custom relationship management, CRM）」為前提，去快速得到顧客的回饋與聆聽他們的需要，強調尊重服務對象的獨特性及提供差異性的服務，以建立持續的互動關係。即使服務對象有相同的需要，仍應採取不同的方法來提供個別化的服務內容，而非對問題講求制式反應。簡言之，顧客關係管理的理念，可以用 I、D、M、R 加以傳達。

2. IDMR

IDMR

Interactive
在互動過程中了解顧客。

Differentiate
透過不同的標準，
將顧客區分為不同類型

Mapping strategy
依照不同顧客類型，
分別訂出服務策略。

Response
對於顧客給予迅速
且立即的回應。

巴瑞多圖（Pareto chart）	Juran 根據一位義大利經濟學家巴瑞多（Vilfredo Pareto）的巴瑞多原則，首創巴瑞多圖，用來分析影響品質的重要因素。所謂「巴瑞多原則」，是指在一個組織裡，20% 的重要因素往往占用整個系統 80% 的資源，故又稱為「20 ／ 80」原則。
淵博知識系統（System of profound knowledge）	戴明發展出「淵博知識系統」理論，此系統是戴明管理理論的核心思想，也是一種促成組織轉型成功的有效方法。此系統由四大部分組成： 1. 對系統的了解：所謂系統是係一組互相倚賴的組成部分，透過共同運作以達成該系統的目標。一位領導者對整個系統相當了解，表示具見樹又見林的「系統化思考」能力。因此，一個機構的管理者應把整個服務過程視為一體，而不只是各部門的組合，並尋找問題產生的高槓桿解。 2. 變異理論的知識：生活中充滿著變異，例如：世界上沒有二個完全一樣。同樣地，在一個系統中也一定有變異存在，了解生產過程變異的情形，才能對系統做有效的改進工作。戴明將係變異分成二種，一種稱為共同因素，是指影響系統的長期因素（由於系統錯誤造成）；另一種為特殊因素，是指短期的或突發因素（由個人因素造成）。對於品質的變異，有 94% 屬於系統問題（共同因素），只有 6% 是屬於個人因素（特殊因素）；而系統因素是管理者的責任，特殊因素應由管理者與個人共同找出原因，並加以解決。 3. 知識理論：任何一種管理理論皆是在協助管理者做預測。理論可作為預測事情的依據，當預測發生誤差時，應回頭修改並發展新理論。管理者必須了解工作並根據理論加以預測，然後根據結果修改理論或擴大預測的範圍。 4. 心理學知識：人天生具有創造與學習的欲望，也具有獨特的性格，而心理學也有助於我們了解人與環境、供應商與客戶、管理者與部屬的互動情形。所以，管理者須運用心理學的知識體察每一個人的獨特性，應用適當的激勵方式來發揮成員的創造力與向心力。

	高槓桿解是指一個小小的改變即能產生持續而重大的改善，亦即，它是一種最省力的解；反之，則是低槓桿解。 

六個標準差 （six-sigma）	1. 六個標準差的品質管理，此觀念是在 1980 年代末至 1990 年代由摩托羅拉公司率先開發的品質管理系統，目的在使產品於生產過程中機器的失誤頻率降為最低，使劣質產品的數目減為最少。六個標準差乃是以全面品質為基礎，且更進一步強調利用統計方法將各種滿意度及目標予以有效量化的創新手法。 2. 若為三個標準差，生產成功率 99.73%，但六個標準差，每一百萬產品，正確率可達到 99.99966%，即每一百萬次服務中，僅有 3.4% 的失誤，這樣的標準已經接近完美及零誤差的境界，這正是組織所追求的終極目標。
知識的 3K	「知識的 3K」，就是知識管理（knowledge management, KM）、知識社群（knowledge community, KC）與知識型企業（knowledge business, KB）。說明如下： 1. 知識社群：是指根據具體目標創造新知識、分享新知識、運用新知識，並對此抱持高度熱情的一群人。 2. 知識型企業：是指將知識與學習內化到產品、過程與服務的企業。人們可以把知識的價值應用到傳統產業與服務業上，包括社會工作。 3. 知識管理：是組織確認自己所擁有的知識，並加以整理、轉移和管理，以便有效地利用知識，獲取競爭優勢的過程。

九、標竿學習

1. 標竿學習（Benchmarking）的定義	1. 標竿學習的定義，學者專家各有界說，最早提倡此一作為的全錄公司，將之定義為持續與企業卓越者或最強競爭者，進行產品、服務及實務比較之歷程，以提升組織績效。 2. 美國生產力與品質中心（American Productivity and Quality Center, APQC）認為，標竿學習是一項有系統、持續性的評估過程，透過不斷地將組織流程與全球企業領導者相較，以獲得協助改善營運績效的資訊。 3. Rolstadas 強調，標竿學習是一個以典範公司為標竿，來確立工作流程的最佳實務，並建立合理績效目標的連續性、系統性之過程。 4. 國內學者則指出，標竿學習是要以優良企業為榜樣，學習對方之長處，據以改善自己的不足；但其很重要的基本目標是，學習新事務，並將新觀念帶進組織，也就是要放棄現行之做事方法，重新再出發。標竿學習是一個組織選定與同業中最成功的典範，相互比較其產品、服務和方法之歷程，以提高其績效。
2. 標竿學習的特性	1. 系統性與持續性：標竿學習為透過系統性的搜索過程，以找出可作且最高標竿的最佳實務，且這種過程是持續不斷地進行，以適應環境的變化。 2. 透明的比較與分析：標竿學習必須是一種基於調查、分析與了解的過程，比較的資訊必須是透明的，始能進行有意義的比較與改善。 3. 確認最佳標竿：標竿學習的核心工作在於透過分析與比較，以找出良好績效的單位或組織作為學習的最佳標竿。 4. 學習行動：標竿學習須以競爭者或非競爭者之最佳實務（最佳標竿）作為學習的典範與目標，並引進新的觀念與途徑，以便為組織尋求突破，並創造新契機。 5. 提升競爭力與績效：標竿學習的主要目的乃在於提升組織績效，迎頭趕上所設立之標竿，甚至超越此標竿，以提升組織的競爭力和績效。
3. 標竿學習的功能	1. 協助組織設立目標：標竿學習透過外部比較與評量，能夠協助組織設定目標，甚至協助組織建立願景，或將組織目標與運作計畫連結。

3. 標竿學習的功能	2. 帶動組織的變革與創新：標竿學習具有挑戰組織的舊思維與慣常運作模式的精神。例如：組織結構、實務運作、管理系統等。若組織能夠善用標竿學習，將可改變組織文化，帶動組織的變革與創新。 3. 滿足顧客的需求：標竿學習透過流程的變革創新，提高服務水準，且能提升組織績效，以滿足顧客的需求。 4. 促進組織間的相互學習：標竿學習可以促進與外部組織的交流和分享，讓組織了解自己所處的位置，避免讓組織陷入「本位主義」的自滿情境，進而促使各組織／單位展開跨功能、跨部門或跨專業的學習。 5. 提高組織的競爭力與績效：標竿學習可以透過學習標竿對象的運作模式，或透過最高標竿的引進，激發組織迎頭趕上的動力，進而有助於提升組織的競爭力和績效。
4. 標竿學習類型	1. 績效標竿（performance benchmarking）：係指針對績效測量加以比較，以決定一個組織之組織績效良莠標準為何；績效標竿學習的焦點在於產品輸出或服務是否能使顧客滿意。 2. 流程標竿（process benchmarking）：係指針對組織流程之執行方法與實務的比較，目的在於學習最佳實務，以改善自身流程的缺失；流程標竿學習的焦點在於實務運作與連作的能力，通常是以組織內部最佳流程為學習對象。 3. 策略標竿（strategic benchmarking）：係指與其他組織從事策略選擇與位置的比較，其目的在於蒐集資訊，以改善自身的策略規範與處理；策略標竿學習的焦點通常是從大環境著眼。 4. 財務標竿（financial benchmarking）：透過分析、比較對象組織的財務狀況，了解自己的競爭力。 5. 產品服務的標竿（product benchmarking）：徹底分析競爭對手的產品或服務，了解該產品或服務的優點。 6. 功能的標竿（functional benchmarking）：學習對象組織的某項功能，以改進自身功能的運作。
5. 標竿學習指標	1. 財務比率：例如：資產報酬率或投資報酬率。 2. 生產力比率：評估組織是否有效運用各種資源。 3. 顧客相關結果：顧客滿意度與不滿意度的整理。 4. 作業結果：監督並追蹤組織營運是否有效，分析是否花了更多時間，但卻只做有限的事。

5. 標竿學習指標	5. 人力資源評量：評量人力運用的狀況。 6. 市場占有率：擁有多大的市場規模。
6. 標竿管理具體技巧	1. 最佳示範作法（best demonstrated practice, BDP）：先比較組織各部門的表現差異，並以某些技術較優越、效率較高的部門為「標竿」，用來提升其他部門。 2. 最佳相關作法（best related practice, BRP）：類似 BDP，但比較的重點由組織內轉變為不同組織間的表現差異。這方面需要與標竿組織建立合作關係，如此可以取得相關的資訊與經驗。 3. 相對成本位置（relative cost position, RCP）：觀察分析自己的組織與領先組織在某個計畫或某項服務的差距，尤其是成本。如此不但可以了解對手組織何以擁有優勢，也有助於組織控制成本。
7. 內部標竿學習的執行可採取的途徑	1. 將最佳實務與組織的策略及目標連結：組織應該指出，哪一種最佳實務有很大的參考價值。 2. 拔出組織內最佳實務：想辦法找出不同工作領域或單位中的成功實務。 3. 發展最佳實務的獎酬系統：應給予誘因以鼓勵個人將知識分享出來。 4. 將最佳實務傳播於整個組織中：一旦找出最佳實務，應與組織內的其他成員分享。 5. 建立一個最佳實務的知識分享系統：需要一個機制，讓組織成員將其創意與最佳實務持續分享出來。 6. 培育最佳實務：建立一種「我們可以從每個人身上學習」，與強調資訊分享的組織文化。

練功坊

★ 試述「全面品質管理」（Total Quality Management）的意涵與特性。

解析

(一) 全面品質管理的意涵

　　1. 全面品質管理（total quality management, TQM）：TQM 是由組織所採取之全面性顧客導向型的系統，用於改善產品和服務的品質。它是組織從上到下全面動員，對組織的工作過程進行持續性改善，以追求顧客全面性的滿意。

　　2. TQM 是一種動員組織內所有的員工，在一種強調顧客導向的前提下，使得組織的產品或服務，朝向「零缺點」目標而努力的一種理念。

(二) 全面品質管理（TQM）的特性

　　1. 以客為尊：顧客不僅是指組織外部之購買組織產品或服務者，也包括在組織內與你互動或服務他人的內部顧客。

　　2. 持續改善：品質的追求是永無止境的，員工必須持續不斷地改善績效、速度、產品和服務的功能。因而，TQM 是一種對未曾滿足的承諾，即「非常好」還不夠，品質要能不斷地被改善。

　　3. 證據導向：TQM 應用以證據為基礎的實務（evidence-based practice），透過精確測量，以確認問題之所在，並提出正確的處理模式。

　　4. 參與和充權：組織的每位員工，甚至是服務使用者，皆肩負品質提升之責，因而員工和潛在的顧客皆應有機會參與品質提升計畫，並集結成充權的團隊，以成為發掘和解決問題之媒介。

　　5. 學習文化：組織必須建立藉由有效的訊息分享和溝通，在團隊和服務領域內（例如：家暴防治、弱勢成人、社區發展等），建立起研究和發展之學習文化。

★ (　　) 社會服務品質的哪種觀點主張：「回應個別的需求，以及讓民眾具有做為公民和顧客的權力」？

　　(A) 科學觀點（scientific approach）

　　(B) 卓越觀點（excellence approach）

　　(C) 消費主義觀點（consumerist approach）

　　(D) 民主觀點（democratic approach）

解析

(D)。民主觀點認為,現代福利體系的主要目的是「公平」(equity)──並非給每個人相同的,而是給每個人一個公平的生活機會,這種觀點引出兩個更進一步的目標:回應個別的需求以及讓民眾具有做為公民和顧客的權力。民主觀點主張要求使用者加入服務的形成、輸送和評估,以擺脫處於個人社會服務邊陲的那種相對無力感,公開(openness)、權利(right)、參與(participation)及選擇(choice)等,被視為是讓民眾變得更有權力的策略。此外,該觀點也要以員工參與以及管理與專業文化的改變,做為建構一個回應體系的策略。

★ ( )　新管理主義興起後,管理主義取代專業主義成為社會工作領域與社會服務組織矚目的焦點。晚近有一些被視為遠離科學管理與人群關係模式革命的管理新思維出現,其中一種「指在組織中建構一個知識系統,讓組織中的資訊與知識可以透過獲取、創造、分享、整合、記錄、存取與更新等過程,來達到不斷創新與累積,以建構組織的智慧資本,這將有助於機構在面對外在環境的快速變遷時,能夠依據這些智慧資本做出正確決策。」這種管理新思維稱之為:
(A) 時間管理　　　　　　　　(B) 資源管理
(C) 品質管理　　　　　　　　(D) 知識管理

解析

(D)。知識管理是組織確認自己所擁有的知識,並加以整理、轉移和管理,以便有效地利用知識,獲取競爭優勢的過程。「知識的3K」,就是知識管理(knowledge management, KM)、知識社群(knowledge community, KC)與知識型企業(knowledge business, KB)。

重點便利貼

❶ 績效管理：係指管理組織的員工和工作，以促進其效能和績效的一種過程。績效管理即是將組織的目標緊扣著組織的「人」與「事」，一方面將焦點置於個別管理者和員工的目標管理系統，一方面則將焦點置於方案和組織的績效監測系統。

❷ 目標管理（MBO）：管理者以工作「目標」來管理部屬，而不是以工作「手段」或「程序」來管理部屬。目標管理是由管理者及其部屬共同設定明確的目標，且將這些目標的使用視為激勵、評估與控制努力的主要基礎。

❸ SMART 原則：（1）簡單明確—S；（2）可測量的—M；（3）可達成的—A；（4）務實與結果取向—R；（5）可追蹤的—T。

❹ 處理工作負荷的方法：（1）善用日誌管理；（2）時間加權的運用；（3）優先次序的運用；（4）善用員工的優勢。

❺ 預防（減少）員工的倦怠感的方法：（1）增加工作的多樣性和選擇性；（2）工作擴大化；（3）工作豐富化；（4）協助員工認識自己的限制；（5）提供員工適當的督導；（6）提供諮商或支持性團體。

❻ 平衡計分卡：一套將策略指標化的策略管理工具，可將策略有效轉化為行動，指引組織

達成目標。其衡量指標涵蓋財務面與非財務面的具體資訊，不僅可讓組織成員了解組織的願景；同時也使管理者更容易追蹤策略的執行成果。

❼ PDCA 管理循環的意涵：P（Plan）表示計畫；D（Do）代表執行；C（Check）則是檢查；A（Action）即為處理。

❽ 全面品質管理（TQM）：是由組織所採取之全面性顧客導向型的系統，用於改善產品和服務的品質。它是組織從上到下全面動員，對組織的工作過程進行持續性改善，以追求顧客全面性的滿意。TQM 是一種動員組織內所有的員工，在一種強調顧客導向的前提下，使得組織的產品或服務，朝向「零缺點」目標而努力的一種理念。

擬真考場

申論題

品質為績效的一環，有關品質之標準的設計應該遵循哪些原則？試說明之。

選擇題

(　) 1. 無論是政府或非營利部門，績效監測已經是現代化組織經營管理上重要的一環，下列哪一項並非是績效監測的功能？
   (A) 透明　　　　(B) 責信　　　　(C) 治療　　　　(D) 預防

(　) 2. 有關於社會服務品質概念，下列敘述何者錯誤？
   (A) 工作人員對服務對象有禮貌與抱持尊重體貼是人性化（humanness）
   (B) 提供服務的機構是易於接近的指的是可近性（accessability）
   (C) 一致穩定提供服務，並持守對服務的承諾是可靠性（reliability）
   (D) 避免因更換照顧對象或服務提供者，而影響二者之間的信賴關係是持續性（continuity）

申論題：

標準是促進服務品質提升的一項重要工具，這套工具能否真正有益於品質改善的實際運作，端視其設定是否能遵循一些原則，這些原則包括：

（一）可測量並能夠加以監測的：它必須能夠清楚地評量，並彰顯出某些事是否達到設定的目標。

（二）務實與可得之可用資源：若僅有標準卻無可用的資源，將只會降低動機和士氣。

（三）實際且重要的品質指標：標準的設定需要務實且切中服務使用者的經驗。

（四）能夠清楚且明白地表達：對於標準是否達成必須要明確表達，不可有含糊不清的說法。

（五）與服務的目標和價值一致：你的部門和組織必須要能夠展現出，你們有達成所陳述之目標的策略。

（六）與工作伙伴共同設定標準：若沒有工作伙伴的參與，員工也許會因標準而疏遠，使得標準無法達到激勵的效果。

選擇題：

1. C

功能項目	說明
1. 透明 （transparency）	績效監測導致透明，這種透明本身即是一種價值，它意味著協議的目標是公開的。選項 (A) 屬之。
2. 學習 （learning）	當一個組織能夠使用績效監測學習，這個組織便能夠更往前邁進；受惠於所造就的「透明」，一個組織可以學習到什麼是做得好的，以及有哪些是要改善的。
3. 評量 （appraising）	一個組織的績效可由組織的管理或第三者所做之績效基礎的評量（performance-based appraisal）而給予。
4. 賞罰 （sanctions）	評量之後，績效表現好的會有正向獎勵，反之，會有負面的懲處；這賞罰可能會以財物爲之。

功能項目	說明
5. 預防 （prevention）	一個公共服務組織追求效能和效率的外部誘因甚為有限，若能夠讓其服務符合績效標的，即是一種創新的誘因，這種創新的誘因有助於預防組織陷入科層僵化。選項 (D) 屬之。選項 (C) 有誤，應為預防，而非治療。
6. 責信 （accountability）	績效監測能夠因其透明公開而展現出機構的外部責信。社工者與其他助人專業一樣，必須確定服務的成果和其有效性。社會工作的評估是確保服務品質的必要措施，也是加強社會工作的責信（accountability）和服務品質的保證。所謂的責信，可以說是一種責任，是社會工作者負責達成對案主提出或同意的服務。選項 (B) 屬之。
7. 品質 （quality）	績效監測的結果，有助於讓決策者知道政策的執行狀況，進而改善其政策和決策的品質。

2. A

品質要素	說明
保證性 （assurance）	工作人員對服務對象有禮貌，且能夠抱持著尊重和體貼的態度。選項 (A) 有誤。
可近性 （accessability）	服務是易於被取得的，或提供服務的機構是易於接近的。選項 (B) 屬之。
可靠性 （reliability/ trustworthiness）	能夠以可靠、一致和穩定的方式提供服務，並持守對服務的承諾。選項 (C) 屬之。
持續性 （continuity）	避免因更換照顧者或服務提供者，而影響到照顧者和服務使用者之間的信賴關係。選項 (D) 屬之。

第七章

CHAPTER 7
社會工作財務與契約管理

榜·首·導·讀

- 預算的類型，請務必區辨各類型的差別。
- 收支與成本管理相關名詞，為測驗題金榜考點。
- 捐款的三種來源、成功募款的基本原則，請以申論題方式準備。
- 募款的操作過程，為金榜考點，其流程各點務必清楚；在從事募款之前，必須對如何成功募款之基本原則、募款的倫理有清楚的認識；並請研讀公益勸募條例，以了解法規對於募款之相關規範，並請實際研擬一個募款方案。
- 社會服務契約委外與志願部門的相關議題，為金榜考點。

關·鍵·焦·點

- 社會福利機構面臨資源之不足與責信、財務管理是重要考點。
- 請試著研擬參加福利服務委外競標的計畫書。
- 責信的四種基本類型，請詳加準備。

命·題·趨·勢

年度	110年		111年				112年				113年	
考試	2申	2測	1申	1測	2申	2測	1申	1測	2申	2測	1申	1測
題數	1	3		3		1		1		2		2

社會工作財務與契約管理

重點 1
★★★★
社會工作財務管理

- 社會服務財務管理
- 會計
- 內部控制
- 預算的意涵與功能
- 預算設計過程之模式
- 預算的類型
- 預算控制與編列的步驟
- 預算系統之主要目的
- 財物管理
- 財務管理相關名詞
- 收支與成本管理相關名詞
- 慈善捐贈
- 募款的重要性、基本原則與操作過程
- 公益勸募活動的實施程序
- 募款倫理

重點 2
★★★
社會工作契約管理

- 社會服務契約委外的意涵
- 非社會服務與社會服務契約特性之差異比較
- 志願部門的「挖空政府」現象
- 社會服務契約委外的步驟／階段
- 社會服務契約委外的管理機制
- 社會服務契約委外之責信理論
- 社會服務契約委外面臨的問題與挑戰
- 對社會服務契約委外失靈的困境與挑戰之建議（回應）
- 社會服務契約委外與志願部門

重點 1 社會工作財務管理

一、社會服務財務管理

（一）社會服務財務管理 知 的重要性

　　隨著社會服務機構的財務來源已不再僅侷限於傳統個人或企業的捐贈，民間部門的撥補（如聯合勸募或民間基金會）、收費（個人或第三者付費的直接收入），政府補助或委託辦理的經費已逐漸成長，特別是透過契約委外的競標而取得的服務方案，更是當前許多民間機構主要的經費來源。在經費來源多元化的發展趨勢下，社會服務機構之傳統的財務管理機制，也面臨著新的訴求和挑戰。

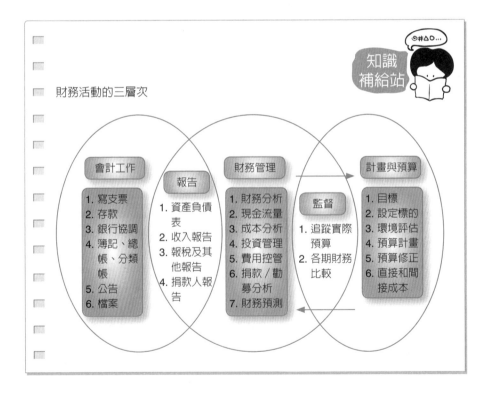

（二）財務管理對社會服務機構經營的重要性（功能）

重要性 （功能）	說明
1. 確保組織的 經濟效益	健全的財務管理機制，將可讓資源的配置、監督和管理功能有較佳的運作發揮，避免讓機構、服務使用者或贊助者的財務運用不當，以確保組織運作的經濟效益。
2. 保障員工的 信譽與安全	財務一向是機構敏感性相當高的議題，若出現任何的差錯或不清，皆有可能讓員工暴露於舞弊或醜聞的風險中。健全的財務管理機制將可避免個別員工遭受到不實指控，或財務運用不當的指責，進而可確保員工的信譽與安全。
3. 提升組織的 形象與責信	組織的形象與責信是機構賴以維生的基礎，透明的財務與服務績效是主要的影響因素，健全的財務管理不僅可讓機構的財務透明化，亦可提供外界檢視組織績效的具體證據，這些皆將有助於提升機構的形象，及回應外部責信的訴求。
4. 專注於組織 目標的實踐	一個組織的財務若未能妥適的管理，則其成員花在處理財務問題的時間可能多於服務的提供。為此，健全的財務管理將可讓管理者和員工們更加專注於組織目標的實踐。
5. 充權管理者 和員工	財務往往會被認為是複雜的技術性事務，導致期待它僅須由會計人員來處理即可的意象。事實上，財務與規劃和執行息息相關，這種意象將使得管理者和員工被排除在參與決策的行列，進而出現員工遭到削權（disempowered）而非充權的現象。

（三）財務管理的主要參與者及其角色

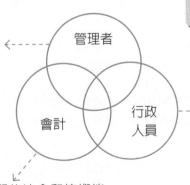

管理者了解環境、案主、專業價值及服務操作方式，以及服務的質和量對資源的要求和財務預算的影響。

行政人員操作會計系統，編製文件、整理與維持紀錄，以及協助管理者和會計。

會計人員確信相關的法令和技術能被遵守，管理會計系統和提供財務訊息、意見和員工需要的協助。

（四）社會服務財務管理的內涵

1.在傳統觀念裡，財務管理係指發展預算、監督支出及資金的調度和移轉，以便組織能在有限的資金範圍內確保其生存；隨著環境的變化，好的財務管理必須要能不僅侷限於機構的內部環境，還要考量外部的環境變化；同時，財務管理也不只是少數主管或特定人士的職責，社會工作者也必須能擔當起爭取經費的責任。因此，我們可以將財務管理界定為：「是一種支持組織願景和目標實踐的工具和過程」。

> **上榜關鍵** ★
>
> 測驗題考點。

2.社會服務財務管理的內涵：

（1）規劃和預測財務的需求和取得，如需求評估、支出估計和預算研擬等。

（2）募集和開發財源，如與贊助者或政府交涉、募款和撰寫服務方案。

（3）適當的分配和配置財源，如依成本和財務相關訊息做決定。

（4）記錄財務和方案執行狀況，如購買物品和設備等。

（5）控制開銷和管理財源，如單位成本的測量、支出的控制與節制、財務稽核、執行查帳等。

（6）報告和解釋財務運用狀況，如年終財務報告，向政府、捐款者和個案等利害關係人說明財務狀況等。

（五）機構財務管理的影響因素

影響因素	說明
1. 組織外部環境	諸如政治、經濟、政府政策和相關立法，皆可能影響到機構財源的穩定性及財務管理的運作，契約化社會服務的引進，即是外部的經濟、政策與立法對社會服務財務影響的典型變項。
2. 組織的結構	組織的集中化或分散化牽涉到組織的授權，每個層級和部門皆可能有其任務與財務責任。這種組織的結構與授權對部門及組織整體的財務運作，有相當大的影響。
3. 員工的角色和責任	包括預算管理、收入的募集和尋求、現金管理、物品管理等，員工必須要知道有關其工作的財務責任、財務績效、相關規範及自己的能力等。 財務的規範和程序：規範和程序是內部控制相當重要的一環，以降低財務損失、詐欺、無效率和可能對員工造成傷害的各項風險。
4. 規劃	在實務上，規劃和預算的連結往往說明不足，而使得績效管理不易進行，管理者不易在服務的支出、量和質之間做適切的調整。

影響因素	說明
5. 財務和服務資訊系統	有效的財務管理需要高品質的財務和服務資訊系統，財務訊息的來源主要是會計系統，服務訊息則來自執行單位，服務和財務資訊的連結，將有助於了解諸如單位成本或服務效率的掌握。
6. 員工的能力與態度	很多財務相關的能力，其著重對象僅限於會計人員和管理者，行政人員和社工員往往缺乏這方面的訓練，這可能會影響到財務和服務之間的一致性，而不利於財務管理的整體性和相容性。

二、會計

（一）財務管理是從相關的財務資料、財務報告去預測未來可能發生的狀況，及早做好因應的準備。會計是記錄過去所發生的歷史，可作為財務管理的依據，而財務管理就是從財務資料、財務報告去預測、因應可能發生的未來。

上榜關鍵 ★★
觀念要清楚，在測驗題容易混淆。

（二）會計的特性

1. 以貨幣作為主要計量尺度：任何一項經濟業務，進行記錄時，都要應用一定的計量單位。計量單位有實物量、勞動量、貨幣量（價值量）三種。實物量的計量單位有個、只、輛、噸等等，勞動量的計量單位有工作年、月、日、時等等，這些計量單位的衡量基礎各不相同，它們只能表示個別的數據，而不能進行綜合和比較，會計則要進行全面的、綜合的核算。在商品貨幣制度下，貨幣有其特殊作用，因為它是衡量其他一切有價物價值的共同尺度、交換的媒介與價值的儲藏物、清算債權和債務的支付手段。因此，以貨幣作為主要的、統一的計量單位來進行核算，就成為會計的特點之一。當然，實物量和勞動量兩種計量單位在會計核算中也被應用著，但貨幣量計量單位是最主要的。

2. 以憑證為依據，記錄經濟活動過程，並明確經濟活動的責任：企業等單位在經濟活動過程中，每發生一項經濟業務，都必須取得或填制合法的書面憑證。這些憑證不僅記錄著經濟業務的過程，而且明確經濟活動的責任。會計必須根據合法的憑證，才能進行記帳、算帳。如果沒有合法的憑證，會計就不得作任何正式的記錄。這是會計的又一個特點，它說明會計的記錄都是有憑有據的，能如實地反映經濟活動的真實情況。

3. 會計對經濟活動所作反映是連續的、系統的、全面的、綜合的：爲了正確地反映企業等單位的經濟活動，會計應按照經濟業務發生的順序進行連續、系統、全面、綜合地記錄和計算，爲企業等單位經營管理提供必要的經濟信息。所謂「連續」是指按經濟業務發生的順序來反映，自始至終不可間斷；所謂「系統」是指會計運用一套專門的方法對各種經濟活動進行科學的、有規律的、不是雜亂無章的歸類、整理和記錄，最後提供系統化的信息；所謂「全面」是指對決策有用的信息均應作出詳盡的反映，以便決策者選用，反映不帶有某種偏向性，不能任意取捨，更不得遺漏；所謂「綜合」是指會計的反映運用貨幣計量來綜合反映經濟活動的情況，以便對不同種類、不同名稱、不同度量的物質消耗，以及各種錯綜複雜的經濟活動進行反映，藉以提供總括的價值指標。

4. 運用一系列專門方法：會計運用著一系列科學的專門的核算方法，且這些專門方法是相互聯繫，相互配合，各有所用，構成一套完整的核算經濟活動過程和經營成果的方法體系，有效地發揮會計應有的作用。相關的特性有：A. 目的性：會計制度設計應符合爲有關方面提供資訊之目的；B. 合法性：不能違背會計法和會計準則，會計事務處理必須符合財經法規的要求；C. 系統性：應遵循系統原則，將會計制度看作一個有機的整體；D. 實踐性：會計規範有很強的實踐性。

5. 強制性：各單位對於會計制度的執行具有強制性，應負經濟責任和法律責任。

（三）會計工作的四個要素

要素	說明
1. 決定會計格式與制度	現金帳、實際帳、權責發生制、曆年制。
2. 會計處理	記帳頻率、科目、複雜度、電腦化程度。
3. 內部控制（會計程序）	1. 流程：交易→科目→檔案文件（提供證據）→總帳及分類帳→財務報表。 2. 原則：（1）責任分擔；（2）分層負責、責任分明；（3）管理工具書面與格式化；（4）稽核制度；（5）會計師查核簽證。
4. 帳冊、憑證等報表檔案之保管	如：永久保管、保管 10 年、保管 5 年、保管 3 年。

三、內部控制

（一）內部控制之意涵

　　1.所謂內部控制係一種管理過程，由管理階層設計並由董事會核准，藉以合理
　　　確保下列目標的達成：可靠之財務報導、有效率及有效果之營運、法令之遵
　　　循。

　　2.目前趨勢已將內部控制的目標從重視防弊，轉為強調興利；除了重視資產安
　　　全與資料可靠，也強調經營效率與競爭優勢。其次，設計內部控制制度必須
　　　將社福機構的策略目標、組織結構、營運系統與資訊系統加以整合，而非僅
　　　考慮內部控制本身。最後，應思考組織的定位與角色，以設計要創造競爭優
　　　勢的內部控制制度為目標。

（二）內部控制的方法

內部控制的方法	說明
1. 建立控制環境	所謂的建立「控制環境」是明訂規則，並確定組織從上到下都明白並遵從此項規則，沒有人可以例外，包含機構的負責人。這是種組織文化的氛圍，如果沒有好的「控制環境」，即便再好的內部控制制度都是枉然。
2. 清楚的權責區分	要區分清楚誰負責什麼。小型組織或許沒那麼多流程需要辨認，但至少與金錢有關的流程必須明確。除了責任歸屬外，另外也較容易建立良好的作業習慣，以及人員流動時的交接，錯誤自然會降低。
3. 物理的保全措施	簡單來說，就是鎖上它！例如：現金、存摺、印鑑、空白支票應該上鎖保存，處理帳務的電腦也應該有密碼保護。
4. 雙人盤點	凡是與財務，特別是金錢有關的流程，應該至少二個人以上一起盤點。
5. 與銀行帳務核對	這是個重要的步驟。銀行存款是拿銀行的對帳單或存摺與會計記錄核對是否相符，即便帳務有誤或是員工有心挪用公款，都不會有太長久的錯誤。

上榜關鍵 ★
測驗題考點。

四、預算的意涵與功能

（一）預算的意涵

1. 預算（budget）：預算是以貨幣用語，係對組織未來一段期間（通常是一年）的行動計畫之說明；預算具有監督和控制機構營運的功能，也可作為未來方案規劃和服務的機制。就社會服務機構而言，預算即是將資源配置到社會服務方案和活動的過程。

2. 預算是策劃、控制運作最常被應用的綜合性、正式性管理系統；金額是預算常用來比較的核算單位。Gross 認為預算是以金錢術語來表達的行動計畫，表現組織對未來年度的藍圖理念。預算亦是指一定期間完全的財務計畫，基於政府的經費或預期的收入額的嚴密推算而構成，是支持組織活動的財務計畫。因此，預算是一套用來管理資金、收入、支出等方式的系統，藉此得以在一定期間內運用策略與控制組織的財務計畫，以得到適切的財務支持。

3. 預算自開始籌編至其支付義務清償，期間跨越數個會計年度，此即所謂預算週期（budget cycle）。項目包括方案及預算計畫、資金取得、財務管理、績效評估、財務報告、審計等。

4. 機構的預算實際上是一種三年期的過程，當組織在執行目前的年度預算時，它正在發展下一年度的預算，以及正在評估剛結束之年度的預算表。

5. 組織預算之三種類型：

（1）資本預算（capital budget）：係指購買組織所需之固定長期資產的支出。

（2）現金預算（cash budget）：預算期間內對預期現金收入及支出的詳細估計。

（3）營運預算（operating budget）：由收入、支出和產出測量所構成之一套規定如何營運，以滿足對貨物或服務需求的預算。

（二）預算的功能

功能	說明
1. 規劃	預算是規劃的一部分，其所關切的不僅是關於「錢」的問題，也是對服務需求、目標和能力的假設。若缺乏預算的過程，每日組織運作的壓力，可能會使得管理者忽略其未來運作的規劃。預算將可讓管理者思考來年情境可能的變化，進而事先採取應變措施；同樣地，預算也可能讓管理者確認其所期望的改變，進而在預算架構下事先做安排。簡言之，預算的過程可令管理者「防患於未然」，並減少倉促的決定。

上榜關鍵 ★★
測驗題細微考點。

上榜關鍵 ★★★
預算的六種功能必須加以準備，且對於預算的定義，是解析預算題型的必備知識，應紮實準備，為測驗題考點。

功能	說明
2. 協調	組織部門的行動可藉由預算而形成共同的計畫，預算的過程可促使管理者檢視彼此在運作和利益上的相互關係，以及各自的需求和資源。因而，一個健全的預算制度將可連結各自的活動，且把這些活動逐漸集結，並使得它們成為一個可感覺到的整體。
3. 溝通	為了讓組織有效運作，組織要有明確的溝通管道，以讓所有成員知道組織所期待完成的規劃、政策及可能的限制。透過預算的過程，組織中的每位成員應該要知道自己完成年度預算所被期待扮演的角色，進而可確信是否安排適當的人選負責預算的執行。
4. 激勵	預算是一種影響和激勵管理者之有效設計，然而，預算也可能導致組織管理者彼此之間的無效率和衝突。例如：預算是由上層指定，將是一種威脅而非挑戰，且可能遭遇抵抗，其造成的傷害將得不償失。因而，共同參與的預算制定過程，將可發揮參與管理的功能。
5. 控制	預算可協助管理者管理和控制其所負責的活動，藉由定期比較實際結果與預算項目，管理者可確信那些偏離原先成本的規劃，進而找出導致無效率的原因。Whiteley 等指出，預算控制意味著兩件事：持續對預算進行監督以及變異分析；前者即是在年度內經常且定期的檢查預算，以確信預算不會偏離規劃，這種檢查可以每月為之；後者則是針對實際預算與方案預算加以比較，以判斷支出是否有溢額的現象，並詳細查明溢額的細節。
6. 績效評估	在某些組織，管理者的績效可藉由測量結果是否符合預算標的進行評估。例如：在美國，責信運動使得 1993 年的政府績效和成果法案（the Government Performance and Result Act），要求一些社會服務機構要將預算的資訊和成果測量相連結，這將可讓預算表和計畫與實際的狀況進行比較。然而，社會服務組織過度強調，這種期望可能會導致為遵循預算而犧牲創造性與彈性。

五、預算設計過程之模式。

模式	說明	評論
1. 漸進增值模式	將預算制定過程及決策，視為過去之預算制定過程及決策之延伸。此模式認為，社會服務機構之方案所獲分配獲得之機構經費資源，主要是基於過去幾個年度當中，曾經獲得之資源在額上做酌量的增減。	1. 採行漸進增值或政治式最大的批判在於：服務對象的需求常被置於次要考量。影響預算制定的因素只在於過去幾年的預算，以及所能動用的政治影響力。 2. 站在社會服務的立場，需求與過去經費及政治影響力之間，通常具有反向的關係，以漸進增值模式而言，新成立的社會服務方案，由於沒有過去的預算可以依循，在分配資源時將容易落入較不利的地位；同理，較不具政治影響力的服務對象群體，如遊民、兒童、慢性精神病患者等，通常是最需要服務的團體。
2. 政治模式	是替代漸進增值模式的另一種觀點。政治模式認為，預算制定是一協商過程。根據此一模式，預算決策是利害關係競爭者之間，不斷衝突與妥協的最終結果；無論機構內部或外部、行政主管、工作人員、服務對象、利益團體，以及其他的相關者，皆試圖發揮動員其政治影響力，以支持其所偏好的方案，並確保能夠得到足夠且必要的資源。	
3. 理性規劃模式	視預算制定過程為一連串與機構的規劃過程相互結合的邏輯步驟，使預算的決策能依據各種需求、優先順序、計畫、目的以及目標為基礎。理性規劃模式以資料和資訊作決策之基礎，也就是所謂的「讓數字說話」的決策概念。	1. 一個關心服務對象需求的社會服務機構，可能不希望以漸進或政治模式做為主要的預算決策依據，反而較傾向採用理性規劃模式。理性規劃模式是唯一能支持以成效為導向之方案規劃，並能與之匹配的模式。

上榜關鍵 ★★★

詳加區辨各模式，測驗題混淆題型。

模式	說明	評論
3. 理性規劃模式		2. 但理性規劃模式的批判在於，依此模式直行通常會耗用掉原本就稀少的時間及資源，而排擠了對更多服務對象提供服務的可能。 3. 另外，此一模式的批判者也認為，即使依理性規劃模式進行，預算決策最終仍難免受到漸進增值與政治模式等兩種模式的影響；大多數的決策者很少參考使用規劃中所形成的資訊與分析，除非這些資訊正巧與其成見不謀而合。

六、預算的類型

預算類型	說明
1. 逐項預算（line-item budgeting）	或稱為「單項預算」。逐項預算就是簡單列出那些用來顯示整個機構來年預計支出預算的項目與金額數量，為公、私立社會服務機構最基本和最常使用的一種預算方法。因這種方法往往是以當年的預算作為規劃來年預算的基準，故又稱之為歷史預算法（historical budgeting），又因為它常是以漸增方式為基礎，規劃未來年度的預算，又被稱為漸進式預算法（incremental budgeting），這種漸增通常是對通貨膨脹的反應。逐項預算每個項目是互斥的。

榜首提點

預算的類型，必須要非常清楚其中的差別；例如：要規劃一個獨居老人送餐服務方案，要採用何種預算類型與原因為何，請預為準備實務案例；另亦為測驗題金榜考點。

預算類型	
2. 功能式預算 （functional budgeting）	1. 或稱績效預算。功能式預算主要係檢視機構提供服務及產出之成本支出。意即，將方案總成本除以方案的服務總數（outputs）。 2. 功能式預算要求將方案及服務資料與預算資料相結合，透過功能式預算的編列，簡單的預算類目不再是系統的焦點，而是要計算全部方案成本的數目，並用於決定每一方案之服務單位成本的基礎。亦即，功能式預算同時考量到方案的直接支出與間接支出，方案被定義為在互斥的（在服務及活動中沒有重複）與周延的（必須計算所有提供的服務）的情況下，型塑出機構的方案結構。例如：送餐服務、居家服務、社交和休閒服務及外展服務所組成的方案，除了方案外，在行政層次外，可能尚包括機構行政主管與督導均參與其中。 3. 直接支出係指社會服務機構為了單一方案的利益所產生的支出，例如：送餐服務或居家服務所需的員工或設施設備費用；若一項支出有利於一個以上的方案，即必須被歸類為間接支出，例如：機構行政主管的薪資。間接支出則是指為了兩項或更多方案的利益而產生的支出，例如：行政主管與機構督導的支出，或辦公空間的租金及設施設備的支出，這些支出一般皆為經常性支出，這些支出與所提供的服務是有所關聯的，如果沒有這些支出，方案就無法提供，間接支出累計的金額必須能以公平、公正及正確的方式配置到方案中。 4. 功能式預算之全部方案的支出，可經由將每一方案分攤的間接支出，加上方案的直接支出來完成。這種預算類型比較容易讓我們了解一個方案的實際支出，特別是在考量計算服務價值的同時，能將間接成本納入計算，對一個方案的績效衡量將更具客觀性。
3. 方案預算 （program budgeting）	1. 或稱計畫預算。方案預算係檢視機構達成方案目標背後之成本支出。意即，將方案總成本除以方案的成效總數（outcomes）。 2. 方案預算除必須納入功能性預算數目外，也必須關注到計算每一方案預算支出之結果的方案產出。使用方案產出做為方案預算的基本原則，在於促進案主透過方案成功來改善他們的生活品質，同時也是方案存在的主要原因。

預算類型	
3. 方案預算 （program budgeting）	3. 方案預算不只在於反映出多少資源分配給個別的方案活動項目，更重要的是，預算過程本身是將規劃和評估緊密地連結在一起。這種預算法的好處，有助於認知組織之目的、去除部門間的界線、處理長期的計畫，以及檢視成本和效益間的關係。當然，為了了解整個方案的效益，方案預算必須要有一個較為嚴格的追蹤設計，才能夠了解個案的成功是否隨時間而持續。例如：就業輔導方案必須要對輔導就業成功者持續追蹤一段時間，始可確認方案的成效。
4. 零基預算 （zero-based budgeting）	1. 零基預算運作的前提是機構必須由一無所有開始，且機構要為其每年所做的財務要求辯護。即機構每年從零開始，且不管服務方案以往或現在是否存在，要為其第二年所提的預算做說明及辯護。 2. 這種過程意味著有些機構的預算分配可能被刪減，或方案必須被迫放棄。預算中的各項目，每年皆會被全面考量，沒有任何項目在未來是可獲得保證的。理論上，零基預算應該最能精準地預測活動、收入和支出，因而是較好的預算方法；但實際上，它並不容易且耗費時間，它要求管理者必須對所要完成的任務有充分的認知，但有時候這是一種苛求，因為這意味著管理者必須完全客觀地決定哪些活動在服務輸送中是必要的，哪些是不必要的。
5. 績效預算 （Performance Budgeting）	績效預算乃是運用企業管理的科學管理方法和成本會計的原理來進行預算的編製，亦即依據工作計畫，就完成的工作計畫中每一項工作所需之成本而編製的預算，是一種「由下而上」編製順序的預算制度。績效預算強調效率，了解花費是否有效。
6. 權變預算 (contingency budgeting)	權變預算係指一種可依照情境機動性地調整，以決定合宜的預算編列方法；編列時，可以根據新情況與新問題不斷地調整，提出相對應的財務規劃對策。權變預算主要著眼於相關環境變數，以及有效達成目標的管理概念與技巧之間的關係。這種方法固然有機動性和彈性的好處，卻有不易計算和控制財務流向的缺失，故僅能適用於財務狀況不甚穩定的機構。

備註：各類型預算彼此之間並非互斥的，機構有可能將各類型加以組合使用。

七、預算控制與編列的步驟

（一）預算控制的步驟

1. 預估收益
- 在小型或有歷史的非營利組織，最簡單的預測方法就是憑經驗估算。但更正式的預測應運用統計及數學的技巧，或根據歷史數據來做未來的財務預測。

2. 預算編列
- 由於預算是根據非營利組織的政策及長短期計畫而來。長期計畫方面，非營利組織必須思考其未來 5～10 年對社會貢獻所要努力的目標；短期方面，非營利組織必須建立基本的薪資、員工僱用、服務項目、方案活動的基本支出政策，依靠這些政策才能將之規劃為未來一年的財務數字。

3. 預算執行
- 要按原來編列的預算科目及實現的日期確實執行。但預算執行時通常會遇到不可測的變數，因此，在預算執行的過程中，難免將預算做部分的調整。調整的幅度大小與原預算編列的評估準確度成正比，調整的幅度大，表示預判的準確度差，對於原來的預測要檢討。另外，實務工作上，初期會努力抑制支出，後來才發現預算執行偏低的情形，所以預算執行一定要常常以預算表來提醒自己。

（二）預算編列的步驟

1. 設定與機構需要相關的特定目標
・ 要設定有意義的工作目標，必須要在固定時間內檢視機構的基本政策與程序，以期能訂定客觀、確定的目標，而這些目標最好要符合 SMART 原則，以利後續評估。

2. 確定有關機構運作的事實
・ 即蒐集並研究機構目前和過去運作的基本訊息，包括那些已被完成或尚未完成的，並以機構的整體性為基礎予以檢討。

3. 探討機構運作的可能特定替代方案，特別是由經費的觀點出發
・ 一位具創造性的稱職管理者，並不會因目前所執行的方案不是新的，便將之棄置，而是會去尋找新的可能替代方案，以為機構尋找新的可能性。

4. 決定機構的優先次序
・ 機構管理者應就所發現之新替代方案，依機構的政策、目標和未滿足的需求以及機構的財務配合狀況，列出優先次序。

5. 確定有關預算的決策
・ 實際的決策通常是預算過程中最困難的，在社會工作機構裡，案主福利的考量及機構運作的效率，應是最為重要的。

6. 提供充分的解釋和公共關係
・ 當預算的藍圖完成後，稱職的管理者會向有權做決定者解釋何以預算要如此規劃，以取得他們的了解與支持，良好的公共關係及向預算最後的審核者做最詳細的解釋，才可能使得整個預算順利過關。

八、預算系統之主要目的

（一）控制之目的

　　1.預算系統的控制功能，主要在於確保機構與方案能收支平衡，並且收入與支出二部分皆能適當地加以核算與紀錄。預算系統之所以能夠具備控制的功能，乃是因為在制定政策和管理過程中，能將機構組織的構成要素和工作人員，與機構的各項計畫、目的之宗旨與目標相互結合。

　　2.在對責信的要求逐漸升高的年代裡，維持對機構及方案資源的掌控，是不可或缺的；也唯有透過預算和預算系統，才能夠控制社會服務機構的資源。當資源的使用是符合機構所核定的預算，且朝向達成機構之各項計畫、目的宗旨和目標，才能確保資源的取得。

（二）管理之目的

　　1.預算系統之所以實現管理之目的，乃在於它可以處理機構的某些政策及程序，並以此確保機構和方案能以有效率的方式擴充各種收入，藉此盡可能提供更多的服務或協助更多的服務對象。因此，機構的預算是需要加以管理的，預算不是一份自動生效的文件紀錄而已。

　　2.預算系統管理之目的，在於確保預算能依先前所通過核准的內容執行，同時也確保預算的修正必須在執行前提出申請及得到許可。或因某些預算需要進行調整、刪減或新增社會服務方案，皆仰賴於預算是否管理良好。

（三）規劃之目的

　　預算規劃之目的在於，決定以何種方式獲取之資源來達成何種目的與目標。在這種情況下，預算系統絕不是一項獨立的活動，而是社會服務機構整體規劃系統不可或缺的一部分。例如：若有額外的收入，則該如何配置給不同的方案？若被迫刪減經費，則該從何處下手？這些問題，可說是最實際，也最重要的規劃決策。

九、財物管理

項目	說明
財物的意義	所謂的財產包括機構所擁有之土地、建築物、機械、設備、交通運輸設備等。所謂物品包括辦公所使用之一切物品採購及保管。

上榜關鍵 ★
測驗題考點。

項目	說明
財產登記及經營	機關所有的財產包括土地、房舍設備等,必須予以分類編號、登記,並製作登記憑證,包括財產增加單,由財產購建單位在驗收日期填寫。當財產由一使用單位移轉至另一使用單位時,應填寫財產移動單。當財產需要修繕時,由經辦修繕單位填造財產保養單,詳列修理或保養費用,先送管理或使用單位確認。倘若財產發生減損,由管理或使用單位填寫財產減損單。
物品管理	公用物品可分為:(1)消耗性物品:如紙張、原子筆等經常使用後即失去原有效能;(2)非消耗性物品:例如:印信、訂書機、辦公桌等可以長期使用的。物品的請購應採用招標或比價手續,少量消耗性的文具可零星購置。物品之收發應辦理登記。物品損壞不能修理應辦理報廢。
車輛管理	機構的所有車輛應辦理投保、登記、檢驗、財產登記,調派應依照規定記錄,油料管理應編造月報表,並注意車輛保養,不堪使用者則依規申請報廢。
宿舍管理	宿舍管理應訂有管理辦法,宿舍之申請、審查、分配、檢查及維護等,應依該辦法進行。

十、財務管理相關名詞

項目	說明
非營利組織的財務報表	非營利組織不以賺錢為目的,故其編制財務報表的會計方程式也有所不同,非營利組織的會計方程式為「資產+支出=負債+基金餘額+收入」。企業的財務報表分別是資產負債表、損益表、現金流量表及保留盈餘變動表。而非營利組織財務報表則包括資產負債表、作業表(相當於營利事業的損益表)及現金流量表。

上榜關鍵 ★★★

「財務」管理與「財物」管理不同,請分辨清楚;財務管理的相關名詞,請以解釋名詞及測驗題的形式準備。

項目	說明
資產負債表（Balance sheet）	是反應組織在某一特定時間的財務狀況，數學方程式即：資產總額＝負債＋產權（基金餘額）。又稱「平衡表」，是藉由資產、負債及基金的分布，了解組織各項流動及固定資產、基金餘絀與負債狀況，可初步評估組織的穩定性與流動性。當組織年度結束時，將所有資產、負債與股東權益做成一張統計清單。根據一般會計原則，資產負債表的數字皆為歷史成本，多為帳面價值，屬於靜態報表，與市場價值不一定相同。
損益表（Income statement）	是指將組織某特定時期的運作表現計算之會計利潤，屬於流量觀念、動態報表。或稱「企業活動報表」，是一張表現收益及損失的報表，會列出所得、發生的費用及淨所得，通常為一年的財務狀況紀錄。又稱為「收支決算表」、「經費收支餘絀表」，此表主要在呈現組織營運與服務的各項收入與支出，可初步了解組織的收支結構及資源配置。
現金流量表（Cash flow statement）	是指在一個固定期間內（通常是每月、每季或一年），一個組織的現金（包含銀行存款）增減變動的情形。現金流量表的出現，主要是反映出資產負債表和損益表中各個項目對現金流量的影響，並根據其用途劃分為營運、投資及理財三個活動分類。現金流量可用於分析一個組織在短期內有沒有足夠的現金去應付開銷，主要的作用是決定組織的短期生存能力，特別是繳付帳單或支付員工薪資的能力。對於非營利組織來說，現金流量是非常重要的，因為即使應收帳款很多（例如：政府補助款），但在驚人的資金短缺下，組織的經營通常都是容易受傷的。
會計帳簿	根據商業會計法，會計帳簿可分為二類：第一類是序時帳簿，以會計事項發生之時序為主而記錄者，例如：現金簿；第二類是分類帳簿，以會計事項歸屬之會計科目為記錄者，例如：總分類帳簿。

十一、收支與成本管理相關名詞

項目	說明
平均成本	總成本除以總數量所得到的結果。
差異成本	不同方案之間的成本差異。
增量（減量）成本	增加（或減少）一個活動量所增加（減少）的成本。
非相關成本	與決策無關的成本；無論選擇哪一個方案，成本都不受影響。
邊際成本	每增加一個單位產出，所增加的額外成本。
機會成本	選擇另一個方案所需放棄的利得。
沉沒成本	過去決策已經支出的成本，與未來決策無關。
不可避免成本	無論做任何決策，無法避免、一定要支付的成本。

十二、慈善捐贈

榜首提點

測驗題金榜考點，各項目的說明請務必區辨清楚。

（一）慈善捐贈的來源與管道

捐贈來源　　　　中介機構　　　　非營利組織

個人／團體

基金會

物資／資產

財團法人
社團法人

聯合勸募

企業

（二）個人慈善捐贈

　　1.慈善捐贈的驅動因素（Schervish 提出）

　　（1）社區參與：個人受到所參與的團體或組織影響。

　　（2）思想架構：決定個人活動的優先順序與價值觀的信仰、目標與傾向。

　　（3）直接邀請：被其他人或組織邀請參加慈善活動。

　　（4）可支配資源：個人可以自由運用於從事慈善活動的時間與金錢影響其慈善捐贈行為。

　　（5）個人年輕時尊崇的典範與經驗：個人年輕時所有的經驗影響成年後的慈善活動行為與參與。

　　（6）緊急性與有效性：對於慈善援助所有能帶給陌生家庭、社區、組織或國家在災難時的協助程度。

　　（7）人口特徵：個人本身、家庭以及社區的環境與組織因素影響對於慈善活動的投入。

　　（8）內在與外在報酬：個人親身參與後所得到的正向經驗與結果將影響個人對於慈善活動的持續投入。

　　2.個人決定不捐款的原因。

個人特質與情境問題	溝通問題	勸募反映問題	組織形象問題
1.個人特質 　（1）個人喜好 　（2）問題優先順勢考量 　（3）對募款主題沒興趣 　（4）不關自己的事 　（5）生性吝嗇 2.理念問題 　（1）信仰相反 　（2）不認同使命 　（3）不認同政策	1.缺乏足夠資訊 　（1）不清楚組織使命 　（2）其他人不支持 　（3）不知組織需求為何 　（4）服務紀錄不良 　（5）個案不真實 　（6）看不到服務結果 2.溝通形式 　（1）不良溝通	1.勸募反應 　（1）勸募太頻繁 　（2）錯誤勸募方式 　（3）對愛心騙子疑慮 　（4）太多勸募郵件 2.勸募者 　（1）不喜歡勸募者 　（2）對勸募者沒有義務 3.服務對象	1.對資金貧乏組織的刻板印象 　（1）對募款行動的質疑 　（2）行政成本太高 　（3）機構太有錢 　（4）組織聲譽不佳 　（5）服務收費太高 　（6）服務重複 　（7）政府涉入太深

上榜關鍵 ★

請研讀細項，屬於測驗題考點；反向思考，如果沒有個人不捐款的原因，即為可增加個人捐款動機的原因。

個人特質與情境問題	溝通問題	勸募反映問題	組織形象問題
（4）不認同動機 （5）不認同方案 （6）不認同工作倫理 3. 財務問題 （1）沒錢捐款 （2）經濟條件太差 （3）稅率上考量 4. 情境 （1）生活複雜 （2）與其他組織發生競爭 （3）大環境變遷 （4）不在生活範圍	（2）太庸俗 （3）需求不明確 （4）成本太高	（1）個人無接觸 （2）缺乏認知 （3）服務對象不知感激 （4）沒有捐款習慣	2. 管理上的問題 （1）組織濫用捐款 （2）不良政策 （3）過高的募款成本 （4）管理不良

（三）企業慈善捐贈

　　1.企業與非營利組織合作的動機

　　Galaskiewicz 與 Colman 指出，企業與非營利組織合作的動機，包括：（1）增加利潤與改善財務績效；（2）增進管理效能，以及（3）改善社會福祉。許多研究顯示企業的慈善活動跟財務績效之間有正向關係。而企業與非營利組織合作也有助於讓經營管理階層提升社會地位與組織形象。最後，企業也可以藉由慈善活動來表達對於社區的參與以及對社會問題的關心。

2.企業與非營利組織合作模式與影響評析

合作模式	概述	影響／挑戰
金錢捐助	1. 企業編列預算捐贈：由企業在年度預算中編列。 2. 企業動員員工捐款；企業運用內部管道鼓勵員工捐款。 3. 結合事件鼓勵相關人捐款：結合企業特定活動，如周年慶，鼓勵往來單位以捐款代替祝賀。	1. 不可預期，較難達成企業、媒體之期待。 2. 可接觸個別捐款人以持續經營捐款。 3. 開發新的捐款人，較難維持其持續性捐款；較難發揮媒體宣傳空間。
與產品結合	1. 售出比例捐出：產品售出後依銷售量與金額比例捐出。捐贈產品義賣或運用。 2. 與特定行銷結合：為特定對象合作特定產品，如銀行認同卡。	1. 結合企業的產品行銷資源，並有機會與消費者溝通。 2. 非營利組織將產品透過義賣轉換為金額。 3. 成效受企業投入的行銷資源影響。
企業釋出核心資源參與	1. 員工參與：與前述員工捐贈最大的不同是，企業規劃相關措施鼓勵員工出錢出力；如企業相對捐或提供志工日。 2. 專門技術的協助：如手機系統業者開發簡碼捐款協助款項募集。 3. 通路合作 （1）店頭門市宣傳。 （2）釋出與客戶的溝通點，如帳單、刊物。 4. 釋出廣播廣告資源：如贊助公益廣告播出。	1. 雖不以募集款項為成效，卻開創了志願服務的參與及推動。 2. 企業結合其核心能力（專門技術）協非營利組織擴大參與，發揮聚沙成塔的累積與深入社區效果。 3. 降低宣傳成本並擴大參與。 4. 降低宣傳成本，達成企業形象塑造。

上榜關鍵 ★★

在本考科常會有規劃勸募的申論題，如果要規劃與企業的合作，本表的各項合作模式是在撰寫募款計畫書時相當不錯的方案，考生詳讀後，可在計畫書中提出，將會大大增加論述的亮點。

十三、募款的重要性、基本原則與操作過程

（一）募款的重要性

現代社會服務機構維持營運的經費來源，可能來自於政府補助或契約、民間部門的撥補、收費及傳統慈善的個人或企業捐贈。然而，僅靠補助、合約、收費或民間撥補等，並不足以維持一個機構或方案持續運作，何況這些經費來源經常是一次性的，這使得無論是機構或方案的經營皆充滿著不確定感，長期且穩定的捐款收入，將是機構穩定運作的基礎。因而，募款（fundraising）被視為是影響社會服務組織發展的首要因素，此乃因為金錢能夠讓組織僱用員工，提供機構持續性的支持，以及用於實現機構服務人群的目標。

（二）捐款來源

捐款來源	說明
1. 個人捐贈	個人捐贈往往是慈善機構的主要收入，也是慈善事業龐大的動力來源。
2. 基金會贊助	基金會的本業就是提供經費贊助，基金會多以投資所得與資金孳息款項贊助非營利事業的用途。然而，向基金會募款也有其難題，大多數的基金會只屬意特定的主題，並無意從事廣泛的贊助；即使日漸開放，基金會仍有相當程度的封閉性，有些基金會甚至從不發行年報，不接受電話洽詢。
3. 企業贊助	企業贊助的動機可能是基於節稅、社會責任或企業形象的考量。企業贊助的優點在於不用冗長的提案，同時也可獲得金錢以外相關資源的贊助。企業贊助也有其難題，包括企業的經營畢竟是要將本求利，會考量到能為其公司帶來的效益，又企業可能為廣結善緣，能提供的贊助可能是杯水車薪。

（三）成功募款的基本原則

基本原則	說明
1. 建立深且廣的贊助者群眾基礎	募款活動應該盡量擴大參與，以求能出現最大量的贊助者，因而，募款的第一課，即是要在無限寬廣的社會群眾裡，辨識出樂意出一點力贊助慈善事業的人，接著就是逐漸增加他們捐助的意願，更重要的是，為數眾多的小額捐款者。

榜首提點 捐款的三種來源請詳讀，曾為申論題考點，亦為測驗題考點。

榜首提點 基本原則為申論題考點，詳讀即可取得佳績。

基本原則	說明
2. 與最佳贊助人建立長期、穩定的關係	若機構能持續追蹤記錄善款流向，並讓贊助人曉得受惠民眾，即可強化贊助人對機構的信心，認同機構的目標，並願意加倍出力協助。若再配合簡易、方便的捐款方法，將可促成更加穩定且長期的贊助。
3. 提供捐款者多樣化的選擇機會	捐款人若有多樣且方便的選擇機會，則可以刺激其捐款意願。例如：諮詢函、網際網路或與公司行號合作，讓員工自願由薪水中扣除部分比例繳交的方式。
4. 遵守一定倫理規範的募款工作	實務經驗顯示，贊助人要求募款工作者遵守一定的倫理規範，否則，若發生濫用善款醜聞，不僅會影響到自己機構的募款，可能連其他的慈善機構也因此遭到質疑。

（四）募款的操作過程

榜首提點

> 募款的操作過程，為金榜考點，其流程各點務必清楚；在從事募款之前，必須對如何成功募款之基本原則、募款的倫理有清楚的認識；並請研讀公益勸募條例，以了解法規對於募款之相關規定，並請實際研擬一個募款方案。例如：偏鄉兒童營養午餐資助計畫。本部分為金榜考點，請完整準備，是考生邁向金榜的關鍵，切勿疏漏，請謹記在心。另亦為測驗題金榜考點。

1. 分析募款市場

非營利組織也必須先分析贊助資源的市場狀況，亦即對捐款人與潛在的捐款者有深入分析，進行市場區隔，再針對不同市場區隔或捐助來源提出不同的訴求，故分析你所要傳遞的人口群，將決定你如何發出訊息。社會服務組織的主要經費來源是多元的，其管道包括直接補助、合約或募款等，在募款部分主要為個人捐贈和基金會或企業贊助。

2. 成立募款單位

組織在募款之前，應該要有較為完善的準備，如了解組織的優勢及所須的資源，了解方案或計畫的緣起和效果，準備可能被質疑的問題等。

3. 設定募款目標

募款目標必須充分反映組織的營運目標，社會服務組織募款時應設定年度目標與長期目標，在設定目標之前，必須先確定募款的用途：為組織年度經費募款、為方案經費或為籌募資產，這三種用途各有其目標設定的差異性。

4. 運用募款技術與方法擬定行銷組合

（1）募款的方法或技術包括直接信函、個人請求、特殊事件活動及廣告等。

（2）募款行銷組合包括：

A.產品（product）：募款活動像行銷一樣，必須要有一個賣得出去的產品，這個產品可以是無形價值的產品。

B.促銷或推廣（promotion）：如何讓標的群知道並採取捐款行動？可能採取各種推廣方式，如信件、個案報告、小冊子、企劃書等，但其中心訊息應該是一致的。

C.通路或地點（place）：即在哪裡募款？與捐款人的接觸點爲何？捐款人的收集點爲何？

D.價格（price）：募款如果要有效（特別是要募到多少錢時），必須對行銷潛力有某種程度的了解，這可以從兩個方向來了解：

　a.組織可能從捐款者或有可能捐款的人身上募到多少錢？總數要多少？

　b.希望的捐款要多少才能實現。爲此，價格面須考量到：捐款時的定價考量，定一個固定的價格？或是不定價的自由捐？還是隱藏式定價。

E.人們（people）：如同仁、志工如何傳遞無形價值的產品。

5.募款方法的決定與運用

社會服務組織常用的募款方法有直接信函、街頭勸募、電視勸募、電話行銷及特殊事件性活動（如園遊會、演唱會、義賣）。這些方法的使用必須要能考量到潛在標的群的人口特性。

6.績效評估

募款是競爭且需要成本的，在募款告一段落時，也應該要能評估整個活動的績效，以做爲後續改善的參考依據。評估的項目包括：

（1）目標達成百分比：實際募款結果與當初設定目標之比較

（2）捐款之結構評估：捐款人的特性、額度、地區分布等，有助於檢視與募款之初的市場分析、決策與結果的關係。

（3）市場占有率：即機構勸募的占有率，或該機構募得款額在各機構中的排名。

（4）成本比率：成本比與募款計畫的嚴謹度、執行時的控制落實及捐款人的認同與否有關。

十四、公益勸募活動的實施程序

（一）公益勸募條例於 2006 年 5 月公布實施。依公益勸募條例之規定，進行勸募活動之實施程序，整理如下表：

項目	內容
1. 申請許可	應備具申請書及相關文件,向勸募活動所在地之直轄市、縣（市）主管機關申請許可。但勸募活動跨越直轄市或縣（市）者,應向中央主管機關申請許可。
2. 開立捐款專戶	勸募團體應於郵局或金融機構開立捐款專戶,並於勸募活動開始後七日內報主管機關備查。但公立學校開立捐款專戶,以代理公庫之金融機構爲限。
3. 辦理勸募活動	勸募團體所屬人員進行勸募活動時,應主動出示主管機關許可文件及該勸募團體製發之工作證。但以媒體方式宣傳者知,得僅載明或敘明勸募許可文號。
4. 開立收據	勸募團體收受勸募所得財物,應開立收據,並載明勸募許可文號、捐贈人、捐贈金額或物品及捐贈日期。
5. 依指定用途使用	勸募團體辦理勸募活動所得財物,以下列用途爲限: 一、社會福利事業。 二、教育文化事業。 三、社會慈善事業。 四、援外或國際人道救援。 五、其他經主管機關認定之事業。
6. 定期辦理公開徵信	勸募團體應於勸募活動期滿之翌日起三十日內,將捐贈人捐贈資料、勸募活動所得與收支報告公告及公開徵信,並報主管機關備查。 前項勸募活動所得金額,開支新臺幣一萬元以上者,應以支票或經由郵局、金融機構匯款爲之,不得使用現金。
7. 將辦理情形函報備查	勸募團體應於勸募活動所得財物使用計畫執行完竣後三十日內,將其使用情形提經理事會或董事會通過後公告及公開徵信,連同成果報告、支出明細及相關證明文件,報主管機關備查。但有正當理由者,得申請延長,其期限不得超過三十日。 勸募團體應將前項備查資料在主管機關網站公告,主管機關並定期辦理年度查核。

主要廣告媒體的特性與優缺點

媒體特性	優點	缺點
電視	影像聲光俱現，同時訴求視覺、聽覺。 注目度高。 傳播範圍廣。 具有即時性。	費用高。 瞬間播出，廣告壽命短。 目標客群的選擇性小。
廣播	目標客群的選擇性高。 對象廣泛。 費用較便宜。 具有及時性。	僅有聽覺訴求。 瞬間播出，廣告壽命短。 相對於電視，被注目度低。
報紙	地區選擇性高。 適合時效性的視覺訊息傳送。 市場涵蓋率高。 可以傳達較多訊息。	不利精緻動態畫面的表現。 廣告壽命短。 廣告訊息內容閱讀率較低。
雜誌	地域及目標客群的選擇性高。 廣告壽命長。 傳閱率及反覆閱讀率高。	及時性差。 發行及銷售閱讀數量可能不一致。 訊息變更彈性小。
戶外看板（含運輸工具）	注目度高。 地域及目標群體的選擇性高。 接收訊息人數眾多。 廣告壽命長。	無法傳遞太多訊息。 訊息變更彈性小。

媒體特性	優點	缺點
網際網路	目標群體的選擇性高。 傳播範圍廣泛。 影像聲光俱現,同時訴求視覺與聽覺。 廣告壽命長。 可以傳達深入訊息。 具有及時性。	入口網站眾多,難以掌握目標群體。 廣告訊息眾多,突出不易。
焦點廣告	具有銷售現場的促購效果。 加強展示的說服效果。 具有及時性。	廣告範圍小。 影響人數少。
直接信函	目標客群的選擇性高。 廣告訊息及促購內容可依個人設計。 費用節省。	郵遞對象的名條取得不易,正確性質疑。 易被當成垃圾郵件,拆封閱讀率低。

（二）公益勸募不予許可之情況

項目	內容
1. 未開專戶	未開立捐款專戶,並於七日內報主管機關備查。
2. 強迫勸募	以強制攤派或其他強迫方式為之。亦不得向因職務上或業務上關係有服從義務或受監督之人強行為之。
3. 未依計畫使用	未依許可之使用計畫使用,有賸餘而未報主管機關同意後動支,或賸餘款項再執行期限超過三年。
4. 未徵信及備查	未於執行後三十日內,將使用情形、公開徵信、報主管機關備查。
5. 規避檢查	規避、妨礙或拒絕主管機關檢查勸募活動辦理情形及相關帳冊。
6. 負責人犯罪	勸募團體之負責人或代表人因進行勸募涉犯罪嫌疑,經提起公訴。

項目	內容
7.收據不實	開立之收據，記載不實。
8.違反相關法令	違反會務、業務及財務相關法令，情節重大。
9.申請文件不實	勸募團體申請勸募活動許可之文件有不實之情形者，主管機關得撤銷其勸募許可。

（三）勸募活動所得金額必要支出之比率

勸募活動所得金額	勸募活動必要支出之額度
1000 萬元以下	15%
1000 萬元以上 1 億元以下	150 萬元加超過 1000 萬元部分之 8%
1 億元以上	870 萬元加超過 1 億元部分之 1%

勸募所得為金錢以外之物品，應依捐贈時之時價折算為新台幣。

（四）社工在公益勸募方面的任務
1. 準備勸募相關資料：擬訂勸募活動計畫書、依行政程序送請主管核定，並準備：發起勸募活動申請表、勸募活動所得財物使用計畫書、法人登記證書及理事會或董事會議決同意發起勸募之會議紀錄、前次勸募財物執行情形報告書及相關明細表等資料。
2. 申請勸募許可：依主管機關所頒定之公益勸募許可辦法規定，於勸募活動開始前之規定日數，檢附申請表及相關文件，向勸募活動所在地主管機關申請許可。
3. 依許可文件所載進行勸募活動：依主管機關發給許可文件所載之勸募活動地區、勸募活動方式、勸募活動起訖日期，確實實施勸募活動。同時，在勸募活動過程，主動出示主管機關許可文件及勸募團體之工作證；收到勸募所得財物時，開立收據，並按月將勸募所得金額存入捐款專戶。
4. 結案並函報備查：彙整勸募活動相關資料，進行自我評估，完成結案報告，並依規將勸募辦理情形及收支決算，函報相關機關備查。

榜首提點

本部分的必要支出比率計算非常重要，除申論題之記憶題型之考點外，測驗題更是金榜考點。例如：勸募金額為 2,500 萬或 3 億 5,000 萬，請計算出必要的支出金額。

十五、募款倫理

（一）誤用或濫用捐款人的捐款

　　要避免誤用或濫用捐款人的捐款，非營利組織必須確實執行「專款專用」原則，這個原則對於服務對象單純、明確的非營利組織通常比較沒有問題，然而對於支持廣泛社會福利或慈善事業的組織則較有困難，因為組織認知的社會需求，有時與捐款者的價值判斷並不一致。

（二）破壞捐款人的隱私

　　非營利組織若是輕易的破壞捐款人的隱私，會使捐款者對組織失去信心或產生反感，進而影響捐款的意願、削弱組織財務資源。若捐款人名單或募款工作紀錄一旦公開，便會引起社會大眾的質疑或組織募款效能的變質時，我們也需要重新審視組織財源背後的動機與責信問題。

（三）募款人員的薪資制度

　　募款人員能不能在募款超過目標額度時要求績效獎金，這個問題會衝擊非營利組織盈餘或利潤不作分配的原則，所以不應提供一定百分比的獎金給募款人員，但可列入人員的年度績效考核，結合薪資制度來加以解決，則可以增加募款誘因的可能性。這個方法一方面能增加非營利組織的資源，同時也提供募款「非營利」使命的保證。

相關法規說明

項次	法規名稱	說明
1	公益勸募條例	請至「全國法規資料庫」下載（http://law.moj.gov.tw/）
2	公益彩券發行條例	
3	社會團體財務處理辦法	
4	衛生福利部推展社會福利補助作業要點	請至衛生福利部（http://www.mohw.gov.tw）／法令規章／衛生福利法規查詢系統網頁輸入法規名稱查詢。

編按：為免各社會政策相關法規修法更迭頻繁，請考生於研讀本章時下載相關法規同步研讀，以免所研讀之法規過時，影響應試成績。

練功坊

★ 現代社會服務機構需要經費來維持營運與提供服務，一般認為長期且穩定的
捐款收入是機構穩定運作的基礎，試問捐款的主要來源有哪些？

解析

捐款的主要來源包括以下幾方面：

（一）個人捐贈：個人捐贈往往是慈善機構的主要收入，也是慈善事業龐大的動
力來源。

（二）基金會贊助：基金會的本業就是提供經費贊助，基金會多以投資所得與資
金孳息款項贊助非營利事業的用途。然而，向基金會募款也有其難題，大
多數的基金會只屬意特定的主題，並無意從事廣泛的贊助；即使日漸開放，
基金會仍有相當程度的封閉性，有些基金會甚至從不發行年報，不接受電
話洽詢。

（三）企業贊助：企業贊助的動機可能是基於節稅、社會責任或企業形象的考量。
企業贊助的優點在於不用冗長的提案，同時也可獲得金錢以外相關資源的
贊助。企業贊助也有其難題，包括企業的經營畢竟是要將本求利，會考量
到能為其公司帶來的效益，又企業可能為廣結善緣，能提供的贊助可能是
杯水車薪。

★ (　) 機構必須由一無所有開始，且機構必須為其每年所做的財務要求做辯
護的預算類型稱為：

(A) 逐項預算　　　　　　　　(B) 功能式預算
(C) 方案預算　　　　　　　　(D) 零基預算

解析

(D)。零基預算運作的前提是機構必須由一無所有開始，且機構要為其每年所做的
財務要求辯護。即機構每年從零開始，且不管服務方案以往或現在是否存在，要
為其第二年所提的預算做說明及辯護。

★ (　) 將預算制定過程及決策視為過去之預算制定過程及決策的延伸，決策
受歷史及過去預算決策的影響之預算制定模式稱為：

(A) 理性規劃模式　　　　　　(B) 漸進增值模式
(C) 政治模式　　　　　　　　(D) 經濟模式

解析

(B)。漸進增值模式將預算制定過程及決策，視為過去之預算制定過程及決策之延
伸。此模式認為，社會服務機構之方案所獲分配獲得之機構經費資源，主要是基
於過去幾個年度當中，曾經獲得之資源截配額上做酌量的增減。

重點 2 社會工作契約管理

一、社會服務契約委外的意涵

1. 「契約委外」是一種較少涉及公權力行使之單純行政業務的委託，是政府與民間簽訂契約，政府提供全部或部分經費或硬體設施，由民間執行契約規定的項目（提供服務），契約載明雙方權利義務關係及監督考核機制。契約委外的主要目的，乃在於藉由委託外包，善用民間資源與活力，以提升公共服務效率與品質，活化公務人力運用，並降低政府財務負擔。

2. 在民營化的趨勢下，許多政府部門的活動已不再自己經營方案或提供服務，而是轉向其他機構購買，契約（contracting）也就成為社會服務重要的財源之一，甚至是許多社會服務機構賴以維繫和生存的資源。社會服務類的契約委外形成了一種新契約主義（new contractualism），代表以契約（無論是法定或非法定的方式）來規範公共關係，並使得管理的密集性增加，契約管理（contract management）已成為當代公共服務的一個重要的議題。

二、非社會服務與社會服務契約特性之差異比較

非社會服務	社會服務
生產與消費不同時發生 (可分離性)	生產與消費同時發生 (不可分離性)
工作較單純且確定，工作要求較容易訂定	任務較複雜且不確定；工作要求難以訂定
數量的輸出較易確定與監督	方案結果較難以確定及監督
任務通常較為標準化與定量，績效測量較為容易	決策適當性難以評判，處遇方式難以標準化，服務成果難以具體判定，故其績效難以測量
有形且可移動的產出，績效監督較易進行	服務是無形、異質且易於變動的，績效監督難以進行
較具實質的競爭	缺乏競爭的傳統

三、志願部門的「挖空政府」現象

（一）社會服務契約委外由於承接服務的單位以志願部門爲多，雖然 Milward 和 Provan 稱此爲「挖空政府」（hollowing state）的現象，但就傳統解釋政府契約委外的委託人與代理人理論（principal-agent theory）與交易成本理論（transaction cost theory）的觀點，委託人爲了預防資訊的不對稱性或代理人的自利行爲，常使得契約的監督與管理等交易成本大量增加。

（二）志願部門因其理念價值或利他精神的特色，使得政府與志願部門間的合作關係較能避免商業部門的道德危險，有助於降低地方政府在契約管理上的負荷。且如果志願部門能眞正地代表其社群，除了其服務較易獲得滿意外，契約簽訂過程所採取的協商，亦可讓政府在契約訂定的交易成本降低。Van Slyke 也指出，志願部門較不易透過資訊的不對稱性，爲謀求自身利益而產生投機行爲，這有助於避免「契約失靈」的問題。

四、社會服務契約委外的步驟／階段

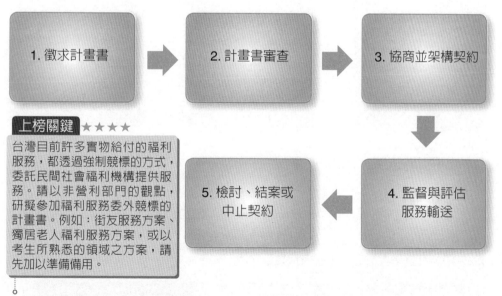

上榜關鍵 ★★★★

台灣目前許多實物給付的福利服務，都透過強制競標的方式，委託民間社會福利機構提供服務。請以非營利部門的觀點，研擬參加福利服務委外競標的計畫書。例如：街友服務方案、獨居老人福利服務方案，或以考生所熟悉的領域之方案，請先加以準備備用。

五、社會服務契約委外的管理機制

　　社會服務契約委外的每個階段是否完善規劃並納入有效的契約管理機制，均足以影響政府社會服務契約委外績效之展現，Bruttel 從委託人與代理人理論觀點指出，爲了避免代理人的道德危險與投機行爲，委託人在整體契約委外過程中，可運用三種管理機制：

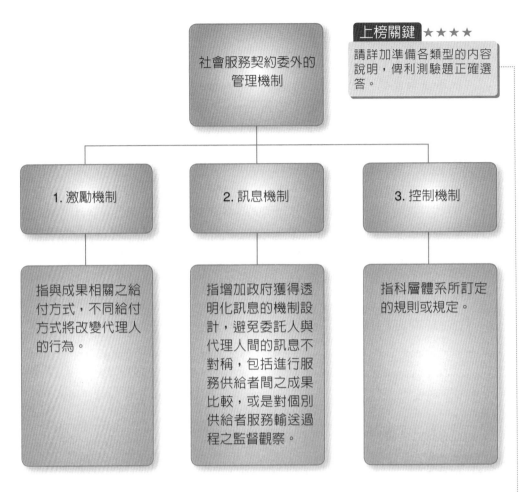

社會服務契約委外的管理機制

| 1. 激勵機制 | 2. 訊息機制 | 3. 控制機制 |

指與成果相關之給付方式，不同給付方式將改變代理人的行為。

指增加政府獲得透明化訊息的機制設計，避免委託人與代理人間的訊息不對稱，包括進行服務供給者間之成果比較，或是對個別供給者服務輸送過程之監督觀察。

指科層體系所訂定的規則或規定。

六、社會服務契約委外之責信理論

（一）責信的四種基本類型

Romzek and Dubnick 提出完整的責信理論，根據期待／控制來源，以及自主程度等兩個面向，將責信關係分為層級責信、專業責信、法律責信、政治責信等四個類型知，可說是責信最基本的四種類型。說明如下：

責信類型	說明
1. 層級責信（hierarchical accountability）	當期望與控制來自組織內部，且被責信者自主程度低時，稱為層級責信。通常指組織透過階層職權對上位者服從的責信關係。

責信類型	說明
2. 專業責信（professional accountability）	強調對專業者的尊重，並從實務規範取得績效的標準。這類型的責信關係中，被責信者因為專業能力而有高度的自主權，透過績效標準規範可以避免自利的行為。
3. 法律責信（legal accountability）	法律責信可說是其他責信的最低指標，正因為強調依法要求執行，故自主性低，是典型的委託代理人關係。不過當面臨複雜而難以訂定清楚評估的情況時，會因為法規不清而導致法律責信失去功能。
4. 政治責信（political accountability）	政治責信強調的對於重要利害關係人有所回應，而利害關係人可以藉由終止合約或行使權力終止關係。例如：選民可以運用選票將民意代表淘汰出局。

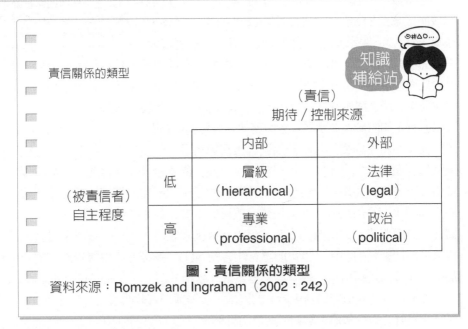

圖：責信關係的類型
資料來源：Romzek and Ingraham（2002：242）

（二）新修正之四種責信關係與類型

　　Romzek and Dubnick 在 1994 年對四種責信關係與類型提出修正，新增道德倫理（Moral and ethical），意指組織成員須秉持道德良知注意行為規範，並避免自利行為產生。這五種責信類型依照內部與外部控制來源強度可繪製成系統光譜圖。

　　道德倫理強調組織自我控制能力，光譜越偏左側的責信類型強調的是外部控制，越偏右側顯示責信自我控制越強。

政治責信　　法律責信　　　　層級責信　　專業責信　道德倫理責信

外部控制　　　　　　　　　　　　　　　　　　　　　　自我控制

圖：責信系統之外部控制——自我控制光譜

七、社會服務契約委外面臨的問題與挑戰

（一）契約委外真的可藉由競爭達成節省成本或提升效率的目的嗎？

　　新公共管理主要欲藉由引進市場的「競爭」機制，以降低成本及提升效率。研究發現，契約委外之成本節約是有限的，且隨著時間的推移而遞減，以及技術領域的成本節約要比社會服務領域高出許多。另外，市場上存在可供採購者選擇的多位供應者，是實質競爭的先決條件之一。但我國雖經積極「扶植」民間力量，仍有許多地方偏遠地區的社會服務契約委外是因數量或能量不足，致缺乏競爭。因此，社會服務契約委外欲藉由競爭來降低成本及提升效率，實已面臨到現實環境的嚴峻考驗。

（二）有足夠的參與並承接社會服務契約委外的服務嗎？

　　社會服務契約委外有時候因社會服務數目很少，沒有太多的選擇，造成一旦有提供福利服務之願意承接，往往就是「永遠」的承接，或「拜託」參與投標。在這種情況下，能否實現藉由競爭來提升服務的效率和品質的期待，其結果不言而喻。完全仰賴單一的供給者（無論是政府或民間企業）都是危險的，國內在許多特殊方案（如身障服務）或偏鄉的方案，仍少有機構願意投入；另外資訊不對稱，不僅構成公私部門緊張的關係，也可能讓有能力的 NPO「選擇」不要接受政府委託；若再加上可能傾向選擇對自己較有利的方案之「軟柿效應」（cream-skimming effect）現象，許多「有需求但無服務供給」的困境，仍難獲得有效改善。

（三）是真心抱持著追求契約所期待的目標嗎？

　　參與社會服務契約的競標，其初衷往往是以服務弱勢人口群為其使命，理論上，若契約內容符合組織的宗旨或使命，將可創造出政府、NPO 和服務人口群三贏的局面。然而，政府與 NPO 往往具有不同的目標與利益，一旦簽約後，NPO 可能出現追求自身而非契約（政府）目標的「道德風險」例如，許多 NPO 承接政府方案是為了方案中的全職人力以兼辦組織會務、維持組織運作，甚至不乏政治人物成立或掌握的 NPO，假社會服務之名行「政治綁樁」之實。另外，在競標的環境裡，也可能出現盲從於潮流而走向市場化的 NPO，其原本角色的發展可能因而受阻，甚至出現

Weisbrod 所指的「營利的偽裝」（for-profit in disguise），即金錢的目標會主導機構的決策，而非利他主義的目標。因而，若欲以市場模式透過 NPO 來達成社會服務的目標，實務上仍可能面臨極大的掙扎與挑戰。

（四）契約委外可以達到扶植地方型或社區型嗎？

若欲提供快速、方便之可近性的服務，扶植並布建能夠承接契約委外的小型或社區型，實為必要之措施；然而，在契約委外實施多年後，社會服務契約委外的經費儼然成為機構生存的主要支持，NPO 仰賴政府的購買服務契約的經費比例越來越高，甚至有的 NPO 百分之百仰賴政府經費補助，但是契約委外的給付常因預算程序僵化、付款時程延宕、預支現金困難等因素而需要 NPO 先行墊付，這不僅讓大型 NPO 大喊吃不消，也讓許多中小型的 NPO 可能因需預先墊付，以致財務能力薄弱而影響服務的提供，甚至可能無法按時發放員工薪資。因而，在不利的預算或財務因素情境下，為能夠讓服務契約順利被委託，行政單位可能傾向與大型 NPO 簽約，因為這些不僅財務狀況較佳，甚至還可能做出契約之外的額外服務，以提升其社會聲譽。然而，這種偏好與大型 NPO 簽約的舉措，不僅使得扶植地方型或社區型 NPO 來參與競標的策略大打折扣，降低契約委外的實質競爭性，反而可能造成社會服務的連鎖化與寡占。

（五）公部門行政人員對契約委外業務有足夠的規劃與管理能力嗎？

政府採購法下的社會服務契約委外的業務人員，不僅需要具備規劃及撰寫委外招標計畫的專業知能，委外後也要有管理契約的能力。臺灣社會服務契約委外政策的推動雖然有諸多目的，但真正促發社會服務大量委外的因素是政府再造運動，要求精簡人力所致；再加上，在政府採購法前，政府部門對於社會服務只有補助文化、沒有契約文化，因此相當缺乏對契約管理的概念。依據目前政府機關社會行政人員的任用，係經由國家考試而產生，不但不一定是社會工作相關科系畢業者，往往也缺乏直接服務的經驗，因此，對於社會服務契約委外之招標規劃撰寫，可能因缺乏專業知能而難以妥適規劃，其可能採取的作為往往是依前一年的計畫略做修改，抑或向其他單位找尋類似的計畫做參考；前者可能因僅依循以往的作法，而未能考量環境的變化而做調整，更遑論要有「創新」作法；後者可能因未能考量需求或潛在投標者的變異，無法適時調整招標的內容。另外，當契約順利委託後，若缺乏管理契約的相關知能，便可能僅著重於一些財務、報表或文書的要求，對需要高度投入服務輸送的承接單位，不僅未能提供增進服務能量或品質的輔導或協助，反而可能因過度著重於文書或報表的催繳，而將原本具有彈性或自主性的民間部門，帶進一種僅著重程序而疏忽成果之缺乏效率與彈性的科層困境。

（六）契約委外的方案能夠招募並留住足夠的社工專業人力嗎？

社會服務契約的承接者往往需要接受委託單位之繁複制式的履約監督，對小型

NPO 的承接者，相當有限的約聘專案人力（尤其是專業社會工作者）往往耗費大量的精力在應付繁雜的行政業務（例如，例行性的報表、評鑑的準備）；對較大型的NPO，可能設置特別或專責單位，統籌與地方社會福利行政機關的監督事宜，卻導致 NPO 內部的組織架構與分工更加複雜，甚至使 NPO 朝向更加「科層化」的組織型態轉型。一種原本欲藉由引進企業經營理念以改變公部門之僵化、無效率的工具策略，反而將 NPO 帶進另一種的無效率和僵化。另外，相較於公部門的工作條件和待遇，民間部門不僅是低薪，且因「一年一約」造成穩定度不足，使得各大學剛培養出的社工生力軍，往往在畢業後即致力於公職考試或行政職缺。例如：衛生福利部推動的《強化社會安全網》計畫，即大量的吸走許多較具實務經驗的民間社工人員。這使得許多社會服務的委外方案，似乎永遠都是由缺乏經驗的「新手」接辦，再加上有些服務方案未能給予內部督導的職缺，讓「新手」可能因孤立無援而受挫，進而萌生轉職或去職的意向，再加上不時耳聞的「薪資回捐」問題，更突顯契約委外方案下社工人員的惡劣環境。

（七）契約委外的外聘督導及評鑑考核機制能夠提升服務方案的績效嗎？

社會服務契約委外的成果是無形且難以具體訂定的，儘管契約內容往往會規定服務的數量（產出）或頻率，但其真實效益或品質卻是難以衡量的。為確保服務的成果或品質，契約中往往會透過外聘督導及評鑑考核機制因應之。對許多承接契約的小型 NPO 而言，負責服務輸送的專業人力經常是欠缺經驗的職場新手，卻礙於組織的規模及能量而少有聘僱內部督導的能力，若委託的方案中能給予外聘督導的經費，當有助於員工專業知能的提升，亦可避免因可能遭遇過多的挫折而衍生偏高的流動率。然而，當前社會服務契約委外的方案規模龐雜，涉及的領域相當廣泛再加上缺乏不充足或不合理的經費，常使得有些承接單位難以覓得符合領域或專長的外聘督導，致使能夠提供的專業協助有限。另外，無論是契約委外的招標審查，抑或配合方案進行的評鑑，也需要有所謂專家學者的參與；然而，招標或評鑑時能否邀請真正的專家學者參與，不無疑慮，尤其是評鑑時常出現「專業非專業」或「專家非專家」的評鑑者，甚至即便是專家，亦可能出現不同評鑑者對同一評鑑項目見解互異，而令接受評鑑者無所適從，進而不利於服務方案執行的績效或品質。

八、對社會服務契約委外失靈的困境與挑戰之建議（回應）

（一）全面審視社會服務契約委外的可行性

「契約委外」是新公共管理觀點下的產物，其主要的目標在於欲將「市場」的原理引進公共服務，以

榜首提點

本項在申論題的命題中，亦屬於考題架構偏大，如無事先加以扼要整理，勢必難以在考場從容應答。請考生研讀本項內容後，綜整思考並整理出洗鍊的論述內容，用自己整理過的論述資料，在考場上將更得心應手。

450

降低成本、減少浪費及追求效率。然而,無論是國內外的案例或經驗,這項披著「新公共管理」或「新管理主義」外衣的政策工具,早已顯現出疲態與失靈的樣貌。例如,研究者早已指出:「儘管新公共管理被一群崇拜者供為典範,它終究可能只是個即將褪色的短暫議題」,甚至引發「新公共管理真的死了嗎?」的討論或「新公共管理已死!」的評述。「競爭產生效率」,社會服務契約委外將「委外」、「競爭」與「責信」巧妙地串連起來,提供一個美好的想像空間。我國社會服務契約委外面臨的困境,須有政府部門以更開放的態度來面對,並且正視其所帶來的挑戰,才能因應社會服務契約委外將可能是一場政府、NPO 和服務使用者之間共同的夢魘之難題。

(二)營造公私部門真誠、互信與互惠的協力夥伴關係

「委託人—代理人理論」(principal-agent theory)期待藉由一套誘因系統來擴大利益,並建立分享責任的機制,然而,代理人在契約中的問題是,委託人與代理人之間的資訊欠缺及契約兩造的目標分歧,因此,交易過程中可能充斥著資訊不對稱、投機行為、道德風險、逆向選擇的疑慮,若再加上契約簽訂後的「一年一約」、監督及評鑑的舉措,皆可能讓委託人與代理人陷入一種「不信任」或「不情願」的夥伴關係,甚至衍生出「手段」與「目的」錯置的運作模式。以契約委外作為政策工具,早已引發或出現諸如政府喪失對公共服務輸送的控制或責信、政府難以監督績效因而承接廠商可能降低公共服務的品質、契約委外的政治考量所引發的資源浪費、承接契約廠商透過貶抑勞動條件來取得競標優勢(例如,臺灣社工薪資回捐)等。為避免委託人—代理人交易過程中,可能因過於權謀而影響服務輸送的品質與績效,社會服務契約委外如何在委託人(政府部門)和代理人之間取得權力的平衡,進而將焦點置於服務的輸送,如何循序漸進地建立利害關係人之間真誠、互信、互惠關係,並試圖從「短期交易契約」轉向「長期交易契約」修正,再輔以「短期關係契約」,進而邁向真正協力夥伴的「長期關係契約」,實為未來發展或調整契約關係必須正視的議題。

(三)以社會(影響)績效指標取代過於量化的經濟指標

契約委外其運作的場域是一種「準市場」(Quasi-markets),經濟、效率與效能不必然會是主要的考量,它可能是政府怕責難而不得不「為民營化而民營化」或「為委外而委外」,可能是 NPO「為生存而承接契約」,其結果可能衍生出政府因缺乏強化監督與降低成本的動力,而難以維繫服務的品質與績效;NPO 也將為追求較穩定的財務來源,而陷入「契約 vs. 慈善使命」以及「契約 vs. 自主性」的兩難。若再加上隨著服務需求的上揚,而須不斷地花費財力與精力去「培力」與「扶植」一些看似難以永續的民間團體,社會服務契約委外即可能會在一種「民營化」及「扶植民間團體」的口號下,虛耗有限的社會福利資源。為避免政府部門及 NPO 陷入民營

化的經濟、效率與效能的迷思，積極研議社會（影響）績效指標（例如，良好的服務品質、員工關係、社區關係、良好的網絡關係），以替代過於著重數據的經濟指標（例如，服務次數、頻率、成本），抑或找尋可均衡社會－經濟的績效指標，或可為社會服務契約委外開展出通往「基於信賴與社會資本之長期關係契約」的新出路。

（四）強化 NPO 之組織經營與管理的能力

社會服務契約委外本是一項市場機制的運作，無論是委託人或代理人皆需要有管理相關的知能。對扮演委託人角色的政府行政人員而言，本身必須要能具備契約管理的知能；對扮演代理人角色的 NPO 而言，除要能具備履行契約的相關知能外，也需要具備 NPO 經營管理之道，以因應政府及社會對績效、品質與責信的要求。特別是若欲接受社會服務委外之市場化的挑戰，更應充實組織的能力及熟悉市場遊戲規則，以降低組織可能面臨的風險或挑戰。強化組織經營與管理，提升 NPO 的績效與責信。

（五）積極培育兼具契約管理與社工專業之跨領域及跨專業的人才

無論是委託人或代理人，社會服務契約委外的主要行政人力，往往是以社會行政或社會工作專業為主的工作人員。然而，在實務的環境裡，地方政府社會服務單位的行政人員，並不必然具有社會服務契約規劃該有的知能。另外，NPO 的工作者（尤其是社工專業人力），或因組織尚處於「被扶植」或「被培力」的階段，或因高流失率導致新手經驗不足，甚或因組織領導者或管理者過於功利，而導致品質、績效與責信的不良。為降低「社會服務契約委外」的各種負面現象，政府及涉獵其中的社福型 NPO 不能輕忽契約管理的重要性及專業性，應透過員工的在職訓練，積極培育相關人員為兼具社工專業與契約管理知能的跨域工作者，以為優質且具責信的社會服務輸送培育必要的基礎人力。

九、社會服務契約委外與志願部門

（一）契約文化下之志願部門的兩難

志願部門與政府之間的夥伴關係，在契約委外的志願部門卻已面臨諸多互有關聯的兩難，茲歸納說明如下表：

榜首提點

社會服務契約委外與志願部門為金榜，考題分成二個方向：契約文化下之志願部門的兩難、契約文化下之志願部門的出路。請建立統整的論述能力，是本議題取得高分的關鍵法門。

兩難	說明
1. 財源之不確定性	契約固然為志願部門帶來更多財源的機會，然而，當志願部門擁有愈多政府經費或成為更「師法企業」（business-like）的參與者，將可能影響它從非政府部門取得的財源，捐款人可能認為應將錢捐予其他資源缺乏之機構，而導致排擠的潛在問題。但因契約具有競標性質，若無法順利取得合約時，在原有捐款者已轉移至其他機構時，即可能令機構面臨財源不確定性的困境。
2. 契約與慈善使命之間	契約關係中通常由政府扮演主導性角色，當政府對服務提供的對象與項目有所規定與要求，此已限制了志願部門對服務案主與服務內涵的選擇。志願部門的初衷往往是以服務弱勢人口群為其使命，但現今可能因契約關係的驅使，促使志願部門游移在組織使命與契約之間，甚或完全在契約的規制下喪失其原有性格，特別是組織為確保其生存時，更易於陷入慈善與使命的兩難之中。
3. 契約與自主性之間	地方政府以監管或組織對政府財源的依賴，取得契約關係中的主控地位；相反地，志願部門將可能產生對自身獨立性與自主性地位之疑慮，這是志願部門最為擔憂之處。
4. 走向市場化趨勢或營利的偽裝	在競標的環境裡，當組織必須隨時關心組織應建立何種角色，或盲從於潮流而走向市場化時，原本志願部門角色的發展可能因而受阻，甚至出現 Weisbroad 所指的「營利的偽裝」（for-profit in disguise），即金錢的目標會主導機構的決策，而非利他主義的目標；這種「虛偽」（false）的非營利組織，會以偽裝的形式極大化利潤並分配利潤（如較高的薪資或津貼），或極大化收益，讓管理者享有權力與聲譽。
5. 另類的無效率	當志願部門因取得契約而擴大其組織時，他們也許會仿效其所取代之提供者（政府部門）的結構和組織，在運作上變得更師法企業，且在直接個案服務和行政工作上聘僱更多員工。矛盾的是，他們卻開始經歷其所替代之服務供給者在服務輸送上所遭遇的困難，其結果即是增加與使用者間的距離，投入更多經費於處理契約義務的行政事務，造成較少資源投入直接的工作，而可能陷入資源缺乏效率的困境。

（二）契約文化下之志願部門的出路

出路	說明
1. 廣闢各種財源管道	欲減少對政府財源的依賴，組織應適度地擺脫對契約的過度依賴，透過發展募款策略和方法開闢他類財源，特別是建立財務徵信制度以取信於捐款人。機構的品質即代表機構的責信，也是機構處於契約文化的福利服務市場下，因應各種挑戰的根本之道。
2. 與政府和其他機構重建真正的夥伴關係	政府與志願部門之間的權力關係，如何在各種兩難之間取得平衡，以夥伴關係替代競爭實為另一種謀求解決的方法，而真正的夥伴關係則應建立於信賴的基礎上。
3. 尋求組織管理之道	無論志願組織是否加入市場，責信與品質保障之建立皆應被要求，若欲加入市場，更應建立組織管理之道。組織成員必須視改變和創新是生活中不可或缺的一部分，持續不斷接受挑戰，創造更具彈性、創新與變革的管理文化。
4. 以社會企業家為典範	志願服務組織需秉持社會企業家的志業，亦即須抱持組織的目標在於能改善這個世界，評價組織成功與否的標準，不在於創造利潤的多寡，而在於其創造社會價值的程度。

 練功坊

★ 志願部門與政府之間的夥伴關係，在契約委外的志願部門卻已面臨諸多互有關聯的兩難，請說明所面臨之難題有哪些？

解析

茲將在契約委外的志願部門所面臨的諸多互有關聯的兩難，說明如下：

（一）財源之不確定性：契約固然為志願部門帶來更多財源的機會，然而，當志願部門擁有愈多政府經費或成為更「師法企業」（business-like）的參與者，將可能影響它從非政府部門取得的財源，捐款人可能認為應將錢捐予其他資源缺乏之機構，而導致排擠的潛在問題。但因契約具有競標性質，若無法順利取得合約時，在原有捐款者已轉移至其他機構時，即可能令機構面臨財源不確定性的困境。

（二）契約與慈善使命之間：契約關係中通常由政府扮演主導性角色，當政府對服務提供的對象與項目有所規定與要求，此已限制了志願部門對服務案主

與服務內涵的選擇。志願部門的初衷往往是以服務弱勢人口群為其使命，但現今可能因契約關係的驅使，促使志願部門游移在組織使命與契約之間，甚或完全在契約的規制下喪失其原有性格，特別是組織為確保其生存時，更易於陷入慈善與使命的兩難之中。

（三）契約與自主性之間：地方政府以監管或組織對政府財源的依賴，取得契約關係中的主控地位；相反地，志願部門將可能產生對自身獨立性與自主性地位之疑慮，這是志願部門最為擔憂之處。

（四）走向市場化趨勢或營利的偽裝：在競標的環境裡，當組織必須隨時關心組織應建立何種角色，或盲從於潮流而走向市場化時，原本志願部門角色的發展可能因而受阻，甚至出現 Weisbroad 所指的「營利的偽裝」（for-profit in disguise），即金錢的目標會主導機構的決策，而非利他主義的目標；這種「虛偽」（false）的非營利組織，會以偽裝的形式極大化利潤並分配利潤（如較高的薪資或津貼），或極大化收益，讓管理者享有權力與聲譽。

（五）另類的無效率：當志願部門因取得契約而擴大其組織時，他們也許會仿效其所取代之提供者（政府部門）的結構和組織，在運作上變得更師法企業，且在直接個案服務和行政工作上聘僱更多員工。矛盾的是，他們卻開始經歷其所替代之服務供給者在服務輸送上所遭遇的困難，其結果即是增加與使用者間的距離，投入更多經費於處理契約義務的行政事務，造成較少資源投入直接的工作，而可能陷入資源缺乏效率的困境。

★（　）若與非社會服務的契約做比較，下列何者是社會服務契約的特性之一？
　　(A) 工作要求較容易訂定
　　(B) 長期性的方案結果較難確定及監督
　　(C) 績效的監督著重在有形的任務或輸出
　　(D) 任務通常較為標準化與定量

解析

(B)。社會服務契約的特性：任務通常較複雜且不確定；長期性的方案結果較難確定及監督；績效監督難以進行；績效難以測量，因為大部分的服務無法由案主的成果進行判定，處遇方式難以標準化，工作人員的決策適當性亦難以評量。

重點便利貼

❶ 財務管理對社會服務機構經營的重要性（功能）：（1）確保組織的經濟效益；（2）保障員工的信譽與安全；（3）提升組織的形象與責信；（4）專注於組織目標的實踐；（5）充權管理者和員工。

❷ 預算的功能：（1）規劃；（2）協調；（3）溝通；（4）激勵；（5）控制；（6）績效評估。

❸ 逐項預算：或稱為「單項預算」。逐項預算就是簡單列出那些用來顯示整個機構來年預計支出預算的項目與金額數量。因這種方法往往是以當年的預算作為規劃來年預算的基準，故又稱之為歷史預算法（historical budgeting），又因為它常是以漸增方式為基礎，規劃未來年度的預算，又被稱為漸進式預算法（incremental budgeting），這種漸增通常是對通貨膨脹的反應。逐項預算每個項目是互斥的。

❹ 功能式預算：或稱績效預算。功能式預算主要係檢視機構提供服務及產出之成本支出。意即，將方案總成本除以方案的服務總數（outputs）。功能式預算同時考量到方案的直接支出與間接支出，方案被定義為在互斥的（在服務及活動中沒有重複）與周延的（必須計算所有提供的服務）的情況下，型塑出機構的方案結構。

⑤ 方案預算：或稱計畫預算。方案預算係檢視機構達成方案目標背後之成本支出。意即，將方案總成本除以方案的成效總數（outcomes）。方案預算除必須納入功能性預算數目外，也必須關注到計算每一方案預算支出之結果的方案產出。

⑥ 零基預算：零基預算運作的前提是機構必須由一無所有開始，且機構要為其每年所做的財務要求辯護。即機構每年從零開始，且不管服務方案以往或現在是否存在，要為其第二年所提的預算做說明及辯護。

⑦ 成功募款的基本原則：(1) 建立深且廣的贊助者群眾基礎；(2) 與最佳贊助人建立長期、穩定的關係；(3) 提供捐款者多樣化的選擇機會；(4) 遵守一定倫理規範的募款工作。

⑧ 募款的操作過程：(1) 分析募款市場；(2) 成立募款單位；(3) 設定募款目標；(4) 運用募款技術與方法擬定行銷組合；(5) 募款方法的決定與運用；(6) 績效評估。

⑨ 契約文化下之志願部門的兩難：(1) 財源之不確定性；(2) 契約與慈善使命之間；(3) 契約與自主性之間；(4) 走向市場化趨勢或營利的偽裝；(5) 另類的無效率。

⑩ 契約文化下之志願部門的出路：(1) 廣闢各種財源管道；(2) 與政府和其他機構重建真正的夥伴關係；(3) 尋求組織管理之道；(4) 以社會企業家為典範。

擬真考場

申論題

現代社會服務機構需要經費來維持營運與提供服務，一般認為長期且穩定的捐款收入是機構穩定運作的基礎，請說明如何達成一項成功的募款？

選擇題

( ) 1. 最能夠顯示某一個非營利組織財務狀況的是：
  (A) 資產負債表　　(B) 現金流量　　(C) 收支預算表　　(D) 資本門支出

( ) 2. 預算的類型中，要求將方案與服務資料與預算資料相結合，亦即同時考量到方案的直接支出與間接支出，稱之為：
  (A) 逐項預算法　　(B) 方案預算法　　(C) 零基預算法　　(D) 功能式預算法

解析

申論題：

如何達成一項成功的募款之說明：

（一）建立深且廣的贊助者群眾基礎：募款活動應該盡量擴大參與，以求能出現
　　　最大量的贊助者，因而，募款的第一課，即是要在無限寬廣的社會群眾裡，
　　　辨識出樂意出一點力贊助慈善事業的人，接著就是逐漸增加他們捐助的意
　　　願，更重要的是爭取為數眾多的小額捐款者。

（二）與最佳贊助人建立長期、穩定的關係：若機構能持續追蹤記錄善款流向，
　　　並讓贊助人曉得受惠之民眾，即可強化贊助人對機構的信心，認同機構之
　　　目標，並願意加倍出力協助。若再配合簡易、方便的捐款方法，將可促成
　　　更加穩定且長期的贊助。

（三）提供捐款者多樣化的選擇機會：捐款人若有多樣且方便的選擇機會，則可
　　　以刺激其捐款意願。例如：諮詢函、網際網路或與公司行號合作，讓員工
　　　自願由薪水中扣除部分比例繳交的方式。

（四）遵守一定倫理規範的募款工作：實務經驗顯示，贊助人要求募款工作者遵
　　　守一定的倫理規範，否則，若發生濫用善款醜聞，不僅會影響到自己機構
　　　的募款，可能連其他的慈善機構也因此遭到質疑。

選擇題：

1. A　資產負債表是反應組織在某一特定時間的財務狀況，名稱的由來根據數
　　　學方程式即：資產總額 = 負債 + 產權（基金餘額）。又稱「平衡表」，
　　　是藉由資產、負債及基金的分布，了解組織各項流動及固定資產、基金
　　　餘絀與負債狀況，可初步評估組織的穩定性與流動性。當組織年度結束
　　　時，將所有資產、負債與股東權益做成一張統計清單。根據一般會計原
　　　則，資產負債表的數字皆為歷史成本，多為帳面價值，屬於靜態報表，
　　　與市場價值不一定相同。

2. D　功能式預算或稱績效預算。功能式預算主要係檢視機構提供服務及產出
　　　之成本支出。意即，將方案總成本除以方案的服務總數（outputs）。功
　　　能式預算要求將方案及服務資料與預算資料相結合，透過功能式預算的
　　　編列，簡單的預算類目不再是系統的焦點，而是要計算全部方案成本的
　　　數目，並用於決定每一方案之服務單位成本的基礎。亦即，功能式預算

同時考量到方案的直接支出與間接支出，方案被定義為在互斥的（在服務及活動中沒有重複）與周延的（必須計算所有提供的服務）的情況下，型塑出機構的方案結構。

Note.

社會工作團隊、網絡、行銷、資訊、變革、風險管理

榜·首·導·讀

- 社會服務策略性行銷的步驟是重要考點,請務必詳讀並明了其內容,並請以申論題形式準備。
- 5P 為測驗題金榜考點;另新增第 5 個 P 為何?亦為金榜考點;「7P」模式,亦為金榜考點。
- 行銷策略的相關名詞為測驗題的金榜考點。
- Kurt Lewin 提出的組織變革三階段模式為經典考題,請詳讀。
- 抗拒變革的因素與降低變革抗拒的技巧,為金榜考點。
- 抗拒創新的原因與應對策略／步驟,請做完整的準備。

關·鍵·焦·點

- 社會服務行銷(非營利)與商業(營利)部門行銷的差異,兩種之比較為基本題型。
- 風險管理執行的四個要項為申論題及測驗題重要考點,請詳加準備。

命·題·趨·勢

年度	110年		111年				112年				113年	
考試	2申	2測	1申	1測	2申	2測	1申	1測	2申	2測	1申	1測
題數		4		7		7		8		11	1	7

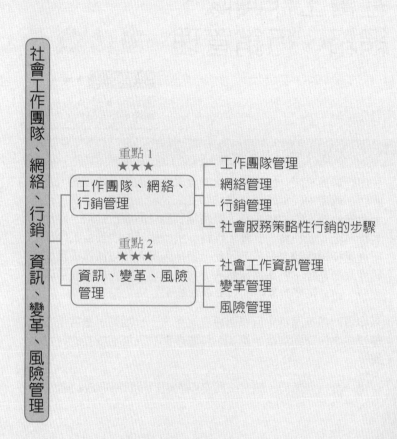

社會工作團隊、網絡、行銷、資訊、變革、風險管理

重點 1
★★★
工作團隊、網絡、行銷管理
├ 工作團隊管理
├ 網絡管理
├ 行銷管理
└ 社會服務策略性行銷的步驟

重點 2
★★★
資訊、變革、風險管理
├ 社會工作資訊管理
├ 變革管理
└ 風險管理

重點 1 社會工作團隊、網絡、行銷管理

一、工作團隊管理

（一）組織中的團體類型

類型	說明
1. 指揮團體（command group）	係由一群擁有同一位直屬主管的員工所組成的工作團體，這類團體在組織中經常是以部門的形式來表現。例如：各縣市政府社會處的社會行政科、身心障礙福利科、社會救助科、婦幼福利科、老人福利科、社會工作科。由於組織內的許多工作都必須透過指揮團體來完成，因此，指揮團體對於組織達成目標的程度攸關甚鉅；而指揮團體的上司或領導人的角色就變得非常重要，將會影響到團體的效率與效能。
2. 任務小組（task force group）	係指專門為處理特定目標而設立之正式工作團體，通常是在目標達成之後隨即解散。例如：為處理某次災害而成立的特定小組。
3. 友誼團體（friendship group）	係由一群相處融洽，經常彼此交際的組織成員所形成的團體。
4. 利益團體（interest group）	當組織成員藉由共同努力來達成共同目標或目的時，即形成所謂的利益團體，指一群關懷員工權益的成員共同致力於推動員工福祉的相關活動。

（二）工作團隊與工作團體之比較

1. 工作團隊（work team）是指經由成員間共同的努力，會創造出正面的綜效，團隊成員個人的努力大於個人投入總和的績效水準。

2. 工作團體（work group）係指成員間藉由互動的方式分享資訊，並且共同制定決策，以利於團體成員順利完成其工作任務；工作團體沒有需要或機會去從事要共同努力的集體工作，所以其績效是所有成員個別貢獻之加總，並無正面的綜效（positive synergy）以創造大於個人投入總和的績效水準。

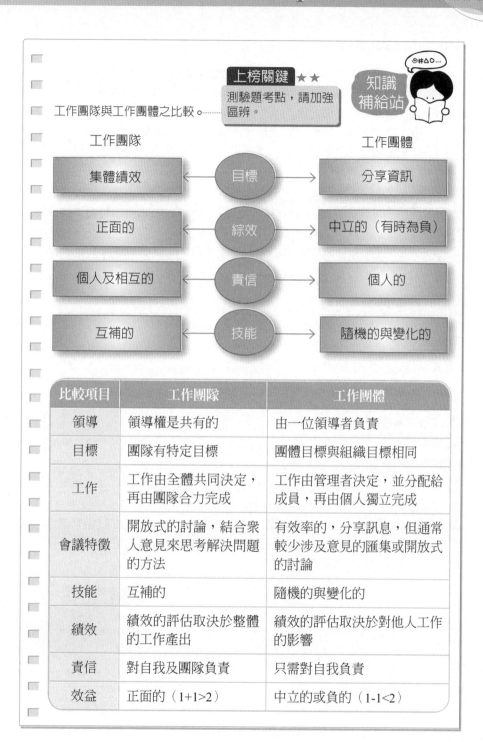

上榜關鍵 ★★
測驗題考點,請加強區辨。

知識補給站

工作團隊與工作團體之比較。

工作團隊 / 工作團體

集體績效	← 目標 →	分享資訊
正面的	← 綜效 →	中立的(有時為負)
個人及相互的	← 責信 →	個人的
互補的	← 技能 →	隨機的與變化的

比較項目	工作團隊	工作團體
領導	領導權是共有的	由一位領導者負責
目標	團隊有特定目標	團體目標與組織目標相同
工作	工作由全體共同決定,再由團隊合力完成	工作由管理者決定,並分配給成員,再由個人獨立完成
會議特徵	開放式的討論,結合眾人意見來思考解決問題的方法	有效率的,分享訊息,但通常較少涉及意見的匯集或開放式的討論
技能	互補的	隨機的與變化的
績效	績效的評估取決於整體的工作產出	績效的評估取決於對他人工作的影響
責信	對自我及團隊負責	只需對自我負責
效益	正面的(1+1>2)	中立的或負的(1-1<2)

（三）工作團隊的類型

團隊類型	說明
1. 問題解決團隊（problem-solving team）	係由相同部門或相同功能領域的成員所組成，其目的是要改善工作活動或解決特定的問題。在問題解決團隊中，成員分享想法或提供改善工作流程及方法的建議，最廣爲人知的問題解決團隊就是品管圈（quality circles）。
2. 專案團隊（project team）	典型的專案團隊係爲某一特定的任務而組成，團隊成員係建立在個人的專門技能和經驗。專案團隊的功能只有在爲解決某一特定的問題才組成，當問題已解決即解散，因此，他們往往僅在一定期限內工作，管理者保有同意或否決方案團隊的建議。
3. 自我管理工作團隊（self-managed work team）	係指一種團隊成員可以自行領導和管理自己，並決定團隊執行任務的方法。
4. 跨功能工作團隊（cross-functional work team）	係由同一層級但不同工作領域的員工所組成，他們集合在一起以完成某一特定任務。
5. 虛擬團隊（virtual team）	虛擬團隊成員之間的溝通或互動，絕大部分是透過電子方式而非面對面來進行；亦即，成員使用許多新資訊科技來分享資訊、互動和達成目標。團隊成員的互動可能是即時相互溝通，如視訊會議和電子會議，溝通也可能是非即時的，如電子郵件、電子布告欄等。

上榜關鍵 ★★
測驗題考點。

（四）高效能團隊／高績效團隊

高效能團隊（high-performing teams）的四項因素（4Cs）：Dyer 提出

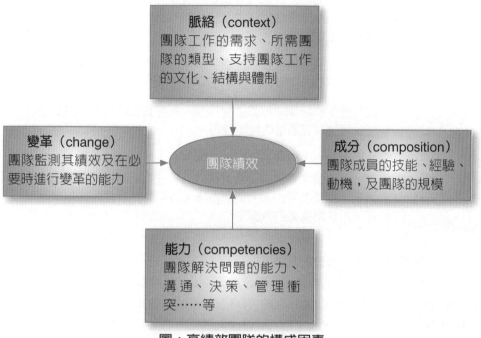

圖：高績效團隊的構成因素

（五）高效能團隊的特徵

特徵	說明
1. 明確的目標	對於其所要達成的目標有清楚的了解，並且相信該目標隱含著值得追求的價值或是重要的結果。
2. 共同的承諾	將使得成員對團隊表現出強烈的認同，且願意為團隊的目標奉獻。
3. 相互信任	有效團隊的特徵之一即是其成員彼此皆能相互信任，亦即成員們相信彼此的正直、人格及能力。
4. 適宜的領導	適宜的領導者引領而非控制團隊未來的方向，指出達成目標的途徑，協助員工克服困難，增加團隊信心，並率領團隊一起向目標邁進。

特徵	說明
5. 良好的溝通	良好的溝通可讓團隊成員和管理階層得到適當的回饋,以增進彼此的了解,進而提高團隊成員的向心力與認同感,以協助團隊創造更佳的績效。
6. 相關的技巧	團隊要完成某項任務或達成目標,可能涉及到多方面的技巧和能力,協力合作有助於團隊任務和目標的達成。
7. 協商技巧	高效能的團隊傾向於彈性與持續的調整員工的角色,因此團隊成員需要具備適當的協商技巧。
8. 內部與外部的支持	有效團隊必須要獲得團隊內、外部的支持。內部包括適當的訓練、能正確衡量個人及團體績效的績效評估制度、報酬和獎勵體系,以及支持的人力資源系統;外部包括管理者應提供團隊完成工作所需要的資源。

(六)專業團隊的建構、維繫與挑戰

在社會工作的脈絡裡,團隊係為滿足或解決多元或複雜的照顧、服務需求或問題所組成的工作團體,其成員係來自不同專業領域,但彼此透過專業分工、協調與合作方式,致力於共同確認的使命、宗旨或目標。因而,「團隊」主要被用來描述不同的服務提供者為處理同一案主群的問題或需求,而規律性的在一起工作,通常他們是來自不同專業或不同任務者的一個機構之工作團體。

1. 專業團隊的重要性/優點

上榜關鍵 ★★
申論題、測驗題考點。

(1)可避免服務提供的零散、重疊與重複配置,增進資源使用的效率,並提升服務輸送的品質與標準。

(2)可有效善用各部門的資源及專業員工的技術,並發揮資源網絡的功能與員工的潛能。

(3)可透過整體計畫及目標導向的服務輸送,以減少服務的鴻溝和間斷。

(4)可彼此分享服務的目標,有助於專業角色和任務的分工、協調與整合。

(5)可透過部門間與專業間的相互合作和支持,營造出更適意的工作環境。

(6)可實現整合性、全面性與全人性的照顧服務輸送。

2. 建構有效專業團隊的作為

上榜關鍵 ★★★

社會問題多元化,建構專業團隊協助案主,將可發揮更佳的處遇效果;專業團隊的建立,涉及專業之間的隔閡等因素。因此,在建構專業團隊的作為,考生必須對此多預為準備,才能寫出有架構的論述。

(1)了解專業互動的願景與目的:團隊成員必須要以寬廣的視野看待專業的結合,而非侷限於狹隘的本

位或個人主義。

（2）確認團隊成員了解自己及他人角色：協助發展和界定個別成員的任務和角色，也要讓團隊成員了解他人的角色，以促進團隊的順利運作。

（3）避免專業角色的緊張與對抗：專業主義的作祟是團隊運作的無形障礙，不同的專業要彼此相互承認，尊重接納個人、組織和實務層次上的差異，以便藉由這種差異維持體系的創造力，並為可能的衝突開創可溝通的管道，以避免團隊成員陷入專業間的混淆、緊張與對抗。

（4）建立相互尊重的夥伴關係：成員們要去學習並認知團隊內每個人皆有其特定的角色待扮演，且每個人的貢獻都是同等重要的。

（5）營造相互支持的工作環境：鼓勵員工能相互分享、回饋和討論，而非否定其處境或問題。

（6）尊重服務使用者的參與機會：專業人員若過於執著於專業主義的偏見，便很可能會疏忽個案或其照顧者的真正需求，專業團隊的運作必須要能夠將個案及其照顧者的期待納入考量，也應盡量藉由充權的方式，讓他們在必要時，也能在專業團隊裡扮演積極性的角色，而非只是被動的服務接受者。

（7）增進合作與績效的可見度：團隊合作所創造的績效要能夠被檢視與表彰，以增進合作成果的可見度，進而激勵團隊的士氣。

（8）確保團隊擁有運作所需的資源：確定資源的擁有，將可有效提升專業者對於問題的解決能力，並潤滑專業者彼此之間的互動。

3. 專業團隊維繫的注意事項

專業團隊的管理可從兩方面著手，一是對團隊「人」的管理，另一種是對團隊「事」的管理，當然，兩者間也是互有關聯的。

說明如下：

> **上榜關鍵** ★
> 測驗題考點。

（1）專業團隊維繫——對「人」的注意事項

A. 確認團隊成員的角色，並提供支持：為了讓團隊能順利的運作，管理者要能導引發展並使用協議書，這將使得管理者在個別成員之任務和角色的界定上扮演重要的角色。另外，員工會對團隊重視，也許是因為他們可獲得團隊的支持，所以管理者也應該要確信好的支持工作是他所應扮演的重要角色。

B. 發展和運用遊戲規則：團隊領導者要能協助團隊發展和運用一套標準，以成為團隊討論的規則，並判斷決定的適當性。

C. 樂意接受他人影響：管理者若樂意接受他人影響，則團隊成員將會對其所做的決定更具承諾，進而更強化管理者的影響力。

D. 善用可用的知識和理解：團隊成員愈能相互了解，將會對管理者有更多的信任和回應，管理者要能給予他們必要知道或想要知道的訊息。

E. 開誠布公地處理不信任和順從：員工對具權威者有時會有不當的順從，有時候則是不信任。人們也許會認為一位被指派管理者的權力和地位，將會被用來違反他們的利益，或者他們也許會過於盲目的順從。處理這類問題時需要知道人們對你的回應，並對自己的所作所為開誠布公。

F. 讓事情能順利運作，並追求效率：讓事情開始運作，並確信員工能做他們所同意做的，這是管理者的工作。管理者要能善用溝通、記錄和轉介系統，促使許多解決問題的通道運作順暢，避免團隊成員遭遇挫折，進而提升團隊效率。

G. 確信已考量到團隊的過程：團隊要透過明確的運作過程，以獲得共同的決定和政策，這不僅可促進成員彼此間的關係，也有助於彼此對共同克服問題之能力的理解。

H. 促使服務使用者的參與：團隊管理者的主要角色在於促進團隊的合作，除了將焦點著重於案主、病患、照顧者或家庭外，也應盡量藉由充權，讓案主在必要時也能在團隊內扮演積極性的角色，而非僅是被動的接受服務者。

（2）專業團隊維繫——對「事」的注意事項

A. 在「事」的管理方面，團隊需要藉由回饋來了解服務的進展及結果，回饋有兩種形式：監管回饋（monitoring feedback）和評估回饋（evaluation feedback）。

B. 監管回饋是指比較團隊成員實際所做的和操作政策所指定的，為了準備這種檢視，管理者列出正在進行的各種相關訊息來源，包括來自轉介者的回饋、團隊成員的非正式討論，以及團隊為績效檢視所準備的正式報告和統計。

C. 評估回饋則是判斷團隊的服務對人口群之需要和需求的衝擊，亦即詢問團隊的服務和規定，是否對解決優先性的需求是正確的，為此，管理者需要團隊服務對服務人口群的衝擊與結果之相關訊息，並將它與有關需要和需求的訊息相比較，這些訊息來自轉介者和他人的判斷，以及輸出和結果的統計。

上榜關鍵 ★★
請建立監管回饋與評估回饋的概念，為測驗題考點。

4.專業團隊的兩難與挑戰

專業團隊的兩難與挑戰	說明
Payne 提出的專業團隊的兩難	1. 內部取向抑或外部取向？若我們著重於建立團隊關係，將會有更佳的合作，我們也會變得更內部取向（inward-looking），並被內在的團體或我們自己的運作狀況糾纏住。然而，在社會工作的服務輸送上，我們必須要與其他機構和團隊的專業建立關係，因而是需要對外的（look outward）。 2. 支持專業抑或限制專業？很多人將團隊視為是我們在面對外部壓力，以及機構內部要求的一個互助來源；然而，管理者卻將團隊視為一個執行組織目標的工具。同時，也有許多人擔心在一個團隊內工作，將會限制其個人和專業的自由或自主，因而，到底團隊的工作是支持我們抑或限制我們？ 3. 服務使用者的排除抑或參與？思考有關團隊工作，將會引起我們將焦點置於工作時的同事和我們的互動。然而，當代社會服務應該是要能回應服務使用者的需求；政策走向是要讓服務使用者參與影響他們的決策和所接收的服務，而團隊的建立卻似乎是要將服務使用者排除在外。
Finlay 提出實現團隊工作的目標所面臨的挑戰	1. 團隊是否提供一個全面性的服務？提供全面性的服務是團隊工作的一個優點，然而，這種好處卻可能會讓服務使用者因為多專業的提供，而產生混淆或無所適從的現象，此乃因為不同領域的專家基於彼此衝突的知識基礎，而可能提供給個案相互矛盾的「專家」建議。 2. 團隊是否較符合成本效益和效率？提供一個基於團隊成員專業分工之統整性的全面性服務，將可避免不必要的資源重疊現象。然而，團隊成員可能因欠缺充分的溝通，而出現不必要的重疊現象；此外，因需要從事一些會議和策略性的協商，也可能衍生出許多額外的工作，而變得更加無效率。 3. 是否團隊提供一個較好的經驗？團隊可提供專業間的相互激勵、支持和學習機會。然而，若團隊成員間出現過度衝突或不當的競爭，團隊將成為問題的來源，進而使得化解衝突的解決方法之決策，需優先於臨床決策。

上榜關鍵 ★★★

申論題考點，請紮實準備。

二、網絡管理

（一）社會資源的意涵

1. 在社會福利的領域裡，凡是為了因應社會需要，滿足社會需求之所有足以轉化成具體服務內涵的有形或無形的人、事、物，皆可稱之為社會資源（social resource）。為有效地解決社會／個案問題，或滿足社會／個案需求，其基本要件即是服務提供者要能具備資源管理的技能。

2. 資源管理主要包括四個重要要素：資源的盤點、開發、連結與維繫。在社會工作的實務領域裡，我們常聽到資源不足或缺乏，然而這種說法的適切性是有疑義的。事實上，正確的作應是在論及資源不足或匱乏之前，先藉由資源盤點（resources inventory）來了解既存或潛在的資源，並掌握這些資源的運用狀況。

（二）資源盤點的四大面向

1. 服務目標群

· 亦即從需求面分析誰需要資源？社會服務的提供有普及性與選擇性，不同的目標群可能會有其共同需求，也有其特定需求，資源盤點需要先掌握服務目標群的需求狀況，以利後續分類上的使用。

2. 服務提供者

· 亦即社會資源的提供者是誰？若從來源區分，資源可能來自政府部門、企業部門、志願部門（以上三者為正式部門）和非正式部門；若從性質區分，服務提供可能是來自於公部門、非營利部門或營利部門。

3. 服務供給內容

· 亦即不同的機構或組織提供何種服務？藉由對各單位提供服務內容的清查與分類，除可讓服務的資源更明確外，也可讓資源免於重複與浪費，並讓後續資源的開發能更專注於補足需求之不足。

上榜關鍵 ★★★

資源盤點是提供各項福利服務前必須進行的，四大面向的內容請熟記，請預為準備規劃之實務案例備用。例如：以進行社區內新移民家庭之托育需求為例，進行資源盤點並規劃服務的相關內容。

4.服務容量

・亦即除了掌握有哪些「單位」為「誰」提供「什麼樣」的服務外，也要能掌握提供服務量的多寡。這種服務容量的盤點，若再搭配目標群的可能需求量，將可了解到不同服務類別或內容之需求與供給間的落差，這將可對後續資源的發展或安排提供更明確的方向。

（三）網絡建構的意涵

上榜關鍵 ★★
基本觀念題。

Hardcastle, Powers and Wenocur 將網絡建構（networking）界定為網絡的評估、發展和維繫，包括設置提供物質、工具及情感的資源之實際交換的條件；例如：社會行動組織的建立，或兩個或兩個以上機構之間的服務統整協調之安排，即是一種網絡建構。網絡建構可說是個人、團體或組織之間的結合過程，參與者基於信任、承諾、溝通與合作的原則，透過彈性與非正式的互動來動員與分享資源，以提升個別及共同目標達成的機會。

上榜關鍵 ★★★★
申論題、測驗題重要考點。請詳讀建立架構，並關注細節。

（四）網絡的建構

1.網絡建構的原則／基本前提／策略

（1）情感與關懷：網絡聚集通常是非正式關係勝於正式關係，這種非正式關係超越參與者之間的正式接觸或連結，而含有一種情感的成分，這種基於情誼所建立的網絡關係，讓人們能夠以平等為基礎，從事跨組織或跨疆界的直接對話，沒有正式的結構和程序，讓人們能夠直率地表達意見，這些特性將可做為化解正式組織之冷漠和僵化的潤滑劑。促進網絡建構和維繫的力量，在於參與者可由網絡中取得或分享重要的資源、知識和影響力，因其中含有濃厚的交換與交易性質，難免可能會有「給與取」之不均的現象，在社會服務的脈絡裡，能夠避免讓可能的不均導致網絡的崩解，則在於參與者能以關懷做為參與網絡的出發點。若是建立在非利益考量的情感與關懷的原則，將可為永續的網絡奠定穩固的基石。

（2）溝通與理解：網絡建構可能是人際間、組織間或個人與組織的混合模式，基本上，它含有濃厚的跨越個人或組織的意涵，隨著參與者個人或組織的異質性，再加上參與網絡之動機或目的的不同，可能使得網絡成員間存在著潛在的隔閡。在網絡建構裡，工作者除了要能夠建立成員之間的關係，並開創共同的行動機會外，也要能夠鼓勵跨界的對話，以藉由對彼此狀況與期待的理解，來促進網絡的建構與維繫。因此，一個好的網絡溝通者除了要善用正式的溝通機制（如會議或撰寫報告）外，更重要

的是要能夠對跨文化的語言、態度和行動具有敏感度，以便能夠在交談和互動的過程中，讓彼此理解對方所傳遞之訊息的真實意涵。

（3）信任與尊重：網絡若要能夠發揮其功能，網絡成員之間的關係雖期待要能建立在情感與關懷的基礎上，但並非是要求要親密，而是必須要能夠彼此相互的信任與尊重。信任是社會資本建立的要素，網絡建構也是一種社會資本成果的展現，為此，信任對於有效網絡建構與維繫是不可或缺的要素，唯有建立成員之間的信任關係，始可降低交換或交易所必須付出的成本。唯有信任他人，並能夠致力於了解不同的觀點，以建立對關係的尊重，始可確保網絡運作對個人、個別單位與整體網絡之目的的達成有真正的貢獻。

（4）彈性與適應性：網絡建構除分享彼此的資源、知識與經驗外，其目的也是期待能夠導正或補充科層組織運作的不足。為此，網絡必須要能夠且願意抗拒慣例（傳統）與打破科層規則，這需要網絡參與者能夠持守著彈性的態度與作為，來突破既有慣例與規則的侷限。網絡建構也超越個人與組織的層次，參與者所面對的可能是一個相對複雜且陌生的環境，對於長期單打獨鬥的個人或組織，加入網絡意味著自主性的降低，也意味著需要有某種程度的妥協，特別是在一個相對不熟悉的領域中，若要能夠快速且平順的運作，就要能夠適應多變的環境，以便能夠在異質且多樣的網絡文化脈絡下適切的運作。

2.網絡建構的注意事項

（1）確立網絡建構的主導單位

網絡的建構必須要以個案的需要為前提，提供服務之潛在網絡成員（含個人和團體）參與網絡的動向，則是網絡能否形成與運作的關鍵性因素。由於政府對乏人照料之弱勢者有提供照顧的責任，且政府往往具有龐大的資源，再加上民間部門對社會服務的提供，有許多是基於政府方案的補助或委託，因而，公部門顯然是較具有主導角色，至少也必須是受政府委託的準政府單位，始能更具備正當性。

（2）從部門的內部整合到外部整合

為讓部門或專業間的網絡建構，不致因欠缺組織內部的協調而流於形式，政府的社政、衛政或相關單位，實有必要先檢視內部整合問題，並從事必要的修正與改善，以為外部的整合奠定良好基礎。

（3）網絡資源的盤點與穩定性的確立

能夠對社區已存在或潛在的資源做詳細的調查與盤點，以確認滿足需求之可用資源的多寡。資源的穩定性也是網絡運作重要的一環，特別是在資源匱乏期，可能會導致網絡成員間彼此不滿，這不僅不利於專業間或

部門間的互動，甚至也可能涉及對資源網絡存在之必要性的質疑。

（4）網絡建構的願景與目的之釐清

願景與目的之塑造及澄清，在積極面上可以讓網絡的成員彼此尊重與接納，進而提升網絡成員的士氣；消極面則可避免彼此間產生對抗或緊張。

（5）網絡成員間之夥伴關係的營造

專業間、機構／團體間和部門間，對彼此結合之權力的討論和運用必須是開放的，且彼此的互動要以相互尊重為基礎，以營造出一種相互合作與支持的夥伴關係。

（五）網絡的維繫 ○·····

1.網絡維繫的原則／基本前提／策略

> **上榜關鍵** ★★★
> 為申論題、測驗題之常見考點，請詳加準備。

（1）網絡關係必須建立在公平的原則上：網絡關係是一種「取與給」的關係，儘管網絡參與者之間的交換，不必然是每個人或每一次都要相等均衡的，但至少應讓參與者不致出現某些人或組織總是取得或總是給予的感覺，而應該是沒有人完全掌控，也沒有人是沒有負擔的，唯有建立在這種公平且平等的基礎上，網絡關係始可能易於被維繫。

（2）網絡關係必須要有實質的績效做激勵：網絡關係是有目的的，特別是個人或組織目標的達成，為此，除個人或組織必須要能設定其各自的目標準則外，網絡建構者也應建立網絡的目標，並隨時予以檢視，這除了可讓網絡成員了解到彼此合作的實際成果，也會藉由檢視而增進網絡成員合作的可見性，以激勵與強化網絡成員的合作意願與士氣，進而對網絡的維繫產生激勵作用。

（3）網絡關係必須要能彈性因應目標的調整：網絡因其參與者的異質性與多樣性，再加上其所處之環境脈絡的變遷，網絡建構者應隨時準備因應變遷對網絡可能造成的衝擊或新挑戰。為此，網絡關係並非一層不變，也並非是相對優勢者主導或掌控相對劣勢者，而是應該隨時審酌環境的變異，並據以採取彈性的措施來因應之，否則環境與目標的改變，將可能造成網絡合作目標的式微，甚至導致網絡的崩解。

（4）網絡關係必須要能適切管理信任與風險：網絡關係也是有風險的，包括因不確定性、期待與現實的落差、參與者的背信或權力的失衡等，若沒有一套網絡管理或調停風險的機制，將可能威脅網絡的互信與互惠，甚至造成網絡的瓦解。因此，網絡建構後並非任其自然的發展，建構者或管理者必須要對其可能遭遇的風險有所作為，以讓網絡得於朝向永續發展之路邁進。在積極面上，要能透過主動的、可信任的和互利的夥伴關係，以促進彼此之間的情誼，也要能突顯出共同的價值、規範和利益，以凝聚網絡的共識；在消極面上，當網絡出現失衡、矛盾或衝突時，必

須要有一套調整或控制（甚至是制裁）的機制，以免因少數參與者的偏頗或不盡義務，而危及到網絡的存續。

2.網絡維繫的注意事項

（1）網絡成員是參與者（主角）而非搭配者（配角）

在網絡的運作上若主導者的角色過於強勢，而令其他網絡成員覺得僅是個搭配者，則可能會令網絡成員感到角色不足，或覺得在網絡中參與不足或未受到重視，疏遠的感受便可能隨之出現，甚而危及網絡的穩定性。每個參與網絡的機構皆有行銷自己的期待，也有機構之社會責信的壓力。因而，給予網絡成員積極參與的機會，並讓每個機構有機會扮演主要角色，將可維繫相關機構參與網絡運作的意願。

（2）網絡成員之非正式關係的重要性並不亞於正式關係

非正式互動可能是成員藉由正式互動的機會所建立起的私人情誼，這種基於成員私人情誼所建立的網絡關係，將可去除正式互動之過度僵化體制所衍生的缺失，使得個案服務更具彈性和效率。可潤滑正式關係的僵化和冷漠，補足正式關係的許多不足之處。

（3）增進網絡合作實質績效的可見度

為實際解決個案的問題並滿足其需求，主導單位宜依所設定的目標準則，就網絡的績效指標做必要的檢視，除可讓網絡成員了解到彼此合作的實際成果，也會藉由檢視而增進網絡成員合作的可見性，進一步激勵與強化網絡成員的合作意願，進而對網絡成員的士氣產生激勵作用。

（4）不斷檢視網絡目標的達成度

資源網絡的建構有其願景與目的，在網絡的運作上，主責單地藉由網絡成員共同參與擬訂的目標，定期或不定期地予以檢視目標的達成度。過程中若發覺目標的達成比預定的還要慢，便可與團體成員共同商討並發現問題的癥結，以作為後續改善的方向。就某種程度而言，網絡也可說是一種團隊的運作，不斷地檢視目標是為了要追求最終目標的實現。網絡成員若能不時檢視這些網絡所追求的目標，對案主而言，將更易於確保整合性服務的提供；對機構而言，則有助於資源的有效使用；對專業者而言，將可獲得相關專業或專業外人士的協助。

三、行銷管理

（一）社會行銷

1.社會行銷的定義

> **上榜關鍵** ★
> 行銷的基本概念之建立，在論述相關議題時非常重要；亦為測驗題考點。

（1）美國行銷協會（American Marketing Association）於 1985 年將行銷定義

為：「一種理念、財貨和服務之競爭、定價、促銷和分配的計畫和執行的過程，其目的在於產生交換，以滿足個人和組織的目標。」

（2）行銷之目的是完成交易，特別是志願性的交易，交易的內容可以是以金錢換取產品或服務，為某個目的換取的貢獻，或是志工付出的時間。換言之，行銷觀念並不僅侷限於商業部門，也被用於政府或非營利組織，以推廣公共利益或政策。若將這種行銷原理和技巧運用於社會服務單位，藉以提升社會理想、理念或行動改變模式，稱為社會行銷（social marketing）或理念行銷（idea marketing）。

2. 社會行銷的對社會福利機構的意涵

（1）在新管理主義的倡導下，福利服務的接受者已不再是父權作風下之被動的服務接受者，需求導向（need-led）及顧客中心（customer-centred）的服務模式，正在福利服務的領域裡開展；這使得案主不再是被動的服務接受者，他們對所接受的服務及其品質與結果，皆有參與表達的權利。

（2）隱含著權利與義務的關係，已悄然進入契約化服務的領域裡，為使有限的資源能充分被運用以發揮效能，政府部門正透過審核和評鑑的監督機制，以強化服務的績效。問題是，社會服務的結果往往是很難被評量的，但為了增加續約或獲得補助的機會，組織如何塑造良好形象，並透過行銷策略以吸引和維繫市場上各種可能的機會，都考驗著社會服務機構的經營管理者。

（3）對社會服務機構而言，為了能夠維繫生存及達成使命，一個組織應該要能從事行銷，以便能夠吸引充分的資源，同時將這些資源轉為理念、產品和服務，並將這些產品、理念和服務分配給各種不同人群，即資源的配置。

（4）就資源的吸收而言，它並不僅是指募款而已，它要求將異質性的捐贈市場轉成同質群體，並且發展出一種對每個群體最有效的訴求方法，以及每一種導因的型態符合不同的人口部分。這主要是著重於讓潛在的捐贈者有一捐贈的理由，其理由可能是欲獲得具體的、心理的或情感的報酬，因而，設計上應該要符合捐贈者而非組織的需求，了解你的顧客群，是為非營利機構設計服務和行銷時的重要守則之一。

（5）社會行銷不只是要提供組織的相關訊息給利害相關人，如案主、社區居民、贊助者、社會大眾和任務環境中的其他組織，社會行銷也要求與其服務的人群和能影響組織生存的決策者建立穩固關係。這種方式將會讓社會服務機構獲得兩項好處：（1）提升標的市場（案主、政府和捐贈者）的滿意度；（2）改善方案或服務的發展、促進和分配之執行效率和效能。

（二）公關與行銷的關係與差異 ●┈┈┈┈┈┈┈┈┈┈┈┈┈┈┈┈┈

　　1.公關的定義

　　　Kotler 和 Andreasen 將公關定義爲：「評估重要大眾的態度，將個人或組織的政策及過程與公眾利益結合，並執行行動方案，以爭取這些大眾的了解與接受之管理功能。」

　　2.公關與行銷兩者間的差異

　　（1）公共關係主要是一種溝通工具，而行銷同時還包括需求評估、產品發展、定價和分配。

　　（2）公關企圖影響態度，而行銷則嘗試影響特定的行爲，例如：購買、參與、投票、捐贈等。

　　（3）公關是手段而非目的，而行銷則直接涉及到界定事務使命、顧客和服務。

（三）社會服務部門與商業行銷的差異

　　1.非營利（或社會服務）的行銷的特性

　　（1）非營利組織並不追求「利潤」，但往往會覺得必要有些盈餘，以供組織一些較不受歡迎或未能獲得補助項目的支出。

　　（2）因某些原因而使得他們不易提出績效評估。

　　（3）非營利組織中，在沒有一個對先前績效程度之正確評估下，一位管理者要如何配置資源的決定是很困難的，很多非營利組織所提供的服務是不用付費的。

　　（4）行銷工作的本質是要滿足顧客的需求，但若一個非營利組織的使命並不符合某些顧客的期待，非營利組織要如何從事這項工作，也有其難處。例如：反菸毒組織的行銷。

　　2.社會服務行銷（非營利行銷）與商業（營利）部門行銷的差異 ●┈┈┈┈

社會服務行銷	商業行銷
關心的是人、理念、價值和服務。	關心的財貨和服務。
交換的通常是無形的產品（如服務、行爲、時間、理念等）。	通常是以金錢交換有形的貨物和產品。
目標是以追求「公益使命」的實現爲導向，超越財務的考量。	目標往往是以追求「利潤極大化」爲導向，以財務考量爲主。
社會服務的利益往往與案主或捐贈者的支付無直接關聯。	利益的多寡與顧客的支付有直接關係。

社會服務行銷	商業行銷
被期待或被要求服務經濟上不可能的市場（經濟弱勢者）。	僅找尋目前或潛在可獲利的市場。
社會服務的典型顧客為案主、志工和捐贈者。	商業行銷的典型顧客以顧客為主。
資源來自多元顧客（政府、志工、捐贈者），受社會的審查度較高，且須建立更高度的責信。	資源來自顧客，須建立商譽或品牌，惟受社會的審查度相對較低。
成效很難標準化，品質也很難保證，且不易被衡量。	通常成效易於標準化，品質能從產品中看出，且易於被衡量。

標準	非營利行銷	營利行銷
目標	組織的目標相當複雜，且超越財的考量，即社會福利服務的利益往往與案主（顧客）／捐贈者的支付無關（實踐公益使命）	目標是財務的，以營利、銷售或投資回報為主。故商業行銷僅為了尋找當前或潛在可獲利的市場（極大化利潤）
關心之事	關心的層面較廣，可以是人們、場所、組織、理念、財貨和服務	關心的層面較窄，大部分關心的是財貨和服務
交換的方式	可能是以無形的方式回報，像是服務的改善及較低收費，且多有超越財務的考量	多採金錢的方式交換財貨和服務，以營利、銷售或投資回報作說明，財務的考量是主要的交換目的
特色	1. 專注在案主（顧客）的體驗上 2. 案主是理性與情感的動物 3. 創造綜合效應、重視行銷募款的體驗情 4. 行銷思考的延展與提升 5. 傳遞品牌（組織形象）承諾與組織使命	1. 專注於活動功能上的效益 2. 顧客是理性的決策者 3. 競爭主要是發生在狹義定義的產品分類

標準	非營利行銷	營利行銷
利益―支付關係	社會福利服務的利益往往與案主／捐贈者的支付無關	活動利益通常與顧客的支付有關
市場部分的服務	社會服務組織也許會被期待或被要求服務經濟上不可能的市場	商業行銷僅尋找目前或潛在可獲利的市場
服務使用者的付費能力	未付費或無付費能力的服務使用者	有付費能力的服務使用者
顧客（服務對象）	社會福利組織有兩種典型的顧客：案主和捐贈者	營利取向的商業行銷僅有一種傳統的顧客：案主（購買者）
品牌建立方式（組織形象）	品牌等於體驗與感動	品牌等於識別
理念	著重做對的事	只是把事情做對
成效評估	較難衡量，因為較難標準化成效及保證品質水準	較易衡量，因為較易制定標準化測量指標、品質指標

四、社會服務策略性行銷的步驟

（一）社會服務策略性行銷循環圖

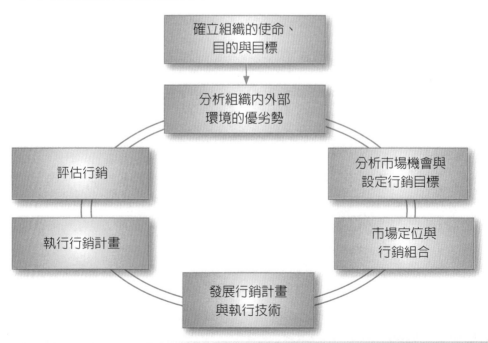

（二）社會服務策略性行銷的 7 個步驟說明。⋯⋯⋯⋯⋯⋯⋯⋯⋯

1.確立組織的使命、願景、目的和目標

（1）使命係指對「機構存在的理由為何？」之
回答，使命不僅可提供組織正確地決定其
所要提供的服務類型，也可導引組織行銷
計畫的焦點和員工努力的方向。

（2）目的（goals）係指一個組織對其成員的活動所要（或應該）達成的結果
之說明，它要比使命更明確些。目標（objectives）係指將整體目標轉換
成可觀察與可測量的實體，它將有助於我們監督和評估整體目標的達成
程度。當整體目的與具體目標確立後，即可為行銷奠定更加明確和具體
的基礎。

2.分析組織內外部環境的優劣勢

社會服務機構不僅要能判別自己所處的優勢與劣勢，也要能夠掌握（潛在）
競爭機構的優、劣勢，否則將可能讓自己暴露於相對較為不利的環境中。

3.分析市場機會，設定行銷目標

分析市場即是進行市場研究，以便做為市場區隔和市場目標的依據。行銷者
要能有效地依其所肩負的任務進行市場區隔（market segmentation），讓自
己聚焦在顧客群的不同利益和需求，並將他們鎖定為自己的市場目標，進而
依據其特性和需求做出適當的設計。

4.市場定位與行銷組合

（1）市場定位（market positioning）係指在市場中尋求一個獨特的位置，以
及在競爭市場中所扮演的角色，以便能夠確定機會和發展行動。

（2）行銷組合（market mix）則是透過可控制行銷變數的組合體，將它運用
在所設定的目標市場，以達成行銷任務；可採用組合體包括：無差異行
銷、差異行銷及集中行銷。

（3）行銷組合：Doherty 與 Horne 在傳統的「4P」
基礎上，建構出公共服務行銷組合的「5P」模
式，新增人們（People）為第 5 個 P。5P：整
套產品（P for Package or Product、促銷或推廣
（P for Promotion）、通路或地點（P for Place）、價格（P for Price）、
人們（P for People）。其中，人們（People）是行銷組合的主要要素。

5.發展行銷計畫與訂定執行技術

這個階段必須發展並決定衡量成果的基準（benchmarks）和指標（criteria），
以作為評估之用。在一個講究績效的年代，即使契約委託的單位並沒有要求

組織必須具體呈現績效，但若一個組織能夠主動建構服務的績效指標，在競技場上就已略勝一籌。績效能夠為組織帶來某些標的群之資源和支持。

6.執行行銷計畫

執行行銷計畫即將行銷策略與計畫化為實際行動，在社會服務領域即是服務輸送。

7.行銷的評估

任何行銷的活動都須評估（evaluation），主要是評估過程中階段性的目標是否達成。

榜首提點

5P 為測驗題金榜考點；另新增第 5 個 P 為何？亦為金榜考點。

（三）「5P」行銷組合模式

5P		說明
提出者		Doherty 與 Horne 在傳統的「4P」基礎上，建構出公共服務行銷組合的「5P」模式，新增人們（People）為第 5 個 P。
5P 要素	1. 套裝產品（P for Package or Product）	社會服務是不能夠與使用者分離的（如社會工作的會談），服務輸送和服務使用是同時發生的，案主同樣地對所產生之服務品質也有貢獻。服務產出可能包括：由成功處遇而獲得的直接利益，個案和利害關係人因成功處遇而感受到的間接利益，以及輔助性的服務（如預約系統、接待服務或協調等）獲得之便利性利益。因而，就公共服務而言，所謂的產品（product），事實上是主要服務與周邊服務所形成的「套裝」產品。
	2. 推廣或促銷（P for Promotion）	由於社會服務往往是無形的，它很難如市場上的財貨被推廣，要促銷或推廣的往往是提供服務之組織形象，當人們信任組織，便會被吸引來使用組織所提供的服務，否則，再好的組織或服務，若沒有或很少人知道它的存在，其價值或使命便難以實現。
	3. 通路或地點（P for Place）	對社會服務而言，通路或地點係指服務輸送的位置或能見度。例如：服務的位置是要在機構、社區或家庭；若要從事募款，要如何才能讓社會大眾漸漸知道這個組織的存在，要透過電視、報紙或網路？

5P		說明
5P 要素	4. 價格 （P for Price）	社會服務的定價本身即是一個問題，很多社會服務機構最後撐不下去，多半是因為沒有充分考慮到真正的成本，將直接成本與間接成本全部納入，結果把服務價格定得太低。例如：居家服務或送餐服務，甚至有些服務是不收費的。
	5. 人們 （P for People）	在社會服務中，「人」是行銷組合的主要要素，這些主要參與者即是所謂的利害關係人，他們之間的關係可能會影響到服務的提供。

（四）「7P」行銷組合模式

7P		說明
提出者		1. 1960 年 McCarthy 認為成功的行銷是以適當的產品（product），配合適當的促銷（promotion）策略，以合宜的價格（price），透過適當的通路（place）加以運作的 4p 組合。 2. 晚近學者 Fine 則延伸其核心概念，擴大為 7p，組合要素增加了生產者（producer）、消費者（purchaser）、調查（probing）。7p 的行銷組合更能完整詮釋行銷的要素，並符合非營利機構的需求。
7P 要素	1. 生產者 （producer）	確立目標後，首先要做的是行銷者的定位（identity the marketer），去選擇合適的行銷單位或是執行行銷單位，通常這個角色要自然且具有公信力，所以民眾對非營利組織的認同度就非常重要了，同時非營利組織亦須根據其使命創造出自己的服務定位和方向。
	2. 消費者 （purchaser）	在非營利組織中的消費者代表的便是機構所設定的目標對象群。行銷人員必須做研究對象分析或是市場區隔，即深入了解行銷對象的特質，包括需求、文化、行為特徵等，亦即對實際服務對象和潛在支持者的特質分析，以便開發更多的人力資源或真正滿足受服務者的需求。

榜首提點 💡

行銷「4P」＋「3P」＝「7P」模式，新增組合要素增加了生產者（producer）、消費者（purchaser）、調查（probing）。各 P 要點務必清楚，為測驗題金榜考點。

社會工作團隊、網絡、行銷、資訊、變革、風險管理

7P		說明
7P 要素	3. 產品（product）	意指市場上任何可供注意、購買、使用或消費而能滿足需求的東西，產品種類繁多，其中提供顧客真正想購買的基本利益或服務即為核心產品。在行銷計畫中非營利組織所要生產或倡導的訴求便是核心產品，當其是一種理念（idea）時，行銷者要將其轉換成大眾可接受的產品，不論是有形實體或無形的服務，如設計產品的 logo、標語等，試圖讓消費者對產品印象深刻。社會大眾是多變的群體，所以在進行產品定位時，更須徹底了解所訴求對象的需求為何（what they want）？
	4. 價格（price）	價格是顯示價值交換的具體指標，然而價格未必是代表貨幣價值，有可能是一種機會成本，如志工在時間、精力上付出的服務成本等。生產者要制定價格亦不容易，不只要考量到理性成本，亦受社會責任等影響，所以非營利組織要處理價格問題時，會有需求導向、競爭導向或成本導向的考量，不論何種導向首重於對機構成本縮減所帶來的效益。
	5. 通路（place）	指的是將產品轉移到消費者手中的過程，即服務提供至目標對象的程序、方式和途徑為何。尤其是非營利組織的產品無法直接利用市場上一般通路的經銷或物流方式，通路的順暢與否是影響到大眾接收程度的關鍵要素。所以，行銷人員必善用通路以讓目標消費可以接近或利用，包括行銷訊息能被消費者接收，把握與目標對象充分接觸的機會。行銷計畫的失敗多是其訊息或產品未能透過適當的管道被消費者接收到，即目標對象無從獲得相關訊息或產品。

7P	說明
7P 要素 6. 促銷（promotion）	將產品（觀念或服務）塑造或襯托出一種形象或意義，如代言人、吉祥物等，以爭取服務或大眾認可。行銷計畫的成功與否，傳播是重要的要素，常用的方式不外是廣告、個人推銷、大眾傳媒、公關等。訊息的設計、傳遞能否被成功地表達出來，與目標對象群的溝通是否暢通，能否被完整正確的呈現，進而去說服消費者都是促銷的重要條件。
7. 調查（probing）	爲了評估計畫好壞與收集目標對象反應，通常會仰賴消費者研究調查，從調查資料中去了解目標對象的特性、基本資料、好惡等，進而去發掘潛在消費群體。

（五）4C 概念

1. 各種 P 主要是以組織爲中心，另有學者主張行銷應該要有 4C。第一個 C 是把 Product 改成 customer benefit（顧客利益），以顧客或案主的角度思考這個產品或服務方案對他們是不是有利。其次，是把 price 改成 cost to customer（對顧客的成本），以顧客的觀點來看這個價錢訂得合不合理。第三個 C 把 place 改成 convenience（方便性），了解顧客是不是容易取得。最後是把 promotion（推廣）改成 communication（溝通），因爲 promotion 是個單向的，communication 才是雙向溝通，才能考慮到顧客的需要。

2. 4P 與 4C 這 8 個行銷重要關鍵名詞，對應如下：

   （1）產品（Product）對應顧客利益（customer benefit）

   （2）價格（price）對應顧客的成本（cost to customer）

   （3）通路（place）對應方便性（convenience）

   （4）推廣（promotion）對應溝通（communication）

（六）行銷相關名詞

1. 行銷策略的相關名詞 ⟜⟜⟜⟜

> **榜首提點**
> 行銷策略的相關名詞爲測驗題的金榜考點。

項目	說明
產品導向（production oeientation）	產品導向認爲，組織的主要任務就是製造產品，只有製造產品才對群眾有益，而且堅信製造出來的產品一定有價值存在。許多非營利組織者就堅信提供的服務產品是出於專業與善念，對服務對象一定是有益的。

項目	說明
生產導向 （production orientation）	生產導向是以追求生產及配銷的效率爲主要任務，所以很多組織集中注意力於生產程序的順暢，即使群眾的需求與該程序不合，也不得不遷就生產程序。社會福利服務也會建立標準化的流程來量產服務，以求服務成本的降低。
銷售導向 （sale orientation）	在銷售爲導向的組織，主要的任務是刺激潛在消費者對現有產品或服務的興趣，他們相信只要加強推銷活動，就能擴展市場。因此，增加廣告預算、增加推銷人員、加強促銷作業，並舉辦其他刺激需求的活動。而這些活動在短期內可能有效，但就長期而言，可能需要再評估。
顧客導向 （customer orientation）	以顧客爲導向的組織，主要的任務是決定目標市場的需求與需要，並從事規劃、傳播、訂價、運送具有競爭力服務的產品，以滿足顧客。即使組織供應的服務產品無法隨時改變，也要妥爲說明，以完全符合顧客的需求。
社會行銷導向 （social marketing oeientation）	以往的行銷觀念，忽略了服務使用者的短期欲望與長期福利之間可能存在的衝突；社會行銷導向的觀念認爲，組織必須同時考慮服務使用者的滿意度、資源問題等長遠的社會利益，所以將社會利益列入行銷活動規劃時的重要考量。雖然社會行銷與以前使用的行銷原則及技術相同，但銷售商品的型態卻從「有形的產品和無形的服務」轉爲「行爲改變的過程」；追求的目標不再以「獲利」爲導向，而是希望資源投入可以獲得最大的效益。非營利組織的資源是有限的，因此要注意資源投入與服務使用者滿意度之間的平衡，必須做一個資源控管者或守門者，使資源的投入可以獲得最大的效益。
一對一行銷 （one-to-one marketing）	是以顧客導向爲思考基礎，將產品逐漸變成專爲個人品味而量身訂製。其基本原則在於：行銷人員不應在以市場占有率的整體觀點進行思考，而改以單獨、個別的顧客觀點作爲出發點。
差異行銷	是指決定在兩個或以上的區隔市場內營運，且分別爲不同的區隔市場開發不同的產品、服務或設計不同的行銷方案。例如：推出與其他競爭者不同外觀、質量、式樣、規格的產品，以提升競爭能力。
體驗行銷	以營造的是一個整體的感覺與帶給消費者的一種內心感受，強調要爲顧客創造不同的體驗形式，包含感官、情感、思考、行動以及關聯等五種策略，讓消費者親身感受到新的價值。例如：試用產品就是一種常用的方法。

項目	說明
ABCDE 行銷法則	是指行銷重點是在任何地方（anyplace）、強調品牌（brand）、促進溝通（communication）、探索市場（discovery）與強化體驗（experience）。
通路管理	1. 通路管理（channel management）是指透過通路創造競爭優勢，為績效帶來附加價值。依照《通路學》的看法：「通路不只是你購買產品或服務的方式和場所，也是你使用該產品的方法和場所。通路是影響顧客和產品如何互動的要素、是企業接觸顧客的管道，也是企業和顧客進行的一段關係」。 2. 對社工組織來說，通路是對外界做訴求，希望外界能肯定本組織所做的服務，並接受我們的訴求；一旦接受後，就要開始「服務輸送管理」。
直效行銷	1. 直效行銷（direct marketing）是指以非人員銷售的方式，直接與現在及潛在的顧客（或案主、捐贈者）進行雙向溝通。最大的特色是使用資訊蒐集現有顧客及潛在顧客的名單、住址、電話、手機號碼、電子信箱、過去購買量，以及金額、個人資訊（例如：性別、年齡、興趣、職業、所得等）等，藉以辦認相關人員的忠誠度，能捐獻或參與的程度。 2. 直效行銷形式：郵寄行銷、型錄行銷、電話行銷、電視或廣播購物行銷、網路行銷。
國際行銷	國際行銷是指企業或組織進行各項活動，將各式產品與服務引導給各國的企業、組織、消費者或政府；通路較為複雜，過程是從「賣方」、「賣方本部的國際行銷組織」、「國際間的通路」、「買方當地的通路」到「最終購買者或使用者」。
商機開發法／引薦行銷法	透過各種關係見到組織裡的關鍵人物，進行各種宣傳。
問題解決銷售法	提醒對方所面對的難題，強調自己可以提供的改善之道。
挑釁式行銷	1. 「挑釁式行銷」（provocation-based marketing）常用於公共議題的倡導，讓政府與大眾「非買不可」；因為法律規定必須做，行銷訴求的單位正好可以有效執行。 2. 例如：有許多機構或團體率先從事公共議題的倡導，進而促成政府立法，於是這些單位就執行原本所訴求的工作。例如：教育界的高教評鑑、環境界的環保、社會福利界的性別平權訴求等。

項目	說明
關係行銷	關係行銷是設法進行「關係連結」（relational bond），主要連結方式有以下 3 種： 1. 財務性連結：以低價爲誘因，吸引購買者。 2. 社交性連結：強調行銷人員與顧客（案主）保持密切聯繫，以個人化服務建立社交關係，並發展出客製化方案。 3. 結構性連結：指行銷者對服務對象提供具有附加價值的服務，是其他競爭者無法提供的；主動爲服務對象解決問題，建立長期的關係。
公共宣導	1. 公共宣導（public communication campaign）是指透過傳播媒體的方式，表達某些人的特定意圖，藉以影響其他人的信念、態度或行爲的社會傳播活動。目的在於告知、說服或激勵一群特定閱聽人，使其行爲改變。 2. 但公共宣導所關注的，並非個人或團體的商業利益，「改革」才是公共宣導的主旨所在，不論是以社會整體，或是以個人的生活方式爲對象。

2. 永恆不變的 22 個重要行銷法則（Ries & Trout 提出）。

法則類別	說明
1. 領先法則	行銷的基本重點在創造一個能搶先進入市場的產品，與其去訴求產品的優點，不如在之前先搶先進入某個市場。
2. 類別法則	若未能率先搶進市場，不如開發一個搶進的商品。
3. 心智法則	與其成爲第 1 個進入市場的品牌，不如成爲第 1 個進入消費者腦海中的品牌。
4. 焦點法則	行銷運作最具有權威（power）的地方，便是能在消費者腦海中占有一獨享的地位。所以非營利組織就算沒有雄厚的經濟資源，卻可利用本身產品的屬性，藉由產品的訴求，建立組織的品牌形象，去贏得大眾的支持和認同，以維持機構的生存和經營。

上榜關鍵 ★★

請詳讀各法則，爲測驗題考點；另領先法則、類別法則、心智法則、焦點法則等 4 種法則，亦可在行銷申論題型時可運用之，並已在測驗題有出題紀錄。

法則類別	說明
5. 認知法則	如果無法搶先進入某一個產品的類別，試著建立一個你可以近入的新類別。
6. 排他性法則	在潛在客戶的腦海中，兩家公司不能同時占有相同的字眼。
7. 階梯法則	你所要採取的策略完全視你所占有的階梯位置而定。
8. 二元法則	長期而言，每個市場都有變成雙雄稱霸的局面。
9. 反向法則	如果你正瞄準第二品牌，你的策略深受領導者的影響。
10. 分裂法則	隨著時間的推移，一個產品將會進一步分裂成兩個或以上的產品類別。
11. 長期觀點法則	行銷效果在長期才能見真章。
12. 品牌延伸法則	行銷人員經常面對一股難以抗拒的壓力，要求他們延伸既有品牌的價值。
13. 犧牲法則	想要有所得，就必須有所失。
14. 屬性法則	對每一個屬性而言，都會有一個相反、有效的屬性存在。
15. 坦承法則	當你坦承一項缺點時，潛在客戶將會主動幫你補上一個優點。
16. 單一法則	在每個情境中，只有單一行動會導致真正的重大結果。
17. 不可預測的法則	除非競爭者的計畫是你草擬的，否則你根本無法預測未來的發展。
18. 成功法則	成功會導致自大，自大則會走向衰亡。
19. 失敗法則	失敗應該是在預期之內，並在合理的範圍內被接受，而非動輒處罰或責備。
20. 媒體炒作法則	事實經常和媒體的報導相反。
21. 加速法則	成功的計畫不是建立在一時的流行之上，而是建立在趨勢上。
22. 資源法則	如果沒有足夠的資源，縱有想法也難以大展身手。

 練功坊

★ 在社會工作實務領域，經常有為處理同一案主群的問題或需求而組成的專業團隊，請問專業團隊運作過程可能面臨的兩難為何？

解析

Payne 提出的專業團隊的兩難，說明如下：

（一）內部取向抑或外部取向？若我們著重於建立團隊關係，將會有更佳的合作，我們也會變得更內部取向（inward-looking），並被內在的團體或我們自己的運作狀況糾纏住。然而，在社會工作的服務輸送上，我們必須要與其他機構和團隊的專業建立關係，因而是需要對外的（look outward）。

（二）支持專業抑或限制專業？很多人將團隊視為是我們在面對外部壓力，以及機構內部要求的一個互助來源；然而，管理者卻將團隊視為一個執行組織目標的工具。同時，也有許多人擔心在一個團隊內工作，將會限制其個人和專業的自由或自主，因而，到底團隊的工作是支持我們抑或限制我們？

（三）服務使用者的排除抑或參與？思考有關團隊工作，將會引起我們將焦點置於工作時的同事和我們的互動。然而，當代社會服務應該是要能回應服務使用者的需求；政策走向是要讓服務使用者參與影響他們的決策和所接收的服務，而團隊的建立卻似乎是要將服務使用者排除在外。

★ (　　) Doherty 與 Horne 在傳統的「4P」基礎上，建構出公共服務行銷組合的「5P」模式，這新增的第 5 個 P 是指：

(A) 產品（Product）　　　　　(B) 人們（People）

(C) 通路（Place）　　　　　　(D) 促銷（Promotion）

解析

(B)。Doherty 與 Horne 在傳統的「4P」基礎上，建構出公共服務行銷組合的「5P」模式，新增人們（People）為第 5 個 P。

★ (　　) 非營利組織的行銷管理與營利組織有所差異，以下敘述何者為錯誤？

(A) 非營利組織的產品是指組織所提供的社會服務、理念或實體產品

(B) 非營利組織在行銷時，貨幣價格是產品的主要考量因素

(C) 非營利組織的推廣主要目的是在溝通，而非媒體操作

(D) 非營利組織的服務通路是指輸送社會服務的地理區域、位置或時間

解析

(B)。社會服務行銷目標是以追求「公益使命」的實現為導向，超越財務的考量。

重點2 資訊、變革、風險管理

一、社會工作資訊管理

（一）資訊管理與資訊系統

1. 資訊管理（information management）：係指適時獲得提供決策參考的相關資訊，以促進組織效率的提升及目標的達成。

2. 資訊系統（information systems）：係指用來蒐集、組織和提供組織員工資料的一套機制，任何資訊系統都包括輸入、處理、儲存與輸出等要素。

（二）社會服務資訊系統應具備的內容

1. 社區訊息
- 係指機構服務標的人口群或社區的相關訊息，這些訊息可提供機構規劃服務上的參考。

2. 機構訊息
- 係指機構內部的相關資訊，這些資訊主要是提供行政與管理人員、督導和社工員等使用。

3. 服務訊息
- 包括機構內各單位提供服務的類型、接受服務案主的人數、某一特定時間允許或解除接受服務的人數、服務相關措施的詳細內容、未服務的人口群。

4. 個案訊息
- 係指與個別案主及案主群相關的訊息，包括：問題、歷史、接受服務的型態、服務期限、社經和家庭的特性、就業，甚至滿足的測量和服務結果等資料。

（三）社會工作運用社會服務資訊系統

1. 鑑於社會服務資源來源的多元性，以及個案、家庭和社區問題與需求的複雜性，一個社會服務機構若要能夠有效且充分的掌握訊息，以幫助組織的決策、個案和家庭的處遇決定，或社區服務的安排，則必須要能夠建構一套完善的資訊系統。

2. 各種訊息對直接或間接服務皆有其重要的價值。在直接服務方面，案主可能經常需要某些訊息的協助，例如：資源、給付、社會網絡及法定權利等相關訊息。給予案主正確訊息，將可能是一種協助案主解決問題、挑戰沮喪或不利於自己的信念，也可能是一種充權的活動；另外，管理者可以用來追蹤工作人員的活動及對案主的服務情形。在間接服務中，則可借重資訊系統的管理來彙集資料，以形成較佳的社會政策、社會計畫，並做為倡導時主要的依據。

上榜關鍵 ★★★

（四）社會服務資訊蒐集之資訊應具備之特色 ○⋯⋯⋯⋯ 申論題、測驗題曾有命題紀錄。

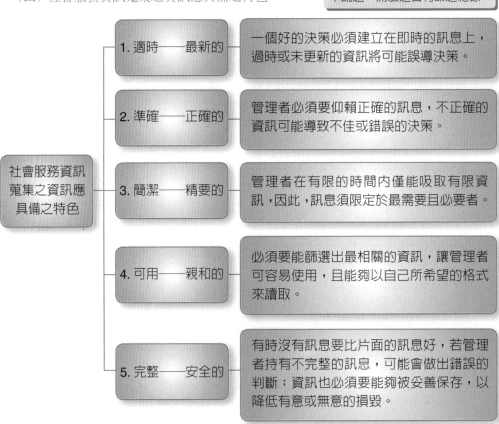

社會服務資訊蒐集之資訊應具備之特色

1. 適時——最新的：一個好的決策必須建立在即時的訊息上，過時或未更新的資訊將可能誤導決策。

2. 準確——正確的：管理者必須要仰賴正確的訊息，不正確的資訊可能導致不佳或錯誤的決策。

3. 簡潔——精要的：管理者在有限的時間內僅能吸取有限資訊，因此，訊息須限定於最需要且必要者。

4. 可用——親和的：必須要能篩選出最相關的資訊，讓管理者可容易使用，且能夠以自己所希望的格式來讀取。

5. 完整——安全的：有時沒有訊息要比片面的訊息好，若管理者持有不完整的訊息，可能會做出錯誤的判斷；資訊也必須要能夠被妥善保存，以降低有意或無意的損毀。

（五）資訊科技對社會工作的效益與限制

1.在一個強調以實證為基礎的社會工作實務中（evidence-based practice），電腦為基礎的資訊管理系統可以協助社工員掌握有關其服務之邊緣人口群的生活或服務的狀況，進而能據以對決策發揮影響。

2.社會工作使用網際網路的兩項最大阻礙即是：挑戰與守密，前者是指某些具有決定權的高階主管，其決定可能會受到網路上所提供之未經證實、研究或慎重考慮的觀點所影響，這使得決策面臨潛在的挑戰；後者則是指網際網路的輸送，對社會工作所強調的保密原則，是一種很難完全避免的潛在威脅。

（六）管理資訊系統的內涵與發展步驟

1.管理資訊系統的定義

管理資訊系統（management information system, MIS）是指提供管理者相關資訊，以協助他／她做決策的資訊系統；亦即藉由提供每日的報告、行程、計畫與預算來支援組織的管理者，每位管理者會因為自己的功能領域（如行銷、人力資源或服務等）和管理階層的不同而異。

2.管理資訊系統的類型

類型	說明
1. 人力資源資訊系統（human resource information systems, HRIS）	HRIS 之目的在於蒐集、儲存、分析與檢索有關人力資源的資料。內容包括員工的完整資料檔案。例如：個人基本資料、目前及過去的薪資紀錄、目前的福利資格與使用狀況、訓練與員工的發展紀錄、生涯發展紀錄等。這些資料可與績效考評資料相連結，以便對員工做整體性的了解，進而做為人力資源發展的參考。
2. 績效導向系統（performance-directed system, PDS）	PDS 著重於組織的運作，包括方案和服務的資料。內容包括所有服務個案的資料、個案接受服務方案的資料、服務提供的數量與類型、其他服務成果的變項等。從此一系統衍生出的資料和資訊可建立成指標，並足以回答在邁向目標達成過程中所遭遇到的諸多問題。
3. 行銷募款系統（marketing and fund-raising system, MFRS）	MFRS 著重蒐集有助於透過行銷以達到募款目的之相關資料。內容包括組織的使命和目標、組織的財務和預算、組織的通路、過去及未來可能的捐款者、捐款紀錄、捐款用途等相關訊息。這些訊息可做為負責行銷的管理者之重要參考。

上榜關鍵 ★★

請將管理資訊系統的三種類型內容及其英文縮寫詳細研讀，為測驗題考點。

3. 管理資訊系統的發展步驟

（1）管理資訊系統的發展步驟流程圖（Kettner 提出七個步驟）。

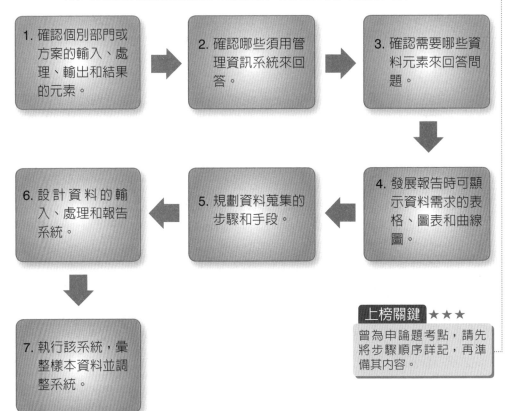

1. 確認個別部門或方案的輸入、處理、輸出和結果的元素。

2. 確認哪些須用管理資訊系統來回答。

3. 確認需要哪些資料元素來回答問題。

4. 發展報告時可顯示資料需求的表格、圖表和曲線圖。

5. 規劃資料蒐集的步驟和手段。

6. 設計資料的輸入、處理和報告系統。

7. 執行該系統，彙整樣本資料並調整系統。

上榜關鍵 ★★★

曾為申論題考點，請先將步驟順序詳記，再準備其內容。

（2）管理資訊系統的發展步驟說明

A. 確認個別部門或方案的輸入、處理、輸出和結果的元素

輸入係指在開始時所有可以被組織所應用的元素（如個案或顧客）和資源（如員工、設施、設備和材料等）；處理係指透過服務的提供（如個案管理、諮商、職能訓練等），以滿足方案與個案的目標；輸出係指服務的供應和完成，包括中間輸出的服務量（如每日服務時間的單位、員工發展和參與訓練的次數），以及最後輸出之完成案主或顧客所指定的所有服務（如追蹤完成方案的個案數、追蹤完成訓練和取得證照的人數）；結果係指問題解決或方案目標達成的狀況，如家庭關係的改善、成功就業的人數等。

B. 確認哪些須用管理資訊系統來回答

　　確認外部顧客所需的資訊，包括經濟性（如捐款者、競爭者、轉介者等）、社會性（如社區環境、需求、優劣勢等）、政治性（如政府部門、規範單位、認證單位等）及技術性（如新專業知識或技術、新的軟體等）四方面的考量。

C. 確認需要哪些資料元素來回答問題

　　即確認和選擇要產生回答問題所需要的資訊時，所須具備的特定元素，包括對於案主、方案計畫和組織績效的監督、評估及報告所應用的元素，以及了解社區問題、需求與力量所需的元素。

D. 發展報告時可顯示資料需求的表格、圖表和曲線圖

　　有意義的資訊可以透過繪製成表格、圖表或曲線圖的形式來呈現，透過這些形式，可以讓資料做出有意義的比較，包括橫斷面的分析、時間序列分析，及其他資料單位的比較分析。

E. 規劃資料蒐集的步驟和手段

　　包括蒐集方案計畫資料、組織化資料及社區資料，方法可以是填寫表格後再輸入電腦，或直接由電腦點選，亦可依資料的性質制定出流程圖，做為依循之依據，甚至成為標準化的作業程序。

F. 設計資料的輸入、處理和報告系統

　　資料的輸入如果不是按照格式蒐集，並交由資料輸入人員輸入系統，即是由蒐集資料的人自行輸入系統；簡化的程序可能容許更簡易的資料累積。事實上，現代是資訊科技的社會，藉由電腦的協助以累積並建立完善的資訊，已是一股不可抗拒的趨勢。

G. 執行該系統，彙整樣本資料並調整系統

　　確保員工是精確、即時地輸入資料與員工分享，並鼓勵他們批評與檢討，將有錯誤的資料予以移除或修正，以更加確立對資料的信心。

（七）資訊管理之功能。

資訊管理對機構的作用	資訊管理對管理者的作用	資訊系統對基層員工帶來的效益
1. 有效的分配現有的資源 2. 追蹤管理 3. 減少人力浪費 4. 改善或創新服務模式	1. 加強管理效能：人事管理、業務管理、績效管理 2. 行政管理 3. 分析服務品質 4. 掌控服務績效 5. 協助設計服務方案	1. 資料保存與查詢 2. 工作提醒 3. 與系統的互動：資訊系統可透過選擇的種類，自動隱藏或顯示對應的內容 4. 避免重複填寫相同的資料

二、變革管理

> **上榜關鍵** ★
> 測驗題考點。

（一）變革的類型、動力與媒介

　　1. 變革的定義

　　　變革（change）係指組織環境、結構、技術或人員的變遷，它可能是事先規劃的事件，或者是未事先規劃的動態情況。

　　2. 變革的類型

> **上榜關鍵** ★
> 測驗題考點，詳加區辨。

變革類型	說明
1. 計畫性變革 vs. 動態變革	計畫性變革（planned change）是指可以預期組織內部將發生的變革，因此能未雨綢繆；反之，動態變革（dynamic change）是指正在進行中的變革（如危機）。
2. 漸進式變革 vs. 革命式變革	變革可依其速度，分為逐步及改變範圍較窄的漸進式變革 evolutionary change），以及迅速、激烈及全面性改變的革命式變革（revolutionary change）。
3. 由上而下的變革 vs. 由下而上的變革	變革亦可由驅動者而分為由上而下的變革（top-down change）和由下而上的變革（bottom-up change），前者是指由高階主管所發動的計畫或活動，這種變革實施的速度相當快；後者則是由部屬所發起的，這種變革可能透過一段醞釀期和一系列與主管討論和會議後的決定，其速度相對較慢。

　　3. 變革的觸媒

　　（1）組織內的變革需要有觸媒，負有觸媒功能與控制變革過程的人，被稱為變革媒介（change agents）。

（2）媒介可能是組織內的成員，管理者可能擁有較多組織變革的機會。媒介也可能是外部人員，特別是外聘來提供意見或幫助的顧問，通常其意見較為客觀或先進，但亦有可能因其對組織的生態、歷史運作和了解有限，反而會使得其建議的可行性受限。內部媒介可能較謹慎面對組織的變革，但也因而較易讓組織的變革趨向保守。

（二）組織變革的模式

1. 組織的變革模式

Kurt Lewin 提出的組織變革三階段模式（three-step model）。管理者若能夠完成這三項變革的循環，則其變革的策略較可能會成功。該理論認為，每一個步驟是下一個步驟的先決條件。

榜首提點

Kurt Lewin 提出的組織變革三階段模式為經典考題請詳讀；並請思考實務案例之舉例說明；請同步研讀後段之變革的力場分析模式，並區別其理論重點。

2. 變革三階段步驟

1.解凍（unfreezing）

・變革的首要步驟在於解凍，亦即引發變革的動機。解凍階段在於排除員工對變革的抗拒心理，並讓他們對變革保持更為開放的態度。管理者要能透過諸如具體資料、專業價值或倫理的訴求、同行組織的競爭、談判，甚至威脅等策略的組合，向員工說明變革勢在必行。策略組合的採取須視管理者和員工的個人特質或型態，以及變革幅度和急迫性等因素而定。

2.變革（changing）

・變革的第二個步驟即是變革，亦即以新的資訊為基礎來發展新回應，並逐步脫離現狀。變革的範圍可能涉及到技術、人員、產品、服務或管理政策等，組織可能從外部聘請主管來帶動變革，變革可能包括服務的規模、地區、項目、新服務人口群或因應社會的需求而調整。

3.再結凍（refreezing）

・變革的最後一個步驟即是再結凍，亦即穩住和統整變革。將新的管理實務、員工行為變成例行性活動的一部分，教導、訓練、給予員工支持或採取新的報酬制度，都可以加速此階段的進行。當員工認為活動是合理且自然的，則抗拒變革的心將可被排除。

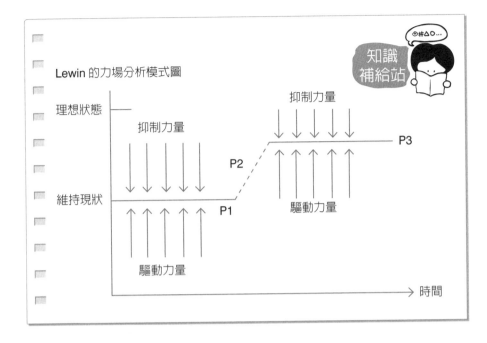

3. 變革的力場分析模式
   （1）變革的力場分析模式之意涵
      A. Kurt Lewin 的力場分析模式（force-field analysis model），常被引用來說明變革過程中兩股勢力的運作過程。該模式認為，在變革之前，組織會出現兩股勢力的力量來維持均衡的狀態，也就是支持變革的驅動力量（driving force）與反對變革的抑制力量（restraining force）。
      B. 透過力場分析，可為管理者帶來現實感，看清楚這些力量後，即可了解到目前的驅動力量與抑制力量的態勢，當這兩股力量維持均衡狀態時，組織就會維持現狀，沒有任何改變。經過一段較勁的過程，如果驅動力量大於抑制力量，變革就會有所進展，並逐漸穩定。若為了落實變革，該模式建議管理者可採取以下其中一種變革策略：（1）相對於抑制力量，加強驅動力量來促進變革；（2）相對於驅動力量，降低妨礙變革的抑制力量；（3）兩者都做。

（三）組織抗拒變革的因素與降低變革抗拒的技巧

抗拒變革的因素	降低變革抗拒的技巧
1. 不確定性／不安全感：當面對迫切變革時，員工可能會覺得焦慮與不安，他們可能會擔心自身能力是否可以符合新工作的要求，也可能認為他們的工作遭到威脅，特別是一些成功的或有才能的員工，可能會擔心變革讓他們失去優勢，而有較強的抗拒心，反倒是才能略遜一籌者因損失有限，較不會有那麼強的抗拒心理。 2. 自身利益的威脅：變革可能會引發喪失目前所擁有的威脅感，資深員工擔心的是害怕失去其地位、金錢、權力、個人的便利性等；資淺員工最擔心的莫過於因變革而失去工作。 3. 認知的不同：個人可能會認為變革與組織的目的和最佳利益不符，特別是愈堅守組織傳統價值或個性愈保守僵化者，愈可能擔心變革對組織是不利的，因而對變革抱持抗拒心態。某種程度上，這可能與員工個人的特質有關。 4. 擔心變革會違反專業價值：當專業人員感到變革可能會侵犯到案主權益或專業倫理時，便可能會出現抗拒變革的心理。	1. 教育與溝通：可藉由幫助員工了解變革背後的邏輯，以減少對變革的抗拒。 2. 員工參與（staff participation）：邀請可能受變革影響的員工參與變革的規劃與決策。讓員工組成工作團隊，請他們提供有關變革計畫的意見或解決方案。 3. 協商與支持：在許多情況下要使變革順利進行，管理者必須使用協商或談判的方式，包括某部分的讓步，以及向抗拒者提供報酬或資源，以換取他們的合作。管理者也可透過一些支持的方式，以幫助員工處理與變革相關的恐懼和焦慮，如員工諮商、治療、新技能訓練等。 4. 同儕壓力或強制：運用受尊敬或與抗拒者關係較佳之同儕的影響力，以說服抗拒者；或管理者運用權力，以強迫的方式直接面對或逼迫抗拒的員工，如開除或減薪。 5. 操縱及買通：透過有意操作的方式，嘗試影響與變革有關的員工，這個方式可能會扭曲事實，以使變革看起來更吸引人。

（四）創新

　　1.創新的定義

　　　　組織創新係指組織運用其資源與能力，以發展新的或是改良商品與服務，或是發展新的製程或作業系統的過程，其目的就是要建立新的、更好的方式，以達成有價值的目標。

榜首提點

抗拒變革的因素與降低變革抗拒的技巧，為金榜考點，請做完整的準備，切勿疏漏；並請預想你曾經服務的機構有無遇到類似情況的案例。

2. 創新是頗受鼓勵且真有正向價值的活動，組織可
以透過組織結構、組織文化和人力資源管理來激
發創新：

（1）在組織結構方面：組織可以採取彈性的有機型結構，並提供充沛的研發
資源鼓勵創新。

（2）在組織文化上：組織可創造有助於激發創新的文化：接受模糊、對不實
際的容忍、低度控制、容忍風險、容忍衝突、重視結果而非過程或手段，
以及強調開放式系統。

（3）在人力資源管理上：如招募創意人、提升人力素質、提供敢於創新之員
工適度的保障、實質獎勵創新，這些作為皆有助於激發組織能力的創
新。

3. 創新的類型。

類型	說明
1. 漸進式與激進式創新（速度與範圍）	1. 漸進式創新（incremental innovation）係指在既有的技術上，循既定的方向來做逐步改進，亦即，若不是改善既存的事物，就是修改既有的形式或技術來達到不同目的。 2. 激進式創新（radical innovation）又稱不連續創新（discontinuous innovation）或突破性創新（breakthrough innovation），係指採用和原有技術完全不同的新技術，它往往會對既有的技術或產業造成破壞性的影響。
2. 技術性與管理性創新（性質）	1. 技術性創新（technical innovation）係指改變一項產品或服務的實體外觀或功效，或改變一項產品或服務的實體製造過程。 2. 管理性創新（managerial innovation）則是指針對管理過程加以變革，這類過程包括產品與服務的孕育、建造及交付給顧客等步驟與方式。
3. 產品創新與製程創新（成果）	1. 這兩項創新即是技術性創新的成果，產品創新（product innovation）係指改變現有產品或服務實體的特色或功效，或創造新品牌的產品或服務。 2. 製程創新（process innovation）則是指改變製造、創作或配送產品或服務的方式。

3.組織創新的程序／步驟

上榜關鍵 ★

步驟順序及對應內容必須清楚，測驗題考點。

組織的創新是一種過程的產物，某種程度上，它也是一種「產品的生命週期」，亦即代表產品或服務隨時間經過，市場上需求變化的過程。創新的主要步驟包括：開發、應用、上市、成長、成熟、衰退等六個階段：

（1）開發階段：開發階段包括創意構想的評估、修正及改善活動。本階段可將僅具些微潛能之產品或服務，轉變成具有高度潛力的產品或服務。

（2）應用階段：應用階段係指組織選取所開發出來的構想，並將其應用於設計、製造或交付新產品、新服務或新流程。在此階段，創新乃從創意孕育而出，並被轉換成有形的商品或服務。

（3）上市階段：上市是指組織將新產品或服務引進至市場的階段；此階段的關鍵問題並非「此項創新是否管用？」而是「顧客是否會購買或使用這項創新的產品或服務？」

（4）成長階段：創新一旦上市成功，即逐漸進入應用成長階段，這階段將為組織帶來較高的經濟績效，因為這期間產品或服務的需求會大於供給，組織必須妥為處理供需問題，否則無形中將可能限制其成長。

（5）成熟階段：成熟階段是指產業中的大多數組織皆能對此項創新產品有所認知，且皆已採納此項創新，因此這些創新產品無法為任何一個組織帶來競爭的優勢。

（6）衰退階段：每一項成功的創新都會步入衰退期，亦即，一項創新需求逐漸下降，且已出現其他替代性新產品或新服務的開發與應用，組織再也無法從其創新的成熟階段取得競爭優勢，因此必須再尋求另一項創新。

4.抗拒創新的原因與應對策略／步驟

抗拒創新的原因	應對策略／步驟（Dess 提出）
1. 威脅與不確定性：創新一定會帶來變化，有些變化可能會受人們歡迎，特別是當相關人士對現狀達到不滿的臨界點時。但創新也可能會使人們感受到威脅，儘管這威脅不見得是事實，但總是會為他們帶來風險與不確定感。	1. 找出最可能的創新者及在反對團體中找出早期採用者。例如：對象最不滿、最想求變的人，或曾經有創新經驗的人。找出成功推動創新的創新者，並協助他組成一個示範隊伍。

榜首提點

抗拒創新的原因與應對策略／步驟，請做完整的準備，為申論題記憶題型之考點。

抗拒創新的原因	應對策略／步驟（Dess 提出）
2. 慣性：慣性是組織難以避免的，這種起因於結構和系統交互作用下的結構惰性（structural inertia），使得有些人可能擔心隨創新而來的責任或變化，可能會導致他們必須學習新事物，或做些不一樣的事。 3. 轉換成本：對新方法是不熟悉的，不熟悉除可能暗示著風險外，也意味著若要改變既定的方法行事，除了須負擔財務上的成本，也可能需要付出諸如時間或社會關係之非財務上的成本（經濟學家稱之為轉換成本）。 4. 利益考量：許多秉持著社會目標之組織，對於產品、服務或計畫的創新，創造出的不只是個人利益，尚包括為社會創造出更大的利益，例如：鼓勵生育的服務措施。任何創新若對社會的貢獻大於個人的利益，則往往會被持保留的態度。	2. 聽取那些可能採用者的建言，並調整創新使他們更容易接受：亦即讓他們在創新的過程中，成為組織的活躍份子，以爭取並提升他們的認同感。為最可能的反對者在組織中預留一個位置，並引入能夠讓顧客或其他關鍵性外部夥伴表達觀點的管道，突破組織內部思維的侷限。 3. 利用創新及早期採用者來展示創新與現狀的對照成果：追蹤團體的經驗和進行創新時所獲得的成果，比較具體成效或成果，以改變抗拒者對創新的認知。 4. 盡可能了解那些潛在使用者（特別是那些可能的早期多數者的需求和考量）：了解潛在的使用者及員工的抗拒創新的原因，及其真正的需求和考量，以便針對準備資料，並為每種阻礙量身打造一個回應策略，化解其疑慮。 5. 讓人們容易取得他們所需的資訊，並確定這些資訊是可靠的：提供方便取得及正確的資訊給抗拒改革者，化阻力為助力。

三、風險管理

（一）風險社會

項目	說明
「風險社會」概念的起源	Beck 於 1992 年首次出版《風險社會（Risk Society）》後，「風險」概念已成為當前學術與政策研究的重要思考脈絡。在社會政策領域中，90 年代後半期以來，政策學者亦開始基於此脈絡來討論公共政策與社會政策。Beck 指出，現代社會已經從工業社會過渡到「風險社會（risk society）」，而如何減少與降低風險社會中存在的生態、人為風險，決定了管理機構的權威和聲望，以及能否在民眾心中贏得信任與支持的關鍵因素。

項目	說明
「舊社會風險」與「新社會風險」	因為社會政策學者傳統上關心的是社會問題與政策行動，關懷重心與社會學家不同，而使用社會風險（social risks）取代風險社會，又為與福利國家時代的舊社會風險（old social risks）相區別，而以新社會風險（new social risks）來表達在風險社會中進行政策考量所面對的風險環境。社會政策領域中對於新社會風險的概念乃漸明確，也受普遍的運用。
風險管理對社會工作的意涵	如何減少與降低風險社會中存在的生態、人為風險，決定了管理機構的權威和聲望，以及能否在民眾心中贏得信任和支持的關鍵因素。

（二）風險

　　風險係指潛藏在影響組織目標之事件，及其發生之可能性與嚴重程度，可能性意味著事情發生造成的衝擊或損失。風險定義主要包括：

項目	說明
1. 事故發生的不確定性	不確定性是一種主觀的看法，著重於個人及心理狀況，係因組織對未來事故的發生難以預測所導致的，包括：事故發生與否的不確定性、發生時間的不確定性、發生狀況的不確定性，以及發生後果嚴重程度的不確定性。然而，不確定性並非全是風險，亦有充滿希望的一面，它可能為組織帶來恐懼、憂慮，進而降低組織的績效，也能為組織帶來希望、光明，進而增進組織的績效。
2. 事故發生遭受損失的機會	損失的機會是一種客觀的看法，著重於整體及數量的狀況，亦即組織在某一特定時間內（例如：一年）的經營活動，遭受損失的或然率，或然率介於 0 與之間，若或然率為 0，即表示不會遭受損失，或然率值愈大，損失則愈大，風險亦愈大。

（三）風險管理的基本假設

風險管理的基本假設

1. 風險事件發生的機率或其影響是可以減少的。

2. 風險管理不是在追求「零」風險，而是強調在可接受的風險下，追求最大的效益。

3. 風險管理除消極的避免風險的產生，以及降低風險的影響之外，更應積極地在可接受風險下，創造更高的價值產出。

（四）風險管理執行的四個要項。

要項	說明
1. 風險辨識（risk identification）	係指使用一套有系統的程序，進行廣泛的搜尋，以發掘可能發生的風險之事件及其發生之原因和方式。組織可藉由成立風險評估小組，評估會發生什麼風險，以及如何、為何、何處及何時發生，並透過發展風險辨識程序與記錄方法，以記錄所評估的風險。
2. 風險分析（risk analysis）	係指系統性運用有效資訊，以判定特定事件發生之可能性（機率）及其影響之嚴重程度。事件的影響及其發生的機率結合起來，便是風險的等級。知
3. 風險評量（risk evaluation）	係將風險分析中所決定的風險等級與先前訂定的風險標準相比較，並挑出需要進一步優先處理的風險，以確定風險處理優先順序。

上榜關鍵 ★★★★
申論題及測驗題重要考點，請詳加準備。

要項	說明
4. 風險處理 （risk disposal）	1. 係指對於風險評量後不可容忍之風險，列出將風險降低至可容忍程度之對策，進而執行相關對策，以降低事件發生之可能性及其影響之嚴重程度。 2. 常用的風險管理對策： （1）風險規避（risk avoidance）：即決定不涉入或退出風險處境。 （2）風險降低（risk reduction）：即選擇使用適當技巧及管理原則，以減低風險或其發生機率。 （3）風險轉移（risk transfer）：即透過合約、保險或其他方式將損失的責任及其成本轉移至其他團體。 （4）風險保有（risk retention）：係指特意或非特意承擔風險所造成的損失，或為組織之財務損失負責。

風險分析圖（風險的等級）

知識補給站

影響（衝擊或後果）	風險分布		
非常嚴重（3）	3（high risk）高度危險的風險，管理階層須督導所屬研擬計畫並提供資源。	6（high risk）高度危險的風險，管理階層須督導所屬研擬計畫並提供資源。	9（extreme risk）極度危險的風險，須立即採取行動。
嚴重（2）	2（moderate risk）中度危險的風險，必須明訂管理階層的責任範圍。	4（high risk）高度危險的風險，管理階層須督導所屬研擬計畫並提供資源。	6（high risk）高度危險的風險，管理階層須督導所屬研擬計畫並提供資源。
輕微（1）	1（low risk）低度危險的風險，以一般步驟處理。	2（moderate risk）中度危險的風險，必須明訂管理階層的責任範圍。	3（high risk）高度危險的風險，管理階層須督導所屬研擬計畫並提供資源。
	幾乎不可能（1）	可能（2）	幾乎確定（3）
	機率		

圖：風險分析圖（風險的等級）

 練功坊

★ 隨著社會環境的變遷,社會服務組織也必須不斷地變革與創新,以符合社會的期待,請說明組織內可能出現抗拒創新的原因有哪些?

解析

抗拒創新的原因,說明如下:

(一)威脅與不確定性:創新一定會帶來變化,有些變化可能會受人們歡迎,特別是當相關人士對現狀達到不滿的臨界點時。但創新也可能會使人們感受到威脅,儘管這威脅不見得是事實,但總是會為他們帶來風險與不確定感。

(二)慣性:慣性是組織難以避免的,這種起因於結構和系統交互作用下的結構惰性(structural inertia),使得有些人可能擔心隨創新而來的責任或變化,可能會導致他們必須學習新事物,或做些不一樣的事。

(三)轉換成本:對新方法是不熟悉的,不熟悉除可能暗示著風險外,也意味著若要改變既定的方法行事,除了須負擔財務上的成本,也可能需要付出諸如時間或社會關係之非財務上的成本(經濟學家稱之為轉換成本)。

(四)利益考量:許多秉持著社會目標的組織,對於產品、服務或計畫的創新,創造出的不只是個人利益,尚包括為社會創造出更大的利益,例如:鼓勵生育的服務措施。任何創新若對社會的貢獻大於個人的利益,則往往會被持保留的態度。

★ (　　) 組織所建立的資訊系統含括所有個案接受方案服務資料,以及各類型服務成果的變項等,並從此資料系統建立成效指標,回答邁向目標的過程中所遇到的諸多問題,這是屬於何種類型的資訊管理系統?

(A) 人力資源資訊系統(human resource information system)

(B) 成本導向系統(cost-directed system)

(C) 績效導向系統(performance-directed system)

(D) 行銷募款系統(marketing and fund-raising system)

解析

(C)。績效導向系統(PDS)著重於組織的運作,包括方案和服務的資料。內容包括所有服務個案的資料、個案接受服務方案的資料、服務提供的數量與類型、其他服務成果的變項等。從此一系統衍生出的資料和資訊可建立成指標,並足以回答在邁向目標達成過程中所遭遇到的諸多問題。

★ (　　) Kurt Lewin 提出的組織變革三階段模式中，其步驟依序為：

(A) 變革→解凍→再結凍

(B) 解凍→變革→再結凍

(C) 再結凍→變革→解凍

(D) 變革→再結凍→解凍

解 析

(B)。Kurt Lewin 提出的組織變革三階段為解凍→變革→再結凍。

重點便利貼

❶ 社會服務策略性行銷的 7 個步驟：（1）確立組織的使命、整體目標和具體目標；（2）分析組織內外部環境的優劣勢；（3）分析市場機會，設定行銷目標；（4）市場定位與行銷組合；（5）發展行銷計畫與訂定執行技術；（6）執行行銷計畫；（7）行銷的評估。

❷ 公共服務行銷組合的「5P」模式：（1）整套產品（P for Package or Product）；（2）促銷或推廣（P for Promotion）；（3）通路或地點（P for Place）；（4）價格（P for Price）；（5）人們（P for People）。

❸ 社會服務資訊蒐集之資訊應具備之特色：（1）適時——最新的；（2）準確——正確的；（3）簡潔——精要的；（4）可用——親和的；（5）完整——安全的。

❹ Kurt Lewin 提出的組織變革三階段模式：（1）解凍→（2）變革→（3）再結凍。

❺ 抗拒變革的因素：（1）不確定性；（2）自身利益的威脅；（3）認知的不同；（4）擔心變革會違反專業價值；（5）其他。

❻ 降低變革抗拒的技巧：（1）教育與溝通；（2）員工參與；（3）協商與支持；（4）同儕壓力或強制；（5）操縱及買通。

❼ 抗拒創新的原因：（1）威脅與不確定性；（2）慣性；（3）轉換成本；（4）利益考量。

⑧ 抗拒創新應對策略／步驟：（1）找出最可能的創新者及在反對團體中找出早期採用者；（2）聽取那些可能採用者的建言，並調整創新使他們更容易接受；（3）利用創新及早期採用者來展示創新與現狀的對照成果；（4）盡可能了解那些潛在使用者（特別是那些可能的早期多數者的需求和考量）；（5）讓人們容易取得他們所需的資訊，並確定這些資訊是可靠的。

⑨ 風險辨識：係指使用一套有系統的程序，進行廣泛的搜尋，以發掘可能發生的風險之事件及其發生之原因和方式。

⑩ 風險分析：係指系統性運用有效資訊，以判定特定事件發生之可能性（機率）及其影響之嚴重程度。

⑪ 風險評量：係將風險分析中所決定的風險等級與先前訂定的風險標準相比較，並挑出需要進一步優先處理的風險，以確定風險處理優先順序。

⑫ 風險處理：係指對於風險評量後不可容忍之風險，列出將風險降低至可容忍程度之對策，進而執行相關對策，以降低事件發生之可能性及其影響之嚴重程度。

擬真考場

申論題

社會福利機構推動案主服務方案的資訊管理系統（Management Information System, MIS）之前，機構應有哪些準備？

選擇題

(　) 1. 下列對於公關（public relations）與行銷（marketing）的敘述，何者是正確的？
　　　　(A) 公關不界定組織的目標，行銷則直接涉及到界定事務使命、顧客和服務
　　　　(B) 相較於公關，行銷偏重於組織形象的經營，對組織之獲得外界的支持有非常重要的影響
　　　　(C) 公關試圖影響特定的行為，行銷則企圖影響態度
　　　　(D) 公關是一種溝通工具，也包括產品的發展

(　) 2. 社會工作者在保護性服務中，運用風險評估工具，廣泛搜尋及發掘可能發生風險的事件及其發生的原因和方式，以發揮風險管理的功能，這種做法最適合稱為下列何者？
　　　　(A) 風險規避（risk avoidance）
　　　　(B) 風險降低（risk reduction）
　　　　(C) 風險辨識（risk identification）
　　　　(D) 風險轉移（risk transfer）

解析

申論題：

在建立資訊管理系統之前，機構應先進行資訊的蒐集準備，俾利資訊系統能產生最大的效用，所蒐集之資應包括以下的各項特色：

（一）適時——最新的：一個好的決策必須建立在即時的訊息上，過時或未更新的資訊將可能誤導決策。

（二）準確——正確的：管理者必須要仰賴正確的訊息，不正確的資訊可能導致不佳或錯誤的決策。

（三）簡潔——精要的：管理者在有限的時間內僅能吸取有限資訊，因此，訊息須限定於最需要且必要者。

（四）可用——親和的：必須要能篩選出最相關的資訊，讓管理者可以非常容易的方式使用，且能夠以自己所希望的格式來讀取所需要的資訊。

（五）完整——安全的：有時沒有訊息要比片面的訊息好，若管理者持不完整的訊息，可能會做出錯誤的判斷；資訊也必須要能夠被妥善保存，以降低有意或無意的損毀。

選擇題：

1. A 公共關係主要是一種溝通工具，而行銷同時還包括需求評估、產品發展、定價和分配；公關企圖影響態度，而行銷則嘗試影響特定的行為，例如：購買、參與、投票、捐贈等。

2. C 1. 風險規避（avoid）：決定不涉入或退出風險處境。

    2. 風險降低（reduce）：選擇使用適當技巧及管理原則，以減低風險影響或其發生機率。

    3. 風險辨識：使用一個有系統的程序，進行廣泛的搜尋，以找出需要管理的風險。行動項目包括：（1）建立風險評估小組；（2）評估會發生什麼風險，以及如何、為何、何處、何時發生；（3）發展風險辨識程序與記錄方法；（4）記錄所評估的風險。題意屬之。

    4. 風險移轉（transfer）：透過合約、保險或其他方式，將損失之責任及其成本轉移至其他團體。

Note.

第
九
章

CHAPTER 9

社會工作方案設計
與評估

榜·首·導·讀

- Bradshaw 的四種需求類型,是經典必用的內容,務必徹底了解,並要能舉例說明。
- 各種需求評量的方法的優缺點,請建立清楚觀念。
- 研讀成果目標的四項構成要素時,除各要項必須清楚外,各要項的案例請務必仔細研讀。
- 務必了解 SMART 的原則。
- 內部與外部評估,各有其優缺點,必須詳讀。
- 「以成效為導向的方案規劃」務必透澈了解。

關·鍵·焦·點

- 方案生命週期模式,請建立基本流程概念,俾利後續方案設計與評估內容之了解與融會貫通。

命·題·趨·勢

年度	110年		111年				112年				113年	
考試	2申	2測	1申	1測	2申	2測	1申	1測	2申	2測	1申	1測
題數	8		9		7		1		6		6	

本·章·架·構

社會工作方案設計與評估

重點 1
★★★★★
社會工作方案設計
與評估

- 方案的定義與週期模式
- 服務方案的服務對象（標的）人口群類型
- 需求的類型
- 需求評量的方法（作法）
- 成果目標
- 社會服務方案的構成要素之界定
- 過程目標
- 方案評估
- 方案執行前評估
- 方案執行過程與執行後的評估
- 方案評估的方式
- 方案評估前的準備步驟
- 方案評估的進行步驟與應有的態度
- 方案評估的倫理議題

重點 2
★★★★
「以成效為導向」
的方案規劃與評估

- 以「成效為導向的方案規劃」的思考特點
- 以成效為導向的方案規劃與評估（Kettner 提出）
- 「以成效為基礎的方案規劃與評估」之架構與要素

重點 1 社會工作方案設計與評估 ◈◈◈◈◈

一、方案的定義與週期模式

（一）「方案」的定義

方案（project or programme）係指在一位管理者或管理團隊的導引下，將一連串的資源或活動運用於實現一個或多個共同的目標。

（二）方案生命週期模式（Martin 提出）

階段一：方案的界定（project definition）
· 當方案的要旨已被書寫並同意時，這階段便已完成。

階段二：規劃（planning）
· 包括組成方案計畫的所有要素。

階段三：執行（implementation）
· 包括達成方案結果的所有活動和工作。

階段五：評估（evaluation）
· 可能包括方案過程及其所達成之結果的評估。

階段四：結束（closure）
· 包括確定方案已完全結束之所有活動和工作。

上榜關鍵 ★★★

方案生命週期模式，請建立基本流程概念，俾利後續方案設計與評估內容之了解與融會貫通。

二、服務方案的服務對象（標的）人口群類型

人口群類型	說明
1. 一般或概括人口群（general population）	選定服務對象之參考群體總稱為一般或概括人口群，它是標的人口群的來源，也是最能突顯受服務人口群的生涯發展與特質的群體。例如：以老人為對象的服務方案，可對此一般老人人口群的特徵、特性有所探討與了解，必能使服務需求與服務內容更為具體有效。一般服務方案設計時，都會依服務方案的負責組織內部之宗旨所訂的大方向來做服務對象之選擇。
2. 危機人口群（population at-risk）	社會問題被界定為問題的第一要件是某一種人口群面臨了一種社會現象，而此一社會現象對某一種人口群來說是一種危機，才成為社會問題。我們都清楚一般人口群並非均是服務對象，服務對象必須面臨了社會問題或危機才有必要成為方案服務的對象。換言之，危機人口群是某種一般人口群中，較容易受到問題困擾和影響之人口群，才是受服務的主要對象。
3. 標的人口群（target population）	是指方案所要服務的對象，或是在危機人口群中對方案之服務有意願、有可能或機會參與的人口群。一般而言，服務方案的標的人口群選擇是極為重要的決定，它涉及到方案成功與否的最重要關鍵，正如同行銷或銷售的對象之決定常是商業品牌是否成功的重要關鍵一般。通常我們會考量方案服務的重心為何，或究竟是何人能從方案所提供之服務獲得最佳的協助並有效的解決問題，才是決定的關鍵，其中方案之可行性及成本績效常是重要的考量指標。
4. 案主人口群（client population）	案主人口群是標的人口群實際可受服務的人口群，或已受服務的人口群；受服務開案後才稱為「案主」是一般的用法。方案規劃與執行時，一般是從標的人口群中選擇服務方案之案主人口群，而事實上，實際受服務案主人口群可能與危機人口群和標的人口群不一定有關，有時可能由於評估錯誤、方案執行偏差或因時空改變而需做適當調整，都可能使初期規劃時所設計的標的人口群有所改變。因此，方案規劃與執行者需要在方案設計的階段中予以預估，並做適當的預防，以期使確定標的人口群能在受服務案主人口群中。

上榜關鍵 ★

這幾種人口群的類型，請詳加研讀其內容，才能在測驗題的選項上具有堅強的區辨實力。

三、需求的類型

```
               需求的類型
            （Bradshaw 所提的
               四項需求）
```

1. 規範性需求（normative need）	2. 感覺性需求（perceived need/felt need）	3. 表達性需求（expressed need）	4. 比較性需求（comparative need）

需求類型	說明
1. 規範性需求（normative need）	1. 即專家學者所界定的需求，係依據現有之資料作為規劃之基礎。從類似的社區調查報告或專業人士的意見，均可用來研判標的人口群為何，且一般是透過以比率（ratio）的方式與現有資料之間做對照比較來表達需求的程度。如果實際的比率低於特定標準，就可以據以認定需求的存在。例如：某社區可能需要的醫院或養護中心之床位數量（常以每千人需要幾床表示）。 2. 優點：能使方案規劃者以較客觀的方式建立標的人口群。 3. 限制：知識、技術、價值觀的改變，需求的程度也會隨之改變。
2. 感覺性需求（perceived need/felt need）	1. 亦稱為感受性需求。即標的人口群透過想像與感受覺知的需求。人們透過想像和感受來覺知自己有何種需求。若以客觀標準而論，生活品質較高的人，可能比生活貧困的人會有更多的需求。因此，方案規劃者必須對服務對象的處境具有敏感度，同樣重要的是，也必須考慮以其他的需求觀點來詮釋此現象。 2. 限制：感受性需求沒有絕對唯一的標準（不像規範性需求有一定的標準），亦即判別感受性需求的標準會有因人而異的現象。例如：在社區中自認為健康不佳的人數。

榜首提點

Bradshaw 的四種需求類型，是經典必用的內容，務必徹底了解，並要能舉例說明。請思考如果你在進行在方案規劃時，會用到哪些的需求類型。例如：規劃社區弱勢老人的福利服務；另四種需求亦為測驗題金榜考點。

需求類型	說明
3. 表達性需求（expressed need）	1. 即有需求者實際嘗試或接受滿足需求的服務。方案規劃者以實際尋求協助的人數來界定需求。 2. 優點：它著重人們將感受實際轉化成行動的情況，而未滿足的需求或要求，自然而然就成為規劃所要改變的標的。 3. 例如：社區中正在等候家庭諮商的人數。
4. 比較性需求（comparative need）	1. 亦稱為相對性需求（relative need）。亦即比較類似的情境與服務差距所存在的需求。比較性需求的測量是比較類似之兩社區或兩地理區域間現有服務的差距來說明需求的存在。 2. 其分析必須同時考慮人口組成及社會問題形成方面的差異，不同於規範性需求的測量，最後提供的是一套絕對判定需求的標準，比較性需求關注的是對等性、公正性的議題。例如：與乙社區相較，甲社區中已安置於庇護所的遊民比例。

四、需求評量的方法（作法）

榜首提點

各種需求評量的方法的優缺點，請建立清楚觀念；不同的需求類型有不同的需求評量方法，請有基本的概念，為申論題及測驗題的金榜考點。

（一）需求評量的方法

（引自：高迪理譯，《服務方案之設計與管理》，揚智。）

```
                        需求評量
                         方法
   ┌──────────┬──────────┼──────────┬──────────┐
1. 差補外      2. 資源盤     3. 服務統計   4. 社會（社    5. 公聽會
   推法           點法          資料          區）調查法
```

1. 差補外推法／次級資料分析法（secondary data analysis）

（1）差補外推法係以現有的研究或統計資料進行推估，又稱為次級資料分析。適用於規範性需求評量。

（2）資料來源包括：A. 官方定期調查資料：主計處、各主管機關的統計數據；B. 研究資料：學術研究資料、官方委託研究資料；C. 現有調查或研究資料推估：對於各類問題的發生率、普及率進行定期性的調查及統計，及運用現有資料推算預定標的對象（target）之需求。

（3）使用此法推估需求時，需注意由於現有調查資料並不一定是針對標的區

域或對象，因此使用現有資料推估時，必須考慮標的區域或對象與現有資料的差異性。例如：使用加權處理不同人口群之比率。

（4）使用此法推估需求時，需注意明確了解現有資料各變項及數據的操作性定義。例如：「失能」可定義爲：「檢測老人實際擁有的能力、詢問老人能否做些什麼事、沒有對錯，依照對於標的對象最具意義的定義來推估。」

（5）優點：成本低、蒐集時間短、信度高。

（6）缺點：資料較老舊、特定性較低。

2. 資源盤點法（resources inventory）

（1）盤點標的區域內對於某類人口群所提供的現有資源藉以確認需求的程度：先確認高危險群人口，再確認服務提供的狀況。適用於規範性需求評量。

（2）可使用表格方式進行盤點，需要發展出分類方式，列出盤點的指標，例如：服務功能或目的、資格條件、服務最大容量、目前服務量。

（3）可對服務提供者進行調查，也可以對其他有相關經驗且熟悉服務的人（key informants）蒐集資料（降低「領土保護」現象及增加合作協調機制）。

（4）優點：衡量現有服務體系是否達到預定服務量、可檢視服務重疊現象、可拓展現有服務量或發展新服務項目。

（5）缺點：需要建立一套標準化的盤點工具、對於潛在人口群需求未必能呈現。

3. 服務統計資料（statistical analysis of utilization data）

（1）以機構的服務資料作爲需求評量的根據。適用於表達性需求評量。資料來源包括機構每月的工作統計報表、機構年報等。

（2）資料內容包括 A.Who（接受服務的對象），包括服務使用者的特性，例如：年齡、性別、教育程度、收入、婚姻狀況；B.What（得到何種服務）：服務類型、服務數量；C. From whom（誰提供服務）：服務人員人數、個案負荷量；D.At what cost（服務成本）：服務經費、提供服務的其他資源。

（3）優點：A. 資料取得容易（注意資料保密議題），是一種低調（low-profile）的資料蒐集方法，也就是不干擾服務對象的資料蒐集方法；B. 可以提供需求長期趨勢分析：例如：服務人口群特性的變化、服務需求的變化；C. 個案負荷量的消長趨勢，有助於方案的改善及拓展。

（4）缺點：無法反映問題的普及狀況或未滿足的需求。

4.社會（社區）調查法（social/community household survey）

（1）直接對於標的區域內的居民進行調查，是最強而有力的需求評量方法。適用於感受性需求評量。

（2）優點：學過社會研究法者均可執行、調查工作可視為提高居民參與的過程可以建立社區基礎線（baseline）資料。

（3）缺點：時間與成本過高、調查方法的信效度控制，以及可能引發居民對於服務的過度期待。

5.公聽會（public hearing/community forums）

（1）邀請居民參加公開的會議，提出與需求有關的建議，例如：里民大會。適用於感受性需求評量。

（2）優點：符合民主決策過程、時間與成本較低、互動性高，可澄清相關概念、發揮腦力激盪效果，發展出更多意見。

（3）缺點：A.出席者代表性問題：根據過去經驗，出席者通常不見得是有需求者，反而是積極主動性高的團體，或熟知遊說策略的團體；B.事前須投注資源，廣邀居民參與；C.與會人數多及發言踴躍，不等同完整、全面需求的呈現。

（4）替代方法

A.名義團體技術（nominal group technique, 簡稱 NGT）：每個人均提出想法，全部列出，一直進行至沒有新想法出現（也稱腦力激盪），並對所有想法進行澄清、刪除、合併、增加，然後每個人分別選出幾個優先順序，將所有人的排序合併排列，決定最後的優先順序。

B.德爾菲法（Delphi technique）：以問卷寄發給每個人，回收整理合併所有意見後，將整理合併後的意見，作成第二次問卷，再寄發給每個人，再回收整理第二次問卷意見，重複上述過程，至意見統整沒有新意見為止。

C.焦點團體（focus group）：6-8人參與結構式討論，目的不是達成共識，而是界定出需求，可整理出共通性需求及個別性需求。

（二）社區需求評量的方法（作法）

（引自：林萬億，《當代社會工作——理論與方法》。五南。）

要描繪社區問題或需求的方法，稱為需求評量（needs assessment），社區問題或需求資料蒐集完整後，可用圖示法將之製成圖表，例如：犯罪斑點圖、人口成長趨勢圖、社會資源分布圖等，以利閱讀。社區需求評量的方法如下：

1. 訪問（interview）

· 透過面對面或電話來了解當事人對社區問題或需求的看法，可以採結構式或非結構式的訪談。前者是正式的聊談，後者是有綱要的訪談，甚至是標準化的開放式訪談，端視訪談綱要精密到什麼程度，後者幾乎是沒有選項的問卷。

2. 問卷調查（survey）

· 採用問卷作為蒐集資料的工具以了解社會現象或需求。方式有三種，一種是自填問卷，二是訪談問卷，三是電話調查。

3. 實地觀察（field observation）

· 分為參與觀察與非參與觀察，前者又依參與程度可分為完全參與、參與兼觀察、觀察兼參與；後者純粹是觀察者。如果你是社區成員，就很難純粹只進行觀察；反之，如果你是外人，也很難完全參與。而社區組織工作者大概都是觀察與參與並兼。

4. 次級資料（secondary data）

· 又稱二手資料，亦即並非由你本人蒐集到的統計資料。通常係就既有的統計資料檔中去擷取所須資料來再分析。

5. 社會指標（social indicators）

· 是指將各種既存的統計資料，選取足以呈現社會整體現象的項目，編製成長期累積的表格與圖形，以利比較各時期變動的一種統計報告。通常用來完整呈現社會現象的指標統計，包括人口與家庭、所得與分配、勞動、治安與公安、教育、文化、衛生、福利、環保等。常見的社會指標有生活素質指標、社會福利指標。

6. 服務統計（service statistics）

· 是指各公共服務機構所蒐集到的資料，如社會福利的個案統計、學校的輔導紀錄統計等，也可以看出社區的問題所在。

7. 會議（meeting）

‧開會未嘗不是一個蒐集社區意見的技術，例如：社區委員會、里民大會、公聽會、學校的親師座談等，都是社區中常見的會議。更專業的會議方式是名目團體技術，是一種理念蒐集、解決問題與集體判斷的結構性集會技術。名目團體技術是邀請20～30位參與者，代表不同觀點來參加決策。

五、社會服務方案的構成要素之界定

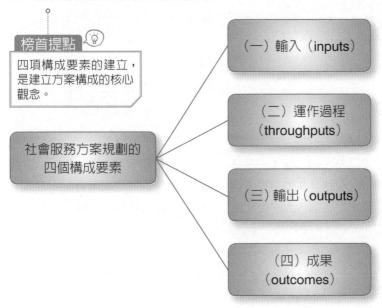

榜首提點

四項構成要素的建立，是建立方案構成的核心觀念。

社會服務方案規劃的四個構成要素

（一）輸入（inputs）

（二）運作過程（throughputs）

（三）輸出（outputs）

（四）成果（outcomes）

（一）輸入（inputs）

在社會服務方案中，輸入包括了五項次要素，代表一個機構的各種資源及原料：服務對象或消費者（clients）、工作人員（staff）、物質資源（material resources）、設施（facilities），以及器材設備（equipment）。服務對象可說是人群服務體系的「原料」，其四個次要素則是轉換過程所需要的各種資源：將服務對象由其有問題和需求的個人「轉換」為有能力解決問題、滿足需求的個人。

（二）運作過程（throughputs）

1.運作過程（或在邏輯模型中所指稱的「活動」）指的是執行方案所必須實施的各項程序。在提供服務的過程中，我們以使用資源（工作人員、物質資源、設施，以及器材設備）來協助服務對象，使其能完成服務的過程（輸出），並期望能解決他們的問題（成果）。

2.在此運作過程中為達成某種程度的一致性，我們必須確認並界定運作過程的資料構成要素，包括：服務之定義（service definition）、服務工作項目（service tasks）以及處置方法（method of intervention）。

3.運作過程的資料構成要素之界定

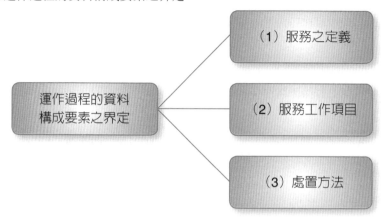

（1）服務之定義

　　A.服務之定義（service definition），通常是以兩個簡單直述句，界定所欲提供之服務。其作用是將解決服務對象問題和需求所需之一系列服務活動，從一個較大的範圍簡化成一個較小且特定的重點。

　　B.例如：廣義之「藥物濫用處置服務」可能包括以下之內容：戒除毒癮；住院或門診治療；個案、團體或家庭諮商就業訓練及安置；追蹤支持服務等。若僅以「藥物濫用處置方案」描述此類的服務時，又過於簡單籠統，使得人們無法了解方案所欲達成之目的為何。明確的描述如「此方案服務是針對 18 歲以上之古柯鹼成癮者，提供門診戒毒處置服務」，才能讓我們清楚了解方案的服務對象和內容。

（2）服務工作項目

　　A.服務工作項目（service tasks）協助我們認定服務提供過程中所包括的各項活動。

　　B.例如：若某服務方案的設計目的，是藉由提供求職技能之訓練，以提升單親媽媽獨立和自給自足的生活能力，則服務內將包括何種活動？不外乎篩選及評量、教導如何撰寫和準備履歷表面試技巧、工作習慣、就業訓練、工作安置以及追蹤輔導等項目，這些活動將構成一整套的服務。

（3）處置方法

A. 服務處置方法（method of intervention）係指在界定服務處置方法時，方案規劃師必須先明確陳述所提供的服務。

B. 例如：老人餐飲服務，可以於同一地點集中供餐，也可以是分送至老年人的家中；職業訓練課程可以在教室中進行，也可以在工作崗位上同步實施；諮商輔導服務，則有個別、團體或以家庭為對象的不同形式。

範例：運作過程之構成要素

構成要素	範例	目的
服務之定義	此一方案是針對家庭暴力受害婦女提供諮商輔導，使她們能提升自尊、自信並降低社會焦慮感	提供一正式的定義以做為各界對所提供之服務能有共識及同意的基礎
服務工作項目	1. 篩選和評量 2. 發展處置計畫 3. 肯定並支持服務對象 4. 教導問題解決技能 5. 其他	確保在類似問題中，類似之服務對象能獲得一致性的服務；提供之服務與對該人口群及問題的研究成果能夠相互結合
處置方法	服務對象將參與每週的個別諮商和團體諮商	確保在同一方案中，同類的服務對象能獲得一致性的諮商服務

（三）輸出（outputs）

1. 全美聯合勸募協會將輸出（outputs）界定為方案活動的直接產物，範例包括授課堂數、諮商時數、提供服務的時數。Brody 進一步補充說明，認為輸出是對所完成的工作量加以計算。

2. 測量輸出的目的是為了：（1）確認服務對象實際接受的服務量；（2）服務對象是否完成了處置中的所有療程？或接受了方案設計中包括的所有服務？要回答數量上的問題，我們得先界定「服務單位」（units of service），而答案即為中間輸出（intermediate output）；要回答「完成服務」的問題，我們得先界定完成的是什麼，而答案即為「最終輸出」。例如：若某訓練課程由 10 節課組成，那麼 1 節課即為 1 個服務單位；而計算中間輸出則需要以出席率，並記錄每位受訓者真正上完課的節數。這樣的記錄和計算之目的，

是希望了解出席不佳或中途退出者，是否也能與全勤者一樣，達到相同結果。「最終輸出」指的是完成所有的課程。若將參訓者分為結業者和中途退出者兩種，最終輸出則是，某課程中，所有受訓者的完成率（百分比）。若只鎖定完成課程者這一組，則可以讓方案規劃者了解，訓練是否可以產生如方案假設以及成果目標中所述，達成結果上的差異。若中途退出者和結業者，均能達成同樣的結果，那麼訓練顯然無法造成影響效應。

3. 輸出的三個構成要素

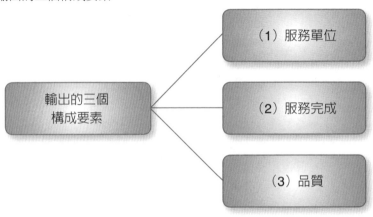

（1）服務單位

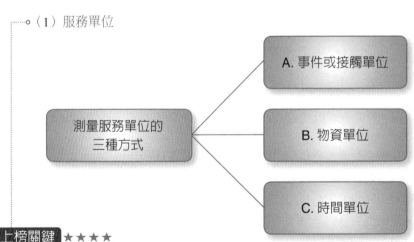

A. 事件或接觸單位

　　指的是工作人員和服務對象之間的一次接觸，相當於「人次」。服務次數比服務時間長短更重要而且是所需的資訊時，就會採用這種單位。例如：洽詢與轉介服務即常採用此種單位，以其所接到的洽詢次數加以計算。

B. 物資單位

　　是計算提供給服務對象的實質資源，例如：一頓熱餐、一份救濟糧食、一趟交通接送、衣物件數、現金或處方箋。由於物資單位之測量在不同的人之間變異性頗大，例如：一份糧包中或兩箱衣物的內容可能有很大差異，但仍是以「一份」或「一箱」當成測量之服務單位，因此物資單位通常是這一種服務單位中，定義最不精確的單位。但其中只有現金和交通接送（以里程計）是精確而可供比較的單位。

C. 時間單位

　　時間單位可以是分、小時、日、週或月加以呈現，此有賴人群服務方案本身需要何種資訊。電話會談可以分鐘為單位，而諮商輔導服務則通常以 1 小時做為服務單位之計算基準，寄養服務以天數計算，而住宿照護服務則以週或月計算。由於可用標準單位表示，時間單位是在一種服務單位中最為精確的；但採用時間單位時，應載明是直接服務的時間，或包括周邊支持活動（如完成相關文件之填寫、接待服務對象的人員等）所耗用的時間。

範例：服務單位之計算

單位類型	需要加以計算之設計構成要素	如何計算方案一整年的服務量
時間	1. 每星期工作人員與某位服務對象接觸的時間 2. 服務類型	1. 計算每一工作人員每星期可提供多少單位 2. 乘以 52 週 3. 再乘以全職工作人員之人數
事件	1. 每星期工作人員與服務對象接觸的次數 2. 服務類型	1. 計算每一工作人員每星期可完成的接觸次數 2. 乘以 52 週 3. 再乘以全職工作人員之人數

單位類型	需要加以計算之設計構成要素	如何計算方案一整年的服務量
物資	每年提供給某位服務對象的物質資源（例如：食物、衣物、現金）	1. 計算每週提供某一服務對象的物質資源（例如：美金100元的補助津貼，一份糧食包） 2. 乘以每週接受資源的服務對象人數 3. 再乘以52週

（2）服務完成（service completion）

    A. 服務完成（service completion）是第二個界定輸出的構成要素，我們稱為最終輸出。有待回答的問題是：服務對象何時完成服務？在設計方案時，即應先界定何謂服務完成。

    B. 在某些服務中，很容易明確界定何謂最終輸出；但另外有些服務則不易界定。例如：大多數的訓練方案中，通常會要求參與者完成一定次數之訓練或一定節數之課程後才算結業。在此，出席一次可界定為一個中間輸出單位；而最終輸出則可界定為：服務對象完成了所有必要的訓練課程（例如：汽車機械維修課程）。在產前照護方案中，則可能包括到醫療院所完成至少六次的產前檢查；而戒毒方案可能會要求服務對象在勒戒中心住滿60天才算成功的完成服務。

範例：服務設計之輸出構成要素

構成要素		目的
中間輸出	單位等於出席一次家庭諮商輔導（事件單位）	測量提供給每位服務對象之服務量，對所有參與者都應採用一致的定義
最終輸出	單位等於完成12次家庭諮商輔導且未曾缺席	確保方案工作人員和服務對象對全程參與定義的共識，並在評估成果時，要能區分出全勤者和中途退出者

範例：計算輸出單位

單位類型	需要計算的設計構成要素	如何計算方案一整年的服務量	範例
中間輸出	1. 每星期工作人員處理服務對象問題的時間 2. 服務類型	1. 計算每一工作人員每星期可提供多少單位的服務 2. 乘以 52 週 3. 乘以全職工作人員之總數	1. 25 小時的諮商輔導 ×52 週 = 1300 小時 2. 1300 小時 ×2.5 個全職工作人員數 = 3250 小時
最終輸出	1. 服務完成之定義 2. 某一服務對象為達成定義中所需要之中間輸出單位數量	1. 計算某一服務對象完成服務所需要的中間輸出單位數量 2. 計算一年內一個諮商人員或訓練者能提供的時段數目（例如：10 個訓練時段） 3. 再乘以能夠提供此項服務的全職工作人員總數	1. 10 次 2 小時的訓練時段 2. 一個訓練者每週提供 5 個時段，或每年 260 個時段 3. 若可負擔訓練責任的全職工作人員數量 = 0.5，則每年可提供 130 個時段，或 13 個完整的訓練課程

（3）品質

　　A. 品質和數量（服務單位）最大的差異，在於其界定的模糊、且不同的人會依其各自的見解對品質給予不同的定義。若要在方案設計階段即考量品質的各個向度，就需要明確指出如何加以界定、如何蒐集與品質相關的資料、以及如何監督、定期評估服務品質。我們通常會定出各式的標準，用來判斷品質。某一套標準是其公信力之權威人士所接受，且廣被採用的規格；一般而言，標準具有公認且持久的狀態。

B.品質的各個向度。

向度	定義
近便性	產品或服務易於獲得或取得之程度
可靠性	工作人員友善、有禮、體貼、具專業知識之程度
溝通	服務對象能以其可理解的語言隨時獲得與產品或服務相關的資訊
能力	工作人員擁有提供產品或服務所需的各項知識與技能
一致性	產品或服務符合標準之程度
缺陷	任何尚未確認，但負面影響服務對象滿意程度的品質特性
耐久性	績效、結果、成果不會太快消逝之程度
同理心	工作人員能理解並提供個別化的關注和服務之程度
人性化	提供產品或服務時，具有保護當事人的自尊及個人價值感之程度
工作績效	產品或服務符合原先所被期待要求之程度
可靠性	能以可依賴且一致的方式提供產品或服務，使不同服務對象之間的差異達到最小，以及長時間內不會發生變化
回應性	工作人員能及時提供產品和服務之程度
安全性	在無風險的安全設施中提供產品或服務
實體性	設施、器材設備、人員和出版品的外觀

（四）成果（outcomes）

1.成果可界定為，在方案開始與結束之間，服務對象生活品質所產生改變之測量。

上榜關鍵 ★★★
向度的定義必須完全清楚，各向度的定義切勿混淆，測驗題才能勝出。

2.測量成果的四種方式

（1）數量的統計

數量的統計（numerical count）指的是服務對象流動量上的計算，一般而言，只須對某些特定問題回答「是」或「否」即可計算出人數或次數。例如：服務對象完成職業訓練方案時，是否立即找到工作？孩童在接受暫時安置照顧後，是否返回原生家庭當中？接受服務處置之後的青少年，是否再度犯案？這些問題的答案，可轉化為百分比，以判定達成預期成果的程度。

（2）標準化工具之測量

A. 標準化工其之測量（standardized measures）所指的是曾被證實具有效度且廣被實務工作者所使用的客觀測量工具。例如：明尼蘇達多重向度人格特質檢測查核表（Minnesota Multiphasic Personality Inventory）或標準之智商測驗。

B. 例如：Hudson 的「一般滿意程度量表」的單一測量項目，說明標準化工具之測量：

我覺得別人會欣賞我

1＝甚少或從來沒有

2＝很少

3＝有時

4＝經常

5＝總是

（3）功能層次量表

A.功能層次量表（level-of-functioning scale），是由熟悉特定人口群及問題的一群專業工作者共同研發之測量工具，通常是針對特定方案或服務而設計。此類量表，要求實務工作者針對服務對象生活中功能運作的各層面進行評分。例如：對慢性心理疾病患者的評分項目包括自我照顧能力、決策能力、人際互動等；針對心智發展障礙者，則可在日常生活活動、有效溝通、互動技巧等方面進行評分。這類量表的評分指標多半十分明確，且通常在接案、服務進行中，以及方案結束時由工作人員針對服務對象之狀況進行測量，量表評分採多多點尺度的方式，由低至高排列，代表該項功能的運作程度。

B.例如：說明對家暴高危機人口群如何測量其安全性的功能層次

1 ＿＿＿＿＿＿ 2 ＿＿＿＿＿＿ 3 ＿＿＿＿＿＿ 4 ＿＿＿＿＿＿ 5

1＝住所／工作不安全；死亡機率極高

2＝安全受到威脅／具有暫時性的安全措施

3＝滿足最低程度的要求／繼續需要安全上的規劃措施

4＝當前的環境安全／未來仍有不確定性

5＝所處的明顯是安全且穩定的環境

（4）服務對象之滿意度

測量服務對象對服務之滿意程度（client satisfaction），我們必須發展一套問題項目，使作答者可在「非常滿意」到「非常不滿意」的五點尺度問擇一作答。

範例：服務設計中的成果構成要素

構成要素	範例	目的
中間成果	展現由訓練中學習到之步驟的能力，而可保護自身及子女免受暴力相向	明確指出並界定服務對象在方案或服務結束時，應該會做或能夠完成的事項
最終成果	在結案後，至少一年內，自身及子女均免受暴力之對待	明確指出並界定服務對象在結束服務後一段期間內，對成果的期待，以確定服務處置所達到的成果，能夠維持下去

六、成果目標

（一）成果目標的定義

成果目標以人口群為焦點，並針對處遇結果會發生的情形做描述，可能是描述案主的情形、技巧、態度、價值、信念、知識與狀況的改變。

（二）成果目標構成的要素 o⋯⋯⋯⋯⋯⋯⋯⋯⋯⋯⋯⋯⋯⋯⋯⋯⋯⋯⋯⋯

```
                        成果目標
                       構成的要素
```

| （一）方案時間架構（time frame） | （二）改變之標的（target of the change） | （三）用以紀錄、監督、測量成品或結果之判準（測量標準）（criteria） | （四）執行與測量目標達成之責任歸屬（responsibility） |

1. 方案時間架構（time frame）
   （1）方案時間架構即方案的成果目標，應包括設定服務最初的時間與最後的時間點，才有可測量的意義，亦即須將預期達成目標的日期明確陳述在目標中。
   （2）方案的成果的類型

方案成果的類型	說明
1. 初始成果	方案參與者初次經歷的利益或改變（例如：知識、態度、技能方面的改變），這些利益或改變本身並非最終之目的，但是卻是通往預期之最終目的所必要之步驟，因此也是衡量參與者的進展朝向目標的重要指標。
2. 中間成果	通常指的是新的學習知識、態度、技能所導致的行為改變。
3. 長期成果	方案預期參與者達成的最終結果，通常代表參與者在他們自己的情境或狀態上，所產生有意義的改變。

榜首提點 💡

請先對成果目標的定義有清楚的觀念；在研讀成果目標的四項構成要素時，除各要項必須清楚外，各要項的案例請務必仔細研讀，因為在測驗題型，通常都會以案例形式請考生選擇正確的要項；有時考生易因為觀念不清楚，常因些微的失誤即選錯答案而失分。

（3）時間架構的陳述方式舉例

    A. 在 20XX 年 6 月 30 日之前（已知方案開始和結束日期）

    B. 在第三年結束之前（當開始和結束日期皆未知時）

2. 改變之標的（target of the change）

（1）改變之標的即方案的成果目標應將設定的服務標的對象敘述清楚，才是適當的方案。亦即，若欲達成目標，必須在目標中明確指出預期改變的人口群或構成要素，即所謂改變之標的。如有服務的地理區域限制可一併列出，才能使方案目標更形完整。

（2）成果目標重視的是人口群體，舉例如下：

    A. 30 位曾為身體或情緒暴力受害者的婦女。

    B. 75 戶低收入家庭。

    C. 90 對曾經被認定為疏忽子女的父母。

    D. 讓臺灣地區在 2012 年的保育員數量增加 50%。

（3）欲產出的成品（過程）或欲達成的結果（成果）：亦即受服務案主的人物或百分比。所謂結果，係指服務對象成果指出服務對象在方案完成之前，應達成的正向改變。

    舉例：

    A. 將有 50 個家庭，在其良性溝通的發生率上提高至少 25%。

    B. 完成方案課程的 24 名受訓者，將在其所接受訓練的領域中取得工作。

    C. 20 名學齡前之兒童，將展現其熟悉至少 6 種適應幼稚園生活所必須之技能。

    D. 100 位暫居寄養家庭的孩子，能夠回到原生家庭。

3. 用以紀錄、監督、測量成品或結果之判準（測量標準）（criteria）

（1）如果無法測量，即無法評估方案，或至少讓我們無法得知目標是否已達成。在規劃階段就要明確的陳述所希望達成的目標（例如：降低兒童受虐），也要設定一些可接受之測量績效的標準。有時是質化的描述，有時是量化的描述。

（2）測量標準舉例

    A. 以○○市家庭暴力防治中心的轉介資料為測量基準，兒童受虐事件發生率能夠降低 15%。

    B. 以家庭暴力防治量表判斷，潛在施虐者能夠提升警覺的意識。

    C. 透過自尊量表評量之結果判斷，服務對象的自尊心能有所提升。

4. 執行與測量目標達成之責任歸屬（responsibility）

目標陳述應具備清晰、明確、可測量、具時限，以其切合實際等特性。最後

一個必要的元素，就是能夠指出執行、報告目標之達成的責任歸屬。這部分的陳述，應指出負責人的職稱（督導、方案管理者）、人名，或簡單敘述如「應以兒童照護方案管理者爲負責人」。

（三）成果目標舉例

1. 在 2012 年 6 月 30 日前，以兒童受虐中心舉報登錄名冊的記載爲準，針對 75% 參與方案服務之高風險家庭，減少兒童受虐事件的發生率。

2. 在 2012 年 12 月 31 日前，至少 80% 參與方案的服務對象不再遭遇家庭暴力。

七、過程目標

榜首提點
請強化過程目標之案例研讀，並能辨別其為過程目標或成果目標，俾利測驗題型之選答。

（一）「過程目標」之定義

　　「過程目標」是描述達成一個期望的終點所採取的程序與步驟，過程目標常常是公式化的描述，因其活動所涉及的執行面，對一個問題或需求的表達、整體的了解是重要的，此將有助於對那些在方案中使用的實驗性、特殊性與創意性的措施或技巧有深刻的理解，因此過程目標是用來增加機構組織對自我系統的認識，如此才可增進服務輸送的能力。

（二）過程目標舉例

1. 所有志工可以在第一個月內，透過本項服務之實施，完成志工服務訓練。

2. 在本方案實施三個月後，建立志工線上服務系統，並開始進行服務，提供完整之作業紀錄。

3. 在 2011 年 12 月 31 日前，至少招募 30 位家庭暴力受害者參與方案。

4. 在 2012 年 9 月 30 日前，每週提供至少一次個別諮商、一次團體諮商。

八、方案規劃的原則（SMART 原則）與障礙因應

（一）方案規劃的原則（SMART 原則）

S（simple）簡單的

．目標必須是以自己和員工所能理解的詞語來表達，除了主管必須清楚計畫所要傳遞的目標為何，對於專業術語也必須要說明清楚，方能建立起主管和員工的溝通平台，不致形成溝通障礙，妨礙到工作的進行。

榜首提點
務必了解 SMART 的原則，並請預為準備實務方案規劃案例備用，另亦為測驗題金榜考點；規劃的障礙與因應方式，請併同準備。

M（measurable）可測量的

・知道目標達成的時間點及測量方式。一般可用質性或量化研究方式來進行。

A（achievable）可達成的

・目標必須是可行的、可達成的，一定要考量現實情境與可用的資源多寡，必要時與相關人士、機構進行協商，最終目標是希望達成多贏的局面。

R（resourced）有資源的

・要完成計畫首要的資源便是人力，特別是機構內部的員工，當然相關的物力資源也是不可或缺的。

T（time-limited/trackable）時限性的／可追蹤的

・目標要達成時有時需要一段時間，也有可能在執行過程中會面臨到一些突發的事件，故管理者必須去監控、檢視和評估目標、追蹤目標，以掌握執行的實際績效與規劃之目標績效間的差距，必要時改變目標的優先順序，以增加目標實現的機會。

（二）規劃的障礙與因應方式

1. 規劃能力不足：為提升機構成員的規劃能力，除盡量減少機構員工的流動率外，也可透過在職訓練來彌補。

2. 規劃程序不當：有些管理者很少接觸規劃程序，此一障礙可經由加強訓練著手，或針對過去相關的規劃案進行檢討，以減少不必要的重蹈覆轍。

3. 管理者對規劃缺乏決心與承諾：有時因管理者並無進行規劃的決心或承諾，或缺乏遠見，凡事僅依眼前的情況做判斷，此乃規劃的阻力或障礙之一。

4. 資訊使用不當：管理者使用不當的資訊，將可能嚴重影響到規劃的結果，此亦為規劃過程中經常遭遇到的障礙。

5. 僅重視可控制的變項：在社會工作的領域裡，影響規劃的環境變項相當多，為避免可能的危機，規劃過程應將各個階段對未來可能產生的影響，以及未來情勢對組織目標的影響納入考量。

6. 重視近程而忽略遠程目標：缺乏前瞻性的管理者，往往將其眼光侷限於短期問題的解決，而忽略了長期利益，此為理想的規劃所可能碰到的阻力。

7. 重視局部而忽略整體：規劃過程須強調以達成整體目標為基本方針，且涉及到相關部門的事項，亦能經由溝通、協調達成一致的行動。

九、方案評估

（一）評估（evaluation）與方案評估（project evaluation）

1. 「評估（evaluation）」（亦稱為「評值」）是評估其量化的值與質化的質。當前的方案評估逐漸重視值的呈現，以利方案做比較或評比。服務方案的內容中，服務方案的評估是顯示服務績效的最佳方法。從今日的責信觀點來看，績效可分為輸出績效、品質績效與成果績效三部分。

2. 「方案評估」（project evaluation）界定為一種對服務方案進行的過程或成果的評定，以檢視機構所推行的服務措施，是否能確實地與計畫的目標相互呼應與配合。

（二）服務方案評值的意義與目的（功能）

意義	目的（功能）
1. 方案評估是對方案之實施從事值化與量化的追蹤評量過程。 2. 方案評估是針對有關方案的努力、效益、效率和適當性做合理判斷的過程。方案評值或評估是建立在系統性的資料蒐集和分析上。 3. 方案評估是設計來使用於方案管理、外部的責信，以及外來的規劃。 4. 方案評估包括輸出性的評估（如人次）、品質性的評估（如可近性、可有性、可接受性、可信性、持續性等）、成果性的評估等（如責性的績效評估）。	1. 為了能夠達到最大的經濟、效率與效能，並節省不必要的資源浪費。 2. 為了能夠確信並滿足案主最大的福利需求。 3. 為了能夠迅速的達到方案預期的目標。 4. 為了增進方案相關的知識基礎，以便用於服務品質的提升與改善。 5. 為了有助於行政上的決策，並改善目前執行中的方案

榜首提點

「評估」的英文字為「evaluation」，亦稱為「評值」之意，係因各學者的翻譯名詞未能統一之故。考場審題請先辨別英文用詞，以利正確解答。

（三）不同學者的方案評估分類

1.不同學者的方案評估分類

方案評估分類 學者	說明
Scriven	分為形成評估（formative evaluation）知和總結評估（summative evaluation），前者是屬於方案進行或發展過程中的評估，後者則是方案結束後的評估。
Posavac 和 Carey	將評估區分為需求評量（evaluation of need）、過程評估（evaluation of process）、結果評估（evaluation of outcome）及效率評估（evaluation of efficiency）。需求評量仍屬方案執行前的評估，過程評估則是方案執行中的評估，結果評估與效率評估則屬方案執行後的評估。
Gabor	將評估區分為需求評量（needs assessment）、評估性評量（evaluability assessment）、結果評量（outcome assessment）、效率評量（effieiency assessment）及過程分析（process analysis）。需求評量與評估性評量乃屬於方案執行前的評估，過程分析則屬於執行過程的評估，效率評量與結果則屬於執行後的評估。
黃源協	若依時間區分，前述的各項評量或評估可分別歸入執行前、執行中、執行結束時以及結束後等四個階段知。

形成評估與監督

監督（monitor）可界定為：對於方案是否依原先之設計執行，並服務其所設計的標的人口群之徹底程度所進行的評量。因監督必須在方案進行時同進行，所以，某些方案評估的教科書，稱監督為形成評估（formative evaluation）。

知識補給站

方案評估的發展階段及類型圖

需求評量 評估性評量	過程評估	結果評估 效率評估	影響評估 效果評估

| 執行前 | 執行過程 | 執行結束 | |

| 投入評估 | 形成評估
內部評估 | 總結評估
產出評估
外部評估 | |

十、方案執行前評估

榜首提點
了解方案執行前評估的各類型，為測驗題金榜考點。

（一）方案執行前評估之意涵

　　方案執行前評估，係指方案在正式付諸執行前所進行的評估，主要目的在於欲確切掌握方案相關的需求，以讓方案的設計能切合案主或服務使用者的需求。執行前評估也是為了預先觀察方案的進行，能否真正符合案主或服務使用者的需求，以及有無明確的指標以確定方案目標是否達成。

（二）方案執行前評估之類型

　　1.投入評估

　　　投入評估的重點在於一項福利方案尚在計畫階段或未執行之前，先檢視其是否值得採行及其執行方向與項目的要點。投入評估工作之進行，首先須確定可用的資源，再分析可供採用的策略，其後藉以協助決策人員選擇、設計或修改各種執行的程序，以及提供達成目標的方法。這種「投入評估」也常被稱為規劃性評估（planning evaluation）。

　　2.需求評量

　　（1）需求評量之目的在於確認和測量一個組織或社區內尚未滿足需求的程度，或是一個特定社會服務的可行性。經常被引用的需求概念，首推Bradshaw所提的四項需求：規範性需求（normative need）、感覺性需求（perceived need）、表達性需求（expressed need）、比較性需求

（relative need）。

（2）若僅選擇其中的任一種方法，是無法充分測量需求的。由於每一種方法
都有其限制，且只能解釋需求的某一個面向，因此應嘗試盡可能同時在
這四種不同的面向上，進行需求的全面性探討與測量。

3.評估性評量

評估性評量（evaluability assessment）係用於發展協助所規劃的評估確實能
用於改善被評估方案的績效，在規劃評估時，評估者先界定方案的目標、績
效指標和資料來源。

十一、方案執行過程與執行後的評估

榜首提點

過程評估與形成評估之意涵
不同，請區辨清楚。

（一）方案執行過程的評估

1.方案執行過程評估之意涵

方案執行過程評估係指對正在執行中的方案進行評估，評估的主要目的在於
發現方案的進行是否偏離原先所設定的目標。若有出現不一致的地方，可能
須進一步探知是否要修正方案的執行方式，抑或方案目標，以使方案的進行
能朝整體目標邁進。

2.方案執行過程評估之類型

1. 過程評估（evaluation of process）

・過程評估係指一旦方案被發展出來且開始付諸施行時，評估者的
工作會轉向檢視方案執行的程度、接受服務者的特性，以及方案
的運作是否如同預期。
・簡言之，過程評估即是服務方案介入後，到目標達成之整個過程
的監督和測量。

2. 形成評估（formative evaluation）

・形成評估係指評估的對象是以正在進行中的社會服務或活動為
主，其關注的是方案「形成」或「發展」，型塑方案以利達成目
的；在發展面，評估的設計在於協助方案本身的執行，主要藉由
監測（monitoring）或回饋（feedback）的機制來強化服務方案
及其輸送，以便能夠改善方案的成果或提升方案的效率。

（二）方案執行後的評估

1.方案執行後的評估之意涵

　　方案執行後的評估係指對已執行完畢之方案進行評估，但這種評估並非僅是方案執行結果的描述，它更關注到方案執行後所造成的影響。方案執行後的評估，除可檢視方案的實際成果是否符合原先所設定的目標，也可提供後續推動或執行類似方案的參考。

2.方案執行後的評估之類型

---

1. 總結評估（summative evaluation）

‧係指針對已完成的社會服務方案進行評估，它研判方案的優缺點，以協助我們決定一項方案是否應該開始、持續或終止，抑或從兩個或更多的替代方案中做選擇。一般而言，總結評估包括結果評估、適切性評估及效率（成本效益）評估。

---

2. 結果評估／成果評估（evaluation of outcome）

‧係指判定方案達到其整體方案目標的程度，例如：一項治療性的方案，結果評估即是治療處遇有效的程度。若一項方案中有高比例的案主達到處遇的目標，便可被視為成功的方案；反之，則為不成功的。

---

3. 適切性評估（evaluation of adequacy）

‧是將實際提供服務的狀況與該項服務需求的狀況做比較，此類型的評估是將方案計畫過程需求評量階段所認定的需求，與實際提供服務方案後所滿足的需求相互做比較。

榜首提點

方案執行後的評估之類型為常見的考點，命題以測驗題為主；常與方案執行前、執行過程中的各項評估類型混合出題，考驗考生對名詞的區辨實力。

4. 成本－效率評估（cost-efficiency evaluation）

- 效率的評估是指成果投入比，也可以針對服務作業之程序。成本效率評估重點在檢視提供服務單位所需要的成本，提供服務成本之基礎是時間、期間、物料，以及輸出等各種不同的單位。主要考慮達成方案目標之資源成本，以及確保服務輸送作業流程之合理性，所以也具備監督的功能。

5. 成本－效益評估（cost-benefit evaluation）

- 這是在評定方案中所用去的資源與所達成的目標之間的關係及其效益，以「金錢計價之方式」量化方案所提供的服務。此類評估目的在於如何才能善用現有的資源以達到目的。此分析只能用在事先的估量與選擇行動方案的工具（如預估今年增加用在募款經費與募得款數增加之比較）。

6. 成本－效能評估（cost-effectiveness evaluation）

- 是指對方案實施效能的評估：指產出（output）部分，如該部分之影響如何？給服務對象帶來何種變遷？達到目標的何種程度，關注的是達到成果所需的成本。亦即，方案的投入與每一個成果之間的比例，不以金錢來衡量，而以達成此一方案實際目標的各項工作及數字做為效能（如訓練人數、就業人數、技術水準），包括已經提供的服務量、服務完成人數，以及依品質標準來評量的服務量。

7. 影響評估（impact evaluation）

- 指方案結束後，其所產生之成效的延續性或造成的影響。這種評估是繼總結或結果評估後，持續觀察方案所產生的後續效應，例如：一項身心障礙就業服務方案之目的在於促進身心障礙者就業的機會，其結果可能達到原先所設定之促進就業的人口數。

表：不同類型的評估取向其評估時間與評估重點一覽表。

評估的類型	評估時間	評估重點
可行性評估	方案執行前	是指在方案執行前，評估方案可能產生的效應，其重點在指出方案實施後所可能產生的結果與成本。
過程評估	過程	評估的重點在指出方案執行期間所經歷的過程，讓組織內部與外部的重要關係人了解方案如何運作。
成效或影響評估	方案執行後	是指評估服務對象因接受方案而產生哪些層面的改變，以及方案實施後，對目標人口群、社區、社會產生什麼影響。
總結性評估	方案結束後	評估結果是做為協助決策者決定是否繼續執行某方案或政策的參考依據，所以其重點會聚焦在方案的產出與成效上，並分析方案或政策的效益與成本。
形成性評估	過程	評估的重點在於將方案的產出、成效、效益等資訊提供給對改善方案具有影響力（包括決策層次與實務執行層次）的人。
執行評估	結束	針對方案實際執行的程度與方案預期的理想進行比較。
經濟性評估	結束	是指聚焦於方案的效益，著重分析投入於方案的成本與其產出之間的關係。這個評估取向不僅重視金錢層次，也從社會的角度了解方案的機會成本。
多途徑評估	過程與結果	為了突破只從贊助者的角度看待評估，這個評估取向也從服務使用者的角度與觀點來檢視、發展方案成功的指標。

上榜關鍵 ★★★
測驗題考點。

十二、方案評估的方式。

項目	內部評估	外部評估
意義	指由方案執行單位的成員所從事的評估工作，其動機往往是為了能夠立即改善或提升個案的服務品質。	指由機構以外的專家，對福利計畫或方案之進行所從事的評估工作。
優點	1. 內部評估者易於掌握方案的第一手訊息。 2. 內部評估者有較佳的機會了解方案的知識與內容。 3. 內部評估者較易於獲得主事者和員工的信任，進而讓他們承認問題和分享秘密。 4. 內部評估豐富化服務品質的改善過程，有益於機構或方案的外部責信。	1. 較易維持評估工作的客觀性。 2. 可依評估標準對組織結構進行監督。 3. 可避免介入組織的衝突，保持中立地位以有效執行評估工作。 4. 評估經費與行政作業獨立於方案外，可避免扮演「邊際人」角色及地位不一致的困擾。 5. 評估者較具專業知識和經驗，有助於評估的可信度。
缺點	1. 較缺乏獨立自主的可靠性。 2. 可能對服務相關的知識或經驗不足，而難以做深入評估。 3. 與方案有密切關係，評估較易陷入主觀性。	1. 對方案內容及進行狀況不易有全面性的了解與掌握。 2. 可能要有方案外的額外支出。 3. 若評估者與方案執行者有特殊關係，可能影響到評估的客觀性。

榜首提點

內部與外部評估，各有其優缺點，必須詳讀；請思考如辦理社區評鑑時，可參與評鑑的內部與外部人員有哪些？實務案例上有哪些優缺點？

十三、方案評估前的準備步驟

上榜關鍵 ★★

步驟請詳記，以利測驗
題區辨。

步驟一：確認方案及其利害關係人

1 首件事即是取得方案的相關說明。
2 第二件事，即是弄清楚誰是方案利害關係人，社會服務方案的利害關係人可能包括：贊助者或案主、方案團隊、組織中的其他管理者、直接對方案有影響或受方案影響的個人或團體、利益團體的代表、專業單位或其他正式的組織等。
3 及早與這些利害關係人會面，特別是要能對參與者或方案服務對象的需求有明確的了解，畢竟方案的服務是以他們的利益為出發點。

步驟二：熟悉所需的訊息

1 誰需要這項評估：讓方案接受評估通常是方案的贊助者和員工所要的。期待透過與評估者合作，以確認方案是否符合期待，以及方案需要改善的地方。
2 什麼類型的評估較適當：評估類型可能隨著贊助者和方案員工對方案評估期待的不同而異。
3 何時需要評估：需要在利害關係人的偏好和執行最佳評估的時間點上取得平衡。
4 有什麼資源可用：會讓評估產生侷限的因素即是資源的可用性，如預算和人事。
5 評量方案的評估性：在得知利害關係人需要的訊息後，評估者必須要考量到滿足這些需求之資源的可用性，這個過程被稱為評估性評量，這項過程是想讓評估過程有一個合理的基礎。

步驟三：規劃評估

1 檢閱文獻：當評估者的工作是一項新的領域，在設計與發展新工具之前，先仔細檢閱文獻是件重要的工作。
2 決定方法論：文獻檢閱後，評估者便要決定抽樣程序、研究設計、資料蒐集和統計分析。
3 提出書面計畫書：評估者要準備提出書面的評估計畫書，若計畫書被接受，即表示在方案目標和特性、已獲得評估者和方案員工的認可。

十四、方案評估的進行步驟與應有的態度

上榜關鍵 ★★
步驟順序詳記,測驗題考點。

(一)方案評估的進行步驟。

> **步驟一:指認方案目標**
>
> 1 指認方案的目標與變項,並依此來測量是否達到目標。把方案形成時的最初目標和後來的成果作比較,是評估方案最簡單也是最直接的方法。

> **步驟二:指認評估之變項**
>
> 1 分析的對象:分析的對象意指利用對案主、團體、方案或組織的研究來評估方案。
> 2 選擇分析變項:即指認出要被研究之可量化的變項。
> 3 指認資料來源:資料是評估方案時所需要的資訊。

> **步驟三:蒐集與評估(或分析)資料**
>
> 1 依據被評估方案的大小與重要性,而決定分析的複雜度與方式。另尚須檢視方案非預期的效益和結果。
> 2 有時非預期結果會是正向的,這有助於了解方案的意義和價值,如產生未預期的結果會有嚴重的危害存在時,就應停止此一方案。

> **步驟四:方案評估的結果**
>
> 1 指認方案的優點與缺點:好的評估應當要同時著重於正向和負向的評估結果發現,其優點可作為方案改善與修正的基礎;而缺點則是需要被加強或去除的部分。
> 2 描述方案的效果:是否為預期中的效果?經費使用是否符合公平正義原則?
> 3 提出如何修正的建議。

(二)規劃方案評估時應有的態度

1. 不應對方案效果抱持著過度的期待

　　評估者不應對方案效果抱持著過度的期待,而是要協助利害關係人判斷實際可行的改善程度,以免因不務實的期待而令自己受挫。

2. 不必擔心徵詢他人意見會影響專業形象

　　專業服務要能藉由不斷地學習以改善服務品質，有些方案的主事者覺得若詢問案主有關其服務品質，將會降低自己的專業形象。事實上，這種觀念是不正確的。

3. 無須擔心評估會嚇阻創新

　　員工也許會擔心評估將嚇阻對新技術的採用，甚而妨礙創新。在實務運作中，方案人員仍可在廣泛的架構下，依方案發展狀況做適度的彈性修正。

4. 無須擔心方案會被緊縮或終結

　　規劃之初，有效能的評估者會嘗試讓方案人員視評估者為共同提升服務品質的伙伴。方案贊助者會傾向於要求員工的責信，以作為持續贊助的要件，評估者將可協助員工達成贊助者的要求。因而，評估是一種持續取得責信的重要工具，而不是終止方案的劊子手。

5. 無須擔心評估訊息被誤用

　　評估者要讓評估能明顯地有別於論功行賞的績效評比。因為若將方案評估作為員工考核的依據，則各層級人員所準備供作評估的資料，可能會挑選對他們本身最有利的，這便違背了方案評估的旨趣。

6. 無須擔心質化的理解會被量化的數據取代

　　同時採納量化和質化的資料，評估工作就能做得更好。重點不在於獨尊量化或質化資料，而是要整合兩種方法所得到的訊息。

7. 無須擔心評估會排擠方案的資源

　　若能妥適的操作和進行評估，除了有助於散播好的服務理念外，也可能會為方案帶來更多的支持和資源。

8. 無須擔心不能掌控方案

　　員工和主管們也許會擔心評估將會降低他們對方案的決定權。評估有時會為方案帶來更多符合實際需要的資源，也讓方案人員對於資源的運用有更多主導權。

9. 無須擔心方案的影響力微不足道

　　不應期待每項建議都會被接納，但對於一些良好但未被接納的建議，評估者可隨著環境的變化，找機會適時再提出建議。

10. 不應屈服於利害關係人的不當壓力

　　面臨這種兩難的困境，規劃評估者應試圖與利害關係人做充分的溝通，以試圖找出較佳或可行性較高的方法。

11.不應讓方案評估作爲已決定之決策的合理化工具

評估資料最常被誤用的情況,即是用它來合理化評估之前已決定的決策。這種作法可能會犧牲眞正有效或最佳的替代方案或決策。

12.不應爲經費而故意讓評估符合贊助者所設定的條件

福利服務方案經費的贊助者,有時會要求承辦機構有要有某種評估,以作爲取得經費支持的要件,特別是一些創新性或示範性的方案。這種只爲了取得經費而迎合贊助者的作爲,事實上已悖離了評估是爲了改善案主服務的初衷。

上榜關鍵 ★★
方案評估標準的各項名詞,內容請詳讀,將可在測驗題正確選答。

十五、方案評估的倫理議題

(一)方案評估之標準

方案評估之標準	說明
1. 效用性標準／實用性標準(utility standards)	效用性標準是爲了確保一項評估將可提供預定使用者所需的訊息。
2. 可行性標準(feasibility standards)	可行性標準是爲了確保一項評估將是務實、謹愼、圓融和簡約的。
3. 適當性標準(propriety standards)	適當性標準是爲了確保一項評估的執行是合乎法律與倫理的,並且能夠兼顧評估相關人員及受評估結果影響者之福祉。
4. 精確性標準(accuracy standards)	精確性標準是爲了確保技術上一項評估能夠呈現和傳達充分的訊息,包括決定被評估的方案價值和好處之樣貌。

（二）適當性標準之評估倫理議題

適當性標準之 評估倫理議題	說明
1. 服務導向	評估設計應該要能協助組織有效地解決和服務所有標的群的需求。
2. 正式同意	評估正式參與者的義務（要做哪些事？如何做？誰來做？何時做？）應經過大家的同意，並以書面方式記錄，以讓各方參與者有義務共同遵守所有協議的條件，或透過正式管道重新議定之。
3. 人群本身的權益	評估的設計和執行要能夠尊重和保障人群本身的權益和福祉。
4. 人際互動	評估者在與其他評估相關者互動時，應尊重人的尊嚴和價值，以使參與者免於受到威脅和傷害。
5. 完整和公正的評估	評估應完整和公正地檢查和記錄受評方案之優缺點，以便強化優點及改善缺點。
6. 評鑑結果的告知	評估的正式參與者應確實將完整的評估結果和相關的侷限，提供給那些受到評估影響者，以及那些依法有權知悉這項結果者。
7. 利益衝突	應以公開誠信的方式處理利益衝突，以避免危及評估的結果和過程。
8. 財務責任	評估者對資源的配置和支出，應遵守完善的責信程序，以及其他謹慎的作法和遵守倫理義務，以讓支出是有責信且適當的。
9. 其他	一項完善的評估進行，應更加重視同意（consent）、隱私與保密（privacy and confidentiality），以及與利害相關的風險（risk related to benefits）之倫理原則。若對方不知情或不願意參與，評估就不應該進行，這種倫理原則稱之為「告知後同意」。

 練功坊

★ 社會服務方案若要能夠展現服務績效。其首要之重點工作即在進行一精準之社區需求評量。請說明差補外推法、資源盤點法之內涵及優缺點。

解析

（一）差補外推法（secondary data analysis）以現有的研究或統計資料進行推估：因為資料是由別人完成，評估者僅引用作為需求評量，並非評估者自行調查或蒐集，因此又稱為「次級資料分析」。適用於規範性需求評量。優點為成本低、蒐集時間短、信度高。缺點為資料較老舊、特定性較低。

（二）資源盤點法（resources inventory）：盤點標的區域內對於某類人口群所提供的現有資源藉以確認需求的程度：先確認高危險群人口，再確認服務提供的狀況。適用於規範性需求評量。優點為衡量現有服務體系是否達到預定服務量、可檢視服務重疊現象、可拓展現有服務量或發展新服務項目。缺點為需要建立一套標準化的盤點工具、對於潛在人口群需求未必能呈現。

★ (　) 對於一個方案運作的情況進行分析，其實際執行情況為何？其運作是否符合原來的規劃與期待？哪些人投入參與了方案？這項工作稱為：
(A) 成果評估　　(B) 適當性評估
(C) 過程評估　　(D) 成本效益評估

解析

(C)。過程評估（evaluation of process）係指一旦方案被發展出且開始付諸施行時，評估者的工作會轉向檢視方案執行的程度、接受服務者的特性，以及方案的運作是否如同預期。簡言之，過程評估即是服務方案介入後，到目標達成之整個過程的監督和測量。

★ (　) Bradshaw（1972）將福利需求的評估分為四類，其中由專家學者來界定服務，這是屬於哪一項福利需求？
(A) 相對性需求（relative need）　　(B) 感覺性需求（perceived need）
(C) 規範性需求（normative need）　　(D) 表達性需求（expressed need）

解析

(C)。規範性需求即專家學者所界定的需求，係依據現有之資料作為規劃之基礎。從類似的社區調查報告或專業人士的意見，均可用來研判標的人口群為何，且一般是透過以比率（ratio）的方式與現有資料之間做對照比較來表達需求的程度。如果實際的比率低於特定標準，就可以據以認定需求的存在。例如：某社區可能需要的醫院或養護中心之床位數量（常以每千人需要幾床表示）。

重點 2 「以成效為導向」的 方案規劃與評估

一、以「成效為導向的方案規劃」的思考特點。

榜首提點

記憶型申論題的考點，
詳讀即可取得高分。

（一）從實務經驗來看，社會工作的主要任務是促進社會
變遷，協助社會或某個族群透過特定的方式去改變，
而社會工作也經常透過一個又一個方案來協助所服務的對象解決問題與獲得
資源來促成改變。因此，方案的良窳與否，變成為社會工作能力的重要指標，
特別是在這個強調責信的年代，社會工作者往往被要求提報所執行方案的產
出、品質與成效，以獲得社會大眾或經費補助單位的信任。

（二）然而，要具體展現方案的成果與成效，並不是在整個方案執行後才蒐集資料
來呈現或證明之，而是在構思方案之初，就仔細、認真地思考這個方案是要
解決哪個族群的什麼問題或滿足他們可以運用什麼樣的策略與方法來達到這
樣的理想，以這樣的方式來構思方案，美國聯合勸募協會稱之為「以成效為
導向的方案規劃與評估」。

（三）依 United Way of American 與 Kettner, Moroney and Martin 對「成效」的定義，
指的是「服務對象在其接受社會服務方案的過程中或接受服務方案後，所產
生的正向改變程度；而所謂的改變包括受服務者在行為、技能、知識、態度、
價值、狀態或其他面向的改變」。所以，「以成效為導向的方案規劃與評估」
其核心的思考是：「如何產生對服務對象有正向助益的方案」，以及「如何
證明服務方案可以讓服務對象產生正向的改變」。

二、以成效為導向的方案規劃與評估（Kettner 提出）

（一）「以成效為導向的方案規劃」（effectiveness-
based program planning）之精神，本質上是
進行定期查核的觀念。涉及了一系列經過設
計的步驟，以清楚了解所欲處理的問題、評
量服務對象接受服務時的問題類型及嚴重程
度、所提供相關的服務處置；評估服務對象

榜首提點

「以成效為導向的方案規劃」的
核心理念，這是建立基本觀念
非常重要的第一步；本觀念務
必透澈了解，俾利後續內容之
研讀；本部分為金榜考點，請
用心紮實準備，切勿疏漏。

離開服務體系時的問題類型及嚴重程度，以及檢視選定的指標進行追蹤研究，以便確認服務所發揮的長程效果。

（二）進行這些活動的目的，在於做爲持續改善服務的基礎，並提供實務工作者及行政管理者一套共用的資訊，作爲分析及決策是否需要調整、改變服務方案之依據。運用這種設計模式，不只是要求實務社會工作者，爲了撰寫報告而填寫表格，而是要實務工作者記錄有用的資料，以清楚了解服務對象的進展狀況，並提供必要的資料與資訊以利良好的方案管理。

三、「以成效爲基礎的方案規劃與評估」之架構與要素

（一）架構大綱

1.釐清誰在經歷著什麼問題。

2.確認服務對象的問題與需求。

3.界定方案的範圍與邏輯模式。

4.設定方案的目的（goal）與目標（object）。

5.描繪服務方法與內容。

6.決定資源投入的程度。

7.規劃與執行成效評量。

8.撰寫方案計畫書。

（二）架構示意圖

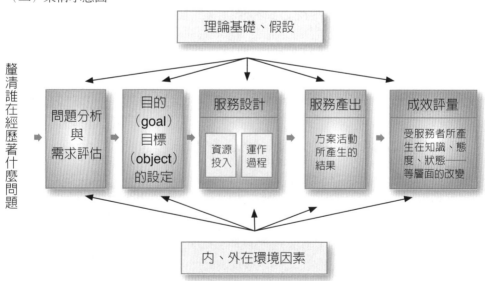

（三）「以成效為基礎的方案規劃與評估」之要素——細項說明。┄┄┄┄┄┄┄┄┄┄

1. 釐清誰在經歷著什麼問題

（1）誰在經歷什麼問題：清楚地說出「是哪一群人經歷著什麼問題」時，就比較能夠具體地想像與描繪方案的整體圖像，包括可以回應或處理這樣的問題到什麼程度？方案可以達到預期的理想是什麼？可以用什麼樣的策略與方法、需要投入多少資源來達到這樣的理想等。

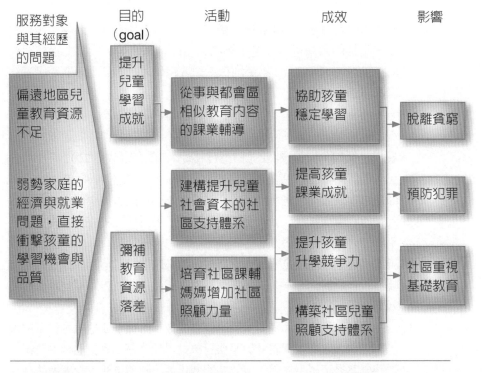

（2）從什麼觀點／角度看問題：以什麼觀點／角度來理解與看待服務對象所面臨的問題，是構思方案後續一系列行動的基礎。而以什麼觀點／角度看待這個群體所面臨的問題，其實就是理論的觀點，因為理論觀點是指社會工作介入／處遇的立論基礎，因為這樣的立論基礎而採取不同的介入／處遇與方法。

榜首提點 💡

「以成效為導向的方案規劃」之要素，請考生務必建立架構示意圖的概念，然後再就每個要素的內容詳讀，務必融會貫通；本書所提示的案例，是實務案例解析的參考素材，考生可藉此建立實務案例的舉例能力。

（3）將「誰在經歷什麼問題」書寫、表達出來：在確定與表達服務對象時，如果能夠具體寫出「誰在經歷著什麼問題」，包括這個「誰」目前的問題或狀態，那麼我們就較能具體地表達出方案的「服務對象」。由於資源與時間的限制，方案往往只能在某些區域內實施，因此，在確定服務對象時，也必須考量與寫出方案實施的區域。

2.確認服務對象的問題與需求

（1）進行問題分析

A.有多少服務對象：透過相關的數據來呈現及說明有多少這樣的服務對象，這樣的數據可以說是了解問題的開始。例如：依據主管機關的統計，1997 年至 2002 年平均每年領取視覺障礙的身心障礙手冊者為 2300 人。

B.方案實施區域的問題現況為何：掌握方案實施區域／範圍的問題現況，包括這個區域／範圍有多少服務對象，如此我們才能思考方案的規模。例如：主管機關的統計資料顯示，臺中市截至 2007 年 2 月底止，累計的愛滋病患感染者共 844 人，占全臺灣感染人數的 6.3%。

C.問題的本質與成因是什麼：亦即釐清方案的理論基礎與假設。理論觀點是指社會工作介入／處遇的立論基礎，因為這樣的立論基礎而採取不同的介入／處遇與方法。

D.誰來判定這個問題是問題：方案規劃者必須清楚了解誰在界定問題？哪些人會反對此方案？如何化解反對的意見？否則方案可能無法順利執行。

E.既有的解決方案有哪些？呈現出什麼成效：必須廣泛地蒐集與了解曾經有哪些人、哪些團體針對服務對象做過什麼事？實施過哪些方案？這些方案是否產生具體的成效？我們是否要延續這些行動與做法？這些都是可以幫助我們構思方案可能走向的重要資訊。

（2）進行需求評估

以 Bradshaw 的感覺性、表達性、規範性、比較性等四種需求類型為分析架構與方向，協助我們了解服務對象的需求，並可運用下列方法進行探求服務對象的需求：

A.運用次級資料推估：運用已經存在的統計資料或數據，依方案的需要來進行統計分析或推估。主要是用來推估某項服務的需求量。

B. 運用現有機構的服務統計資料進行推估：透過現有機構的服務量統計資料，可以幫助我們了解現有服務的概況，並以此數據為基礎，來推估某項服務的需求；或是以這樣的數據與上述的次級資料推估結果做比較，來觀察兩者之間的差距，透過這樣的差距來推估某項服務的需求量。

C. 分析與整理相關的文獻資料：透過閱讀相關文獻資料、整理，是探求規範性需求很重要的方法之一。以這個方法所探求出來的需求，往往是我們進行規劃與評估的重要參考依據。

D. 進行需求調查的研究：要確切的了解服務者的需求，以服務者為研究對象進行需求調查的研究，通常能獲得確切且精準的資訊。

E. 整理既有的服務經驗：我們往往忽略服務經驗也是很寶貴的資產，透過第一線的服務，累積了很多「實務的智慧」，也很清楚理解服務對象的需求。

3. 界定方案的範圍與邏輯模式

（1）思考方案的範圍

A. 將問題及需求區分為幾個可以處遇的領域：當釐清受服務者的問題需求後，應該將服務者的這些問題與需求區分為幾個可以處遇的領域。

B. 考慮組織使命、專長與優勢：每個組織都有其擁有的資源、專長與優勢，所以，當我們在思考方案可以處理的範圍時，應將組織的使命、專長與優勢納入考慮，這樣才能確保後續執行方案的品質。

C. 選擇最可能處理的問題／議題及範圍：方案規劃者在思考組織擁有的資源、專長與優勢後，方案規劃者便應該選擇最可能處理的問題／議題及範圍。由於每個組織因其資源、專長與優勢等不同，且每個方案都有其特定的任務與範圍，所以就必須透過組織間的協調合作、夥伴關係，才從事網絡服務。

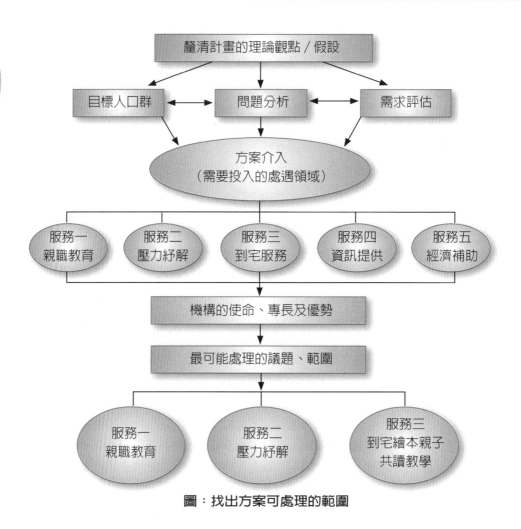

圖：找出方案可處理的範圍

（2）釐清方案的理論觀點與假設

方案所採用的理論會引導方案所採用的策略、服務方法與評估的方向。也就是說，方案規劃者如果在這個步驟上有更清楚的思考，後續的服務策略與方法也會跟著浮現。理論觀點形成方案假設的步驟如下：

A. 理解理論的內涵：理論觀點是指社會工作介入／處遇的立論基礎，因為這樣的立論基礎而採取不同的介入／處遇與方法。

B. 將理論內涵轉化為處遇的策略與方法：不同的理論對於方案所欲處理的問題或現象有很大的差異，也因為這樣的差異，對於後續要採取什麼樣的服務策略、提供什麼樣的服務內容，以及要做什麼樣的成效評估會有所不同。例如：「兒童及性侵害加害者處遇」，以心理分析學派為觀點，主張找出加害者的內在、潛藏心理動力，以深層治療方式進行；「認知─行為治療模式」觀點，則以協助加害者打破及其扭曲

的認知，以發展出因應特定壓力情境的方法，來作為主要的處遇策略與方法。

C. 將處遇的策略與方法化為一連串的處遇行動，並以「若——則」的敘述加以串聯之：進一步以「若——則」的敘述將行動串連起來，並寫成方案的假設。例如：

方案的理論基礎／假設

新移民家庭學齡前兒童學習困擾問題是因為從主要照顧者獲得中文化的學習資源較少所造成。若新移民家庭主要照顧者有適當的識字教材，有教導兒童學習中文的能力，願意撥出時間來教導孩童學習中文，則新移民家庭兒童可以提升中文識字能力以及增強中文表達能力，其學習困擾自然獲得解決。

方案的服務方法或方案活動

圖：方案理論基礎／假設與方案服務方法／活動示意圖

(3) 以邏輯模式來描述方案

A. 邏輯模式源自於系統理論的基本概念之取向，而此一模式可作為設計服務方案的參考架構。邏輯模式有助於實務工作者建立一個理論融入規劃過程的背景脈絡。

B. 邏輯模式的目的在於明確描述事件，包括確認方案所需的資源、匹配資源與需求、啟動服務流程以及測量成果。此一模式能讓規劃者清楚掌握，處理某個社會問題及啟動處置程序的理性流程，同時又能持續聚焦於整個付出的效力。

上榜關鍵 ★★★★
請把邏輯模式的目的詳讀，並搭配邏輯模式圖中的範例併同研讀，以釐清觀念。

榜首提點
「以邏輯模式來描述方案」的邏輯架構圖，考生在準備考試時，請先繪出空的邏輯架構圖，多繪幾次，了解邏輯架構圖的各要項意涵及所在邏輯位置後，再將邏輯架構圖要項的內容說明填入；最後，再以實務案例繪製邏輯架構圖。

榜首提點
以「若——則」的敘述寫成方案的假設，須要多加練習；請考生找自己熟悉的領域練習寫方案的假設，必須包含方案的理論基礎／假設、方案的服務方法或方案活動等內容。

輸入	過程	輸出	成果	效應
定義 資源及原料	以輸入的原料來達成目標的各種活動和行為	所提供的服務以及所完成服務的測量	接受服務之後所呈現的益處	測量在組織、社區或體制中，因提供服務所發生的改變
範例 資源 工作人員、志工、金錢、材料、空間、科技 原料 服務對象	針對施虐及疏忽的雙親進行親職教育訓練	所提供的訓練時數：完成全部課程及獲得證書的服務對象人數	完成課程且確實改善親子溝通技巧的服務對象人數	社區中虐待及疏忽孩童的通報案件數量減少

圖：邏輯模式

C. 邏輯模式指的是「你的組織做事情的方法——即方案服務的理論假設基礎」。方案邏輯模式把短期到長期成效、方案的活動與服務流程以及理論假設和方案的原則環環相扣連在一起。釐清方案的理論觀點與假設之後，可採「方案邏輯模式圖」 知 來描述方案（美國家樂世基金會所發展出來的），包括六個元素：

（A）問題或議題的陳述：描述您的方案所欲處理的問題，或方案所著重的議題。

（B）服務對象或社區的需求：具體說明服務對象或社區的需求，致使組織需要規劃特定的方案來滿足服務對象或社區的需求。

（C）希望得到的結果：思考方案希望得到的結果或是未來的願景；重點在於描繪出方案實施後，近期及遠程所希望達到的理想。

（D）影響因素：將要達到理想所可能遭遇到的內、外在干擾因素羅列出來。

（E）策略：思考及羅列達成理想以及克服影響因素的所有可能策略與方法。

CHAPTER 9

社會工作方案設計與評估

558

（F）理論基礎／假設：思考方案的理論基礎，以及一連串「若——
則」的敘述。

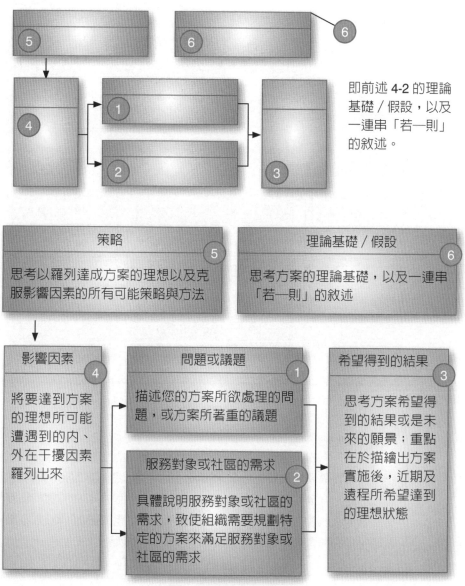

即前述 4-2 的理論基礎／假設，以及一連串「若—則」的敘述。

策略 ⑤	理論基礎／假設 ⑥
思考以羅列達成方案的理想以及克服影響因素的所有可能策略與方法	思考方案的理論基礎，以及一連串「若—則」的敘述

影響因素 ④	問題或議題 ①	希望得到的結果 ③
將要達到方案的理想所可能遭遇到的內、外在干擾因素羅列出來	描述您的方案所欲處理的問題，或方案所著重的議題	思考方案希望得到的結果或是未來的願景；重點在於描繪出方案實施後，近期及遠程所希望達到的理想狀態
	服務對象或社區的需求 ②	
	具體說明服務對象或社區的需求，致使組織需要規劃特定的方案來滿足服務對象或社區的需求	

圖：方案的邏輯模式

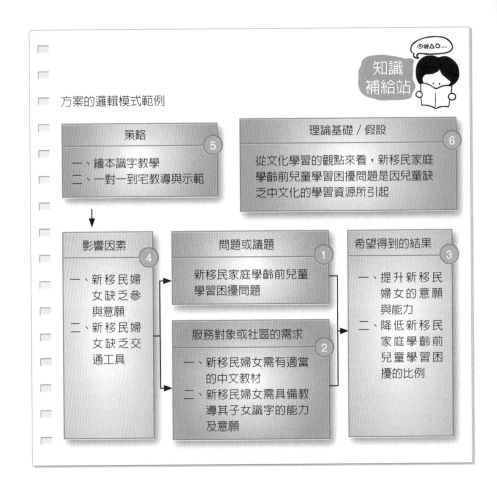

方案的邏輯模式範例

知識
補給站

策略 ⑤
一、繪本識字教學
二、一對一到宅教導與示範

理論基礎／假設 ⑥
從文化學習的觀點來看，新移民家庭
學齡前兒童學習困擾問題是因兒童缺
乏中文化的學習資源所引起

影響因素 ④
一、新移民婦
女缺乏參
與意願
二、新移民婦
女缺乏交
通工具

問題或議題 ①
新移民家庭學齡前兒童
學習困擾問題

服務對象或社區的需求 ②
一、新移民婦女需有適當
的中文教材
二、新移民婦女需具備教
導其子女識字的能力
及意願

希望得到的結果 ③
一、提升新移民
婦女的意願
與能力
二、降低新移民
家庭學齡前
兒童學習困
擾的比例

4. 設定方案的目的（goal）與目標（object）。

（1）目的（goals）

方案目的是指對於方案所欲達到的最終影響或理想的陳述，其重點在於
呈現服務對象問題被解決或需求被滿足的狀態。透過方案目的的陳述，
可以描繪出方案整體的大方向。目的應包含幾個面向：A.方案的服務對
象（目的人口群）；B.方案所欲處理的主要問題或議題；C.方案最終
希望達到的影響或理想；D.達成理想所使用的策略。

榜首提點

學界對 goals、objectives 的中譯名稱未統一，
有的將 goal 翻譯為「目的」、objectives 翻譯
為「目標」；另亦有社工的教科書，譯為目標
（goals）、目標（objectives）。故兩者極易混
淆，請考生熟記英文名詞作為區辨之基礎。

（2）目標（objectives）

描繪出方案的目的後，接著就是將目的化為數個具體、明確、可測量的陳述，這樣的陳述就是所謂的「目標」。

榜首提點 💡

請練習方案目的之撰寫，並了解其中所應包括的相關內容。

目標必須呼應目的的陳述，其重點應放在特定時間內，方案預期可達到的明確、可測量的成果。設定目標時的思考方向包括時間架構、方案的服務對象、欲達成明確與可測量的具體成果、測量目標是否達成的方法等。知

（3）方案目標與方案目的描述方式之差異。

項目	方案目標（goal）	方案目的（objective）
描述用途不同	要指引方案方向，使讀者很快的理解並投入	要告訴人方案可達到哪裡，使讀者很快的知道方案可能執行效率
描述範圍不同	兼具個人與社會問題與福祉這兩個層面的連結，要談方案要解決哪個社會問題與需求，範圍常是較為寬廣的	較少論及個人與社會問題與福祉層面的連結，亦較少談方案要解決哪個社會問題與需求，範圍常是較為狹窄的
指出明確與否	僅有方向感即可，因此可有較多解釋的彈性空間	較為特定清楚，因此較少有解釋彈性空間
時間點之有無	少有時間架構，訂定者常期待可容納長期計畫的執行，少有檢視之可能	需有時間架構與改變的內容，訂定者常期待到時可以檢視
結果標準之有無	重視宣示的效果，少有欲達成的結果標準，致難以評估或監督	重視實質服務的效果，可能訂有欲達成的結果標準，用以評估或監督
達成測量方式之有無	偏向於質化的表達，少有包括目的達成之測量方式	偏向於量化的表達，包括目的達成之測量方式

上榜關鍵 ★★★

觀念上較容易混淆，以致於測驗題作答時猶豫不決，請細心區辨。

方案目標之範例分析

範例：

在「○○市愛滋病感染者生活適應方案」中，方案規劃者敘述其目標為：

一、方案實施一年內，至少有○○愛滋病感染者在本會開案，接受到本方案的服務。

　　1. 接受本方案服務者，至少○○ % 的受助者在就醫、工作和居住上的問題獲得改善；

　　2. 接受本方案服務者，至少○○ % 的受助者正面情緒提高、死亡恐懼感降低；

　　3. 接受本方案服務者，至少○○ % 的受助者提升其自我價值感。

二、方案實施六個月內，有○○ % 的受助者生活適應問題獲得改善。

分析：

時間架構：方案實施一年內。

改變的標的：○○愛滋病感染者

測量的方法：劃底線部分。

5. 描繪服務方法與內容

（1）描述服務定義：對所欲提供的服務加以描述定義；其作用是將解決服務對象問題和需求所需的一系列服務活動，從一個較大的範圍濃縮或簡化成一個較小且特定的重點。例如：本方案是針對 18 歲以下未婚懷孕少女所提供的親職教育技能訓練服務。

（2）訂出服務或處遇項目／內容：所應該包括的各項活動。例如：某服務方案係希望透過宣導工作來降低少女未婚懷孕的比例，所以該服務內容包括：印製宣導手冊、至各學校辦理安全性行為講座，以及開設青少年諮詢專線等，而這些活動即構成一整套的服務。

（3）畫出服務流程圖：將實施的先後順序，將這些服務或處遇項目之間的關係畫成一套切合實際運作的服務流程圖，以做為方案的執行時的依據。

（4）設計相關表單：應針對每項服務或處遇設計相關的表單。

6. 決定資源投入的程度

（1）資源投入：資源包括：服務對象、工作人員、知識與技術、物質資源、設施、設備、合作夥伴，以及經費等八個面向。

（2）編列預算：預算是對方案所需的花費進行估算的活動。編列預算具有三個主要的目的：控制、管理與規劃。常見的預算編列方法，包括單項預算、方案／功能預算。

7. 規劃與執行成效評量

所謂「方案的成效評量」，是指透過一系列的過程，來了解及呈現接受方案服務或處遇者，是否有因為方案所提供的服務或處遇而產生知識、行為、態度、狀態（包括處境與地位）等層面的改變。其步驟如下：

（1）發展成效的邏輯模式

　　A. 確認方案的產出：方案的產出是指方案活動所產生的直接結果，通常是以數量化的統計數字呈現之。例如：完成服務定義的人數。

Program Outcome Model

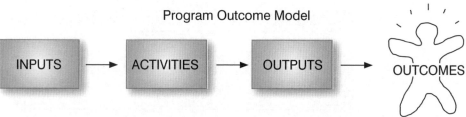

資源投入	方案活動	方案產出	方案成效
為本方案所投入的資源。例如： ■ 經費。 ■ 專職人力與時間。 ■ 志工人數與時間。 ■ 設備與設施。 ■ 器材與工具。 ■ 相關法律規章。	為達成方案目的或目標所從事的相關活動。例如： ■ 提供電話諮詢。 ■ 進行個別心理治療。 ■ 進行家族治療。 ■ 提供住宿場所。 ■ 提供青少年有關安全性行為觀念。例如：如何使用保險套。	方案活動所產生的直接結果，通常是數量化的統計數字。例如： ■ 完成服務定義的人數。 ■ 一年來的服務人次。 ■ 提供心理治療的時數。 ■ 接受電話諮商的人數。 ■ 發放 DM 的張數。 ■ 授課班數與時數。	方案進行中或進行後參與者受益的情形。通常包括： ■ 獲得新知識。 ■ 態度價值的改變。 ■ 行為的改變。 ■ 狀態的改變（例如：社經地位的提升）。

B. 選擇方案的成效：選出最重要、最具代表性的方案，以及最想知道的成效，可透過討論進行選擇。

C. 畫出成效評量的邏輯模式圖：將方案所投入的資源、方案的活動、方案的產出，以及方案的短、中、長期連結成一個彼此具有關聯關係的邏輯模式圖知。

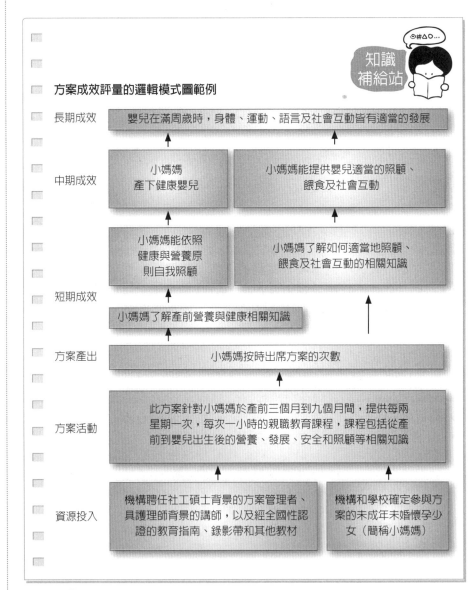

知識補給站

方案成效評量的邏輯模式圖範例

長期成效　嬰兒在滿周歲時，身體、運動、語言及社會互動皆有適當的發展

中期成效　小媽媽產下健康嬰兒　｜　小媽媽能提供嬰兒適當的照顧、餵食及社會互動

　　　　　小媽媽能依照健康與營養原則自我照顧　｜　小媽媽了解如何適當地照顧、餵食及社會互動的相關知識

短期成效　小媽媽了解產前營養與健康相關知識

方案產出　小媽媽按時出席方案的次數

方案活動　此方案針對小媽媽於產前三個月到九個月間，提供每兩星期一次，每次一小時的親職教育課程，課程包括從產前到嬰兒出生後的營養、發展、安全和照顧等相關知識

資源投入　機構聘任社工碩士背景的方案管理者、具護理師背景的講師，以及經全國性認證的教育指南、錄影帶和其他教材　｜　機構和學校確定參與方案的未成年未婚懷孕少女（簡稱小媽媽）

榜首提點

請以研讀實務案例的方式，練習繪製方案成效評量的邏輯模式圖，以流程圖導引思考。

　　　　D.再次檢視所界定的產出與所選擇的成效：再次檢視所選擇出來的產出
　　　　　與成效是否符合。

（2）確認指標

　　　針對所選擇出來的成效分別訂定其指標。指標必須是可觀察、可測量、
　　　具體且明確的陳述，透過這樣的陳述將較為抽象的成效轉化為明確、特
　　　定、可觀察或可測量的事項。例如：服務方案中一個成效是「服務對象
　　　穩定就業」，但要如何才確認服務對象是否有「穩定就業」呢？可將「穩
　　　定就業」界定為「持續被同一家公司僱用達6個月（含）以上的人數」。

（3）構思如何蒐集所需資料：包括質化或量化資料的蒐集。

8.撰寫方案計畫書

　方案計畫書分為三大部分：

（1）方案前篇：包括方案計畫書的封面、摘要以及目錄。

（2）方案主體內容：包括前言（或計畫緣起）、問題分析與需求評估（含服
　　　務對象及理論觀點）、方案目的與目標、問題分析與需求評估（含服務
　　　對象及理論觀點）、方案目標與目的、服務策略與方法、經費預算、時
　　　程進度、評估計畫、工作團隊與分工。

（3）方案後篇：包括參考文獻以及附件。

練功坊

★ 近年來社會工作界強調「以成效為導向的方案設計與評估」，請說明這個模
　式在思考上有何特點？對於「成效」的定義為何？

解析

　　（一）以「成效為導向的方案」的思考特點：社會工作常透過方案來協助所服務
　　　　　的對象解決問題與獲得資源來促成改變。因此，方案的良窳與否，變成為
　　　　　社會工作能力的重要指標，特別是在這個強調責信的年代，社會工作者往
　　　　　往被要求提報所執行方案的產出、品質與成效，以獲得社會大眾或經費補
　　　　　助單位的信任。但要具體展現方案的成果與成效，並不是在整的方案執行
　　　　　後才蒐集資料來呈現或證明之，而是在構思方案之初，就應從這個方案是
　　　　　要解決哪個族群的什麼問題或滿足他們可以運用什麼樣的策略與方法來達
　　　　　到這樣的理想的思考，以這樣的方式來構思方案，此乃「以成效為導向的
　　　　　方案規劃與評估」的思考特點。

（二）「成效」的定義：依 United Way of American 與 Kettner, Moroney and Martin 的定義，指的是「服務對象在其接受社會服務方案的過程中或接受服務方案後，所產生的正向改變程度；而所謂的改變包括受服務者在行為、技能、知識、態度、價值、狀態或其他面向的改變」。所以，「以成效為導向的方案規劃與評估」其核心的思考是：「如何產生對服務對象有正向助益的方案」，以及「如何證明服務方案可以讓服務對象產生正向的改變」。

★（　）「30 位曾為身體或情緒暴力受害者的婦女」的陳述表達了我們在設計方案撰寫目標時五個構成目標要素中的哪一個？

(A) 時間架構

(B) 改變的標的

(C) 欲達成的結果

(D) 用以記錄、監督、測量成品之判準

解析

(B)。改變之標的（target of the change）：即方案的成果目標應將設定的服務標的對象敘述清楚，才是適當的方案。亦即，若欲達成目標，必須在目標中明確指出預期改變的人口群或構成要素，即所謂改變之標的。

★（　）「若對受創傷的婦女提供個人及團體諮商、個案管理服務、財務規劃服務及就業訓練與安置服務，則能提升該方案婦女的自尊，減低其焦慮，確保其在社區居住、托兒需求之滿足及其他獨立生活之所需，使其能有效管理其財務，並能獲得一份穩定工作，滿足其經濟所需。」此陳述所表達的是服務方案之設計與評估過程中的哪一項概念？

(A) 資源盤點　　　　　　　　　(B) 方案假設

(C) 方案評估　　　　　　　　　(D) 目標設定

解析

(B)。將處遇的策略與方法化為一連串的處遇行動，並以「若——則」的敘述加以串聯之：進一步以「若——則」的敘述將行動串連起來，就是方案的假設。本題題意「『若』對受創傷的婦女提供個人及團體諮商、個案管理服務、財務規劃服務及就業訓練與安置服務，『則』能提升該方案婦女的自尊，減低其焦慮，確保其在社區居住、托兒需求之滿足及其他獨立生活之所需，使其能有效管理其財務，並能獲得一份穩定工作，滿足其經濟所需」，其中的「若——則」，即是方案假設的概念。

重點便利貼

❶ 需求的類型（Bradshaw 所提的四項需求）：
(1)規範性需求：即專家學者所界定的需求，
係依據現有之資料作為規劃之基礎；(2)感
覺性需求：即標的人口群透過想像與感受覺
知的需求；(3)表達性需求：即有需求者實
際嘗試或接受滿足需求的服務；(4)比較性
需求：亦稱為相對性需求。亦即比較類似的
情境與服務差距所存在的需求。

❷ 需求評量方法：(1) 差補外推法；(2) 資源
盤點法；(3)服務統計資料；(4)社會（社區）
調查法；(5)公聽會。

❸ 成果目標構成的要素：(1) 方案時間架構；
(2) 改變之標的；(3) 用以紀錄、監督、測
量成品或結果之判準（測量標準）；(4) 執
行與測量目標達成之責任歸屬。

❹ 方案規劃的原則（SMART 原則）：(1) S
（simple）簡單的；(2) M（measurable）
可測量的；(3) A（achievable）可達成
的；(4) R（resourced）有資源的；(5) T
（trackable）可追蹤的。

❺ 過程評估：係指一旦方案被發展出來且開始
付諸施行時，評估者的工作會轉向檢視方案
執行的程度、接受服務者的特性，以及方案
的運作是否如同預期。

⑥ 形成評估：係指評估的對象是以正在進行中的社會服務或活動為主，其關注的是方案「形成」或「發展」，型塑方案以利達成目的；在發展面，評估的設計在於協助方案本身的執行，主要藉由監測（monitoring）或回饋（feedback）的機制來強化服務方案及其輸送，以便能夠改善方案的成果或提升方案的效率。

⑦ 總結評估：係指針對已完成的社會服務方案進行評估，它研判方案的優缺點，以協助我們決定一項方案是否應該開始、持續或終止，抑或從兩個或更多的替代方案中做選擇。一般而言，總結評估包括結果評估、適切性評估及效率（成本效益）評估。

⑧ 以成效為導向的方案規劃：本質上是進行定期查核的觀念，涉及了一系列經過設計的步驟，以清楚了解所欲處理的問題、評量服務對象接受服務時的問題類型及嚴重程度、所提供相關的服務處置；評估服務對象離開服務體系時的問題類型及嚴重程度，以及檢視選定的指標進行追蹤研究，以便確認服務所發揮的長程效果。

⑨ 「以成效為基礎的方案規劃與評估」之架構：（1）釐清誰在經歷著什麼問題；（2）確認服務對象的問題與需求；（3）界定方案的範圍與邏輯模式；（4）設定方案的目的與目標；（5）描繪服務方法與內容；（6）決定資源投入的程度；（7）規劃與執行成效評量；（8）撰寫方案計畫書。

擬真考場

申論題

社會工作方案的良窳，是社會工作能力的重要指標，特別是在這個講求責信的時代，往往被要求提報執行方案的產出、品質與成效，以獲得社會大眾或經費補助單位的信任。近年來社會工作界強調「以成效為導向的方案設計與評估」，請畫出這個成效導向的流程圖。

選擇題

(　　) 1. 方案結束後，評估其所產生之成效的延續性或造成的影響，這種評估我們稱為：
(A) 投入評估　　(B) 需求評量　　(C) 效果評估　　(D) 效率評估

(　　) 2. 社會服務方案進行績效評量，以「送餐到府」的方案為例，下列何者選項是「最終成果」績效評量的指標？
(A) 一個在接受服務後，能在家維持生活的服務對象
(B) 一份送達時仍是溫熱的餐點
(C) 一個維持充分營養的服務對象
(D) 一份準時送達的餐點

解析

申論題：

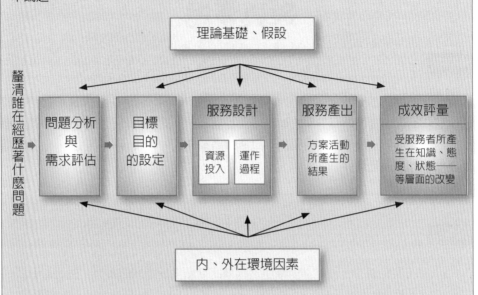

選擇題：

1. C　影響或效果評估指方案結束後，其所產生之成效的延續性或造成的影響。這種評估是繼總結或結果評估後，持續觀察方案所產生的後續效應。例如：一項身心障礙就業服務方案的目的在於促進身心障礙者就業的機會，其結果可能達到原先所設定之促進就業的人口數。

2. A　結果評估（evaluation of outcome）係指判定方案達到其整體方案目標的程度。例如：一項治療性的方案，結果評估即是治療處遇有效的程度。

附錄
最新試題

113年第一次專門職業及技術人員高等考試
社會工作師考試試題

■ 等 別：高等考試
■ 類 科：社會工作師
■ 科 目：社會工作管理

本書章節	命題重點	申論題		測驗題		配分
		考題編號	題數	考題編號	題數	
第1章	管理概念管理理論社會工作之挑戰			1,10,13,14,15,16	6	7.5
第2章	社會工作管理與規劃			3,4,6,11,26,27,34	7	8.75
第3章	社會工作組織			7,24	2	2.5
第4章	社會工作領導、激勵、決策			2,5,8,9,12	5	6.25
第5章	社會工作人力資源管理與督導			23,25,29	3	3.75
第6章	社會工作績效與品質管理	1	1	30,32	2	27.5
第7章	社會工作財務與契約管理			36,37	2	2.5
第8章	社會工作團隊、網絡、行銷、資訊、變革、風險管理	2	1	21,28,33,35,38,39,40	7	33.75
第9章	社會工作方案設計與評估			17,18,19,20,22,31	6	7.5

甲、申論題部分：

一、服務方案成效指標的訂定，影響服務方案成效的具體呈現。請說明訂定服務方案之成效指標時應注意那些原則？試舉例說明之。

二、社會服務行銷對於組織營運有其必要性，請敘述社會服務策略性行銷的步驟，並舉例說明之。

乙、測驗題部分：

( ) 1. 下列有關「一位有才能的管理者所須具備的管理技能」的敘述，何者錯誤？
  (A) 溝通、領導與激勵均屬於人際關係技能（human relationship skill）
  (B) 技術性技能（technical skill）的重要性，隨著管理層級的提升而遞減
  (C) 不同階層的管理者，均須具備政治性技能（political skill）
  (D) 概念性技能（conceptual skill）對於基層管理者的重要性，高於高層管理者

( ) 2. 決策依問題性質可分成程式化決策與非程式化決策。有關程式化決策與非程式化決策的敘述，下列何者錯誤？
  (A) 在問題結構上，程式化決策偏結構化，非程式化決策偏非結構化
  (B) 在管理層級上，程式化決策的決策層級較低階，非程式化決策的決策層級較高階
  (C) 在資訊上，程式化決策的資訊較易取得，非程式化決策的資訊較為模糊、不完整
  (D) 在處理時間上，程式化決策需較長時間處理，非程式化決策可短時間處理

( ) 3. 轉型策略為組織完成 SWOT 分析後可採行的策略之一。有關轉型策略之敘述，下列何者正確？
  (A) 利用存在的外在機會，配合組織的優勢
  (B) 利用本身有利的條件來排除外在環境的衝擊或障礙
  (C) 藉由把握外在的機會，以降低組織的劣勢型態
  (D) 將外部威脅與內部劣勢降到最低，不使情勢繼續惡化

( ) 4. 有關策略性規劃之敘述，下列何者正確？
  (A) 強調穩定取向
  (B) 以現在的基礎做為未來的決策藍圖
  (C) 聚焦於外在環境，面對不確定的外在環境也可以採取行動
  (D) 是一種階段性的過程

(　　) 5. 團體決策法中，有關「電子會議（electronic meeting）」的敘述，下列何者正確？
(A) 以名義團體法，輔以電腦科技而成
(B) 因為要處理設備，電子會議費時且缺乏效率
(C) 是一種團體決策法，但參與者無法匿名
(D) 相關議題討論或投票須待會議後方能進行統計分析

(　　) 6. 關於有效的策略行動計畫需具備之要件，下列敘述何者錯誤？
(A) 前瞻性（proactivity）係指對未來採取長期觀點的程度，以及將組織引領到正確方向的程度
(B) 相符性（congruency）係指符合組織特性、外部環境的程度
(C) 分工（division of labor）係指將工作職責指派給工作者，確認工作者能否勝任
(D) 綜效（synergy）係指整合組織各次單位的行動，使其更能達到組織目標

(　　) 7. 組織的部門分化係指組織基於分工合作的需要，將各層級的業務與權責劃分為水平或橫向的單位。今若某機構將部門分化為老人組、身心障礙組、兒童組、婦女組等，是依什麼標準來劃分部門？
(A) 依功能分部化　　　　　　(B) 依顧客／案主分部化
(C) 依產品／服務分部化　　　(D) 依地區分部化

(　　) 8. 激勵理論認為激勵行為效果與被激勵者的需求能否滿足有關。有關 Clayton Alderfer 的 ERG 理論觀點，下列敘述何者錯誤？
(A) 係從 Maslow 的需求層次理論簡化修改而來
(B) 成長需求（needs of growth）相當於 Maslow 需求層次中的自尊需求
(C) 生存需求（needs of existence）相當於 Maslow 需求層次中的生理需求、安全需求
(D) 關係需求（needs of relatedness）相當於 Maslow 需求層次中的歸屬需求

(　　) 9. David McClelland 的 APA 三需求理論，強調人們工作的主要動機係源自於三項後天的需求，此三項需求不包含下列何者？

(A) 歸屬需求（need for affiliation）

(B) 權力需求（need for power）

(C) 成就需求（need for achievement）

(D) 實現需求（need for actualization）

( ) 10. 有關知識管理運用於社會工作管理實務，下列敘述何者錯誤？

    (A) 主管鼓勵一線社會工作者把實務經驗寫成文章投稿實務學刊，係屬 SECI 模型的外化（externalization）

    (B) 知識管理可避免社會工作者離職後，某項服務的 know how 隨之消失

    (C) 由於社會快速變遷，主管必須要學習所有知識方能傳授給員工

    (D) 將組織的文件與工作手冊等集結成冊，係屬 SECI 模型的融合（combination）

( ) 11. 為使得工作具有延續性，避免因工作者的更迭而受影響，係屬科層組織運作的何種特性？

    (A) 非私人化（impersonality）   (B) 層級化（hierarchy of authority）

    (C) 規則化（system of rules）   (D) 規格化（specifications）

( ) 12. 下列何者不是 Z 理論組織文化的特徵？

    (A) 全局取向   (B) 快速評價與升遷

    (C) 集體負責   (D) 終身雇用

( ) 13. 古典管理時期的理論有許多分支並頗具代表性。下列有關它的敘述何者正確？

    (A) 主要包括科學管理、科層管理、系統管理

    (B) 科學管理關注的是個別員工的心理狀態

    (C) 泰勒（Frederick Taylor）管理員工效率原則，提出工作與責任公平分擔原則

    (D) 科層管理學派的典型代表為費堯（Henri Fayol）

( ) 14. 有關費堯（Henri Fayol）著名的 14 項管理原則之評價，下列敘述何者正確？

    (A) 被批評為過於僵化

(B) 這些原則可同時被兼顧

(C) 面對詭譎多變環境特別適用

(D) 眞實世界中的管理者皆會遵守全部原則

( ) 15. 有關科層－專業主義與新管理主義的比較，下列敘述何者錯誤？

(A) 新管理主義比較重視外部取向

(B) 科層－專業主義比較重視結果取向

(C) 新管理主義比較強調市場考驗

(D) 科層－專業主義比較強調依從

( ) 16. 有關新管理主義的敘述，下列何者錯誤？

(A) 目標是在創造一個開明的組織

(B) 強調減少督導的控制

(C) 朝向順從組織的指示

(D) 創造一個相互承諾的合作文化

( ) 17. 一個方案執行結束後，除了達成原設定的服務目標之外，亦對附近的社區或地方產生正向的影響，係屬下列何種效應？

(A) 月暈效應　　(B) 對比效應　　(C) 外溢效應　　(D) 尖角效應

( ) 18. 「分析取向」是現今社區服務方案常用的方式，下列有關分析取向的敘述何者錯誤？

(A) 問題分析和需求評量可視爲方案規劃過程一系列活動的首要之務

(B) 應基於現有理論和研究進行問題分析

(C) 社區中的同一種情境可能會出現不同的看法，規劃者應將所有的看法納入考量

(D) 社區中若有需求者人數成長，應要求對現行服務增加經費

( ) 19. 某縣市政府委託的「兒少保護親職教育輔導方案」，規劃明年度服務，需達到每季訪視輔導 150 人次、電話訪視 300 人次、資源聯結 150 人次、課程辦理 20 場次、諮商時數 80 小時，係屬於以下何種服務績效？

(A) 輸入（input）

(B) 過程（throughput）

(C) 輸出（output）

(D) 成果（outcome）

( ) 20. 下列有關方案「邏輯模型（logic model）」中四項重要內容的敘述，何者錯誤？
(A) 方案運用的資源 　　　　　　(B) 方案未來的發展與機會
(C) 方案運用的程序與計畫的活動 　(D) 方案預期的產出或輸出

( ) 21. 有關社會服務組織變革的敘述，下列何者錯誤？
(A) 將服務使用者納入服務規劃和輸送的新方式，因此需要變革
(B) 技術創新不屬於組織變革的因素
(C) 政府政策與規範的改變，影響社會服務組織的運作，因此需要變革
(D) 政治環境的變化也是造成組織變革的因素

( ) 22. 在方案執行過程中，「輸出」指的是方案活動的直接產物，目的是要確認服務對象實際接受的服務量以及是否接受所有的服務。下列有關輸出的敘述，何者正確？
(A) 在一個為期一年的服務方案中，計算「每位社工在每個星期與服務對象接觸的時間與服務類型次數」，此為「最終輸出」
(B) 為能清楚計算「中間輸出」，需先界定服務單位
(C) 「甲機構計算其自開始服務以來，每月可提供予服務對象 60 人次的個別諮商服務」，此為採用時間單位
(D) 以一個「協助孕婦到醫院完成至少 6 次之產前檢查的產前照護方案」為例，若計算的重點在於「共有多少服務對象接受完整服務」，此為「中間輸出」

( ) 23. 有關「人力資源管理（HRM）」之敘述，下列何者錯誤？
(A) 確信有合乎組織各目標之可用員工的正式過程，係屬晉用（staffing）
(B) 著重提供適宜的工作條件或環境，以增進員工對組織的認同，係屬維持（maintenance）
(C) 協助員工習得新技能、改善技能，係屬領導（leadership）
(D) 促使員工努力追求組織目標的意願，係屬激勵（motivation）

( ) 24. 社會工作機構預防或降低員工倦怠感的方法，下列敘述何者錯誤？
(A) 將工作設計得更加專門化與單一化

(B) 協助員工認識自己的限制

(C) 提供諮商或支持性團體

(D) 讓員工有更多機會參與工作規劃

(　　) 25. 有關社會工作個別督導與團體督導之敘述，以下何者錯誤？

(A) 個別督導因接受單一訊息，較容易產生盲點

(B) 個別督導可以針對受督導者的個別差異，提供適切的個別化督導

(C) 團體督導中受督導者有機會隱藏或忽略自己的問題

(D) 團體督導是一種較不經濟的督導方式

(　　) 26. 新管理主義運用於福利制度上，下列敘述何者錯誤？

(A) 政府行政集權化　　　　　　(B) 福利服務民營化

(C) 福利混合經濟　　　　　　　(D) 福利多元主義

(　　) 27. 危機雖可能使組織面臨危險，但也可能因此產生新的機會，係屬下列危機的何種特性？

(A) 複雜性　　　(B) 不確定性　　　(C) 緊迫性　　　(D) 雙面效果性

(　　) 28. 風險管理的執行係由四個要項構成，有關「系統性運用有效資訊，以判定特定事件發生之可能性及其影響之嚴重程度」之敘述，係屬下列何種要項？

(A) 風險辨識　　(B) 風險分析　　(C) 風險評量　　(D) 風險處理

(　　) 29. 員工績效管理技術中「360 度回饋法／考評法」（360 Degree Feedback/Appraisals）是藉由多元績效評估回饋機制來評估員工績效表現，下列何者不是其常見的績效評估面向？

(A) 自評（self-appraisal）：員工針對自己的表現進行自我評估

(B) 隨機評量（random-appraisal）：由隨機或不特定人提供回饋

(C) 同儕評量（peer-rating）：同儕之間相互評量

(D) 多主管、矩陣式評量（supervisors, matrix-appraisal）：跨部門合作或團隊運用常見的多主管、矩陣式考核

(　　) 30. 在目標導向績效管理中，強調目標不應該是好高騖遠而流於形式，以免影響員工士氣，係屬 SMART 原則的何項要素？

(A) 簡單明確（simple/specific）　　　(B) 可測量的（measurable）

(C) 時限性的（time-limited）　　　　(D) 可達成的（attainable）

( ) 31. 行政院主計總處每年所公布的最低生活費標準係屬於 Bradshaw 的何種需求類型？

(A) 規範性需求　　　　　　　　　(B) 感覺性需求

(C) 表達性需求　　　　　　　　　(D) 比較性需求

( ) 32. 有關績效管理的敘述，下列何者錯誤？

(A) 績效管理可以分為「目標管理型態系統」及「績效監測型態系統」二種次系統

(B) 績效管理並非秋後算帳，而是期望讓員工的工作績效獲得改善

(C) 績效管理等於績效評估，為促使員工達到最佳成效之手段

(D) 績效管理不是只在疲弱不振的績效情況中才使用

( ) 33. 高效能團隊一向是組織領導者所期待的，有關高效能團隊特徵之敘述，下列何者錯誤？

(A) 要有明確的目標　　　　　　　(B) 內部支持重於外部支持

(C) 良好的溝通　　　　　　　　　(D) 共同的承諾

( ) 34. 衝突是組織或團隊難以避免的現象，下列何者不是衝突的特性之一？

(A) 對立性　　　(B) 稀有性　　　(C) 協調性　　　(D) 阻撓性

( ) 35. 有關工作團體（work group）與工作團隊（work team）之差異，下列敘述何者正確？

(A) 工作團體的目標為分享資訊，而非集體績效

(B) 工作團隊之績效為所有成員個別貢獻之加總

(C) 工作團隊的技能不一定互補，而是隨機與變化的

(D) 工作團體需要從事共同努力的集體工作，會創造出正面的綜效

( ) 36. 強調效率，了解花費是否有效，係屬預算編列的何種方法？

(A) 單項預算法（line-item budgeting）

(B) 績效預算法（performance budgeting）

(C) 方案預算法（program budgeting）

(D) 零基預算法（zero-based budgeting）

( ) 37. 某社會福利機構主任，爲了鼓勵創新，對於年度預算總是尊重各部門提出新方案的預算需求，儘量予以滿足；在有限的總額經費前提下，對於來年的機構預算編列，各部門透過管道爭取不遺餘力，甚至吵得不可開交，於是該主任提出按機構組織績效「讓數字來說話」，做爲各部門編列預算的核定決策依據，屬於下列何種模式？
(A) 政治模式 　　　　　　　(B) 漸進增值模式
(C) 歷史模式 　　　　　　　(D) 理性規劃模式

( ) 38. 若以行銷管理的觀點出發，有關募款操作過程的階段，下列排列何者正確？①設定募款目標②募款方法的決定與運用③運用募款技術與方法擬訂行銷組合④成立募款單位⑤分析募款市場⑥績效評估
(A) ①②③④⑤⑥ 　　　　　　(B) ②⑤①③④⑥
(C) ④③⑤①②⑥ 　　　　　　(D) ⑤④①③②⑥

( ) 39. 我們在生活中經常聽到「公關」或「行銷」這兩個名詞，有關「公關」與「行銷」之敘述，下列何者正確？
(A) 公關與行銷是互不相關的兩回事
(B) 公關是目的而非手段
(C) 公關企圖影響態度；行銷則嘗試影響特定行爲
(D) 公關主要是一種溝通工具；行銷則不重視溝通

( ) 40. 有關社會福利領域應用資訊系統的敘述，下列何者錯誤？
(A) 社區訊息、機構訊息、服務訊息及個案訊息是社會服務資訊系統的重要內容
(B) 資訊系統依照需求可包括作業控制、管理控制及策略規劃
(C) 資訊系統的特質應適時且最新的
(D) 對管理者的決策參考而言，有片面的訊息總比沒有訊息好

解析

甲、申論題部分：

第一題
考點分析：
題目架構不大，但必須審慎思考，為首次命題。題目提問是「方案成效指標」訂定，並非「方案評估的類型」，切勿混淆。

解析：
（一）訂定服務方案成效指標時應注意之原則
　　　指標是指可觀察、可測量、具體且明確的陳述，透過這樣的陳述將較為抽象的成效轉化為明確、特定、可觀察或測量的事項。在訂定服務方案的成效指標時，除應注意成效指標應與方案的目的相吻合外，尚應注意以下原則：
　　　1. 必須是可觀察與可測量，亦即指標必須具有可測性。
　　　2. 必須要能描述成效發生時的情況，亦即指標必須具有意義性。
　　　3. 必須使不同的人看到其陳述時，都有相同／類似的理解。
（二）案例說明
　　　某個方案的其中一個成效是「服務對象能穩定就業」，但我們要如何才能確認服務對象是否有「穩定就業」呢？我們可以將「穩定就業」界定為「持續被同一家公司雇用達6個月（含）以上的人數」，若這樣的陳述可以清楚、明確、又精準地觀察或測量到一個人是否「穩定就業」、不同的人對於這樣的陳述都有相似的理解，且又能具體描述出「穩定就業」發生時的狀況，那麼「持續被同一家公司雇用達6個月（含）以上」對「穩定就業」這個成效而言，就是一個好的指標。

第二題
考點分析：
本題並非首次命題，且在編者著《社會工作管理》第8章「社會工作團隊、網絡、行銷、資訊、變革、風險管理」章節中，即已在榜首提點提醒考生詳加準備，並應預為準備一個案例備用，以免考場時間倉促，思考難以周延。

解析：
茲將社會服務策略性行銷的步驟，並以「獨居老人送餐募款計畫」為例，說明如下：

1. 確立組織的使命、願景、目的和目標

   使命係指對「機構存在的理由為何？」之回答，使命不僅可提供組織正確地決定其所要提供的服務類型，也可導引組織行銷計畫的焦點和員工努力的方向。整體目的（goals）係指一個組織對其成員的活動所要（或應該）達成的結果之說明，它要比使命更明確些。目標（objectives）係指將整體目標轉換成可觀察與可測量的實體，它將有助於我們監督和評估整體目標的達成程度。當整體目的與具體目標確立後，即可為行銷奠定更加明確和具體的基礎。以「獨居老人送餐募款計畫」為例，本機構的設立宗旨係以協助弱勢老人為使命，期望購過此計畫的推動，達成為弱勢老人服務之目的。

2. 分析組織內外部環境的優劣勢

   社會服務機構不僅要能判別自己所處的優勢與劣勢，也要能夠掌握（潛在）競爭機構的優、劣勢，否則將可能讓自己暴露於相對較為不利的環境中。以「獨居老人送餐募款計畫」為例，經分析本機構具有長期服務弱勢老人的經驗，具有內部的優勢，但機構證人力不足，是機構的劣勢；因為高齡化社會的來臨，社會對高齡者的議題關心度遽增，以「獨居老人送餐募款計畫」為例，容易受到關注，且社會對本機構的責信持肯定態度，是在外部的優勢方面；但近年社會資源較為減少，競爭社會資源者眾，資源募集不易，是計畫推動的外部劣勢。

3. 分析市場機會，設定行銷目標

   分析市場即是進行市場研究，以便做為市場區隔和市場目標的依據。行銷者要能有效地依其所肩負的任務進行市場區隔（market segmentation），讓自己聚焦在顧客群的不同利益和需求，並將他們鎖定為自己的市場目標，進而依據其特性和需求做出適當的設計。以「獨居老人送餐募款計畫」為例，依據調查資料顯示，六都 40 至 60 歲的民眾，對老人議題關心程度較高，因此，目標市場鎖定為六都的前述人口群加以規劃本計畫的行銷。

4. 市場定位與行銷組合

   市場定位（market positioning）係指在市場中尋求一個獨特的位置，以及在競爭市場中所扮演的角色，以便能夠確定機會和發展行動；行銷組合（market mix）則是透過可控制行銷變數的組合體，將它運用在所設定的目標市場，以達成行銷任務；可採用組合體包括：無差異行銷、差

異行銷及集中行銷。在行銷組合中，以 Doherty 與 Horne 建構出公共服務行銷組合的「5P」模式：整套產品（P for Package or Product、促銷或推廣（P for Promotion）、通路或地點（P for Place）、價格（P for Price）、人們（P for People）為行銷組合。以「獨居老人送餐募款計畫」為例，分析六都 40 至 60 歲的民眾的消費習慣，經常會因為購買家庭用品前往日常用品賣場，因此，結合知名賣場之通路結合賣場商品為行銷組合。

5. 發展行銷計畫與訂定執行技術

這個階段必須發展並決定衡量成果的基準（benchmarks）和指標（criteria），以作為評估之用。在一個講究績效的年代，即使契約委託的單位並沒有要求組織必須具體呈現績效，但若一個組織能夠主動建構服務的績效指標，在競技場上就已略勝一籌。績效能夠為組織帶來某些標的群之資源和支持。另以「獨居老人送餐募款計畫」為例，績效指標為在 2 個月內，募集 120 萬元，期透過與賣場聯名行銷計畫之執行，達到企業提升正面形象，機構藉由通路提升計畫曝光率以募集資源的雙贏目標。

6. 執行行銷計畫

執行行銷計畫即將行銷策略與計畫化為實際行動，在社會服務領域即是服務輸送。以「獨居老人送餐募款計畫」為例，擬定本機構各部門的任務分工，並與合作之賣場召開聯合工作會議，確立合作的相關細節及推動計畫期程、方式等。

7. 行銷的評估

任何行銷的活動都須評估（evaluation），主要是評估過程中階段性的目標是否達成。以「獨居老人送餐募款計畫」為例，績效指標為在 2 個月內，募集 120 萬元。在這過程中，必須隨時評估行銷計畫的成效，如未能達成預期的成效，應隨時滾動式修正各項行銷策略。

乙、測驗題部分：

1. D　選項 (D) 有誤。概念性技能（conceptual skill）係指分析和診斷情境的心智能力，亦即理解抽象或一般概念，並將之應用於特定情境的能力。具有概念性技能的管理者會了解整個組織的複雜度，包括每一個單位對

達成組織目的之貢獻，最成功的組織精通於倡導或展開各階層人員的概念性技能，鼓勵以組織較大格局的目的看待其工作。概念性技能對高階管理者尤為重要，因其必須要持續地將焦點清楚地置於組織的「大面向」，這有助於促進管理者作出較佳的決定。一般而言，概念性技能的重要性，往往隨著組織內層級之降低而遞減。

2. D　選項 (D) 有誤。程式的決策（programmed decision）：係指運用於處理結構性問題知的決策，是可用例行性方式處理的一種重複性決策，此乃由於其所欲處理的問題是明確、簡單且經常碰到的。非程式的決策（non programmed decision）：係指用於處理非結構性問題的決策，它是較獨特且罕見的。在處理時間上，非程式化決策需較長時間處理，程式化決策可短時間處理

3. C　四種主要的策略：

（1）SO—進攻策略：利用存在的外在機會，配合組織的優勢，積極創造利基，亦即「進攻策略」，將優勢與機會達到最大化效果。因而，組織可試圖選擇成長策略，透過直接擴張、發展新產品／服務、改善品質、合併或各種組合方式，來達其成長的目標。

（2）ST—補強策略：組織雖擁有優勢條件，但卻受限於外在環境的威脅，使其優勢難以發揮。此時可採取「補強策略」，利用本身的有利條件來排除外在環境的衝擊或障礙，甚至將威脅轉變為機會。

（3）WO—轉型策略：組織應充分把握外在的機會，以轉變或降低組織的劣勢型態，此策略即為「轉型策略」；亦即，利用外部機會來改善本身的劣勢。選項 (C) 屬之。

（4）WT—防禦策略：組織一方面處於弱勢條件，一方面又遇到若干不利其發展的威脅，此時便應該採取「防禦策略」，也就是先維持現況之穩定策略，或減少經營規模，不使情勢繼續惡化，以將外部威脅與內部劣勢降至最低。

4. C

策略性規劃	傳統規劃
強調動態性與變遷性取向（動態）	強調穩定取向（靜態）。選項(A) 屬之。
採取使命信念	採取傳統信念
以未來的願景作為現在決策的藍圖	以現在的基礎作為未來的決策藍圖。選項 (B) 屬之。
積極地因應情境變化	被動地反應情境變化
面對不確定的外在環境也可採取行動	面對不確定的外在環境便無法行動
聚焦於外在環境。選項 (C) 屬之。	聚焦於內在環境
強調創新性與創造性	依賴不斷的嘗試與檢測
是一種連續性、持續性的過程	是一種階段性的過程。選項 (D) 屬之。
對時間的要求是彈性及全程性的	對時間的要求是僵硬的
強調選擇性與品質	強調事實與數量
可進行資源配置	無法分配資源
效能（effectiveness）取向	效率（efficiency）取向

5. A （1）電子會議（electric meeting）係指將名義團體法和複雜的電腦科技，加以融合而成的一種團體決策法。選項 (A) 屬之。

（2）電子會議之優點：匿名、誠實與快速。參與者可匿名按下他所要的回應，且很快地會將螢幕上的資料更新。成員在沒有壓力的情境下，誠實地反應個人的意見。選項 (B)、(C)、(D) 有誤。

（3）電子會議之缺點（潛在的缺失）：如打字速度較快的參與者，可能會使得那些擅辯但不擅打字者相形失色，而無法獲得其較佳的想法，且過程也缺乏面對面口語溝通可取得之豐富訊息。

6. C 策略行動的擬定必須具備以下幾項要件：

   （1）前瞻性（proactivity）：係指對未來採取長期觀點的程度，以及將組織引領到正確方向的程度。選項 (A) 屬之。

   （2）相符性（congruency）：係指符合組織特性、外部環境的程度。選項 (B) 屬之。

   （3）綜效性（synergy）：係指整個組織各個次單位，以更能達成組織目標的程度。選項 (D) 屬之。

7. B 依顧客／案主分部化是以具有共同需求或問題之特定或獨特的顧客／案主為基礎的劃分方式；亦即，部門內的所有員工皆服務某類特定的顧客／案主，其目的在於透過專家提供最佳服務，以滿足其需求或解決其問題。例如：一個家庭暴力防治機構的社會工作者，也許會被以最初診斷或案主問題的形成而劃分為幾個不同的負責部門，有的部門是負責兒童個案，有的則是負責處理婦女或男性個案。題意所述屬之。

8. B Clayton Alderfer 根據實證研究的結果，針對 Maslow 的需求層次理論加以修訂整合後，提出人類有三種核心的需求：生存需求、關係需求及成長需求，稱之為 ERG 理論。ERG 理論的三種需求：

   （1）生存需求（needs of existence）：即人類為維持生存所需的物質條件，相當於 Maslow 的生理與安全需求。

   （2）關係需求（needs of relatedness）：即想要與他人建立並維持人際關係的欲望，相當於 Maslow 的社會需求與自尊需求的外在部分。

   （3）成長需求（needs of growth）：即個人追求自我發展的欲望，相對於 Maslow 尊重需求的內在部分及自我實現需求。選項 (B) 有誤。

9. D David McClelland 提出一個需求驅動的激勵理論—三需求理論（three needs theory），即在工作情境中有三種主要的動機和需求：

   （1）成就需求（need for achievement）：追求超越的驅力，在某種標準下追求成就感，力求成功。成就需求為三需求理論的重點，某些人追求成功的欲望特別強，他們所追求的是個人的成就感，而非成功帶來的報酬。選項 (C) 屬之。

(2) 權力需求（need for power）：權力需求係指影響和控制別人使其順從的欲望，高權力需求的人喜歡發號施令、喜歡別人服從、喜歡競爭性且階級分明的場合，而且重視取得影響力和地位，更甚追求良好的工作績效。選項 (B) 屬之。

(3) 親和需求／歸屬需求（need for affiliation）：與他人建立友善和親密的關係之欲望。親和需求係指希望被人喜歡和接受，高親和的需求者可能較偏好有高度社會互動的工作，喜歡追求友誼和合作融洽的感覺，不喜歡競爭，致力於維持良好的人際關係。選項 (A) 屬之。

10. C　選項 (C) 有誤。由於社會快速變遷，組織應成為學習型組織，持續學習，及不斷的自我組織再造，以維持競爭力。

11. D　科層組織的優點（Stewart 提出）：

(1) 規格化（specifications）：強調工作重於擔任該項工作的個人，這將使得工作具有延續性，不會因為目前的工作者離職而受到影響。題意所述屬之。

(2) 層級化（hierarchy of authority）：管理者和員工（被管理者）有很明確的區分，各管理階層皆有明確的職權層級。

(3) 規則化（system of rules）：規則體系旨在提供組織有效率且非私人性的運作，儘管有些規則可能會隨著時間而改變或修正，但這個體系一般是很穩定的。

(4) 非個人化（impersonality）：權力的配置和職權的運作不應該是專權的，必須要能符合所訂的規則體系。

12. B

日本公司（Z 理論）	美國公司
終身雇用。選項 (D) 屬之。	短期雇用
緩慢的考核和升遷	快速的考核和升遷。選項 (B) 屬之。
非專業化的生涯路徑	專業化的生涯路徑

日本公司（Z 理論）	美國公司
內隱的控制機制	外顯的控制機制
集體決策	個人決策
集體負責。選項 (C) 屬之。	個人負責
整體考量／全局取向。選項 (A) 屬之。	局部考量

13. C （1）選項 (A) 有誤。古典管理學派（classical management school）包括三個主要支派：科學管理（scientific management）、科層管理（bureaucratic management）、行政管理（administrative management）。

　　（2）選項 (B) 有誤。科學管理深信：要提升工人的產量須仰仗獎勵的方法，例如：增產獎金、論件或單位計酬等。這些方法將可提供工人們財務上的誘因，而願意投入更多的時間和努力以增進生產。顯然，其基本假設是將人視為一種「經濟人」（economic man）。

　　（3）選項 (C) 正確。泰勒（Frederick Taylor）的管理員工效率原則，提出工作與責任公平分擔原則。工作與責任公平分擔原則係指對於任何工作，管理者與工人的工作分配相當，且擔負相同的責任。管理者應承擔其更能勝任的整體性工作，而不是像以往幾乎由工人承擔所有的工作和較大部分的責任。

　　（4）選項 (D) 有誤。科學管理學派的創始者及首要代表人物，是被公認為「科學管理之父」的泰勒（Taylor）。

14. A 費堯的十四項管理原則被批評者視為過於僵化（選項 (A) 正確），真實世界中的管理者不見得會照著做（選項 (D) 有誤）。在某些情境下，若要遵守某一原則，便可能要犧牲另一原則（選項 (B) 有誤）；而在動態的經營環境中，如果必須遵循一定的原則或次序，也將因過於僵化而難以因應詭譎多變的環境，進而失去機動性（選項 (C) 有誤）。此外，過度強調原則可能會使得管理者忽略某些非常重要的情境變項，特別是受到管理活動所影響者之個人獨特性，以及管理者的個人特質。

15. B

科層 --- 專業主義	新管理主義
規則限制的	創新的
內部取向的	外部取向的。選項 (A) 屬之。
強調依從。選項 (D) 屬之。	強調績效
冷酷的	動態的
專業主義	**管理主義**
父權作風的	顧客為主
神秘支配的	透明的
標準取向	結果取向。選項 (B) 屬之。
自我管制的	市場考驗的。選項 (C) 屬之。
政治人物	**管理者**
武斷的	務實的
干預的	使能的
不穩定的	策略的

16. C 新管理主義抱持著一種相互承諾的合作文化，以跨越組織的價值和任務，它的任務是要去創造一種同質和共享的文化，讓所有工作者負有追求共同目標的義務。新管理主義相當強調放棄傳統附著的作法，而尋求結合文化管理（目標和意義的創造）與績效管理，以彌補動機的差距；它強調減少督導的控制以促進整合，以及由順從（compliance）轉向承諾（commitment）（選項 (C) 有誤），其目標是要去創造一個開明的組織，其成員皆負有達成共同目標的責任及追求目標組織的雄心。

17. C 外溢效應（spillover effect），又稱外溢效果，係指某一個事件或行為出現，往往會影響到其他事務發展，產生一種外部式的溢出效果。

18. D 選項 (D) 有誤。「分析取向」認為社區中若有需求者人數成長，應先對現行需求的使用情況、人數，以及使用者增加之影響因素進行分析後，

再進行方案或預算之評估或調整，而非以要求對現行服務增加經費為首要或唯一考量。

19. C　輸出（outputs）是方案活動的直接產物，例如：授課堂數、諮商時數、提供服務的時數。Brody 進一步補充說明，認為輸出是對所完成的工作量加以計算。題意所述屬之。

20. B　非營利組織常以方案邏輯模式（logic model）來規劃與管控組織使命的實踐歷程與結果，而方案邏輯模式中四項重要內容，包括資源、程序與活動、產出／輸出、成效（outcome）／影響力（impact）等要素。選項 (B) 不屬之。

21. B　選項 (B) 有誤。社會服務組織變革中，創新是頗受鼓勵且真有正向價值的活動，組織可以透過組織結構、組織文化和人力資源管理來激發創新。創新的類型包括：漸進式與激進式創新（速度與範圍）、技術性與管理性創新（性質）、產品創新與製程創新（成果）。

22. B　(1) 測量輸出的目的是為了：①確認服務對象實際接受的服務量；②服務對象是否完成了處置中的所有療程？或接受了方案設計中包括的所有服務？要回答數量上的問題，我們得先界定「服務單位」（units of service）（選項 (B) 正確），而答案即為中間輸出（intermediate output）；要回答「完成服務」的問題，我們得先界定完成的是什麼，而答案即為「最終輸出」。

　　(2) 例如：若某訓練課程由10節課組成，那麼1節課即為1個服務單位；而計算中間輸出則需要以出席率，並記錄每位受訓者真正上完課的節數。這樣的記錄和計算之目的，是希望了解出席不佳或中途退出者，是否也能與全勤者一樣，達到相同結果。「最終輸出」指的是完成所有的課程（選項 (A) 有誤），所述為計算「每位社工在『每個星期』與服務對象接觸的時間與服務類型次數」，非「最終輸出」。若將參訓者分為結業者和中途退出者兩種，最終輸出則是，某課程中，所有受訓者的完成率（百分比）。若只鎖定完成課程者這一組，則可以讓方案規劃者了解，訓練是否可以產生如方案假設以及成果目標中所述，達成結果上的差異。若中途退出者和結業者，均能達成同樣的結果，那麼訓練顯然無法造成影響效應。

(3) 選項 (C) 有誤。所述「甲機構計算其自開始服務以來，每月可提供予服務對象 60 人次的個別諮商服務」，此為採用人次單位。

(4) 選項 (D) 有誤。所述以一個「協助孕婦到醫院完成至少 6 次之產前檢查的產前照護方案」為例，若計算的重點在於「共有多少服務對象接受完整服務」，此為「最終輸出」。

23. C 人力資源管理的主要功能（意涵）：

(1) 晉用（staffing）：即確信有合乎組織各層級短期或長期目標之可用員工的正式過程，其內容包括：工作分析、人力資源規劃、招募、甄選和員工指導等。選項 (A) 屬之。

(2) 培訓與發展（training and development）：即協助員工習得新技能、改善技能，或改善在組織中表現的能力，以促進其發展，並將個人長期目標與組織需求結合的員工生涯發展。選項 (C) 有誤。

(3) 激勵（motivation）：即促使員工努力追求組織目標的意願，其策略包括確認激勵方法恰當與否、工作再設計、降低員工的疏離感、提升工作滿足感、落實績效評估、回饋員工、連結報酬與績效及處理員工的抱怨等。選項 (D) 屬之。

(4) 維持（maintenance）：即著重提供適宜的工作條件或環境，以維持或增進員工對組織的認同。具體的作法包括：提供有效的福利方案、建立安全暨健康的工作環境，以及確保適當溝通管道的順暢等。選項 (B) 屬之。

24. A 預防（減少）員工的倦怠感的方法：

(1) 增加工作的多樣性和選擇性：藉由工作輪調（job rotation）來提高其工作的多樣性和選擇性。

(2) 工作擴大化：工作擴大化（job enlargement）即是要扭轉工作變得愈來愈專門化、窄化和例行化的趨勢。但主管必須能確定員工有增加工作量的能力與意願，而不應讓工作擴大化成為持續增加工作負荷的委婉作法。選項 (A) 有誤。

(3) 工作豐富化：工作豐富化（job enrichment）藉由增進員工的認知、

成就、成長及責任的機會，將可避免員工對工作的疏離，進而促使每位員工負起工作的使命。

（4）協助員工認識自己的限制：協助員工認識自己的限制，避免因個人內在性格與工作期待的落差，而造成因不切實際而引起的倦怠感。選項 (B) 屬之。

（5）提供員工適當的督導：藉由督導來協助員工具備組織所需的知識和技能，以及給予工作上的回饋和情緒上的支持，將可減少短期與長期壓力源的影響，並提升員工獨立的功能。

（6）提供諮商或支持性團體：機構若能提供員工適時性的諮商或員工援助方案（employee assistance programs），將可滿足員工情感上的需求，進而減少工作的倦怠感。選項 (C) 屬之。

（7）讓員工有更多機會參與工作規劃。選項 (D) 屬之。

25. D （1）個別督導是最為傳統的督導方式，係由一位督導者對一位受督導者以面對面的方式，每週（或隔週）定期舉行討論，每次約半小時至一小時。優、缺點如下：

①優點

　A. 督導者與受督導者能夠在不受任何干擾之下，決定及解決一議題。

　B. 督導者有充分的時間可以討論受督導者的個案。

　C. 督導者有機會仔細檢視受督導者的工作進展，並著重彼此之間的關係。

　D. 個別的督導重複了個別諮商的本質，針對個別差異，提供適切的個別化督導。選項 (B) 屬之，

　E. 督導者能確定他與受督導者的總個案量，有一定概觀的了解。

　F. 有較高的隱密性。

②缺點

　A. 受督導者僅接收另外一個人的輸入，有時可能會有偏差之虞。

選項 (A) 屬之。

B. 督導者與受督導者緊密地分享彼此相同的觀點，而在不知不覺中發展成一套共謀的關係。

C. 受督導者沒有機會與其他受督導者做比較，特別是在相同的發展階段時。

（2）團體督導是由一個督導者和數位受督導者，以小組討論的方式，定期舉行討論會議。通常是每週、每兩週或每個月舉行一次，每次一至二小時。優、缺點如下：

①優點

A. 對每一位督導的個案皆會有大量刺激和不同的觀點。

B. 受督導者有機會學習其他成員如何處理其本身的工作。

C. 受督導者有機會聽到和學習到其他成員在處理各種不同案主的工作經驗。

D. 各種不同的觀點，也許可用於矯正單一督導所可能產生的偏見和盲點。

E. 團體督導較為經濟。選項 (D) 有誤。

F. 團體的形成，提供有利的機會去做角色扮演。

②缺點

A. 每位受督導者的時間較不足，無法對細節加以討論。

B. 受督導者會有較多的機會去隱藏或忽視自己的問題。選項 (C) 屬之。

C. 受督導者可能會有意無意的與他人競爭。

D. 對每位受督導者的個案皆有不同觀點，因而可能經驗到衝突的發生，或一些沒有用處的經驗。

E. 隱密性較低。

26. A (1) 受到新管理主義的影響，1980 年代的歐美福利國家，開始掀起福利服務市場化改革，市場（market）或準市場知（quasi market）已成為當代福利服務輸送研究的一項重要議題。更發展一系列公私部門的合作，使得公私部門彼此間的界線趨於模糊。亦即著重管理、績效評鑑及效率，而非政策，並將公共科層轉為處理一種基於使用者付費的機構，且運用準市場（quasi-markets）和契約外包（contracting out）以扶植競爭，並透過預算刪減以及一種強調輸出標的、限定項目契約、財務誘因及經營自由的管理型態。選項 (B)、(C)、(D) 屬之。

   (2) 新管理主義強調公共服務之去集體化和分散化，並提升公共服務供給者之間的競爭。選項 (A) 有誤。

27. D 危機的特性：

   (1) 不確定性：係指危機出現的時機、地點與受害情況，都難以事前預測與確定，於是易於出現預測不準確的現象，故難以精確地做出正確的決策。

   (2) 威脅性：係指危機的發生若不妥善處理，將嚴重威脅組織的基本價值或目標，甚至造成民眾生命、財產的損失，組織名譽、信用的傷害或形象、公信力的破壞，甚至導致組織的解體。

   (3) 緊迫性：決策者必須在極短的時間內，以有限的資訊或資源為基礎，做出正確的處理決定，否則事態擴大，損害愈深。

   (4) 衝突性：係指危機一旦發生，將衝擊到組織平時所信奉的價值與目標、作業流程或行政作為等，以至於政府機關或公共組織之間的救難手段、處理意見與偏好順序，經常產生嚴重衝突或難以整合，因而容易延誤化解危機的最佳時機。

   (5) 複雜性：係指引發危機的因素太多，彼此交互影響，經常難以釐清，特別是處理危機過程中，往往有太多的參與者，導致資訊負荷、資訊重複或謠言過多，而難以澄清或掌握，進而造成聯繫協調上的困難。

   (6) 雙面效果性：係指危機隱含著「危險」與「機會」，亦即，危機雖

可能對組織造成嚴重的威脅，但若是能在極短時間內做出妥適的危機決定，並採取適當且有效行動，不僅可舒緩危機的威脅，甚至可以化危險為轉機。題意所述屬之。

28. B 風險管理執行的四個要項：

(1) 風險辨識（risk identification）：係指使用一套有系統的程序，進行廣泛的搜尋，以發掘可能發生的風險之事件及其發生之原因和方式。組織可藉由成立風險評估小組，評估會發生什麼風險，以及如何、為何、何處及何時發生，並透過發展風險辨識程序與記錄方法，以記錄所評估的風險。

(2) 風險分析（risk analysis）：係指系統性運用有效資訊，以判定特定事件發生之可能性（機率）及其影響之嚴重程度。事件的影響及其發生的機率結合起來，便是風險的等級知。題意所述屬之。

(3) 風險評量（risk evaluation）：係將風險分析中所決定的風險等級與先前訂定的風險標準相比較，並挑出需要進一步優先處理的風險，以確定風險處理優先順序。

(4) 風險處理（risk disposal）：係指對於風險評量後不可容忍之風險，列出將風險降低至可容忍程度之對策，進而執行相關對策，以降低事件發生之可能性及其影響之嚴重程度。

29. B 「360度回饋法／考評法」主要目的是欲藉由多元績效估回饋機制，以強化績效考核的客觀性與公平性。「360度回饋法／考評法」常用的績效評估面向，包括：自我考核（self-appraisal）、同儕考核（peer-rating）、部屬考核（subordinates-appraisal）、顧客考核（custoer appraisal）、主管考核（supervisor-appraisal）、多主管、矩陣式考核（supervisor's）。選項 (B) 不屬之。

30. D SMART 原則：

(1) S- 簡單明確（Simple/Specific）：工作目標必須要簡明、扼要且易於了解，對那些較不熟悉你工作的領域者，必須要讓他們能迅速且易於閱讀目標，並了解工作的本質。

(2) M- 可測量的（Measurable）：目標要盡可能是可測量和量化的，對

完成之工作所進行的檢查，應該要能對目標是否已完成做判斷。管理者和員工必須都要同意這種測量的方式。

（3）A- 可達成的（Attainable/Achievable）：儘管目標應該是要開展和挑戰員工的能力，但也必須是在可達成的範圍內，好高騖遠的目標可能會流於形式，甚而影響到員工的士氣。題意所述屬之。

（4）R- 務實與結果取向（Realistic/Resultoriented）：目標必須要針對問題與資源的情況做規劃，且著重在所欲的目標（即結果）是否能有效被達成。

（5）T- 時限性的／可追蹤的（Time-limited/Trackable）：目標必須是要有時限性和可追蹤的，管理者和員工必須要能夠監測目標的進度，以便能夠做過程中的修正。

31. A 需求的類型（Bradshaw 所提的四項需求）：

（1）規範性需求（normative need）：即專家學者所界定的需求，係依據現有之資料作為規劃之基礎。從類似的社區調查報告或專業人士的意見，均可用來研判標的人口群為何，且一般是透過以比率（ratio）的方式與現有資料之間做對照比較來表達需求的程度。如果實際的比率低於特定標準，就可以據以認定需求的存在。例如：某社區可能需要的醫院或養護中心之床位數量（常以每千人需要幾床表示）。題意所述屬之。

（2）感覺性需求（perceived need/felt need）：亦稱為感受性需求。即標的人口群透過想像與感受覺知的需求。人們透過想像和感受來覺知自己有何種需求。若以客觀標準而論，生活品質較高的人，可能比生活貧困的人會有更多的需求。因此，方案規劃者必須對服務對象的處境具有敏感度，同樣重要的是，也必須考慮以其他的需求觀點來詮釋此現象。

（3）表達性需求（expressed need）：即有需求者實際嘗試或接受滿足需求的服務。方案規劃者以實際尋求協助的人數來界定需求。

（4）比較性需求（comparative need）：亦稱為相對性需求（relative need）。亦即比較類似的情境與服務差距所存在的需求。比較性需

求的測量是比較類似之兩社區或兩地理區域間現有服務的差距來說
明需求的存在。

32. C　績效管理是一套提升或維繫績效的整合性管理活動，藉由這些活動評核
員工的表現和監測組織部門或方案的進行，以促成組織目標的達成。績
效評估不等於績效管理，評估績效不過是績效管理系統中的一環而已，
若只是進行評估績效，而忽略其他部分的話，終將面臨失敗的命運。選
項 (C) 有誤。

33. B　高效能團隊的特徵。

特徵	說明
1. 明確的目標 （選項 (A) 屬之）	對於其所要達成的目標有清理的瞭解，並且相信該目標隱含著值得追求的價值或是重要的結果。
2. 共同的承諾 （選項 (D) 屬之）	將使得成員對團隊表現出強烈的認同，且願意為團隊的目標奉獻。
3. 相互信任	有效團隊的特徵之一即是其成員彼此皆能相互信任，亦即成員們相信彼此的正直、人格及能力。
4. 適宜的領導	適宜的領導者引領而非控制團隊未來的方向，指出達成目標的途徑，協助員工克服困難，增加團隊信心，並率領團隊一起向目標邁進。
5. 良好的溝通 （選項 (C) 屬之）	良好的溝通可讓團隊成員和管理階層得到適當的回饋，以增進彼此的瞭解，進而提高團隊成員的向心力與認同感，以協助團隊創造更佳的績效。
6. 相關的技巧	團隊要完成某項任務或達成目標，可能涉及到多方面的技巧和能力，協力合作有助於團隊任務和目標的達成。

特徵	說明
7. 協商技巧	高效能的團隊傾向於彈性與持續的調整員工的角色，因此團隊成員需要具備適當的協商技巧。
8. 內部與外部的支持（選項 (B) 有誤）	有效團隊必須要獲得團隊內、外部的支持。內部包括適當的訓練、能正確衡量個人及團體績效的績效評估制度、報酬和獎勵體系，以及支持的人力資源系統；外部包括管理者應提供團隊完成工作所需要的資源。

34. C　衝突（conflict）係指兩個（含）以上相關聯的主體，因互動行為導致不和的狀態。衝突之所以發生，可能是利害關係人對若干議題的認知、意見、需求、利益不同，或是基本道德觀、宗教信仰不同所致。衝突的共同特點有三項，包括對立性（opposition）、稀有性（scarcity）和阻撓性（blockage）（選項 (C) 不屬之）。意即，衝突假設至少有兩方的人員在興趣和目標上有顯著的不協調，例如：金錢、工作、地位、權力等資源稀少的情況下，稀有性就會鼓勵阻撓性的行為，涉入的雙方便會因此形成對立的局面，當其中一方阻撓另一方達成目標時，便可能導致衝突。

35. A　工作團隊與工作團體之比較：

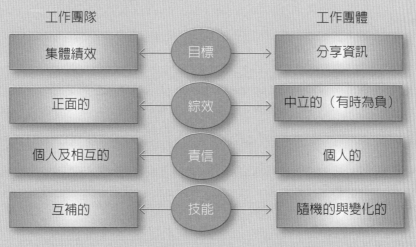

比較項目	工作團隊	工作團體
領導	領導權是共有的	由一位領導者負責
目標	團隊有特定目標	團體目標與組織目標相同
工作	工作由全體共同決定，再由團隊合力完成	工作由管理者決定，並分配給成員，再由個人獨立完成
會議特徵	開放式的討論，結合眾人意見來思考解決問題的方法	有效率的，分享訊息，但通常較少涉及意見的匯集或開放式的討論
技能	互補的	隨機的與變化的
績效	績效的評估取決於整體的工作產出	績效的評估取決於對他人工作的影響
效益	正面的（1+1>2）	中立的或負的（1-1<2）

（1）選項 (A) 正確。工作團體的目標為分享資訊，而非集體績效。

（2）選項 (B) 有誤。工作團隊個人的努力大於個人投入總和的績效水準；工作團體沒有需要或機會去從事共同努力的集體工作，其績效是所有團體個別貢獻的加總。

（3）選項 (C) 有誤。工作團隊的技能是互補的。

（4）選項 (D) 有誤。工作團體的綜效，是中立的或有負的。

36. B　績效預算（Performance Budgeting）乃是運用企業管理的科學管理方法和成本會計的原理來進行預算的編製，亦即依據工作計畫，就完成的工作計畫中每一項工作所需之成本而編製的預算，是一種「由下而上」編製順序的預算制度。績效預算強調效率，了解花費是否有效。

37. D　理性規劃模式視預算制定過程為一連串與機構的規劃過程相互結合的邏輯步驟，使預算的決策能依據各種需求、優先順序、計畫、目的以及目標為基礎。理性規劃模式以資料和資訊作決策之基礎，也就是所謂的「讓數字說話」的決策概念。

38. D　募款的操作過程：分析募款市場→成立募款單位→設定募款目標→運用募款技術與方法擬訂行銷組合→募款方法的決定與運用→績效評估。

39. C　（1）公關與行銷兩者間的差異：

　　①公共關係主要是一種溝通工具，而行銷同時還包括需求評估、產品發展、定價和分配。選項 (D) 有誤，行銷亦重視溝通。

　　②公關企圖影響態度，而行銷則嘗試影響特定的行為，例如：購買、參與、投票、捐贈等。選項 (C) 正確。

　　③公關是手段而非目的（選項 (B) 有誤），而行銷則直接涉及到界定事務使命、顧客和服務。

　　（2）公關與行銷兩者互有關連，會影響機構的形象或募款。選項 (A) 有誤。

40. D　社會服務資訊蒐集之資訊應具備之特色：

　　（1）適時—最新的：一個好的決策必須建立在即時的訊息上，過時或未更新的資訊將可能誤導決策。

　　（2）準確—正確的：管理者必須要仰賴正確的訊息，不正確的資訊可能導致不佳或錯誤的決策。

　　（3）簡潔—精要的：管理者在有限的時間內僅能吸取有限資訊，因此，訊息須限定於最需要且必要者。

　　（4）可用—親和的：必須要能篩選出最相關的資訊，讓管理者可容易使用，且能夠以自己所希望的格式來讀取。

　　（5）完整—安全的：有時沒有訊息要比片面的訊息好，若管理者持有不完整的訊息，可能會做出錯誤的判斷；資訊也必須要能夠被安善保存，以降低有意或無意的損毀。選項 (D) 有誤。

Note.

Note.

Note.

Note.

Note.

Note.

國家圖書館出版品預行編目資料

社會工作管理／陳思緯編著. -- 七版. -- 臺
　北市：考用出版股份有限公司, 2024.11
　面；　公分
　ISBN 978-626-7551-00-4(平裝)

1.CST: 社會工作　2.CST: 組織管理

547　　　　　　　　　113011043

4K68

社會工作管理

編 著 者 ― 陳思緯(272.7)

編輯主編 ― 李貴年

責任編輯 ― 李敏華、何富珊

文字校對 ― 李驊梅

封面設計 ― 王麗娟、封怡彤

出 版 者 ― 考用出版股份有限公司

發 行 人 ― 楊榮川

總 經 理 ― 楊士清

總 編 輯 ― 楊秀麗

地　　　址：106臺北市大安區和平東路二段339號4樓

電　　　話：02-27055066（代表號）

傳　　　真：02-27066100

網　　　址：https://www.wunan.com.tw

電子郵件：wunan@wunan.com.tw

劃撥帳號：01068953

戶　　　名：五南圖書出版股份有限公司

法律顧問　林勝安律師

出版日期　2014年11月初版一刷
　　　　　2020年 2 月五版一刷
　　　　　2021年12月六版一刷
　　　　　2024年11月七版一刷

定　　價　新臺幣690元

經典永恆・名著常在

五十週年的獻禮——經典名著文庫

五南，五十年了，半個世紀，人生旅程的一大半，走過來了。

思索著，邁向百年的未來歷程，能為知識界、文化學術界作些什麼？

在速食文化的生態下，有什麼值得讓人雋永品味的？

歷代經典・當今名著，經過時間的洗禮，千錘百鍊，流傳至今，光芒耀人；

不僅使我們能領悟前人的智慧，同時也增深加廣我們思考的深度與視野。

我們決心投入巨資，有計畫的系統梳選，成立「經典名著文庫」，

希望收入古今中外思想性的、充滿睿智與獨見的經典、名著。

這是一項理想性的、永續性的巨大出版工程。

不在意讀者的眾寡，只考慮它的學術價值，力求完整展現先哲思想的軌跡；

為知識界開啟一片智慧之窗，營造一座百花綻放的世界文明公園，

任君遨遊、取菁吸蜜、嘉惠學子！